KB074163

다산 정약용의 『주역사전』, 기호학으로 읽다
周易四箋

이 저서는 2009년 정부(교육부)의 재원으로 한국연구재단의 지원을 받아 수행된 연구임.
(NRF-2009-812-A00053)

This work was supported by the National Research Foundation of Korea Grant funded by the Korean Government.(NRF-2009-812-A00053)

역학총서 7

# 다산 정약용의 『주역사전周易四箋』, 기호학으로 읽다
Semiotic Reading of Dasan Jeong Yagyong's Zhouyisijian

| | |
|---|---|
| 지은이 | 방인 |
| 펴낸이 | 오정혜 |
| 펴낸곳 | 예문서원 |
| | |
| 편 집 | 김병훈 |
| 인 쇄 | ㈜ 상지사 P&B |
| 제 책 | ㈜ 상지사 P&B |
| | |
| 초판 1쇄 | 2014년 3월 17일 |
| 초판 2쇄 | 2015년 8월 31일 |
| | |
| 주 소 | 서울시 성북구 안암동 4가 41-10 건양빌딩 4층 |
| 출판등록 | 1993년 1월 7일 (제307-2010-51호) |
| 전화번호 | 925-5913~4 / 팩시밀리 929-2285 |
| Homepage | http://www.yemoon.com |
| E-mail | yemoonsw@empas.com |

ISBN 978-89-7646-317-3   93150

YEMOONSEOWON #4 Gun-yang B.D. 41-10 Anamdong 4-Ga, Seongbuk-Gu Seoul KOREA 136-074
Tel) 02-925-5913~4, Fax) 02-929-2285

값 50,000원

역학총서7

# 다산 정약용의 『주역사전』, 기호학으로 읽다
## 周易四箋

방인 지음

예문서원

# 책머리에

　필자가 『주역사전周易四箋』을 처음 접한 뒤로 무려 32년이라는 세월이 흘렀다. 1981년에 필자는 한국학중앙연구원의 한국학대학원에 입학하여 석사논문을 쓰기 위해 적당한 주제와 텍스트를 탐색하던 중이었다. 그러다가 한국의 대표적 사상가 중 한 사람인 다산 정약용의 경학주석 중에 혹시 『주역』과 관련된 것이 없을까 해서 도서관을 찾아갔다. 그때 걸음을 재촉해서 찾아간 도서관에서 『여유당전서』를 뒤적여 마침내 『주역사전』을 발견하고는 가슴이 뛰었던 기억이 아직도 생생하다. 그러나 기뻐했던 것도 잠시뿐이었고, 한문으로 칠백 쪽이 넘는 신조선사 영인본을 앞에 두니 마치 난공불락難攻不落의 성벽을 대한 것 같아 한숨만 나올 뿐이었다. 그러던 중에 학부 시절에 『맹자』를 배우기 위해 다니던 서당에서 함재涵齋 김재홍金在洪(1916~2006) 선생께서 다산선생의 『주역』에 관한 저술이 중국의 어떤 역학 대가들보다도 탁월하다고 말씀하셨던 기억을 떠올리게 되었다. 곧바로 함재선생을 찾아뵙고 가르침을 청하였는데, 선생께서는 매우 기특한 생각이긴 하지만 혼자 앉혀 놓고 가르칠 수는 없는 형편이라 하시면서 학생들을 모아 오면 강의해 주겠다고 말씀하셨다. 그래서 곧바로 주위의 동학들을 불러 모아 『주역사전』의 강독을 시작하였고, 이렇게 해서 시작된 강독은 매주 토요일과 일요일 두 차례씩 꾸준하게 이어져 2년 반 정도를 경과한 시점에서 책거리를 할 수 있었다. 필자의 석사학위논문 『다산

역학사상에 대한 연구』(1983)는 이 시절의 공부가 없었다면 불가능하였을 것이니, 이 자리를 빌려 작고하신 함재선생께 다시금 감사드린다.

　필자는 박사과정에서는 연구영역을 한국유학에서 한국불교로 바꾸어 「태현太賢의 유식唯識철학 연구」라는 논문으로 1995년 서울대학교에서 박사 학위를 취득하였지만, 그 이후로도 다산의 역학사상에 대한 관심은 더욱 깊어졌다. 그러다가 2000년도 한국연구재단의 '동서양 학술명저 번역사업' 에 지원하여 제자 장정욱張正郁과 함께 『주역사전』의 번역에 착수하게 되었다. 필자는 2002년도에 이미 결과보고서를 제출하였으나, 수정과 보완 을 계속하여 2007년에 이르러서야 『역주譯註 주역사전周易四箋』(전 8권, 소명출판) 을 최종적으로 출판할 수 있었다. 지금의 저서도 2009년도 한국연구재단의 '인문저술사업'의 지원을 받아 기획한 것이다. 어쨌거나 필자가 32년 전에 품었던 초발심初發心이 단초가 되어 오늘의 저서로 이어지게 되었으니, 이 끈질긴 인연의 의미를 다시금 되씹어 본다.

　본서는 2009년도 한국연구재단의 '인문저술사업'의 지원을 받아 기획된 연구의 결과물이다. 이 과제의 원래 제목은 '다산역의 기호론적 해석'이었지 만 출판을 앞두고 '다산 정약용의 『주역사전』, 기호학으로 읽다'로 변경하였 음을 밝혀 둔다.

　본론에 들어가기 이전의 체제는 「머리말」, 「조감도」, 「설계도」의 순서로 구성되어 있다. 「머리말」에서는 필자가 본서를 저술하게 된 계기와 목표, 핵심주제 등에 대하여 서술하였고, 「조감도」에서는 마치 새가 하늘에서 내려다보듯이 전체의 요지要旨를 일목요연一目瞭然하게 파악할 수 있도록 서술하였으며, 「설계도」에서는 본서의 구성체제에 대해 설명하였다.

그 다음으로 본론은 다음과 같은 체제로 이루어져 있다. 제1부 '주역의 기호학적 독해'에서는 인류역사에서 기호를 사용하게 된 기원을 밝혔고, 아울러 『주역』의 기호학적 특성을 해명하는 데 주력하였다. 제2부 '다산역의 기호학적 체계'에서는 다산역이 갖는 기호학적 특성을 밝혔다. 제3부 '다산역의 해석체계'에서는 다산역의 해석방법을 논하였다. 제4부 '다산역의 서사기호학'에서는 서사기호학적 관점을 적용하여 다산역의 스토리텔링을 시도하였다. 여기에서는 『주역』에 관련된 다섯 가지 이야기 주제를 선정하여 스토리텔링을 전개하였는데, 정약용의 역주易注를 중심으로 이야기를 풀어 나갔으나 전적으로 거기에만 의존한 것은 아니다. 사실 본서를 처음 기획할 당시에는 제4부의 서술을 염두에 두고 있지 않았으나, 스토리텔링 기법이 독자들에게 난해한 『주역』에 쉽게 소통할 수 있는 통로를 제공한다는 점에 주목하여 새롭게 추가하였다.

이 책을 쓰기까지 필자는 여러 분들로부터 많은 도움을 입었다.

필자는 2000년도에도 한국학술진흥재단(지금의 한국연구재단)의 '동서양 학술명저 번역사업'의 지원을 받아 2007년에 『역주 주역사전』을 출판한 바 있다. 정약용의 명저 『주역사전』과 관련된 연구를 두 번씩이나 지원해 준 한국연구재단에 진심으로 감사드리는 바이다.

경기대학교 박연규 교수는 자신의 박사학위논문인 「象의 세미오시스: 『역경』에 대한 퍼스(Peirce)적 접근」(*The Semiosis of the Image(Xiang): A Peircean Approach to the Yijing*, A Dissertation Paper, The University of Hawaii, 1998)을 비롯하여 퍼스의 기호학적 관점을 『주역』 연구에 적용시켜 쓴 논문 몇 편을 보내 주었는데, 이 글들은 필자가 제3장 제2절의 「퍼스의 삼항관계로 본 주역」을 집필하는 데 큰 도움을 주었다. 박연규 교수는 기호학적 관점을 『주역』에 적용한 선구자이며, 그러한 관점이 『주역』의 현대적 이해에 매우 필수적이면서도 유용한 관점이라는 것을 확신시켜 주었다.

그 다음으로 필자가 동아시아 출토문헌 연구회에서 상박초간上博楚簡 『주역』 세미나에 정기적으로 참여하여 공부했던 경험도 본서의 연구방향을 설정하는 데 큰 도움이 되었다. 최근에 『주역』 학계의 연구경향이 출토出土 역학 쪽으로 급속하게 이동하고 있는 점을 고려하여 필자는 죽간竹簡 및 백서帛書 등의 출토자료를 통해 얻어진 연구성과를 본서에 최대한 반영하려고 노력하였다. 필자는 2009년에 단국대학교 동양학연구소 주최로 열린 에드워드 쇼네시(Edward Shaugnessy) 교수의 강연회에 참가했다가 이 연구 모임을 소개받고 참석하게 되었다. 시카고 대학에서 쇼네시 교수의 지도를 받은 단국대 사학과 심재훈 교수는 학술행사를 주최하였을 뿐 아니라, 나중에 강연원고가 게재된 책이 출간되었을 때 한 부 보내 주었다. 세미나 모임의 다른 분들도 필자의 저서에 도움을 주신 분들이 많다. 특히 2009년 북경대학北京大學에서 「선진복법연구先秦卜法硏究」라는 논문으로 박사학위를 취득한 박재복朴載福 선생으로부터 중국 고대 점술의 변천과정에 관해 자문을 받을 수 있었던 것은 필자로서는 큰 행운이었다. 그리고 2001년에 동경대학東京大學에서 「곽점초묘죽간郭店楚墓竹簡의 유가사상연구」라는 논문으로 박사학위를 취득한 출토문헌 전문가 이승률李承律 박사는 필자의 초고를 꼼꼼하게 읽고 상세한 조언을 해 주었다. 또 2008년에 동경대학에서 「주역의 유교경전화 연구」라는 논문으로 박사학위를 취득한 원용준元勇準 박사는 상박초간『주역』관련자료 등 자신이 공동연구원으로 참여했던 일본 대동문화대학大東文化大學 상박초간연구반上博楚簡硏究班의 많은 연구자료들을 필자에게 제공함으로써 큰 도움을 주었다. 이 자리를 빌려 상박초간 『주역』강독 세미나에 참여해서 많은 도움을 주신 동아시아 출토문헌 연구회 회원 여러분들께 진심으로 감사드린다.

그리고 미국 네브라스카 대학(University of Nebraska at Omaha)의 김한라(Kim Halla) 교수는 칸트(Kant) 철학을 연구한 서양철학 전공자이지만 『주역』에도 왕성한 지적 호기심을 가지고, 필자의 원고를 몇 개월에 걸쳐 꼼꼼하게 읽고 상세한 비평을 보내 주셨다. 또 필자가 대학 학부 시절에 이기영李箕永 박사가 지도하셨던 불교신앙단체 구도회求道會에서 처음 만난 이후 지금까지 도반道伴으로 지내오고 있는 황용식黃龍植 선배는 본인의 전공인 인도철학과는 상당한 거리가 있음에도 불구하고, 필자의 원고를 처음부터 끝까지 정독하고 비평해 주었을 뿐 아니라 격려의 말씀도 해 주셨다. 경북대학교 철학과의 제자 김상현 선생도 바쁜 가운데서도 필자의 완성된 원고를 읽고 많은 오자誤字를 지적해 주었다. 여기서 언급한 분들의 도움이 없었다면 본서의 완성도는 결코 지금의 수준에 도달하지 못했을 것이다.

아울러 철학의 샘에서 솟아나오는 지혜의 감로수를 함께 나눠 마시면서 기나긴 세월을 동고동락同苦同樂해 온 경북대학교 철학과의 동료 교수들과 더불어 출간의 기쁨을 함께 나누고 싶다. 그리고 이 책의 출판을 위해 예문서원을 소개해 주신 계명대학교 철학과 홍원식 교수님과 출판을 선뜻 수락해 주신 예문서원 오정혜 사장님, 그리고 출판을 위해 세심한 노력을 다해 주신 김병훈 편집장님을 비롯한 예문서원 편집부 여러분께도 진심으로 감사드린다.

마지막으로 일상日常의 고달픔을 가족에 대한 사랑으로 이겨내면서 학문에 전념할 수 있도록 배려해 준 아내에게 고마운 마음을 전하고 싶다.

그리고 평생을 자식에 대한 의무와 사랑으로 헌신하신 부모님께 마음속 깊은 곳으로부터 존경의 뜻을 표하고 싶다. 지난해 여름 세상을 떠나신 아버님께서는 일찍이 연희전문(現 연세대)에서 철학을 전공하셨다. 돌이켜 보면 어린 시절 우리 가족에게 철학이란 단어는 가난과 궁핍의 대명사였고, 아버님의 인생역정에서 철학이 본인에게나 혹은 가족에게 행복을 가져다 준 것은 결코 아니었다. 내가 철학의 길을 가게 된 데에 아버님의 영향이 있었다고 내 의식 속에서 인정해 본 적은 한 번도 없었으나, 어쨌든 간에 온 가족의 반대를 무릅쓰고 철학과를 선택하였고, 마침내 철학을 평생의 업業으로 삼게 되었으니, 혹시 무의식 속에서는 아버님이 큰 영향을 미쳤었는지 모르겠다. 이제 더 이상 뵐 수 없는 아버님을 회상하면서 나의 인생에서 철학이 어떤 의미를 지녔었는지를 되물어 본다.

갑오년 정초正初에
복현동 우거寓居에서 방인方仁

# 제2부 다산역의 기호학적 체계

# 제3부 다산역의 해석방법론

# 제4부 다산역의 서사기호학

# 머리말

## 1.

　1993년 6월 23일 오전, 영국 태생의 프린스턴 대학 교수 앤드류 와일즈 (Andrew Wiles, 1953~)는 케임브리지 대학의 아이작 뉴턴 수학연구소(Isaac Newton Institute for Mathematical Sciences)에서 3일에 걸친 세 개의 연속강의를 마치면서, 1670년 처음 공표된 이후 323년 동안 풀리지 않고 있던 페르마(Pierre de Fermat, 1601~1665)의 마지막 정리(theorem)를 증명하는 데 성공했다고 선언하였다. 페르마의 마지막 정리란 프랑스 툴루즈(Toulouse)의 법관이던 페르마가 남긴 것으로, "3차 이상의 제곱수를 같은 차수의 제곱수의 합으로 나타내는 것은 불가능하다"라는 말로 요약된다. 이 정리는 '$x^n + y^n \neq z^n$'(단 n은 2보다 큰 자연수)'의 공식으로 표현될 수 있다. 좀 더 쉽게 설명해 본다면, 피타고라스의 정리를 통해 잘 알고 있듯이 '$x^2 + y^2 = z^2$'와 같은 공식은 성립하지만, 만약 n이 3 이상의 자연수가 되면 '$x^n + y^n = z^n$'과 같은 공식은 성립되지 않는다는 뜻이다.

　와일즈가 페르마의 마지막 정리에 처음으로 관심을 갖게 된 것은 그가 열 살 때인 1963년의 어느 날이었다. 학교수업이 끝난 후 집으로 돌아가는 길에 그는 근처의 공공도서관에 들렀다가 우연히 페르마의 마지막 정리를 접하게 된다. 열 살의 어린 소년은 이 간단한 수식數式을 오일러(Leonhard Euler, 1707~1784)나 가우스(Carl Friedrich Gauss, 1777~1855) 같은 수학의 거장巨匠들조차 풀지 못했다는 이야기에 흥미를 느끼고 그 증명을 평생의 숙제로 삼기로 결심하였다. 어린 소년의 꿈은 그가 미국의 프린스턴 대학의 수학교수가 된 뒤에도 사라지지 않았다. 오히려 1986년 이후 7년 동안 그는 다른 모든 연구를 접어 두고 오로지 페르마의 마지막 정리를 풀기 위해 매달렸다. 마침내 와일즈는 1993년 6월 페르마의 마지막 정리를 완벽하게 풀어냈다고 공표하였으나, 출판을 위해 원고를 재검토하던 도중에 몇 개의 오류를 발견하게 된다. 대부분의 오류는 사소한 것이었기 때문에 곧 바로잡을 수 있었으나, 마지막 남은 한 개의 문제는 도저히 풀 수 없었다. 어쩔 수 없이 와일즈는 1993년 12월 4일 자신이 페르마의 마지막 정리를 증명하였다는 선언을 철회하였다.

와일즈는 다시 일 년 동안 이 문제를 푸는 데 매달렸으나 뜻대로 되지는 않았다. 와일즈가 거의 포기하려고 할 때에, 이윽고 깨달음의 순간이 왔다. 이 순간은 지난 팔 년 동안의 각고의 노력이 결실을 맺는 순간인 동시에 열 살 때 품었던 어린 시절의 꿈을 32년 만에 성취하는 순간이기도 했다. 그는 이 순간에 이르기까지의 과정을 다음과 같이 회고했다.

나는 이 문제에 완전히 사로잡혀서 팔 년 동안 아침에 일어나 밤에 자러 갈 때까지 오직 그것만을 생각하고 지냈다.…… 그것은 한 문제만을 생각하기에는 아주 긴 시간이었다.…… 갑자기 전혀 예상치도 못했는데, 나는 이 믿을 수 없는 깨달음을 얻게 되었다. 그것은 학자로서의 내 인생에서 가장 중요한 순간이었다.…… 그 순간은 표현할 수 없이 아름다웠고, 너무나 단순하고 너무나 숭고하였다.…… 이제 그 특별한 오딧세이(odyssey)는 끝났다. 나의 마음은 이제 편안히 쉬고 있다.

와일즈는 1995년에 자신의 증명을 저서로 출판하였고, 수학계에서는 와일즈의 증명을 최종적으로 공인하였다. 여기서 한 가지 의심이 떠오른다. 설령 와일즈가 페르마의 마지막 정리를 증명한 것이 사실이라고 해도, 그것이 페르마가 의도했던 증명과 같은 것이었을까? 페르마는 자신의 생각을 책의 여백에 낙서처럼 적어 놓는 습관이 있었는데, 페르마가 남긴 마지막 정리는 짧은 메모에 다음과 같이 적혀 있었다.

나는 이에 대한 경이로운 증명을 발견했다. 그러나 여백이 충분하지 않아 적어 놓을 수 없다.

이 메모를 그의 아들이 발견하고 책으로 내면서 페르마의 마지막 정리가 세상에 알려지게 된 것이다. 와일즈의 증명은 100쪽이 넘는 저서로 발간되었는데, 페르마의 정리가 실제로 그처럼 복잡한 것이었을지 의심스럽다. 어쨌든 문제의 증명방식이 한 가지만 있으라는 법은 없으니, 와일즈가 제시한 증명이 틀렸다고는 볼 수 없다.

필자가 서두序頭에서 앤드류 와일즈 이야기를 장황하게 소개한 이유는 앤드류 와일즈가 페르마의 정리를 증명해 간 기나긴 과정에 대해 알게 되었을 때, 조선의 유학자 다산茶山 정약용丁若鏞(1762~1836)이 중국 최고最古의 경전『주역』의 해석원리인 '효변爻變의 원리'를 발견하게 된 과정을 떠올렸기 때문이다. 페르마의 정리가 1670년 공표되어 1995년에 최종적으로 증명되기까지 325년 동안 풀리지 않고 있던 퍼즐이었던 반면에, 조선 후기의 실학자 정약용이 도전했던 문제는 주공周公이『주역』의 효사를 지은 이래로 정약용의 시대에 이르기까지 대략 2700년 이상 된 오래된 퍼즐이었다. 앤드류 와일즈가 페르마의 마지막 정리를 우연히 접하게 된 것이 열 살 때였던 것처럼, 정약용이『주역』에 동경을 품게 된 것도 열 살(1772) 무렵이었다. 더 정확히 말하자면 임진년(1772)과 계사년(1773) 사이의 때였는데, 그 무렵 부친 정재원丁載遠(1728~1794)은 벼슬을 내려놓고 고향집으로 돌아와서 『주역』을 하루에 한 괘씩 읽고 있었다. 그때 어린 소년 정약용은 부친이 가끔씩 무릎을 치면서 감탄하시는 것을 지켜보면서 그토록 흥겨워하시는 이유가 몹시 궁금하였으나, 감히 여쭤 볼 생각을 내지 못하였다.

이후 정약용은 19세 때인 1781년 상경하여 성균관에서 과거시험을 보았으나 세 번이나 낙방하였다. 정약용은 21세 때인 1783년에 회현방會賢坊(서울 회현동의 옛 지명)으로 이사하였는데, 초시初試와 회시會試에 연이어 합격하여 경의진사經義進士가 되었다. 이때 정약용은 탄식하며 "명색이 경의진사이면서 『주역』을 읽지 않아서야 되겠는가? 이미 읽었다고는 하지만 읽지 않은 것이나 마찬가지이다"라고 하면서 자책自責하였다. 그 후 정약용은 규장각에 들어가 정조正祖의 어전에서 사서삼경四書三經을 강학하면서 "이제야 『주역』을 배울 수 있게 되었다"라고 생각하며 다행스럽게 여겼으나, 뜻밖에 부친상을 당하는 바람에 그마저도 중단되었다. 정약용은 사고四庫의 장서藏書를 비롯해서 책이라고 이름 붙인 것이라면 기가 꺾여 포기한 예가 없었다고 자부하였으나, 어찌된 일인지 『주역』만은 바라보기만 해도 기가 꺾여 감히 손을 댈 수가 없었다고 술회하였다.

정약용이 『주역』에 다시 도전하게 된 것은 강진康津에 유배된 이후의 일이다. 1808년 친구 윤영희尹永僖(1761~?)에게 보낸 편지에서 그는 유배된 1801년 이후부터 『주역사전』 무진본을 출간하게 된 1808년까지 칠 년 동안 두문불출杜門不出하면서 오로지 『주역』에만 몰두하게 된 상황을 다음과 같이 회고하였다.

옛날의 성현들은 우환이 있을 적마다 『주역』으로 처신하셨습니다. 나의 오늘의 처지를 감히 옛날 성현께서 당하셨던 바에 비교할 바는 아니지만, 그 위축되고 궁액窮厄을 만난 심정으로 말한다면 현자賢者이건 못난 사람(不肖)이건 간에 마찬가지

일 것입니다. 칠 년 동안 떠돌이생활에 문을 닫아걸고 칩거하노라니, 노비들도 나와는 함께 서서 이야기도 하려 하지 않습니다. 그러므로 낮에 보는 것이라고는 구름의 그림자나 하늘의 빛뿐이고, 밤에 듣는 것이라고는 벌레소리와 댓잎에 스치는 바람소리뿐입니다. 이런 고요함과 적막함이 지속되다 보니 정신이 한곳에 모아져서 옛 성인의 글에 마음을 다하여 뜻을 이룰 수가 있었고, 자연히 울타리 밖으로 희미하게 새어나오는 불빛을 엿볼 수 있게 되었습니다.[1]

1802년 봄에 정약용은 「사상례士喪禮」를 읽고 이어서 상례喪禮에 관한 여러 책을 섭렵하고 있었다. 그런데 주周나라의 고례古禮는 대부분 『춘추』에서 증거를 취하였기 때문에 『춘추좌씨전』을 읽기로 하였다. 기왕에 『춘추좌씨전』을 읽기로 한 이상 상례와 관계가 없는 것이라고 해도 널리 읽지 않을 수 없어서, 드디어 춘추시대의 관점官占에 대한 기록까지도 읽게 되었다. 『춘추좌씨전』에는 『주역』으로써 점친 관점 기록들이 여러 곳에 걸쳐 나오는데, 여기에는 '모괘지모괘某卦之某卦'의 형식이 자주 등장한다. 즉 '건지구乾之姤', '건지동인乾之同人' 등의 형식이 그것이다. 정약용은 그 의미를 알아내기 위하여 오로지 『주역』 책 하나만을 책상 위에 올려놓고 밤낮으로 몰입하였으니, 이것은 정약용이 맞닥뜨린 일생일대의 퍼즐(puzzle)이었다. 정약용은 윤영희에게 보낸 편지에서 이 시기를 다음과 같이 회고하고 있다.

드디어 『춘추』에 실려 있는 관점官占의 서법筮法에 대해 때때로 곰곰이 생각해 보게 되었습니다. 장공莊公 22년에 진경중陳敬仲이 제齊나라로 가게 될 것을 점친 것(陳敬仲適齊之筮)과 희공僖公 15년에 진晉나라 헌공獻公이 딸 백희伯姬를 진秦나라에

---

1) 「與尹畏心」, 『定本 與猶堂全書』(다산학술문화재단, 2012) 4, 132쪽 "古者聖賢, 每有憂患則處之以易. 鋪今日之地, 非敢擬之於古聖賢之所遇. 若其畏約窮厄之情, 則賢不肖之所同也. 七年流落, 杜門塊蟄. 雖備奴爨婢, 莫肯與之立談. 晝之所見, 唯雲影天光, 夜之所聽, 唯蟲吟竹籟. 靜寂旣久, 神思凝聚, 得以專心致志於古聖人之書. 而竊竊自然以爲窺藩籬之外光耳."

시집보내는 것을 점친 것(晉伯姬嫁秦之筮) 등에서 실마리를 찾아 이리저리 맞추어 보니, 바로 깨닫는 바가 있는 듯하다가도 도리어 황홀하고 어렴풋하여 도저히 그 문로(門路를 찾을 수 없었습니다. 의심과 분한 생각이 마음속에 교차되면서 거의 음식까지 끊으려고 할 정도였습니다. 그리하여 보고 있던 모든 예서(禮書를 다 거두어 간직해 놓고 오로지 『주역』 책 하나만을 책상 위에 놓고 밤낮으로 마음을 온통 쏟아 음미하고 사색에 몰입하니, 대개 계해년(1803) 늦은 봄부터는 눈으로 보고 손으로 만지고 입으로 읊고 마음으로 생각하고 붓으로 쓰는 것에서부터 밥상을 대하고 뒷간에 가고 손가락을 퉁기고 배를 문지르는 것에 이르기까지 어느 것 하나도 『주역』이 아닌 것이 없었습니다.[2]

그렇게 해서 계해년(1803) 봄이 가고, 다시 여름과 가을이 지난 후, 겨울 어느 날 마침내 『주역』의 이치를 활연관통(豁然貫通하는 순간이 찾아왔다. 그때가 정약용의 나이 41세 때였으니, 부친의 어깨 너머로 『주역』을 훔쳐보 던 열 살 때로부터 31년이 지난 무렵이었다. 정약용은 효변爻變의 발견을 만능열쇠를 손에 넣게 된 것에 비유하였다.

지금 「설괘전」의 글과 변동變動의 방법을 취하여 384효의 역사易詞에서 차분하게 찾아보면, 글자마다 부합하고 글귀마다 계합契合하여 다시 터럭만큼도 의심이 없고 통하지 않는 곳이 반점半點도 없게 될 것입니다. 홍공거유鴻工鉅儒들도 해결할 수 없어 문門만 바라보고서 달아나던 오묘한 말들이 파죽지세破竹之勢처럼 해결되지 않는 것이 없을 것입니다. 비교하자면, 마치 건장궁建章宮에 천문만호千門萬戶와 종묘宗廟의 아름다움과 백관百官의 풍부함이 모두 그 속에 있으나, 다만 그 자물쇠가 견고히 채워져 있고 경첩도 단단하게 붙어 있어 만 명의 사람이 문 앞에 이르더라도 감히 내부를 엿볼 수 없습니다. 그런데 갑자기 한 개의 열쇠를 손에 넣게 되어,

---

2) 「與尹畏心」, 『定本 與猶堂全書』 4, 126~127쪽, "遂於春秋官占之法, 時加玩索, 若陳敬仲適齊 之筮, 莊二十二年晉伯姬嫁秦之筮, 僖十五絪繹上下, 若有所驀然開悟者. 顧恍忽依俙. 不得其 門. 疑憤交中. 殆欲廢食. 於是盡收斂諸禮書而藏之. 專取周易一部. 措諸案上. 潛心玩索. 夜以繼 晝. 蓋自癸亥暮春. 目之所眡, 手之所操, 脣之所吟, 心志之所思索, 筆墨之所鈔錄, 以至對飯登 圊. 彈指捫腹, 無一而非周易."

그것으로 외문外門을 열면 외문이 열리고 중문中門을 열면 중문이 열리고, 고문皐門과 고문庫門을 열면 바깥문과 그 안쪽의 문이 열리고 응문應門과 치문雉門을 열면 정문과 중문이 열립니다. 이렇게 되면 천문만호千門萬戶가 모두 활짝 열려 일월日月이 비추고 풍운風雲이 피어올라 종묘의 아름다움과 백관의 풍부함이 밝게 드러나서 하나하나 손가락으로 가리킬 수 있을 정도이니, 천하에 이런 통쾌함이 어디 있겠습니까?[3)]

천자의 왕궁은 고문皐門·고문庫門·치문雉門·응문應門·노문路門의 오문五門으로 되어 있다. 건장궁建章宮은 한漢나라 장안성長安城의 삼대궁三大宮 중의 하나인데, 둘레가 10여 km에 달할 정도로 엄청나게 커서 천문만호千門萬戶라고 불렸다. 그런데 단 한 개의 열쇠로 왕궁의 모든 문들을 차례로 열어젖힐 수 있게 되었으니, 요즘 말로 하자면 마스터키(master key)를 손에 넣은 셈이라고 하겠다. 정약용의 외손外孫 윤정기尹廷琦(舫山, 1814~1897)가 그의 저서 『역전익易傳翼』에서 효변을 '금약시金鑰匙' 즉 '황금열쇠'라고 부른 것은 참으로 적절했다고 하겠다. 일단 기본적 해법을 알아내자 그 다음부터는 파죽지세破竹之勢로 독파해 내려갈 수 있었다. 1803년 동짓날 건乾괘를 읽기 시작하여 하루에 한 괘씩 읽어 나가니, 64일 만에 마침내 64괘를 모두 독해하기에 이르렀다. 계속해서 20여 일 만에 「계사전」, 「설괘전」, 「서괘전」 등 나머지 부분까지도 모두 읽었다.

이쯤해서 독자들은 몹시 궁금할 것이다. 정약용은 2700년 이상 묵은 퍼즐을 푸는 데 과연 성공한 것일까? 정약용이 풀어낸 효변의 원리는 주공周公이 효사爻辭를 지은 원리와 일치하는 것일까? 설령 정약용이 퍼즐을

---

3) 「與尹畏心」, 『定本 與猶堂全書』 4, 130쪽, "今取說卦之文及變動之法, 潛心究索於三百八十四 爻之詞, 則字字符合, 句句契比, 無復一毫半點之疑晦不通者. 凡其奧言微詞之必不可解, 鴻工 鉅儒之望門却走者, 無不破竹之勢, 迎刃以解. 譬如建章宮殿千門萬戶, 宗廟之美, 百官之富, 皆在其中. 但其鐵鑰牢固, 屈戌深嚴, 萬夫當門, 莫之敢窺, 忽有一條鑰匙落在手中, 以之啓外門 而外門闢, 以之啓中門而中門闢, 以之啓皐門庫門而皐門庫門闢, 以之啓應門雉門而應門雉門 闢. 於是乎, 千門萬戶, 豁然貫通. 而日月照明, 風雲藹蔚. 凡所謂宗廟之美, 百官之富, 昭森布列, 歷歷可指. 天下有是快哉!"

풀었다고 주장하더라도 그가 풀어낸 해법이 옳다는 것을 어떻게 검증할 수 있단 말인가? 역학사에서 『주역』의 비의秘義를 푸는 데 성공했다고 선언한 천재들은 여럿 있었다. 송대宋代의 역학자 소옹邵雍은 건곤괘 「문언文言」의 "하늘보다 앞서더라도 하늘이 어기지 않으며, 하늘을 뒤따라 해도 하늘의 때를 받든다"(先天而天弗違, 後天而奉天時)라는 구절에서 단 한 번 나오는 선천先天 · 후천後天이라는 용어를 독창적으로 해석하여 64괘의 형성원리를 밝혀내었다. 그리고 명대明代의 역학자 내지덕來知德은 산속에 삼십 년 동안 은거한 끝에 「계사전」의 "착종기수錯綜其數"라는 문구에 단 한 번 언급된 착錯 · 종綜의 용어에 착안하여 '착錯'과 '종綜'의 방법론으로써 『주역』 괘의 구성 원리를 도출한 바 있었다. 정약용도 역시 그들처럼 자신감이 지나쳤던 역학자 중 한 사람이었을까? 정약용이 풀어냈다고 자신했던 그 해법은 주공이 『주역』의 효사를 지어 괘상卦象과 연계시켰던 원리와 과연 동일한 것이었을까? 타임머신을 타고 삼천 년 이전으로 돌아가서 팔괘를 최초로 제작했다고 전해지는 복희씨나 역사易詞의 저자인 문왕과 주공에게 물어볼 수도 없는 형편이고 보면 이 질문에 대답하는 것은 애당초 불가능하다. 정약용은 「우래憂來 12장章」의 한 수首에서 복희씨와 공자의 시절로 돌아가서 물어보고 싶지만 그럴 수 없어 답답해하는 심정을 토로하고 있다.

복희의 시대에 태어나지 못해    不生宓羲時
복희에게 물을 길이 없고,       無由問宓羲
중니의 시절에 태어나지 못해    不生仲尼世
중니에게도 물을 길이 없네.     無由問仲尼[4]

앤드류 와일즈에게는 그의 정리를 최종적으로 공인해 준 수학계가 있었

---

4) 「憂來十二章」, 『定本 與猶堂全書』 1, 444쪽.

지만, 남도南道의 궁벽한 유배지 강진에서 정약용이 새롭게 내놓은『주역』의 새로운 해석법에 대하여 당시의 역학계는 아무런 관심도 나타내지 않았다. 다만 형님 정약전丁若銓, 장남 정학연丁學淵, 차남 정학유丁學游, 유배지에서 만난 승려 혜장惠藏과 초의草衣, 강진에서 길러 낸 몇 명의 제자 등 정약용을 둘러싸고 있는 주변인물 몇 명만이 신학설新學說에 주목했을 뿐이었다. 그렇다면 정약용이 효변설을 통해『주역』의 부호들의 구성 원리를 밝혀내었다고 주장한 것도 아전인수我田引水의 주장에 지나지 않는 것이었을까? 필자의 생각으로는 그렇지 않다.

정약용은 건乾괘 초구初九에 나오는 "잠룡물용潛龍勿用"의 구절을「설괘전」에 입각하여 성공적으로 해석해 내었다.「설괘전」은 팔괘八卦의 기호가 갖는 의미를 설명해 놓은 일종의 상징사전象徵辭典이다. 만약 어떤 해석이「설괘전」에 설명된 기호의 상징에 부합한다면, 그것은 옳음에 대한 완벽한 증거가 되지는 못할지라도 높은 개연성(plausibility)을 지니게 된다.「설괘전」은 문왕과 주공이 기호와 역사易詞를 연계시킬 때 의존했던 일종의 '코드북'(code book)이다. 비록『주역』의 괘사卦辭와 효사爻辭를 지은 문왕과 주공은 죽고 없으나 그들이 기호와 역사를 연계시킬 때 사용했던 코드북을 활용한다면 역사易詞를 해석할 수 있는 길이 열리게 된다. 괘상의 의미는 역사易詞에 반영되어 있으므로, 역사를 해석하는 작업은 괘상의 의미를 해독하는 작업을 수반한다. 역사는 괘상과 묶여 있으므로 '계사繫辭'라고도 불린다. 이처럼 역사를 괘상과 연계시켜 놓았기 때문에, 기호의 의미도 양쪽으로 나뉘어 있다.『주역』의 퍼즐 풀기는 기본적으로 원래 하나였던 것을 둘로 나눈 부절符節을 다시 맞추어 보는 일과 같다. 마치 직소(zigsaw) 퍼즐에서 나누어진 그림 조각을 맞추어서 원래의 그림으로 합성해 내는 것처럼,『주역』의 퍼즐 풀기는 역사와 괘상을 서로 맞추어 봄으로써 이루어진다.

## 2.

정약용의 퍼즐 풀기는 『춘추좌씨전』에 빈번하게 나타나는 '모괘지모괘某卦之某卦'의 형식에 주목함으로써 시작되었다. 『춘추좌씨전』은 중국 고대의 서점筮占에 관한 기록을 담고 있는 최고最古의 문헌이기 때문에 『주역』의 서법筮法에 대해서도 매우 중요한 단서를 제공해 준다. '모괘지모괘'의 형식에서 '지之'는 관형격 조사 '의'가 아니라 '갈 지'(之)자로 쓰인다. 즉 '지之'자는 '간다'는 뜻이니, 이것은 괘가 '변동한다'는 것을 의미한다. '모괘지모괘'에서 앞의 모괘와 뒤의 모괘는 서로 다른 괘인데, 전자를 본괘本卦라 하고 후자를 지괘之卦 혹은 변괘變卦라 한다.

그렇다면 『춘추좌씨전』의 '모괘지모괘'의 형식이 의미하는 것은 무엇인가? '모괘지모괘'의 형식은 '어떤 괘가 다른 괘로 변한다', 혹은 'A괘에서 B괘로 변한다'라는 형식으로 치환될 수 있다. 어떤 괘가 다른 괘로 변하기 위해서는 효의 변화가 이루어져야 한다. 이것을 '효변爻變'이라고 부른다. 효를 변화시키기 위해서는 양획陽畫은 음획陰畫으로 변해야 하고, 음획陰畫은 양획陽畫으로 변해야 한다. 예를 들면, '건지구乾之姤'는 '건乾괘의 구姤괘'라는 뜻이 결코 아니고, '건乾괘가 구姤괘로 변한다'는 뜻이다. 마찬가지로 '건지동인乾之同人'은 '건乾괘의 동인同人괘'를 가리키는 것이 아니라 '건乾괘가 동인同人괘로 변함'을 뜻한다.

여기서 정약용은 한 가지 매우 중요한 의문을 품게 된다. 『춘추좌씨전』의 이와 같은 서례筮例는 단지 몇 개의 괘에 한정적으로 적용되는 것이 아니라 『주역』 전편全篇에 일관되게 적용될 수 있는 해석 규칙을 보여 주는 것이 아닐까? 정약용은 384효 각각의 효사 앞에 붙어 있는 '구九' 혹은 '육六'의 숫자에 주목하여 이 숫자들을 '효변을 나타내는 부호'라고 보았다. 즉

『주역』의 '구九'를 노양老陽의 기호로, '육六'을 노음老陰의 기호로 본 것이다. 노양이란 양의 변화가 극에 달하여 음으로 이미 전환된 상태를 표시하며, 노음이란 음의 변화가 극에 달하여 양으로 이미 전환된 상태를 표시한다. 이것은 대단한 발상의 전환이다. 이에 따르면 양의 부호가 있더라도 음으로 보아야 하며, 음의 부호가 있더라도 양으로 보아야 한다. 그러므로 숫자 '구九'가 표시되어 있으면 양은 양이로되 실제로는 음으로 전환된 것이며, 숫자 '육六'이 표시되어 있으면 음은 음이로되 실제로는 양으로 전환된 것이다. 여기서 중요한 것은 효사는 모두 이미 변한 괘체卦體를 중심으로 상象을 취하여 거기에 글을 붙인 것이라는 점이다. 즉 건乾 초구初九는 '건지구乾之姤' 즉 '건乾괘가 구姤괘로 변함'에 해당되니, "잠룡물용潛龍勿用"의 효사는 건乾괘가 아니라 구姤괘에 연계連繫되어 있다. 따라서 "잠룡물용"의 뜻을 건乾괘의 괘상에서 찾으려는 것은 마치 나무에서 물고기를 찾는 것처럼 잘못된 것이다. 건乾괘 초구初九에 "잠룡"이라는 말이 있는 것은 건乾괘의 초획初畫인 양이 음으로 변하여 하괘下卦가 손巽괘로 변했기 때문이다. 「설괘전」에 "손巽은 들어가는 것이다"(巽, 入也)라고 하였고, 「계사전」에 "손巽은 알맞게 맞추되 숨는 것이다"(巽, 稱而隱)라고 하였으며, 「잡괘전」에 "손巽은 엎드리는 것이다"(巽, 伏也)라고 하였으니, 모두 잠복潛伏의 뜻을 나타낸 것이다. 따라서 건乾괘 초구初九의 양효를 변화시키지 않으면 손巽의 괘상을 얻을 수 없으니 "잠룡물용"을 해석할 수 없다.

이러한 방식으로 정약용은 『춘추좌씨전』의 '모괘지모괘某卦之某卦'의 서례筮例를 『주역』 전체에 확장해서 적용시켰다. '모괘지모괘'의 형식은 『춘추좌씨전』의 몇 개의 특수한 서례에만 적용되는 것이 아니라, 384효 전체에 적용되어야 하는 일반적 서례이다. '모괘지모괘'의 형식이 다름 아닌 효변이다. 효가 변환되면 본괘本卦와 지괘之卦가 형성되므로 자연스럽게 '모괘지모괘'의 형식이 만들어진다. '구九'와 '육六'의 숫자는 효변을 표시하는 기호이다. 즉 '구九'가 붙어 있으면 양을 음으로 변환시켜야 하고, '육六'이 붙어 있으면 음을 양으로 변환시켜야 한다. 여기서 독자들은 당혹해할 것이다. 분명히 양으로 표시되어 있는데 왜 음으로 변환시켜야 하며, 분명히 음으로 표시되어 있는데 왜 양으로 변환시켜야 하는가? 양과 음은 수학의 부호로 말하자면 플러스 부호(+)와 마이너스 부호(-)와 같다. 그런데 플러스(+)로 표기해 놓은 것을 마이너스(-)로 변환시키고, 마이너스(-)로 표기해 놓은 것을 플러스(+)로 변환시킨다면 말이 되겠는가? 실제로 거의 대부분의 『주역』 해석가들도 그렇게 생각하였다. 『역학서언』의 「다산문답」에는 장남 정학연丁學淵이 한유漢儒 이래로 효변의 뜻을 아는 사람이 과연 아무도 없었는지 아버지 정약용에게 질문하는 장면이 나온다. 어쨌든 효변이 적용된 사례로 정약용이 제시한 것은 송나라 도결都潔의 『주역변체周易變體』 뿐이었다. 그 밖에도 성호星湖 이익李瀷이 『역경질서易經疾書』에서 곤坤괘 육사六四의 "괄낭무구括囊无咎"의 주注에서 효변을 적용한 사례가 있기는 하지만, 아주 사소한 예에 불과하다.

정약용은 『주역사전周易四箋』의 「사전소인四箋小引」에서 효변을 "주자의 학설"(朱子之義也)이라고 하였지만, 주희는 효변을 원리적으로만 인정했을 뿐 괘효사의 해석에는 거의 적용하지 않았다. 주희는 『역학계몽易學啓蒙』에서 "한 효가 변동하게 되면 본괘에서 효를 변화시킨 효사로써 점단占斷해야 한다"(一爻變動, 以本卦變爻爻辭占斷)라고 하였지만, 막상 『주역본의』에서 효변을 적용하여 효사를 해석한 경우는 찾아보기 힘들다. 따라서 주희가 효변을 실제로 취했다고는 볼 수 없다. 그럼에도 불구하고 정약용은 효변설이 주희의 학설이라고 주장하였을 뿐 아니라, 주희의 「구곡도가九曲棹歌」 중의 한 구절을 인용하여 효변의 전승의 맥이 끊겨 버렸음을 한탄하였으니, 이것은 어찌된 역설인가?

무지개다리(虹橋)는 한 번 끊어진 뒤 소식消息이 없고,　　　虹橋一斷無消息
일만 골짜기 천 개의 바위에 푸른 안개만 자욱하다.　　　萬壑千巖鎖翠烟5)

정약용의 효변설은 대다수 역학자들의 견해에 맞선 다산 역학의 독창적
견해이다. 필자가 정약용의 효변설을 역학사에서 발생한 코페르니쿠스
혁명(Copernican Revolution)이라고 부른 이유가 바로 여기에 있다. 대부분의 사람
들이 옳다고 주장하는 것에 맞서기 위해서는 단호한 확신과 엄청난 용기가
필요하다. 진리의 길을 가기 위해서는 다른 사람들로부터 미친 사람이라고
손가락질당하는 수모마저도 감수해야 한다. 정약용은 「우래憂來 12장」에서
그 고독한 심정을 다음과 같이 토로하고 있다.

천 명이 술에 취해 떠드는 속에　　　　　　　酗諄千夫裏
단정한 선비가 한 사람 의젓하게 있는데,　　端然一士莊
천 명이 모두 손가락질하며　　　　　　　　千夫萬手指
이 한 선비를 가리켜 미쳤다고 한다네.　　　謂此一夫狂6)

정약용이 「우래 12장」을 지은 시기는 『주역사전』 갑자본甲子本을 저술한
1804년쯤으로 추정된다. 이때는 잠심완색潛心玩索 끝에 알아낸 효변의 원리
를 384효에 실험적으로 적용하고 있었을 시기이다. 위의 시구에서 '한
선비'(此一夫)란 정약용 본인을 가리키는 말임이 분명하다. 정약용이 효변설을
주장하며 다른 사람들과 맞설 수 있었던 것은 그만큼 강한 확신을 가지고
있었기 때문이다. 『춘추좌씨전』에 나오는 '모괘지모괘某卦之某卦'의 서례들
은 효변설에 대한 너무나 확실하고도 명백한 증거였다. 따라서 이 서례들을
한 번만이라도 차분하게 생각해 본다면, 심지어 어린 아이라고 하더라도
쉽게 깨달을 수 있을 것이라고 정약용은 말한다.

---

5) 「與尹畏心」, 『定本 與猶堂全書』 4, 130쪽.
6) 「憂來十二章」, 『定本 與猶堂全書』 1, 444쪽.

3.

    효변은 역사易詞를 해석할 수 있는 매우 강력하고도 유용한 해석도구임에 틀림없다. 그러나 그것만으로 퍼즐이 모두 풀릴 수 있는 것은 아니다. 괘상의 변동을 설명하는 원리로는 효변 이외에도 '추이推移'가 있다. 추이는 '모괘자모괘래某卦自某卦來', 혹은 'x괘는 y괘로부터 변한다' 등의 공식으로 표현될 수 있다. 추이는 역학사적으로 괘변卦變이라는 이름으로 전승되어 내려온 상수학적 방법론이지만, 정약용은 소과小過·중부中孚의 두 괘를 벽괘辟卦에 추가함으로써 더욱 정교한 형태로 발전시켰다.

    효변과 추이가 갖추어지자, 정약용은 양자兩者를 결합하여 괘상卦象이 역동적으로 변화하는 모습을 구현할 수 있었다. 상괘上卦와 하괘下卦를 조합하여 중괘重卦를 만드는 방식을 통해서는 괘상卦象의 단조롭고 정지된 모습 이외에는 관찰할 것이 없다. 「계사전」에 "두루 (천지사방의) 육허六虛에 유전流轉하니, 위아래로 오르내림에 일정함이 없다"(周流六虛, 上下无常)라고 하였으니, 괘卦가 추이하지 않고 효爻가 변동하지 않는다면 그것은 '변화의 서書'에는 어울리지 않는 죽은 법(死法)에 불과하다. 「설괘전」의 설명에 의거해서 괘상을 해석하더라도 착오가 발생하는 이유는 괘효卦爻가 변동하는 것을 고려하지 않고 괘상을 정태적으로만 해석하려 하기 때문이다. 따라서 역사易詞의 해석을 위해서는 괘효의 변동을 추적하는 정교한 해석방법을 필요로 한다. 정약용이 개발한 추이와 효변이 바로 이러한 해석방법에 해당된다.

    그 다음으로 괘상의 변동과는 관계없지만 '호체互體'라는 해석원리가 있다. 이것은 6획괘의 중간에서 괘를 취하는 방법이다. 하괘下卦와 상괘上卦가 결합하여 중괘重卦가 이루어지면 2·3·4위와 3·4·5위에서도 각각

3획괘가 생겨나기 때문에 중간에서 호괘互卦를 취할 수 있다. 호체를 취하게 되면 상象을 취하는 범위가 크게 확장되어 역사의 해석에서도 융통성을 발휘할 수 있게 된다.

마지막으로 '물상物象'의 원리를 들 수 있다. 이것은 역사易詞를 해석할 때에는 철저히 괘상과 연계해서 해야 하며, 괘상의 의미는 「설괘전」의 설명에 의거해서 해석되어야 한다는 원칙을 가리킨다. 정약용은 역사를 해석할 때 괘상과 연계해서 행해야 한다는 상수학의 기본원칙을 철저히 고수하고 있다.

이렇게 해서 추이推移·효변爻變·호체互體·물상物象이라는 네 가지 해석방법이 갖추어졌다. 『주역사전』의 '사전四箋'이란 이 네 가지 핵심원리를 가리키는데, 역리사법易理四法이라고도 불린다. 정약용은 상수학의 전통에서 유래된 이 네 가지 방법적 도구들을 더욱 정밀하게 발전시킴으로써 『주역』의 고대적 원형原形을 복구시키는 데 한 발 더 다가서게 된다.

정약용은 위의 네 가지 해석원리를 적용하여 마침내 역주易注를 완성하였으니, 1804년에 펴낸 『주역사전周易四箋』 갑자본甲子本(8권)이 그것이다. 갑자본을 펴낸 이후에도 그는 『주역사전』의 수정작업을 계속 진행하여, 1805년에 을축본乙丑本(8권), 1806년에 병인본丙寅本(16권), 1807년에 정묘본丁卯本(24권)을 펴내고, 1808년에 최종적으로 무진본戊辰本(24권)을 완성하였다. 그 과정에서 분량 또한 계속 늘어나서, 갑자본·을축본 때에는 8권이었던 것이 병인본 때에는 16권이 되고 다시 정묘본·무진본에서는 24권이라는 방대한 양이 되었다. 갑자본에서 무진본에 이르기까지 네 번의 개정을 거쳐 다섯 차례 책을 만들었으니, 정약용의 저술 경력에서 이처럼 심혈을 기울인 예는 그 이전에도 없었고 또 그 이후에도 없었다. 이렇게 해서 탄생된 『주역사전』을 그는 "하늘의 도움으로 만들어 낸 문자"(天助之文字)라고 불렀다. 그는 「두 자식에게 주는 가계」(示二子家誡)에서 자식들에게 다음과 같이 당부하고 있다.

『주역사전』은 그야말로 내가 하늘의 도움을 얻어 지어낸 문자이다. 사람의 힘으로 통할 수 있거나 사람의 생각으로 도달할 수 있는 바가 결코 아니다. 이 책에 마음을 가라앉혀 깊이 생각해서 그 속에 담긴 오묘한 이치를 모두 통할 수 있는 사람이 있다면 그는 바로 나의 자손이나 친구가 되는 것이니, 그런 사람이 천 년에 한 번 나오더라도 배 이상 정을 쏟아 애지중지할 것이다.[7]

정약용은 500여 권이 넘는 자신의 저술들 중에서 최고의 역작으로 『주역사전』과 『상례사전』의 두 책을 꼽았다. 그것은 이 두 저술이 하늘의 도움(天助)을 받아 펴 낸 문자라는 확신이 있었기 때문이었다. 따라서 그는 "이 두 책을 전습(傳襲)해 갈 수만 있다면 나머지 책들은 없애 버려도 좋다"[8]라고 말하기도 하였다. 군자가 저서를 세상에 남기는 까닭은 단 한 사람이라도 자신을 알아주는 사람이 있기를 바라기 때문이다.[9] 그러므로 정약용은 자기가 죽은 후에 자식들이 제사를 지내주기보다는 차라리 자신의 저서 한 줄이라도 읽고 그 뜻을 이해해 주기를 바랐다.

내가 죽은 뒤에 아무리 정결한 희생(犧牲)과 풍성한 안주를 차려놓고 제사를 지내 준다 하더라도 내가 진정으로 흠향하고 기뻐하는 것은 내 책 한 편을 읽어 주고 내 책 한 장을 베껴 주는 일보다는 못하게 여길 것이니, 너희들은 그 점을 기억해 두어라.…… 만약에 (내가 쓴 이 두 저서를) 정밀하게 사고하고 꼼꼼히 살펴 그 오묘한 뜻을 알아주는 사람이 있다면 뼈에 살이 돋고 죽은 목숨이 살아나는 일이다. 천금(千金)의 대가를 주지 않더라도 받은 것으로 여기고 감지덕지하겠다.[10]

---

7) 「示二子家誡」, 『定本 與猶堂全書』 4, 27쪽, "周易四箋, 是吾得天助之文字. 萬萬非人力可通智慮所到. 有能潛心此書,. 悉通奧妙者, 即子孫朋友. 千載一遇, 愛之重之, 當倍常情."

8) 「示二子家誡」, 『定本 與猶堂全書』 4, 27쪽, "即此二部, 得有傳襲之餘, 雖廢之可也."

9) 「示二子家誡」, 『定本 與猶堂全書』 4, 32쪽, "君子著書傳世, 唯求一人之知."

10) 「示二子家誡」, 『定本 與猶堂全書』 4, 27쪽, "吾死之後, 雖潔其牲薦, 豐其殽蔌 以祭以祀, 吾之歆悅, 不如讀吾書一編, 鈔吾書一章.……有能精思密察, 得其奧妙者, 此肉骨生死, 千金不授, 感之德之, 如有受賜."

이처럼 정약용은 먼 훗날 단 한 사람이라도 자기가 쓴 저서의 진정한 가치를 알아주기를 간절히 바랐다. 정약용은 「자찬묘지명自撰墓誌銘」에서 자신의 호를 사암俟菴이라고 하였는데, 이는 『중용』의 "백세를 기다려 성인이 와도 의혹되지 않는다"(百世以俟聖人而不惑)라는 구절에서 취한 것이다. 이로써 미루어 본다면, 그에게는 백세 이후에 성인이 다시 나타난다고 하더라도 자신의 말을 바꾸지 않을 것이라는 확고한 신념이 있었음을 알 수 있다. 정약용이 「고시이십사수古詩二十四首」 중 제14수에서 "군자는 바깥의 사물을 좇지 않으니⋯⋯ 백세라도 나는 기다릴 것이다"(君子不隨物⋯⋯百世吾可俟)라고 한 것이나 그가 44세 되던 해인 1805년에 보은산방寶恩山房에서 쓴 시에서 "전적 안에 온 힘을 쏟아 부어, 백세 뒤를 기다릴 것이다"(竭力典籍內, 以俟百世後)라고 한 것도 역시 같은 맥락에서 이해될 수 있다.


4.


『주역사전』의 해석방법들은 정약용에 의해 창작된 것이 아니라 대부분 상수학象數學의 전통에서 유래된 것이다. 추이推移 즉 괘변卦變은 한유漢儒들이 사용했던 해석방법이며, 호체互體는 한유들뿐만 아니라 『춘추좌씨전』의 관점官占에서 사용된 바 있다. 반면에 효변爻變의 경우에는 한유들이 이 방법을 사용했다는 확실한 증거를 찾을 수는 없었으나, 정약용은 『춘추좌씨전』의 관점官占에 대한 연구를 통해 춘추시대에 이미 효변의 방법을 사용하여 역사易詞를 해석했음을 밝혀 내었다. 『사고전서총목제요四庫全書總目提要』의 「역류易類·서序」에서는 "『춘추좌씨전』에 쓰인 점법은 태복太卜이 후세에 전한 방법이며, 한유들이 상수象數를 말한 것은 그 옛적으로부터 그렇게 멀지 않은 것을 전승한 것이다"[11]라고 말하고 있다. 이로써 미루어 본다면 한유의 상수학적 방법론들은 『주역』의 점술과 밀접한 관련을 맺고 있음을 알 수 있다.

정약용이 효변을 지지하는 증거로 제시한 가장 오래된 문헌은 『춘추좌씨전』의 관점 기록이었다. 그러나 오늘날 우리는 정약용이 전혀 알지 못했고 알 수도 없었던 출토자료들을 참조할 수 있다. 장정랑張政烺은 출토자료 중에서 두 개의 숫자괘가 한 조組를 이루고 있는 점서례占筮例들을 발견하였다. 1978년 봄 초국楚國의 고도故都 기남성紀南城 부근의 천성관天星觀 1호 초묘楚墓에서 전국시대 중기(BC350년 전후)의 유물인 죽간竹簡 70여 점이 출토되었는데, 그 중에는 8조 16괘가 배열되어 있는 숫자괘가 있었다. 그 밖에 신채갈릉초간新蔡葛陵楚簡, 포산초간包山楚簡, 안양安陽 소둔小屯의 도편陶片 등에서도 이처럼 좌우 두 괘가 병렬되어 양괘일조兩卦一組의 배열을 취하고 있는 숫자괘들이 출토되었다. 이러한 배열방식은 앞의 괘가 본괘本卦이고, 뒤의 괘가 그것을 효변시켜서 발생시킨 변괘變卦 즉 지괘之卦일 가능성을 강력히 시사한다. 뿐만 아니라 요명춘廖名春은 마왕퇴馬王堆 백서帛書『주역』에서도 효변설이 발견된다는 점을 지적하였다. 백서본帛書本『역전易傳』의 「무화繆和」편에는 "겸지초육嗛之初六, 겸지명이야嗛之明夷也"라고 하는 구절이 나온다. 그런데 백서본帛書本의 겸嗛괘는 통행본의 겸謙괘에 해당되니, '겸지명이嗛之明夷'는 곧 '겸지명이謙之明夷'이다. 이때 본괘本卦는 겸謙괘가 되고, 겸謙괘의 초육初六에서 효변을 발생시켜 지괘之卦인 명이明夷괘를 만든 것이 된다. 이러한 서법筮法은 『좌전』과 『국어』에 나타난 '모괘지모괘某卦之某卦'와 같은 유형의 서법筮法임이 분명하다.

호체설의 경우에도 최근의 출토자료를 통해 그 근거가 제시되고 있다.

---

11) 『四庫全書總目提要』, 經部, 「易類·序」, "左傳所記諸占, 蓋猶太卜之遺法, 漢儒言象數, 去古未遠也."

장정랑은 호체설의 근거를 은허殷墟의 복사卜辭에까지 거슬러 찾고 있다. 은허의 복사에서는 숫자괘들이 다량으로 발견되었는데, 그 가운데에는 4개의 수가 모여서 한 조가 된 것이 있었다. 장정랑은 4개의 수의 조합이 초효初爻와 상효上爻를 생략한 것으로서 호체에 해당되는 것이라고 추정하였다. 그 밖에 은허와 소둔남지小屯南地의 갑골에서도 4개로 구성된 숫자괘가 발견되었다. 장정랑은 복골卜骨의 숫자를 금본今本『주역』의 괘명에 맞추어 넣어서 그 괘명을 추정하려고 시도하였다. 그의 시도가 무리한 추정임은 분명하지만, 어쨌든 네 개의 숫자로 된 괘가 호괘를 가리킬 가능성을 제시하였다는 데 의의가 있다.

이러한 출토자료들은 정약용의 해석방법의 진위眞僞를 가려 줄 수 있는 실증적 근거를 제시해 준다는 점에서 매우 중요하다. 그러나 이러한 고고학적 자료들이 고대의 서법筮法을 해명할 수 있는 완벽한 증거가 되는 것은 아니다. 향후 새로운 고고학적 증거들이 계속 출토되면, 모든 의혹을 헤치고 보다 유력한 가설을 수립하는 데 이르게 될 것이다.


5.


『주역사전』의 진정한 가치를 알아주고 그 출간에 열렬한 헌사獻詞를 바친 인물로 손암巽庵 정약전丁若銓이 있었다. 당시 흑산도에 유배되어 있던 정약전은 바다 건너 강진에서 아우가 보내 준 『주역사전』의 초고를 읽어 본 뒤 "(伏羲氏・周文王・孔子의) 세 성인의 마음속 은미한 뜻이 이제야 찬란히 밝아졌다"(三聖心微, 今粲然明矣)라고 말하면서 기뻐하였다. 그는 『주역사전』의 출현을 "정말로 삼천 년 이래 처음 보는 문장"(實是三千年來, 初見文字)이라고 말하면서 반겼다. 아우가 초고를 다시 고쳐서 보내자 정약전은 이번에는 다음과 같이 평하였다. "처음 보낸 초고가 동쪽 하늘에 떠오르는 샛별이었다면, 지금 고쳐서 보낸 원고는 태양이 중천에 뜬 것 같다네!"(初藁如曙星東出, 今藁如太陽中天) 정약전은 강진에 있던 아우와 서신을 교환하면서 『주역사전』에 대한 자신의 평론을 남겼고, 정약용은 그것을 모아 「자산역간玆山易柬」이라는 제목으로 묶어서 『역학서언』에 보존하였다. 형제지간兄弟之間에 팔이 안으로 굽는 이치야 감안해야 되겠지만, 「자산역간」은 『주역사전』에 대한 최초의 학술적 평가라는 점에서 대단히 중요한 자료이다. 정약전이 『주역사전』에 대해 남긴 평가를 보면 다음과 같다.

> 대저 그대는 역학易學에 있어 긴 밤의 샛별이라 하겠거니와, 특히 소과小過괘와 중부中孚괘의 의미를 밝혀낸 것은 그 공이 더욱 크다. 내가 그대의 형인 것이 또한 만족스럽다.[12]

> 『주역사해周易四解』가 그 어느 부분도 장관이 아닌 것이 없으나, 「시괘전蓍卦傳」에 이르러서는 더욱 뛰어나게 기묘한 문자이다. 구九·육六의 변론에 이르러서는 기기묘묘奇奇妙妙해서 한 구절 한 글자마다 거의 귀신이 내려주고 가르쳐 준 것 같아서 무어라 형용할 방법이 없다. 미용美庸(정약용의 字)이 어떤 신령한 마음을 품었기에 이토록 오묘한 깨달음에 이르렀는지 알지 못하겠다. 이 글을 읽은 사람으로 하여금 곧바로 미친 듯이 부르짖고 흐드러지게 춤이라도 추고 싶도록 만든다.[13]

그러나 정약전은 『주역사전』이 마치 기하서幾何書를 읽는 듯한 느낌을 준다고 생각하였다. 그가 『주역사전』을 읽고 난 뒤에 유클리드(Euclid)의

---

12) 「玆山易柬」, 『易學緒言』, 『定本 與猶堂全書』 17, 302쪽, "大抵君之於易, 可謂長夜曙星. 而至於 發出小過中孚之義者, 其功尤大矣. 吾爲君之兄亦足矣."
13) 「玆山易柬」, 『易學緒言』, 『定本 與猶堂全書』 17, 305쪽, "又曰周易四解, 孰非壯觀, 而至於蓍卦 傳, 尤是絶奇文字. 至於九六之辨, 妙妙奇奇, 言言字字, 殆如神授鬼指, 不可名狀. 不知美庸以何 靈心妙悟至此也. 令人直欲狂叫亂舞也."

『기하원본幾何原本』을 떠올렸던 것은 그 난해함 때문이었다. 정약전은 기하학 서적을 읽을 때에는 고요한 가운데 이치를 헤아리지 않으면 이해할 수가 없는데, 그것은 『주역사전』을 읽을 때에도 마찬가지라고 하였다.

> 『역전易箋』은 이전以前의 견해와 비교해 볼 때 먼동 틀 무렵을 밝은 대낮에 비교하는 것 같으니, 유쾌하고 유쾌하다. 다만 그 글이 읽기 어려운 것은 마치 기하서와 같아서 지극히 고요한 마음이 아니면 탐구할 수 없다.[14]

정약전이 기하학에 심취해 있었다는 사실은 정약용이 「선중씨묘지명先仲氏墓誌銘」에서 "『기하원본』을 연구하여 심오한 이치를 분석하였다"(究幾何原本, 剖其精奧)라고 평했던 것에서도 드러난다. 클라비우스(Clavius)는 유클리드의 『기하학원본』(Stoicheia) 13권 중에서 앞의 6권을 교정하여 『기하원본』(Euclidis Elementorum Libri)이라는 제목으로 출판한 바 있는데, 정약전이 읽은 『기하원본』은 클라비우스의 교정판을 마테오리치(Matteo Ricci)가 구역口譯하고 서광계徐光啓가 한문으로 정리한 것이었다. 유클리드의 방법은 직관적으로 인지되는 공리公理(axiom)를 참된 것으로 인정한 다음에 그 공리로부터 정리定理(theorem)를 연역적으로 도출한다. 『주역사전』에서는 유클리드 기하학에서처럼 직관적으로 옳다고 인정되는 공리는 존재하지 않는다. 그러나 해석규칙을 먼저 정립한 다음에 그 규칙의 체계에 의거해서 정연한 해석을 이끌어 내는 『주역사전』의 방식은 기하학의 증명방식을 떠올리게 하는 측면이 있다. 정약용은 일관된 해석규칙을 제시하고 이를 토대로 질서정연한 해석을 이끌어 냄으로써 역사易詞의 자의적恣意的 해석을 최대한 배제하였다. 「괄례표括例表」·「독역요지讀易要旨」·「역례비석易例比釋」 등은 괘상과 역사의 해석을 위한 규칙의 일람표이다. 사실 방법적 체계를 중시하는 해석은

---

14) 「巽菴書牘·寄茶山」, 『與猶堂集』 24, 續集 4, "易箋, 比之前見, 如昧爽之於丁午, 快哉快哉! 但其書之難讀, 如幾何書, 非至靜莫可尋究."

다산역의 가장 큰 장점 중의 하나이다. 다산역의 해석체계가 고도의 정합성을 지닌 것처럼 여겨지는 것도 바로 이처럼 일관된 체계 때문이다.

그러나 다산역의 체계가 완벽하게 정합성을 유지하고 있는 것은 아니다. 정약용의 추이설에 따르면 연괘衍卦는 오직 벽괘辟卦로부터 변하고 벽괘는 연괘로부터는 변할 수 없다. 그러나 정약용은 중부中孚괘와 소과小過괘가 벽괘임에도 불구하고 각각 연괘인 리離괘와 감坎괘로부터 변하는 것을 허용하였다. 즉 중부괘는 리괘로부터 변하고 소과괘는 감괘로부터 변한다. 정약용은 두 경우가 '특특비상지례特特非常之例'에 해당되기 때문에 예외적으로 허용되어야 하며, 거기에는 언어로 전달되기 힘들 정도로 심오한 이치가 함축되어 있다고 주장하였다.

> 중부中孚괘가 리離괘로부터 변하고 소과小過괘가 감坎괘로부터 변하는 것은 특특비상지례特特非常之例이기 때문에 그 정의묘지精義妙旨는 도저히 말로써 전달할 수 없다.[15]

필자로서는 두 괘가 왜 특별히 예외가 되어야 하며, 또 그 정의묘지精義妙旨가 무엇인지 도저히 짐작조차 할 수 없다. 어쨌든 예외를 허용함으로써 체계의 정합성이 파괴된 것은 매우 유감스럽다.


6.


『주역』은 지금으로부터 삼천 년 전의 중국을 무대로 해서 탄생된 경전이다. 반면에 서구의 기호학은 현대 지식의 최전선最前線에 배치되어 있는

---

15) 「朱子本義發微」, 『易學緖言』, 『定本 與猶堂全書』 17, 138쪽, "至於中孚之以離變, 小過之以坎變, 此, 特特非常之例, 其精義妙旨, 不可以言傳也."

인문학이다. 이처럼 엄청난 시공간의 간격을 건너뛴 만남이 가능할 것인가? 그리고 설령 만난다고 하더라도 과연 의미 있는 대화를 교환할 수 있을까? 그러나 점술占術이 동양과 서양에서 모두 기호학의 기원을 형성하고 있다는 사실을 알게 된다면 어색한 만남에 대한 의심은 어느 정도 해소될 것이다. 고대 로마의 정치가 키케로(Cicero)는 『점술에 관하여』(De Divinatione)라는 책에 서, 세련되고 유식한 사람이든지 혹은 야만적이고 무식한 사람이든지 간에 점술을 통해 미래를 예견할 수 있다고 생각하지 않는 사람을 보지 못했다고 말하였다. 고대 로마인들은 미래의 사건들에 관해 말해 주는 특별한 기호들이 존재하며, 어떤 특정한 부류의 사람들은 미래의 사건들이 발생하기 전에 그 기호들을 인식하는 능력을 지니고 있다고 믿었다. 이와 유사하게 정약용은 「역론易論」에서 복서卜筮를 불확실한 미래에 대해 불안 을 느낀 인간이 상제上帝를 통하여 계시를 얻고자 하는 행위로 정의하였다. 이러한 정의에 따르면 복서는 고대인들의 생활세계에서 초월적 절대자와 소통하기 위한 필수적 매개체였다.

그러나 서구의 기호학에서 점술이라는 태생학적 계보는 지식의 고고학 의 계보에서 망각되어 버린 채 아주 오래된 과거의 한 구석에 자리하고 있을 뿐이다. 반면에 『주역』의 기호학은 고대 점술의 원초적 형태가 크게 손상되지 않은 형태로 오늘날까지 계승되고 있다. 『주역』은 점술에 기반을 두고 있고, 그 기호학적 성격은 점술과 밀접한 관련을 맺고 있다. 점서를 통해서 괘상卦象의 기호를 얻게 되면, 그 기호의 의미를 해독하기 위한 해석기술이 필요하다. 따라서 『주역』이 괘상의 부호를 사용하는 한에 있어 서 기호학의 관점을 통해 『주역』을 이해하는 것은 충분히 의미 있는 접근이 된다.

그렇다면 서구 기호학의 관점을 『주역』에 접목시켜 『주역』의 기호학적 본성을 이해해 보기로 하자. 기호에 대한 고전적 정의는 미국의 기호학자

찰스 샌더스 퍼스(Charles Sanders Peirce)에 의해서 주어졌다. 퍼스의 정의에 따르면 "기호 혹은 표상체는 어떤 측면이나 능력에 있어서 어떤 사람에게 어떤 대상을 대표할 수 있는 어떤 것"(sign, or representamen, is something which stands to somebody for something in some respect or capacity)이다. 『주역』에서 기호(sign) 혹은 상징(symbol)에 상응하는 용어는 상象인데, 정약용은 '상'이 실재하는 어떤 대상의 모습을 모사함으로써 만들어진다고 보았다. 그런데 모사模寫는 실재의 모습을 본떠서 실재와 비슷하거나 닮은 형태로 재현해 낸다. 이러한 기호학적 관점을 모사설模寫說 혹은 사실주의寫實主義로 정의할 수 있다. 모사설의 관점에서 보면, 모사되는 대상은 당연히 모사행위 이전에 실재하지 않으면 안 된다. 만일 기호가 실재의 모사에 의해 만들어진 것이라면, 모사할 대상이 없는 채로 기호만 혼자 존재한다는 것은 있을 수 없다. 따라서 모사설에서는 모사의 전제조건으로서 기호에 대응되는 외부세계의 대상을 요구한다. 정약용은 모사설의 관점을 엄격하게 유지하려고 했기 때문에 용龍과 같이 상상 속에서만 존재하는 전설적 동물도 실존했다고 주장하였다. 그러나 정약용은 사실주의적 관점에 지나치게 집착함으로써 기호에 상상력을 침투시킬 여지를 원천적으로 차단하고 있다.

그러면 이러한 모사설의 관점을 현대 프랑스의 사회학자 보드리야르(Jean Baudrillard, 1929~2007)의 '시뮬라시옹'(simulation)과 '시뮬라크르'(simulacres) 개념을 통해 이해해 보기로 하자.

보드리야르는 실재가 파생실재로 전환되는 과정을 '시뮬라시옹'이라고 부르고, 실재의 인위적인 대체물을 '시뮬라크르'라고 불렀다. 프랑스어 '시뮬라시옹'은 '흉내 낸다'는 뜻의 라틴어 '시뮬라레'(simulare)에서 유래한 명사인데, '시뮬라레'는 '비슷하다', '유사하다'라는 뜻의 '시밀리스'(similis)에 어근을 두고 있다. 어원적으로 분석한다면, '시뮬라시옹'이란 결국 실재하는 대상이나 사태 혹은 과정의 특징을 흉내 내어 모사함으로써 그 실재와 유사한(similis) 형태를 만들어 내는 행위를 의미한다. 요컨대 '시뮬라시옹'이란 실제로 존재하는 대상이나 사태 혹은 과정의 특징을 흉내 냄으로써 그 실재와 유사한 형태를 만들어 내는 모사행위이다. 따라서 '시뮬라시옹'이란 결국 유사실재類似實在와 원본原本이 되는 실재와의 관계에서 발생하는 행위라고 할 수 있다.

『역경』의 부호도 역시 실재를 모사함으로써 만들어진 '실재와 유사한(similis) 형태'라는 점에서 유사실재의 성격을 지닌다. 정약용이 「역론」을 통해 전개하고 있는 괘상의 개념도 '시뮬라시옹'의 개념과 아주 비슷하다. 정약용은 기호체계를 일종의 모의실험을 위한 모형(model)으로 간주하였다. 정약용에 따르면, 괘란 대상에 대한 가장 그럴듯한 모사로서 제작된 기호의 매개체이며, 어떤 특정한 사물을 대신하여 실재하는 대상인 것처럼 기능한다. 기호의 매개체는 그것을 통해 상징하려 하는 대상의 형태적 특징들을 모사함으로써 만들어진 모의실험模擬實驗의 도구이다. 『주역』의 팔괘는 말, 소, 수레, 궁전의 방, 창을 든 병사, 활과 화살 등 어떤 실재하는 대상을 모사하여 만들어진 기호이다. 그런데 기호적 상징물들을 통해 대상들의 실제적 성격을 재현하기 위해 기호는 원래의 대상들이 작동되는 형태 혹은 기능을 흉내 내어 모사하게 된다. 예컨대 우마牛馬가 나아가는 모습이나 활로 화살을 쏘는 광경이 있다면, 우牛·마馬·궁弓·시矢 등을 모사해서 만들어진 괘상은 기호체계의 게임규칙 속에서 마치 현실 속의 소·말·활·화살 등의 운동방식을 모방함으로써 표현된다. 장기將棋와 같은 놀이를 생각해 보면 기호의 모의실험적 기능을 쉽게 이해할 수 있다. 장기는 초패왕楚霸王 항우項羽(BC.232~BC.202)와 한왕漢王 유방劉邦(BC.247?~BC.195)의 진영 사이에 벌어졌던 초한전楚漢戰을 모의模擬해서 만들어진 일종의 전쟁 게임(war game)이다. 각 진영은 한 개의 장將, 한 짝의 차車·포包·마馬·상象·사士, 및 다섯 개의 졸卒(혹은 兵) 등 모두 16개의 기물棋物로 구성된다.

장기將棋의 기물은 현실의 대상을 모사해서 만들어진 시뮬라크르(simulacre)인데, 이러한 시뮬라크르를 사용하여 초나라와 한나라 사이의 전투를 가정해서 모의전투를 벌일 수 있다. 중요한 것은 이때 실제 대상에 대한 기호적 대체물들이 마치 실제 대상이 현실에서 움직이듯이 작동해야 한다는 점이다. 차車는 전차戰車를 모방한 것이니, 직선 방향으로는 어디든지 갈 수 있으나 장애물을 넘을 수는 없다. 포包(중국 장기에서는 砲 혹은 炮)는 공성전攻城戰에서 쓰이던 투석기投石器 혹은 쇠뇌를 모방한 것인데, 직선 방향에 있는 다른 기물棋物을 넘어가서 상대방 기물棋物을 획득한다. 마馬는 차車의 옆에 배치되어 적진 깊이 들어가서 공격하거나 상대를 방어하는 데 사용된다. 그런데 직선 방향으로 한 칸 움직였다가 다시 대각선 방향으로 한 칸 가는 마馬의 행보行步는 마치 말의 종횡무진한 활약을 보는 것 같다. 상象은 기본적으로는 마馬와 비슷하게 움직이지만 같은 대각선 방향으로 한 칸 더 간다는 차이점이 있다. 상象의 행보는 마치 코끼리의 움직임처럼 둔중鈍重하며, 이동하기에 까다롭다. 병兵과 졸卒은 한 걸음씩 움직이는 보병부대의 행보처럼 한 번에 한 칸밖에 움직이지 못한다. 그리고 장將은 궁실 밖으로 직접 나가서 전투를 벌이기보다는 궁실 안에 거처하면서 군대를 지휘해야 한다. 장기는 자기편의 장將을 상대방의 공격으로부터 방어하고 상대편의 장將을 잡음으로써 최종적으로 승리하게 된다.

시뮬라크르는 실재를 원래 모습에 근사近似하게 모사해 낸다. 따라서 시뮬라시옹을 통해 만들어지는 유사실재는 사실의 정확한 반영에 가깝다. 그러나 유사실재는 처음에는 사실의 반영이었으나 나중에는 사실을 감추고 변질시키며 최후에는 사실과 무관한 단계로 진화하게 된다. 따라서 보드리야르의 시뮬라크르는 전통적인 재현(representation) 체계 속의 이미지(image)와는 달리 흉내 낼 대상이 없는 이미지이며, 그 원본原本이 반드시 존재하는 것은 아니다. 이 원본 없는 이미지가 현실을 대체하고, 현실은 이 이미지에 의해서 지배받게 된다. 아마도 '시뮬라시옹'이 최초로 형성될 때에는 실재의 원상原狀을 반영한 복제모형(replica)이었을 것이다. 그러나 시간이 경과함에 따라 그것은 원래 지칭하던 구체적 실재로서의 대상으로부터 점차 멀어지기 시작한다. 그러므로 실재로부터 분리된 '시뮬라시옹'은 더 이상 실재와 연결될 수 있는 끈을 갖지 않게 된다. 이렇게 해서 '시뮬라시옹'은 원본을 갖지 않는 실재, 즉 파생실재(hyper-real)가 된다. 파생실재는 처음에는 사실의 반영이었으나, 나중에는 사실을 감추고 변질시키며, 마침내 사실과 무관한 단계로 진화하게 된다.

이와 유사한 사태가 『주역』의 시뮬라크르에서도 발생한다. 『주역』의 우주론을 표현하는 주요 기호인 태극太極·양의兩儀·사상四象도 시대에 따라서, 그리고 그것을 해석하는 사상가에 따라서 그 의미가 변화되어 왔다. 기호들의 의미가 이처럼 다양하게 해석되고 있다는 사실 그 자체가 기호의 의미가 원제작자의 본래 의도와는 상관없이 새로운 진화과정을 겪고 있음을 시사해 준다. 『주역』의 기호 또한 원래는 유사실재였으나, 점차로 실재로부터 멀어져 가는 과정을 거치게 된다. 기호가 처음 제작될 때 있던 기호와 의미 사이의 원초적 연관은 오랜 세월이 경과하면서 점차로 잊히고, 기호에는 원제작자가 의도하지 않았던 의미가 덧붙여지기 시작한다. 이에 따라서 기호의 의미는 그것의 산실産室이었던 역사적 공간에서 떨어져 나와 상상력의 공간 속에서 자유롭게 떠다니게 된다.

하도河圖와 낙서洛書의 경우는 '지시체–의미'와 '기호'를 묶고 있던 결속 관계가 해체되어 기호의 본래적 의미가 완전히 망각된 극단적 예에 속한다. 하도와 낙서에 대한 최초의 언급은 『상서尚書』 「고명顧命」의 "하도는 동서東序에 있다"(河圖在東序)라는 구절이다. 또 『주역』 「계사상전繫辭上傳」에 "황하에서 도圖가 나오고 낙수洛水에서 서書가 나오자, 성인이 그것을 본받았다"(河出圖,

洛出書, 聖人則之)라는 말이 있고, 『논어』「자한子罕」편에도 "공자께서 말씀하셨다. '봉황도 이르지 않고 황하에서 도圖도 나오지 않으니, 나는 이제 끝났구나'(子曰, 鳳鳥不至, 河不出圖, 吾已矣夫)라는 언급이 있다. 그러나 송대 이전에는 하도·낙서는 단지 문자文字로만 기술되었을 뿐 도상圖象으로 표현된 적은 없었다. 그러다가 도사道士 진단陳搏이 나와서 하도·낙서를 도상으로 표현한 이후로, 하도는 복희씨 때 황하에서 용마가 지고 나왔다는 55개의 흑백점으로 이루어진 10개의 무늬를 가리키고, 낙서는 하나라 우왕이 홍수를 다스릴 때 낙수의 거북의 등에 있었다는 45개의 흑백점으로 이루어진 9개의 무늬를 가리키는 것으로 간주되었다. 그 이후에 다시 소옹邵雍이 하도·낙서의 수를 선천先天·후천後天의 개념과 연관시킴으로써 마치 거기에 우주변화의 원리가 포함되어 있는 것처럼 간주되었다.

그러나 하도河圖와 낙서洛書를 도상圖象으로 간주하는 학설은 모두 송대宋代의 진단陳搏 이후에야 비로소 확고해진 견해라는 것을 인식하는 것이 무엇보다도 중요하다. 황종희黃宗羲는 상고시대에 설령 하도·낙서라고 불리던 것이 있었다고 하더라도 그것이 과연 후대에 나타난 것과 같은 것인지 고증할 수 없다고 주장하였다. 이것은 기호의 본래적 의미, 즉 원본原本이 무엇인지 확실하지 않은 상태에서 파생실재가 계속 만들어지는 경우에 해당된다고 볼 수 있다. 청대 고증학의 영향을 강하게 받은 정약용이 황종희의 견해를 계승한 것은 당연한 일이었다. 정약용은 『역학서언』에서 하도에 대한 비판적 견해를 다음과 같이 내비친다.

55개의 점으로 된 용마의 문文은 대개 희이공希夷公 진단陳搏이 손수 만든 것이지, 한漢·위魏로부터 전해진 옛 물건(古物)이 아니다.[16]

---

16) 「鄭康成易註論」, 『易學緖言』, 『定本 與猶堂全書』 17, 69쪽, "五十五點龍馬之文, 此盖希夷公手造, 非漢·魏流來之古物也."

하도에 나오는 열 개의 숫자는 『주역』의 팔괘八卦와는 무관하다. 『역전易傳』에서 "황하에서 도圖가 나온다"(河出圖)라고 한 것과 『논어』에서 "황하에서 도가 나오지 않는다"(河不出圖)라고 한 것과 『상서』 「고명」에서 "하도는 동서東序에 있다"(河圖在東序)라고 한 것은 오늘날에는 그것이 무슨 물건이었는지 알 수 없다.[17]

우리는 하도·낙서의 예에서 보드리야르가 말한 원본原本을 상실해 버린 시뮬라크르들을 본다. 원본이 없어진 시뮬라크르들은 이제 원본과 상관없이 진화해 간다. 어떤 사람도 하도와 낙서가 원래 무엇이었는지 알 수 없다. 시뮬라크르들은 원본 없이 떠돌며, 원본보다 더 원본인 것처럼 행세한다. 정약용은 원본인 것처럼 행세하는 하도·낙서의 허위虛僞를 폭로함으로써 더 이상 기호의 가상假像에 기만당하는 일이 없도록 경고해 준다.


7.


『주역』의 해석방법론은 대부분 상수학의 전통에서 비롯된 것들이다. 상수학의 해석기법들은 대부분 복서卜筮와 밀접한 관련을 맺고 있다. 상수학파는 『주역』의 괘효사와 괘상이 긴밀하게 연관되어 있다고 생각하여 괘상과 역사易詞의 연계성連繫性을 파악하기 위한 다양한 해석방법론을 개발하였다. 황종희는 『역학상수론易學象數論』에서 "『역경』 중의 어떤 글자라도 상象과 연계되지 않고 헛되이 배치된 것이 없다"(易中之象, 無一字虛設)라고 하였는데, 이 명제는 상수학자들의 확고한 신념을 간결하고도 압축적 문장으로 표현하고 있다. 이와 유사하게 정약용은 「승려 초의草衣 의순意洵에게 주는

---

17) 「邵子先天論」, 『易學緒言』, 『定本 與猶堂全書』 17, 167쪽, "河圖十數與周易八卦, 全不相當. 易傳所謂河出圖, 論語所謂河不出圖, 顧命所謂河圖在東序, 今不知何物."

글」(爲草衣僧意洵贈言)에서 "『주역』이라는 책은 한 글자 한 구절도 상象을 걸어 놓음에 말미암지 않은 바가 없다"(易之爲書, 無一字一句, 不由掛象)라고 말한 바 있다. 정약용의 명제도 황종희의 발언과 같은 맥락에서 이해될 수 있다.

　반면 상수학자들과 대척점에 서 있는 의리학義理學의 진영에서는 『주역』이 복서와 연관되어 있다는 점을 애써 무시하려고 하였다. 의리학자들은 성인이 『주역』을 만든 심오한 의도는 복서처럼 천박한 데 있는 것이 아니라 천인성명지리天人性命之理를 밝히는 일에 있다고 주장하였다. 그들은 복서를 천박한 행위라고 멸시하였기 때문에 『주역』이 복서로부터 비롯되었다는 사실은 그들에게 단지 숨기고 싶은 떳떳하지 못한 과거일 뿐이었다. 뿐만 아니라 의리학자들은 상수학파가 개발한 해석방법론의 효용도 무시하였다. 의리학자는 기호를 달을 가리키는 손가락과 같은 것으로 본다. 손가락은 달을 보기 위한 수단에 불과하니, 달을 보았으면 이제 손가락은 잊어 버려도 된다는 것이다. 그러나 상수학자는 달을 가리키는 손가락이 없었으면 달을 볼 수 없을 것이니, 달을 보고 싶다면 손가락에서 눈을 떼면 안 된다고 말한다. 전자前者의 입장을 대변하는 인물이 왕필王弼이다. 도가 인식론의 영향을 강하게 받은 왕필은 괘사卦辭의 의미를 파악했으면 괘상卦象은 잊어 버려도 된다고 주장하였는데, 이것을 득의망상설得意忘象說이라고 한다. 반면에 정약용은 왕필의 발상을 이단異端이라고 공격하며, 그의 가장 큰 잘못은 추이推移·효변爻變·호체互體·물상物象 같은 상수학의 해석방법들을 모두 휩쓸어 제거해 버린 데 있다고 비판하였다. 이들 해석방법들은 기호의 의미를 해독하기 위한 필수적이고도 유용한 도구들인데, 왕필이 이 해석도구들을 소제掃除해 버리자 면면히 전승되어 내려오던 올바른 해석의 맥도 단절되어 버렸다는 것이 정약용의 비판이다.

# 8.

　복서의 서書로서의 『주역』을 이해하는 관점의 충돌은 현대에도 여전히 존재한다. 과학적 합리성에 의해 세뇌된 현대의 지식인들은 과학과 미신을 대립시키는 구도 속에서 『주역』을 파악하고자 한다. 그러한 관점에서는 미신이란 아무런 과학적·합리적 근거가 없는 것을 맹목적으로 믿는 것으로 정의된다. 그러나 과학적으로 검증될 수 없는 신성한 존재의 계시에 의해 참된 인식을 추구한다는 점을 가리켜 미신이라고 비난한다면 그것은 부당하다. 만약에 그러한 이유로 『주역』의 점술을 미신이라고 비난한다면, 기독교나 이슬람교와 같은 고등종교도 역시 미신이라고 비난받아야 할 것이다. 왜냐하면 고등종교들도 모두 신성한 존재와 그를 통한 계시를 인정하고 있기 때문이다. 『주역』의 사유방식이 원초적인 것일 수는 있어도 그렇다고 해서 황당하거나 야만적인 것은 아니다.

　따라서 필자의 관점은 점술을 천박한 미신으로 보는 견해와는 거리가 멀다. 점술의 사유형태를 미신으로 간주하는 것은 어디까지나 현대인들의 편견일 뿐이다. 필자는 본서 제1부 1장의 「고대 서구에서의 기호 사용의 기원」에서 점술적 사유가 과학적 사유와 적대적 관계에 있는 것으로 파악하는 관점이야말로 오히려 근거 없는 것이라는 점을 밝혔다. 현대 논리학의 "p⊃q"라는 형식은 메소포타미아 점술에 의하여 채택된 "만약에 p라면, 그 경우 q이다"(if p, then q)의 기호모형에서 유래한 것이다. 이탈리아의 기호학자 조반니 마네티(Giovanni Manetti)는 점술의 발전과정은 매우 길고도 복잡한 과정이었지만 추상적 유형의 진정한 과학적 방법을 수립하기 위한 기초를 놓는 데 기여하였다고 주장하였다. 미신을 '무지로부터 비롯되는 신념 혹은 실천'으로 정의한다면, 과학과 점술이 뒤섞인 채로 있는 고대의 사유형태가 미신인지 아닌지는 쉽게 판정할 수 있는 문제가 아니다.

정약용의 점술을 파악하는 관점도 역시 점술을 미신으로 간주하는 관점과는 거리가 멀다. 정약용은 스스로 점을 치지 않았고 또 자신의 시대에서는 점술을 실행해서는 안 된다고 말했지만, 그것은 후세後世에 이르러 점술이 단지 요행을 얻기 위한 수단으로 전락해 버렸기 때문이었다. 정약용에 따르면, 『주역』의 점술은 상제上帝라는 초월적 인격신을 믿었던 고대의 종교적 신앙에서 비롯된 것이다. 이러한 정약용의 관점은 현대의 종교학적 관점과 매우 유사하다. 점술이란 신의 계시啓示를 받기 위한 매개적 도구이다. 점술을 위해서는 도덕적 선의지善意志, 초월적 절대자에 대한 신앙, 그리고 미래의 성패成敗와 화복禍福을 도저히 예측할 수 없는 상황 등이 전제되어야 한다. 정약용은 「역론易論」에서 점술이 탄생하게 된 과정을 다음과 같이 설명하였다. 옛적에 어떻게 하면 천명天命을 청해서 받을 수 있을까 고민하던 성인聖人이 있었다. 그는 고심 끝에 한 가지 방법을 고안해 내었다. 즉 자연의 변화 혹은 인간사를 대표할 수 있는 기호를 만드는 일이었다. 『주역』의 64괘 384효는 자연의 어떤 변화 혹은 인간사의 특정한 상황을 대표할 수 있는 기호들이다. 만약 신이 점치는 사람의 지극한 정성을 굽어 살펴서 미래의 사건에 대해 알려 주고자 한다면 틀림없이 미리 만들어 놓은 기호를 사용하려고 할 것이다. 그리하여 신은 점치는 과정에 보이지 않는 손을 개입시켜 점치는 사람이 처한 상황에 가장 들어맞는 점괘를 선택해 줄 것이다. 신이 점괘를 선택해 주면, 점치는 사람은 신이 점지해 준 기호를 작동시켜 봄으로써 자신이 처한 상황을 이해하게 된다. 보드리야르의 용어를 빌린다면, 점괘는 '시뮬라크르'이며, 점치는 사람이 점괘를 작동시켜 어떤 상황을 재현하는 작업은 '시뮬라시옹'이다.

9.

이제 다시 서두序頭에서 언급했던 앤드류 와일즈의 이야기로 되돌아가
보자. 앤드류 와일즈가 325년 동안이나 풀리지 않던 페르마의 정리를 증명할
수 있었던 것은 어떻게 가능했을까? 우선 그 기본 전제는 페르마의 정리가
옳은 문제여야 한다는 데 있다. 만약 잘못된 문제라면 그 해법은 아예
존재하지 않을 것이다. 그 다음으로 와일즈가 푼 문제와 페르마가 낸
문제가 같은 것이라야 하며, 거기에 덧붙여 페르마의 문제가 변형되지
않고 원형을 유지하고 있어야 한다. 사실 325년이라는 시간이 경과했다고
해서 큰 문제가 발생하는 것은 아니다. 피타고라스의 정리의 경우에는
기원전 6세기 이후 오늘날에 이르기까지 2500년 이상 지났지만 그것을
이해하는 데에는 여전히 아무런 문제가 없다.

그렇다면 『주역』의 경우는 어떠한가? 『주역』의 기호도 원론적으로는
퍼즐을 풀어내는 것이 가능하다. 왜냐하면 『주역』의 팔괘도 지금으로부터
삼천 년 전에 복희씨에 의해 처음 만들어졌을 때와 마찬가지로 그 원형을
유지하고 있기 때문이다. 그러나 『주역』의 퍼즐 풀기는 수학 퍼즐에 비해
훨씬 더 많은 난관에 부딪힌다. 수학적 기호는 그 지칭하는 바가 지극히
단순하지만, 『주역』의 기호는 다양한 함축을 지니고 있다. 뿐만 아니라
괘상卦象과 역사易辭의 연관聯關관계를 파악하는 것이 매우 어렵다. 『주역』의
퍼즐 풀기가 옳은 것인지를 따져 볼 기준으로는 그럴듯한 타당성(plausibility),
해법의 정합성整合性, 「설괘전」과의 일치, 고전문헌의 용례用例와의 일치
등이 있다. 요컨대, 『주역』에서 해법의 타당성에 대한 판별기준은 그 해석이
충분한 설득력을 제공하는지 여부에 달려 있다.

그렇다면 정약용의 이론은 충분한 설득력을 제공하는가? 정약용의 해석

방법 가운데 효변은『춘추좌씨전』에 그 근거가 있으며, 추이는『주역』의
「단전」에 근거가 있다. 그리고 그는 역사易詞와 괘상卦象의 연계성連繫性을
설득력 있게 설명하고 있다. 다만 그의 해석방법에 작위적作爲的 측면도
있다는 점을 인정해야 한다. 정약용의 해석방법에 의혹을 갖는 사람들은
그가 자신이 원하는 해석을 얻어 내기 위해 무리하게 괘상의 변화방식을
조작해 내는 것이 아닌가 하는 인상을 갖고 있다. 필자도 이러한 의혹에
부분적으로 동조한다. 예를 들자면『주역사전』에서 상당한 비중을 차지하
고 있는 양호작괘법兩互作卦法이 그러한데, 이러한 해석방법이 경전에 확실
한 근거를 갖고 있는 것은 아닌 것으로 보인다. 문제는 정약용이 정상적인
해석방법이 막힐 때 양호작괘법에 의존하는 경향이 있다는 데 있다. 이러한
자의성恣意性은『주역』해석의 신뢰도를 떨어뜨릴 수밖에 없다.

이러한 결함에도 불구하고 필자는 정약용이『주역사전』에서 매우 탁월
한 사유思惟의 건축술建築術을 보여 주고 있다고 생각한다. 주희의『주역본의
周易本義』와 비교해 보더라도,『주역본의』가 아직 준공竣工되지 않은 건축물
같은 인상을 주는 반면에『주역사전』은 질서정연하게 정돈된 체계를 갖추
고 있다는 느낌을 준다.『주역본의』에서는 괘변卦變을 단지 19괘에 한정해서
적용시켰으나,『주역사전』에서는 괘변卦變과 효변爻變을 결합시켜『주역』
전편全篇에 적용시켰다. 그 결과『주역본의』가 대체적으로 단조로운 해석을
나열하는 데 그친 반면에,『주역사전』은 괘변과 효변을 양익兩翼으로 삼아
괘상卦象의 역동적 변화의 모습을 생동감 있게 구현해 내는 데 성공했다.

그러면『주역사전』이 구현하고 있는 탁월한 해석의 몇 가지 사례들을
열거해 보기로 하자. 우선 건乾괘의 "잠룡물용潛龍勿用"을 효변을 써서 풀이한
것은 매우 설득력 있는 해석이다. 그 다음으로 비否괘 구오九五의 "기망기망其
亡其亡, 계우포상繫于苞桑"의 주注에서는, 덩굴에 붙어 있기는 하나 허공에
걸려 있어 언제 떨어질지 모르는 뽕나무 열매의 위태로운 모습을 마치

눈앞에 보는 장면인 것처럼 실감나게 그려내고 있다. 뿐만 아니라 풍豐괘 육이六二와 구사九四에 나오는 "일중견두日中見斗"가 일식日食현상에 관한 서술이라는 점을 통해 풍豐괘의 괘상에 '일월지삼직日月地三直'의 형태가 포함되어 있음을 밝혀내었다. 아울러 풍豐괘 상육上六의 "규기호闚其戶"에 대한 주注에서 열린 문門의 작은 틈새로 안을 엿보는 '규闚'의 괘상을 도출해 내고 있는 것도 역시 절묘한 해석이라고 하겠다. 이러한 몇 개의 예들은 정약용이 맞추어 내고 있는 퍼즐의 극히 일부분에 불과하다.

그러면 이제 정약용이 시도했던 퍼즐 풀기가 성공했는지에 대해서 판단을 내려 보기로 하자. 앞서 살펴본 바와 같이, 정약용은 추이와 효변 등의 상수학적 방법이 『주역』 기호의 제작원리라고 보았다. 이것은 주희가 괘변설을 '역중지일의易中之一義'이지만 '작역지본지作易之本旨'는 아니라고 본 것과는 근본적으로 다른 관점이다. 오히려 정약용의 관점은 괘변설을 '연획계사지본지演畫繫辭之本旨'라고 본 모기령毛奇齡의 관점과 부합한다. 주희는 괘변설을 『역』 해석의 다양한 방법 가운데 하나일 뿐이라고 보았으나, 모기령과 정약용은 괘획卦畫을 연역演繹하고 역사易詞를 괘상에 붙들어 매는 근본원리로 간주한 것이다. 이것은 괘변설뿐 아니라 효변설 등 다른 상수학적 해석방법에도 적용될 수 있다. 즉 괘변·효변·호체·물상 등은 단지 『역』을 해석하는 방법일 뿐 아니라 작역대의作易大義라고 보아야 옳다. 만약 정약용이 '작역지본지作易之本旨' 혹은 '연획계사지본지演畫繫辭之本旨'를 풀어내는 데 성공했다면, 이것은 그가 『주역』의 제작원리를 알아냈다는 것을 의미한다. 그렇다면 정약용은 '작역지본지作易之本旨'를 찾는 데 성공한 것일까? 정약용은 추이와 효변을 『주역』의 제작원리로 생각했고, 그 중에서도 특히 효변을 가장 핵심적인 원리로 간주하였다. 정약용은 「윤외심尹畏心에게 보낸 편지」에서 효변이라는 만능열쇠를 손에 넣어 천문만호千門萬戶를 활짝 열어 제치고, 종묘宗廟의 아름다움과 백관百官의 풍부함을 분명하게 목격할 수 있어 통쾌한 심정에 대해 이야기하였다. 그러나 그는 자신이 궁궐 안의 비원秘苑으로 직접 들어가 보았다고 말하지는 않았다. 그는 다만 옛 성인의 책을 전심치지專心致志하여 읽음으로써 울타리 밖으로 새어 나오는 희미한 불빛을 엿볼 수 있었다고 말했을 뿐이다. 정약용이 문빗장을 열고 들어간 것으로 평가한 역학가易學家로는 우번虞翻이 있었다. 정약용은 「이씨절충초李氏折中鈔」에서 "우중상虞仲翔의 학문이 문빗장 안쪽 깊숙한 곳(扃奧)까지 거의 거의 도달하였음이 모두 이와 같다"(仲翔之學, 幾乎幾乎, 達於扃奧, 皆如此;「李氏折中鈔」,『易學緖言』)라고 평한 바 있었다. 이것은 역학종장易學宗匠 우번虞翻에게 바친 최고의 헌사獻辭였다. 울타리 밖으로 새어 나오는 희미한 불빛을 엿보는 것과 궁전宮殿의 천문만호千門萬戶를 활짝 열어 제치고 들어가 종묘宗廟의 아름다움을 목격하는 것은 확실히 다른 차원에 속한다. 필자의 견해로는 비록 정약용의 학설이 천고千古의 비밀을 밝히는 데에는 다소 못 미친다고 하겠지만, 울타리 밖으로 새어 나오는 희미한 불빛을 엿보는 데 그친 것은 아니라고 생각한다. 만약 정약용이 '작역지본지作易之本指' 혹은 '연획계사지본지演畫繫辭之本旨'를 풀어내는 데 성공했다면, 그것은 『주역』기호체계의 설계도設計圖를 갖고 있는 것과 같다. 정약용은 자신이 그 설계도를 제시했다고 확신했다. 그러나 유감스럽게도 정약용이 제시한 설계도가 정말로 『주역』원저자原著者의 구상과 일치하는지를 검증할 수 있는 완벽한 방법은 존재하지 않는다. 앤드류 와일즈가 페르마의 마지막 공리를 증명한 뒤에 수학계의 최종적 공인公認을 획득했던 것과 달리, 정약용이 제시한 퍼즐 풀기의 방식이 그 당시는 물론이고 오늘날까지도 하나의 유력한 가설假說로 머무를 수밖에 없는 이유가 바로 여기에 있다.

# 조감도

조감도鳥瞰圖는 마치 새가 하늘에서 내려다보는 것처럼 한눈에 전체의 요지要旨를 조망할 수 있도록 하자는 취지에서 서술한 것이다. 이 책의 세부적 내용을 언급하기 이전에 우선 본서本書의 기획의도에 대해 말해 보기로 하자.

이 책은 다산 정약용의 역학易學의 기호학적 특성을 해명하려는 의도에서 기획되었다. 이 과제는 『주역』과 정약용과 기호학이라는 뿌리를 달리하는 세 가지 계통을 모두 통섭해야 한다는 삼중三重의 과제에 직면하고 있다. 그렇지만 이 세 개의 과제 중 어느 것 하나 만만한 것이 없는 실정이고 보면, 이 세 가지를 하나로 아우르는 작업은 너무나 버거운 과제가 아닐 수 없다. 뿐만 아니라, 서로 기원과 계통을 달리하는 이론을 융합시키는 데에는 자의적 해석의 위험이 도사리고 있기도 하다.

언뜻 보면 현대의 언어학적 관심에서 태동한 서구의 기호학과 운명을 점치기 위한 점술에 뿌리를 둔 고대 중국의 『주역』은 출발점부터 그 지향을 달리하는 체계인 것처럼 보인다. 그러나 사실은 서구의 기호학도 그 근원을 거슬러 올라가 보면 『주역』과 마찬가지로 점술에서 출발하였다. 기원전 3000년 이전까지 거슬러 올라가는 메소포타미아의 점술은 양·염소와 같은 희생으로 바쳐진 동물의 간肝 혹은 내장을 관찰함으로써 그 징조를 해석하였다. 따라서 동양과 서양의 기호 사용의 역사는 점술이라는 동일한 근원으로부터 발원하고 있다고 볼 수 있다. 서구의 기호학적 사유의 또 다른 맹아는 그리스와 로마의 의학醫學에서 발견된다. 토마스 시벅(Thomas Sebeok)은 서구 기호학의 기원을 히포크라테스(Hippocrates)의 의학에서 찾았다. 그리고 로마의 명의였던 갈렌(Galen)은 징후학徵候學을 의학의 중심 영역 중의 하나로 간주하였다. 이것은 징후학(symptomatology) 혹은 의학기호학 (medical semiotics)이 서구 기호학의 또 다른 원천임을 말해 준다. 미래를 예측하기 위한 점술에서 출발한 중국의 기호학과 환자의 증상을 살피는 징후학에서 유래된 그리스와 로마의 기호학은 이처럼 본질적으로 다른 목적지향성을 지니고 있다. 그러나 이러한 차이에도 불구하고 양자 사이에는 기호라는 접점이 존재한다. 징조(omen)도 징후(symptom)의 한 종류로 볼 수 있으며, 징조이든지 징후이든지 간에 그것은 해석되어야 할 기호라는 점에 있어서는 마찬가지이기 때문이다.

누구나 잘 알고 있듯이 『주역』은 점사占辭를 기록하고 있는 책으로서 64괘와 384효라는 기호의 체계로 구성되어 있다. 『주역』의 괘卦란 일종의 그림문자(pictogram)이면서 동시에 기호이다. 『주역』의 기호도 그것이 기호의 범주에 포섭된다는 점에서 기호의 보편적 특성을 공유한다. 64괘와 384효의 부호로 구성되어 있는 『주역』의 독해를 위해 기호학적 관점을 접목시키는 것은 『주역』의 본질적 성격에 부합하며, 『주역』 그 자체의 이해를 위해서도 유익하다.

동양의 대표적 기호체계인 『주역』은 점술이라는 특수한 목적을 위해 탄생되었다. 중국에서의 기호 사용은 상고시대부터 신탁을 받기 위한 수단으로서 점복을 활용했던 것에 기원을 두고 있다. 점복의 초기에는 동물의 견갑골과 거북의 껍질을 불로 지져서 발생한 균열의 형태를 관찰함으로써 미래에 발생하게 될 길흉을 미리 예측하는 징조로 삼았다. 그러나 나중에는 시초蓍草를 활용함으로써 획득한 괘상卦象을 해석하여 미래를 예측하고자 하였다. 『주역』 기호학의 고유한 특징은 그것이 점술에서 유래되었다는 사실과 밀접한 관련을 맺고 있다. 이 세상에는 다양한 기호체계들이 있으며, 그 구성요소들의 집합은 대개의 경우 제한된 범위에서만 효력을 가진다. 예를 들면, 교통신호의 기호체계들은 교통수단과 그 이용자들에 한해서 그 효력을 발휘하며, 그 범위를 벗어나면 아무런 쓸모가 없다. 악수·경례 등의 인사법은 의례儀禮를 구성하는 부분들이며, 그것이 나타내고자 하는 의미는 타인에 대한 존경, 반가움의 표현 등에 국한되어 있다. 지도地圖는 지형地形을 표시하는 것 이외의 다른 목적을 지니지 않으며, 악보樂譜는 소리로 변환될 수 있을 뿐이다. 『주역』의 기호체계도 다른 기호체계들과 마찬가지로 점술(divination)이라는 특수한 용도를 위해 만들어진 것이 사실이다. 그러나 『주역』의 기호체계는 다른 기호체계와는 달리 그것을 통해 표상하는 대상이 무제한이다. 다시 말해서 『주역』의 기호로써 표상하지 못하는 것이 아무것도 없다고 해도 과언이 아니다. 우리는 그것을 범기호주의(pansemiotism)라고 부른다. 범기호주의적 관점에서는 이 세상에 존재하는 모든 것은 기호가 될 수 있다. 『주역』의 범기호주의적 성격은 그 점술의 성격에서 비롯된 것이다. 점치는 사람들은 매우 다양한 목적과 대상을 갖는다. 어떤 사람들은 비가 올 것인지 등 기상氣象에 대해 점치고, 어떤 사람들은 결혼·제사 등 통과의례에 대해 점친다. 질병의 치유, 여행의 안전 등의 개인적 일에 대해 점치는 경우도 있고, 전쟁이나 천도遷都 등 국가적 대사에 대해 점치는 경우도 있다. 그렇기 때문에 『주역』의 도道는 광대해서 천문天文·지리地理·인사人事 등 모든 분야를 그 속에 포괄한다고 말해 온 것이다.

범기호주의와 더불어 『주역』 기호학에서 특징적인 것은 그 화용론話用論

에 있다. 화용론(pragmatics)이란 기호와 그 사용자와의 관계에 중점을 두는 이론을 말한다. 점치는 사람들의 궁극적 관심은 기호 자체에 있지 않고, 기호들 사이의 복잡한 관계를 분석하는 데에도 있지 않다. 그들은 기호를 통해 단지 자신이 처해 있는 실존적 상황을 이해하고, 어떤 행동방식을 취해야 좋을지에 관해 도움을 얻고 싶을 뿐이다. 팔괘八卦 등의 기호는 하늘·땅·물·불 등의 자연적 요소를 가리키지만 인간사를 점칠 때에는 희喜·노怒·애哀·락樂 등의 감정을 표현하기 위한 아이콘(icon)으로 변화된 다. 이처럼 즐거워하거나 성내는 모습 혹은 슬퍼하거나 기뻐하는 모습을 표현하는 아이콘들을 통해서 『주역』의 기호학은 인간의 얼굴을 한 기호학이 된다. 따라서 『주역』의 기호학에는 개인의 일상사에서부터 국가의 중대사에 이르기까지의 다양한 생활세계의 양태들이 표현되어 있다.

　『주역』이 64괘와 384효의 부호로 구성되어 있는 기호의 체계라는 점에서 그것은 기호학적 관점에서 해석될 수 있는 충분한 가능성이 있다. 필자는 이 책에서 서구의 대표적인 기호학자 몇 사람의 이론에 『주역』을 접목시키려고 시도하였다. 필자는 이러한 목적을 위해 소쉬르(Ferdinand de Saussure), 퍼스(Charles Sanders Peirce), 모리스(Charles William Morris), 보드리야르(Jean Baudrillard), 그레마스(Algirdas Julien Greimas) 등 서구의 대표적 기호학자들의 이론과 『주역』을 비교함으로써 『주역』과 기호학의 접점接點을 찾고자 하였다. 필자는 이들의 이론을 『주역』과 기호학의 통섭에 활용하였을 뿐 아니라, 정약용의 역학이론 해석에도 적용시켰다. 정약용의 중형仲兄인 손암巽庵 정약전丁若銓(1758~1816)은 『역학서언』의 「자산역간玆山易柬」에서 "괘와 문자는 모두 만물의 표지表識이다"(卦與文字, 皆萬物之表識也)라고 하였다. 정약전의 명제는 현대의 어떤 기호학자가 말했다고 하더라도 전혀 어색하지 않을 정도로 기호학적 정신을 잘 표현하고 있다. 여기서 표지表識란 표시나 특징으로 어떤 사물을 다른 것과 구별하게 함을 가리키는 용어이니, 만물의 표지라고 한 것은 괘와 문자를 모두 일종의 기호로 간주하였음을 뜻한다. 원래 '사인'(sign)이라는 말은 '자르다'(secare)라는 뜻의 단어와 동일한 어근의 라틴어 '시그눔'(signum)에서 온 용어로서, 나무를 자를 때 그 자른 부위에 어떤 특별한 문양을 새겨 넣어 그것을 다룬 사람이 누구인지 식별하게 하는 표식標式을 의미하였다. 이처럼 기호는 어떤 대상에 대한 표지의 역할을 한다.

『주역』에서 기호에 대응되는 용어는 상象인데, 상은 괘상의 이미지를 가리킨다. 그러나 모든 역학자들이 상의 기호적 특성에 충분한 주의를 기울인 것은 아니었다. 의리역의 관점에 기울어진 역학자들은 상의 의미를 파악하는 것이 괘효사의 의미를 파악하기 위한 필수적인 전제조건은 아니라고 생각하였다. 그 대표적인 학자가 왕필王弼인데, 그는 언어(言)란 상象의 올무(蹄)이고 상이란 의미(意)의 통발(筌)이라고 주장하였다. 올무는 토끼를 잡기 위한 도구에 불과하므로 일단 토끼를 잡았으면 올무를 잊어버려도 되고, 통발은 물고기를 잡기 위한 도구에 불과하므로 일단 물고기를 잡았으면 통발을 잊어버려도 된다는 것이다. 그에 따르면, 언어에 집착하는 자는 상을 얻지 못하고, 상에 집착하는 자는 의미를 얻지 못한다.

반면에 상수학에서는 상을 의미의 획득을 위한 필수적인 수단으로 간주하였다. 기호는 『주역』과 떼려야 뗄 수 없는 텍스트의 본질적 특성이다. 만약 『주역』의 기호적 특성을 간과한 채로 독해할 경우 제대로 이해할 수 없을 뿐 아니라 필연적으로 텍스트의 오독을 초래하게 된다. 정약용은 『주역』을 『논어』나 『맹자』처럼 읽는다면 큰 낭패를 볼 것이라고 지적하였다. 『주역』은 본래 기호의 체계이기 때문에 『주역』을 기호학적 관점에서 해석한다는 것은 『주역』의 특성에 본질적으로 부합한다.

정약용은 기호의 일반적인 체계를 수립하려는 의도를 가지고 있지 않기 때문에 기호학자라고 부를 수는 없다. 그는 『주역』의 기호적 특성을 존중하고 있는 상수학자일 뿐이다. 그가 『주역사전』에서 활용하고 있는 추이推移 ·

효변爻變・호체互體・물상物象의 네 가지 해석원칙은 모두 상수학으로부터 나온 것이다. 그러면 다산역의 기호학적 해석은 어떻게 이루어질 수 있는가? 정약용의 역학은 상수학의 전형적 특징을 보여 주기 때문에 기호학적 관점과 본질적으로 부합한다. 정약용의 상에 대한 정의는 퍼스(Peirce)가 내린 기호의 정의와 근본적으로 다르지 않다. 퍼스에 따르면 "기호 혹은 표상체는 어떤 측면이나 능력에 있어서 어떤 사람에게 어떤 대상을 대표할 수 있는 어떤 것이다"(sign, or representamen, is something which stands to somebody for something in some respect or capacity)라고 정의된다.

정약용은 『주역』「계사전」의 "역易은 상象이며, 상象은 상像이다"라는 정의에 근거해서 모사설적 기호론을 도출해 낸다. 모사설은 모사模寫의 전제조건으로서 기호에 대응되는 대상의 존재를 요구하고 있으며, 기호란 대상을 실제의 모습에 가장 가깝게 흉내 낸 이미지이다. 정약용은 기호적 모사물과 대상의 관계를 설명하기 위해 우맹優孟과 손숙오孫叔敖의 예를 도입하였다. 춘추시대 초楚나라의 유명한 배우 우맹은 재상宰相이었던 손숙오가 죽은 뒤에 그의 모습을 흉내 내어 그대로 재현하였다. 그런데 그 모습이 어찌나 손숙오가 살아 있을 때 모습과 똑같았는지, 장왕莊王은 손숙오가 다시 살아난 것으로 속았다는 것이다. 우맹이 손숙오를 흉내 낸 것처럼, 상象은 대상을 모사함으로써 그 대상을 표상하는 기능을 한다. 우맹과 손숙오의 예는 모사체와 지시물(referent)의 관계를 쉽고도 명확한 방식으로 설명해 준다. 기호제작이란 근본적으로 미메시스(mimesis)적 활동이다. 우맹은 손숙오의 평소 모습을 흉내 냄으로써 실재에 가장 가깝게 재현해 낸 모방의 산물이다. 마찬가지로 『역경』의 기호(象)는 실재적 사태의 원상原象을 가장 그럴듯하게 재현해 낸 모사물(像)일 뿐이다. 미메시스는 원상과 재현된 상 사이의 유사성(resemblance)에 기초하고 있다. 일반적으로 대상과의 유사성을 지닌 기호를 현대 기호학에서는 아이콘(icon, 圖像)이라고 하거니와, 모사체로서의 기호도 일종의 아이콘으로 볼 수 있다. 여기서 손숙오는 지시물이며, 우맹은 모사체에 해당된다. 모사는 기호에 대응하는 지시체의 모습을 반영하여 만들어지는 것이며, 모사체는 지시물의 모습에 가장 근사近似한 형태로 만들어진다. 따라서 정약용의 기호론은 사실주의寫實主義에 기초한 기호론이다.

　기호학에서는 기호에 대응되는 대상을 지시체(referent)라고 부르는데, 모사설模寫說에서의 지시체는 어디까지나 현실적 객관세계 속에 실재하지 않으면 안 된다. 정약용은 용龍과 같은 신화 속의 상상의 동물마저도 사실적 존재로 묘사함으로써 판타지(fantasy)가 개입할 여지를 근원적으로 차단하였다. 정약용의 역학易學에서는 반인반마半人半馬의 켄타우로스(Kentauros, Centaur)와 같은 가상적 존재(imaginary being)가 들어설 공간이 없다. 이러한 정약용의 기호사실주의는 용을 상상력에 의해 창조된 기호로 간주하려는 명나라의 역학자 내지덕來知德의 괘정입상론卦情立象論의 관점과 명확히 대비된다. 왜냐하면 정약용은 현실에 존재하는 구체적 대상을 모사함으로써 기호가 만들어진다고 본 반면에 내지덕은 현실에 존재하지 않는 대상이라도 상상력의 도움을 받아 얼마든지 기호를 창조할 수 있다고 보았기 때문이다.

　모사설의 철학적 전제는 기호와 지시체는 서로 대응된다는 데 있다. 그런데 기호의 총체(aggregates)는 기호계記號界를 형성하고, 지시체의 총체는 세계(world)를 형성한다. 따라서 세계의 존재론적 구조와 기호계의 모형구조는 서로 상응한다. 기호계를 세미오스피어(semiosphere)라고도 하는데, 이것은 러시아의 기호학자 유리 로트만(Yuri Lotman)이 명명한 개념이다. 본문에서 필자는 유리 로트만의 용어를 차용하여 정약용의 역학체계에서 취하고 있는 기호계의 모형구조를 제시하고자 하였다. 『역』의 기호체계의 모형구조는 세계의 존재론적 질서를 반영한다. 다산역학의 기호계는 삼층三層의 수직적 위계(hierchy)로 구성되어 있는데, 그 위계는 상하上下의 질서가 엄격하게 구분되어 있어서 변동되거나 뒤집어질 수 없다. 그 위계의 최상층에는 상제上帝가 있고, 그 중간에는 14벽괘辟卦가 있으며, 그 아래에는 50연괘衍卦가 배치되어 있다.

정약용은 『춘추고징春秋考徵』에서 상제를 "재제안양지자宰制安養之者"라고 정의하였는데, 이것은 마테오리치(Matteo Ricci)가 『천주실의』에서 천주天主를 "주재안양지자主宰安養之者"라고 정의한 것과 매우 유사하다. 정약용의 역학체계는 상제의 계시에 절대적으로 의존하는 일종의 신학적 체계이다. 그에 따르면, 복서卜筮란 천명의 계시를 받들기 위해서 초월적 존재와의 소통을 통해 만들어 낸 미래의 예측장치(法式)이다. 만일 미래에 대한 예측이 점술을 통해 가능하다면 그 예측을 성립시켜 주는 근거로서 어떤 초월적 존재자의 보이지 않는 손을 상정하지 않을 수 없다. 그러므로 만일 상제의 계시가 없다면 다산역의 체계는 붕괴할 수밖에 없다.

상제의 아래에는 14벽괘와 50연괘가 있다. 14벽괘-50연괘의 기호 모형은 천도天道-만물萬物의 존재론적 관계를 기호로 옮겨 놓은 것이다. 14벽괘는 다시 12벽괘와 재윤지괘再閏之卦로 구성된다. 12벽괘는 12달에 걸쳐 순환하는 자연의 순환과정을 기호로 표현한 것인데, 자연의 순환과정은 인간에게 봄·여름·가을·겨울의 사시四時로 표상되므로 사시지괘四時之卦라고도 불린다. 그리고 재윤지괘는 윤월閏月에 대한 상징으로, 소과小過와 중부中孚의 두 괘로 구성된다. 상제가 그 아래에 있는 모든 것들에 대한 지배자인 것처럼 중간의 14벽괘는 그 아래에 있는 50연괘의 변화를 지배하는데, 여기에도 수직적 위계질서가 존재한다. 즉 14벽괘가 50연괘를 지배할 수는 있어도 50연괘가 14벽괘를 지배할 수는 없다. 14벽괘와 50연괘의 관계는 마치 부모와 자식의 관계와도 같다. 부모가 자식을 낳을 수는 있어도 자식이 부모를 낳을 수는 없다. 14벽괘-50연괘는 방이유취方以類聚-물이군분物以群分의 개념에도 상응한다. '방이유취'는 음과 양이 각각 같은 무리끼리 모여 있는 미분화未分化의 상태를 가리키고, '물이군분'은 음과 양의 군집 상태가 해체되어 만물 사이로 분산되어 있는 상태를 가리킨다. 이렇게 해서 기호계의 구조모형(structural model)이 완성된다.

기호계의 모형구조가 일단 완성되면 이제 기호계는 모의실험을 위한 모형(model)으로 변모하게 된다. 기호적 상징물은 현실적 대상의 형태뿐 아니라 그 작동방식까지도 모사함으로써 모의실험의 기능을 갖추게 된다. 오늘날에는 모의실험이라는 용어보다 '시뮬레이션'(simulation)이라는 용어가 더 많이 통용되고 있다. 비록 정약용이 시뮬레이션이라는 현대적 용어를 사용했을 리 만무하지만, 그가 「역론易論」에서 『주역』의 제작 동기를 설명하면서 도입하고 있는 가설假說은 시뮬레이션의 개념과 다를 바 없다. 정약용에 따르면, 기호의 매개체는 그것을 통해 상징하려는 대상의 형태적 특징들을 흉내 내어 모사함으로써 만들어진다. 괘卦란 대상에 대한 가장 그럴듯한 모사로서 제작된 것이며, 어떤 특정한 사물을 대신하여 마치 실재의 대상인 것처럼 기능한다. 기호적 상징물들을 통해 대상들의 실제적 성격을 재현하기 위해서는 기호가 마치 원래의 대상들이 작동되는 것처럼 작동되지 않으면 안 된다. 즉 기호는 형태적 측면에서뿐만 아니라 그 기능적 측면에서도 대상의 성격을 모사한다. 예컨대 우마牛馬가 나아가는 모습이나 활로 화살을 쏘는 광경이 있다면, 우牛·마馬·궁弓·시矢 등을 모사해서 만들어진 괘상은 그러한 대상들의 형태뿐 아니라 동작까지도 모사하게 된다.

정약용의 우주생성론(cosmogony)도 역시 그의 모사설에서 도출된 것이다. 정약용의 우주론적 체계는 『주역사전』의 「시괘전蓍卦傳」을 중심으로 전개되고 있다. 십익十翼 중에 「시괘전」이라고 불리는 별도의 전문傳文이 있는 것이 아니라 정약용이 「계사전」 가운데 서법筮法에 관련된 몇 구절을 취하여 「시괘전」이라는 명칭을 부여한 것이다. 그런데, 이 「시괘전」은 이미 망실되어 버린 옛날의 서법筮法을 재구성할 수 있는 중요한 단서를 제공해 준다. 그러나 철학적 관점에서 보면 고대의 서법을 복원하는 것보다 더욱 심원한 의의를 갖는 것은 거기에 함축되어 있는 우주론적 의미이다. 「계사전」의 '역유태극易有太極'장章이 갖는 사상사적 의의는 무엇보다도 우주의 시원적 존재를 태극으로 설정한 뒤 '태극太極→양의兩儀→사상四象→팔괘八卦'의 순서로 전개되는 우주생성론의 도식을 제시했다는 데 있다. 태극·양의·사상·팔괘는 우주의 기호계를 구성하는 기호들이지만, 그 명칭들은 본래 설시법揲蓍法에서 사용되는 기술적 용어(technical term)에서 유래되었다. 설시법이란 시책蓍策의 조작을 통해 점을 치는 절차를 말하는데, 태극·양의·사상·팔괘는 시책의 조작을 통하여 점괘의 획득에 이르기까지 거치는 네 단계의 과정을 가리킨다. 설시법의 과정은 우주가 최초로 생성된 단계에서부터 우주의 분화가 이루어지고, 이어서 자연과 만물의 생성이 이루어지기까지의 전체적 과정을 상징적으로 재현하도록 설계되어 있다. 태극·양의·사상·팔괘 등의 용어들은 모두 기호적 지칭에 불과하다. 기호적 지칭은 그것이 지칭하려는 바의 대상(referent)에 대한 명칭일 뿐이기 때문에 결코 대상 자체가 될 수 없다. 기호와 대상을 혼동하면 안 된다는 것은 너무나 당연한 이야기이지만, 역학사를 통해 이러한 상식이 때때로 무시됨으로써 심각한 개념적 혼란이 초래된 바가 있었기 때문에 정약용이 다시금 강조하게 된 것이다.

필자는 다산역학의 체계를 모사설의 기초 위에 건립되어 있는 것으로 설명하였다. 역상易象의 기본적 정의에서부터 기호모형과 우주론에 이르기까지 그 체계는 어느 것 하나 모사설과 연관되어 있지 않은 것이 없다. 다산역학의 구성요소들은 이 기초 위에서 매우 정합적인 체계를 이루고 있다. 다산역학의 체계가 잘 조직되어 있는 인상을 주는 것도 바로 이 정합성 덕택이다. 그리고 철학적 해석이 정합적인 것처럼 다산역의 해석체계도 엄격한 규칙들의 정합적 체계로 구성되어 있다. 정약용은 『주역』

해석에서 자의적 해석을 최대한 배격하고『주역』전편에 일관되게 적용될 수 있는 해석규칙을 수립하려고 시도하였다. 이처럼 엄밀한 규칙의 체계 위에서 행해지는 질서정연한 해석은『주역사전』이 내세울 수 있는 해석학적 성취이다.「괄례표括例表」·「독역요지讀易要旨」·「역례비석易例比釋」등은 역사易詞 해석을 위한 질서정연한 해석규칙을 제공한다.

　『주역』은 매우 독특한 문헌이기 때문에 거기에 맞는 고유한 독법讀法을 필요로 한다. 필자는 정약용의『주역』이해의 관점을 '환원'과 '복원'이라는 두 개의 키워드(keyword)를 통해 풀어내고자 하였다. 환원의 원칙이 의미하는 것은『주역』을 있는 그대로 이해하자는 것이다.『주역』을 있는 그대로 이해하기 위해서는 사실事實로 돌아가지 않으면 안 된다. 그리고 복원의 원칙이란 기호의 본래 의미를 알기 위해서는 기호체계의 발원지發源地인 생활세계를 복원해야 한다는 것을 뜻한다. 어떠한 기호체계이든지 간에 그 기호체계의 산실産室인 역사적·문화적 생활세계로부터 유리遊離된다면 충분히 이해될 수 없다.『주역』이 주周나라의『역易』을 의미하는 것인 한에서, 그 기호체계의 의미는 주나라의 역사적 공간과 생활세계와의 관련 아래서 해명되어야 한다.

　필자의『주역』해석의 목표는 이미 오래전부터 표정을 상실해 버린 기호의 아이콘들에게 웃음과 눈물을 되돌려 줌으로써 그 기호들을 다시 살아 움직이게끔 하는 데 있다. 그것은 기호를 통해 고대인들의 생활세계를 복원시킴에 의해 가능하다.『주역』의 괘사와 효사에는 사냥하고 전쟁하고 시집가고 장가가고 웃고 떠들며 놀라고 슬퍼하는 모습 등이 담겨 있다. 역사易詞는 매우 짧고 함축적이어서 그것 자체로는 생동적인 느낌을 주기가 힘들다. 그러나 역사를 기호의 이미지(image)들과 연계시키게 되면 그 역동적 모습을 살려 낼 수 있다.『주역』에서는 그 이미지를 상象이라고 한다. "이견대인利見大人"의 괘사가 있다면 신하가 군주를 만나는 모습을 상을 통해서 재현할 수 있어야 하고, "이섭대천利涉大川"의 괘사가 있다면 큰 강을 건너는 모습을 상을 통해서 확인할 수 있어야 한다. 상수학의 방법론들은 괘상의 변동을 포착하기에 매우 유용한 해석 테크닉들이다.

「독역요지讀易要旨」는 역사 해석을 위한 일반적 준칙들로서 모두 18칙則으로 구성되어 있다. 「독역요지」의 해석규칙들은 『주역사전』을 읽어 내는 데 특히 유용한 규칙들이다. 본서에서는 18칙에 대한 간략한 일람표를 만들어 그 대략을 제시한 뒤에, 그 중에서 자세히 서술해야 할 필요성이 있는 부분에 대해서는 별도로 서술하였다. 「독역요지」가 독역讀易을 위한 세칙細則을 제공한다면, 역리사법易理四法은 해석의 본칙本則에 해당된다. 역리사법이란 추이推移·효변爻變·호체互體·물상物象의 네 가지 해석원칙을 가리키는데, 이는 본칙 중에서도 핵심방법론에 해당된다. 정약용은 그 외에도 교역交易·변역變易·반역反易이라는 삼역三易의 방법을 보조적으로 활용하고 있다.

역리사법이 다산역학의 중추中樞이며 중핵中核인 만큼 여기에 대해서는 상세한 분석이 행해져야 한다. 『주역사전』의 '사전四箋'이라는 명칭 자체가 바로 여기에서 유래되고 있다. 정약용은 『주역사전』의 「사전소인四箋小引」에서 "주자지의야朱子之義也"라는 말을 역리사법 각각에 대하여 네 번씩이나 반복하고 있다. 이러한 정약용의 발언은 매우 유감스럽다. 왜냐하면 이 발언은 다산역학의 연원淵源에 대한 잘못된 인식으로 이끌 뿐 아니라, 『주역사전』의 독창성을 은폐하는 데도 그 원인을 부분적으로 제공하고 있기 때문이다. 정약용과 주희의 해석방법을 정밀하게 비교해 보면, 비록 양자 사이에 유사성이 있기는 하지만 그 유사성은 매우 제한된 범위 내에서만 타당하다는 사실을 알 수 있다. 필자는 『다산학』 19호(2011)에 발표한 「정약용의 「주자본의발미」 연구」에서 이 점에 관하여 상세히 분석한 바 있다. 따라서 필자는 "주자지의야朱子之義也"라고 한 정약용의 발언에 큰 비중을 두지 않는다. 아마도 정약용이 이러한 발언을 하게 된 이면에는 주희를 빌려서 자신의 학설에 권위를 부여함과 동시에 예상되는 비난에 맞서 자신을 방어하려는 의도가 숨어 있었을 것이다.

역리사법의 네 가지 해석방법 중에서 역경해석사에 신기원新紀元을 연 것으로 평가될 수 있는 것은 효변설爻變說이다. 효변설은 비록 『춘추좌씨전』에 전거를 두고 있다고는 하나, 정약용 이전에 『춘추좌씨전』의 해석법이 의미하는 것을 정확히 이해하는 사람은 거의 없었다. 『주역사전』을 펼치게 되면, 양은 음으로 변화시키고 음은 거꾸로 양으로 변화시켜 해석하고 있는 것을 보게 된다. 이것이 효변이라는 것이다. 『춘추좌씨전』의 관점官占에 이러한 해석법이 분명히 있었음에도 불구하고 후대의 역학자들은 그것을 과감하게 취하지 못하였다. 정약용은 효변에 대해서도 "주자지의야朱子之義也"라고 말하고 있으나, 주희는 『주역본의』에서 점법에 효변을 취하는 것이 원칙이라고만 말하였을 뿐 이를 괘효사 해석에 적용시키지는 못하였다. 역학사를 통틀어 보더라도 정약용의 효변법과 유사한 사례로는 다만 송나라 도결都潔의 『주역변체周易變體』(16권)가 있을 뿐이다. 대부분의 역학자들이 효변을 취하지 않고 양을 양으로, 음을 음으로 해석하고 있음을 감안하면 효변은 그 자체로 혁명적 변화가 아닐 수 없다. 필자가 이를 "코페르니쿠스적 발상의 전환"이라고 부른 이유도 바로 여기에 있다.

정약용의 역학은 예로부터 전승되어 온 상수학의 방법론들을 효과적으로 활용함으로써 정지되어 있던 괘상을 움직여서 살아 움직이는 아이콘으로 변모시키는 데 성공하였다. 개별적 괘사 혹은 효사의 의미를 파악하는 것 이상으로 중요한 것은 스토리텔링(storytelling)이다. 스토리텔링을 하기 위해서는 『주역』의 괘효사에서 서사적 의미구조를 발견해야 한다. 서사敍事(narrative)란 의미 있는 사건이나 행동의 변화를 이야기의 형식으로 서술하는 방법이다. 서사를 다른 말로 이야기라고 부르는데, 이야기는 어떤 사물이나 사실 혹은 현상에 대하여 일정한 줄거리를 가지고 하는 말이나 글을 가리킨 다. 이야기는 인간의 행위·사건·인물 등을 위계적으로 선택 강조하여 일정한 규칙으로 배열함으로써 만들어진다. 일반적으로 이야기가 구성되 기 위해서는 주제, 플롯, 사건과 행위, 인물, 시점, 시공간적(역사·지리적) 배경 등의 요소가 있어야 한다. 그리고 이야기의 서술양식으로는 사건들의 발생을 시간의 경과와 함께 드러내 보이는 방식을 취하게 된다. 그런데 『주역』의 괘효사는 점사占辭를 열거해 모아 놓은 것이기 때문에 여기에는 서사적 구조가 뚜렷하게 발견되지 않는다는 어려움이 있다. 하지만 그렇다 고 해서 『주역』에 서사성이 없다고 말하는 것은 옳지 않다. 서사기호학자들 은 심지어 레시피(recipe, 요리법)에도 서사성이 있다고 주장한다. 하물며 『주역』 에 서사성이 없겠는가? 『주역』의 서사성은 단지 밖으로 노출되지 않고 감추어져 있을 뿐이다.

따라서 이처럼 잠복되어 있는 서사성의 구조를 밖으로 드러내는 작업이 필요하다. 개별적 점사들은 정치·전쟁·질병·죽음·날씨·여행·자연 관찰 등 당시의 어떤 구체적 사건들에 대해 점친 기록들이지만 거기에는 당시 사람들의 세계관이 침투되어 있다. 『주역』의 서사적 구조는 개별적 점사들 사이에 있는 연관성을 탐구하고, 거기에 깃들어 있는 당시 사람들의 자연관, 정치사회적 관념, 세계관 등을 구성해 냄으로써 발견될 수 있다. 예를 들면 "제을귀매帝乙歸妹"나 "고종벌귀방高宗伐鬼方"과 같은 효사에는 많은 이야깃거리가 숨어 있을 것이 틀림없다. 이처럼 64괘 384효에 산발적으 로 흩어져 서술된 사건들 가운데 서로 연관되어 있는 내용을 결합시켜 기起·승承·전轉·결結의 스토리라인(storyline)을 만들어 내는 것이 중요하다. 필자는 그레마스(Julien Greimas)의 서사기호학의 관점에 의거하여 괘효사의 서사적 의미구조를 파악하려고 시도하였다. 필자가 시도한 것은 『주역』에 서 다섯 가지 주제를 선택하여 여기에 스토리텔링(storytelling)의 기법을 결합시켜서 이야기로 꾸며 본 것이다. 그 다섯 가지 주제는 '망국의 슬픈 역사', '용의 메타모르포시스(metamorphosis)', '고대 중국의 군사제도와 전쟁', '물극필반과 흥망성쇠', '천문과 지리'로 이루어져 있다. 이러한 스토리텔링은 어떤 명제를 논증하거나 반박하려는 목적에서 쓰인 것이 아니므로 학술논문과는 다른 형식을 취하고 있다. 필자의 이야기는 기본적으로 『주역』이 성립된 시기의 역사적 무대로 되돌아가서 그 당시 살았던 사람들의 세계관과 인생관을 재현시킴으로써 고대인들의 생활세계를 이해하는 것을 목표로 삼고 있다.

# 설계도

    필자가 본서에서 시도한 것은 다산역에 대한 기호학적 해석이다. 필자의 연구는 다산학·역학·기호학이라는 세 가지 갈래가 교차하는 지점에 위치해 있다. 본서가 다산역학에 대한 종전의 연구와 다른 점이 있다면, 기호학적 관점을 통해서 다산의 역학을 재해석하였다는 점이다. 다산역이란 다산과 『역』의 결합이므로, 여기에는 다산 정약용과 『주역』과 기호학의 세 요소를 하나의 좌표 위에 설정하는 작업이 요구된다. 종래 다산역학에 관한 연구가 다산(X)과 『주역』(Y)이라는 두 개의 축에 의해서 형성되는 이차원 평면 좌표 위에 설정된 것이라고 한다면, 필자는 여기에 기호학(Z)이라는 제3의 축을 추가하여 삼차원 입체좌표를 구성하려고 시도한 것이다. 이러한 좌표를 설정하기 위해서는 기호를 중심에 놓고 기호학적 사유원리에 따라 다산역을 고찰하는 것이 필요하다. 따라서 기호학을 중심축으로 삼아 기호학적 사유를 다산과 『주역』에 다함께 침투시키려고 노력할 것이다.

    본서는 모두 4부로 구성되어 있다. 제1부는 『주역』의 기호학적 특성을 기호학적 관점에서 고찰한 것으로, 비록 다산역과 직접적 관계는 갖지 않으나 그 이후의 서술을 지탱해 주는 기초적 토대가 된다. 제2부에서

제4부까지는 다산역을 기호학적으로 해석한 것이다. 제2부는 다산역의 기호학적 체계를 분석한 것이고, 제3부는 다산역의 해석방법론을 다룬 것이며, 제4부는 다산역에 대한 서사기호학적 접근을 시도한 것이다.

제1부 「주역의 기호학적 독해」에서는 먼저 인류의 기호 사용의 기원에 대해 살펴본 다음에 기호학과 『주역』의 관계에 대한 고찰로 나아가는 순서를 취하였다. 동서양을 막론하고 점술이 기호 사용의 중요한 기원을 형성한다는 점은 공통적이지만, 점술은 다양한 기호 사용의 목적 중의 한 가지에 지나지 않았다.

제1장 「인류역사에서의 기호 사용의 기원」에서는 동서양 문명의 여명기에 기호가 어떻게 사용되었는지 그 기원을 고찰하고, 특히 기호 사용이 점술과 어떤 관계를 맺게 되었는지를 설명하였다. 제1절 「고대 서구에서의 기호 사용의 기원」에서는 기호 사용이 점술과 의술로부터 유래되었다는 점을 밝혔으며, 제2절 「고대 중국에서의 기호 사용의 기원」에서는 결승結繩 과 서계書契 등으로부터 시작된 기호 사용이 점술을 통해 광범위하게 확산되는 과정을 거치게 되었다는 점을 분석하였다.

제2장 「기호학과 주역의 관계」에서는 『주역』의 기호학적 성격을 분석하고, 현대 기호학의 학문적 지형도에서 『주역』이 어떤 지위를 지닐 수 있는가에 대해서도 생각해 보았다. 이 장은 『주역』의 기호학적 성격을 일반적 관점에서 고찰한 것이기 때문에 다산역의 기호학적 분석에도 유효하다.

제3장 「서구의 기호학과 주역의 통섭」에서는 소쉬르(Ferdinand de Saussure), 퍼스(Charles Sanders Peirce), 모리스(Charles William Morris), 보드리야르(Jean Baudrillard) 등 서구의 대표적 기호학자들의 이론을 『주역』에 접목시켜 양자 사이에 존재하는 공통적 접점을 찾으려고 시도하였다. 필자는 이들의 이론을 『주역』과 기호학의 통섭에 활용하였을 뿐 아니라, 정약용의 역학이론의 해석에도 적용시켰다. 원래의 기획에서는 그레마스(Greimas)의 서사기호학

도 제3장에 배치할 생각이었으나, 제4부의 서론序論으로 삼는 것이 더 좋을 것 같아 제4부에 통합시켰다.

소쉬르(Saussure)와 퍼스(Peirce)는 각각 유럽과 미국의 기호학의 원조에 해당하는 인물들이라는 점에서 매우 중요하다. 필자는 소쉬르에 있어서는 시니피앙·시니피에의 이항二項적 분석법을, 퍼스에 있어서는 표상체·대상체·해석체라는 삼항三項관계의 분석법을 『주역』에 적용시켜 기호학적 분석을 시도하였다. 모리스(Morris)의 화용론은 기호를 그 사용자와의 관계에서 고찰하는 관점인데, 『주역』의 점술기호는 인생사의 다양한 영역에 활용되었던 것이기 때문에 실용주의적 특성의 분석에 매우 유용한 관점이라는 점에서 채택하였다. 프랑스의 사회학자 보드리야르(Baudrillard)는 시뮬라시옹(simulation)의 개념을 통해서 원본의 실재로부터 기호적 상징이 파생되어 나오는 과정을 설명하고 있는데, 『주역』의 기호모형도 역시 원본으로부터 유래된 파생실재라는 점에서 그 관점을 적용하였다.

제2부 「다산역의 기호학적 체계」는 제1부의 『주역』의 기호학적 독해방식을 다산역에 적용한 것이다. 제2부에서는 정약용의 상象에 대한 정의에서 기호학과 만날 수 있는 접점이 있는지를 찾아보았다.

제1장 「상象의 기호학적 함의」는 다산역의 기호학적 관점을 모사설模寫說과 사실주의寫實主義를 통해 분석한 것이다. 『주역』에서 기호에 상응하는 용어는 상象인데, 현대 기호학의 용어로 말하면 아이콘(icon)에 해당된다. 정약용은 상이 실재하는 어떤 대상의 모습을 모사함으로써 만들어진다고 보았다. 이것이 모사설模寫說이다. 현대 기호학의 용어를 빌려 설명한다면, 아이콘은 미메시스(mimesis) 즉 모사에 의해서 만들어진다. 그런데 모사는 실재의 모습을 본떠서 실재와 비슷하거나 닮은 형태로 재현해 내려고 하기 때문에, 이것은 동시에 사실주의寫實主義가 된다.

제2장 「상象과 의미」에서는 정약용의 상론象論이 철저하게 「설괘전」을

중시하는 입장에 서 있다는 점을 밝혔고, 아울러 역사易詞에서의 상象과 점占의 관계를 설명하였다. 팔괘의 상이 갖는 의미를 물상物象이라고 하는데, 『주역』의 해석은 반드시 「설괘전」에 명시된 물상에 의거해야 한다. 「설괘전」은 팔괘의 제작 동기와 과정을 설명하고 팔괘가 상징하는 것이 무엇인가를 구체적으로 명시하여 놓은 문헌이다. 따라서 「설괘전」이 없다면 『주역』을 해석할 길이 원천적으로 막히게 된다. 그리고 정약용은 상象과 점占의 관계를 보편과 특수의 관계로 파악한다. 일반적으로 상象은 어떤 경우에나 두루 통용될 수 있는 일반적 상황에 적용되는 반면에, 점占은 구체적이고 특수한 상황에 적용된다.

제3장 「상象의 철학적 해석」에서는 정약용의 모사설적 관점은 사실주의적 인식론을 내포하고 있으며, 바로 이 점 때문에 내지덕來知德의 괘정입상설卦情立象說 및 왕필王弼의 득의망상설得意忘象說과 충돌하게 된다는 점을 설명하였다. 이 장은 기호를 파악하는 관점에서 정약용과 대척점에 서 있는 내지덕과 왕필의 관점과의 대비를 통해 정약용의 기호학적 관점의 특성을 드러내고자 한 것이다. 정약용은 모사설적 관점에 입각하여 상징의 의미가 실재로부터 도출된다고 보았다. 상징을 객관적으로 실재하는 대상에 대한 모사로 간주하는 정약용의 관점에서는 상징은 결코 허구적 실재나 상상의 산물이 될 수 없다. 반면에 내지덕은 상이 실재와 관계없이 독립적으로 존재할 수도 있다고 생각하였기 때문에, 상상력에 의해 창조되는 상징이 있을 수 있다고 주장하였다. 정약용은 사실주의적 관점을 지나치게 엄격하게 고수함으로써 상상력이 개입될 수 있는 여지를 원천적으로 차단하고 있다.

정약용은 왕필의 이론과도 첨예하게 맞서고 있다. 왕필은 도가의 초월적 인식론에 입각하여, 『역』 해석의 궁극적 목적은 의미를 획득하는 것(得意)에 있으며 상의 이해는 의미 획득을 위한 수단이기는 하지만 수단은 목적에

도달한 뒤에는 버려져야 한다고 주장하였다. 왕필의 관점을 따른다면 상이란 대상을 표현하기 위해 동원된 비유에 불과한 것이 되고 만다. 이 경우 상의 의미가 반드시 대상으로부터 유래되어야 할 필연성은 소멸되어 버리고 말 것이다. 즉 대상을 모사하여 그 대상을 대표하거나 상징하는 기호로서의 본질적 기능은 무시되어 버리고, 상이란 상상력에 의하여 아무렇게나 만들어질 수 있는 것이 되고 말 것이다.

제4장 「기호계의 모형구조」에서는 다산역의 기호학적 체계에서 기호계의 모형이 어떻게 구조적으로 위계화位階化되어 있는지를 설명하였다. 필자는 이 장에서 에스토니아 출신의 러시아 기호학자 유리 로트만(Yuri Lotman)의 '기호계'(semiosphere)라는 개념을 차용借用하여 다산역에서의 기호체계의 모형구조를 구성해 내고자 하였다. 기호계의 모형구조는 세계의 존재론적 위계(hierarchy)와 서로 상응하는 구조로 설계되어 있다. 정약용에 따르면, 세계의 존재론적 위계는 모두 3층으로 구성되어 있다. 그 위계의 제1층에는 만물萬物이 있고, 거기에 상응하는 기호는 50연괘이다. 제2층에는 천도天道 즉 자연의 질서가 자리하고 있으며, 거기에 상응하는 기호는 14벽괘이다. '벽괘-연괘'는 『역』의 기호모형을 지탱하는 기본 골조이며 뼈대이다. 14벽괘가 모형의 상부구조를 형성한다면 50연괘는 하부구조를 형성한다. 상부구조의 존재영역은 사계절의 순환으로 표상되고, 하부구조의 존재영역은 필연적으로 자연의 순환력의 지배를 받는 만물세계이다. 제3층에는 상제가 있는데, 그 아래 있는 천도와 만물세계를 다스린다.

제1절 「상제의 계시」에서는 다산역의 기호계가 상제의 계시에 의존하는 신학적神學的 체계라는 점을 설명하였다. 상제는 기호계의 모형구조의 한 층을 형성하면서 나머지 기호계를 떠받치고 있기는 하지만, 표면적으로는 노출되어 있지 않다.

제2절 「시뮬레이션 모형」에서는 보드리야르의 시뮬라시옹의 관점을

다산역의 해석에 적용하였다.

　제3절 「기호계의 위계」에서는 다산역의 세미오스피어(기호계)가 가지는 존재론적 위계位階의 구조를 제시하였다. 상제가 그 존재론적 위계의 가장 상층부에 있는 존재라면, 그 하부에는 벽괘와 연괘가 자리하고 있다. 기호계의 모형구조를 실제적으로 채우고 있는 것은 이 벽괘–연괘의 이원적二元的 층위層位이다. 벽괘는 사시의 순환을 표현하는 기호이며, 연괘는 사시의 영향 아래에서 형성되는 만물의 세계를 표현하는 기호이다. 벽괘/연괘는 자연/만물의 존재론적 위계를 반영한 것이기 때문에 그 관계는 부모/자식의 관계와 마찬가지로 역전逆轉될 수 없다. 자연이 만물을 형성하는 것이지, 만물이 자연을 형성하는 것은 아니다. 벽괘/연괘란 이러한 현실의 관계를 기호로 표현한 것에 불과하다.

　제4장 「『주역』의 우주론」에서는 태극·양의·사상·팔괘라는 기호적 관계에 의거하여 『주역』에서 우주생성론이 어떻게 전개되고 있는지를 설명하였다. 이 용어들은 원래는 설시揲蓍의 과정에서 사용되는 점술의 용어들이지만, 동시에 그 과정은 우주의 생성과정을 재현하고 있는 것으로 간주되고 있다. 모사설적 관점은 정약용이 이러한 개념들을 설명하는 데 있어서도 마찬가지로 적용되고 있는데, 여기에서도 모사설이 다산역학을 관통하는 특징임을 확인할 수 있다.

　제3부 「다산역의 해석체계」에서는 정약용이 수립한 『주역』 해석의 규칙들을 다루었다.

　제1장 「주역의 독법」은 정약용의 기호학적 독해방식을 '환원'과 '복원'이라는 두 개의 키워드를 통해 고찰한 것이다. '환원'의 원칙은 『주역』을 있는 그대로 보자는 것으로서, 만일 역사易詞가 복서卜筮에 관해 언급한 것이라면 복서로 해석하고 의리義理에 관해 언급한 것이라면 의리로 해석하자는 것이다. 그리고 '복원'의 원칙이란, 『주역』의 상징체계가 갖는 기호적

특성은 그 생활세계와의 연관성 아래서만 해명될 수 있기 때문에 기호의 본래의 의미를 알기 위해서는 기호체계를 산출한 생활세계를 복원해야 한다는 것을 뜻한다.

　제2장 「독역요지讀易要旨」는 정약용이 수립한 『주역』해석의 18가지 기본 원칙을 설명한 것이다. 「독역요지」는 자의적恣意的 해석을 최대한 배격한 채 『주역』전편全篇에 일관되게 적용될 수 있는 역사易詞 해석의 일관된 원칙을 제시하고 있다는 점에서 매우 중요하다. 이처럼 엄밀한 규칙의 체계 위에서 행해지는 질서정연한 해석은 『주역사전』이 내세울 만한 해석학적 성취成就라고 할 수 있다. 필자는 여기에서 일단 18칙에 대한 간략한 일람표를 만들어 그 대략을 제시하고, 그 가운데 특히 상세히 검토할 필요가 있다고 생각되는 제12칙 '영물詠物'과 제17칙 '인자認字'의 세칙에 대해서는 별도로 다루었다. 그 밖의 해석규칙에 관해서는 별도로 독립시켜 논하지는 않았지만, 다른 항목의 서술에 반영된 것이 많다. 예를 들면, 제1칙 추상抽象과 제3칙 존질存質과 제11칙 비덕比德은 제2부의 2장 '상과 점의 관계'에서 논하였으며, 제2칙 해사該事는 제4부 1장의 제2절에서 역사易詞의 의미구조를 다루면서 포함시켰다. 제5칙 파성播性과 제6칙 유동留動, 제9칙 쌍소雙溯에 관해서는 제3부의 3장 '역리사법' 중에서 제1절 '추이推移'에 대하여 서술할 때 포함시켜 설명하였다.

　제3장 「사대의리」에서는 다산역의 핵심방법론에 해당되는 추이推移·효변爻變·호체互體·물상物象에 대해서 상세히 설명하였다. 『주역사전』의 '사전四箋'이란 『주역』을 해석하기 위한 네 가지 해석방법을 가리키는 것으로서, 이른바 역리사법易理四法이라고 불린다. 역리사법은 다산역학 연구자들에 의해 가장 빈번하게 다루어졌던 주제이기 때문에 가급적이면 선행연구와 중복되는 서술을 최대한 피하면서 새로운 시각을 개발하려고 노력하였다. 특히 최근 출토역학자료가 잇달아 발굴됨에 따라 현대 역학계의 동향이

급격히 출토역학 쪽으로 이동하고 있다는 점을 고려하여, 다산역학의 쟁점들을 출토역학의 관점에서 새롭게 조명해 보고자 하였다. 새로운 자료의 출현으로 말미암아 통행본 『주역』에 의존하는 기존의 통설에 대한 비판적 재검토가 불가피해졌다. 그러나 새로운 출토자료들은 다산역학에 의해 제기된 학설들을 수정하도록 하는 측면만 있는 것이 아니라 확증해 주는 측면도 있다. 출토된 새로운 역학자료를 통해서 정약용이 핵심방법론으로 삼았던 효변交變·호체互體 등의 이론은 서법筮法의 역사에서 아주 오래된 기원을 갖고 있다는 점이 밝혀진 것이다. 반면에 정약용이 굳게 믿어 의심하지 않았던 '하상지구법夏商之舊法'에 관한 논의들은 원점에서 재검토되어야 할 필요가 있다. 왜냐하면 그는 『좌전』과 『국어』에 나오는 다효변多交變의 서례筮例들이 하夏·상商 시기의 『연산連山』·『귀장歸藏』의 서법에 속하는 것이라고 주장하였으나, 이학근李學勤을 비롯한 일부 학자들은 출토자료에 근거해서 『귀장』이 『주역』보다 이른 시기에 형성된 것이 결코 아니라는 새로운 가설을 제안하고 있기 때문이다.

제4부 「다산역의 서사기호학」에서는 서사기호학의 관점을 『주역』에 접목시켜 다산역에 대한 스토리텔링(storytelling)을 시도하였다. 제3부의 다산역에 대한 방법론적 서술은 반드시 필요한 것이기는 하지만 자칫 잘못하면 다산역의 정신을 표현하지 못한 채로 그 형해形骸만을 드러낼 우려가 있다. 이 때문에 필자는 스토리텔링(storytelling)의 기법을 사용하여 기호들에게 희喜·노怒·애哀·락樂의 표정을 입히려고 노력하였다. 필자의 『주역』 해석의 궁극적 목표는 표정을 상실해 버린 기호의 아이콘들에게 웃음과 눈물을 되돌려 주는 데 있다. 그렇게 함으로써 『주역』의 기호체계를 구성하는 아이콘들에게 이모티콘(emoticon)으로서의 표정을 부여하려는 것이다. 기호에는 인터페이스(interface)의 측면이 있으며, 그것을 통해 사용자와 소통하게 된다. 『주역』의 기호들이 일련의 의미 있는 맥락으로 구성되면서, 이야기를

통해 기호와 기호의 사용자 사이에 대화가 시작된다.

제1장 「주역의 서사기호학적 접근」은 두 개의 절로 구성되어 있다. 제1절 그레마스의 「서사기호학과 주역」에서는 서사기호학의 이론을 정립한 그레마스(Greimas)의 관점을 적용하여 『주역』에서 서사적 구조를 도출하려고 시도하였다. 그레마스의 기호학에 따르면, 모든 텍스트의 밑바탕에는 서사敍事 즉 이야기가 숨어 있다. 물론 『주역』의 괘효사는 점사占辭의 집록集錄이기 때문에 서사적 구조가 뚜렷하게 발견되지 않는다는 어려움이 있다. 그렇지만 『주역』에 서사성이 없다고는 말할 수 없다. 서사기호학자들은 심지어 레시피(recipe, 요리법)에도 서사성이 있다고 주장한다. 하물며 『주역』에 서사성이 없겠는가? 오히려 『주역』의 텍스트는 서사적 관점에서 볼 때 풍요로운 토양을 제공한다. 개별적 역사易詞에는 서사가 포함되어 있는 경우가 많이 있는데, '상양우역喪羊于易'·'고종벌귀방高宗伐鬼方'·'제을귀매帝乙歸妹'·'기자명이箕子明夷'·'강후용석마번서康侯用錫馬蕃庶' 등의 역사들은 그 당시의 고사故事와 연관되어 있을 가능성이 높다. 개별적 점사들은 정치·전쟁·질병·죽음·날씨·여행·자연관찰 등 당시의 어떤 구체적 사건들에 대해 점친 기록들이지만, 거기에는 당시 사람들의 세계관이 침투되어 있다. 『주역』의 서사적 구조는 개별적 점사들 사이에 있는 연관성을 탐구하여 거기에 깃들어 있는 당시 사람들의 자연관, 정치사회적 관념, 세계관 등을 구성해 냄으로써 발견될 수 있다. 그러나 『주역』의 서사성이 개별적 효사에만 존재한다고 단정해서는 안 된다. 왜냐하면 『주역』의 저자가 여섯 개의 효사를 배치하였을 때, 어떤 서사적 구성을 염두에 두었을 가능성이 높기 때문이다. 따라서 역사易詞의 의미구조를 분석하여 감추어져 있는 『주역』의 서사성의 구조를 밖으로 드러내는 작업이 필요하게 된다. 이처럼 64괘 384효에 산발적으로 흩어져 서술된 사건들 가운데 서로 연관되어 있는 내용을 결합시켜서 기·승·전·결의 스토리라인(storyline)을 만들어

내는 것이 중요하다.

제2절 「해사該事: 역사의 의미구조」에서는 「독역요지」에서 제시된 해사該事의 규칙을 통해 역사易詞의 의미구조를 분석하고자 하였다. 해사란 「독역요지」의 제2칙에 해당되는데, 한 개의 괘효사 속에 여러 개의 사건들이 열거되어 있는 것을 가리킨다. 따라서 개별적 효사라고 하더라도 항상 단일한 서사로 구성되어 있는 것은 아니며, 단일 효사 내에서도 몇 개의 의미층위가 복합적으로 존재하는 경우도 있다.

제2장의 「다산역의 스토리텔링」은 『주역』에서 다섯 가지 주제를 선택하여 스토리텔링(storytelling) 기법을 써서 이야기로 꾸며 본 것이다. 그 다섯 가지 주제는 ① 「망국의 슬픈 역사」, ② 「용의 메타모르포시스(metamorphosis)」, ③ 「고대 중국의 군사제도와 전쟁」, ④ 「물극필반과 흥망성쇠」, ⑤ 「천문과 지리」로 이루어져 있다. 여기에서는 어떤 개별 효사의 서사성을 도출하는 데 머무르지 않고, 여러 괘효사에 흩어져 있는 이야기 소재들을 결합시켜서 스토리라인(storyline)이 있는 서사를 구성하고자 하였다. 이러한 스토리텔링은 어떤 명제를 논증하거나 반박하기 위한 것이 아니라, 『주역』이 성립된 시기의 역사적 무대로 돌아가서 그 당시 살았던 사람들의 세계관과 인생관을 재현시키는 작업이다. 이것은 기호를 통해 고대인들의 생활세계를 복원시킴에 의해 가능하다.

제1절 「망국의 슬픈 역사」는 은말주초殷末周初에 은나라가 망하고 주나라가 굴기崛起하는 과정을 그린 이야기이다. 『주역』은 문왕文王이 유리羑里의 옥에 갇혀 있는 동안에 저술한 것이라고 전해지고 또 「계사전」에 "『주역』을 지은 자는 우환이 있었을 것이다"(作易者, 其有憂患乎)라고 하였으니, 『주역』에는 작역자作易者의 우환의식이 어떤 형태로든지 반영되어 있을 것이다. 필자는 명이明夷괘에 이러한 우환의식이 집중적으로 반영되어 있다고 보고, 정약용의 역주易注를 활용하여 서사를 구성하였다.

제2절 「용의 메타모르포시스」는 건乾·곤坤괘에 나타난 용의 변화를 주제로 삼아서 용의 변신이 상징하는 바를 음미하고자 하였다. 용은 변화에 능한 신화적 동물이니, 수중동물이지만 자유자재로 변신하며 육陸·해海·공空 어디든지 얽매이지 않고 자유롭게 옮겨 다닌다. 『주역』의 저자가 용을 『주역』의 문호門戶에 해당되는 건乾·곤坤괘에 배치한 것은 변화의 서書에 어울리는 상징적 이념을 구현하려고 하였기 때문이다. 그러나 『주역』의 저자가 진정으로 표현하고자 했던 것은 용의 변신이 아니라 변화를 갈망하는 인간의 욕구였다. 인간사의 흥망성쇠가 모두 변화에서 비롯되니, 잠룡潛龍·현룡見龍·비룡飛龍·항룡亢龍 등의 기호들은 인간의 욕망과 꿈이 무르익고 실현되었다가 좌절을 맞는 계기를 순차적으로 표현한다.

제3절 「중국 고대의 군사제도와 정벌전쟁」에서는 여러 괘효사에 흩어져 있는 전쟁과 관련된 소재들을 모아서, 정약용의 주석에 의거하여 고대 중국의 전쟁과 관련된 상황을 재구성해 보았다. 전쟁과 관련된 점사는 『주역』의 여러 괘효사에 흩어져 있어서 풍부한 이야기 소재를 제공한다. 사師괘에서는 군사軍事에 관한 문제를 집중적으로 거론하고 있으며, 동인同人괘 구삼九三에서 "복융우망伏戎于莽"이라고 한 것은 "우거진 숲에 군사를 매복함"의 뜻이니 매복전술과 관련된 것이다.

제4절 「물극필반과 흥망성쇠」에서는 『주역』의 괘효사에 표현된 인간사의 흥성과 쇠망을 살펴보았다. '물극필반物極必反'은 비록 『주역』에 나오는 용어는 아니지만 음·양의 상호전환이라는 『주역』의 변증법적 원리와 완전하게 일치한다. '물극필반'은 "사물의 전개가 극極에 달하면 반드시 반전反轉한다"는 것을 뜻하는데, 이러한 이치는 자연현상과 인간사에 다 같이 적용되므로 자연의 원리인 동시에 인간사의 흥망성쇠를 결정하는 법칙이 된다. 지혜로운 자라면 쇠망衰亡의 시기에 흥성興盛의 때를 준비하고, 흥성할 때 쇠망의 조짐을 읽어 내지 않으면 안 된다. 우리가 『주역』에서

추구해야 할 지혜는 바로 여기에 있다.

　제5절 「천문과 지리」에서는 『주역』의 자연철학에 대해 다루었다. 『주역』의 도道는 광대해서 거기에 포괄되지 않는 것이 없다. 「계사전」에서 "『역』은 미륜천지지도彌綸天地之道"라고 하였으니, 그것은 자연계 전체가 『역』의 기호계 안에 남김없이 두루 포함됨을 뜻한다. 자연의 질서를 본떠서 『역』의 기호계를 만들기 위해서는 자연에 대한 관찰이 선행되어야 하는데, 천문과 지리는 관찰해야 할 자연을 총칭하는 두 영역이다. 천문을 우러러 살피고 지리를 굽어 살피는 것은 자연계를 준거準據 모델로 삼아서 그 질서를 본뜨기 위한 것이다. 『역』이란 자연의 질서를 본떠서 이를 기호체계로 옮긴 것에 불과하다.

# 제1부 『주역』의 기호학적 독해

# 제1장 인류역사에서의 기호 사용의 기원

## 1. 고대 서구에서의 기호 사용의 기원

인류의 기호사용의 역사는 문자를 사용하기 훨씬 이전의 선사先史시대로
거슬러 올라간다. 인류는 동서양을 막론하고 의사소통을 위하여, 혹은
감정과 개념들이나 생활의 체험을 전달하기 위해 기호를 사용하여 왔다.
기호학적 관점에서 본다면, 인간은 근본적으로 기호를 해석하고, 기호를
사용하며, 기호를 제작하는 존재이다.[1] 문명의 발전과정에 비례해서 인류
는 기호를 능숙하게 다루는 탁월한 능력을 발전시켜 왔다. 인간의 기호
사용은 언어·문학·예술·디자인·광고 등 다양한 영역에 걸쳐 있으며,
인류의 문명은 기호의 체계에 의존하고 있다.[2] 물론 인간만이 기호를
사용하는 것이 아니라 동물들도 또한 기호를 사용한다. 그러나 동물들의
기호 사용은 그 복잡성과 정교함의 정도에 있어 도저히 인간에 미치지
못한다.

---

1) Sheldon Lu, "I Ching and the Origin of the Chinese Semiotic Tradition", *Semiotica* Vol.170 (2008), p.171.
2) Charles W. Morris, *Foundations of the Theory of Signs,* Vol.1 (Chicago: The University of Chicago Press, 1938), No.2, p.1.

선사시대에서 인류의 기호 사용은 주변세계에 대한 접촉과 더불어 시작되었다. 지금으로부터 3만 5천 년 전 후기구석기시대에 이미 기호가 사용되었던 흔적을 보여 주는 유물들이 지금의 프랑스 지역에서 발견되었다.[3] 이로써 본다면 문자라는 표현양식이 나타나기 훨씬 이전부터 인류는 그림과 형상 등의 기호를 의사소통을 위한 수단으로 활용하였음을 알 수 있다. 선사시대 연구가들은 기원전 2만 5천 년에서 기원전 1만 5천 년 사이에 성립된 스페인의 알타미라(Altamira) 동굴벽화에 대한 기호학적 분석을 통해 고대의 동굴벽화에는 두 가지 방식의 기호가 있음을 밝혀내었다. 즉, 하나는 동물의 형상과 같은 구체적인 기호이고, 다른 하나는 전체 맥락에서 파악할 수 있는 추상적인 개별기호이다. 음영을 가진 선과 점무늬가 가득 그려져 있는 들소 그림은 그것 자체로 독립적인 그림 메시지를 이루는데, 사냥이 잘되기를 기원하는 의식의 의미를 지니고 있다고 한다.[4] 1940년에는 프랑스 남서부의 라스코 동굴(Grotte de Lascaux)[5]에서 기원전 1만 7천 년에서 1만 3천 년 사이[6]의 것으로 추정되는 구석기시대의 벽화와 암각화가 발견되었는데, 이천여 개에 달하는 그림들 중에는 들소·말·사슴·염소·고양이 등 약

---

3) 발견된 고고학적 유물들은 일정한 간격에 맞추어 점선과 흠집을 질서 있게 배열하면서 연속적으로 새겨 놓은 돌이나 뼈로 만든 작은 판들이다. 이것은 기호임이 분명하지만 그 의미는 아직 해독되고 있지 않다.(피터 페리클레스 트리포나스 지음, 최정우 옮김, 『기호의 언어 - 정교한 상징의 체계』, 시공사, 1997, 12쪽)

4) 피터 페리클레스 트리포나스 지음, 최정우 옮김, 『기호의 언어 - 정교한 상징의 체계』, 12~13쪽.

5) 라스코 동굴은 프랑스 남서부 페리고(Perigueux) 지방의 도르도뉴(Dordogne) 강가에 있는 몽티나크 마을의 베제르(Montignac-sur-Vézère) 계곡에 있으며, 1940년에 그 지역에 살던 소년들에 의하여 발견되었다.(http://www.lascaux.culture.fr)

6) 시카고의 윌리어드 리비의 실험실(Chicago laboratory of Willard Libby)에서 행해진 1951년의 방사선탄소연대측정법에 의한 초기 추정은 15500BP였다. BP(Before Present)는 방사선탄소연대측정법의 표기법으로서 현재로부터의 시간을 뜻하며, 1950년을 기준으로 한다. 따라서 15500BP는 1950년의 15500년 전, 즉 기원전 13550년이 된다. 그러나 1998년과 2002년에 행해진 새로운 분석에 의하면 그 연대는 18600~18900BP, 즉 기원전 16650~16950년으로 추정된다.(http://www.lascaux.culture.fr/#/en/02_00.xml)

900여 개의 동물 이미지와 주술사나 식물의 이미지 600여 개 등이 정확한 형태로 묘사되어 있었으며, 무엇을 뜻하는지 알 수 없는 400여 개의 기하학적인 형태도 그려져 있었다. 이러한 벽화는 세계에 대한 신화적이고 종교적인 개념을 표현하는 기호체계로 간주될 수 있다.[7] 1994년에는 프랑스 남부 아르데슈 협곡(Gorges de l'Ardeche)에 있는 쇼베 동굴(Grotte de Chauvet)에서 약 3만 년 내지 3만 2천 년 전의 선사시대 동굴벽화 유적이 발굴되었는데, 그 동굴벽에는 12가지의 동물들이 그려져 있고 또 특이하게도 손바닥자국이나 발자국들, 상징적인 기호 등도 그려져 있었다.[8] 그런데 프랑스의 벽화 전문가 장 클로트(Jean Clottes)는 그림들이 사냥을 위한 마법으로 그려진 것이 아니라, 동물들의 영혼을 나타내기 위한 것으로서 주술적인 의식에 쓰인 것이라고 주장하였다.[9]

역사시대로 접어들게 되면, 동서양을 막론하고 기호 사용의 원천이 되었던 것은 점占이었다. 원래 점을 뜻하는 '디비네이션'(divination)이란 용어는 라틴어 '디비나레'(divinare)에서 유래된 말로서, 신神(divinus)에 의해 영감을 받아 미래를 예측하는 방법을 의미하였다. 고대 로마의 정치가였던 키케로 (Marcus Tullius Cicero, BC.106~BC.43)는 『점술에 관하여』(De Divinatione)[10]라는 저술에서 점술을 두 종류로 구분하였다. 첫째는 꿈과 같이 비일상적 상태에서

---

7) 피터 페리클레스 트리포나스 지음, 최정우 옮김, 『기호의 언어 – 정교한 상징의 체계』, 13쪽.
8) 독일 출신의 영화감독 Werner Herzog는 프랑스 정부의 허가를 받고 이 동굴을 촬영하여 2010년에 <잊혀진 꿈의 동굴>(Cave of Forgotten Dreams)이라는 3D다큐멘터리 필름을 만들었다. 이 영화는 2013년 한국에서도 상영된 바 있다.
9) 네이버 지식백과, '쇼베 동굴' 항목 참조.
10) 『점술에 관하여』(De Divinatione)는 Cicero가 BC.44년에 쓴 철학논서이다. 두 권으로 되어 있으며, 키케로가 대담자로 나서서 그의 동생인 Quintus와 함께 대화하는 형식을 취하고 있다. 제1권은 퀸투스가 스토아주의의 관점에서 점술을 옹호하는 것에 대해 다루고 있고, 제2권은 키케로가 아카데미철학의 관점에서 그것을 반박하는 내용을 다루고 있다.

주어지는 영감(Lat: furor, Gk: mania)을 받아 행해지는 형태의 점술이고, 둘째는 간신점肝神占(haruspicy), 내장점內臟占(extispicy), 징후점徵候占(augury), 점성술占星術(astrology), 신탁점神託占처럼 어떤 특정한 형태의 해석 테크닉을 사용하는 점술이다. 어떤 유형의 점술이건 간에 점치는 사람은 초자연적인 존재와 접촉하여 그 권능을 매개로 징조나 징후를 해석함으로써 신의 의지를 확인하는 역할을 담당한다. 징조나 징후는 신으로부터 전해지는 기호로 간주되었으며, 이를 해석하는 일은 지극히 중요한 일이었다.

기원전 삼천 년경의 메소포타미아 지역에서는 희생동물의 간肝을 관찰하여 미래를 예언하는 점술이 성행하였다.[11] 동물의 내장(haru)을 관찰하여 점을 치는 것을 내장점(haruspicy 혹은 extispicy)[12]이라고 하는데, 그 중에서도 특히 동물의 간을 살펴서 점을 치는 방법을 간신점肝神占(hepatoscopy, 라틴어로 haruspicina)이라고 한다.[13] 간신점은 메소포타미아 지역에서 바빌론인들이 국가적 차원에서 활용하였던 대표적 신탁행위로서, 간 등의 동물 내장이 원래의 상태에서 변화하는 모양을 관찰하여 점을 치는 방법이다. 메소포타미아인들은 간이 신의 뜻을 전달하는 데 적합한 매개체라고 생각하였는데, 그것은 피가 모여 있는 장기臟器인 간을 생명 그 자체와 동일시하였기 때문이다. 바루(bāru)라고 불리는 제사장은 동물의 내장을 살펴 신의 뜻을 해석하는 전문가였다. 바루는 양을 도살한 후에 양의 간을 여러 부분으로 나누어서 앞 표면, 손가락, 입 등으로 명명하였다. 바루들의 예언은 고대 바빌론에서 아시리아에 이르는 전 시기에 걸쳐 거의 모든 신전에 비치되어

---

11) 아시리아는 메소포타미아에서도 매우 중심적인 지역으로, 메기도에서 출토된 인공간은 간을 통한 점술이 팔레스타인 지역에서도 행해졌음을 암시한다. 그러나 구약성경에서는 점술가와 마술사들을 거짓술수를 퍼트리는 거짓예언자로 배척하였다.

12) 내장점에서 점을 치는 매개체가 되었던 것은 동물의 간, 폐, 심장, 큰창자, 가슴뼈 등의 내장기관이었다.(이희철, 『히타이트 – 점토판 속으로 사라졌던 인류의 역사』, 리수, 2004, 142쪽)

13) 노세영, 『고대근동의 역사와 종교』(대한기독교서회, 2000), 48~49쪽.

있어, 후대의 바루들은 선전포고, 조약체결, 신전건축 등의 국가 중대사를 결정할 때 이 기록을 참고로 하여 점을 쳤다. 메소포타미아 점술의 기본 전제는 우주 안에 있는 모든 사건들이 서로 관계를 맺고 있다는 데 있다. 만약에 어떤 사건이 발생하게 되면 그것과 연계된 다른 어떤 사건이 발생할 것을 예상할 수 있다. 점술을 통하여 신들과 소통함으로써 인간은 신들이 이러한 사건들에 어떻게 영향을 미칠 것인지를 예측하였고, 이를 토대로 하여 어떤 결정을 내려야 할지를 알 수 있었다.[14]

메소포타미아 점술과 달리 그리스의 점술에서는 점술기호의 해석에 전문적으로 종사하는 직업적 사제계급이 형성되지 않았다. 그것은 그리스에서는 점술이 상대적으로 주변적인 중요성밖에 지니지 못했다는 점과 관계가 있다. 그리스의 점술은 신이 선택한 예언자(prophet)를 통해 인간에게 자신의 뜻을 드러내는 영감적 점술(inspirational divination)의 특징을 지닌다. 피티아(pythia)라고 일컬어지는 델피(Delphi) 신전神殿 직속의 무녀巫女는 신이 자신의 뜻을 전달하기 위해 선택한 신의 목소리이다.[15] 그리스인들에게 '세메이온'(semeion)은 신탁을 위해 만들어진 구두口頭의 점술기호를 가리키는 일반명사였다. 미래 혹은 감추어진 과거에 관련된 지식을 얻는 수단인 '세메이온'은 인간의 영역으로부터 오는 것이 아니라 신의 신비한 영역으로부터 온다. 신은 과거·현재·미래를 한꺼번에 동시적으로 파악하는 전지全知(omniscience)의 능력을 통해 시간을 지배한다. 반면에 사멸死滅적 운명에 묶인 인간은 오로지 현재만을 볼 수 있을 뿐이며, 시간의 다른 차원은 신의 중재를 통하지 않는 한 그에게 접근 불가능한 것이다. 기호는 전지한 신과 유한한 지식을 갖는 인간을 매개시켜 주는 수단이다. 이 매개수단을

---

14) T. J. Schneider, *An Introduction to Ancient Mesopotamian Religion* (W. B. Eerdmans Publishing Co., 2011), p.84.

15) Giovanni Manetti, "Ancient Semiotics", Paul Cobley, *The Routledge Companion to Semiotics* (2010), p.14.

통해 신적인 지식은 인간의 영역으로 분출된다. 접근할 수 없는 시간의 다른 차원들에 대한 접근은 예지叡智(vision)를 통해서만 가능한데, 이 예지가 말로 옮겨지는 과정에서 그 예지의 메시지는 흐릿해져 버리고 만다. 이것이 점술의 기호가 모호하여 마치 수수께끼 같고, 실제로 거의 이해 불가능하게 되는 이유가 된다.[16)]

　서구 기호학의 또 다른 맹아는 그리스와 로마의 의학에서 발견된다. 토마스 시벅(Thomas Sebeok, 1920~2001)은 서구 기호학의 기원을 히포크라테스 (Hippocrates, BC.460~BC.377)의 의학에서 찾았다. 히포크라테스 의학은 징후나 단서에 바탕을 둔 인식모델의 뚜렷한 예이다.[17)] 징후학(symptomatology) 혹은 의학기호학(medical semiotics)은 점술과 더불어 서구 기호학의 중요한 근원을 형성한다. 기호를 가리키는 그리스어 '세메이온'(semeion)은 히포크라테스 의학에서 매우 중요하게 다루어지는 용어 중의 하나이다.[18)] 『히포크라테스 전집』(Corpus Hippocraticum)에서 '세메이온'은 징후(symptom)[19)] 혹은 증거를 가리키는 용어인 '테크메리온'(tekmerion)과 동의어로 사용되고 있다.[20)] 히포크라테스의 추종자들은 모든 징후를 관찰하고 기록해 두기만 하면, 비록 전체로서의 질병은 이해 못한다고 하더라도 각 질병의 정확한 병력사病歷史를 얻을 수 있다고 주장하였다. 이처럼 환자의 증상을 토대로 환자가 어떤 병에 걸렸는지 진단하는 작업은 근본적으로 기호의 해석 과정을 수반한다. 환자가 토해 내는 신음소리, 동작 등은 해석해야 할 기호가 되고, 신체는

---

16) Giovanni Manetti, "Ancient Semiotics", Paul Cobley, *The Routledge Companion to Semiotics*, p.15.
17) 초기 그리스의학은 방대한 문헌을 산출해 냈는데, 그 중에 대표적인 것이 60여 권에 달하는 *Corpus Hippocraticum*이다.
18) Giovanni Manetti, "Ancient Semiotics", Paul Cobley, *The Routledge Companion to Semiotics*, p.16.
19) 마르틴 졸리 저, 이선형 옮김, 『이미지와 기호』(동문선, 1994), 18쪽.
20) Vincent M. Colapietro, *Glossary of Semiotics* (Paragon House, 1993), p.177.

기호의 저장창고가 된다.[21] 환자가 내보내는 기호들을 오로지 병의 진단(diagnosis)을 위하여 활용하는 현대의 의사들과는 달리 초기 그리스의 의사들은 예후豫後(prognosis)를 위해 활용하였다.[22] 한편, 로마시대의 명의名醫 갈렌(Galen)은 징후학을 의학의 중심 영역 중의 하나로 간주하였다.[23] 의사들은 청진법聽診法(auscultation)을 통해서 환자의 증상과 병력을 들어보고, 환자가 보여 주는 징후를 해석하여 진단에 이르게 된다.[24] 이처럼 의학에서 상세성이 주장되는 이유는, 신적(divine) 지식이 직접적이고 확실한 데 비해 인간의 지식은 잠정적이고 추측적이라는 데 있다. 만약 신처럼 실재를 직접 알수 있는 것이 아니라면 추측의 패러다임을 암시적으로 사용하는 것이 이치에 맞다. 그리스인들에 따르면, 다양한 인간행위가 실제로 이 추측의 패러다임에 바탕을 두어 왔는데, 의사·역사학자·정치가·도예공·가구장이·선원·사냥꾼·어부 등이 추측적 지식의 분야에서 두드러진 활동을 해 왔다. 그러한 영역은 '추측'(conjecture)이나 '기호에 의한 판단' 등의 용어를 사용한다는 특징이 있다.[25]

징조(omen)의 점술과 징후(symptom)의 의술은 서로 이질적인 계통이지만 양자 사이에는 공통점도 있다. 왜냐하면 징조도 징후의 한 종류로 볼수 있으며, 징조이든 징후이든 간에 그것은 해석되어야 할 기호라는 점에 있어서는 마찬가지이기 때문이다.[26] 그럼에도 불구하고 『히포크라테스

---

21) Paul Cobley, *The Routledge Companion to Semiotics*(2010), "Introduction", p.5.
22) Paul Cobley, *The Routledge Companion to Semiotics*, p.15.
23) Susan Petrilli and Augusto Ponzio, *Semiotics Unbounded: Interpretive Routes through the Open Network of Signs* (University of Toronto Press, 2005), "Preface", xxi.
24) 현대의 의사들은 환자의 징후들을 과거의 병력을 진단(diagnosis)하기 위해서만 활용하지만, 히포크라테스와 갈렌의 징후학은 그것을 과거 병력에 대한 진단(diagnosis)뿐 아니라 예후(prognosis)의 판단을 위해서도 활용하였다.
25) 움베르토 에코 외, 김주환·한은경 번역, 『논리와 추리의 기호학』(인간사랑, 1994), 제5장 「단서와 과학적 방법-모렐리, 프로이드, 셜록 홈즈」(Ginzburg), 230~231쪽.
26) 徵兆와 徵候는 모두 '徵'을 공통적으로 포함하고 있다는 데 주목하자. '徵'은 징후(sign),

전집』속의 많은 논문들은 이 두 영역의 차이를 힘주어 강조한다.『전조론前兆論』(Prorrhetic) II의 저자는 기적적인 예측을 쏟아 내는 나쁜 의사들을 점쟁이와 같은 부류로 취급하면서 혹독하게 비판하고 있다.27) 그는 자신의 추론이 점술적 추론(manteuein)이 아니라 기호(semeia)와 추측(tekmairesthai)에 의존하고 있음을 자랑스럽게 내세우고 있는 것이다.28)

그러나 이처럼 점술적 추론을 과학적 추론과 대비시켜서 서로 대립되는 사유유형으로 파악하는 관점이 과연 타당한 것인지에 대해서는 비판적 견해도 제기되고 있다. 미시사(microhistory) 연구로 유명한 카를로 긴즈버그 (Carlo Ginzburg)29)는 인류의 지식 형성의 모델을 점술적 패러다임(divinatory paradigm)과 과학적 패러다임(scientific paradigm)으로 분류하였다. 과학적 패러다임은 정량적 인식모델(quantitative model of knowledge)에 근거하며, 연역법을 추리의 방법으로 사용한다.30) 갈릴레이의 과학은 "개별적인 것에 대해서는 말하지 않는다"(Individuum est ineffabile)라는 명제를 신조로 삼는다.31) 자연과학은 양화量化(quantification)와 현상의 반복적 재현이라는 방법에 의거한다.32) 반면에 점술

---

징조(omen), 조짐(indications), 증상(symptom) 등의 뜻을 내포하고 있다.

27) 『히포크라테스 전집』(Corpus hippocraticum)에는 히포크라테스의 저술뿐 아니라 그의 가르침을 받은 사람들의 저술도 포함되어 있다. 『前兆論』(Prorrhetic) I·II는 『히포크라테스 전집』에 포함되어 있으나 그의 저술로 간주되고 있지 않다. 『전조론』 II는 『전조론』 I 이후에 배치되어 있으나 그 맥락으로 볼 때 오히려 예후 뒤에 배치되는 것이 타당하다. (자크 주아나 지음, 서홍관 옮김, 『히포크라테스』, 도서출판 아침이슬, 2004, 629쪽)

28) Giovanni Manetti, "Ancient Semiotics", Paul Cobley, The Routledge Companion to Semiotics (2010), p.16.

29) Carlo Ginzburg(1939~ )는 저명한 역사학자이며, 미시사 연구(microhistory)의 선구자로서 『치즈와 구더기』(The Cheese and the Worms) 등의 저서가 있다.

30) Giovanni Manetti, translated by Christine Richardson, Theories of Sign in Classical Antiquity (Indiana University Press, 1993), p.1.

31) "Individuum est ineffabile"는 요한 볼프강 폰 괴테(Johann Wolfgang von Goethe)가 말한 명제이다. "개체는 언설로 다 표현할 수 없다", "개인은 파악 불가능하다", "개성은 언표될 수 없다" 등으로 번역될 수 있다.

32) Carlo Ginzburg, translated by John and Anne Tedschi, Clues, Myths, and the Historical Method (The Johns Hopkins University Press, 1989), p.106.

적 패러다임은 그 정성적 본성(qualitative nature)에 의해 특징지어지는 특수한 지식의 모델이다. 정성적 인식모델에서는 인식해야 할 대상이 개별적이고 구체적인 상황이지, 일반적이거나 보편적인 대상이 아니다. 갈릴레이의 물리학이 등장하기 이전까지는 점술적 패러다임이 지식 획득의 중요한 수단이었다.

긴즈버그는 19세기 후반 들어 단서 해석에 의존하는 기호학적 접근법이 인문과학 분야에서 점차로 큰 영향을 미치게 되었다는 점에 주목하고, 이러한 사유형태의 근원을 추적하여 그 뿌리가 훨씬 더 고대에 있음을 주장하였다.[33] 그는 인류의 지성사에서 점술적 패러다임의 기원을 추적하여, 그 배후에는 인류의 지성사에 있어서 가장 오래된 행위인 사냥이 있다고 하였다. 인류는 수천 년 동안 사냥으로 먹고살았는데, 사냥꾼들은 사냥감을 찾기 위해 땅에 엎드려 그 흔적을 조사해야만 했다.[34] 사냥감을 끝없이 추적하는 과정에서 사냥꾼들은 눈에 보이지 않는 사냥감의 형태나 동작을 그 흔적으로 재구성해 내는 방법을 터득했다. 부드러운 땅에 찍힌 발자국이나 부러진 나뭇가지, 배설물, 나무에 걸린 털이나 깃털, 냄새, 웅덩이, 질질 흘린 침 등이 그 예이다. 사냥꾼들은 냄새를 맡고 관찰하며,

---

33) Ginzburg는 19세기가 끝날 무렵 즉 1870~1880년 사이에 단서 해석에 바탕을 둔 기호학적인 접근법이 인문과학 분야에서 점차로 큰 영향을 미치게 되었음에 주목하면서, 그 뿌리가 훨씬 더 고대에 있다고 주장했다. 그 기호학적 접근법이란 Giovanni Morelli(1816~1891), Sherlock Holmes, Freud(1856~1939) 등에게서 나타나는 경향을 가리킨다. Giovanni Morelli는 미술비평가로서 『독일에서의 이탈리아 회화』 및 『비평연구』에서 새로운 작품감정법을 제창했는데, 두 발, 귀, 손가락 등의 세부관찰로써 그 작자를 확인할 수 있음을 주장했다. 셜록 홈즈는 영국의 추리소설가 A. C. Doyle의 작중인물로 활약하는 명탐정이며, 프로이드는 오스트리아의 정신분석의 창시자로서 꿈·착각·해학과 같은 정상심리에도 연구를 확대하여 심층심리학을 확립한 인물이다.(움베르토 에코 외, 김주환·한은경 번역, 『논리와 추리의 기호학』, 제5장 「단서와 과학적 방법-모렐리, 프로이드, 셜록 홈즈」[Ginzburg], 223~225쪽)

34) Carlo Ginzburg, translated by John and Anne Tedeschi, *Clues, Myths, and the Historical Method*, p.105.

아무리 사소한 흔적들이라 하더라도 그 뜻과 맥락을 알려고 애쓰게 되었다. 또한 그들은 그늘진 숲속이나 위험한 장소에서 순간적으로 복잡한 계산을 하는 방법도 알게 되었다. 사냥꾼들만이 동물의 먹이가 남긴 말없는, 심지어 감지할 수조차 없는 기호들로부터 앞뒤가 맞는 일련의 사건들을 읽어 내는 법을 알고 있었다.[35] 이러한 추측적 사유방식은 단지 점술의 영역에서만 획득되는 것이 아니고, 범죄학(criminology), 관상학(physiognomy), 정신분석학, 미술품감정(connoisseurship), 의사가 병을 진단하는 것, 사냥꾼이 사냥감을 추적하는 것, 고고학자가 유물에서 역사를 진단해 내는 것, 고생물학자가 유골에서 멸종된 생물을 복원해 내는 것, 고문서학자가 고대문자를 해독해 내는 것 등에서 두루 사용된다.[36]

조반니 마네티(Giovanni Manetti)는 이 점술적 패러다임이야말로 찰스 샌더스 퍼스(Charles Sanders Peirce)에 의해 가추법假推法(abduction)으로 명명된 추리법에 해당된다고 주장하였다.[37] 가추법은 현재 알고 있는 사실을 바탕으로 회고적(retrospectively)으로, 그리고 후행적(backward)으로 추리하는 것이다. 이들

---

35) 움베르토 에코 외, 김주환·한은경 번역, 『논리와 추리의 기호학』, 제5장 「단서와 과학적 방법-모렐리, 프로이드, 셜록 홈즈」(Ginzburg), 225쪽; Carlo Ginzburg, translated by John and Anne Tedschi, *Clues, Myths, and the Historical Method*, p.102.

36) Ginzburg는 모렐리, 홈즈, 프로이드의 방법론의 유사성에 대한 검토를 통해 다음과 같은 결론을 내리고 있다. 이 세 사람의 경우 모두 작고 사소한 단서들만이 심연의 사실에 대한 열쇠를 제공해 주는데, 이외의 다른 방법으로는 여기에 접근할 수 없다. 이런 사소한 것들은 프로이드에게는 '증상'이, 홈즈에게는 '단서'가, 그리고 모렐리에게는 '그림의 특징'이 된다. 19세기가 끝날 무렵, 즉 1870~1880년 사이에 단서 해석에 바탕을 둔 기호학적인 접근법이 인문과학 분야에서 점차로 큰 영향을 미치게 되었다. 그러나 그 뿌리는 훨씬 더 고대에 있는 것이다.(움베르토 에코 외, 김주환·한은경 번역, 『논리와 추리의 기호학』, 제5장 「단서와 과학적 방법-모렐리, 프로이드, 셜록 홈즈」[Ginzburg], 223~225쪽.)

37) Giovanni Manetti, translated by Christine Richardson, *Theories of Sign in Classical Antiquity*, p.1. 또한 긴즈버그의 책에서 퍼스의 가추법(abduction)과 점술(divination)에서의 사유방식 사이의 연관에 대한 언급은 *Clues, Myths, and the Historical Method*의 p.204의 주석 38에 나온다.

방법은 모두 통시적(diachronic) 방법을 사용하지만 시간에 대해 갖는 관계는 각각 다르다. 의학기호학(medical semiotics)은 진단(diagnosis)과 예후(prognosis)를 위해 과거·현재·미래를 모두 다루며,[38] 법의학(forensics)과 고고학은 과거를 알기 위해 현재의 기호를 해석하는 기술이다.[39] 그리고 점술은 이미 발생한 사건으로부터 어떤 징조나 징후를 읽어 해석함으로써 미래의 새로운 사실을 알아내기 위해 가설적 진단의 추론방식(abductive diagnostic inference)을 사용한다.[40] 메소포타미아의 점술은 초기에는 결과로부터 원인을 추론하는 전형적인 가추법의 사유과정을 거쳤지만, 나중에는 일반화와 선험적(a priori) 경향들을 점차적으로 강조하는 방향으로 진화해 갔다.[41]

이러한 점술의 발전과정은 매우 길고도 복잡한 과정이었지만, 추상적 유형의 진정한 과학적 방법론을 수립하기 위한 기초를 놓는 데 기여하였다. 메소포타미아 점술의 가장 중요한 특징은 기호의 개별적이고 특징적인 개념에 바탕을 두고 있다는 데 있다. 이것은 특정한 사실들로부터 특정한 결론을 도출할 수 있도록 허용하는 추론적 사유를 특징으로 한다. 즉 이것은 현존하거나 우리가 지각할 수 있는 어떤 것으로부터 현존하지 않거나 감추어져 있는 어떤 것을 추리해서 알아내는 방식으로, "만약에 p라면, 그 경우 q이다"(if p, then q)의 형식을 취한다. 모든 바빌로니아의 예언은 이처럼 조건절의 형식을 취하고 있다.[42] 그러면 그 예를 들어 보기로 하자.

---

38) 진단(diagnosis)은 과거와 현재를 설명해 주지만, 예후(prognosis)는 앞으로 어떨지를 제시해 준다.(움베르토 에코 외, 김주환·한은경 번역, 『논리와 추리의 기호학』, 제5장 「단서와 과학적 방법-모렐리, 프로이드, 셜록 홈즈」[Ginzburg], 230쪽)

39) Carlo Ginzburg, translated by John and Anne Tedschi, *Clues, Myths, and the Historical Method,* pp.104~105.

40) Michael Shanks, *Classical Archaeology of Greece* (London: Routledge, 1996), p.39.

41) Giovanni Manetti, translated by Christine Richardson, *Theories of Sign in Classical Antiquity,* p.1.

42) Francesca Rochberg, *The Heavenly Writing-Divination, Horoscopy, and Astronomy in Mesopotamian Culture* (Cambridge University Press, 2004), p.58.

만약에 달이 사라지는 날에 한꺼번에 사라지지 않고 하늘에 오래 머무르고 있으면, 국가에 가뭄이나 기근이 있을 것이다.

일반적으로 점사占辭는 조건절(protasis; if p)과 귀결절(apodosis; then q)로 구성되는 조건문의 형식을 취하고 있다. 조건절은 '만약에'를 뜻하는 'summa'로 시작하여, 그 안에 현재시제 혹은 과거시제의 동사를 포함한다.(summa p) 이것은 해석되어야 할 징조에 해당된다. 그리고 귀결절은 대개 미래시제의 동사를 포함하고 있으며, 여기에서 기호의 해석에 의해서 드러나게 되는 신탁이 이루어진다.[43] 하지만 "만약에 p라면, 그 경우 q이다"(if p, then q)의 형식이 조건절과 귀결절 사이의 인과적 관계(causal relation)를 함축하고 있는 것은 아니다. 즉, "p가 q를 발생시킨다"는 의미로 해석될 수 있는 것은 아니다. 설령 위의 예문에서 보듯이 달이 한꺼번에 사라지지 않고 하늘에 오래 머물고 있었다는 사실(protasis)과 국가에 가뭄이나 기근이 발생하였다는 사실(apodosis) 사이의 연관관계를 확인하였다고 하더라도, 어떻게 두 현상이 연관되었는지를 알아낼 수 있는 방법은 없다. 따라서 양자의 관계를 명확하게 정의한다는 것은 매우 어렵다. 스파이저(E. A. Speiser)는 이 관계를 정황적 연관의 원리(the principle of circumstantial association)라고 규정하고, 이 원리가 모든 메소포타미아 점술의 기초를 형성하고 있다고 주장하였다.[44] 그에 따르면, 정황적 연관의 이론은 사건 p로 표현되는 정황 속에서 사건 q가 관찰된다는 것을 의미할 뿐 아니라, 두 사건이 함께 발생한다는 사실은 그것이 결코 우연은 아니라는 것도 아울러 의미한다. 이 이론은 인과성의 문제를 피해가면서도 어쨌든 사건 p와 사건 q가 연관되어 있는 것은 사실이라고 주장한

---

43) Giovanni Manetti, "Ancient Semiotics" Paul Cobley, *The Routledge Companion to Semiotics* (2010), p.14.

44) Francesca Rochberg, *The Heavenly Writing-Divination, Horoscopy, and Astronomy in Mesopotamian Culture*, p.59.

다. 그러나 이 이론은 또한 약점을 감추고 있다. 만약 사건 p와 사건 q가 함께 발생하기는 하지만 그 결합이 우발적이고 불규칙한 것이라면, 미래의 일을 점치기 위한 목적으로 이 두 사건을 연관시켜 기록해 두는 일은 아무런 의미도 없게 된다. 어쨌든 "만약에 p라면, 그 경우 q이다"(if p, then q)의 형식이 말해 주는 것은 사건 p와 사건 q가 연관되어 발생할 뿐 아니라 그러한 연관은 반복적으로 재현된다는 뜻을 함축하고 있기 때문이다.

조반니 마네티(Giovanni Manetti)는 메소포타미아 점술에 의해 채택된 "만약에 p라면, 그 경우 q이다"(if p, then q)의 기호모형은 고대 그리스의 기호학적 성숙기 이후로 전승되어 내려오던 사유방식에 상당히 근접해 있다고 주장한다. 그리스적 사유방식과 메소포타미아 점술 사이에 현저한 차이가 있다는 것을 인정한다고 하더라도, 그리스와 메소포타미아의 두 문명 사이에 "p⊃q"라는 형식의 동일한 기호도식이 공통적으로 존재한다는 사실은 대단히 흥미롭다.[45] 이러한 공통점을 설명하기 위해서는 메소포타미아의 점술이 그리스인들의 사유에 영향을 미쳤다는 가정이 필요하다. 실제로 메소포타미아의 점술은 칼데아인(Chaldaeans)[46]들이라고 불린 방랑하는 점술

---

45) Giovanni Manetti, translated by Christine Richardson, *Theories of Sign in Classical Antiquity*, p.2.
46) 칼데아인은 바빌로니아 남부에서 활약한 셈족계의 유목민을 가리킨다. 칼데아는 우르 근처의 바빌로니아 지방의 그리스식 표기이다. 바빌론의 11번째 왕조(기원전 6세기)는 전통적으로 칼데아왕조라 알려져 있다. 칼데아는 나중에는 통상 메소포타미아 전체를 의미하게 되었지만, 원래는 유프라테스 강을 따라 펼쳐진 남쪽의 광대한 평야를 가리키는 지명이었다. 구약성서에서는 칼데아를 흔히 바빌로니아와 동의어로 사용하고 있다. 가축을 키우면서 초목을 찾아 이동하는 유목생활을 하던 칼데아인들은 밤하늘을 자주 쳐다보게 되면서 별자리를 인간의 운명과 연결시켜 점성술을 발달시켰다. BC.3000년경에 세워진 이 지역의 표석에는 양·황소·쌍둥이·게·사자·처녀·천칭·전갈·궁수·염소·물병·물고기 자리 등 황도 12궁을 포함한 20여 개의 별자리가 기록되어 있다. 칼데아인들은 스스로를 바빌로니아문화의 후계자로 자처하였으며, 아시리아의 수도 니네베를 함락시키고 BC.625년에 칼데아(신바빌로니아)제국을 창건하였다. 네부카드네자르의 시대에는 전성기를 맞이하여, 수도 바빌론의 번영은 함무라비시대의 재현으로 일컬어졌다. 또 많은 신전이 재건되었으며, 지식계급인 신관들에 의하여 이 시대에

가들에 의해 지중해 부근 지역으로 확산되었다. 스토아학파의 기호이론에 메소포타미아 문화의 영향이 있었는지에 관해 쿠몽(F. Cumont)은 스토아학파의 초기 스승들이 동방인들이었다고 말함으로써 그 가능성을 부각시켰다. 스토아 철학자 크리시포스(Chrysippus of Soli, BC.280~BC.207)[47]는 다음과 같은 조건절을 분석한 바 있다.

> 만일 어떤 사람이 카니쿨라(Canicula)[48]가 떠오를 때 태어났다면, 그는 바다에 빠져 죽지 않을 것이다.

이것은 바빌론인들의 주요 지침시에 쓰여 있는 다음과 같은 기록과 연관되어 있는 것으로 보인다.

> 게자리(Cancer): 바다에 빠져 죽는다.[49]

---

점성술이나 각종 점복술이 크게 발달하였다. 그러나 신관계급의 내분으로 87년 만에 멸망하였다.

47) 크리시포스(Chrysippus of Soli, BC.280~207)는 클레안테스의 제자이자 후계자로, 기원전 230년 스토아학파의 세 번째 首長이 된 인물이다. 소아시아의 솔로이 출신이기 때문에 솔로이의 크리시포스라고 불린다. 엄청난 다작가로서, 아주 독창적인 사상가라고는 할 수 없었으나 스토아사상을 체계화하는 데 커다란 공적을 남겼다. 특히 논리학에 관심이 많았으며, 자신만만한 사람이어서 "내가 없으면 스토아학파는 존재하지 않을 것"이라고 말했다고 전해진다.

48) Canicula Sirius의 다른 이름, 즉 天狼星이다. 天狼은 하늘의 늑대라는 뜻으로서, 중국의 漢族은 천랑성이 북방 유목민족의 침입과 관련이 있는 별이라고 생각하였다. 시리우스는 큰개자리에서 가장 밝은 별이며 여러 문화권에서 '개'와 연관된 것으로 알려져 왔다. 이집트 중왕국에서는 시리우스를 나일 강의 범람 시기를 알려주는 별로 생각했다. 시리우스는 하늘에서 약 70일 동안 보이지 않다가 강물이 범람할 때인 여름 지점 직전에 동쪽에서 떴다. 태양이 뜨기 전 시리우스가 먼저 지평선 위로 올라온 뒤 이어서 뜨는 태양빛에 가려 보이지 않게 되는데, 고대인은 이 시기를 기준으로 일 년을 결정하였다.(위키백과: 시리우스 항목 참조, http://ko.wikipedia.org)

49) Amar Annus, "On the Beginnings and Continuities of Omen Sciences in the Ancient World", edited by Amar Annus, *Divination and Interpretation of Signs in the Ancient World* (Oriental Institute Seminars, Number 6; Chicago: The Oriental Institute of the University of Chicago, 2010), p.12.

물론 "만약에 p라면, 그 경우 q이다"(if p, then q)의 기호모형이 그 자체로 과학적 인과율의 형식인 것은 아니다. 또한 이러한 조건절의 사용을 통해 미신을 다른 형태의 사유형태로부터 구분해 낼 수 있는 것도 아니다. 그렇지만 이러한 점술의 사유형태를 미신으로 간주하는 것은 어디까지나 현대인들의 편견일 뿐이다.[50] '슈퍼스티션'(superstition)이라는 말의 역사적 용례를 보더라도 메소포타미아 점술을 미신이라고 폄하하는 것은 부당하다. 원래 '슈퍼스티션'(superstition)이란 말은 라틴어 '슈퍼스티티오'(superstitio)에서 유래한 용어로, 기원전 1세기경 로마인들이 국가의 승인을 받지 않은 점술을 비난하면서 사용되었다. 반면에 메소포타미아의 점술은 국가에 의해 합법적으로 승인된 것이었으므로 이를 '슈퍼스티션'이라고 부를 수는 없을 것이다.[51] 만약에 미신을 '무지로부터 비롯되는 신념 혹은 실천'이라고 정의한다면, 과학과 점술이 뒤섞인 채로 있는 고대의 사유형태가 미신인지 아닌지는 쉽게 판정할 수 있는 문제가 아니다. 왜냐하면 어떤 명제가 거짓된 믿음을 표현하는지 아니면 과학적 진리를 표현하는지는 구체적인 인식론적 상황에 달려 있으며, 오직 과학적 증거 혹은 반증에 의해서만 확인될 수 있기 때문이다. 그러나 그러한 과학적 증거 혹은 반증이 항상 활용 가능한 것은 아니다.[52] 분명한 것은, 설령 기호학적 패러다임의 뿌리가

---

50) 고대 메소포타미아 사회에서 과학과 종교가 제도적으로 분리되어 있던 것은 아니다. 메소포타미아의 학자들에 의해 산출된 문헌은 모든 종류의 점술, 수학, 자연의 관찰, 천문학 등 매우 다양한 범위의 이론들을 포괄하고 있다. 이들의 문헌 속에서 점술↔천문학, 종교↔과학의 이분법적 대립은 발견되지 않는다.(Francesca Rochberg, *The Heavenly Writing-Divination, Horoscopy, and Astronomy in Mesopotamian Culture*, p.12.)

51) 'superstition'이란 말은 이후에 신에 대한 합리적이며 적합한 공포를 의미하는 'religio'에 반대되는 비합리적인 종교적 신념을 가리키게 되었다.(Francesca Rochberg, "'If P then Q': Form and Reasoning in Babylonian Divination", edited by Amar Annus, *Divination and Interpretation of Signs in the Ancient World*, p.24.

52) Amar Annus, "On the Beginnings and Continuities of Omen Sciences in the Ancient World", edited by Amar Annus, *Divination and Interpretation of Signs in the Ancient World*, p.14.

점술과 마술적 의학의 비과학적 실천 속에서 발견된다고 하더라도 수백 년이 경과함에 따라 비합리적이거나 확증할 수 없는 추론들은 점차로 걸러지게 되었다는 사실이다. 이런 점을 염두에 둔다면, 스토아학파가 기호에 부여했던 명제적 형태가 기원전 삼천 년경의 메소포타미아 점토판에서 발견된다고 해도 그렇게 놀랄 만한 일은 아니다. 예를 들어 "만약에 흉터가 있다면, 그것은 다친 상처가 있었음을 뜻한다"와 같은 명제가 그것이다.[53] 따라서 점술적 사유가 과학적 사유와 적대적인 관계에 있다고 파악하는 관점이야말로 오히려 근거 없는 것이라는 점은 분명하다.

서구 기호학은 대략 언어기호(linguistic sign)와 비언어기호(non-linguistic sign)의 두 계열로 전개되어 왔으며, 이 두 계열은 별다른 상호교섭 없이 병행해서 발전해 왔다. 의술과 점술의 기호는 비언어기호에 속하며, 'p⊃q'의 추론적 형식에 바탕을 두고 있다. 반면에 언어기호는 기표(signifier)와 기의(signified)의 등가성等價性에 바탕을 두고 있다.[54] 언어기호에서는 소쉬르(Saussure) 모델에서의 '기표記標 - 기의記意' 관계 혹은 개별적 어휘단위들 사이의 관계에 의하여 기호의 구조가 설명되지만, 비언어기호에서는 명제들 상호 간의 관계에 의하여 설명된다.[55] 메소포타미아 점술에서 최초로 사용된 'p⊃q'의 추론적 형식은 그리스의 히포크라테스 의학에서 다른 내용으로 대체되었으나 그 형식만은 동일한 형태로 유지되었다.[56] 히포크라테스 의학의 추론형식은 가추법적(abductive)이며,[57] 이러한 고대 기호학의 전통과 퍼스(Peirce)나 모리

---

53) Giovanni Manetti, translated by Christine Richardson, *Theories of Sign in Classical Antiquity*, "Introduction", XV.

54) Giovanni Manetti, "Ancient Semiotics", Paul Cobley, *The Routledge Companion to Semiotics* (2010), p.13.

55) Giovanni Manetti, "Ancient Semiotics", Paul Cobley, *The Routledge Companion to Semiotics* (2010), p.14.

56) Giovanni Manetti, "Ancient Semiotics", Paul Cobley, *The Routledge Companion to Semiotics* (2010), p.15.

57) Giovanni Manetti, "Ancient Semiotics", Paul Cobley, *The Routledge Companion to Semiotics*

98 제1부 『주역』의 기호학적 독해

스(Morris)에 의해 대표되는 현대의 인지기호학(cognitive semiotics) 사이에는 연속성이 존재한다. 반면에 언어학적 모델에 바탕을 둔 소쉬르 계통의 기호학과 고대 기호학적 전통 사이에는 넘기 힘든 깊은 균열이 존재한다.[58] 소쉬르의 기호학은 기표-기의 간의 의미론적 관계에만 초점을 맞추고 기호가 사용되는 의사소통적 맥락과 정황들은 충분히 고려하지 않기 때문에 언어학적 영역의 밖에서는 잘 작동되지 않는 한계를 지니고 있다.

## 2. 고대 중국에서의 기호 사용의 기원

중국에서의 기호 사용은 문명의 태동기로 거슬러 올라간다. 결승結繩과 서계書契는 중국에서 문자를 사용하기 이전에 기호가 의사소통의 수단으로 사용되었던 흔적을 보여 준다. 『주역』의 「계사전」에는 결승과 서계가 어떻게 실생활에 활용되었는지를 보여 주는 서술이 나온다. "상고시대에는 결승으로 다스렸는데, 후세의 성인이 이것을 서계로 바꾸었다. 백관百官은 이것으로 다스리고, 모든 백성들은 이것을 실생활에 활용하였다"[59]라는 기록이 그것이다.

결승이란 끈이나 새끼를 매듭지어 매듭의 양과 수, 색깔, 크기, 길이, 모양, 매듭 사이의 거리 등을 이용해서 일정한 의미를 표시하던 방법을 가리킨다. 결승의 방법은 중국에서만 나타났던 것이 아니고, 아직 문자가 발명되지 않았던 인류문명의 초기에 페루·티베트·시베리아·폴리네시

---

(2010), p.16.

58) Giovanni Manetti, "Ancient Semiotics", Paul Cobley, *The Routledge Companion to Semiotics* (2010), p.27.

59) 『周易』, 「繫辭下傳」, "上古, 結繩而治, 後世聖人, 易之以書契, 百官以治, 萬民以察."

아제도·솔로몬군도 등 전 세계의 거의 모든 고대 종족들에 의하여 사용된 보편적 의사소통의 방법이었다. 예를 들면 고대 잉카제국의 페루인들은 퀴푸(quipu, khipus)라는 방법을 사용하였다고 하는데, 퀴푸는 남미 인디언의 케추아(Quechua)어로서 매듭을 의미하였다. 「계사전」에서는 포희씨包犧氏[60] 가 팔괘의 제작자였을 뿐 아니라 결승의 방법을 써서 백성들에게 가르치기도 했음을 전하고 있다.[61] 이에 따르면 포희씨는 결승을 의사소통의 수단으로 사용했을 뿐 아니라 물고기를 낚는 도구인 그물을 만들기 위해서도 사용하였다고 전해진다. 팔괘의 제작자로 알려진 복희씨가 팔괘 이외에 기호의 제작 및 사용과도 관련되어 있는 것으로 전해져 내려온다는 사실은 매우 흥미롭다.

한편 서계書契는 사물을 나타내는 부호로서의 글자를 가리키는데, 서계도 역시 전세계적에서 보편적으로 사용되었던 방법이었다. 서계의 '서書'는 '쓰다'라는 의미이고 '계契'는 '새기다'라는 의미로서, 서계란 나무에 선을 긋거나 홈을 파서 어떤 물건의 수량이나 개념, 약속, 사건 등을 표시하던 일종의 각획문자刻劃文字였다. 「계사전」의 "상고시대에는 결승으로 다스렸는데, 후세의 성인이 이것을 서계로 바꾸었다"라는 기록을 볼 때, 결승이 나중에 서계로 대체되었음을 알 수 있다. 『주역』의 중심 기호인 팔괘의 제작도 서계와 관련이 있을 가능성이 매우 높다.[62] 결승[63] 서계[64] 팔괘[65]는

---

60) 包犧氏는 伏羲氏를 가리킨다. 陸德明의 『釋文』에 '包'를 '庖'로도 쓴다고 했고("包, 本又作 庖"), 唐 司馬貞의 『三皇本紀』에 "太皞 庖犧氏는 風姓이니, 燧人氏를 이어서 하늘을 계승하여 왕이 되었다.…… 푸줏간에서 희생을 다루었으므로 庖犧라고 하였다"(太皞庖犧氏, 風姓, 代燧人氏, 繼天而王……養犧牲以庖廚, 故曰庖犧)라고 하였다. '庖'는 '푸줏간 포'자이고 '犧'는 제사에 사용되는 犧牲을 의미하는데, 옛날에는 祭政一致 시대였으므로 왕이 하늘에 제사지낼 제물을 관리하는 제사장의 역할을 담당했다는 데서 유래하는 용어이다.

61) 魏 王弼 注, 唐 孔穎達 疏, 『周易正義』(十三經注疏 整理本 1; 北京大學出版社, 2000), 350~351쪽, "古者, 包犧氏之王天下也, 仰則觀象於天, 俯則觀法於地, 觀鳥獸之文, 與地之宜, 近取諸身, 遠取諸物, 於是, 始作八卦, 以通神明之德, 以類萬物之情, 作結繩而爲網罟, 以佃以漁, 蓋取諸離."

62) 僞作으로 추정되는 孔安國의 『尙書』「序」에서는 庖犧氏가 八卦를 만들면서 書契를 같이

모두 중국에서 한자발생 이전에 의사소통의 수단으로 사용되던 것으로서, 이를 문자발생의 기원으로 간주하는 견해도 있다. 그러나 결승·서계·팔괘를 문자발생의 기원으로 보는 전통적 학설에 관해서는 비판적으로 따져보아야 할 문제가 많다.66) 어쨌든 기호체계의 발달 과정의 최후의 산물로서

---

만든 것으로 설명하고 있다. 즉 "옛날 포희씨가 천하를 다스렸을 때, 팔괘를 그리기 시작했고, 서계를 만들었다. 이로써 결승을 대신하여 세상을 다스렸다. 이로부터 문자와 서적이 만들어지게 되었다"(古者庖犧氏之王天下也, 始畫八卦, 造書契, 以代結繩之政, 由是文籍生焉)라는 것이다. 書契는 쓰고 새기는 것이니, 종이가 없던 시기에 귀갑·수골·죽간·목편 등에 숫자부호나 상형부호를 쓰거나 새기는 것으로써 의사표현을 하였고, 팔괘도 그렇게 새겨서 표현하던 상형부호 중의 하나일 가능성이 높다.

63) 許愼은 『說文解字』「敍」에서 문자의 발생을 結繩과 관련시켜 논한 바 있다. 그러나 『說文』의 내용을 볼 때 결승은 문자와 직접 연결되어 있지 않다. 결승과 문자를 병론한 것은 당의 李鼎祚가 『주역집해』를 지으면서 九家易의 내용을 인용한 데서 비롯된다. 결승이 문자의 기원이 되었는지에 관해서는 의견이 분분하지만, 일반적으로는 결승이 문자의 기원이 될 수 없다는 견해가 우세하다.(양동숙 저, 『그림으로 배우는 중국문자학』, 차이나하우스, 2006, 54~55쪽)

64) 書契가 팔괘와 결승에 이어 문자발생의 기원이 되었다고 보는 설은 孔安國의 『尙書』「序」에서 비롯되었다. 書契는 팔괘·결승과 비교해 볼 때 문자의 발명을 촉진시킬 조건을 더 갖추고 있다. 그러나 문자는 언어를 기록하는 부호로서 서계가 이를 구비한 것은 아니므로 문자가 서계로 말미암아 생겨난 것으로 보기는 어렵다.(양동숙 저, 『그림으로 배우는 중국문자학』, 차이나하우스, 2006, 62쪽)

65) 복희씨가 팔괘를 제작한 것을 문자발생의 기원으로 보는 이론을 팔괘문자설이라고 한다. 孔穎達, 楊萬里, 梁啓超 등도 팔괘문자설을 주장했다고 하며(김승동 편저, 『易思想辭典』, 부산대학교 출판부, 1998, 102쪽의 右段 '괘'항목 참조), 현대의 郭沫若(1892~1978)이 또한 팔괘의 문자기원설을 주장하였다. 예컨대 ☰(乾)은 '天'의 古字와 통하고, ☵(坎)은 '水'의 古文과 통하고, ☷(坤)은 '川'의 古文인 '巛'과 통하고, ☶(艮)은 '門'자의 생략형이며, ☳과 ☱의 괘형이 각각 '震'·'兌'의 생략형이라는 것이다.(『靑銅時代』, 「周易之制作時代」, 377쪽 이후; 『郭沫若全集·歷史編 1』, 北京, 人民出版社, 1982) 정약용도 ☰(乾)과 ☷(坤)의 경우 고문자와 연관시켜 설명하고 있으므로 팔괘문자설을 부분적으로 수용하고 있다고 볼 수 있다. 예컨대, '☰(乾)을 '氣'자의 古篆과 관계가 있는 것으로 보고, 또 '☷(坤)을 古文의 '巛'과 연관 짓는 것이 그것이다.(방인·장정욱 옮김, 『역주 주역사전』 제1권, 서울: 소명출판사, 2007, 229·297쪽)

66) 팔괘는 자연의 사물이나 현상들을 의상화한 부호일 뿐이며, 각 괘의 형체와 의미 간에는 직접적인 관련성이 없다는 점에서 문자라 할 수 없다. 그리고 결승은 밧줄이나 끈 등을 사용하여 사건이나 사물을 상징적으로 나타내는 표식이며, 문자와 거리가 멀다. 서계도 역시 實物記事의 일종으로서 이 또한 진정한 의미의 문자와는 거리가 멀다. 요컨대, 팔괘·결승·서계는 해당 기호와 의미와의 임의적 연관성은 있다고 하더라도 사회적으로 공인된 음성언어 간의 일대일 대응관계가 존재하지 않으므로

발생한 것이 문자라는 점은 틀림없는 사실이라고 하겠다. 팔괘가 어떤 과정으로 만들어졌느냐에 관해서는 여러 가지 설이 있는데, 일설에 따르면 '큰 매듭'(大結) · '작은 매듭'(小結)으로 표시하던 결승을 서계의 방법으로 전환할 때 큰 매듭을 양효陽爻, 작은 매듭을 음효陰爻로 바꾸었다는 것이다.[67] 그렇다면 팔괘도 서계의 한 종류로 만들어진 것이라고 볼 수 있을 것이다.

고대 중국에서 기호 사용의 광범위한 확산을 가져온 것은 점술의 유행이었다. 점술은 일상생활의 거의 모든 차원에서 행해졌다. 예를 들어 국가의 천도遷都, 외국과의 전쟁 등 국가적 중대사를 결정할 때나 풍성한 수확을 얻을 수 있을 것인지, 비가 올 것인지 등 농업과 관련된 일, 혹은 질병이 나을 것인지, 혼사가 잘 이루어질 것인지 등 어떤 중요한 일을 처리해야 할 경우에는 점술을 통해 초월적 존재의 뜻을 물었다.[68] 그러나 점술의 부호를 해석하는 일은 아무나 할 수 없었고, 제사를 담당하는 무관巫官 혹은 사관史官만이 맡을 수 있었다. 이처럼 고대 중국에서는 국가와 개인의 중대현안이 모두 부호체계를 매개로 해서 결정될 정도로 기호의 활용이

---

엄밀한 의미에서 문자라 할 수 없다.(박석홍, 「한자도문기원설에 대한 언어문자학적 재고」, 『문학 사학 철학』, 발해동양학한국학연구원, 한국불교사연구소, 2008년 가을 제14호, 101쪽)

67) 팔괘의 기원에 관해서는 위에서 언급한 ① 서계기원설 이외에도 ② 생식기숭배설, ③ 점복의 龜兆를 모방해서 만들어졌다는 설, ④ 일종의 원시문자라는 설, ⑤ 蓍草를 배열하던 방식과 관련 있다는 설 ⑥ 商代의 數字卦로부터 나왔다는 설 등이 있다.

68) 羅振玉의 『殷墟書契考釋』(1915)에 따르면, 은허 갑골에 기록되어 있는 卜辭 중에서 가장 빈도가 높게 나타나는 것은 祭祀이며, 그 다음으로 田獵, 出入, 風雨, 征伐, 한 해의 작황(卜年), 卜告, 공물(卜敎) 등의 순이었다. 즉 제사를 점친 것이 306조, 전렵을 점친 것이 130조, 출입을 점친 것이 128조, 풍우를 점친 것이 77조, 정벌을 점친 것이 35조, 한 해의 작황을 점친 것이 22조, 卜告가 15조, 공물을 바친 것을 점친 것(卜敎)이 4조였다.(高亨 · 李鏡池 · 容肇祖 지음, 김상섭 역, 『주역점의 이해』, 지호, 2009, 208쪽) 한편 『甲骨文合集』(1982)에서는 갑골복사를 모두 22종류로 나누었는데, 즉 ① 노예와 평민, ② 노예주귀족, ③ 관리, ④ 군대 · 형벌 · 감옥, ⑤ 전쟁, ⑥ 方域, ⑦ 공납, ⑧ 농업, ⑨ 어렵 · 목축, ⑩ 수공업, ⑪ 상업 · 교통, ⑫ 천문 · 역법, ⑬ 기상, ⑭ 건축, ⑮ 질병, ⑯ 生育, ⑰ 귀신숭배, ⑱ 제사, ⑲ 吉凶夢幻, ⑳ 卜法, ㉑ 문자, ㉒ 기타 등이다.(최영애, 『한자학강의』, 통나무, 1995, 295쪽)

매우 광범위한 차원에서 이루어졌기 때문에, 하夏·상商·주周는 진정한 의미의 "기호의 제국"(L' Empire des signes)이라 불릴 만하다.[69]

점술이 유행함에 따라 기호를 다루는 방법도 점차로 발전하게 되었다. 제사의 희생으로 사용된 소·돼지·양의 뼈 가운데 좌우 견갑골을 이용하여 점복을 실시하고 그 균열의 형태를 관찰함으로써 미래의 징조를 예측하는 방법이 점차로 유행하게 되었다.[70] 동물의 견갑골과 거북의 껍질[71]을 불로 지지거나 홈(鑽·鑿)을 파고 반대 면에 생긴 균열의 형상을 관찰하여 길흉을 점치는 방식을 갑골점이라고 하는데, 이러한 점복 방식은 늦어도 용산龍山문화 초기(BC.3000~2500)에 북방지역에서 처음 출현하였다.[72] 갑골甲

---

69) Roland Barthes는 1970년 출간된 『기호의 제국』(L'Empire des signes)에서 일본을 기호의 제국이라고 불렀다. 바르트는 일본을 기호의 광범위한 네트워크나 기표의 은하수로 묘사하고 있는데, 이는 그가 일본문화 자체를 하나의 거대한 기호체계로 받아들였음을 보여 준다. 아마도 이것은 서구인의 관찰자였던 바르트에게 일본문화가 지극히 낯설게 비춰졌기 때문이 아니었을까 생각된다.(롤랑 바르트 저, 한은경·김주환 역, 『기호의 제국』, 민음사, 1997, 148쪽) 바르트가 기표의 외연을 무한대로 확대시키고 있는 것과는 달리, 필자는 기표를 좁은 범위에 한정시키고자 한다. 필자가 의미하는 기호란 주역의 부호처럼, 의사소통을 위한 도구로서 사용되는 인공적인 부호를 의미한다. 필자가 고대 중국을 '기호의 제국'이라고 부른 것은 기호가 문화의 중심에 위치해 있어, 기호를 통해 신과 대화하였고 또 농사·결혼·전쟁 등 생활세계의 모든 중요한 활동이 기호의 해석을 경유해서 이루어졌다는 점에 착안한 것이다.

70) 상주시기 갑골점에서 대부분의 경우 소의 견갑골과 거북의 배껍질이 사용되었으며, 특히 제사에서는 소가 매우 중요시되었다. 상나라 이전에는 소·돼지·양·사슴 등 다양한 동물들의 견갑골이 갑골점에 사용되었으나, 상나라 후기(기원전 1200~1050년경)에 이르면 갑골 점복에는 주로 거북의 배껍질(腹甲)과 소의 견갑골이 절대다수를 차지하고 거북의 등껍질(背甲)이나 돼지·양의 견갑골이 사용된 사례는 극소수에 지나지 않는다.(박재복, 「商代 이전 甲骨의 특징 및 고고문화적 분류」, 『中國古中世史研究』 제23집, 중국고중세사학회, 2010. 2, 1~35쪽)

71) 거북의 껍질을 이용한 점복은 상주시기에 주로 보이는데, 배껍질이 95% 이상 사용되었고 등껍질은 5% 이내로 사용되었다. 거북의 배껍질이 비교적 평평하고 얇은 데 비해 등껍질은 둥근 형태에다 더 딱딱하여 이용하기 힘들었기 때문에 이용 사례가 적었을 것으로 추정된다.(朴載福, 『先秦卜法研究』[北京大學 震旦古代文明研究中心 學術叢書 24], 上海古籍出版社, 2011. 12, 第2章)

72) 박재복, 「중국 갑골의 기원에 관한 고찰」, 『고고학탐구』 제11호(고고학탐구회, 2012.년 3월).

骨을 이용하는 점복을 '복卜'이라고 하는데, 상대商代 후기 갑골문의 복사卜辭에서 볼 수 있듯이, 복卜이란 뒷면의 찬鑽·착鑿·작灼의 조합으로 얻어진 정면의 '복卜'자 형태의 균열을 관찰함으로써 미래를 예측하는 점복 방식이다.[73] 『상서尚書』 「주서周書·홍범洪範」의 제7조 '계의稽疑'에서는 복사卜師가 관장하는 일곱 가지 징조로 ①우雨, ②제霽, ③몽蒙, ④역驛[74], ⑤극克, ⑥정貞, ⑦회悔를 언급하고 있는데, 그 중에서 앞의 다섯 가지는 복卜에 관련된 것이고 뒤의 두 가지는 점占에 관련된 것이다.[75] 은허殷墟에서 출토된 갑골문에 대해 최초로 조직적인 연구를 시도했던 청대 말엽의 학자 손이양孫詒讓 (1848~1908)은 다섯 가지 복조卜兆에 대하여 다음과 같이 설명하였다. 첫 번째 우雨는 징조의 체로서 기운이 비와 같다는 것이며, 두 번째 제霽는 비가 그치고 구름의 기운이 하늘 위에 떠 있는 형상이며, 세 번째 몽蒙은 기운이 맑지 못해 답답함이며,[76] 네 번째 역驛은 빛깔과 광택이 빛나는 것이며,[77] 다섯 번째 극克은 상서롭지 못한 빛깔이 서로 침범함을 가리킨다

---

73) 卜兆는 뒷면을 불로 지져서(灼) 정면에 생성시킨 균열이다. 초기에는 갑골을 직접 불로 지져서 불규칙한 '兆紋'을 형성시켰고, 商周시기에는 복조의 방향을 임의적으로 제어하기 위해 먼저 鑽과 鑿을 만들고 灼을 실시하여 일정한 형태의 '卜'자 형태의 균열을 얻었다.(朴載福, 『先秦卜法研究』, 138쪽)

74) 蔡沈의 『書經集傳』에서는 驛을 '絡驛不屬'으로 해석하고 있는데, 이는 공안국의 傳에 근거한 것이다. 그런데 '絡驛' 두 글자는 모두 연속의 의미로 해석되지만 '不屬은 연결되지 않는다는 의미로 해석되므로, 그 뜻이 서로 통하지 않는다. 그래서 孔穎達과 項安世는 본의에 어긋날 것을 꺼려 絡을 落으로 고쳐서 '드물다'의 의미로 해석하고, 『彙纂』에서 『莊子』와 『漢書』 「藝文志」를 인용하여 그 설을 증명하였다. 그러나 絡을 落으로 바꾸더라도 역시 驛은 연속의 의미를 지니기 때문에 뜻이 통하지 않음을 면할 수 없다.

75) 漢 孔安國 傳, 唐 孔穎達 疏, 『尚書正義』(十三經注疏 整理本 3; 北京大學出版社, 2000), 373쪽, "其卜兆用五, 雨, 霽, 圛, 蟊, 克也. 其筮占用二, 貞與悔也." 卜과 占은 엄격히 구별된다. 卜이 점치는 과정을 가리키는 반면에, 占은 균열을 보고 길흉을 판단하는 일을 가리킨다. 卜과 占은 갑골점에만 존재하는 것이 아니라 筮占에도 똑같이 존재한다.

76) 蒙은 鄭玄이 『詩經』의 '零雨其蒙'을 인용하여 '濛' 즉 '어둡고 캄캄하다'(暗晦)의 뜻으로 풀이하였고, 蔡沈은 『書經集傳』에서 鄭注를 인용하여 '蟊'로 풀이하였다. 『周禮注疏』에는 "蟊者, 氣不澤, 鬱冥也"(『周禮注疏』, 권24)라고 되어 있으며, 孔安國의 注에서는 "有似雨止者, 蟊謂陰闇"이라고 설명하고 있다.(漢 鄭玄 注, 唐 賈公彦 疏, 『周禮注疏』, 十三經注疏 整理本 [8], 北京大學出版社, 2000, 748쪽)

는 것이다.[78] 그러나 이러한 방식의 설명은 복조의 의미에 관하여 모호한 해석을 제공할 뿐이다.[79]

『주례周禮』「종백宗伯·복사卜師」에서는 복사卜師는 귀갑 즉 거북의 껍질을 불로 지져서 생긴 상·하·좌·우로 갈라진 복조卜兆의 방향을 관찰함으로써 점복을 친다고 하면서, 거북의 껍질을 불로 지져서 형성된 반대 면의 균열을 복조라고 한다고 적고 있다. 『주례』「춘관春官·태복太卜」에서는 귀복龜卜에 옥조玉兆·와조瓦兆·원조原兆의 세 종류의 징조가 있다고 하였는데,[80] 이러한 명칭은 귀조龜兆의 모양이 각각 옥이 깨어져 갈라진 징조, 돌이 깨어져 갈라진 징조, 흙이 깨어져 갈라진 징조와 유사하다는 데서 유래하였다. 복사가 관리해야 할 징조의 종류로는 방조方兆·공조功兆·의조義兆·궁조弓兆의 네 가지가 있는데,[81] 이 네 가지 징조를 다시 그 갈라진 방향에 따라 분류하면 각각 30개의 항목으로 세분되어 총 120개의 형상이 만들어진다.[82] 또한 주사繇詞[83]는 그 10배인 1200개가 된다고 하는데, 그 1200개가 다시 옥조玉兆·원조原兆·와조瓦兆의 세 종류에 각각 있으므로 실제로는 모두 3600개이다.[84] 비록 이러한 설이 『주례』에 나와 있기는 하지만, 원래부터

---

77) 驛을 鄭玄은 圛 즉 明의 뜻으로 풀이하였으니, 이는 색이 윤택하고 광명이 나는 것을 가리킨다.(『尙書正義』, 373쪽, "驛, 圛也. 鄭玄以圛爲明. 言色澤光明也.")

78) 克에 대해서 王肅은 '兆相交錯'이라고 풀이하였다.

79) 顧音海 저, 임진호 역, 『갑골문발견과 연구』(아세아문화사, 2008), 35쪽.

80) 『周禮』의 杜注에 "玉兆는 顓頊의 징조이고, 瓦兆는 堯의 징조이며, 原兆는 周의 징조이다"라고 되어 있다. 이는 이 세 가지 징조(兆)가 각각 다른 시대에 사용되던 점법임을 말해 준다.

81) 鄭玄의 注에서는 "其云, 方功義弓之名, 未聞"이라고 하였다.

82) 方·功·義·弓: 卜事의 네 가지 조짐을 가리키는데, 『周禮』「春官·宗伯」의 '卜師'에 그 내용이 나온다.

83) 卜兆의 兆辭를 주사繇辭라고 하는데, '요사'라고 읽기도 한다.

84) 『周禮』「春官·宗伯」에서는 "太卜이 三兆의 법을 관장하였으니, 첫째는 玉兆요, 둘째는 原兆요, 셋째는 瓦兆이다. 그 經兆의 體는 모두 120이며, 그 頌은 모두 1200이다(太卜掌三兆之法, 一曰玉兆, 二曰原兆, 三曰瓦兆, 其經兆之體, 皆百有二十, 其頌皆千有二百)"라고 하였다. 鄭玄의 『주례』注에 "그 모양이 玉·原·瓦의 틈과 같다"라고 하였으니, 龜兆의

복조의 체계가 이렇게 완비되어 있었다고 보기는 어렵다.[85]

귀복의 징조는 곧바로 길흉의 확정적인 상을 나타내기 때문에 신의 계시를 즉각적으로 알 수 있다는 장점이 있는 반면에, 그 점괘(繇)와 주사繇詞를 서로 연관 지어 응용하기에는 어려움이 있었다. 그리고 갑골의 골면骨面에 직접 지져서 형성된 조문兆紋이 불규칙적이었기 때문에 상대에는 점차 찬鑽·착鑿·작灼의 조합을 통해 '복卜'자 형태의 균열을 임의적으로 만들어 좋은 결과를 유도하는 일이 잦았다. 더구나 모든 일에 대해서 반드시 점을 치는 '매사필복每事必卜'의 관습에 따라 갑골의 사용량이 많아지면서 그 수요를 충족시키는 일도 여의치 않게 되었다. 이에 따라 서주西周시기가 되면 복잡한 방식의 갑골 점복이 점차로 쇠락하고 시초蓍草를 이용해 간편하게 괘상卦象을 얻을 수 있는 서법筮法이 유행하게 되었다.[86]

복卜과 서筮는 근본적으로 계통이 다른 점술이었으니, 복이 갑골의 표면에 나타난 징조를 관찰하는 방법에 의존했던 반면에 서는 시초를 이용하여 수數를 조작하는 산술算術에 의존하였다. 그런데 서법이 복법을 곧바로 대체해 버린 것은 아니고, 한동안 양자가 공존하던 시기가 있었다. 출토된 고고학적 자료들 중의 숫자괘數字卦를 통해 볼 때, 상대 후기에 이미 복과 서를 겸용하고 있음을 확인할 수 있다.[87] 서주시기의 갑골문에는 숫자부호

---

모양이 玉의 틈, 原田이 터져 갈라진 것, 瓦의 틈과 같다"(兆者, 灼龜發於火, 其形可占者, 其象似玉瓦原之璺罅. 是用名之焉. 原, 原田也)라고 한 것이다. 또 杜預의 注에서는 "玉兆는 전욱顓頊의 兆이고, 瓦兆는 堯의 兆이며, 原兆는 周의 兆이다"(杜子春云, 玉兆, 帝顓頊之兆. 瓦兆, 帝堯之兆, 原兆, 有周之兆)라고 하였다.(漢 鄭玄 注, 唐 賈公彦 疏, 『周禮注疏』, 十三經注疏 整理本 [8], 北京大學出版社, 2000, 746~747쪽) 그런데 玉兆·原兆·瓦兆의 삼대유형에 기본형상이 각각 1,200개씩 있으므로 그 길흉을 斷定하는 繇句는 모두 3,600개이다.(陳文和, 『中國古代易占』, 九州出版社, 2008, 4쪽)

85) 이러한 수치는 상당히 이상적으로 제시된 것으로서, 후대에 가공된 내용으로 보는 것이 타당할 것이다.

86) 박재복, 「商周시대 출토문물에 보이는 易卦 고찰」, 『강원인문논총』 제17집(강원대학교 인문과학연구소, 2007년 6월), 136쪽.

87) 陳來 저, 진성수·고재석 옮김, 『중국고대사상문화의 세계』(성균관대학교 동아시아학술

가 적혀 있는데, 이것은 갑골점의 실행에 앞서 동일한 사안에 대해 시초점을 쳐서 얻은 결과물로 추정된다. 『주례』 「서인筮人」에 "나라에 큰일이 있으면, 먼저 서筮를 하고, 그 다음에 복卜을 한다"(凡國之大事, 先筮而後卜)라고 하였으니, 이는 복卜과 서筮를 겸용하던 관습이 주대周代에 널리 행해지고 있었음을 보여 준다.[88] 『예기禮記』의 「곡례曲禮」와 「표기表記」에는 "복서불상습卜筮不相襲"[89]이라는 말이 있는데, 이 말은 복卜과 서筮 중의 어느 하나가 불길한 것으로 나온 경우에 유리한 결과를 얻어 내기 위해 다시 다른 방법을 잇달아 사용하는 것을 금지한다는 뜻이다.[90] 그렇지만 복卜과 서筮의 병행을 금지했다는 것은 역逆으로 그러한 일이 실제로 빈번하게 행해졌음을 시사해 준다. 『좌전』 희공僖公 4년조에는 진晉나라 헌공獻公이 여희驪姬를 부인으로 삼기 위해 거북점을 쳤다가 불길하게 나오자 다시 시초점을 쳐서 길한 결과를 얻고 이에 복을 버리고 서를 따랐다고 기록하고 있다.[91]

이처럼 복과 서가 같이 병행되기는 하였지만 양자가 동일한 가치를 지닌 것은 아니었다. 소위 '서단귀장筮短龜長'[92]이니 '서경귀중筮輕龜重'[93]이니 하는 언급들은 복이 서보다 더 중요하게 여겨졌음을 말해 준다.[94]

---

원 유교문화연구소, 2008), 25쪽.

88) 鄭玄의 주에 따르면, "卜을 하는 자는 먼저 筮를 해야 하는데, 만일 筮를 해서 흉하다고 나오면 그치고, 더 이상 복을 하지 않는다"(當用卜者先筮之, 于筮之凶, 則止不卜)라고 하였다.

89) 鄭玄은 『禮記』 「表記」의 주에서 "襲은 답습한다는 뜻이다. 큰 일이면 거북점을 치고, 작은 일이면 시초점을 친다"(襲, 因也, 大事則卜, 小事則筮)라고 하였다.

90) 송명호·문지윤 역, 『禮記集說大全』 1(높은밭, 2002), 222쪽.

91) 『春秋左傳』, 僖公 4년 冬, "初, 晉獻公欲以驪姬爲夫人, 卜之不吉, 筮之吉."

92) "筮短龜長"이란, 筮占은 늦게 생겨서 행해진 역사가 짧고 거북껍질로 하는 卜占은 서점보다 오래되었으므로 복점의 판단을 따르는 깃이 좋다는 뜻이다.(高懷民 저, 『중국고대역학사』, 숭실대학교 출판부, 1990, 110쪽)

93) 『儀禮』 「士喪禮」의 注에 "龜重, 威儀多"라고 하고 또 "筮輕, 威儀少"라고 하였다.

94) 『禮記』 「表記」에 "天子無筮"라고 하고 그 注에 "천자는 至尊하므로 征伐·出師·巡狩 등의 大事에는 모두 卜을 쓴다"(謂征伐出師若巡狩, 天子至尊, 大事皆用卜也)라고 한 것도 역시 복이 서보다 더 중요하게 여겨졌음을 보여 주는 예이다.(漢 鄭玄 注, 唐 孔穎達

상대 후기의 도읍지였던 은허殷墟에서 출토된 갑골의 대다수가 왕의 복사卜辭라는 사실도 중요한 사안에 대해서는 복을 쓰고 서는 매우 드물게 사용했다는 증거가 된다.95) 서주 초기의 주원周原지역에서도 갑골이 집중적으로 발견된 바 있는데, 이는 복을 서보다 더 중요시하는 경향이 주대에 들어와서도 지속되었음을 보여 주는 방증이다.

그러나 서주 초기에 이르러 서술筮術이 복술卜術을 대체하는 현상이 점차로 일어나게 된다. 주대에도 갑골은 여전히 사용되었으나96) 그 빈도는 갈수록 줄어든다. 『좌전』 희공 15년조에서는 거북점에서 서점筮占으로 이행되는 과정이 자연의 이치에 따른 것임을 주장하고 있다.

> 거북(龜)은 상象이고, 서筮는 수數이다. 사물이 생긴 후에 상이 있게 되었고, 상이 있은 후에 번성繁盛하게 되었고, 번성한 이후에 수가 있게 되었다.97)

『좌전』의 설명은 복점卜占이 먼저 생기고 그 뒤에 서점筮占이 발생한 것으로 보는 가설에 입각해 있다. 전통적으로 『좌전』의 견해에 대부분 동조해 왔으나,98) 최근에는 이러한 가설에 대해 의문도 제기되고 있다.99)

---

疏, 『禮記正義』[十三經注疏 整理本, 北京大學出版社, 2000], 권54, 1747~1748쪽)

95) 李學勤, 『周易經傳溯源』(中國社會科學院文庫, 2007), 134쪽.

96) 주대에 거북점을 친 기록은 『春秋』成公 20年조에 나온다. 즉, "여름 4월에 교외에서 제사를 지낼 날을 다섯 번 거북점을 쳤으나, 모두 불길하여 교외에서 제사를 지내지 않았다"(夏四月, 五卜郊, 不從, 乃不郊)라고 한다.

97) 『左傳』, 僖公 15年條, "龜, 象也. 筮, 數也. 物生而後有象, 象而後有滋, 滋而後有數."

98) 高懷民은 卜占이 筮占보다 먼저 생겼다는 것은 의심할 수 없는 사실이라고 주장하면서, 그 근거로 다음의 두 가지를 들고 있다. 첫째, 갑골문에는 筮術과 卦象의 흔적이 나타나지 않으며, 筮·蓍·卦 등의 글자는 보이지 않는 데 비하여 卜자는 매우 빈번하게 나타난다. 둘째, 『尙書』의 기록에도 商나라 때에는 거북점치는 곳에서는 卜만 쓰고 卜과 筮를 함께 쓴 곳이 없다. 그러나 서주시대가 되면서, 卜과 筮가 함께 쓰이기 시작한다.(高懷民 저, 『중국고대역학사』, 110~111쪽.)

99) 박재복에 따르면, 현재까지 출토된 고고 유물이 극히 제한적이기 때문에 아직 중원지역에서 卜과 筮의 선후관계를 정확하게 증명하기 힘들다. 그러나 현재의 시점에서 보면, 중국의 북방지역에서는 동물의 견갑골을 이용한 卜法이 신석기시대 말기에 이미 출현하

전통적 견해에서는 갑골문에는 서술筮術과 괘상卦象의 흔적이 나타나지 않는다고 가정하고 있으나, 수數가 나열된 상대 후기의 숫자괘가 대량으로 발견되고 있다는 사실은 전통적 가설을 의심하게 만드는 이유가 된다. 장정랑張政烺은 상대의 갑골문에 새겨진 숫자가 서괘筮卦의 초기적 형태라고 주장하였다.[100] 이들 숫자괘는 괘명卦名도 괘사卦辭도 없이 괘만 있는 경우가 대부분이지만,[101] 은허殷墟의 사반마四盤磨에서 발견된 일부 숫자괘에서는 숫자 다음에 괘명과 유사한 '괴魁', '외隗' 등의 명칭이 나타나기도 한다.[102] 장정랑은 기수奇數는 양이 되고 우수偶數는 음이 된다는 원칙을 적용하여 숫자괘가 『주역』의 역괘易卦와 대응되는지 알아보려고 시도하였다.[103] 아

---

엿고, 남방지역에서는 숫자를 이용한 술수가 신석기시대 중·후기에 상당히 유행하고 있음을 확인할 수 있다.(朴載福,『先秦卜法研究』, 第5章「先秦時期卜法的起源與衰落」, 第2節「卜法的衰落與筮法的興盛」, 187~197쪽 참조)

100) 張政烺,「試釋周初靑銅器銘文中的易卦」,『考古學報』1980年 第4期.
　　　,「帛書六十四卦跋」,『文物』1984年 第3期.
　　　,「殷墟甲骨文中所見的一種筮卦」,『文史』24輯, 1985.

101) 박재복,「商周시대 출토문물에 보이는 易卦 고찰」,『강원인문논총』제17집, 136쪽.

102) 1950년 봄에 中國科學院 考古研究所는 河南 安陽 殷墟의 四盤磨에서 한 조각의 卜骨에 두 개의 숫자괘가 있는 것을 발견하였다. 거기에는 "七五七六六曰, 魁" "七八七六七六曰, 隗" 등의 글자가 새겨져 있었다. 張政烺은 여기에 나오는 '魁'·'隗' 등이 卦名일지도 모른다고 가정하였다. 그리고 그 괘명은 『주역』에 나오는 것이 아니므로 『連山易』의 괘명일 수도 있다고 생각하였다. 그런데 西晉의 皇甫謐의 『帝王世紀』에 魁隗에 관한 기록이 나온다. 즉 "夏人因炎帝曰連山, 殷人因黃帝曰歸藏"이라고 하고, 또 "神農氏本起列山, 或時稱之, 一號魁隗氏"라고 하였다. 뿐만 아니라 漢의 王符의 『潛夫論』「五德志」에서도 역시 魁隗에 관해 언급하고 있다. 즉, "有神龍首出, 常感任姒, 生赤帝魁隗, 身號炎帝, 世號神農也, 代伏羲氏"라고 하였다. 이러한 기록으로 미루어 볼 때, 魁隗는 곧 神農氏를 가리키며, 烈山氏로도 불렸다는 것을 알 수 있다. 장정랑은 四盤磨의 숫자괘에 나오는 '魁'·'隗' 등은 筮占의 결과가 아니라 篇首에 배치된 卦名을 書名으로 사용한 것일지도 모른다고 생각하게 되었다.(張政烺,「易辨－近幾年根據考古材料探討周易問題的綜述」, 唐明邦·羅熾·張武·蕭漢明,『周易縱橫錄』, 武漢: 湖北人民出版社, 1986)

103) 四盤磨의 숫자괘를 음양효로 환산할 수 있다. 즉 "七五七六六曰, 魁", "七八七六七六曰, 隗"이라고 하였으므로, 기수를 양효로 환치하고 우수를 음효로 환치하는 방법을 쓰면 乾坤離坎의 4괘가 차례로 형성된다. 그런데 乾坤은 음양의 근본이며 離坎은 日月의 道이므로 4괘가 병렬되어 있는 것은 우연이라고 볼 수 없다. 장정랑은 이처럼 병렬된 네 괘가 이미 망실된 『연산역』의 篇首에 해당되는 괘일 가능성을 제기하였다.

울러 그는 주원周原 복갑卜甲과 장가파張家坡[104) 복골卜骨 등의 상면上面에 있는 역괘가 실전된 하대夏代의 『역』으로 전해지는『연산連山』의 괘일지도 모른다고 추정하였다.[105) 한편 이학근李學勤은 주대周代 중방정中方鼎[106)의 명문銘文에 새겨져 있는 "七八六六六六, 八七六六六六"이라는 숫자가 각각『주역』의 박剝괘와 비比괘에 해당된다는 가정 아래 명문을 해석하였다.[107) 그에

---

104) 張家坡는 周代에 文王이 세운 도읍이었던 豊京 또는 鎬京이 있던 곳으로 추정되고 있다. 中國社會科學院 考古硏究所에서 1955년~1957년 사이에 陝西省 西安 長安縣의 張家坡 일대에서 실시한 조사에서 4개의 車馬坑을 비롯하여 서주시대의 청동기유물이 다수 발굴되었다. 張家坡에서는 兩片의 卜骨도 발견되었는데, 每片에 兩組의 숫자가 있었다. 唐蘭은 여기에서 발견된 卜骨과 청동기에 의거하여 13개의 奇字를 찾아내고, 이를 「在甲骨金文中所見的一種已經遺失的中國古代文字」라는 글로 발표하였다. 그런데 1978년 겨울에 吉林大學에서 열린 中國古文字學術討論會에서 張政烺은 소위 奇字가 원래 筮數이며, 이것은 고대에 숫자를 사용해서 표시한 易卦라는 획기적인 주장을 펼쳤다. 金文 중에서 세 개의 숫자로 된 것은 『주역』의 3획으로 구성된 單卦 즉 8괘에 해당되며, 卜辭 중에서 여섯 개의 숫자로 된 것은 『주역』의 6획으로 구성된 重卦 즉 64괘에 해당된다는 것이다. 『주역』에서 음효와 양효를 써서 표현한 괘획을 金文과 卜辭의 역괘에서는 기수와 우수를 써서 표현한 것일 뿐이다. 그는 당장 周原 卜甲에서 발견된 四組의 숫자를, 기수를 양효로 환산하고 우수를 음효로 환산하는 방법을 써서 蒙·蠱·艮·旣濟 등의 네 괘를 만들어 내었다. 그 이후에 장정랑은 「試釋周初靑銅器銘文中的易卦」, 「殷墟甲骨文中所見的一種筮卦」, 「帛書六十四卦跋」, 「易辨」 등의 논문을 발표하여 商周時代의 筮卦를 전면적으로 검토하였다.(孫言誠, 「我的導師張政烺」; 用古文字資料研究『周易』, 探索『周易』起源; 數字卦是張先生晚年最重要的學術觀點; http://big5. ifeng.com/gate/big5/book.ifeng.com/xinshushoufa/n001/detail_2012_04/20/14035491_0.shtml)

105) 張政烺, 「試釋周初靑銅器銘文中的易卦」, 『考古學報』 1980年 第4期.

106) 북송 徽宗 重和 원년(1118)에 발견된 청동기유물. 中方鼎을 南宮中鼎 혹은 中鼎이라고도 한다. 郭末若은 『兩周金文辭大系考釋』 「睘卣」에서 중방정이 周 成王 대에 만들어진 것이라고 주장하였다. 곽말약이 이렇게 주장하게 된 이유는 중방정의 "十又九年"을 文王기원 19년 즉 成王 6년으로 보았기 때문이다. 곽말약은 周初에는 문문왕기원을 사용하였다는 이유로 그러한 주장을 정당화하였다. 한편 楊樹達은 銘文이 武王 때의 사건을 기록하고 있으므로 무왕 때 만들어진 청동기로 보아야 한다고 주장하였다. 만일 이러한 추정이 맞다면, 『周易』의 괘효사가 문왕과 주공에 의해서 지어진 것이라고 보는 전통적 학설이 힘을 얻게 된다. 그러나 중방정의 "十又九年"을 昭王 19년이라고 주장하는 견해도 최근에 제기되고 있다. 즉 최근의 학설에서는 『竹書紀年』의 기록에 의거하여 "十又九年"을 昭王 19년으로 파악하고 있다. 만약 中方鼎이 昭王 시기의 기물이라면, 그 제작연대는 무왕이 상나라를 정벌한 지 60~70년 정도 지난 무렵이 된다.(張再興, 「賦稅有則-釋剝兼釋『中方鼎』」, 中國儒學網, 2009.3.25; http://www.confuchina.com/09%20xungu/shi%20bo.htm)

107) 李學勤, 『周易經傳溯源』(中國社會科學院文庫, 2007), 153쪽.

110  제1부『주역』의 기호학적 독해

따르면 이것은 『주역』의 '박지비剝之比'108) 즉 박괘가 비괘로 변하는 경우에 해당된다.109) 숫자로 된 괘는 서괘筮卦의 원시적 형태로서, 3개·4개·6개로 된 세 종류가 있다. 우리는 이를 통해 상왕조 말기에 이미 세 개로 된 단괘單卦와 여섯 개로 된 중괘重卦가 확립되어 있었음을 알 수 있다.110)

숫자괘에는 또 그 영수營數가 팔八에서 그치는 것과 구九에서 그치는 것 두 종류가 있는데, 신채갈릉초간新蔡葛陵楚簡111)·포산초간包山楚簡112)의 숫자괘가 전자에 속하고 천성관天星觀 1호묘 초간楚簡113)의 숫자괘가 후자에

---

108) 李學勤뿐 아니라 張政烺도 中方鼎의 숫자괘를 '剝之比'에 해당되는 것으로 보았다.(張政烺, 「試釋周初靑銅器銘文中的易卦」, 頁408)

109) 李學勤은 上爻와 5爻의 두 효가 변동한 것으로 본 것이다. 그러나 『좌전』과 『국어』의 효변설은 一爻變을 원칙으로 하기 때문에, 중방정의 효변은 이 원칙에서 어긋난다. 이학근의 설은 주희의 효변설을 채용한 것으로 볼 수 있다.(李宗焜, 「數字卦的內容與疾病記述」, 『亞洲醫學史會第二次年會: 宗敎與醫療學術硏討會』, 臺北, 中央硏究院歷史語言硏究所, 2004, 2쪽)

110) 박재복, 「商周시대 출토문물에 보이는 易卦 고찰」, 『강원인문논총』 제17집, 115~141쪽.

111) 신채갈릉초간은 1994년 8월 16일에 河南省 新蔡葛陵 故城에 있는 楚墓에서 출토된 竹簡을 가리킨다. 墓主는 平夜君成인데, 平夜는 封地의 명칭이고 君은 封號이며 成은 인명이다. 墓葬年代는 기원전 340년 전후 즉 전국시대 중기로 추정된다. 대부분이 卜筮祭禱에 관해 기록한 죽간이며, 포산초간과 그 격식이 상당히 유사하다. 모두 15組로 된 괘획이 있으며, 그 가운데 每組가 兩卦로 되어 있는 것이 12조 24괘이다.

112) 包山楚簡은 1986년과 1987년 사이에 湖北省 荊門市 包山 2호묘에서 출토된 죽간으로서 묘장연대는 기원전 316년 무렵, 즉 전국시대 중기로 추정된다. 包山楚簡의 卜筮祭禱 기록에서도 六畫卦가 발견되었는데, 여기에서는 좌우의 두 괘가 병렬되어 한 組를 형성하고 있으며, 모두 6조가 있어 총 12괘가 배치되어 있다. 이러한 형식은 『좌전』과 『국어』에서 本卦와 之卦가 병렬적으로 제시된 효변의 원형일 가능성도 있다. 그러나 포산초간에서의 점서의 방식이 馬王堆백서 『주역』 및 전래본 『주역』의 방식과 동일한 것인지는 분명하지 않다. 포산초간에서는 괘획으로 "⌒", "⋏", "✕", "⫘"의 네 가지가 사용되고 있는데, 이것이 숫자인지 부호인지에 관해서는 의견이 대립되고 있다. 이것을 숫자괘로 보는 쪽에서는 이들 괘획이 각각 一, 六, 五, 八을 나타내는 것으로 보았다. 반면에 부호라고 주장하는 쪽에서는 그 형태가 초나라 문자의 숫자와 다르기 때문에 숫자로 볼 수 없다고 하였다. 또 포산초간에서는 괘획은 있으나 괘의 명칭은 나타나지 않으며, 『주역』의 괘사와 효사를 채용하지 않았다. 따라서 전래본 『周易』처럼 정형화되지는 않은 단계의 것으로 추정된다. 그렇지만 괘획이 있는 易卦가 나타난다는 점에서 이것도 『易』의 일종이라고 볼 수 있다.(이승률, 『죽간·목간·백서, 중국 고대 간백자료의 세계 1』, 예문서원, 2013, 487~491쪽)

113) 1978년 봄에는 湖北省 江陵縣의 楚國의 故都 紀南城 부근에 있는 天星觀 1호 楚墓에서

속한다. 이 두 종류의 서법은 비록 전국시대에 함께 유행하였지만 그 기원을 거슬러 올라가 보면 후자의 유형이 전자의 유형보다 늦게 출현한 것으로 추정된다.114) 장정랑張政烺의 연구에 따르면, 숫자 '구九'는 은대의 서술筮術에서는 쓰이지 않다가115) 주대의 숫자괘에 이르러 비로소 출현하였다. 구九자가 기록된 숫자괘는 1980년 봄 섬서성陝西省 부풍현扶風縣 제가촌齊家村에서 발굴된 주대의 복골에서 최초로 발견되었다.116) 종래까지 보이지 않던 구九자가 출현한 것은 중대한 문명의 전환이 발생했음을 의미한다. 원래 복희씨는 동방문화를 대표하는 인물로서 팔八을 벼리(紀)로 삼아 팔괘

---

전국시대 중기(BC.350년 전후)의 유물인 죽간 70여 점이 출토되었는데, 그 가운데 한 줄에 두 괘씩 모두 8조 16괘가 배열되어 있는 복서 기록이 발견되었다. 천성관 1호 초묘의 下葬年代는 대략 기원전 340년 전후로 추정된다. 거기에서 발견된 숫자괘를 天星觀數卦라고 하고, 그 筮法을 天星觀數法이라고 한다. 천성관서법의 이러한 배열방식은 本卦와 之卦가 한 조씩을 이루고 있는 것으로 추정된다. 대부분의 숫자는 一 혹은 六으로 되어 있고, 나머지 10% 정도는 八, 九로 되어 있다. 즉 營數 一이 쓰인 횟수가 37회, 六이 쓰인 횟수가 49회, 八이 쓰인 회수가 5회, 九가 쓰인 회수가 4회이다.(「江陵天星觀一號楚墓」, 『考古學報』 1982年 第1期)

114) 葛陵數卦·包山數卦·天星觀數卦의 세 가지를 전국시대 3대 數字卦라고 한다. 望山楚簡에는 簡文 중에 숫자괘가 缺失되어 있다. 갈능수괘와 포산수괘는 初策이 42策으로, 그 營數는 五·六·七·八로 구성되어 있으며 八에서 그친다. 이러한 종류의 二元數卦는 '五八數卦'라고 부를 수 있다. 천성관수괘는 초책이 46策이며, 영수는 六·七·八·九로 구성되어 있고 九에서 그친다. 이러한 종류의 二元數卦는 '六九數卦'라고 부를 수 있다. 이로써 전국시대에 동시대적으로 영수가 '八'에서 그치는 숫자괘와 '九'에서 그치는 숫자괘의 두 종류가 있었음을 알 수 있다. 영수가 '八'에서 그치는 숫자괘의 역사는 서주시대 중후기에 있었던 張家坡筮法에까지 소급되며, 영수가 '九'에서 그치는 서법은 그보다 후대에 출현한 것으로 보인다. 따라서 영수가 '九'에서 그치는 서법의 출현은 천성관수괘보다는 앞설 것이므로 전국시대 초기로 추정된다.

115) 古筮에 관한 고고자료에 의하면 殷墟 3期에서 서주 초기에 이르기까지, 즉 대략적으로 廩辛·康丁 시기에서 穆王 시기에 이르기까지 筮數는 八에서 그쳤으며, 九자는 아직 출현하지 않았다. '九'자가 기록된 숫자괘는 1980년 봄에 陝西省 扶風縣 齊家村에서 발굴된 주대의 卜骨에서 최초로 발견되었다. 그 복골에는 다섯 괘가 보존되어 있었는데, 그 가운데 九자가 포함된 두 괘가 있었다. 즉 '六九八一八六'과 '九一一一六五'의 두 괘가 바로 그것이다. 최초로 출현한 九자는 서주 중기 혹은 만기의 것으로 추정된다.(張政烺, 「試釋周初靑銅器銘文中的易卦」, 『考古學報』 1980年 第4期; 「帛書六十四卦跋」, 『文物』 1984年 第3期)

116) 張政烺, 『張政烺論易叢稿』(中華書局, 2011), 49쪽.

를 창안하니 그 쓰는 숫자도 팔에서 그쳤는데, 서방의 주나라 사람들이 동방의 팔괘문화를 받아들이고 더욱 발전시켜서 구九를 서수筮數에 포함시키고 숫자 구九를 서술筮術 체계의 벼리로 삼았다는 것이다.[117]

그러나 숫자괘가 바로 역괘易卦라고 단정할 근거는 아직 없다. 따라서 상주시기 이후로 숫자괘가 주로 사용되다가 전국시기 어느 시점에 이르러 음양의 부호로 된 역괘가 사용되기 시작했다고 보는 것이 현재로서는 가장 합리적인 추론이다.[118] 출토자료를 통해 보면, 망산초간望山楚簡[119]에서는 음양의 괘획卦畫이 아직 보이지 않으나, 마왕퇴馬王堆 한묘漢墓 백서帛書『주역』,[120] 부양阜陽 쌍고퇴雙古堆 한간漢簡『주역』,[121] 신채갈릉초간新蔡葛陵楚簡, 천성관天星觀 1호묘 초간, 상해박물관上海博物館 소장 전국초죽서戰國楚竹書『주역』,[122] 포산초간包山楚簡, 강릉江陵 왕가대王家臺 진간秦簡 등에 이르면

---

117) 張政烺, 『張政烺論易叢稿』, 50쪽.

118) 정병석, 「성인지서와 복서지서의 차이-새로운 출토자료를 통해 본 주역의 형성 문제」, 『동양철학연구』 제42집(동양철학연구회, 2005), 147쪽.

119) 望山楚簡은 1965년 겨울과 1966년 봄 사이에 湖北省 江陵縣 紀南城 주변의 望山 1호묘와 2호묘에서 출토된 전국시대 초나라의 죽간이다. 그 중에서 易筮 자료는 1호묘에서 나왔는데, 주요한 내용은 墓主가 복을 구하고 병을 물리치기 위하여 祭禱한 기록이다. 그 내용과 용어가 包山楚簡과 매우 비슷하다. 포산초간과 비슷한 시기의 것으로 추정되는데, 다만 망산초간에서는 卦畫가 아직 보이지 않는다. 망산 1호묘 묘주의 사회적 신분은 下大夫이고 살았던 시대는 楚悼王(BC.401~381) 이후이며, 그 下葬年代는 기원전 300년경의 전국시대 중기로 추정된다.

120) 馬王堆帛書本은 1973년에 長沙 馬王堆 3호 漢墓에서 출토된 『周易』으로, 3호묘 墓主의 墓葬 연대는 기원전 168년으로 추정된다. 阜陽漢簡 『주역』과 거의 동시대의 것이다.

121) 阜陽漢簡 『주역』은 1977년 安徽省 阜陽 雙古堆 1호 漢墓에서 출토된 『주역』이다. 1호묘의 묘주가 죽은 것이 기원전 165년이므로, 기원전 165년 이전의 것으로 추정된다. 파쇄된 상태가 특히 심해서 원래의 卦序는 복원할 방법이 없다. 752片 3119字가 남아 있는데, 그 중에서 經文에 속하는 것이 1110자이며 卜辭에 속하는 것이 2009자이다. 잔존해 있는 괘획은 大有, 臨(林), 萃, 大過, 離 등 다섯 괘이다. 음획은 상해박물관 소장 주역과 마왕퇴백서 주역과 마찬가지로 八자 모양으로 표시되어 있다.

122) 상해박물관 소장 戰國楚竹書는 상해박물관이 1994년에 홍콩 文物市場에서 구입한 竹簡인데 출토시기와 장소는 밝혀지지 않았다. 다만 성립시기는 대략 전국시대 후기(BC.255±65년)로, 현존하는 『주역』 자료들 중 가장 오래된 것이다. 모두 58簡으로, 64괘 중에서 34괘만 남아 있으며 그것도 부분적으로 남아 있다. 전체 1806자로 되어

음양의 괘획이 출현한다. 이들 출토자료에서는 양효가 지금과 마찬가지로 '―'의 부호로 표현되어 있지만, 음효의 경우에는 숫자 '팔八'처럼 중간이 끊긴 '八'의 부호로 표현되어 있거나 포산초간이나 강릉 왕가대 진간에서 보듯이 중간이 끊기지 않은 '∧'의 부호로 표현되어 있다. 음효가 '八' 혹은 '∧'의 부호로 되어 있는 것은 죽간의 협소한 자리에 그려 넣다 보니 그렇게 된 것이지, 다른 깊은 뜻이 있는 것은 아니다.[123] 만약 음효를 지금처럼 '――'로 표시할 경우, 중간의 끊어진 부분이 마치 이어진 것처럼 보여서 자칫 양효로 오인될 우려가 있기 때문이다.

그러나 『주역』의 서술筮術은 단번에 갑자기 만들어졌다기보다는 『연산』과 『귀장』[124]이라는 서술체계의 발전 과정의 산물로서 등장한 것이다.[125]

---

있는데, 현재의 字典에 없는 고문자가 많다. 전래본 『주역』과 마찬가지로 6획괘의 형식이 나타나 있다. 양획은 전래본의 형태와 같으나, 음획이 八자 모양으로 되어 있다.

123) 金景芳, 『學易四種』(吉林文史出版社, 1987), 頁196; 李學勤, 『周易經傳溯源』, 頁215.

124) 『周禮』의 「春官 · 太卜」에는 "三易의 법을 관장하니, 첫째를 『連山』이라 하고 둘째를 『歸藏』이라 하며 셋째를 『周易』이라 한다"라고 말하고 있다. 따라서 『歸藏易』은 三易의 하나인데, 殷代의 역이라고 전해진다. 또 『귀장역』은 坤을 머리괘로 하고, 乾을 바로 다음 괘로 하기 때문에 『坤乾』이라고도 일컫는다. 당나라 때의 학자 賈公彦은 『周易疏』(50卷)에서 "귀장역은 純坤卦를 처음으로 하며, 坤은 땅이다. 그러므로 만물은 모두 땅으로 돌아가서 저장되지 않는 것이 없다. 그래서 '歸藏'이라고 말한다"라고 하였다. 『예기』 「禮運」은 공자의 말을 실어서 "내가 殷나라의 도를 보고자 하여, 송나라에 갔는데 징험하기에 부족하였으나, 나는 『坤乾』을 얻었다"라고 언급하였다. 이것은 공자가 귀장역을 통하여 은나라의 문화와 정치제도를 이해하였음을 말해 주는 대목으로 흥미롭다. 『坤乾』에서 坤을 머리로 한 것은 모계의 혈통을 중시하고 형제상속제를 견지하며 비교적 강한 씨족사회의 흔적이 있음을 나타내고 있다. 『太平御覽』 「學部」에는 환담의 『新論』을 인용하여, "귀장역은 4,300글자이다"라고 하였다. 이에 따르면 이 서적은 漢代에도 이미 있었다고 전해지나, 이것이 과연 진본인지는 의심스럽다. 청나라 馬國翰의 『玉函山房輯佚書』에는 『귀장』 한 권을 편집하였다고 하였으나, 믿기 어렵다. 그러나 晉의 郭璞은 이미 이 책을 인용하면서, 서적의 성립시기가 비교적 이르다고 설명한다. 일설에는 黃帝의 역이라고도 한다. 정현은 『주례』의 주석에서 杜子春의 설을 인용하여, "『귀장』은 황제이다"라고 하였다. 한편, 현대에는 高明이 「連山歸藏考」(『制言』 49期, 1939; 『斯文』[半月刊] 14期 · 17期, 1942에 재수록)이라는 논문을 써서 『連山』과 『歸藏』의 원류와 변화 및 그 진위를 고증하였다. 高明은 이른바 '帝出乎震'은 『連山』에서 나온 것이라고 보았으며, 漢代에도 『連山』과 『歸藏』이 있었다는 桓譚의 설에 대해서는 그것이

전설에 따르면, 『연산』은 하대夏代의 『역』이고 『귀장』은 상대商代의 『역』이라고 한다.126) 『주례』 「춘관」의 기록에는 고대에 점인占人과 서인筮人이라는 관직이 있었는데 점인은 거북점을 관장하고127) 서인은 『연산』·『귀장』·『주역』의 삼역三易을 관장하였다고 적고 있다.128) 이러한 기록으로 미루어 볼 때, 서법이 복법을 완전히 대체하기 이전에는 한동안 갑골점과 서술이 병행하여 사용되었으며, 어떤 시기에는 『연산』·『귀장』·『주역』의 세 가지 서술체계가 혼용되었음을 알 수 있다. 이처럼 복과 서는 서로 독립된 점술이었으나 종종 병행되어 사용되곤 하였다.129)

신탁의 기술이 발전하는 과정을 통해 점술의 기술은 복卜에서 서筮로 점차 이행되게 된다.130) 이러한 점술의 근저에는 소우주와 대우주의 상응이

진본이 아니라고 의심하였다. 후대에 출현하는 각종 저서들 중 劉炫가 위조한 『연산역』이나 李過의 이른바 『귀장역』의 卦名, 『齊母經』에 보존되어 있는 『귀장』의 문장 등과 같은 것에 대해 저자는 그것들의 허위성을 고증하고 있다.

125) 그러나 최근에는 『주역』 이전에 『연산』과 『귀장』이 있었던 것이 아니라 오히려 『연산』과 『귀장』이 『주역』보다 뒤에 나왔다고 보는 가설도 제기되고 있다. 李學勤은 「出土文物與周易研究」에서 현재 우리가 보는 『귀장』은 『주역』과 『역전』으로부터 나온 것이며, 그것도 전국시대 후기에 출현한 것이라는 새로운 주장을 제출하였다.(李學勤, 「出土文物與周易研究」, 『齊魯學刊』 2005年 第2期, 頁5-9) 李零 역시 『연산』·『귀장』이 『주역』보다 더 이른 시기의 것일 수는 없다고 주장하였다.(李零, 『中國方術考』, 東方出版社, 2000, 頁259)

126) 『귀장』에 대해서는 그것이 僞書라는 주장이 끊이지 않았으나, 1993년 호북성 강릉현 王家臺 15호묘에서 발견된 죽간은 歸藏易이 역사적으로 실존했음을 강력하게 시사해준다. 이 죽간에는 모두 54괘가 보이는데, 그 내용이 馬國翰의 『玉函山房輯佚書』에 포함된 귀장역과 거의 일치하고 있다. 廖名春은 秦簡 歸藏이 귀장역의 『鄭母經』에 해당되는 것이라고 주장하였다. 여기서 鄭母는 尊母의 뜻이라고 한다.(廖名春, 「王家臺秦簡『歸藏』管窺」, 『周易研究』, 2001年 第2期; 정병석, 「성인지서와 복서지서의 차이-새로운 출토자료를 통해본 주역의 형성 문제」, 『동양철학연구』 제42집, 2005, 151쪽; 김성기, 「귀장역의 출토와 역학사적 의의」, 『동양철학연구』 제48집, 2006)

127) 『周禮』, 「春官·宗伯」, '占人', "占人, 掌占龜, 以八筮占八頌, 以八卦占筮之八故, 以視吉凶."

128) 『周禮』, 「春官·宗伯」, '筮人', "筮人, 学三易, 以辨九筮之名, 一日連山, 二日歸藏, 三日周易."

129) 주나라 때에 거북점과 시초점을 병행하였다는 것에 대한 증거로 다음과 같은 기록이 있다. 즉 『詩經』 「氓」에 "그대는 거북점을 치고 또 그대는 시초점을 쳤는데, 점괘에 나쁘다는 말이 없었네"(爾卜爾筮, 體無咎言)라고 하였고, 또 『國語』 「晉語」에 "의심하기를 좋아하여, 거북점과 시초점으로 결정한다"(愛疑, 決之以卜筮)라고 하였다.

130) 筮占에 대한 언급이 최초로 나타나는 것은 『春秋左傳』이다. 그리고 筮術의 방법과

라는 관념이 자리 잡고 있었다.[131] 이 상응이라는 관념은 고대 중국인의 사유세계를 이해함에 있어 핵심적인 개념인데, 사실 이러한 사유방식은 중국뿐 아니라 전세계적으로 고대인들에게 일반화되어 있던 사유방식의 하나였다. 소우주가 대우주의 한 부분일 뿐 아니라 소우주와 대우주 사이에는 상응관계가 성립한다는 관점은 "부분은 전체를 대표할 수 있다"(pars pro toto)[132]라는 사고방식에서 유래한다.[133] 이처럼 신탁의 기술이 발전하는 과정을 통해 점술의 기술도 함께 진화하게 되지만, 소우주와 대우주의 대응이라는 관념은 여전히 유지되고 있으면서 두 영역의 구성요소를 연관짓는 아날로지(analogy)의 체계는 더욱 정교한 방식으로 발전하게 된다. 조세프 니덤(Joseph Needham)은 이 유비類比의 체계를 '상징적 상관관계의 체계'라고 정의하고 있거니와, 이 상관적 체계 속에서 사물은 인과율에 의해서가 아니라 감응의 영향에 의해서 상호 간에 반응한다. 동중서董仲舒는 『춘추번로春秋繁露』에서 이러한 감응의 법칙을 '동류상동同類相動'이라는 술어로 표현하였는데, 이 법칙에 따르면 사물은 서로 닮은 것끼리 호응한다. 이런 관점에서 본다면 유사모형類似模型을 실재에 대한 예측수단으로 삼으려는 사고방식은 '상관적 사고방식'(correlative way of thinking)의 전형적인 한 예라고

---

규칙에 대해 상세한 설명이 나타나는 것은 『周易』「繫辭傳」에 이르러서이다.
131) Sarah Allan은 거북의 半球形 등껍질은 둥근 하늘에 상응하는 것이었고 편평한 배껍질은 평평한 대지에 상응하는 것이었다고 주장하였다.(사라 알란 지음, 오만종 옮김, 『거북의 비밀, 중국인의 우주와 신화』, 예문서원, 2002, 169쪽) 그러나 출토된 갑골의 절대다수가 배껍질로 되어 있다는 점은 사라 알란의 논지의 정당성에 의문을 표시하게끔 한다. 만약 그녀의 주장과 같다면 거북의 배껍질과 등껍질을 모두 중요시하여 절반 정도씩 사용했어야 마땅할 것이다.
132) "파르스 프로 토토"(pars pro toto)는 '전체를 대표하는 일부'라는 의미의 라틴어 문구이다.
133) 그레이스 케언즈(Grace E. Cairns), 이성기 역, 『동양과 서양의 만남』 상(원저: *Philosophies of history*; 평단문화사, 1984), 23쪽. H. A. Frankfort는 고대인의 사고방식의 특징을 다음과 같은 두 가지로 요약하였다. ① 우주는 근본적으로 인격적인 관계에 있어서 나와 너의 세계(I-Thou world)라는 견지에서 생각되어진다. ② 부분(pars)은 전체(toto)를 나타낼 수 있다는 사고방식(pars pro toto thinking)을 통해 소우주(microcosm)는 대우주(macrocosm)를 나타낼 수 있다고 생각한다.

할 수 있다. 프레이저(Sir James George Fraser, 1854~1941)는 고대의 마술사에게는 동류同類가 동류를 탄생시킨다는 법칙이 있었다고 하였으니, 상징적 상관관계의 체계는 바로 고대의 마술사가 예언의 기술을 행사함에 있어 필수적으로 요구되는 것이었다. 아울러 프레이저는『황금가지』(Golden Bough)에서 고대인들에게는 모방적이고(imitative) 공감적인(sympathetic) 주술이 널리 퍼져 있었다는 사실을 지적하였다. 예를 들어, 비를 오게 하기 위해서는 물을 뿌리는 모방적인 주술을 행하는데, 이는 소우주에 물을 뿌리는 모방주술을 행함으로써 그에 상응하는 반응이 대우주에서도 일어나도록 시도하는 것이라고 할 수 있다. 이처럼 모방적이고 공감적인 주술은 '부분을 통해 전체를 표현'하려는 사고방식을 명백하게 보여 준다.『역경』의 기호체계는 우주의 축소모형으로서 서자筮者는 실험적 조작을 통해 현실에 대한 초월적 존재의 승인을 이끌어 내려고 시도한다. 이러한 축소모형은 '부분은 전체를 표현한다'는 고대인들의 특유한 사고방식을 반영하고 있다.

이상의 서술을 통해 점복의 방식은 점차로 진화해 왔고『주역』은 이와 같이 발전된 점술체계의 산물이라는 점이 분명해졌다. 주목해야 할 사실은『주역』의 기호체계가 점술 이외에도 더욱 폭넓고 다양한 용도로 사용되었다는 점이다.「계사전」에 따르면,『주역』은 네 가지 목적을 위해 활용되었다고 한다.

> 『역易』에 성인聖人의 도가 네 가지가 있다. 언어로 그 도를 따르는 자는 그 사辭를 숭상하였다. 행동으로 그 도를 따르는 자는 그 변화(變)를 숭상하였다. 도구제작으로 그 도를 따르는 자는 그 상象을 숭상하였다. 복서卜筮로 그 도를 따르는 자는 그 점占을 숭상하였다.[134]

---

134)『周易正義』, 333쪽, "易有聖人之道, 四焉. 以言者尙其辭, 以動者尙其變, 以制器者尙其象, 以卜筮者尙其占."

위에서 인용한 「계사전」의 구절을 통해, 『주역』을 활용하는 방법에 ①언어의 길, ②행동의 길, ③도구제작의 길, ④복서의 길이라는 네 가지 방법이 있었으며, 복서는 그 중의 한 가지에 지나지 않았음을 알게 된다. 네 가지 『역』의 활용방안 가운데 특히 우리의 관심을 끄는 것은 "기물器物을 제작하는 자는 그 상象을 숭상한다"(以制器者, 尙其象)라는 구절이다. 이것은 '호모 하빌리스'(homo habilis)[135] 즉 도구제작자로서의 고대 인류의 한 모습을 보여준다. 「계사하전」의 제2장에서는 도구 및 각종 문물제도와 관련하여 모두 13괘를 언급하고 있는데, 이는 도구제작을 위해 『역』의 기호가 어떤 형태로든 사용되었다는 점을 말해 주고 있다.[136]

옛날에 포희씨包犧氏가 천하를 통치할 적에, 우러러서는 하늘의 상象을 관찰하고 엎드려서는 땅의 법칙(法)을 관찰하였으며 조수鳥獸의 문채文彩를 그 땅의 특성과 더불어 관찰하였다. 가까이로는 자신의 신체에서 취하고 멀리서는 여러 사물들에서 취하였다. 이에 비로소 팔괘를 만들어서, 신명神明의 덕德에 통하고 만물의 상황(情)을 유추類推해서 알 수 있게 하였다.[137]

---

135) '호모 하빌리스'는 대략 230만~140만 년 전 신생대 4기 홍적세에 살았던 초기 화석인류이다. 1959년과 1962년 루이스 리키와 그의 아내 메리 리키에 의해 탄자니아 세렝게티 국립공원의 올두바이 협곡에서 발견되었다. 리키는 호모 하빌리스가 호모 사피엔스의 직계조상이라고 생각하였다. 호모 하빌리스는 처음으로 석기를 사용했을 것으로 추정되는 오스트랄로피테쿠스보다 더욱 발전된 석기를 사용했던 것으로 보인다. '호모 하빌리스'라는 말은 '손재주 좋은 사람', '손을 쓸 줄 아는 사람'(handy man), '도구를 사용하는 사람'이라는 뜻이다. 여기서는 그 생존시대는 취하지 않고 단지 도구제작자로서의 의미만을 취하였다. 호모 하빌리스는 다양한 형태의 도구를 만들어 사용했는데, 석기와 동물의 뼈를 이용해서 도구를 만들어 사용했다. 그들은 이것으로 직접 사냥을 하기 시작하여 가죽과 뼈를 발라내고 뼈를 깨트려 먹었을 것으로 추정된다.

136) 도구제작과 관련된 「계사전」의 13괘에 관해서는 필자가 졸고 「다산역의 기호론적 세계관」(『대동철학』 제20집, 대동철학회, 2003, 19~25쪽)에서 언급한 바 있다. 도구제작에 관한 정약용의 견해는 선험주의에 대한 반박의 성격을 띠고 있다.

137) 『周易正義』, 350~351쪽, "古者, 包犧氏之王天下也, 仰則觀象於天, 俯則觀法於地, 觀鳥獸之文, 與地之宜, 近取諸身, 遠取諸物, 於是, 始作八卦, 以通神明之德, 以類萬物之情."

이 구절에 이어 「계사하전」의 제2장에서는 괘상卦象과 성인이 발명하거나 창안한 각종 물품 및 문물제도의 관계에 대해 언급하고 있다. 중국 고대에 성인으로 불렸던 사람들은 천문天文과 지리地理를 관찰하여 인간의 관점에서 해석하고 의미를 부여함으로써 인류문명을 창조해 낸 탁월한 기호의 제작자요 해석자였다.[138] 그들은 의사소통에 있어서 특별한 능력을 지녔으며, 자연질서를 인간의 눈으로 재해석하여 각각의 괘상에 대한 관찰을 통해 실생활에 유용한 각종 도구 및 문물제도를 발명할 수 있었다. 여기에서 언급되고 있는 괘는 리離·익益·서합噬嗑·건乾·곤坤·환渙·수隨·예豫·소과小過·규睽·대장大壯·대과大過·쾌夬 등 모두 13괘인데, 그 중 건·곤괘를 하나로 묶어서 언급하고 있기 때문에 실제로는 12종류가 된다. 이들 괘와 연관된 문물文物로는 그물·쟁기·배·수레·딱따기·절구·활·화살 등 일상생활에 유용한 각종 도구가 있으며, 의상·관곽棺槨·들보·처마 등과 같은 생활 및 주거의 용품, 시장·결승문자 등과 같은 사회제도 혹은 문화생활과 관련된 것 등이 있다. 「계사전」에 서술된 괘와 발명품들을 열거해 보면 다음과 같다.

---

138) 갑골문에서 '聖'이라는 글자는 특별하게 큰 귀를 가진 사람이 입 옆에 서 있는 모습을 상형한 것으로, 이 때문에 이 글자는 신의 계시나 또는 그 계시를 나타내는 소리를 들을 수 있는 예민한 청력을 가진 사람을 지칭하는 글자로 해석되어 왔다(許進雄, 『中國古代社會』, 臺北: 臺灣商務印書館, 1995, 26쪽) 한편 이승환은 유교적 전통에서의 성인에 대해 기호학적 관점에서 다음과 같이 정의하고 있다. "유교적 전통에서 성인은 해와 달 그리고 사시의 운행과 같은 자연의 기호를 해석하는 통역자이며, 동시에 이를 인간의 언어로 코드화하여 인문을 개창해 낸 제작자이기도 하다. 또한 성인은 인간세계에서 발생하는 미미한 한숨소리까지 남김없이 알아듣는 귀밝음의 소유자이며, 동시에 이들의 염원과 소망을 소통시켜 주는 중재자이기도 하다. 이러한 임무를 수행하기 위해서는 보통사람보다 탁월한 기호해독과 기호제작 그리고 기호사용의 능력이 필요하며, 이러한 능력을 고루 갖춘 사람이 곧 성인이다. 이런 점에서 유교의 성인은 탁월한 기호학적 능력의 소유자였다고 할 수 있을 것이다."(이승환, 「성의 기호학」, 『유교문화와 기호학-기호학연구 13권』, 도서출판 월인, 2003, 107쪽.)

| | 괘명 | 괘와 연관된 문물 | 창시자 |
|---|---|---|---|
| 1 | 離 | 노끈을 맺어서 그물을 만들어 사냥하고 물고기를 잡음 | 包犧氏 (伏羲氏) |
| 2 | 益 | 나무를 깎아 보습(耜)을 만들고 나무를 구부려 쟁기를 만들어 밭 갈고 김매는 이익으로써 천하를 가르침 | 神農氏 |
| 3 | 噬嗑 | 낮에 시장을 만들어 천하의 백성들을 모이게 하고 천하의 재화를 모아서 交易하여 각자가 그 얻고자 하는 바를 얻게 함 | |
| 4·5 | 乾 | 衣裳(乾坤)을 드리워 천하를 다스림 | 黃帝, 堯, 舜 |
| | 坤 | | |
| 6 | 渙 | 나무를 깎아서 배(舟)와 노(楫)를 만들어 배와 노의 이로움을 써서 통하지 못하는 데를 건너 먼 곳에 이르게 함으로써 천하를 이롭게 함 | |
| 7 | 隨 | 소를 길들이고 말을 타며 수레를 만들어서 무거운 것을 이끌어 먼 곳에 이르게 함으로써 천하를 이롭게 함 | |
| 8 | 豫 | 門을 거듭해 놓고 딱따기를 두드려 침으로써 도둑을 막음 | |
| 9 | 小過 | 나무를 끊어 공이를 만들고 땅을 파서 절구를 만들어 절구와 공이의 이로움으로써 만민을 구제함 | |
| 10 | 睽 | 나무를 휘어 활을 만들고 나무를 깎아서 화살을 만들어 활과 화살의 이로움으로써 천하에 위엄을 보임 | |
| 11 | 大壯 | 上古시대에는 굴속에 거처하고 들에 거처하였는데, 이를 宮室로 바꿔서 기둥을 올리고 지붕을 내림으로써 바람과 비를 막음 | 後世聖人 |
| 12 | 大過 | 옛날에는 장례를 지낼 때 섶나무를 두텁게 입혀 들판에서 장례를 지낼 뿐 封墳도 하지 않고 나무도 심지 않으며 喪期도 정해져 있지 않았는데, 棺槨으로 바꿈 | |
| 13 | 夬 | 上古에는 結繩으로 다스렸는데 書契로 바꾸니, 百官이 이로써 다스리고 萬民이 이로써 살핌 | |

여기서 주목되는 것은 "모괘某卦로부터 취하였다"(蓋取諸某卦)라는 서술형식인데, 이것을 문자 그대로 해석한다면 어떤 도구나 문물제도의 발명이 특정한 괘의 개념으로부터 도출되었다는 인상을 받게 된다. 이러한 문자적 해석은 우리를 선험주의적 견해로 이끈다. 도구제작을 괘상과 관련시키는 선험주의적 관점은 『건착도乾鑿度』에 잘 나타나 있다. 『건착도』는 위서緯書의 하나로서, 거기에 실려 있는 도구발명에 관한 이야기는 아주 흥미로운

선험주의이론의 예를 보여 준다.

『건착도』에서 말했다. "공자께서 말씀하셨다. 상고의 때에는 인민人民들이 아무런 분별이 없고 여러 사물들도 구별됨이 없어 옷과 음식과 도구의 이용조차 할 줄 몰랐다. 복희씨가 이에 우러러 하늘에서 상象을 관찰하고 엎드려 땅에서 법法을 관찰하며 그 사이에 있는 만물의 마땅함을 관찰하였다. 이에 비로소 팔괘八卦를 만들었고, 그물을 만들어서 고기를 낚게끔 되었다."[139]

선험주의적 관점에서 기호는 그것이 지칭하는 바의 대상보다 선행하여 존재한다. 또한 기호는 대상을 반영하는 데 그치는 것이 아니라, 그 대상을 생성시키는 근거이기도 하다. 이러한 기호의 선험적 관념론에 따른다면, 문명의 발명품은 기호 속에 내포된 어떤 개념으로부터 착안된 것으로 간주된다. 조세프 니담(Joseph Needham)에 의하면 이것은 괘를 일종의 개념의 저장고(repository of concepts)로 간주하는 사고방식이다.[140] 그는 「계사전」의 이 부분은 여러 발명품들이 마치 역의 괘들로부터 영감을 얻어 제작된 것 같은 인상을 줌으로써 『역경』의 위신을 더 높이고자 하는 의도에서 서술된 것이라고 주장한다. 「계사전」의 이러한 설명방식은 매우 기발하기는 하지만 임의적일(fanciful but arbitrary) 뿐이다. 더 나아가서 니담은 괘의 상징으로부터 실재의 성격을 연역적으로 도출하려는 시도가 중국의 자연과학에 파괴적 영향을 미쳤다고 주장한다.[141] 정약용도 니담과 마찬가지로 도구제작과 관련하여 선험주의를 맹렬히 비난하고 있다. 모사설의 관점에서 정약용은 『건착도』의 이론이 마치 괘가 도구제작을 위해 고안된 것처럼

---

139) 「漢魏遺義論」, 『易學緖言』, 『定本 與猶堂全書』(다산학술문화재단, 2012) 17, 83쪽, "乾鑿度 云, 孔子曰, 上古之時, 人民無別, 羣物未殊, 未有衣食器用之利. 伏羲乃仰觀象於天, 俯觀法於 地, 中觀萬物之宜, 於是始作八卦, 作爲罔罟以佃以漁."
140) 조셉 니담, 이석호 역, 『중국의 과학과 문명』 II(을유문화사, 1988), 440쪽.
141) 조셉 니담, 이석호 역, 『중국의 과학과 문명』 II, 456쪽.

해석하는 오류를 범하고 있다고 지적한다.[142]

생각건대, 도구를 만드는 자는 그 상象을 숭상하였다고 하니 이것은 어떤 괘가 있으면 어떤 도구의 형상이 있다는 뜻이다. 위서緯書의 설은 마치 도구제작을 위해 괘를 그렸다는 것이나 마찬가지이다. 그러나 이는 사실이 아니다.[143]

정약용의 반선험주의적 관점은 한강백韓康伯에 대한 비판에서도 그대로 견지되고 있다. 한강백은 도구제작이 괘의 명칭과 개념으로부터 착안된 것으로 본다. 그는 "결승이위망고結繩而爲網罟"(노끈을 묶어 그물을 제작함) 구절의 주석에서 리離괘의 괘명에 대한 분석을 통해 그물이 어떻게 제작되었는가를 고찰하고 있다. 그에 따르면, 리離자에는 '붙음'·'부착함'·'붙들어 잡아 맴'의 의미가 있다. 물고기는 물에 붙어 있는 존재이며, 짐승은 산에 붙어 있는 존재이다. 그물의 용도는 사물을 붙들어 매는 데 있다. 따라서 성인은 리괘의 개념으로부터 그물제작을 착안하였다는 것이다. 하지만 공영달孔穎達은 한강백의 이러한 관념론적 해석을 배척한다.

여러 유학자들은 괘를 본떠서 도구를 제작한다는 해석에 있어 모두 괘의 효爻와 상象의 체體로부터 취하고 있다. 그런데, 이제 한강백이 해석하는 의도는 직접 괘명을 취함으로써 말미암아 도구를 제작하였다는 것이다. 생각건대, 「계사상전」에서 말하기를 "도구를 숭상하는 자는 그 상을 숭상한다" 하였으니, 이는 상을 취하되 괘명은 취하지 않은 것이다. 그런데 한강백은 괘명을 취하였으나 그 상을 취하지 않았으니, 그 해석이 좋지 못하다.[144]

---

142) 「周易四箋 II」, 『定本 與猶堂全書』 16, 292쪽, "성인이 도구를 제작하고 象을 숭상하는 법을 관찰해 보면 易의 원리가 象을 본뜬다는 것에서 벗어나지 않는다는 것을 알 수 있다."(觀聖人制器尙象之法, 則知易之爲道, 不外乎像象也.)
143) 「漢魏遺義論」, 「易學緒言」, 『定本 與猶堂全書』 17, 83쪽, "案, 以制器者, 尙其象, 蓋云, 是卦, 有是器之象. 緯書之說, 有若爲器, 而畫卦者, 然, 非其實矣."
144) 「孔疏百一評」, 「易學緒言」, 『定本 與猶堂全書』 17, 118쪽, "孔云, 案, 諸儒象卦制器, 皆取卦之爻 象之體, 今韓氏之意, 直取卦名, 因以制器. 案, 上繫云, 以制器者尙其象, 則取象不取名也,

정약용은 공영달의 한강백 비판이 정당하다고 본다. 원래 정약용은 한강백에게는 물론 공영달에게도 비판적이었다. 그것은 두 사람 모두에게 도가적 역 해석의 경향이 깊이 스며들어 있었기 때문이다. 그러나 한강백의 선험주의를 반박하는 한에 있어서 공영달의 견해는 절대적으로 옳다. 정약용은 "소경지례疏經之例, 유주시순唯注是順"[145]이라 하여, 경經을 주석하는 예는 오직 올바른 것을 따라 주석할 뿐이라고 주장한다. 적어도 도구제작과 관련한 공영달의 견해는 허물이 없다는 것이 정약용의 판단이다.[146]

실제로 역학사 및 과학사를 통해 이러한 관념론적 해석이 수없이 행해졌다는 것은 의심의 여지가 없다. 그러나 리하르트 빌헬름(Richard Wilhelm)은 조세프 니담과는 달리 이러한 사고방식이 일종의 진리를 표현하고 있다고 본다. 모든 발명품들은 도구로 제작되기 이전에 이미 발명자의 심상 속에서 하나의 형상으로 간주되고 있다. 따라서 발명품들이 어떤 괘의 개념에서 착안되었다는 것은 그렇게 틀린 말이 아니다. 모든 발명품 및 제도의

---

韓氏乃取名不取象, 於義未善矣."
145) "疏經之例, 唯注是順"의 해석과 관련하여 논란이 있다. 필자는 "疏經之例, 唯注是順, 是鄭則尊鄭, 是梅則尊梅"를 다음과 같이 번역하였다. "經에 疏를 다는 法例는 오직 옳은 것(是)을 따라서 注를 달아야 함을 원칙으로 해야 한다. 정현이 옳으면 정현을 존중하며, 매색이 옳으면 매색을 존중할 것이다." 그러나 或者는 필자의 해석을 誤譯이라고 반박하고, 다음과 같이 번역할 것을 제안하였다.; "經文에 疏를 다는 法例는 오직 注에 순응해서 하는 것이니, (注가) 鄭玄의 주일 경우 정현을 존중하고 梅賾의 注일 경우에는 매색을 존중한다." 그러나 필자는 이러한 견해에 동의하지 않는다. 만약에 "疏는 注를 따라야 한다"는 원칙을 따른다면 한강백의 注를 따르지 않은 공영달을 비난해야 할 텐데, 정약용은 오히려 한강백의 注를 따르지 않은 공영달을 옹호하고 있지 않은가? 鄭玄의 주일 경우 정현을 존중하고 梅賾의 注일 경우 매색을 존중하는 것은 정약용의 학문정신과는 거리가 멀다. 정약용은 그것이 누구의 견해이든지 간에 올바른 견해면 이를 수용하였다. 따라서 필자는 "是"를 '이것'이 아니라 '옳음'의 뜻으로 보는 관점을 고수하고자 한다.
146) 「孔疏百一評」, 「易學緖言」, 『定本 與猶堂全書』 17, 118쪽, "공영달의 眞情이 이제야 드러났다. 經을 주석하는 例는 오직 올바른 것을 따라 주석할 것이니, 鄭氏가 옳으면 鄭氏를 존중하며, 梅氏가 옳으면 梅氏를 존중할 것이다. 法例가 그러하니 공영달을 허물할 것이 없다."(評曰, 孔氏之眞情, 於是乎發見矣. 疏經之例, 唯注是順, 是鄭則尊鄭, 是梅則尊梅. 法例本然, 不可以咎孔也)

고안이 어떤 특정한 관념을 개발시킴으로써 가능해진다는 설명은 의심할 바 없이 정당하다. 그렇지만 이것은 괘들에 의해 표현된 바 있는 사물의 성격이 발명자의 마음속에 형상화되었다는 의미로 해석되어야지, 발명자들이 단지 『주역』을 펼쳐서 그 속의 괘를 고찰함으로써 도구를 발명하였다는 의미로 해석되어서는 안 된다. 어쨌든 괘와 발명품 사이의 연관이 현재는 망각되었다고 하더라도 한때는 확실히 존재하였을 것이라고 추정할 수 있다.[147]

리하르트 빌헬름의 견해는 극단적 선험주의와는 구별된다. 그는 니담과는 달리 괘들과 발명품 사이에는 실제로 역사적 연관이 있다고 보았다. 반면에, 니담은 이러한 선험주의가 틀림없는 허구적 조작임에도 불구하고 불행하게도 진리인 것처럼 유행하게 되었다고 본다. 정약용의 견해는 빌헬름의 견해보다는 니담의 견해에 더 가깝다. 도구제작에 관한 정약용의 견해는 선험주의에 대한 반박의 성격을 띠고 있다. 그는 괘의 명칭이나 개념으로부터 도구발명의 원리를 발명했다는 한강백의 이론을 취하지 않았다. 또한 그는 "기물器物을 제작하는 자는 그 象을 숭상한다"(以制器者, 尙其象)라는 구절을 도구제작을 위해 괘를 그렸다는 것으로 풀이한 『건착도』의 이론도 받아들이지 않았다. 정약용에 따르면 이 구절은, 어떤 괘가 있으면 어떤 도구의 형상이 있다는 뜻이지 결코 괘를 보고 어떤 도구를 발명한다는 뜻이 아니다.

---

147) Richard Wilhelm's and Cary F. Baynes translation, *I Ching: Book of Changes*, 3rd. ed. (Bollingen Series XIX; Princeton University Press, 1967).

# 제2장 기호학과 『주역』의 관계

## 1. 『주역』의 기호학적 성격

괘卦와 문자文字는 모두 만물의 표지表識이다.[1]

이 명제는 『자산역간玆山易柬』[2]에 나오는 정약전丁若銓(1758~1816)의 말이다. 『역학서언』에 수록되어 있는 『자산역간』은 정약전 자신의 독창적인 이론을 전개하고 있는 저술이라기보다는, 아우 정약용이 저술한 『주역사전

---

[1] 「玆山易柬」, 「易學緒言」, 『定本 與猶堂全書』(다산학술문화재단, 2012) 17, 303쪽, "卦與文字, 皆萬物之表識也."

[2] 『현산어보를 찾아서』(청어람미디어, 2002)의 저자 이태원은 이 책 12쪽에서 巽庵 丁若銓의 저술인 『玆山魚譜』를 '자산어보'가 아닌 '현산어보'로 읽어야 한다고 주장하고, 그 근거로서 정약전이 서신에서 '玆'를 '현'으로 읽었다는 사실을 들었다. '玆山'은 정약전이 귀양 가 있던 黑山島의 黑山을 가리키는데, 정약전은 『玆山魚譜』의 서문에서 "黑山이라는 이름이 어둡고 처량하여…… 집안사람들이 편지를 쓸 때 '玆山'이라 쓰곤 했다"라고 말한 바 있으며, 이렇게 '玆'가 '검다'의 뜻으로 쓰일 때는 '현'으로 읽힌다는 것이다. 만약 이태원의 주장이 옳다면 『玆山易柬』 또한 '현산역간'으로 읽어야 하겠지만, 정약전이나 정약용이 '玆'를 '현'으로 읽어야 한다고 명시한 곳은 어디에도 없으며 이미 '玆'자 자체에 '검다'는 뜻이 있으므로 굳이 '玆'자를 '현'으로 읽을 필요는 없다는 지적도 있다. 좀 더 진전된 논의를 기다리면서, 이 책에서는 일단 '玆山'을 '자산'으로 읽기로 한다.

周易四箋』의 의의를 서술하고 그 역학이론에 대한 공감을 표명하는 평론적 성격을 띠고 있다. 정약전은 위의 명제에서 괘와 문자를 모두 '만물의 표지表 識'라고 말함으로써 『역』의 기호학적 특성을 명확하게 표현하고 있다. 정약전 의 명제는 현대의 어떤 기호학자가 한 말이라고 하더라도 전혀 어색하지 않을 정도로 기호학의 정신을 잘 표현하고 있다. '표지表識'란 표시나 특징으 로써 어떤 사물을 다른 사물과 구별되게 함을 가리키는 용어이니, 괘와 문자를 모두 만물의 표지라고 한 것은 양자 모두를 일종의 기호로 간주함을 뜻한다. 기호를 '사인'(sign)이라고 하거니와, 이 단어는 '자르다'를 뜻하는 동사 '세카레'(secare)와 동일한 어근을 가진 라틴어 '시그눔'(signum)에서 왔다.[3] 이것은 나무를 자를 때 그 자른 부위에 어떤 특별한 문양을 새겨 넣음으로써 그것을 다룬 사람이 누구인지 식별하게 하는 표식을 의미했다. 이처럼 기호는 다른 어떤 대상에 대한 '표지'의 역할을 한다.

일반적으로 기호에는 자연기호(natural sign)와 인공기호(artificial sign)가 있다.[4] 자연기호에는 의도적인 발신자가 없다. 즉 자연적 근원에서 유래한 것으로, 징조나 징후로 해석될 수 있다. 번개는 천둥에 대한 기호가 되고, 먹구름은 비를 예고하는 기호가 된다. 이처럼 기상학적 기호 등을 포함한 물리적 차원의 모든 자연현상은 우리가 그것을 통해 현실세계를 해석할 수 있는 의미작용의 현상들이다. 거북의 등껍질을 태워서 거기에서 생긴 균열을 해석하는 점법은, 비록 인위적인 작용을 가해서 징조를 획득하기는 하지만 자연적 현상인 균열을 관찰하는 것이기 때문에 자연기호라고 볼 수 있다. 반면에 인공기호는 사람들 사이에 합의된 협약(convention)에 따라 무언가를 다른 이에게 전달할 때 사용하는 기호로서, 그 기호의 근원에는 항상 발신자가 있다. 세종대왕 때 만들어진 훈민정음에 집현전 학사들이 있는

---

3) 뤽 브노아 저, 박지구 역, 『기호・상징・신화』(경북대학교 출판부, 2006), 12쪽.
4) 움베르토 에코 저, 김광현 옮김, 『기호-개념과 역사』(열린책들, 2000), 56쪽.

것과 마찬가지이다. 『주역』의 괘·효는 일종의 인공기호이니, 『주역』은 모두 64괘 384효의 인공기호로 구성된 체계인 것이다.

언어를 생각이나 느낌 등을 나타내거나 전달하는 데에 쓰이는 음성 혹은 문자 따위의 수단이라고 포괄적으로 정의한다면, 괘를 언어의 한 종류인 그림문자(pictogram, pictograph)로 볼 수도 있다. 이 경우 괘는 인공기호 (artificial sign)이면서 동시에 인공언어(artificial language)가 된다. 그런데 『역경』에서 는 인공기호와 더불어 괘사卦辭라는 일상언어(ordinary language)를 함께 사용한 다. 일상언어는 오랜 시간을 거쳐 자연적으로 발생한 것이므로 자연언어 (natural language)라고 불리지만, 괘상卦象은 사회적으로 약속된 규약체계를 가지고 있으므로 자연기호(natural sign)라고 볼 수는 없다. 『주역』에서는 일상언 어와 인공언어를 동시에 사용함으로써 일상성과 추상성의 두 측면을 동시 에 추구한다. 『주역』의 '계사繫辭'라는 말이 '말을 괘에 달아맴'을 뜻한다는 것은 매우 의미심장하다.[5] 인공언어인 괘는 추상적 기호를 사용함으로써 개념적 추상화를 가능하게 해 준다. 반면에 일상언어는 기호가 추상성에 머무르지 않도록 기호의 의미를 생활세계의 일상적 차원으로 환원시켜 준다.


## 2. 『주역』의 상징과 기호

기호와 더불어 종종 혼용되고 있는 용어로 '상징'이 있다. 한자어의 '상징象徵'은 옛날부터 사용되어 온 말이 아니고, 근대 이후에 영어 '심

---

5) '繫辭'라는 말이 '달아매다'를 뜻하기 때문에, 「繫辭傳」을 영어로는 'Appendix'라고 한다. 'Appendix'는 영어 'append'에서 온 단어인데, 'append'는 '어떤 것의 끝에 결합시키거나 더하는 것'(join or add on to the end of something)을 의미한다.

벌'(symbol)의 번역어로 사용되기 시작한 용어이다.[6] 이 번역어는 고전古典에서의 '상象'과 '징徵'의 의미를 조합함으로써 형성되었다.[7] 그러면 먼저 상象과 징徵의 의미에 대해 살펴보자.

상象자는 『주역』에서 매우 빈번하게 사용된 용어이다. 「계사전」에서는 "하늘이 상象을 드리워 길흉을 드러내니 성인이 그것을 상으로 삼았다"(天垂象, 見吉凶, 聖人象之)라고 하였고, 또 "하늘에서는 상象을 이루고 땅에서는 형形을 이루어 변화가 나타난다"(在天成象, 在地成形, 變化見矣)라고 하였다. 즉 상象은 형形과 대립되는 용어로서, 본래 하늘에 속한 것으로서 보이지 않는 형이상학적인 것이지만 성인이 그것을 유형의 상으로 표현한 것이다. 반면에 징徵은 잘 드러나지 않는 것을 불러 모아서 드러나 보이게끔 하는 의미를 지니고 있다.[8] 잘 보이지 않던 미세한 것은 결국에는 드러나게 되므로, 미세한 것은 나중에 드러나게 될 것의 징조가 된다. 『사기史記』 「주본기周本紀」에 "망국의 징조"(亡國之徵)[9]라고 한 것과 『순자荀子』 「부국富國」편에 "나라의 강하고 약함과 가난하고 부유함을 알아보는 데에는 그 징조가 있다"(觀國之强弱貧富有徵)라고 한 것이 그 용례이다.[10]

상과 징의 두 뜻이 합쳐지면 가시적인 사물이나 형상을 통해 불가시적인 형이상학적 형상을 드러내어 보임을 뜻하게 된다. 그러므로 상징이란 유형의

---

6) '상징'이란 용어는 'symbol'의 번역어인데, 이 번역이 언제 어떻게 이루어졌는지는 확실하지 않다.

7) '상징'이라는 번역어는 象과 徵의 의미를 결합시켜 만들어진 용어이다. 象은 어떤 궁극적 본체나 실체의 세계에 대한 표상을 뜻하고, 徵은 징조나 조짐을 뜻한다.(마광수, 『상징시학』, 청하, 1985, 9~10쪽)

8) 徵자의 形部는 微자의 생략형이며, 聲部인 '壬'[정]자는 徵자의 本意를 나타내는데, 사람이 흙을 쌓은 土壇 위에 서 있는 모습을 표현하고 있다. 즉 徵자는 壇上 위에 올라가 작아서 눈에 잘 띄지 않는 물건이나 사람을 불러모으는 것을 뜻한다.

9) "나라는 반드시 山川에 의지하는 것이니, 산이 붕괴되고, 하천이 고갈되는 것은 망국의 징조이다."(『사마천 사기』 1[까치, 1994], 93쪽; 『史記』[中華書局, 1959] 第1冊, 「周本紀」, 146쪽, "夫國必依山川, 山崩川竭, 亡國之徵也.")

10) 김학주 옮김, 『荀子』(을유문화사, 2001), 297~298쪽.

사물을 빌려 무형의 관념을 표현한 것이라고 할 수 있다. 고전에서 상과 징이 함께 열거된 사례는 왕필王弼(226~249)의『주역약례周易略例』「명상明象」에서 발견된다. 왕필은 상과 징의 의미를 "비슷한 류類를 찾아서 그 상을 만들고, 본래의 뜻에 맞는 것으로 그 징험을 삼는다"(觸類可爲其象, 合義可爲其徵)라고 풀이하였다.[11] 왕필의 해석에 따른다면, '상象'이란 대상의 유사성(類)을 포착함으로써 시각적으로 형상화시켜 만들어 낸 기호이며, '징徵'이란 그 기호에 담겨 있는 의미에 해당된다. 따라서 왕필의 상象·징徵 개념은 소쉬르의 시니피앙(signifiant)·시니피에(signifié)의 구분과 상당히 유사하다.

한편 영어에서 상징에 해당되는 용어인 '심벌'(symbol)은 '함께 연결시키다'를 뜻하는 그리스어 '심볼론'(symbolon) 혹은 '심발레인'(symballein)에서 왔다.[12] '심볼론'(symbolon)은 원래 신표信標로 삼기 위해 사용된 신원확인용 징표徵標를 뜻하였는데, 하나의 징표를 둘로 나누어 놓았다가 미래의 어느 시점에 다시 그것을 합쳐서 본래 하나였음을 확인하는 방식으로 사용되었다.[13] '사인'(sign)이라는 단어의 어원도 이와 유사한 측면을 가지고 있다. '사인'(sign)이라는 말은 라틴어 '시그눔'(signum)에서 온 용어로, 나무를 자를 때 그 자른 부위에 어떤 특별한 문양을 새겨 넣음으로써 그것을 다룬 사람이 누구인지 식별하게 하는 표식으로 삼았던 것에 유래를 두고 있다.[14] 이처럼 기호(sign)와 상징(symbol)은 식별표지를 가리키기 위해 사용된 명칭이라는 점에서 동일한 유래를 지닌다. 넓은 의미에서 상징은 기호(sign)와 동의어로서, 실제로 양자는 많은 경우 혼용되어 쓰이고 있다. 라캉(Jacques Lacan)[15]과

---

11) 樓宇烈 校釋,『王弼集校釋』(中華書局, 1980), 609쪽; 왕필 저, 임채우 역,『주역 왕필주』(길, 2008), 635쪽.
12) 'sym'은 '함께'(together)의 뜻이고, 'bolon' 혹은 'ballein'은 '던지다'(throw) 혹은 '맞추다'(fit)라는 뜻이다. 따라서 'symballein'은 '짜맞추다'(to put together), '함께 붙이다', '함께 연결하다'를 뜻한다.
13) 뤽 브노아 저, 박지구 역,『기호·상징·신화』,「머리말」.
14) 뤽 브노아 저, 박지구 역,『기호·상징·신화』,「머리말」, 12쪽.

크리스테바(Julia Kristeva)는 상징이라는 용어를 기호와 실제적으로 동의어인 것으로 사용한다.16) 상징을 연상(association)·닮음(resemblance)·협약(convention)에 의해 다른 것을 표현하는 어떤 것이라고 정의할 때, 이러한 정의는 기호의 정의와 크게 다르지 않다.

그러나 기호학자들 가운데는 기호와 상징을 엄격하게 구분하려는 입장도 있다. 소쉬르(Saussure)는 기표記標와 기의記意가 기호에서는 자의적으로 결합되지만 상징에서는 자연적 관계에 의존한다고 생각하였다.17) 예컨대, '나무'라는 개념을 표현하기 위해 반드시 'namu'라는 기표를 사용해야 할 어떠한 필연적 이유도 없다. 다시 말해서 그것을 어떤 이름으로 부르든 상관없는 것이기 때문에, 기표와 기의의 결합은 단지 자의적이고 우연적인 방식으로 이루어져 있을 뿐이다.18) 반면에 저울이 정의正義의 상징으로 쓰이는 것은 저울이 갖는 정확성·균형 등의 성질이 정의라는 기의를 표상하기에 적합하기 때문이다. 만일 기표(signifiant)와 기의(signifié)가 자의적으로 결합되는 것이라면, 저울 말고 그 밖의 다른 어떤 것이라도 정의의

---

15) 라캉에게 상징(symbol)은 의식을 구성하는 세 가지 단계 중의 하나이다. 그것은 실재계(the real: R), 상상계(the imaginary being: I), 상징계(the symbolic: S)로 구성되어 있다. 상상계(I)는 자아 개념이 형성되지 못한 어린아이가 거울에 비친 자기 모습을 보면서 거울에 비친 자기와 실재를 혼동하는 단계이다. 이 단계에서는 나의 정체성이 나를 비춘 대상을 통해 밝혀진다. 상상계(I)는 이 세계가 가상이라는 뜻이 아니라 세계에 대한 인식이 이미지를 통해 이루어진다는 뜻이다. 상징계(S)에서는 자아가 형성될 수 없었던 상상계와는 달리 자아가 형성되기 시작한다. 상징계(S)는 언어를 통해서 반영된 현실세계이다. 상징계에서는 언어를 매개로 세계를 추상화한다. 실재계(R)는 어린이가 의사소통이 가능해지고 사회로 진입을 하게 되는 단계이다. 실재계(R)는 언어 밖에 언어와 무관하게 존재하며, 언어로 포착될 수 없다.

16) Winfried Nöth, *Handbook of Semiotics* (Indiana University Press, 1995), p.116.

17) 소쉬르가 기호와 상징을 항상 엄격하게 구분하려고 했던 것은 아니다. 소쉬르는 1894년 미국의 언어학자 휘트니 추모 기념논문에서 상징이란 술어를 처음 사용하였는데, 여기에서는 상징이라는 술어가 기호라는 술어와 상호교환이 가능한 지칭으로 사용되고 있다. (김성도, 『로고스에서 뮈토스까지─소쉬르 사상의 새로운 지평』, 한길사, 1999, 362쪽)

18) 김성도, 『로고스에서 뮈토스까지─소쉬르 사상의 새로운 지평』, 112쪽.

상징이 될 수 있어야 하지만 그렇지는 않다. 예를 들면, 수레를 정의의 상징으로 사용하지는 않는다.

좁은 의미에서 상징은 기호의 한 종류로 정의된다. 여기서 상징은 협약적 기호(conventional sign), 도상적 기호(iconic sign), 내포적 기호(connotative sign)라는 세 범주로 다시 분류된다.[19] 첫째, 협약적 기호는 퍼스(Charles Sanders Peirce)의 정의에 기초를 두고 있다. 퍼스는 상징을 임의적이고 계약적인 기호로 정의하고, 이를 지표(index)와 대립되는 것으로 간주하였다. 연기는 불이 났음을 알려 주는 지표가 되는데, 연기와 불 사이에 필연적 인과관계가 존재하듯이 '지표'에서는 기호와 개념 사이에 필연적 인과관계가 존재한다. 반면에 상징은 지시체와 기호 사이에 아무런 내재적인 관계가 없으며, 임의적으로 만들어진 계약에 의존한다. 둘째, 도상적 기호에서는 표현하려는 대상과 기호가 필연적인 인과관계를 맺고 있는 것은 아니며, 그 대상의 특징을 포착하여 만든 기호가 바로 도상(圖象)이다. 셋째, 내포적 기호란 기표(signifier)에 외연적 의미(denotational meaning)와는 별도로 이차적 의미가 추가해서 부가되는 것이다. 즉 상징은 문자적 의미(literal meaning) 이외에 추가적 의미를 복합적으로 가지게 된다. 언어학적 관점에서 보면 이 범주의 상징이란 기의(signified)가 기표(signifier)에 넘쳐흐름으로써 발생하는 의미함축의 과잉이다.[20] 여기에서는 도상적 기호와는 달리 '의미의 잉여'(surplus of meaning)가 발생한다.

이 세 가지 분류를 『주역』에 적용해 본다면 『주역』이 상징의 세 가지 정의를 모두 충족시키고 있음을 알게 된다.

첫째, 계약적 기호의 측면과 관련하여, 『주역』의 팔괘나 육십사괘 등이 이러한 성격을 지니고 있음은 어렵지 않게 알 수 있다. 팔괘의 부호는

---

19) Winfried Nöth, *Handbook of Semiotics*, pp.116~118.
20) Winfried Nöth, *Handbook of Semiotics*, p.118.

매우 임의적인 방식으로 결정되었기 때문에, 팔괘를 제작한『주역』의 기호 제작자가 기호에 부여한 의미를 그 기호를 사용하는 기호공동체가 승인함으로써 그 의미가 결정되고 유포되게 된다. 팔괘의 어떤 괘이든 간에 그 기호와 지시체 사이에는 필연적인 연관이 없다. 물을 상징하기 위해 감坎(☵)이라는 기호를 사용하지만, 반드시 그 기호를 사용해야 하는 필연적인 이유는 없다. 정약전은『자산역간』에서『주역』의 기호체계에서 기표와 기의가 자의적 결합관계를 형성하고 있음을 다음과 같이 설명하고 있다.

> 팔괘의 형태와 성격이 (그것이 모방하려는 대상과) 비슷한 것에 의지하여 상징으로 삼은 것이지만, 사실은 팔괘가 아니라고 해도 (다른 방식으로)『역』의 기호체계를 만들 수 있는 것이다.21)

팔괘에 의존하지 않고서도『역』의 기호체계를 임의적으로 만들 수 있음을 보여 주는 예가 양웅揚雄(BC.53~AD.18)의『태현太玄』이다. 서한 말기의 양웅은『역』의 기호체계를 모방하여 독자적인 기호체계를 만들고 이를 『태현』이라고 명명하였다.22) 그리고 북주北周의 승려 위원숭衛元嵩(?~579)23) 은『귀장歸藏』을 모방하여『원포元包』24)를 만들었다고 한다. 이러한 예들은 『역』의 기호체계를 대체하는 '대안적『역경』'(Alternative Yijing)이 얼마든지

---

21) 「玆山易柬」, 「易學緒言」,『定本 與猶堂全書』(다산학술문화재단, 2012) 17, 303쪽, "又以依俙彷彿於八卦之形性者, 取象而言之. 其實, 雖非八卦, 亦可以作易也."
22) 양웅은 陰陽二元論 대신에 始·中·終의 三元으로써 설명하고, 始·中·終을 다시 네 가지로 나누어서 方·州·部·家로 구성하였다.『太玄』의 玄은『주역』의 태극에 상응하는 개념이며, 3方·9州·27部·81家·729贊은 兩儀·四象·八卦·64괘·384효에 상응하는 개념이다.
23) 北周의 승려. 혜능에 앞서 재가수행 중심의 불교를 강력히 제기하였다. 나중에 환속승이 되어 무제의 폐불정책을 도왔다.
24) 衛元嵩의 저술로서『元包經』(10권)이라고도 한다.『원포』는 太陰·太陽·少陰·少陽·仲陰·仲陽·孟陰·孟陽·運蓍·說原 등으로 구성되어 있으며, 坤卦를 제일 앞에 배치하고 있는데 이는『歸藏』을 조술한 것이라 한다. 이 책의 文義를 풀이한 「運蓍」·「說源」의 두 편이 첨부되어 있다. 책의 체제는 揚雄의『太玄』과 유사하다.

가능하다는 것을 보여 주는 좋은 예이다.

둘째, 팔괘 등의 기호가 지시대상과 본질적이거나 내재적인 연관을 갖고 있는 것은 아니지만, 지시체의 특징적 모습을 그 유사성에 입각하여 재현하려고 한 점에서 도상圖象(icon)이라고 볼 수 있다. 만일 이 두 번째 측면을 강조하게 되면 기표와 기의의 관계는 전적으로 자의적恣意的 방식으로 결합된 것은 아닌 것이 된다. 도상적 기호는 어떻게 해서든 지시체의 성질을 모방적으로 재현하려고 하기 때문에, 어떤 기표와 기의라도 서로 임의적으로 결합될 수 있는 것이 아니다. 앞의 감坎(☵)의 예를 들자면, 그것은 냇물(川)이 흐르는 모습의 특징을 포착하여 그 움직임을 단순화시켜서 표현한 것이기 때문에 기의는 지시체의 자연적 성질이나 형태를 모사하여 만들어진 것이다. 물을 표현하기 위해 반드시 감坎(☵)이라는 기표를 사용해야 하는 것은 아니지만, 그것은 리離(☲) 혹은 진震(☳)보다는 더 물의 자연적 성질을 잘 표시할 수 있는 기호로 간주되고 있다.

셋째, 『주역』의 괘상이 외연적 의미와 별도로 다양하고도 복합적인 의미로 해석된다는 점은 그 내포적 의미 함축이 다른 어떤 상징기호보다도 풍부하다는 사실을 보여 준다. 예를 들어 「설괘전」에서는 건乾괘에 하늘(天), 둥긂(圜), 군주(君), 아버지(父), 옥玉, 쇠(金), 차가움(寒), 얼음(氷), 매우 붉은 색(大赤), 좋은 말(良馬), 늙은 말(老馬), 여윈 말(瘠馬), 얼룩말(駁馬), 나무의 과실(木果) 등의 뜻이 있다고 한다. 이처럼 상징의 범위가 넓고 다양한 것은 내포적 의미 (connotative meaning)가 풍부한 함축을 지니기 때문이다. 그러나 건괘가 처음부터 그렇게 다양한 내용을 지니고 있지는 않았을 것이다. 건괘는 처음에는 하늘(天)이라는 단일표상을 지시하였다가 점차로 확대되어 가는 과정을 거쳤을 것으로 추측된다. 건乾·태兌·리離·진震·손巽·감坎·간艮·곤坤 이라는 팔괘의 상징을 처음으로 설정하였을 때에는 그 상징에 대응되는 요소는 천天·택澤·화火·뢰雷·풍風·수水·산山·지地라는 자연의 요소들

뿐이었다. 그러다가 점차로 단일한 상징표상에 함축된 의미를 확장시켜 나감으로써 팔괘의 상징이 매우 풍부해질 수 있었던 것이다. 이처럼 단일한 상징표상을 통해서 함축적 의미가 풍부하게 전달될 수 있는 것은 '의미의 잉여'(surplus of meaning) 현상으로 말미암아 가능하다. 『주역』에서는 이러한 의미의 잉여가 과도하게 발생되는 측면이 있다. 왜냐하면 팔괘의 상징이 적용될 수 있는 대상에는 아무런 제한이 없기 때문이다. 「설괘전」에서 제시된 팔괘의 물상은 가능한 상징의 목록표目錄表 중 극히 일부분일 뿐이다. 이렇게 『주역』의 상징이 무제한적으로 확장할 수 있는 것은 범기호주의 (pansemiotism)적 이념 때문이다. 『주역』의 기호는 자연세계뿐 아니라 그 영향을 받는 인간의 생활세계까지 포괄하지 못하는 것이 없다. 「계사전」에서 "같은 종류끼리 접촉시켜 확장해 나가면 천하만사의 이치에 모두 통할 수 있다"(觸 類而長之, 天下之能事畢矣)라고 하였으니, 이것은 하나의 사물에 적용되는 원칙을 유형별로 확대시켜서 마침내는 존재하는 모든 것에 적용시킬 수 있음을 가리킨 것이다.


## 3. 현대 기호학의 학문적 지형도와 『주역』

『주역』의 특성을 기호학적 관점에서 부각시키기 위해서는 현대 기호학의 지형도 위에 『주역』을 배치시켜서 조망할 필요가 있다. 『주역』의 기호학이 현대 기호학의 영역과 만날 수 있는 접점接點으로는 다음과 같은 영역들이 있다.

첫째, 『주역』의 기호계記號界(semiosphere)25)의 범주는 어떤 특정한 영역에

---

25) '세미오스피어'(semiosphere)라는 용어는 유리 로트만(Yuri Lotman)에 의해 제안되었다. 그는 이 용어로써 상호연관된 환경(Umwelt) 속에서 이루어지는 기호작용(semiosis)의

국한되지 않고 인간에 관련된 모든 기호현상(anthroposemiosis)을 포괄한다. 이처럼 인간의 생활세계 전체를 기호계로 간주하는 견해는 범기호주의(pansemiotism)로 이끈다.26) 퍼스(C. S. Peirce)의 "전 우주는 기호들로 충만해 있다"(The entire universe is perfused with signs)라는 명제는 범기호주의적 관점을 잘 보여 준다.27) 범기호주의 모델에 따르면 자연은 전적으로 기호학적이며, 우리가 자연환경에서 지각하는 기호들은 초자연적인 힘에 의해서 발송되는 메시지들이다. 『주역』은 자연계의 변화를 담아낼 뿐 아니라, 그 영향을 받는 인간의 생활세계까지 포괄한다. 『주역』의 이념은 철두철미 범기호주의로 일관하고 있는데, 「계사전」에서는 그 범기호주의적 관점을 여러 가지 방식으로 표현하고 있다.

『역』은 천지의 준칙이기 때문에, 천지의 모든 도를 포괄할 수 있다.28)

천지의 모든 조화를 포괄하되 어긋남이 없고, 만물을 원만하게 완성시키되 하나도 빠뜨리지 않으며, 낮과 밤의 도道에 통달하여 안다. 그러므로 신神은 일정한 방소方所가 없고, 『역』은 일정한 체가 없다.29)

『역』은 너무나 넓고도 크다. 멀기로 말하면 한계가 없고, 가깝기로 말하면 고요하고 바르며, 천지의 사이로 말하면 모든 것이 갖추어져 있다.30)

---

영역을 의미한다고 제안하였다. 이 개념은 주로 생태학적 기호론(biosemiotics)의 영역에서 활용되고 있다.

26) 김성도, 『기호, 리듬, 우주—기호학적 상상력을 위하여』(인간사랑, 2007), 236쪽.

27) 원래의 문장은 다음과 같다. 김성도, 『기호, 리듬, 우주—기호학적 상상력을 위하여』, 156~157쪽, "All this universe is perfused with signs, if not composed exclusively of signs."(이 모든 우주는, 비록 전적으로 기호로 구성되어 있는 것은 아닐지라도, 기호로 충만해 있다.)

28) 성백효 역주, 『懸吐完譯 周易傳義』下(전통문화연구회, 1998), 531~532쪽; 『周易正義』, 312쪽, "易與天地準, 故能彌綸天地之道."

29) 성백효 역주, 『懸吐完譯 周易傳義』下, 533쪽; 『周易正義』, 314~315쪽, "範圍天地之化而不過, 曲成萬物而不遺, 通乎晝夜之道而知. 故神无方而易无體."

『역』이란 책은 광대하여 모든 것을 갖추고 있다. 하늘의 도道가 있고, 땅의 도道가 있으며, 사람의 도道가 있다.[31]

일반적으로 특정의 기호체계는 제한된 목적을 위해서만 사용되며, 그것이 포괄하는 범위는 특정한 대상에 국한된다. 예를 들면, 교통기호의 체계는 자동차 등의 운송차량, 도로의 보행자 등 특정한 범위의 대상에만 국한되고 교통의 원활한 소통이라는 특정한 목적을 위해서만 활용된다. 스포츠의 경기규칙 등도 마찬가지여서, 그것을 이용하거나 즐기는 제한된 구성원들에게만 의미를 지닌다. 각각의 기호는 특정한 대상을 지칭할 뿐이어서, 그 기호체계는 열린 집합이 아니라 닫힌 집합이다. 반면에,『주역』의 기호체계는 그것을 통해 표현하려는 대상이 지극히 포괄적이라는 점에서 일반적인 다른 기호체계와 차이를 보이고 있다.『주역』의 기호체계도 물론 점술이라는 특수한 목적과 점치는 사람이라는 특수한 사용자들을 위해 쓰이는 것이기는 하지만, 64괘와 384효의 체계로써 표상하는 범위는 어느 특정한 대상에 국한되지 않는다.『주역』의 기호론에서는 일식·월식 등의 천문현상에서부터 국가 간의 전쟁이나 군주의 정치활동과 같은 국가적 대사, 결혼·질병·죽음 등 인간의 평범한 일상사에 이르기까지 기호화되지 않는 대상이 없다. 따라서 거기에 상응되는 대상들은 닫힌 집합이 아니라 무한히 열린 집합이다. 자연현상, 인체의 부분, 인간의 사회적 삶의 여러 양태 등 팔괘로써 표상表象하지 못하는 것은 아무것도 없다. 따라서『주역』의 기호체계로써 표상하고자 하는 것은 세계 그 자체이다. 이처럼 생활세계 전체를 기호화한다는 점에서『주역』의 기호체계는 다른 어떤 기호체계와도

---

30) 성백효 역주,『懸吐完譯 周易傳義』下, 538쪽;『周易正義』, 320~321쪽, "夫易廣矣大矣! 以言乎遠則不禦, 以言乎邇則靜而正, 以言乎天地之間則備矣."

31) 성백효 역주,『懸吐完譯 周易傳義』下, 595쪽;『周易正義』, 375쪽, "易之爲書也, 廣大悉備, 有天道焉, 有人道焉, 有地道焉."

비교할 수 없는 유일무이唯一無二한 특성을 지닌다.

둘째, 『주역』의 기호학은 인간이 살고 있는 환경세계(Umwelt) 전체를 기호계로 삼는 생태기호학(ecosemiotics)이다.[32] 생태기호학은 인간과 그를 둘러싼 자연생태계 사이에서 진행되는 세미오시스(semiosis)[33]를 다루는 기호학의 한 분야이다.[34] 생태기호학은 인간과 자연의 관계를 다루지만, '인간-자연'의 이분법적 분할을 용인하지 않고 인간사회를 생태계의 한 구성요소로 본다. 생태기호학은 표층생태학(shallow ecology)을 넘어서서 심층생태학(deep ecology)으로 나아가고자 한다. 표층생태학이 생명과 그 환경을 이분법적으로 구획하는 인간중심적인 생태학이라고 한다면, 심층생태학에서는 세계를 분리된 사물들의 집적으로 보는 것이 아니라 상호의존적인 현상들의 연결

---

32) 움벨트(Umwelt)는 환경에서의 대상들의 집합이 아니라, 하나의 유기체가 해석하는 기호들의 체계이다. 이 용어는 에스토니아 출신의 독일 생물학자 야콥 윅스퀼(Jakob Johann von Uexküll)에 의해 제안된 개념으로, 기호학자인 토머스 시벅(Thomas Sebeok)이 그의 생명기호학(biosemiotics)의 주요 개념으로 활용하였다. 그는 '환경세계'가 동물과 환경의 관계에서 각 동물마다의 주관에 의해 성립된다고 주장하였다.

33) 세미오시스(semiosis)는 기호의 작용, 또는 무엇인가가 기호로서 작용하는 과정으로 이해될 수 있다. 우리말로는 대부분 기호작용으로 번역되며, 기호과정 혹은 기호현상으로 번역되기도 한다.(김운찬, 『현대기호학과 문화분석』, 열린책들, 2005, 34쪽)

34) 생태기호학(Ecosemiotics)이란 용어는 뇌스(W. Nöth)에 의해 처음으로 제안되었지만, 그가 이 용어를 사용하기 15년 전에 이미 상트페테르부르크(St. Petersburg)와 타르투(Tartu)에서 온 기호론자들을 중심으로 기호론적 생태학을 수립하려는 시도가 모스크바에서 있었다. 생태기호학은 생명기호학(biosemiotics)과는 다른 분야로 간주된다. 생태기호학이건 생명기호학이건 간에 자연을 기호학적 관점에서 다룬다는 점에서는 마찬가지이다. 그러나 생태기호학은 자연과 문화의 관계를 다루는 문화기호학의 한 분과이지만, 생명기호학은 그렇지 않다. 생명기호학에서는 자연에서 발생하는 모든 과정들은 그것이 단일세포든 전체 생태계든 어떤 층위에서 일어나든지 간에 기호과정과 관련하여 분석될 수 있다고 본다. 반면에 생태기호학은 인간에 대한 자연의 기호학적 위상과 역할에 대해 탐구한다. 즉, 생태계 내에서의 인간의 지위, 인간에게 자연이 지니는 의미, 인간과 자연의 소통과정 등이 생태기호학의 중요한 탐구 주제이다. 호프마이어(J. Hoffmeyer)는 문화(culture), 외적 자연(external nature), 내적 자연(internal nature)의 삼각관계를 통해 기호학의 영역을 구분하였다. 문화와 내적 자연의 관계는 심신의학(psychosomatics)의 영역이 되고 내적 자연과 외적 자연의 관계는 생명기호학(biosemiotics)의 영역이 되며 문화와 외적 자연의 관계는 환경론의 영역이 되는데, 이 세 영역 중 마지막 영역이 생태기호학(ecosemiotic)의 영역이 된다고 한다.

망으로 본다.35) 이것은 『주역』의 세계관에서도 마찬가지이다. 『주역』의 우주론적 관념 속에서 모든 존재는 하나의 통일된 연속체를 이루고 있으며, 이 연속체는 자체적으로 그 내부에 규칙적인 질서를 유지하도록 배열되어 있다.36) 통일적 연속체 내에서 천체의 자연현상, 동물생태계의 질서, 토양환경의 적합성 등은 서로 밀접한 관련을 맺고 있다. 「계사전」에서는 전설적 성인인 포희씨包犧氏가 팔괘의 상징체계를 만들어서 구현하려고 했던 것이 바로 이 연속체적 자연질서였음을 밝히고 있다.

> 옛날에 포희씨包犧氏가 천하를 다스릴 때, 우러러 하늘의 상象을 살피고 굽혀서 땅의 법도를 살피며 조수鳥獸의 문양과 풍토風土의 적합성을 살폈는데, 가깝게는 사람의 몸에서 취하고 멀리는 여러 사물에서 취하였다. 이에 비로소 팔괘를 만들어 신명神明의 덕을 통하게 하고 만물의 실정實情을 유비類比하였다.37)

여기서 '근취저신近取諸身'(가까이 사람의 몸에서 취함)과 '원취저물遠取諸物'(멀리 사물에서 취함)이라는 취상取象의 원리가 제시되고 있다. 이 원리가 함축하고 있는 전제는 가깝게 인체에 적용되는 원리와 멀리 환경세계 내의 여러 대상들에 적용되는 원리가 다르지 않다는 것이다. 즉 양자兩者 사이에는 유비類比적 관계가 성립하기 때문에, 단일한 상징체계를 통해서도 초월적 세계와 소통할 수 있고(以通神明之德), 현상적 환경세계의 정황에 유비적으로 적용할 수도 있는(以類萬物之情) 것이다.

셋째, 『주역』의 기호체계는 윤리적 함의를 지니고 있기 때문에 기호윤리학(semioethics) 혹은 윤리기호학(etho-semiotics)을 위해서도 활용될 수 있다.38) 『주

---

35) 김희경, 「한국의 풍수지리사상과 심층생태학」, 『생태주의와 기호학』(문학과 지성사, 2001), 112쪽.

36) 김희경, 「한국의 풍수지리사상과 심층생태학」, 『생태주의와 기호학』, 109쪽.

37) 『周易正義』, 351쪽, "古者, 包犧氏之王天下也, 仰則觀象於天, 俯則觀法於地, 觀鳥獸之文與地之宜. 近取諸身, 遠取諸物, 於是始作八卦, 以通神明之德, 以類萬物之情."

역』은 복서卜筮라는 수단을 통해 길흉을 미리 알려 주기 위한 목적에서 비롯되었으나, 아울러 군자의 출出·처處·진進·퇴退를 결정하기 위한 수신修身의 교과서로도 활용되었다.[39] 「계사전」에서는 『주역』의 용도를 도덕적 수양을 위한 용도와 점술을 위한 용도로 구별하고 있다.

군자가 거처할 때에는 그 상을 관찰하면서 그 괘사를 음미하고, 움직일 때에는 그 변화를 관찰하면서 그 점을 음미한다.[40]

길吉·흉凶·회悔·린吝 등의 점사占辭는 해야 할 행위와 하지 말아야 할 행위에 대한 판별을 통해 바람직한 윤리적 실천의 길을 제시하는 효능을 지니고 있다.[41] 이는 표상적 의미(ideational meaning)와 구별되는 행태적 의미(behavioral meaning)에 해당된다. 먼저 표상적 의미에 대해 설명해 보기로 하자. 어떤 사람 P가 x가 y를 상징하는 기호임을 받아들인다고 가정해 보자. 그 경우, P가 x를 지각할 때 그는 y를 마음속에 떠올리게 된다. 이것이 바로 표상적 의미이다. 반면에 행태적 의미란, 어떤 사람 P가 x를 지각할 때 그것이 y에 상응하는 행태적 반응을 일으키도록 한다는 것을 가리킨다. 즉 표상적 의미란 우리가 기호를 지각할 때 그 기호가 우리의 의식 속에

---

38) 기호윤리학(semio-ethics)이라는 술어는 아우구스토 폰지오(Augusto Ponzio)가 사용한 개념이다. 토마스 시벅(Thomas A. Sebeok)은 윤리기호학(ethosemiotics)이라는 술어와 더불어 목적기호학telo-semiotics)이라는 술어를 함께 사용한다.
39) 역학의 양대 학파 중에서 상수학파가 점서적 측면을 중시한 반면 의리학파는 윤리적 측면을 더욱 중시하였다.
40) 성백효 역주, 『懸吐完譯 周易傳義』下, 529쪽; 『周易正義』, 310쪽, "君子居則觀其象而玩其辭. 動則觀其變而玩其占."
41) '吉'은 좋은 결과를 가져다 줄 가능성이 높은 우호적 상황에 놓여 있음을 말해 주고, '凶'은 매우 좋지 않은 상황에 처해 있어서 좋지 않을 결과를 맞이하게 될 가능성이 높다는 것을 말해 준다. '悔'는 잘못된 행위를 하였지만 이를 뉘우치고 올바른 길로 들어서는 것을 가리키며, '吝'은 잘못된 행위를 하였음을 알고 있으면서도 그 잘못을 과감하게 고치지 못하는 것을 가리킨다.

만들어 내는 지각인상이며, 행태적 의미란 우리가 기호를 지각함으로써 어떤 특정한 행동을 하거나 하지 않도록 촉발하는 효과를 가리킨다.[42] 영국의 언어철학자 존 오스틴(John Austin, 1911~1960)의 언어행위론(theory of speech act)에 따르면, 우리의 언어행위는 진술적陳述的 기능과 수행적遂行的 기능을 갖는다. 진술적 발화(constative utterrance)는 어떤 상태나 사건을 서술하며, 참 혹은 거짓으로 판단된다. 반면에 수행적 발화(performative utterrance)는 발화행 위 자체가 어떤 행동을 수반하거나 촉발하는 기능을 가진다.[43] 수행적 발화는 다시 언표내적 효력(illocutionary force)과 언향言響적 효력(perlocutionary force) 을 갖는데,[44] 전자는 화자가 무엇인가를 말함으로써 어떤 행위를 수행하는 효과를 가리키며, 후자는 화자의 발언으로 인하여 청자가 어떤 행동적 반응을 보이도록 만드는 말의 힘을 가리킨다.[45] 점사가 행태적 의미를 갖게 되는 것은 바로 그 수행적 기능, 그 중에서도 특히 언향적 효력에 말미암은 것이다. 물론 이러한 행태적 의미가 『주역』의 기호론에만 고유하 게 수반되는 것이라고는 볼 수 없겠지만, 윤리적 실천이 『주역』 이해의 궁극적 목적으로 설정된다는 점, 그리고 점사와 결부된 기호체계가 생활세 계 전체에 연계連繫됨으로써 가치지향적 성격을 지니게 된다는 점은 『주역』

---

42) *The Encyclopedia of Philosophy* (Macmillan & Free Press, 1967), Vol.7. p.438.

43) 존 오스틴 저, 김영진 역, 『말과 행위』(*How to do Things with Words*, 서광사, 1992), 27쪽.

44) 오스틴은 언어행위(speech acts)를 언표행위(locutionary act), 언표내적 행위(illocutionary act), 언향적 행위(perlocutionary act)로 분류하였다. 먼저 언표행위(locutionary act)는 일정한 의미와 지시를 가진 문장의 발화로서, 말하는 사람의 참과 거짓만을 목표로 하는 것이 아니라 단순히 소리를 내어 말하는 행위까지도 포함한다. 언표내적 행위(illocutionary act)는 발화를 통해 진술, 제안, 명령, 질문, 약속 등의 행위를 하는 것을 말한다. 의미가 있는 발화를 한다는 점에서는 언표행위와 같지만, 발화행위를 통해서 어떤 내용을 전달하거나 알게 하는 작용을 한다는 점에서는 다르다. 언향적 행위(perlocutionary act)는 문장을 발화함으로써 청자 측에 영향을 미치게 하는 것이다. 발화행위를 통해서 상대방 에게 무엇을 하도록 시키든가 혹은 상대방에게 어떤 반응이 유발되도록 하는 효과가 있다면, 이것이 언향적 행위에 해당된다.(이준희, 『간접화행』, 역락, 2000, 29~30쪽.)

45) 김운찬, 『현대기호학과 문화분석』(열린책들, 2005), 163쪽.

의 독특한 문화적 특성이라고 하겠다.

넷째, 『주역』은 문화기호학(semiotics of culture)의 관점에서 연구할 필요가 있다. 문화는 인간에 의해 획득된 지식·신념·예술·법칙·도덕·관습 등을 포함하는 복합적 체계로서, 정보를 산출·교환·유지하는 인간적 활동의 전체로 정의된다. 문화기호학은 이 복합적 체계 내에서 다양한 개체들이 어떠한 관계 혹은 규칙을 형성하고 있는지를 연구대상으로 삼는다. 인간사회에서 조직화된 범주로서의 문화는 기호의 체계로 나타나며, 그 기본단위는 텍스트(text)이다.[46] 『주역』이 주나라의 기호체계를 의미하는 이상, 거기에는 주나라 사람들의 제도·관습·도덕·종교 등이 모두 녹아들어 있다. 따라서 『주역』을 일종의 문화텍스트(culture text)로 간주할 수 있을 것이다. 『주역』을 문화텍스트로 보는 관점은 현대에 이르러 비로소 성립된 것이 아니라 춘추시대 때부터 이미 확립되어 있었다. 『좌전』 소공昭公 2년조에 따르면, 한선자韓宣子가 노魯나라에 사신으로 가서 역상易象을 보고서는 "주나라의 예禮가 노나라에 고스란히 있구나!"라고 감탄하였다고 한다.[47] 이것은 『주역』 속에 주나라의 문화가 녹아들어 있기 때문에 『주역』을 주나라의 문화를 고찰하는 텍스트로 삼았음을 말해 준다.

다섯째, 『주역』을 종교기호학(semiotics of religion)[48]의 관점에서 연구할 필요가 있다. 종교기호학에서는 종교적 상징들이 가리키는 지시대상이 무엇인

---

46) 김치수·김성도·박인철·박일우, 『현대기호학의 발전』(서울대학교 출판부, 1998), 228쪽.

47) 周左丘明 傳, 晉 杜預 注, 唐 孔穎達 正義, 『春秋左傳正義』(十三經注疏 整理本; 北京大學出版社, 2000), 1348쪽, "昭公, 二年春, 晉侯使韓宣子來聘, 且告爲政而來見, 禮也. 觀書於大史氏, 見易象與魯春秋曰 '周禮盡在魯矣.'"

48) 종교기호학(semiotics of religion)이라는 용어는 우리에게 낯선 용어로 다가온다. 댄 브라운의 소설 『다빈치 코드』(The Da Vinci Code)에는 하버드 대학의 종교기호학 교수(Professor of Religious Symbology) 로버트 랭던(Robert Langdon) 교수가 등장한다. 하버드대학에 종교기호학과나 그 분야를 전공하는 교수가 있다는 것은 순전히 픽션(fiction)이기는 하지만, 종교기호학이라는 학문 자체가 허구인 것은 아니다.

지, 종교적 상징들은 어떤 조건 밑에서 의미를 획득하게 되는지 등의 주제를 탐구한다. 그런데 종교의 상징과 대면하는 일은 단지 그것을 해석하는 일에 그치지 않는다. 그 상징은 종교적 깨달음으로 이끌 수도 있으며, 개인적인 혹은 사회적이거나 문화적인 차원에서 새로운 성격의 변화를 획득하는 수단이 되기도 한다. 종교적 상징을 해석한다는 작업 자체가 근본적으로 기호학적 활동이다. 성聖(sacred)의 현현이 어떻게 기호로 표현되는가 하는 측면은 매우 흥미로운 종교기호학의 연구 주제이다. 카시러(E. Cassirer)와 엘리아데(M. Eliade)는 성聖의 영역과 기호의 영역 사이에는 근본적인 근친성近親性이 존재한다는 점을 지적하였다. 아우구스티누스(St. Augustinus, 354~430)[49]나 아퀴나스(Thomas Acquinas, 1225~1274)와 같은 기독교사상가들이 기호학에 관심을 가졌던 것은 전혀 이상한 일이 아니다. 고대인들에게 점술은 성스러운 존재로부터 계시를 얻기 위한 수단이었으며, 종교적 상징들을 해석하고 그를 통해 행위의 지침을 얻는 기술이기도 했다.『주역』이 점술에서 탄생했다는 점에 주목한다면『주역』의 기호학에 점술기호학(semiotics of divination)[50]이라는 명칭을 부여할 수도 있을 것이다. 또 점술이 초월적 존재와의 소통을 위한 기술이라는 점에 주목한다면 종교기호학(semiotics of religion)의 관점도 또한 유용할 것이다. 다만, 점술기호학 혹은 종교기호학이『주역』의 기호학적 특성을 밝혀 줄 수 있는 출발점이 될

---

49) 아우구스티누스의 기호론은 주로 그의 초기 저작인『변증학』(De Dialectica)에서 전개되고 있다. 그는 기호를 "감각에 나타나면서도 마음에 그 자신과는 다른 무엇을 나타나게 하는 것"(Signum est quod se ipsum sensui et praeter se aliquid animo ostendit)으로 정의한다. 이러한 그의 기호론은 스토아학파의 학설에 대한 비판으로부터 나온 것이지만, 키케로(Cicero)나 라틴의 수사학 전통과는 부합하는 것이다.『그리스도교 교의론』(De Doctrina Christiana)에서 아우구스티누스는 기호를 자연적 기호(natural sign)와 협약에 의한 기호(conventional sign)로 나누고 있다.

50) 기호학자 피에르 기로(Pierre Guiraud)는 '점술기호학'(mantique)이라는 영역이 성립될 수 있음을 말하였다.(박이문,「기호와 의미」,『현대사회와 기호: 기호학 연구 2』, 문학과지성사, 1996, 13쪽)

수는 있겠지만, 단순히 거기에 그쳐 버린다면 『주역』이라는 책이 동양문화에서 지녔던 철학적 의미들은 오히려 은폐되어 버리고 말 것이다. 『주역』이 점서로 출발하였다고 하더라도 동양의 지식인들에게 『주역』은 항상 점술 그 이상의 것이었다. 동양의 지식인들은 자연관·우주론·처세술 등 세계관을 형성하는 핵심적 구성요소들을 『주역』이라는 결코 마르지 않는 원천에서 퍼 왔다. 따라서 『주역』의 기호학이 갖는 이러한 다면적 특징을 해명하기 위해서는 기호학의 일반적 토대 위에서 그와 같은 세계관의 의미를 해명하는 작업이 필요할 것이다.

# 제3장 서구의 기호학과 『주역』의 통섭

인간은 근본적으로 기호를 해석하고 기호를 사용하며 기호를 제작하는 존재이다.[1] 선사시대 이후로 인류는 감정과 개념들 혹은 생활체험을 전달하기 위한 수단으로 끊임없이 기호를 사용해 왔다. 기호학적 사유는 인간 활동의 특정 영역에서만 나타나는 것이 아니라 거의 모든 영역에 걸쳐 나타나는 현상이다. 오늘날 기호학은 현대 학문의 최전선에 서 있는 학문이다. 기호학적 분석은 인류학·건축학·예술·통신·문화연구·교육·언어학·문학·정치학·사회학·심리학 등 실로 인문학의 전 범위에 걸쳐 다양한 형태로 활용되고 있으며, 수많은 사람들이 이 분야의 연구에 종사하고 있다. 아마도 인류역사에서 오늘날처럼 기호가 이토록 많은 사람들에 의해 다양한 관점에서 열정적으로 연구된 적도 없었을 것이다.[2]

소쉬르와 같은 언어학자들이 주축이 되어 발전시킨 서구의 현대 기호학 (semiotics)[3]과 고대 중국에서 운명을 점치기 위한 수단으로 탄생한 『주역』

---

1) Sheldon Lu, "*I Ching and the Origin of the Chinese Semiotic Tradition*", *Semiotica*, Vol.170, p.171.
2) Charles W. Morris, *Foundations of the Theory of Signs*, Vol.I (Chicago: The University of Chicago Press, 1938), No.2, p.1.
3) '기호학'(semiotics)이라는 용어는 기호를 의미하는 고대 그리스어 '세메이온'(semeion)에서 유래하였다. 세메이온(semeion)은 '씨', '종자'를 뜻하는 어근 'sem'에서 온 단어로서,

사이에는 그 시간적 간격만큼이나 태생적 이질성이 존재하는 것처럼 보인다. 그러나 이러한 이질성에도 불구하고 양자 사이에는 기호라는 공통의 접점이 존재한다. 누구나 잘 알고 있듯이 『주역』은 점사를 기록하고 있는 책으로서 64괘와 384효라는 기호의 체계로 구성되어 있다. 『주역』의 괘는 일종의 그림문자(pictogram)인 동시에 일종의 기호(sign)이다. 그것이 기호인한에서, 『주역』의 기호 또한 기호가 갖는 모든 특성을 공유한다. 따라서 『주역』에 기호학적 관점을 접목시키는 것은 『주역』의 본질적 성격에 부합할뿐 아니라 『주역』 자체의 이해를 위해서도 유익하다. 그럼에도 불구하고, 그 기호학적 특성이 다른 어떤 책보다도 현저한 『주역』에 대한 기호학적 해석의 사례를 충분히 발견하기 어렵다는 것은 아이러니가 아닐 수 없다.[4] 이러한 상황에서 최근 들어 『주역』의 기호학적 특성에 주의하면서 서구의 기호학 이론과 『주역』의 공통적 기반을 확보하려는 일련의 실험적 연구가 행해진 것은 매우 고무적이다.[5] 『주역』과 서구의 기호학을 통섭하려는

---

어간 세메이오(semeio)는 기호, 변별적 표지, 前兆 등을 뜻한다.(잔느 마르티네 저, 김지은 역, 『기호학의 열쇠』, 유로출판사, 2006, 16쪽) 기호학의 용어로는 세미올로지(semiology) 혹은 세미오틱스(semiotics)라는 말이 사용되고 있다. 유럽대륙에서는 소쉬르의 예를 따라 세미올로지(semiology)라는 용어가 세미오틱스(semiotics)보다 선호되는 경향이 있었다. 그러나 최근에는 국제적인 합의에 따라 세미오틱스(semiotics)가 공식적인 용어로 채택되어 사용되고 있다. 한편, 움베르토 에코(Umberto Eco)는 세미오틱스(semiotics)라는 용어를 언어학에 반드시 의존해야 할 필요가 없는 기호체계 연구라는 의미로서 사용할 것을 제안하였다.(움베르토 에코, 서우석 역, 『기호학이론』, 문학과지성사, 1985, 39쪽)

4) 캘리포니아 대학(University of California, Davis)의 비교문학 교수인 쉘던 루(Sheldon Lu)는 이러한 상황이 매우 역설적이라고 말한다. "서구에서는 기호학이 다른 학문적 영역으로부터 자극도 받고 그러한 영역으로 침투해 들어갔지만, 역설적으로 최근에 중국 학자들은 역경의 기호학적 관련성에 관하여 실제적으로 아무런 관심도 갖지 못했다."(Sheldon Lu, "I Ching and the Origin of the Chinese Semiotic Tradition", *Semiotica*, Vol.170, p.170)

5) 기호학적 관점을 『주역』 연구에 적용시킨 국내외의 연구들로는 다음이 있다.

◇ Yeoungyu Park, "The Semiosis of the Image(Xiang): A Peircean Approach to the Yijing", A dissertation paper (The University of Hawaii, 1998).

◇ Sheldon Lu, "I Ching and the Origin of the Chinese Semiotic Tradition", *Semiotica*, Vol.170, 2008.

◇ Ming Dong Gu, "The Zhouyi (Book of Changes) as an Open Classic: A Semiotic Analysis

필자의 시도도 이러한 선행 연구에 자극받은 바 크다.

이 장에서 필자는 서구의 대표적 기호학자들의 이론을 『주역』에 접목시

of Its System of Representation", *Philosophy East and West*, Vol.55, No.2, University of Hawai'i Press, 2005.

◇ In Bang, "A Semiotic Approach to Understanding Tasan ChongYagyong's Philosophy of Yijing", *The Review of Korean Studies*, Vol.3, No.2, Academy of Korean Studies, 2000.

◇ 徐瑞, 『周易符號學槪論』, 上海科學技術文献出版社, 2013.

◇ 王明居, 『叩寂寞而求音: 周易符號美學』, 安徽大學出版社, 1999.

◇ 俞宣孟, 「意義, 符號與周易」, 『上海社會科學院學術季刊』 第4期, 1990.

◇ 何建南, 「萊布尼茨·黑格爾和易經符號系統」, 『江西社會科學』, 1995.

◇ 葉海平, 「論周易的兩套符號系統」, 『雲南學術探索』, 1997.

◇ 周文英, 「易的符號學性質」, 『哲學動態』, 1994.

◇ 李先焜, 「論周易的符號學思想」, 『湖北大學學報』, 2004.

◇ 李舜臣·歐陽江琳, 「周易的"象"思維」, 『贛南師範學院學報』, 2000.

◇ 陳道德, 「論卦爻符號的起源及周易的意義層面」, 『哲學研究』, 1992.

◇ 張再林, 「作爲身體符號系統的周易」, 『世界哲學』, 2010.

◇ 方仁, 「『周易四箋』的符號學解讀」, 『周易研究』 第99號, 中國周易學會, 2010年 01期.

◇ 祝東, 易學符號思想的研究的回顧與反思, 符號學論壇(Forum of Semiotics), http://www.semiotics.net.cn/fhxts_show.asp?id=2012

◇ 박연규, 『주역』에서 제사의 재현성에 대한 기호학적 분석: 퍼스의 10개 기호 분류를 중심으로, 기호학연구 제33집, 2012.

◇ _____, 「주역괘의 은유적 이미지: 易에 대한 찰스 퍼스(Charles S. Peirce)의 기호학적 이해」, 『공자학』 제4호(한국공자학회, 1998), 121~150쪽.

◇ _____, 「觀卦의 논리: 觀의 설명 가능성: 퍼스(C. S. Peirce)의 가추법(abduction)에 의한 접근」, 『공자학』 제7호(한국공자학회, 2000), 163~188쪽.

◇ 박상준, 「주역의 본질: 주역의 은유적 서술구조의 측면에서」, 『정신문화연구』 제32권 제4호, 통권 117호(한국학중앙연구원, 2009).

◇ 방인, 「『주역사전』의 기호학적 독해」, 『다산과 현대』, 창간호, 연세대 강진다산실학연구원, 2008.

◇ _____, 「주역의 기호학」, 『철학연구』, 115호, 대한철학회, 2010.

◇ 신성수, 『주역』의 상징체계로 본 춤사위에 관한 연구, 『우리춤연구』 제2집, 2006.

◇ 오태석, 「주역 표상체계의 확장적 고찰」, 『중어중문학』 제53집(한국중어중문학회, 2012).

◇ _____, 「은유와 유동의 기호학-주역」, 『중국어문학지』 제37집(중국어문학회, 2011).

◇ 이창일, 천근과 월굴: 주역의 그림과 자연주의적 사유, 『기호학연구』 제22집(한국기호학회, 2007).

◇ _____, 주역 설시법의 두 가지 재구성 사례 : 주자의 설시법과 다산 정약용의 설시법에 대한 기호적 함의, 『기호학연구』 제33집(한국기호학회, 2012).

켜서 양자의 소통을 모색할 것이다. 『주역』과 기호학의 비교를 위해 필자는 소쉬르(Ferdinand de Saussure), 퍼스(Charles Sanders Peirce), 모리스(Charles William Morris), 보드리야르(Jean Baudrillard) 등 네 사람의 기호학자를 선정하였다. 특히 소쉬르와 퍼스는 각각 유럽과 영미의 양대 기호학의 전통을 대표하는 인물이라는 점에서 중요하다.

소쉬르는 탁월한 언어학자였으나, 퍼스와 더불어 기호학이라는 새로운 학문을 창시한 인물로 평가되고 있다. 소쉬르는 언어기호를 분석하기 위해 시니피앙(signifiant) / 시니피에(signifié)라는 이항二項적 관계에 의한 분석법을 활용하였는데, 이러한 방법은 『주역』의 기호론에도 유의미하게 적용될 수 있다.

프래그머티즘(pragmatism)의 창시자로 유명한 퍼스는 기호학의 이론을 개척하는 데도 큰 공헌을 한 인물인데, 그의 표상체 / 대상체 / 해석체라는 삼항三項적 관계에 의한 분석법도 역시 『주역』에 적용 가능하다. 뿐만 아니라 퍼스의 범기호주의(pansemiotism)와 시네키즘(synechism)의 관점은 『주역』의 사유유형과 상당한 정도의 친근성을 나타낸다. 그 밖에 가추법(abduction)이라는 독특한 논리적 사유방식이 『주역』과 어떠한 상관관계를 갖는지에 대해서도 살펴볼 것이다.

다음으로, 모리스는 퍼스의 영향을 강하게 받은 미국의 기호학자인데, 필자는 주로 그의 화용론적 관점을 중심으로 고찰할 것이다. 화용론적 관점이란 기호를 그 사용자와의 관점에서 파악하는 것을 말한다. 그것을 『주역』에 적용한다면, 주대周代의 역사적 공간에서 『주역』의 기호들이 그 기호체계의 사용자에 의해서 어떻게 이해되고 또 사회적 환경 속에서 어떤 행동을 하도록 촉발하는 효과가 있었는지 등이 중심 주제가 된다.

마지막으로, 현대 프랑스의 사회학자 보드리야르(Jean Baudrillard)가 제시한 '시뮬라시옹'(simulation)과 '시뮬라크르'(simulacres)의 개념은 『주역』의 기호학적 성격을 파악하는 데도 유용한 준거틀을 제공한다. 보드리야르는 '시뮬라시옹'과 '시뮬라크르'의 개념을 통해, 원래의 실재로부터 파생실재가 생겨나고 이러한 파생실재가 원래의 실재를 대체해 가는 과정을 분석하였다. 보드리야르는 현대사회가 모든 실재와 의미를 상징과 기호로 대체해 왔으며, 인간의 경험은 실재 그 자체라기보다는 실재의 '시뮬라시옹'이라고 주장한다. '시뮬라크르'는 지각된 실재를 창조하는 문화와 미디어의 기호들이다. 현대사회는 시뮬라크르에 지나치게 의존적으로 되어 왔기 때문에 시뮬라크르가 근거해 있는 실재세계에 대한 접촉을 상실했다. 필자는 '시뮬라시옹'의 개념을 『주역』의 기호론에 적용하여 그 모사설적 성격을 이해하고, 원본의 실재를 모사함으로써 생성된 기호가 원본으로부터 유리되어 파생실재를 낳는 과정을 고찰할 것이다.

　　그 밖에 그레마스(Algidras Julien Greimas)의 서사기호학적 관점도 『주역』의 서사성을 해명하는 데 매우 유용한 관점인데, 다만 필자는 이것을 제3장에서는 다루지 않고 제4부의 제1장 「주역의 서사기호학적 접근」에서 다루었다. 그 이유는, 제4부의 전체 주제가 서사기호학에 관련된 것이므로 거기에서 통합하여 논의하는 것이 논지의 흐름상 자연스러운 측면이 있다고 보았기 때문이다.


## 1. 소쉬르의 이항관계로 본 『주역』


　　페르디낭 드 소쉬르(Ferdinand de Saussure, 1857~1913)는 탁월한 언어학자였으나, 퍼스와 더불어 기호학이라는 새로운 학문을 창시한 인물로 평가되고 있다. 그는 '세미올로지'(sémiologie)라는 용어를 최초로 사용했을 뿐 아니라,[6] 기호들에 관한 일반과학을 체계적으로 구축하려고 시도하였다. 이 점에 있어서 그는 롤랑 바르트(Roland Barthes, 1915~1980)보다 『주역』의 기호적 특성을 비교하기에 더욱 적합하다. 왜냐하면 소쉬르는 언어학이 기호학에 의존하고 있다고 하였으나, 바르트는 오히려 기호학이 언어학에 의존하고 있다고 주장하였기 때문이다. 소쉬르는 모든 유형들의 기호체계에 적용될 수 있고 일반적인 사회적 기호학의 이론에 토대를 둔 언어체계의 이론을 수립하려고 시도하였다.[7]

소쉬르는 『일반언어학강의』(Cours de linguistique générale)에서 기호학을 "인간들의 상호의사전달을 가능하게 모든 기호 또는 상징체계의 일반과학"으로 정의하고 있다.[8] 소쉬르에 따르면 인간의 모든 행위와 생산은 의미를 수반하며 기호로서 작동한다.[9] 기호학이란 결국 "사회생활 속에서의 기호의 생명을 연구하는 과학"으로, 물질적인 모든 것은 기호가 될 수 있다.[10] 사회적 기호학 체계는 시각적 이미지 · 신체동작 · 음악 등과 같은 다른 비언어적인 사회적 의미들을 포함한다. 이런 점에서 소쉬르의 기호학은 모든 종류의 기호체계들의 유형들을 언급하기 위한 통일된 개념장치라고

---

6) 소쉬르는 초기에는 기호학을 지칭하는 술어로 '시그놀로지'(signologie)라는 술어를 사용하였으나, 휘트니(W. D. Whitney)에 대한 추모논문집에서 '세미올로지'(sémiologie)라는 용어를 처음으로 사용하고 있다.(김치수 · 김성도 · 박인철 · 박일우 공저, 『현대기호학의 발전』, 41쪽)

7) 소쉬르가 구상한 기호학은 사회심리학에 연관되어 있으면서도 기호의 일반적인 탐구에 기여하는 새로운 학문이었다. 언어체계인 랑그(langue)는 문자, 手話, 알파벳, 상징적 의식들(symbolic rites), 예의범절, 군사용 신호(military signals) 등과 마찬가지로 관념들을 표현하는 보다 일반적인 기호체계들의 부류들 가운데 한 가지 예일 뿐이다. 그러나 랑그는 모든 기호체계들 중에서도 가장 복잡하고 보편적인 표현체계이다. 따라서 언어학은 기호학의 하위범주에 포섭되지만, 기호학 중에서는 전체 우두머리(patron général)가 될 수 있다.(김치수 · 김성도 · 박인철 · 박일우 공저, 『현대기호학의 발전』, 46~47쪽)

8) 잔느 마르티네 저, 김지은 역, 『기호학의 열쇠』, 16쪽.

9) 김성도, 『로고스에서 뮈토스까지-소쉬르 사상의 새로운 지평』, 79쪽.

10) Robert W. Preucel, Archaeological Semiotics (USA: Blackwell Publishing, 2006), p.21.

볼 수 있다.[11] 이처럼 소쉬르 기호학의 외연은 언어학의 영역을 넘어서 문학·신화학 등의 영역으로까지 확장되어진다.[12] 그는 러시아 민담을 구조적으로 연구한 블라디미르 프롭(Vladimir Propp, 1895~1970)보다 훨씬 앞서서 게르만 전설 등의 신화적 서사물을 기호학의 영역에 포괄하려고 했다.[13] 『주역』과 같은 상징체계를 소쉬르의 기호학과 비교할 수 있는 것도 소쉬르 기호학이 이처럼 개방적 외연을 갖기 때문이다.

소쉬르는 『일반언어학강의』에서 세계의 문자를 표의表意체계(ideographic system)와 표음表音체계(phonetic system)의 두 종류로 구분하였다. 표의체계는 각각의 단어가 단어 그 자체의 소리와 관계없는 단일한 기호에 의해서 대표되는 체계이며, 표음체계는 단어를 구성하는 소리의 연속을 재생하려고 시도하는 체계이다. 표의체계에서는 각각의 기호가 하나의 전체의 단어를 나타내며, 아울러 그 단어에 의해서 표현된 개념을 나타낸다. 반면에 표음체계는 말할 때 사용되는 더 이상 환원될 수 없는 요소에 의존하고 있다. 표의체계의 대표적인 예는 한자漢字이며, 표음체계의 대표적인 예는 알파벳 문자이다. 다만, 의미만 있고 음音을 가지지 않는 한자는 실제로는 존재하지 않으므로, 한자를 표의체계의 대표 문자로 보아 표음체계와 대비시키게 되면 한자가 가진 표음성이 무시된다는 문제점이 있다.[14] 어쨌든 알파벳에서는 음소와 기호의 관계가 완전히 자의적인 데 반해, 한자에서는 기호와 그 지시대상과의 관계가 자연적이다. 표의문자에서는

---

11) 김치수·김성도·박인철·박일우 공저, 『현대기호학의 발전』, 45쪽.
12) 소쉬르는 미래에 기호학의 영역이 계속해서 확장될 것으로 예측하고 다음과 같이 말하였다. "기호학은 어디서 멈출 것인가? 그것을 답하기는 어렵다. 어쨌든 이 과학은 언제나 계속해서 그 영역이 확장될 것이다."(김성도, 『로고스에서 뮈토스까지-소쉬르 사상의 새로운 지평』, 119쪽)
13) 김성도, 『로고스에서 뮈토스까지-소쉬르 사상의 새로운 지평』, 289~290쪽.
14) 한자의 대부분을 차지하는 형성문자는, 표의적 기능을 가지는 意符와 표음적 기능을 가지는 音符로 이루어져 있다. (임경희, 「기호와 한자」, 『영상문화』 제11호, 2006, 159~167 쪽.)

한 글자 한 글자가 일종의 상형문자象形文字(pictograph)라고 할 수 있다. 표의적 방식의 의사소통에 능한 고대 중국인들이 64개의 그림문자로 구성된 『주역』의 기호체계를 창안하였다는 것은 결코 우연이 아닐 것이다. 한자에는 표의성과 표음성이 혼합되어 있다고 할 수 있으나, 『주역』의 괘는 일종의 순수한 상형문자(pictograph)이다.

소쉬르가 언어기호를 분석하기 위해 사용한 시니피앙(signifiant)과 시니피에(signifié)라는 두 용어는 기호 일반의 분석을 위해서도 유용하게 사용될 수 있다. 시니피앙은 기호의 운반체를 가리키며, 시니피에는 기호에 담긴 피운반체를 가리킨다. 그러나 소쉬르에 있어서 시니피앙은 물리적인 차원의 기호물이나 물리적 사건을 가리키는 것이 아니라 청각인상을 가리킨다. 이때 청각인상은 물리적 소리가 아니라, 소리가 우리의 감각기관에 만들어 놓은 인상이다.[15] 한편, 시니피에는 기호에 의해 지시되는 것, 즉 기호내용을 가리키는데, 이것은 개념적 요소에 해당된다. 이러한 '시니피앙-시니피에'의 관계를 '기표記標-기의記意' 혹은 '능기能記-소기所記'라고 부르기도 한다. 기표가 운반체인 '상징적 기호'(symbolic sign) 그 자체라고 한다면, 기의는 피운반체인 '의미'(meaning)의 측면에 해당된다. 언어기호는 청각인상인 기표와 개념인 기의가 결합해야만 성립될 수 있다. 소쉬르는 이 결합을 풍선에 비유하는데, 풍선의 겉껍데기인 표피와 그 안의 수소를 분리하면 풍선은 풍선으로서의 기능을 상실하게 된다. 풍선 밖으로 새어나온 수소는 허공 속으로 사라질 뿐이며, 수소 없는 풍선껍데기는 공중으로 뜨지 못한다.[16] 소쉬르에 따르면 기표와 기의 사이에는 어떠한 필연적인 연관성도 없다.[17] 그 관계는 완전히 자의적

15) 임경희, 「기호와 한자」, 『영상문화』 제11호(2006), 53쪽.
16) 김성도, 『로고스에서 뮈토스까지-소쉬르 사상의 새로운 지평』, 108쪽.
17) 베르나르 투쌩 저, 윤학로 옮김, 『기호학이란 무엇인가?』(청하, 1987), 21쪽.

(arbitrary)이다. 예를 들어, 교통신호체계에서 '빨간 불'은 기표이고 '서시오'는 기의가 되지만, '빨간 불'과 '서시오' 사이에는 아무런 자연발생적 연관성이나 필연적 연관성이 없다. 다만, 기표와 기의의 결합이 자의성에 의존하고 있는 '기호'와는 달리 '상징'에서는 그 결합이 어느 정도 자연적인 관계를 형성하고 있다.[18] 예를 들어 저울이 수레보다 정의正義라는 기의를 표상하기에 더욱 적합하므로[19] 정의의 상징인 저울을 수레로 대체할 수는 없는 것이다.[20]

시니피앙-시니피에의 관계는 전적으로 자의적이지만, 일단 채택된 뒤로는 기호사용자들에 의해 공유되는 하나의 사회적 협약(convention)으로서 통용되게 된다. 기호가 문화공동체의 구성원들 사이에서 의미를 산출하기 위해서는 기표와 기의에 내재된 가치만으로는 부족하다. 기표와 기의의 자의적 결합체는 집단적 관습, 계약, 규칙 등에 의하여 문맥화(contextualizing)되지 않으면 안 된다. 자의적으로 관계 지어진 한 사회에 채택된 표현수단 전반은 원칙적으로 집단적 습관에 토대를 두고 있다. 일종의 자연적인 표현성을 가진 예절기호들도, 황제에게 절할 때 아홉 번 땅에 무릎을 꿇는 중국인들의 예절의 경우처럼 역시 어떤 특정한 규칙들에 의해 정립되어 있다. 이러한 기호들을 사용하도록 강요하는 것은 바로 사회적 규칙이지, 그 기호들에 내재하는 가치는 아니다.[21] 『주역』의 기호체계도 인위적인 규약체계라는 점에서는 다른 기호체계와 다를 바 없다. 인위적으로 만들어진 괘상의 기호는 거기에 어떤 의미를 부여한다는 규약이 정해지기 전까지는 아무것도 의미하지 않는다. 정약용의 다음 명제는 바로 이러한

18) 잔느 마르티네 저, 김지은 역, 『기호학의 열쇠』, 91쪽, "상징은 결코 완전히 자의적인 것이 아니다.…… 기표와 기의 사이에는 자연적인 유대가 있다."
19) 김성도, 『로고스에서 뮈토스까지─소쉬르 사상의 새로운 지평』, 112쪽.
20) 잔느 마르티네 저, 김지은 역, 『기호학의 열쇠』, 97쪽.
21) 김치수·김성도·박인철·박일우 공저, 『현대기호학의 발전』, 54~55쪽.

점을 분명히 밝힌 것이다.

> 괘효의 상에 본래 길하다든가 흉하다든가 하는 것이 있을 리 없다.[22]

그렇다면 기호의 의미는 어떻게 부여되고 규정되는가? 기호에 의미를
불어넣고 그 사용규칙을 제정하는 주체는 물론 그 기호의 제작자이다.
모든 규약체계에는 그 규약을 만든 제작자와 그 규약체계에 동의하고
그것을 사용하는 사용자가 존재한다. 기호공동체 안에서 그 체계를 바탕으
로 전달이 이루어지기 위해서는 약호체계의 여러 기호가 발신자와 수신자
에게 불변적(immutable)이어야 하며, 그 기호공동체의 구성원 전원에 의하여
공통적으로 받아들여지고 이해되고 기억되지 않으면 안 된다.[23] 기호의
사용자가 만일에 제작자의 의도를 모른다면, 즉 제작자가 각각의 기호에
부여해 놓은 의미를 모른다면 그것을 해석할 아무런 방도도 없다. 따라서
어떤 기호가 있으면, 그 각각의 기호가 무엇을 뜻하는지 적어 놓은 약호집略
號集(code book)이 있지 않으면 안 될 것이다. 『주역』에서는 바로 그 약호집에
해당하는 것이 「설괘전」이다. 「설괘전」은 기호인 팔괘 각각에 대해서 괘상卦
象과 괘의卦意를 배당시킴으로써 기표와 기의의 관계를 규정하여 밝히고
있는 책이다. 만일 「설괘전」이라는 약호집이 없다면 『주역』은 도저히 풀
수 없는 암호덩어리에 불과하다. 이처럼 「설괘전」은 『주역』의 기호체계에
접근할 수 있는 기본적인 수단을 제공해 준다는 점에서 『주역』 기호의
의미를 파악하기 위해서는 필수적인 문헌이다. 「설괘전」에서는 팔괘 각각
의 기호에 대해서 기표와 기의를 배당시키고 있는데, 이를 도표로 표현하면
다음과 같다.

---

22) 「周易四箋 I」, 『定本 與猶堂全書』(다산학술문화재단, 2012) 15, 60쪽; 『역주 주역사전』
   제1권, 126쪽, "卦爻之象, 本無定吉, 亦本無定凶."
23) 소두영, 『기호학』(인간사랑, 1991), 174쪽.

| 기표 | | 기의 | | | | | | | | |
|---|---|---|---|---|---|---|---|---|---|---|
| 괘명 | 괘상 | 自然 | 卦德 | 人倫 | 人品 | 遠取 | 近取 | 物色 | 器物 | 雜物 |
| 乾 | ☰ | 하늘 | 굳셈 | 아비 | 손님 | 말 | 머리 | 大赤 | 金玉 | 얼음 |
| 坤 | ☷ | 땅 | 유순함 | 어미 | 대중 | 소 | 배 | 검은색 | 가마솥 | 布 |
| 震 | ☳ | 우레 | 움직임 | 장남 | 君子 | 용 | 다리 | 푸른색 | 祭器 | 농산물 |
| 巽 | ☴ | 바람 | 들어감 | 장녀 | 주인 | 닭 | 허벅지 | 흰색 | 밧줄 | 냄새 |
| 坎 | ☵ | 물 | 빠짐 | 둘째아들 | 도둑 | 돼지 | 귀 | 붉은색 | 활 | 피 |
| 離 | ☲ | 불 | 걸림 | 둘째딸 | 武人 | 꿩 | 눈 | | 갑옷 | 담장 |
| 艮 | ☶ | 산 | 멈춤 | 막내아들 | 小人 | 개 | 손 | | 마디 | 대문 |
| 兌 | ☱ | 못 | 기쁨 | 막내딸 | 무당 | 양 | 입 | | 항아리 | 황무지 |

기표와 기의의 자의적 결합을 결정짓는 것은 사회적 계약이다. 즉 기호는 공동체의 관습 혹은 계약으로서 집단적 타성에 뿌리를 둔다. 사회적 규칙은 기호공동체의 구성원들로 하여금 주어진 상황에서 동일한 기호관계를 사용하도록 강요한다. 기호는 사회적 생명을 가지며, 기호의 의미는 개인이나 소수의 무리에 의해서 변경될 수 없다. 기호는 그 제작자에 의해 만들어진 이후에는 제작자의 통제에서 벗어나 사회공동체 속에서 유통되고 전파된다. 기호의 진화는 바로 이 기호의 유통과 전파로 말미암아 발생한다.[24] 소쉬르에 따르면, 하나의 상징의 정체성은 그것이 상징인 순간부터, 매순간 그 가치를 정하는 사회적 집단 속에 뿌려지는 순간부터 결코 고정될 수 없다.[25] 『주역』의 경우에도 기호의 진화는 어쩔 수 없는 숙명이다. 「설괘전」에 기호의 의미가 규정되어 있다고 하더라도, 처음에 설정되었던 기표와 기의의 관계는 시간이 흐름에 따라 쉽게 잊히고 후대 사람들은 거기에 새로운 의미를 덧씌우게 된다. 더군다나, 하나의 괘상에 대하여 다수의 기의가 상응하며, 그 외연은 확장 가능하다. 따라서 『주역』의 상징이 갖는

---

24) 김성도, 『로고스에서 뮈토스까지 – 소쉬르 사상의 새로운 지평』, 279~280쪽.
25) 김성도, 『로고스에서 뮈토스까지 – 소쉬르 사상의 새로운 지평』, 280쪽.

풍부한 함축성은 그 정체성의 변화를 용이하게 만든다.

이상에서 필자는 소쉬르의 관점을 『주역』에 적용하여 해석해 보았다. 그러나 『주역』에는 소쉬르의 이론과는 분명하게 구별되는 다음과 같은 차별적인 요소도 존재한다는 것을 간과해서는 안 된다.

첫째, 소쉬르의 시니피앙이라는 용어는 청각적 인상을 위주로 만들어진 용어이지만, 『주역』의 괘상에서는 시각적 인상이 정보전달의 중심적인 매개체가 된다. 시각기호들은 청각기호와 달리 여러 차원에서 복잡성을 함축한다. 필자의 견해로는 소쉬르가 시니피앙을 청각적 인상을 중심으로 정의했다고 해서 우리까지 그러한 정의를 반드시 따라야 할 필요는 없다. 오히려 시니피앙을 청각인상과 시각인상을 포괄하는 기호의 운반체로서 정의하는 것이 더 바람직할 것 같다.

둘째, 『주역』에서는 시니피앙이 단일한 요소가 아니라 괘상과 괘사라는 두 가지 요소로 구성된다. 양자는 서로 연결되어 시니피앙의 복합체를 구성해 내는데, 괘상의 기호체계는 비언어기호이고 괘사는 언어기호이다. 서로 다른 기호체계 사이에는 절대적 동형성同形性(isomorphism)이 성립될 수 없다. 따라서 소쉬르는 언어기호와 비언어기호 사이의 총체적 일치는 가능성이 희박하다고 말한 바 있다.[26] 하지만 『주역』의 계사繫辭는 괘효사를 상에 붙들어 묶음(繫)으로써 언어기호와 비언어기호의 결합체를 구성해 낸다.[27] 그런데 이 경우 괘효사는 고립된 단어가 아니라 문장으로 이루어져 있기 때문에 언어기호와 비언어기호의 결합이 일대일一對一 대응의 형식을 지니는 것은 아니다. 괘효사의 언어기호는 고립된 낱말의 개별적 요소로써 의미를 전달하는 것이 아니라, 하나로 묶여져 조직화된 덩어리로써 이야기

---

26) 김성도, 『로고스에서 뮈토스까지―소쉬르 사상의 새로운 지평』, 282쪽.

27) '繫辭'라는 말에는 두 가지 의미가 있다. 하나는 卦爻象 아래에 말(辭)을 매달아 두었음을 가리키니, 卦辭와 같은 의미이다. 물론 爻辭도 여기에 속한다. 다른 하나는 「계사전」을 가리킨다. 여기서는 전자의 의미로 사용되었다.

를 구성한다. 그러므로 담화(discourse)의 차원에서 기호의 의미에 접근할 필요성이 제기된다. 언어학자들에게 담화란 한 문장보다 긴 언어의 복합적 단위를 가리키는데,『주역』의 괘효사는 —물론 많은 경우 짤막한 한 개의 문장으로만 되어 있으므로 모두가 담화를 구성하는 것은 아니지만— 담화적 분석을 필요로 할 때가 종종 있다. 하나의 효사 속에 여러 개의 문장이 복합적으로 실려서 하나의 통일적인 이야기를 구성하는 경우도 있고, 한 괘 속에 있는 여러 개의 효사가 모여서 하나의 이야기를 구성하는 경우도 있다. 예컨대 건乾괘 초구初九의 "잠룡물용潛龍勿用"에서 상구上九의 "항룡유회亢龍有悔"에까지 용의 이야기는 흩어져 있지만 연결하면 하나의 담화를 구성해 낼 수 있다.

셋째, 소쉬르는 기호에서는 기표와 기의의 결합관계가 자의성에 의존하지만 상징에서는 기표와 기의의 결합이 어느 정도 자연적인 관계를 형성하고 있다고 말하였다. 그런데『주역』에서도 기표와 기의가 자의적 결합관계를 형성하고 있는 것은 사실이지만, 완전히 자의적인 관계는 아니고 일정 부분은 자연적 관계를 형성하고 있다. 따라서『주역』속에는 상징의 요소도 분명히 존재한다.


## 2. 퍼스의 삼항관계로 본『주역』

찰스 샌더스 퍼스(Charles Sanders Peirce, 1839~1914)는 탁월한 현대철학자들에 의해 가장 위대한 미국철학자로 인정받고 있다.28) 잘 알려져 있듯이 철학자

---

28) 버트란트 러셀(Bertrand Russell)은 퍼스를 가리켜 "19세기 후반의 가장 창의적인 정신을 가진 사람들 중의 한 사람이었으며, 확실히 지금까지 있었던 가장 위대한 미국사상가"라고 평하였고, 칼 포퍼(Karl Popper)는 퍼스를 "모든 시대를 통틀어 가장 위대한 철학자

로서 퍼스의 명성은 대부분 프래그머티즘의 창시자로서 그가 한 역할에 기인하고 있다. 그러나 그에 못지않게 퍼스는 현대 기호학에 대해서도 대단히 독창적이고도 통찰력 있는 기여를 한 인물이었다. 퍼스가 생각한 기호학(semiotics)이란 인간의 영역과 자연의 영역을 모두 포괄하는 것으로, 우주에 존재하는 모든 것을 그 대상영역으로 하는 학문이었다. 이처럼 인간의 생활세계 전체를 기호계로 간주하는 견해를 범기호주의(pansemiotism) 라고 부르거니와,29) 퍼스의 다음 발언은 그의 범기호주의적 관점을 잘 보여 주고 있다.

> 전체의 우주는, 단지 우주 속에 있는 존재자들뿐만 아니라 존재자들의 우주를 하나의 구성부분으로 포괄하는 보다 광범위한 모든 우주이며, 우리가 진리라고 언급하는 데 익숙해져 있는 그러한 우주이다. 모든 우주는, 전적으로 기호로만 구성되어 있는 것은 아니지만, 기호로 충만해 있다.30)

이러한 퍼스의 기호학적 관점은 소쉬르와는 상당한 차이가 있다. 소쉬르 는 기호학을 '언어학을 가장 중요한 구성요소로 하는 의미체계'로 간주하였 다.31) 소쉬르는 인위적으로 만들어진 관례화된 기호체계만을 기호로 간주 하는데, 이러한 기호는 인간 발신자를 필요로 한다. 반면에 퍼스에게 기호란

---

중의 한 사람"이라고 극찬을 아끼지 않았다. 또 움베르토 에코(Umberto Eco)는 퍼스를 "세기의 전환과 더불어 가장 위대한 미국철학자이며, 의심할 바 없이 그의 시대의 가장 위대한 사상가 중의 한 사람"이라고 불렀으며, 힐러리 퍼트넘(Hilary Putnam)은 그를 "미국의 철학자 가운데 높이 솟아오른 거인"이라고 평가하였다.(Robert W. Preucel, *Archaeological Semiotics*, p.44.)

29) 김성도, 『기호, 리듬, 우주 – 기호학적 상상력을 위하여』, 236쪽.

30) Edited by C. Hartshorne and P. Weiss and A. Burks, *The Collected Papers of Charles Sanders Peirce*(Mass.: Harvard University Press), Vol.5, p.448, "The entire universe—not merely the universe of existents, but all that wider universe, embracing the universe of existents as a part, the universe which we are all accustomed to refer to as 'the truth'—that all this universe is perfused with signs, if not composed exclusively of signs."

31) Winfried Nöth, *Handbook of Semiotics* (Indiana University Press, 1995), p.57.

기호사용자들에게 무엇인가를 대신하여 나타낼 수 있는 어떤 것이라면 무엇이든지 기호로 작용할 수 있으며, 이러한 기호는 인간 발신자를 반드시 필요로 하는 것은 아니다. 한편 소쉬르에게 있어서는 기호의 의미가 구현되기 위해서는 다른 기호와의 결합을 필요로 한다. 그러나 퍼스에 있어서 기호는 역동성을 갖고 더욱 발전된 기호로 진화해 간다.[32] 퍼스에 따르면, 인간은 실재를 끝없이 표상하고 해석하여 의미화(semiosis)하는 존재로서, 인간은 그 의미화의 과정에 참여하는 주체일 뿐 아니라 인간 자신이 바로 기호가 된다.

퍼스의 범기호주의에서 또 하나 중요한 관점은 시네키즘(synechism)이라고 불리는 연속체론이다. 시네키즘은 모든 사물을 연속체로 파악하는 관점을 가리키는데, 퍼스는 이 용어를 '연속성' 혹은 '사물들이 함께 묶여져 있음'을 뜻하는 그리스어 '시네케'(syneche)로부터 빌려 왔다. 퍼스의 연속성의 관념은 매우 다양한 의미를 지니고 있어서, 어떤 경우에는 논리적 의미를 지니기도 하고 또 어떤 경우에는 윤리적 의미로 해석되기도 한다. 하나의 예를 들면 다음과 같다. 연속주의자(synechist)는 신체의 죽음은 결정적으로 모든 것이 정지되는 끝이 아니라고 믿기에 임종의 순간에 우리의 육신이 빠르게 소멸되어 없어진다고 믿는 것을 거부한다.[33] 연속주의자는 물리적 현상 (physical phenomena)과 정신적 현상(psychical phenomena)을 구별하지 않는다. 그 대신에 그는 모든 현상이, 어떤 경우에는 물질적으로 나타나고 또 어떤 경우에는 형이상학적(metaphysical)으로 나타나기는 하지만, 하나의 동일한 성격을 지닌다고 주장한다.

육체적 죽음이 끝이라는 것을 거부하는 퍼스의 시네키즘에서 우리는 동양의 생사일여生死一如의 태도를 떠올리게 된다. 만물을 연속체적으로

---

32) http://blog.daum.net/findtreasure/10027272(퍼스의 기호세계와 소쉬르 기호학과의 차이점)
33) Peirce, "Immortality in the Light of Synechism", *The Essential Peirce* (1893), 2:1.

파악하는 관점은 불교의 연기설緣起說과도 유사한 면이 있다. 중국철학의 일반적 경향도 원자론(atomism)보다는 연속체주의(synechism)에 더 가깝다.[34] 조세프 니덤(Joseph Needham)이 언급한 것처럼 고대 중국인들은 우주를 '하나의 연속적 전체'(a continuous whole)로 이해하였는데, 이러한 견해에 따르면 만물은 모두 동일한 기氣로 이루어져 있으며 상호영향을 주고받는다. 이러한 연속 체적 관점은 『주역』에서도 발견할 수 있는데, 『주역』에서는 시간과 공간과 사물이 서로 연결되어 있으며 만물의 변화는 시간의 변화와 밀접한 연관을 맺고 있는 것으로 파악된다. 예를 들면, 고蠱괘 「단전」에서 "끝이 있는 곳에 다시 시작이 있는 것은 하늘의 운행이다"(終則有始, 天行也)라고 하였으니, 이는 천체의 순환적 운동에서 연속체적 관념을 주장한 것이다. 그리고 「서괘전」에서 64괘의 마지막에 미제未濟괘를 배치한 이유를 설명하면서 "만물은 다하여 끝날 수 없는 까닭에 이를 미제未濟로써 받아 마친 것이다"(物 不可以窮也, 故受之以未濟終焉)라고 한 것은, 우주는 결코 종말이 없는 시공간적 연속체임을 주장한 것이다.

그러면 퍼스는 기호를 어떻게 정의하였는가? 퍼스는 기호를 "어떤 관점이 나 능력에서 어떤 사람에게 어떤 것을 대신하는 어떤 것"(A sign is something that stands to somebody for something in some respect or capacity)이라고 정의하고 있다.[35] 다시 말해서, 기호란 자신과는 다른 어떤 대상의 어떤 측면을 대표(stand for)하는 표징이다.[36] 퍼스는 기호를 표상체(representamen), 대상체(object), 해석체 (interpretant)라는 삼항三項관계를 통해 분석하였다. 첫째, 기호는 누군가에게

---

34) John L. Bell, *The Continuous and the Infinitesimal in Mathematics and Philosophy* (Milano, Italy: Polimetrica, 2006), p.48.

35) *Collected Papers*, Vol.II, 228; *The Encyclopedia of Philosophy*, Vol.7 (Macmillan & Free Press), p.438, 재인용.

36) 퍼스에 따르면, "기호 또는 표상체(representamen)는 누군가에게 어떤 면에서 또는 어떤 명목 아래 다른 무엇을 지시하는 것"으로 정의된다.(찰스 샌더스 퍼스, 김성도 편역, 『퍼스의 기호사상』, 민음사, 2006, 136쪽)

다른 무엇을 지시하는 그 무엇, 즉 표상체(representamen)이다. 둘째, 기호가 지시하는 것을 대상체(object)라고 한다. 셋째, 기호는 그 누군가의 정신 속에 해석 내용을 만들어 내는데, 그것을 해석체(interpretant)라고 부른다. 해석체는 최초의 기호가 정신 속에 발생시키는 제2의 기호로서, 원래의 기호와 동등한 가치를 갖거나 혹은 더 발달된 기호이다. 예를 들어 길모퉁이에 'STOP'이라고 쓰여 있는 교통표지판이 있다고 하자. 그 기호는 'S-T-O-P'라는 글자를 포함하는 팔각형의 모양으로 지각된다. 그러나 그 기호의 의미는 즉각적 혹은 직관적으로 알려지거나 지각되는 것이 아니라, 그 사인(sign)을 멈추라는 기호로서 지각하는 후속적 사고행위를 통해 획득된다.[37]

이러한 퍼스의 기호론을 소쉬르와 비교해 보면 그 특징이 분명하게 드러난다. 소쉬르는 기호를 '시니피앙(記標) / 시니피에(記意)'라는 이항관계의 구성요소로 분석했던 반면에 퍼스는 '표상체·대상체·해석체'라는 삼항 관계의 분석법을 사용하고 있다. 또 소쉬르는 언어를 중심에 놓고 고찰하고 있지만, 퍼스는 언어보다는 사고를 중심에 놓고 있다. 무엇보다도 퍼스의 기호학이 갖고 있는 특징은 기호뿐 아니라 해석체라는 제3의 요소, 즉 기호해석자의 역할을 강조하고 있다는 데 있다.[38] 이러한 관계설정을 통해 그는 기호의 의미는 지속적 해석의 과정 속에서만 파악할 수 있다고 간주한다.[39] 퍼스는 표상체·대상체·해석체의 삼항관계에서 일어나는 기호작용을 세미오시스(semiosis)라고 불렀는데, 세미오시스란 결국 기호의 의미화 과정을 가리킨다. 요컨대, 퍼스에게 기호학이란 세미오시스의 본질적 성격과 변화된 양태들을 탐구하는 데 기여하는 학문이다.[40]

---

37) 찰스 샌더스 퍼스 저, 제임스 흡스 엮음, 김동식·이유선 옮김, 『퍼스의 기호학』(나남, 2008), 26쪽.
38) 찰스 샌더스 퍼스 저, 제임스 흡스 엮음, 김동식·이유선 옮김, 『퍼스의 기호학』, 34쪽.
39) 찰스 샌더스 퍼스 저, 제임스 흡스 엮음, 김동식·이유선 옮김, 『퍼스의 기호학』, 6쪽.
40) Robert W. Preucel, *Archaeological Semiotics*, p.7.

그렇다면 『주역』의 기호론에서 세미오시스를 구성하는 요소는 무엇일까? 괘상卦象·괘사卦辭·괘의卦意는 『주역』의 세미오시스를 실현시키는 세 요소이다. 괘상은 ☰(乾)·☷(坤)·☵(坎)·☲(離) 등 기호로 표시되는 이미지(image)를 가리키고, 괘사는 "잠룡물용潛龍勿用" 등 괘의 기호와 연계된 점사를 가리키며, 괘의는 괘상 즉 기호에 내포된 의미를 가리킨다. 괘상·괘사·괘의의 삼분법은 왕필이 『주역약례周易略例』「명상明象」에서 기호의 의미를 상상象象(卦象)·언언言言(卦辭)·의의意意(卦意)의 삼자관계로써 분석한 것에 상응한다. 만일 소쉬르의 분류법을 적용시킨다면, 괘상과 괘사는 모두 시니피앙(signifiant)에 속하고 괘의는 시니피에(signifié)에 속하게 될 것이다. 그런데 시니피앙에 속하는 괘상과 괘사 중에서도, 괘상은 인공기호적 성격을 지니지만 괘사는 일상언어의 성격을 지닌다. 이처럼 일상언어와 인공기호를 연관시켜 의미를 구현하는 것은 『주역』 기호론의 독특한 특징이다. 만일 퍼스의 분류법을 적용해 본다면, 괘상이 표상체에 대응된다는 것은 분명하지만 괘사와 괘의가 대상체와 해석체에 정확히 대응되는 것은 아니다. 괘사는 괘라는 기호의 표상체에 대응되는 의미내용이며, 그 속에 대상체를 포함한다. 그리고 괘의는 괘의 기호가 지칭하는 대상체(object)를 포함하지만 동시에 해석체(interpretant)를 구성하기도 한다.

그런데 해석체는 그것이 기호로 지각되는 단계에 따라서 직접적 해석체(immediate interpretant)와 역동적 해석체(dynamic interpretant), 그리고 궁극적 해석체(final interpretant)로 나누어진다.[41]

첫째, 직접적 해석체는 기호가 그에 대해 아무런 반성적 사유가 가해지지 않은 상태에서 마음속에 만들어 낼 것으로 예측되는 효과이다. 그것은 즉각적인 효과이며 전혀 분석되지 않은 효과(the total unanalyzed effect)이다. 따라

---

41) 박연규, 「주역괘의 은유적 이미지 – 역에 대한 찰스 퍼스의 기호학적 이해」, 『공자학』 4호(1998), 132쪽.

서 그것은 기호가 어떤 해석자를 만나기 이전에 지니는 특유한 해석가능성 (peculiar interpretability)에 관련된 것이다.[42] 기호의 의미를 드러내는 일반적 특징들 혹은 기호들의 결합규칙을 설명하는 구문론(the syntax of the sign)이 여기에 해당된다. 또 그것은 "발언이 행해진 특정한 맥락과 상황을 일단 배제한 채 오직 기호 그 자체적으로 명백한 모든 것"(all that is explicit in the sign apart from its context and circumstances of utterance)을 가리킨다. 여기서 퍼스는 폭풍우가 몰아치는 날(a stormy day)의 예를 통해 직접적 해석체가 무엇인지를 설명한다. 어느 날 내가 창밖을 내다보며 "폭풍우가 몰아치는 날이군"이라고 말했다고 하자. 이 경우 직접적 해석체란 '폭풍우 치는 날'에 대해 갖는 상상력 속의 대략적인 생각, 혹은 여러 개의 서로 다른 인상들에 공통된 어렴풋한 인상(the schema in imagination, i.e. the vague image of what there is in common to the different images of a stormy day)을 가리킨다. 그런데 하나의 현상 혹은 사태에 대해 하나의 직접적 해석체만이 대응되는 것은 아니다. 예를 들면, 19세기 미국 애리조나 주의 한 목장 주인이 저 멀리 지평선에서 연기가 피어오르는 것을 관찰하였다고 하자. 그 연기는 불이 났음을 알려 주는 기호이지만, 또한 아파치 인디언들이 전투에 돌입하는 출정식을 거행한다는 신호이기도 하다.[43] 비록 한 개의 연기가 난다고 하더라도 우리는 이 경우에 두 개의 기호로 간주한다. 이것은 연기가 나는 하나의 사태(X)에 대하여 두 개의 기호(S1, S2)가 성립하는 예이다. 이처럼 서로 다른 직접적 해석체는 서로 다른 기호를 형성한다. 앞서 언급한 것처럼, 직접적 해석체는 기호가 어떤 해석자를 만나기 이전에 지니는 특유한 해석가능성(peculiar interpretability)에 관련된 것이다. 이 가능성은 다양한 방식으로 구체화되고 실현될 수 있다.

---

42) Winfried Nöth, *Handbook of Semiotics*, p.44.
43) T. L. Short, *Peirce's Theory of Signs* (Cambridge University Press, 2007), p.189.

둘째, 역동적 해석체란 그 해석이 어떤 것이든지 간에, 해석자가 기호에 대해 실제적으로 만들어 내는 해석을 가리킨다. 따라서 그것은 기호가 그 기호를 해석하는 사람에게 실제적으로 생성시킨 직접적인 효과(direct effect actually produced by a sign upon an interpreter of it)이다. 역동적 해석체는 그 기호를 해석하는 개인에게 개별적으로 형성되는 하나의 실제적 사건(a single actual event)이기 때문에 사람마다 각각 다를 수밖에 없다. 위의 예에서 목장에 연기의 신호가 발생하였을 때, 목장 주인과 아파치 인디언은 피어오르는 연기라는 동일한 사건을 목격하지만 서로 다른 목적을 가지고 그 신호를 해석해 낸다. 즉 아파치 인디언에게 그것은 공격신호이지만 목장 주인에게 는 방어를 준비해야 할 것을 알리는 신호가 된다. 이처럼 동일한 신호에 대해서 해석자는 서로 다른 방식으로 그것을 현실화시킨다. 이것이 역동적 해석체가 구현되는 방식이다. 앞서 직접적 해석체가 특유한 해석가능성 (peculiar interpretability)에 머물렀던 반면에 역동적 해석체에서는 구체적으로 실현된다.

셋째, 궁극적 해석체는 만일 기호의 의미가 충분히 생각될 수 있고 기호가 주는 효과가 완전하게 발휘될 수 있는 상황이 주어진다면 모든 해석자가 반드시 획득할 수밖에 없는 해석 결과를 가리킨다. 퍼스는 이 궁극적 해석체를 "충분한 사유의 전개과정을 거친 다음에 기호에 의해 마음에 형성되는 효과"(effect that would be produced on the mind by the sign after sufficient development of thought)라고 정의하고 있다. 즉 이것은 기호의 의미에 대한 탐구의 결과로서 얻게 되는 완전하고도 진정한 인식의 단계인 것이다.

그러면, 퍼스의 해석체의 삼분법을 『주역』의 기호학에 적용해 보기로 하자. 필자가 들고자 하는 예는 『춘추좌씨전』 양공襄公 25년(BC. 548)조에 나오는, 최저崔杼가 강씨姜氏를 처로 삼기 위해 친 시초점이다.

최저는 제齊나라 대부大夫였던 최무자崔武子라는 인물이다. 당시 제나라

당읍堂邑을 맡아 다스리던 관리가 죽자 최무자가 조문을 갔는데, 그는 죽은 관리의 처인 강씨姜氏의 너무나도 아름다운 자태에 그만 홀딱 반해 버리고 말았다. 최무자는 마침 상처喪妻하고 홀아비로 있던 처지여서 그녀를 재취로 맞이하려고 했는데, 그녀의 동생이면서 최무자의 가신인 동곽언東郭偃이 반대하자 시초점을 쳐 보기로 하였다. 그 결과 곤困 육삼六三의 "곤지대과困之大過" 즉 "곤困괘가 대과大過괘로 변하는 괘"를 얻으니 사관史官들이 모두 길하다고 하였다. 그러나 제나라의 대부 진문자陳文子의 견해는 달랐다. 진문자는 점괘를 해석하여 다음과 같이 말하였다.

> 지아비(夫)가 바람(風)을 따르고 바람이 그 처를 떨어뜨리는 형국이니, 그녀를 아내로 맞을 수 없습니다.…… 곤困괘 육삼六三의 효사에, "돌에 걸려 곤경을 당하며 납가새(蒺藜)의 가시덤불에 의지하는지라, 그 집에 들어가더라도 아내를 보지 못할 것이니, 흉하다"(困于石, 據于蒺藜, 入于其宮, 不見其妻, 凶)라고 하였습니다. 여기서 '곤우석困于石'이란 가더라도 물을 건너가지 못하는 것을 가리키며, '거우질려據于蒺藜'란 믿는 것에 상해를 당할 것을 가리키며, '입우기궁入于其宮, 불견기처不見其妻, 흉凶'이란 돌아갈 곳이 없음을 가리키는 것입니다."

이 소리를 들은 최무자가 다시 말하기를, "그렇다고 하더라도 이미 과부인데 어찌 해롭겠는가? 그 죽은 남편이 이미 그런 흉사를 당한 것이다"라고 하고, 마침내 그녀를 아내로 맞아들였다.

이 최저가 행한 시초점에 퍼스의 해석체의 이론을 적용시켜 볼 때, 먼저 직접적 해석체는 시초점을 쳐서 얻은 곤困괘 육삼六三효의 괘상 그 자체로서, 구체적 해석이 행해지기 이전에 얻은 괘상의 형태라고 볼 수 있겠다. 곤괘에서 대과大過괘로 변하는 괘상의 변화를 관찰하는 것, 그리고 곤괘와 대과괘를 구성하는 소성괘小成卦와 호괘互卦에 연관된 상징적 의미를 이해하는 것이 직접적 해석체에 해당된다. 그리고 곤괘 육삼의 효사의 의미를 분석하지 않은 채로 이해하는 것도 역시 직접적 해석체에 해당될 것이다. 곤괘 육삼의 효사는 그 집에 들어가도 아내를 보지 못할 것이라고 했기 때문에 대단히 흉한 점사라는 것이 단번에 명백하게 인식된다. 물론 여기에는 아무런 반성적 사유가 가해지지 않은 상태에서 이러한 기호들이 전혀 분석되지 않은 효과를 만들어 낸다는 전제가 필요하다. 이 단계는 해석자가 자기 특유의 개인적인 체험이나 주관을 뒤섞지 않고 단지 사회적으로 통용되는 협약적 의미만을 인지하는 단계이다.

그리고 역동적 해석체는 그 직접적 해석체에 대한 사관의 해석, 진문자의 해석, 최저의 해석 등이 모두 거기에 해당된다. 이들은 모두 똑같은 기호를 관찰하였지만 각자의 주관적 해석에 따라 서로 다른 해석을 내놓았다. 곤괘 육삼의 효사는 "그 집에 들어가더라도 아내를 보지 못할 것이니, 흉하다"(入于其宮, 不見其妻, 凶)라고 하여, 매우 흉한 일이 닥칠 것임을 암시하였지만, 누가 흉사를 당할 것인지에 관해서는 분명하게 밝히지 않았다. 당시는 최무자가 강씨를 처로 삼으려 하던 상황이기 때문에, 그 집에 들어가더라도 그 처를 보지 못할 것이라는 점사는 당연히 최무자에게 닥칠 상황으로 해석되는 것이 가장 그럴듯해 보인다. 그러나 웬일인지 사관들은 이구동성으로 모두 길하다고 했는데, 아마도 대부인 최무자를 두려워했기 때문이었을 것이다. 한편 진문자는 『주역』의 전문적 해석법에 의거하여, 강씨를 아내로 맞아들인다면 불행한 일들이 닥칠 수밖에 없을 것이라고 주장하였다. 과연 진문자가 예견한 것처럼 최저는 나중에 강씨의 소생인 명明을 후계로 세우려고 하다가 본처소생들과 갈등을 빚어, "입우기궁入于其宮, 불견기처不見其妻"의 처지가 되어 마침내 자살하였다. 결국 이 점괘를 상황에 가장 부합하게 해석한 사람은 진문자인 것으로 판명되었다. 그러나 사랑에 눈이 먼 최저는 매우 설득력 있어 보이는 진문자의 해석을 받아들이지 않았다. 곤괘 육삼의 효사가 흉사를 예견하고 있기는 하지만 그 흉사는 이미 강씨의 전남편前男便이 당했으니 최무자 본인에게는 해가 되지 않는다는 아전인수我田引水의 해석을 내놓았던 것이다. 역동적 해석체는 해석자의 주관과 또 그가 처한 상황에 따라 각각 달라질 수밖에 없음을 이 예를 통해 알 수 있다.

그러면 여기서 궁극적 해석체에 해당되는 것은 무엇일까? 퍼스는 궁극적 해석체를 "충분한 사유의 전개과정을 거친 다음에 기호에 의해 마음에 형성되는 효과"라고 정의하였으니, 모든 사람이 동의할 수 있는 기호의 의미가 바로 궁극적 해석체라고 본 것 같다. 만일에 최저가 강씨를 아내로 맞아들여도 되는지에 관하여 점괘의 해석에 참여한 모든 사람들이 일치된 결론에 도달할 수 있다면, 우리는 그것이 궁극적이고 최종적인 해석체라고 말할 수 있을 것이다. 그러나 유감스럽게도 『주역』의 효사는 해석자의 주관에 좌우될 수밖에 없기 때문에, 과연 점괘의 해석에서 완전하고도 진정한 인식이 단일한 해석체로 존재할 수 있을까 의문시 된다. 만일에 궁극적 해석체가 형성되는 단계를 '기호의 의미에 관해 공동의 일치된 합의에 도달하는 단계'가 아니라 '어떤 특정한 해석이 최종적으로 어떤 행동을 촉발하는 효과가 있을 때의 단계'로 좁혀서 정의한다면, 최저가 그 점괘를 아내로 맞아들여도 된다는 것으로 해석하는 단계가 바로 이 궁극적 해석체에 해당될 것이다.

그러면 이번에는 기호의 종류에 어떤 것이 있는지 살펴보기로 하자. 퍼스는 기호를 대상의 본질적인 성격을 재현하기 위해서 사용되는 어떤 매개체를 의미한다고 보았는데, 이 경우 가장 일반적으로 사용되는 매개체는 시각적 수단이다. 시각적 수단으로서의 기호는 시각디자인(visual design)에 의해 만들어지며, 이때 중요한 것은 대상과 표현의 관계이다. 퍼스는 본질적 대상을 재현하는 시각적 기호의 예로 ①지표指標(index), ②유상類像(icon), ③상징(symbol)의 세 종류를 제시하고 있다.

첫째, 지표指標(index)는 기호와 개념 사이에 필연적 인과관계가 있는 것이다. 지표는 대상체(object, 지시대상)와 실존적 연결을 이루고 있으며, 그 대상체에 의해서 실제로 영향을 받고 그 사실에 의하여 그 대상의 기호로서 기능한다. 지표는 도상圖象과는 달리 그 대상체와 유사성을 가지지는 않으나, 그 대상과 물리적 인접성(contiguity)을 가지고 일방적으로 그 대상에 주의를 기울이게 한다. 만일 산에 불이 났을 때, 연기는 불과 필연적 인과관계를 가지고 있기 때문에 지표로 간주될 수 있다. 연기가 나는 것은 불이 난 것의 필연적인 결과이므로 연기는 산에 난 불을 표시해 주는 일종의 기호가 된다고 보는 것이다. 일반적으로 기호는 그것이 지시하는 대상과 실제적 관계가 아니라 임의적인 관계를 맺고 있다고 간주된다. 즉 '장미'라는 단어는 그것이 지시하는 꽃에서 자유롭게 분리될 수 있고, 그 꽃에 반드시 '장미'라는 명칭을 부여해야 할 아무런 필연적 이유는 없다. 그러나 퍼스는 인덱스(index)의 경우, 기호는 그것이 지칭하는 대상과의 실재적 관계를 표현한다고 주장하였다. 기호와 대상 사이에 물리적 연관이 존재한다는 것을 입증하기 위해 퍼스가 들기 좋아했던 예는 풍향계風向計(weather vane)이다. 풍향계는 그것이 지시하는 바의 대상 즉 바람에 대해 어떤 종류의 인과적 관계를 가지게 됨에 의하여 바람의 방향을 정확하게 표시해 주는 기호가 된다. 만일 바람이 그것을 돌게 만들지 않는다면 풍향계는 그런 기호가 되지 못할 것이다.[44]

둘째, 어떤 기호가 대상과 어떤 성질에 있어서 유사성(likeness)을 지니고 그것을 바탕으로 해서 그 대상의 기호가 되는 경우, 그 기호를 유상類像(icon) 혹은 도상圖象이라고 한다.[45] 도상은 실재의 대상을 실제 모습에 가장

---

44) Edited by Cheryl Misak, *The Cambridge Companion to Peirce* (Cambridge University Press, 2007), p.246; 찰스 샌더스 퍼스 저, 제임스 홉스 엮음, 김동식 · 이유선 옮김, 『퍼스의 기호학』, 34쪽.
45) 소두영, 『기호학』, 50쪽.

유사하게 재현하려는 수단이다. 도상기호에서는 표상체 자체가 대상체와 유사한 특성을 가진다. 즉 어떤 기호가 그 대상과의 유사성을 바탕으로 존재한다면 도상이라고 할 수 있다. 그러나 이 도상기호는 모든 방식을 통하여 그 대상체와 유사성을 가져야 할 필요는 없고, 어떤 방식으로든 그 대상과 유사하고 그 유사성이 표의表意기능의 충분한 근거만 된다면 성립될 수 있다. 퍼스는 인덱스의 경우뿐 아니라 모든 경우에 기호와 그것이 지칭하는 대상 사이에 물리적 연관이 존재한다고 주장하였다.[46] 유상도 대상을 실제 모습에 가장 유사하게 재현하려는 수단이기 때문에 당연히 그 대상에 대한 물리적 연관을 갖는다. 모나리자의 초상화를 예를 들어 보자. 그 초상화가 기호가 되는 것은 모나리자라는 실제 인물과의 유사성을 통해서이다. 그러나 양자 사이의 유사성만으로 기호와 대상의 관계가 성립될 수 있는 것은 아니다. 여기에 서로 매우 닮은 두 사람이 같이 있다고 해서 어느 한 사람이 다른 사람에 대해 기호가 되는 것은 아니다. 모나리자의 초상화가 모나리자에 대한 기호가 되는 것은, 그것이 그 사람의 생김새를 따라 그려졌고 그를 표상하고 있기 때문이다. 여기서 연관은 간접적인 것이다. 그 사람의 모습이 화가의 마음에 어떤 인상을 만들어 내고, 그것이 화가로 하여금 그와 같은 그림을 그리도록 작용한 것이다. 즉 화가의 마음의 매개를 통해서 하나(실제의 모나리자)가 다른 하나(초상화)를 야기한 것이다.[47] 유상은 표현하려는 대상과 그 기호가 필연적인 인과관계를 맺고 있지는 않다는 점에서는 상징과 마찬가지이지만, 대상과

---

46) 퍼스는 1873년에 쓴 手稿에서 자신이 기호의 임의성을 강조하는 기호학자가 아님을 다음과 같이 분명히 밝히고 있다. "기호는 그것이 의미하는 사물과 어떤 실질적 연관을 가지고 있는 것이 틀림없다. 그래서 대상이 나타나거나 기호가 이러저러하게 나타난다고 의미하는 방식으로 존재할 때 기호는 그것을 그와 같이 의미해야 하는 것이며, 그렇지 않을 경우에는 기호가 대상을 그렇게 나타내서는 안 된다."

47) 찰스 샌더스 퍼스 저, 제임스 홉스 엮음, 김동식·이유선 옮김, 『퍼스의 기호학』, 248쪽.

기호 사이에 일정한 유사관계가 있다는 점에서는 상징과 다르다. 즉, 유상은 표현하려는 대상의 특징을 포착해서 만들어진 기호이다. 남자화장실을 나타낼 때에는 흔히 바지 입은 사람의 모습을 기호로 사용하는데, 그것이 바로 유상이다. 대부분의 도로표지판 또한 유상에 속한다. 소를 그려놓은 도로표지판은 소가 지나다닐 수 있음을 경계시키는 표지판이며, 금지기호 밑에 트럭을 그려놓은 도로표지판은 트럭에 대한 통행금지를 표시하는 것이다.

셋째, 상징(symbol)이란 어떤 법규에 의하여, 혹은 일반관념의 연합에 의하여 그것이 지시하는 대상을 표의表意하는 기호이다. 이 경우 기호적 요소는 그것이 표현하려는 대상에 대해 유사성이나 구체성을 가지고 있지는 않지만, 사회적 약속에 의해 그 대상을 표의하는 것으로 해석되도록 작용한다. 상징은 그것을 사용하는 사람의 관념을 매개로 하여 그 대상과 결부되어 있으며, 그 연결은 매개물 없이는 존재할 수 없다.[48] 다시 말해서, 상징은 기호와 의미의 관계가 자의적으로 연결되어 있으며, 그 관계의 설정에 해석자의 참여가 요구된다. 예를 들어 장미꽃은 사랑이나 정열에 대한 상징으로 사용되지만, 장미꽃과 사랑 또는 정열 사이에는 아무런 필연적 인과관계나 유사성이 없다. 그러한 연관은 단지 해석자의 상상력에 의존하고 있을 뿐이다. 한자의 '木', 한글의 '나무', 영어의 'tree'라는 동일한 실재를 가리키는 각기 다른 기호들을 보더라도, '나무'(namu) 혹은 '트리'(tri)라는 소리기호와 그것이 지칭하는 대상 사이에 필연적 인과관계가 있는 것은 아니다. 즉 우리가 그 대상을 지칭하기 위하여 '나무'(namu)나 '트리'(tri)라는 소리기호가 아닌 다른 이름으로 부르는 것도 얼마든지 가능한 것이다. 이러한 기호를 상징이라 한다.

---

48) 소두영, 『기호학』, 55쪽.

그러면 『주역』의 괘상은 퍼스가 분류한 기호의 세 종류 중 어느 것에 속하는 것일까? 우선 지표(index)와 관련해서 보면, 상象은 그것이 지시하는 대상과의 관계에서 아무런 인과관계도 갖지 않으므로 그것을 지표로 볼 수는 없다. 둘째로, 유상(icon)과 관련해서 보면, 괘의 기호와 그것이 지칭하는 대상 사이에는 부분적으로 대상과의 유사성(resemblance)이 존재하므로[49] 괘상을 유상의 한 종류로 볼 수 있을 것이다.[50] 예를 들어, 건乾괘의 형태(☰)는 기氣의 흐름을 흉내 내어 만들어 낸 기호이며, 감坎괘의 형태(☵)는 흐르는 물의 움직임을 특징적으로 묘사한 기호이다. 셋째, 상징(symbol)과의 관계를 보면, 괘상은 대상과 필연적 관계로 연결되어 있는 것이 아니라 임의적 관계로 맺어진 것이므로 상징으로 간주될 수 있을 것이다. 특정한 괘가 어떤 특정한 대상에 대해 관계를 맺는 것은 어디까지나 기호제작자의 자의恣意에 의존한다. 이러한 퍼스의 정의에 입각해서 볼 때, 『주역』의 기호는 유상이면서 동시에 상징이라고도 할 수 있으므로 유상적 상징기호에 속한다고 하겠다.

이상에서 기호의 특성에 관한 퍼스의 논의를 검토하였다. 그러면 이번에는 기호를 사용할 때 적용하는 사유의 방법에 관한 측면을 다루어 보기로 하자.[51]

퍼스는 전통적인 추리방법인 연역법(deduction)·귀납법(induction)과 별도로 가추법假推法(abduction) 혹은 가설추론법假說推論法(abductive inference)을 제시하였

---

49) 일반적으로, 類像記號는 모든 면에서 모든 방식으로 그 대상과 유사할 필요는 없고, 어떤 점에서 어떤 양식으로 그 대상과 유사하고 그 유사성이 표의기능의 충분한 근거가 되기만 하면 된다. 따라서 유상기호는 그 대상의 특징만 추출되어 있으면 된다.(소두영, 『기호학』, 50쪽)

50) 마크 에드워드 루이스, 최정섭 옮김, 『고대중국의 글과 권위』(미토, 2006), 565쪽.

51) 퍼스의 가추법을 『주역』과 관련시켜서 논의한 논문으로는 다음의 논문이 있다. 박연규, 「괘象의 논리: '象'의 설명 가능성·퍼스(C. S. Peirce)의 가추법(abduction)에 의한 접근」, 『공자학』 제7호(한국공자학회, 2000).

는데, 가추법이란 주어진 사실에 대한 최선의 혹은 가장 그럴듯한 설명을 추론하는 가설추리假設推理의 방법을 가리킨다.[52] 그 특징은 ①전제 내용을 '질적으로' 확장한 지식, 즉 전제에 들어 있는 내용이 아니라 새롭게 추측해 낸 지식, ②이미 일어났지만 알려지지 않은 상태의 것을 추론해 낸 지식이라는 데 있다. 예를 들어, 어떤 주머니에서 나온 콩들이 모두 하얗다(법칙)는 것이 알려져 있다고 가정하자. 그런데, 여기에 하얀 콩들이 있는 것을 보고 그 콩들이 모두 이 주머니에서 나왔다고 추론한다면, 그것은 가추법이다. 가추법의 결론은 전제에서 '필연적'으로 나오는 것이 아니다. 콩들이 하얗다는 것만으로는 그 콩들이 이 주머니에서 나왔다고 할 수는 없다. 따라서 단지 '개연적으로 참'일 뿐이다.

가추법은 연역법이나 귀납법과는 다른 추리방식이다. 연역법은 '필연적으로 일어날 사실'을 알려 주고 귀납법은 '개연적으로 일어날 사실'을 알려 주는데, 가추법은 '이미 일어났지만 아직 모르는 사실'을 알려 준다. 예를 들어, 연역법은 모든 사람이 죽고 A가 사람이면, 'A는 필연적으로 죽는다'는 것을 알려 준다. 그리고 귀납법은 A, B, C, D……가 죽고 그들이 사람이면, '아마 모든 사람은 죽는다'는 것을 알려 준다. 그러나 가추법은 다르다. 사람은 모두 죽는데 A가 무엇인지는 모르지만 어쨌든 죽었다면 'A는 아마 사람일 것이다'라는 것을 알려 준다.

퍼스는 가추법이 과학적 발견의 논리의 핵심적 부분을 형성한다고 주장하였다. 가설적 추리는 본질적으로 새로운 가설을 형성해 가는 창조적인 과정이다. 과학적인 가설은 관찰로부터의 추상화를 통해서는 좀처럼 발견되지 않고, 종종 문제해결책으로서 자유롭게 제안된 추측(conjecture)으로부터 나왔다. 그러나 불행하게도 퍼스가 주장한 가추법의 중요성은 영미철학의

---

52) Abduction or abductive inference is generally taken to mean "inferring the best or most plausible explanations for a given set of facts." (*Encyclopedia Britannica*)

주류인 분석철학적 전통에 의해 대부분 무시되어 왔다.[53] 현대 논리학에서
는 가추법을 타당한 논증으로 인정하지 않는다. 그럼에도 불구하고 가추법
은 일상생활에서 가장 탐구적이고 생산적인 추론법이다.[54] 이미 일어난
사실을 토대로 아직 모르는 사실을 알아내려고 탐구하는 사람들은 모두
가추법을 사용한다. 예를 들어, A가 매일 당신에게 장미를 보낸다고 하자.
그런데 만약 오늘도 장미가 도착했다면 당신은 당연히 A가 보냈다고 생각할
것이다. 이것이 가추법이다. 물론 이 추리는 틀린 것일 수도 있다. 왜냐하면,
오늘 도착한 장미는 뜻밖에도 A가 아닌 다른 사람이 보냈을 수도 있기
때문이다. 이처럼 가추법을 통해 우리는 일반적인 예측을 할 수 있지만
그 예측이 반드시 성공하리라는 보장은 없다. 그럼에도 불구하고 예지
(prognostication)의 방법으로서의 가추법은 미래를 이성적으로 다스릴 수 있는
유일한 희망을 제공해 준다.[55]

저명한 미시사 연구가인 카를로 긴즈버그(Carlo Ginzburg)는 가추법적 추리가
점술적 패러다임(divinatory paradigm)의 특징적인 사유방식이라고 주장하였다.
점술(divination)은 이미 발생한 사건에서 어떤 징조나 징후를 읽고 그것을
해석함으로써 미래의 새로운 사실을 알아내기 위해 가설적 진단의 추론방
식(abductive diagnostic inference)을 사용한다.[56] 점술적 패러다임은 개인적 지식에

---

53) Yeoungyu Park, "The Semiosis of the Image(Xiang): A Peircean Approach to the Yijing" (A Dissertation paper, The University of Hawaii, 1998), p.3.
54) 가추법은 인식론적으로 세계에 대한 새로운 해석을 끊임없이 재구성하여 사물과 사물 사이를 유기적으로 이해하며, 논리적으로는 새롭게 만들어지는 해석들의 관련에 지속적인 관여를 하게 하는 추론과정이다. 그리고 가추법은 새로운 가정을 만들어 낸다는 뜻에서 창의적인 추론과정이며, 동시에 그러한 가추적 추론과정은 그렇게 창의적으로 만들어진 가정을 설명해야 한다는 당위를 가지고 있으므로 이성적인 추론과정을 포함한다. 그러므로 퍼스는 가추적 추론은 하나의 가정에 설명을 형성하는 과정이라고 주장한다.(박연규, 「관괘의 논리: '관'의 설명 가능성·퍼스(C. S. Peirce)의 가추법(abduction)에 의한 접근」, 『공자학』 제7호, 166쪽)
55) 움베르토 에코 외, 김주환·한은경 번역, 『논리와 추리의 기호학』, 제1장 「하나, 둘, 셋하면 풍성함이」(토마스 시벅), 55쪽.

근거하고 있으며 추측에 의해 도달 가능한 것이므로, 긴즈버그는 이를 '정황증거적 혹은 추측적 사유방식'(the evidential or conjectual way of thinking)이라고도 불렀다. 긴즈버그는 '추측推測'의 뜻으로 사용되는 'conjecture'라는 단어가 점술(divination)과 어원적으로 연관되어 있음에 주목한다. 'conjecture'는 본래 라틴어 'coniectura'에서 유래된 점술의 용어였다. 'coniectura'란, 예상하지 못하게 제시된 새로운 기호들을 추측에 근거해서 해석하는 것을 의미한다. 이 '새로운 기호들'이란 이전에 관찰되지 않았던 징조 혹은 징후들을 가리킨다. 'coniectura'는 'conicere'의 과거분사형인 'conjectus'에서 온 단어인데, 'conicere'는 함께(together)라는 뜻의 'com'과 던지다(throw)라는 뜻의 'jacere'가 결합된 단어이다. 그러므로 이 단어는 개별적으로 주어진 여러 정황적 증거들을 함께 연결하여 추측하는 것을 의미하였다. 이 단어는 '기호(signs)와 징조(omens)의 해석'을 뜻했으며, 또 '증거 없이 견해를 형성함'의 의미로 사용되었다.

고대 메소포타미아 지역에서는 희생동물의 내장을 관찰함으로써 미래를 예언하는 점술이 성행하였는데, 특히 이 지역의 바빌론인들은 내장의 간肝이 원래의 상태에서 변하는 모양을 관찰하여 점을 쳤다.[57) 한편 고대 중국에서는 제사의 희생에 쓰인 동물의 견갑골이나 '공납된 거북의 껍질에다 찬鑽·착鑿·작灼을 실시해서 그 복조卜兆를 관찰함으로써 일의 길흉을 판단하는 갑골점이 유행하였다. 이러한 점술들은 추론적 점술에 속하는데, 추론적 점술은 신적인 존재와 직접적으로 소통함으로써 그로부터 영감을 얻어 내는 직관적 점술과는 구별된다. 복卜은 시초蓍草 줄기를 사용하여 점을 치는 서筮로 대체되었는데, 『주역』의 점술이 바로 그것이다. 설시揲蓍하여 괘를 만드는 서筮의 과정은 수數의 연산과정을 통하여 이루어지는데, 여기에도 추론적 요소가 포함되어 있다. 그러나 운명을 점지하는 괘를

56) Michael Shanks, *Classical Archaeology of Greece*, p.39.
57) 이 책 제1부 제1장의 '1. 고대 서구에서의 기호 사용의 기원' 참조.

결정한다고 해서 그것으로 끝나는 것은 아니고, 그 괘에 속한 점사를 해석하는 과정을 거쳐야만 점술의 과정이 최종적으로 완결된다. 그런데 이 점사의 해석에 어떤 확정된 객관적 답안이 있는 것은 아니다. 그러므로 여기서는 어디까지나 해석자가 여러 가지 정황을 참고하여 점사를 해석해야 하는데, 가설적 진단의 추론방식 즉 가추법이 사용되는 것은 바로 이 최종단계에서이다.

## 3. 모리스의 화용론과 『주역』

찰스 윌리엄 모리스(Charles William Morris, 1901~1979)는 기호학의 관점에서 논리학과 실용주의의 통합을 시도한 미국의 철학자이다.[58] 모리스는 퍼스의 영향을 강하게 받았으며, 듀이(J. Dewey)와 미드(G. H. Mead)의 사회적 행태주의(social behaviourism) 및 카르납(R. Carnap)과 노이라트(O. Neurath)의 논리실증주의(logical positivism)를 종합하려고 시도하였다. 그는 『통합과학의 국제 백과사전』(International Encyclopedia of United Sciences)의 제1권에 해당되는 『기호이론의 토대들』(Foundations of the Theory of Signs)에서 기호학을 모든 학문을 아우르는 통합과학(unified science)으로 정초시키려는 원대한 계획을 시도하고 있다.

모리스는 기호학을 모든 과학의 오르가논(organon)으로 간주한다. 기호학은 언어학·논리학·수학·수사학·미학과 같은 개별 기호과학에 그 기반을 제공하며, 모든 과학은 각자 고유의 관여적인 기호분석을 위해 기호학으로부터 개념과 일반원칙을 찾아야 한다는 것이다.[59] 기호학을 모든 학문에

---

58) 모리스의 주요 저서로는 『기호이론의 토대들』(Foundations of the Theory of Signs, 1938), 『기호·언어·행동』(Signs, Language, and Behavior, 1946), 『기호의 일반이론에 관한 저술』(Writings on the General Theory of Signs, 1971) 등이 있다.

적용될 수 있는 하나의 메타과학(meta science)으로 정립하려는 그의 의도는 다음 발언에서 분명하게 드러난다.

마치 원자(atom)라는 개념이 물리과학의 근본이고 세포(cell)라는 개념이 생명과학의 근본인 것과 마찬가지로, 기호(sign)라는 개념은 인간에 관한 학문의 기본이라 믿어도 엉뚱한 것 같지 않다.[60]

요컨대, 모리스의 '세미오틱스'(semiotics)는 기호들의 과학(science of signs)이다. 퍼스는 '세미오틱스'를 기본적으로 인간과 관련된 과학으로 간주하였으나, 모리스는 기호의 일반이론을 동물 유기체의 기호처리과정의 영역까지도 포함하도록 확장시켰다.[61] 모리스는 자신의 기호학이론을 형성함에 있어 퍼스의 영향을 많이 받았으나, 세부적인 점에서는 상당한 차이가 있었다. 즉 퍼스는 "모든 사고는 기호이다"(every thought is a sign)라는 전제 아래 지각 (perception)의 보편적 범주에 입각한 기호철학을 구상하였던 반면에, 모리스는 생물학적 기초 위에서, 특히 행태주의적 과학의 틀 안에서 기호학을 전개하고자 하였다. 이러한 차이점에도 불구하고 기호를 파악하는 두 사람의

---

59) 모리스는 『기호이론의 토대들』(Foundations of the Theory of Signs)에서 다음과 같이 말하고 있다. "(기호학은) 과학들 중의 하나일 뿐 아니라 제 과학의 수단이다. 과학으로서 기호학의 의의는 과학의 통일을 위한 과정에 있다. 왜냐하면 기호학은 언어학·논리학· 수학·수사학·미학과 같은 개별 기호과학에 그 기반을 제공하기 때문이다."(p.80) "모든 경험과학은 믿을 만한 기호로서 데이터를 찾는 데 열중한다. 또한 모든 과학은 그 결과를 언어기호로 표현한다.⋯⋯ 모든 과학은 각자 고유의 관여적인 기호분석을 위해 기호학에서 개념과 일반원칙을 찾아야 한다. 기호학은 단순히 과학들 중의 하나가 아니라 모든 과학의 오르가논, 수단이다."(p.134) 이상은 김치수 외, 『현대기호학의 발전』, 78쪽으로부터 재인용.

60) Charles W. Morris, Foundations of the Theory of Signs, Vol.I (Chicago: The University of Chicago Press, 1938), No.2, p.42, "Indeed, it dose not seem fantastic to believe that the concept of sign may prove as fundamental to the sciences of man as the concept of atom has been for the physical sciences or the concept of cell for the biological sciences."

61) Winfried Nöth, Handbook of Semiotics, p.49.

관점은 다음과 같은 전제를 공유하고 있었다. 즉 어떤 것이 기호가 되는 이유는 오로지 그것이 어떤 해석자에 의해 어떤 것의 기호로 해석된다는 데 있다는 전제이다. 기호학은 특별한 종류의 대상에 관한 연구에 관여한다 기보다는 일상적인 대상의 연구에 관여하는 학문이다. 다만 그 대상이 세미오시스(semiosis)62)에 참여하는 한에 있어서 그 대상은 기호학의 관심대상이 된다.63)

모리스는 퍼스의 영향을 받아 기호과정(semiosis)을 기호전달체(sign vehicle), 지시체(designatum; significatum), 해석체(denotatum; interpretant)라는 삼항관계의 체계로 되어 있다고 간주하였다. 예를 들면, 갑자기 들려오는 기적소리는 열차가 다가오고 있음을 알려 주는 징표이다. 이때 기적소리는 기호전달체(sign vehicle)가 되고, 누군가가 그 소리를 듣고 '열차가 다가온다'라고 생각하는 행위는 해석체(denotatum)가 된다. 그리고 그 생각되는 내용 자체, 즉 '열차가 다가오고 있다'는 사실은 지시체(designatum)가 된다.64)

또 모리스는 『기호·언어·행동』(Signs, Language, and Behavior)에서 기호학의 하위적 구성요소를 구문론(syntactics), 의미론(semantics), 화용론(pragmatics)의 세 부분으로 분류하고 있다.

우선 구문론은 기호학의 하위영역 중에서 가장 발전된 분야로, 특히 언어학의 영역에서 많은 연구가 수행되어 왔다. 구문론을 언어학에서는 통사론統辭論이라고도 하는데, 기호들 사이의 형식적 관계를 다루며 기호 사용을 지배하는 논리적·문법적 규칙을 탐구한다.65) 언어학적·논리적

---

62) 세미오시스(semiosis)는 퍼스가 만들어 낸 용어인데, 모리스는 이를 "어떤 것이 어떤 유기체에게 기호가 되는 과정"(a sign process in which something is a sign to some organism)으로 정의하고 있다.

63) Winfried Nöth, *Handbook of Semiotics*, p.49.

64) 김치수·김성도·박인철·박일우, 『현대기호학의 발전』, 75쪽.

65) 구문론이나 통사론이라는 번역어는 모리스가 정의한 'syntactics'의 관념을 언어학적 술어로 고착시킬 위험이 있다. 모리스는 'syntactics'를 기호 일반의 관계에 관한 학문

통사론(syntax)에 대비해 볼 때 '구문론'(syntactics)은 단순한 언어기호 이상의 것을 그 속에 포함하고 있다. 구문론은 기호체계 내부에서의 기호매체들 상호 간의 관계를 분석하는데, 오직 기표記標만을 대상으로 삼고 기의記意는 고려 대상에 넣지 않는다. 논리적 구문론(logical syntax)에서는 언어의 논리문법적 구조에 집중하기 위해서 기호 작용의 의미론적 혹은 화용론적 차원을 의도적으로 무시한다.[66] 포스너(Posner)는 모리스의 '구문론'(syntactics) 개념에는 세 가지 다른 정의가 포함되어 있다고 했는데,[67] ①구문론적 규칙에 종속되는 한에서, 기호와 기호의 결합에 대한 고찰, ②여러 가지 종류의 기호들이 기호의 복합체를 형성하기 위해서 결합되는 방식에 대한 연구, ③기호 상호 간의 형식적인 관계에 관한 연구가 그것이다.

그 다음으로, 의미론에서는 기호전달체(sign vehicle)가 지시체(designatum)와 맺는 관계를 다룬다. 모리스의 초기 정의에 따른다면, 의미론은 기호들이 그 지시체들(designata)에 대해 갖는 관계를 다룬다. 즉, 의미론은 기호가 지시하는 바의 것에 대해 다룬다. 이러한 초기 정의에 따르면 의미론은 지시대상의 측면을 다루는 것이지 의미의 측면을 다루는 것이 아니다. 그러나 후기에 가서 모리스는 의미론에 관해 보다 포괄적인 정의를 내린다. 즉 의미론은 기호의 의미화 과정(signification of signs)에 대해 연구하는 기호학의 한 분야이다. 모리스의 정의를 종합한다면, 의미론이란 결국 기호와 그것이 적용되는 표시대상과의 관계를 연구의 대상으로 삼으며, 아울러 기호가 어떤 대상이나 상황에 적용될 수 있는 의미규칙을 규정하는 기호학의 한 분야라고 정의할 수 있다.

---

분야로 규정한 것이지 언어학적 술어에 국한시킨 것이 아니기 때문에 구문론이나 통사론이라는 번역어는 모리스의 관점을 표현하기에 적합한 술어는 아니지만, 아직 뚜렷한 대안이 없기 때문에 일단 이 용어들을 현재의 관례대로 사용하고자 한다.

66) Charles W. Morris, *Foundations of the Theory of Signs*, Vol.I, No.2, p.14.
67) Winfried Nöth, *Handbook of Semiotics*, p.51.

마지막으로 화용론은 기호와 그 해석자(interpreter)와의 관계를 다루는 분야로서, 기호학의 탐구 중에서 가장 넓은 영역을 지닌다. 모리스에 따른다면, 화용론은 기호의 기원·용도·효과 등을 기호 해석자의 모든 행동의 범위 내에서 탐구하는 기호학의 한 분야이다. '화용론'으로 번역되는 '프래그머틱스'(pragmatics)는 모리스가 퍼스의 실용주의(pragmatism)에 영향을 받아 만들어 낸 새로운 조어로서, 행동 혹은 활동을 뜻하는 그리스어 '프라그마'(pragma)에 어원을 두고 있다. 화용론을 처음으로 언급한 것은 모리스였으나, 개별 학문으로서의 화용론이 무엇을 연구하는 학문인지는 명확하지 않다. 어쨌든 모리스가 제안한 화용론의 연구분야는 현재의 언어학적 화용론보다 훨씬 더 포괄적인 것이었다. 언어학적 화용론은 언어학자 리치(Leech)가 정의한 것처럼 "발화發話(utterances)가 어떻게 상황 속에서 의미를 지니게 되는가에 대한 탐구"이다.[68] 그러나 모리스의 화용론은 기호의 작동과정과 관련해서 발생하는 모든 심리학적·생물학적·사회학적 현상들을 연구대상으로 삼는다.[69] 오스틴(John Austin)과 설(John Searle)로 이어지는 영미 계통의 화용론에서는 주로 담화이론의 분석에 치중하는 나머지, 그 사상적 근원이 쉽게 망각되는 경향이 있다.[70] 그러나 모리스의 화용론은 기호와 의미를 포괄하는 전체적 이론의 통합적 기초로서 작용한다.[71]

---

68) Winfried Nöth, *Handbook of Semiotics*, p.52, "The linguist Leech defines it as 'the study of how utterances have meanings in situations.'"

69) 모리스가 언급한 화용론은 기호들의 기능에서 나타나는 모든 심리학적·사회언어학적·신경언어학적 현상들을 포괄하는 광의의 화용론으로서 언어학적 화용론보다 훨씬 광범위하다. 반면에 카르납(Carnap)은 언어분석철학의 관점에서 세 영역을 정의하였는데, 통사론은 표현들 사이의 관계를 기술하고 의미론은 표현과 그것들의 지시물 사이의 관계를 분석하며 화용론은 언어사용자가 분명히 언급하는 것을 다룬다고 한다. 카르납의 화용론은 협의의 화용론으로서 화용론을 자연언어의 연구와 동일시한다. 여기서 우리는 『주역』의 화용론적 기호학을 정립함에 있어 언어분석철학에 기반을 둔 카르납의 협의의 정의보다 심리학적·사회언어학적 모든 현상들을 포괄하는 모리스의 광의의 정의가 보다 적합하다는 것을 깨닫게 된다.

70) 김성도, 『기호, 리듬, 우주—기호학적 상상력을 위하여』, 282쪽.

모리스는 화용론이 기호가 작동될 때 발생하는 모든 심리학적·생물학적·사회학적 현상들을 다룬다고 말한다. 즉 화용론은 생명체의 활동과 관련된 세미오시스의 모든 측면들을 다룬다.[72]

화용론에서는 기호전달체(sign vehicle)가 해석체(interpretant)와 맺는 관계에 대해 탐구한다. 즉 화용론은 어떤 기호가 어떤 해석내용을 가지고 있는가를 기호의 사용자인 해석자와의 관련에서 고찰하는데,[73] 기호와 이를 해석하는 해석자 혹은 사용자 사이에 존재하는 반응이나 영향을 통해 기호의 효과 등을 분석한다. 이것은 구조화된 인터페이스(interface)[74]가 시각적으로 재현되어 나올 때 사용자들이 그것을 어떻게 해석하고 이해하여 반응하는가에 대한 것이다. 모든 기호에는 휴먼 인터페이스(human interface)로서의 측면이 있다. 역설적으로 말한다면, 기호는 인터페이스를 디자인하기 위한 하나의 수단에 불과하다. 기호란 기호사용자의 의사소통을 위해 동원된 매체이며, 기호사용자는 이 매개체를 통해서 기호의 제작자가 보낸 기호를 거꾸로 재해석하게 된다.

모리스의 분류법은 『주역』의 기호체계의 분석을 위해서도 의미 있게 적용될 수 있을 것이다. 기호론의 영역을 『주역』에 적용시켜 본다면 다음과 같이 된다.

---

71) 김성도, 『기호, 리듬, 우주-기호학적 상상력을 위하여』, 285쪽.
72) Charles W. Morris, *Foundations of the Theory of Signs*, Vol.I, No.2, p.30.
73) 김치수·김성도·박인철·박일우, 『현대기호학의 발전』, 59~61쪽.
74) 최근에는 '인터페이스'라는 용어가 컴퓨터 용어로 많이 사용되고 있다. 예컨대 '그래픽 사용자 인터페이스'(Graphic User Interface: GUI)라는 말은 컴퓨터 사용자로 하여금 환경공학적으로 더욱 만족스럽고 편리함을 느낄 수 있도록 그림을 이용한 의사소통 방법을 제공하는 것을 가리키고 있다. 여기서 인터페이스란, 사용자가 컴퓨터나 프로그램과 의사소통을 하고 사용할 수 있도록 해 주는 물리적 도구나 논리적 수단을 의미한다. '인터페이스'(interface)가 동사로서 사용될 때는 다른 사람이나 객체와 의사소통을 한다는 것을 의미한다. 특히 하드웨어 장비에 있어 인터페이스 한다는 것은, 두 장비가 효과적으로 교신하거나 함께 일할 수 있도록 적절한 물리적인 연결을 확립하는 것을 의미한다.

첫째로, 구문론(통사론, syntactics)은 기호들 사이의 형식적인 관계를 다루는 것이므로 이를 『주역』에 적용한다면, 괘와 괘 사이의 관계를 설명하는 이론이 여기에 해당된다. 역학이론들 중 대부분의 상수학적 방법론이 여기에 속한다. 상수학의 방법론 중 괘변卦變·효변爻變·호체互體 등은 모두 기호들 상호 간의 변화 및 결합관계를 규정한 공식으로서 통사론적 규칙(syntactical rule)을 제시한 것이다. 예를 들어, 괘변설의 변형된 한 유형에 속하는 정약용의 추이설推移說에서는 괘변에 관한 규칙을 다음과 같이 정립하고 있다. 연괘衍卦는 벽괘辟卦로부터 변하는 것인데, 같은 수의 음과 양으로 구성된 연괘와 벽괘의 관계에 있어서 연괘는 벽괘로부터 변하게 되지만 벽괘가 연괘로부터 변할 수는 없다. 그리고 정약용이 역사해석을 위해 수립한 「독역요지讀易要旨」도 역시 구문론적 규칙들에 관련된 것이다. 예를 들어, 제6칙인 '유동留動'은 괘주卦主일 때는 효변爻變을 취해서는 안 된다는 규칙이며, 제9칙인 '쌍소雙遡'는 연괘가 두 개의 모괘母卦를 벽괘로 취하게 될 경우 괘사는 반드시 양쪽으로 그 근원을 소급해 가서 이중으로 상을 드러내게 된다는 규칙이다.

한편 소옹은 64괘가 연역되어 나오는 괘의 형성 과정을 추론하였는데, 이것도 역시 『주역』에 관한 구문론적 분석의 대표적 사례라고 할 수 있을 것이다. 마치 그리스의 수학자들이 공리체계로부터 연역되어 나오는 기하학을 구상했던 것처럼, 소옹은 음양의 이원적 요소로부터 64괘가 연역되어 나오는 괘의 생성질서를 제시하였다. 이것은 일종의 논리적 구문론(logical syntax)으로서, 기호들이 어떠한 관계 속에 묶여야 하는지, 또 기호들이 어떠한 조건에서 어떻게 변화하는지에 관한 규칙들을 제공한다. 따라서 상수학적 방법들은 괘의 기호들의 관계를 규정하는 구문론적 규칙이며 기호문법(grammar of signs)이다.

둘째로, 의미론은 기호와 기호들의 지시체(object, 즉 designatum) 사이의 관계를 다루는데, 역학의 영역에서는 괘와 괘의 지칭 대상의 관계에 상응된다. 역학에서 구문론적 이해란 의미론과 화용론으로 나아가기 위한 예비적 단계에 불과하다. 왜냐하면 기호가 어떠한 의미와 연계되는지를 해명하지 못한 채로 기호들 사이의 순수한 형식적 관계만을 탐구하는 것은 맹목적일 뿐 아니라 무의미하기 때문이다. 「설괘전」에서는 팔괘의 기호가 지칭하는 대상을 하나하나 열거하고 있는데, 이것은 기호를 통해서 그 기호가 지칭하는 의미를 탐구하는 것에 해당된다. 괘사의 의미 파악이란 결국 「설괘전」의 설명에 입각하여 괘상의 의미를 탐구하고 각각의 괘상이 어떻게 괘사와 연관되는가를 분석함으로써 이루어진다. 「설괘전」에 의존하지 않는 해석은 무모할 뿐 아니라 자의적 해석의 위험을 내포한다.

중요한 것은 의미론의 엄밀한 이론적 전개가 구문론의 발전에 일정 부분 의존한다는 점이다. 괘변·효변 등의 해석학적 규칙들을 활용한 괘상의 해석은 그러한 방법론을 활용하지 않았을 때의 괘상의 해석과 다를 수밖에 없으며, 많은 경우 더 엄밀하고도 정확한 해석의 기회를 제공한다. 예를 들어, 건乾괘의 효사에는 용이 여러 차례 등장하지만 「설괘전」에서는 건乾이 아니라 진震을 용의 기호에 배정하고 있기 때문에 많은 해석자들은 「설괘전」이 잘못된 것이 아닌지 의심하였다. 그러나 정약용은 괘변설과 효변설을 활용할 경우 숨겨져 있는 용이 드러나기 때문에 용의 괘상이 성공적으로 도출될 수 있음을 입증하였다. 괘상뿐 아니라 역사易詞 해석에 있어서도 또한 의미론적 규칙(semantical rule)들이 필요하다. 형亨·정貞·회悔·린吝·려厲·무구无咎75)·유부有孚 등의 점사가 무엇을 의미하고 어떠한

---

75) '无咎'의 '无'를 '無'로 쓰지 않고 '无'로 쓴 것은 역학사의 오랜 관례를 따른 것이다. 최근의 출판물에서 『주역』 경문의 '无'를 '無'로 표기한 경우들이 가끔 보이기는 하지만 그것은 그저 편의에 따른 것일 뿐이고, 현대에 출판되는 대부분의 『주역』 관련 문헌에서는 여전히 '无'자로 표기하고 있다. 참고로 『주역』에 관한 가장 오래된 출토문헌인 上博 『주역』(상해박물관 소장 초간 『주역』)에서는 모두 '亡'자로 적고 있지만 馬王堆帛書

조건 밑에서 어떠한 괘상과 연계되어 해석되어야 하는지를 규정하는 규칙들이 설정되어야 한다. 정약용은 「역례비석易例比釋」이라는 제목 아래 이러한 의미론적 규칙들을 열거하고 있다.

셋째로, 화용론은 괘의 기호가 그 기호의 사용자에 의해서 어떻게 활용되고 있는가의 측면을 다루는 영역이다. 구문론적 규칙(syntactical rule)이 기호전달체(sign vehicle)들 사이에서의 기호의 관계를 규정하는 규칙이고 의미론적 규칙(semantical rule)이 기호전달체와 다른 대상들 사이의 관계를 규정하는 규칙이라고 한다면, 화용론적 규칙(pragmatical rule)은 기호전달체가 그것을 사용하는 기호해석자들에게 기호가 될 수 있도록 하는 조건들에 관해 서술한다.[76] 화용론적 관점을 『주역』의 기호론에 적용시켜 본다면, 괘의 기호와 그 기호가 탄생한 생활세계와의 연관을 탐구하는 것에 해당될 것이다. 화용론적 연구는 괘상과 괘사 등이 그 기호체계의 사용자인 인간에 의해서 어떻게 이해되고, 그들의 사회적 환경 속에서 어떤 행동을 하도록 촉발하는 효과가 있는지 등을 탐구한다. 여기에는 기호와 윤리적 실천의 관계, 기호와 길흉의 관계, 기호와 도구제작의 관계 등의 주제가 포함될 수 있다. 구문론과 의미론도 역학 해석에 있어 중요한 연구분야인 것은 틀림없으나, 점괘가 사용된 기호공동체인 생활세계 속에서 그 기호가 어떤 용도로 사용되고 인간의 구체적 삶에 어떠한 목적으로 활용되었는가의 측면이 가장 중요하다. 따라서 『주역』의 기호학에서도 역학 해석의 궁극적 목표로서 설정되어야 하는 것은 이 화용론적 측면이다.

---

『주역』에서는 '无'로 적고 있다. 따라서 일찍부터 '无'로 정착되었다고 보아야 한다. 원래 '無'는 사람이 정면으로 서서 손에 장식물을 들고 춤추는 모습을 본 뜬 글자로, '舞'자의 본 글자이다. 『주역』의 전통에서 굳이 古字인 '无'자로 쓰는 것을 고수하는 것은, 이것이 '없다'는 의미로서 '춤추다'의 의미의 '舞'자 계열에 속하는 글자가 아니라는 점을 강조하기 위해서이다.

76) Charles W. Morris, *Foundations of the Theory of Signs*, Vol.I, No.2, p.35.

사실, 화용론적 관점은 서구적 전통에서는 최근에 이르러서야 개발되기 시작한 것이지만 동양의 전통에서는 아주 오래 전부터 이미 익숙한 것이었다. 점술의 기호체계는 혼인·질병·이사·여행 등 일상사에서 부딪히는 여러 문제를 해결하기 위한 수단이었다. 어디 그뿐인가?『역』의 기호는 우주의 생성, 자연의 변화, 올바른 예법 등 철학과 윤리를 표현하는 수단이기도 하였다. 이처럼 동양의 전통 속에서는 기호가 생활세계에서 다양한 측면으로 활용되고 있었는데, 이것은 서구의 전통에서 인공기호가 수학 및 기호논리학 등 형식과학(formal science)의 표현수단으로 주로 활용되었다는 점과 비교해 볼 때 좋은 대조가 된다. 기호를 내용이 제거된 형식논리의 매개체로 사용하는 것과 인간의 희로애락의 삶을 표현하는 수단으로 사용하는 것은 큰 차이가 있다.

그 다음으로 모리스는 기호의 용도에는 네 가지 차원이 있다고 하였다. 첫째, 어떤 것에 관한 정보를 알려주기 위해 사용될 때 기호는 정보적 용도(informative usage)를 갖는다. 정보적 용도란 대상을 객관적으로 진술하기 위해 상징을 사용하는 것을 가리킨다. 둘째, 대상들에 대한 우선적 선택을 도와주고 어떤 사태에 대한 행동지침을 주기 위해 사용될 때 기호는 가치적 용도(valuative usage)를 갖는다. 셋째, 상대자에게 어떤 연쇄적 반응(response sequence)을 유발하기 위해 사용될 때 기호는 유발적 용도(incitive usage)를 갖는다. 넷째, 특정 행동을 조직화하거나 어떤 체계나 사상을 갖도록 하기 위해 사용될 때 기호는 체계적 용도(systemic usage)를 갖는다.[77] 기호는 그 자체로 독립적으로 존재하는 것이 아니라 체계의 한 부분으로 소속되어 있다. 따라서 기호를 이해하기 위해서는 기호와 그 지시체(referent)와의 관계뿐 아니라 개별적 기호에 의미를 부여하는 기호의 전체 체계를 파악하는

---

77) 김치수 외,『현대기호학의 발전』, 88쪽; 소두영,『기호학』, 62쪽.

것이 중요하다. 그런데 기호를 해석하는 표준화된 양식을 제공하는 것은 사회문화적 과정이다. 개인은 문화의 한 구성부분이므로 개인의식을 형성하고 문화적 규범에 영향을 미치는 사회문화적 원리와 분리된다면 기호체계에 관한 연구는 원천적으로 불가능하다. 기호란 개인들이 약속에 의해 거기에 어떤 특정한 의미를 부여하고 그 사용규칙을 정한 것이다. 따라서 기호공동체가 개인들 간의 협약(convention)을 승인함으로써 사회적으로 유통되게 된다.

그렇다면 모리스가 말한 기호의 네 가지 용도를 『주역』에 적용해 보기로 하자.

첫째, 기호의 정보적 용도와 관련하여, 『주역』의 기호는 점치는 사람이 어떠한 상황에 처해 있는가를 알기 위해 사용되는 것이므로 정보를 고지告知하는 측면이 있는 것은 틀림없다. 다만 점술이 기본적으로 계시(orcle)를 받기 위한 수단으로 사용되는 것이기 때문에, 대상의 객관적 진술을 위해 기호가 사용되기보다는 오히려 기호사용자의 실존적 정황에 맞추어 정보가 주관적으로 해석되는 경향이 강하다.

둘째, 기호의 가치적 용도와 관련된 것으로는 길吉·흉凶·회悔·린吝 등의 점사가 있다. 좋은 상황이 예견되면 '길吉'이라고 하고, 좋지 않은 상황이 예견된다면 '흉凶'이라는 판단을 내린다. 또 잘못된 상황에 처하게 되었지만 잘못을 고쳐 좋은 방향으로 나가게 되면 '회悔'라고 하고, 잘못된 상황에 처하고서도 그 잘못을 고치기를 꺼려하면 '린吝'이라고 한다. 그 밖에 가치평가적 판단을 포함하고 있는 형亨·무구无咎·려厲 등의 점사가 상당히 많이 있다.

셋째, 『주역』의 기호는 군자가 괘상에 대한 완상玩賞을 통해 자신의 출처진퇴出處進退를 결정하는 행위의 준거틀(frame of reference)로도 활용되었는데, 이는 행위유발적 측면에 해당될 것이다. 만일에 어떤 점사가 좋은 징조로 해석된다면 그 점사는 좋은 결과를 촉진할 수 있는 행동에 대한 권유의 의미를 내포하고 있고, 반대로 점사가 나쁜 징조로 해석된다면 그것은 나쁜 결과를 야기할 수 있는 행동에 대한 경계의 의미를 내포하고 있다.

넷째, 『주역』에 체계적 의미를 부여하는 것은 『주역』의 점술이 사용되었던 주나라의 생활세계이다. 이러한 주나라의 생활세계를 사회문화적 배경으로 해서 『주역』의 체계가 의미를 발휘하는 것이므로, 『주역』의 체계적 용도를 이해하기 위해서는 주나라의 문화와 사회 속에서 『주역』이 활용되었던 사회문화적 맥락에 초점을 맞추어야 할 것이다.


## 4. 보드리야르의 시뮬라시옹과 『주역』


현대 프랑스의 사회학자 장 보드리야르(Jean Baudrillard, 1929~2007)가 제시한 '시뮬라시옹'(simulation)과 '시뮬라크르'(simulacres)의 개념은 『주역』의 기호론적 성격을 파악하는 데도 유용한 준거틀(frame of reference)을 제공한다. 보드리야르는 실재가 파생실재로 전환되는 과정을 '시뮬라시옹'[78]이라고 부르고, 실재의 인위적인 대체물을 '시뮬라크르'[79]라고 불렀다. 보드리야르는 '시뮬

---

78) 프랑스어 '시뮬라시옹'에 대응되는 영어 단어는 시뮬레이션(simulation)인데, '시뮬레이션'은 본래 동사 '시뮬레이트'(simulate)에서 나온 말이다. 시뮬레이트는 '흉내 낸다'는 뜻의 라틴어 '시뮬라레'(simulare)에서 유래하였는데, '시뮬라레'는 '비슷하다'·'유사하다'라는 뜻의 '시밀리스'(similis)에 어근을 두고 있는 단어이다. 어원적으로 분석한다면, '시뮬레이션'이란 결국 실제로 존재하는 대상이나 사태 혹은 과정의 특징을 흉내 내어 모사(imitation)함으로써 그 실재와 유사한(similis) 형태로 만들어 내는 행위를 의미한다고 하겠다. 요컨대 시뮬레이션이란 실제로 존재하는 대상이나 사태 혹은 과정의 특징을 흉내 내어 모사함으로써 그 실재와 유사한 형태로 만들어 내는 행위를 의미한다. 따라서 시뮬레이션이란 결국 유사실재와 원본이 되는 실재와의 관계에서 발생하는 행위이다.

라시옹'과 '시뮬라크르'의 개념을 통해, 원래의 실재로부터 파생실재가 생겨나고 이러한 파생실재가 원래의 실재를 대체해 가는 과정을 분석하였다. '시뮬라시옹'이 최초로 형성될 때는 실재의 원상原狀을 반영한 복제모형(replica)이었다. 그러나 시간이 경과함에 따라 '시뮬라시옹'은 원래 그것이 지칭하던 구체적 실재의 대상으로부터 점차 멀어지기 시작하고, 결국 실재로부터 분리된 '시뮬라시옹'은 더 이상 실재와 연결될 수 있는 끈을 갖지 않게 된다. 이렇게 해서 '시뮬라시옹'은 원본을 갖지 않는 실재, 즉 파생실재(hyper-real)가 된다.

보드리야르는 현대사회가 모든 실재와 의미를 상징과 기호로 대체해 왔으며, 인간의 경험은 실재 그 자체라기보다는 실재의 '시뮬라시옹'이라고 주장한다. '시뮬라크르'는 지각된 실재를 창조하는 문화와 미디어의 기호들이다. 현대사회는 시뮬라크르에 지나치게 의존적으로 되어 왔기 때문에, 시뮬라크르가 근거해 있는 실재세계에 대한 접촉을 상실했다. 보드리야르는 사회의 역사적 발전과정에 따라 시뮬라크르의 세 종류의 질서가 차례로 출현했다고 주장한다. 일차적 질서는 전근대사회의 양상과 연관되어 있으며, 여기서는 이미지(image)가 실재적 대상에 대하여 명백하게 인위적 표지의 역할을 한다. 이차적 질서는 산업혁명과 연관되어 있으며, 이미지와 실재의 구별이 대량생산된 복제품들의 급증으로 말미암아 무너지게 된다. 이 단계에 이르면, 실재를 흉내 내어 만들어진 복제물들은 그 원본과 구별할 수 없을 정도로 정교하게 만들어져서 원본의 지위를 대체하려고 위협하게 된다. 삼차적 질서는 포스트모던사회의 양상과 연관되어 있는데, 이 시기에

---

79) '시뮬라크르'(simulacres)는 라틴어 '시뮬라크럼'(simulacrum, 복수는 simulacra)의 프랑스식 표기이다. 라틴어사전에 따르면, 시뮬라크럼(simulacrum)은 형상(image), 비슷함(likeness), 초상화(portrait), 동전에 주조된 초상(effigy), 그림자(shade), 유령(ghost), 흉내(imitation), 환영(phantom), 가상(appearance) 등을 뜻한다. 그러나 들뢰즈 이후 시뮬라크르는 '원본 없는 복제' 혹은 '복제의 복제'의 의미로 사용되고 있다.

는 시뮬라크르가 원본에 선행하고 실재(reality)와 재현(representation)의 구별이 무너져서 실재는 사라지고 오직 시뮬라크르만이 남게 된다. 여기서 전통적인 재현과 실재의 관계가 역전되어, 시뮬라크르는 더욱 실재 같은 파생실재, 즉 하이퍼 리얼리티(hyper-reality)를 생산해 낸다는 것이다.[80] 하이퍼 리얼리티로서의 시뮬라크르는 원래는 현실의 모사로서 만들어진 것이었지만 오히려 실재를 지배하고 대체해 나간다. 포스트모던시대는 이미지가 실체를 압도하고 가상이 실재보다 더욱 실재 같은 하이퍼 리얼리티의 시대이다. 이처럼 가상현실이 지배하는 사회를 보드리야르는 그의 저서 『시뮬라크르와 시뮬라시옹』(Simulacres et Simulation, 1981)에서 '시뮬라크르의 사회'라고 명명하고 있다.

『역경』의 부호도 역시 실재를 모사함으로써 만들어진 실재와 유사한 (similis) 형태이며, 현실적 실재의 인위적 대체물이다. 『역경』의 기호도 역시 실재는 아니지만, 실재의 대체물로서 실재의 형태와 기능을 모방한 것이라는 점에서 유사실재類似實在의 성격을 지닌다. 『역경』의 기호체계는 팔괘와 그것을 조합해서 만들어진 64괘라는 제한된 부호를 통해서, 자연과 사회의 온갖 현상과 양태들을 대변하고 있다. 『주역』의 64괘는 그것을 통해서 우주와 자연과 사회를 모두 포괄하고, 그 체계속의 어떤 사건이나 사태라도 재현해 내는 인위적 기호의 조합체이다. 이 조합체 속에는 각종 자연현상과 국가·사회·가정의 온갖 사건들이 모두 망라되어 있다. 천天·지地·수水·화火·뇌雷·풍風·산山·택澤 등을 상징하는 팔괘는 곧 우주의 축소판이다. 역법曆法·절기節氣·음률音律 등은 모두 괘상과 상통하며, 심지어 인류사회의 변화도 팔괘를 가지고 표시할 수 있는 것으로 간주된다. 따라서 팔괘의 변화법칙을 통해서 국가의 흥망성쇠와 개인의 길흉화복을 결정할 수 있다.

---

80) 장 보드리야르, 하태환 옮김, 『시뮬라시옹』(민음사, 1981), 9~19쪽.

이런 의미에서 『역경』 기호의 조합체는 우주의 축소판이자, 동시에 사회의 축소판이라고 할 수 있다.[81] 『역경』의 부호도 현실의 실재를 흉내 내어 그것과 유사하게 만든 실재의 대체물이라는 점에서 '시뮬라크르'와 비슷한 성격을 지닌다. 그러나 보드리야르의 시뮬라크르는 흉내나 모방을 통해 만들어진 것이 아니고, 실재로는 존재하지 않는 대상을 존재하는 것처럼 만들어 놓은 인공물을 지칭한다. 따라서 그가 말하는 시뮬라크르는 전통적인 재현체계 속의 이미지와는 달리, 흉내 낼 대상이 없는 이미지이며, 따라서 그 원본이 반드시 존재한다고 말할 수 없다. 이 원본 없는 이미지가 현실을 대체하고, 현실은 이 이미지에 의해서 지배받게 된다는 것이다.[82] 기호가 실재의 재현일 때에는 기호와 실재 사이에는 등가等價의 원칙이 적용된다. 어떤 실재가 먼저 있고 또 그 실재를 모방하고 흉내 내어 재현시킨 기호가 있을 때, 실재와 그 실재를 기호로 재현시킨 것은 완전히 혹은 거의 일치한다. 그러나 시뮬라크르는 등가의 원칙을 무시하고, 이미지로서 실재를 완전히 덮어 버린다. 시뮬라크르는 원본의 실재로부터 파생된 실재(hyper-reality)이지만, 파생실재가 처음에 갖던 유사실재적 성격은 시간이 갈수록 점차로 흐릿해지면서 기호와 실재의 간격은 더욱 더 멀어지게 된다. 파생실재는 실재로부터 생겨났으나, 실재로부터 분리되어 실재와는 다른 독립적 성격을 지니게 되는 것이다. 보드리야르는 심지어 원본이 없는 파생실재를 거론하기에 이르렀다. 파생실재는 처음에는 사실의 반영이었으나, 이후로는 점차 사실을 감추고 변질시키며, 최후에는 사실과 무관한 단계로 진화하게 된다.

이와 마찬가지로, 『역경』의 기호도 원래는 유사실재였으나 점차로 실재로부터 멀어져 가는 과정을 거치게 된다. 기호와 의미는 본래 상호연관되어

---

81) 廖名春·康學偉·梁韋弦 著, 심경호 역, 『주역철학사』(예문서원, 1994), 163쪽.
82) 장 보드리야르, 하태환 옮김, 『시뮬라시옹』, 9~10쪽.

있었으나 기호가 실재로부터 유리되면서 기호의 본래적 의미가 변동되는 현상이 나타나게 된다. 즉, 기호가 처음 제작될 당시의 기호와 의미 사이에 있던 원초적 연관은 오랜 세월이 경과하면서 점차로 잊히게 되고, 기호에는 원래의 제작자가 의도하지 않았던 의미가 덧붙여지기 시작한다. 따라서 기호는 원래 그 기호의 제작자였던 발신자가 의도하지 않은 방식으로 기호의 해독자인 수신자에 의해 해석되는 현상이 발생하게 되는 것이다. 이처럼 기호의 의미가 시간과 장소에 따라 변동된다는 것은 기호가 매우 유연한 재료라는 사실을 말해 준다. 기호의 의미는 그것의 산실인 역사적 공간에서 유리되어 상상력의 공간 속에서 자유롭게 떠다니게 된다.

『역경』의 우주론을 표현하는 중요 기호인 태극太極·양의兩儀·사상四象 도 시대에 따라서, 그리고 그것을 해석하는 사상가에 따라서 그 의미가 변화되어 왔다. 기호들의 의미가 이처럼 다양하게 해석되고 있다는 사실 그 자체가 기호의 의미가 원제작자의 본래 의도와는 상관없이 새로운 진화과정을 겪고 있음을 시사해 주고 있다. '기호-지시체-의미'는 기호의 원제작자가 일단 그것을 확정한 이후에는 변동되지 않아야 하는 것이 당연하겠지만, 오랜 시간이 경과하고 나면 '지시체-의미'와 '기호'를 묶고 있던 결속관계는 이완되어 해체되기에 이른다. 하도河圖와 낙서洛書는 기호의 본래적 의미가 완전히 망각된 단적인 예에 속한다.『주역』「계사전」에 "하수河水에서 도圖가 나오고 낙수洛水에서 서書가 나오자, 성인이 그것을 본받았다"(河出圖, 洛出書, 聖人則之)라는 말이 나오고,『논어』「자한子罕」편에 "공자가 말씀하시기를, 봉황도 이르지 않고 황하에서는 도圖도 나오지 않으니 나는 이제 끝났구나 하였다"(子曰, 鳳鳥不至, 河不出圖, 吾已矣夫)라는 말이 나오며,『예기禮記』「예운禮運」편에 "하수에서 마도馬圖가 나왔다"(河出馬圖)라는 말이 나온다. 그러나 송대 이전에는 하도와 낙서가 단지 문자로 기술되어 있었을 뿐 도상圖象으로 표현된 적은 없었다. 그런데 도가의 도사 진단陳摶이 나와서 하도와 낙서를 도상으로 표현하고 또 소옹邵雍이 나와서 하도·낙서의 수를 선천先天·후천後天의 개념과 연관시킨 이후로, 하도와 낙서는 마치 천지변화의 이치를 담고 있는 설계도設計圖처럼 간주되었다. 즉 하도는 복희씨 때 황하黃河에서 용마龍馬가 지고 나왔다는 55개의 흑백의 점으로 이루어진 수數를 가리키는 것이고 낙서는 우왕이 홍수를 다스릴 때 낙수洛水에서 나온 거북의 등에 있었다는 45개의 흑백의 점으로 이루어진 수數를 가리키는 것이라고 간주되면서, 하도·낙서의 상수학은 일종의 수비술數秘術(numerology)로 변모되게 된 것이다. 그러나 이것은 모두 진단 이후에야 비로소 확고해진 견해라는 것을 인식하는 것이 무엇보다도 중요하다. 황종희는 상고시대에 설령 하도와 낙서라고 불리던 것이 있었다고 하더라도, 그것이 과연 후대에 나타난 것과 같은 것인지 고증할 수 없다고 주장하였다. 이처럼 하도·낙서는 기호의 본래적 의미, 즉 원본原本이 무엇인지 확실하지 않은 상태에서 새롭게 파생실재를 만들어 나가는 경우라고 하겠다. 이 경우 기표는 원래의 <기표(signifier)—기의(signified)>의 대응관계로부터 이탈하여 '떠다니는 기표'(floating signifier)[83]가 된다.

---

83) '떠다니는 기표'(floating signifier)는 인류학자 레비 스트로스(Levi Strauss)가 사용한 용어이다.

제2부 다산역의 기호학적 체계

# 제1장 상의 기호학적 함의

## 1. 상의 정의

『역경』에서 기호(sign) 혹은 상징(symbol)에 상응하는 용어는 상象이다. 『역경』
에서는 괘의 기호적 이미지(image)를 상이라고 부른다.[1] 허신許愼의 『설문해
자說文解字』에서는 '상象'자가 코끼리의 귀(耳), 이빨(牙), 네 다리(四足), 꼬리(尾)를
형상한 글자라고 하였다.[2] 반면에 나진옥羅振玉(1866~1940)은 전문篆文의 '상'

| 甲骨文 | 金文 | 小篆 | 楷書 |
|--------|------|------|------|

---

1) 『易傳』에 따르면, 성인이 卦象을 설정하는 목적은 "立象以盡意"하는 데 있다. 卦象이란
 역의 기호에 해당되는 것으로서, 천지만물을 부호화한 것이 바로 象이다. 역경기호의
 제작자는 괘의 부호에 의미(意)를 담아 어떠한 상황이나 어떠한 사물이든지 간에 그
 기호를 통해 표현할 수 있다고 보았다.
 　본문의 도표는 金祥恒의 『續甲骨文編』(臺灣 藝文印書館, 民國 82年), 容庚의 『金文編』(中華
 書局, 1985), 許愼의 『說文解字』에 보이는 자형을 기초로 작성한 것이다.

자가 긴 코(長鼻), 다리(足), 꼬리(尾)를 형상한 것으로 보이나 귀(耳)와 이빨(牙)을 형상한 것으로는 볼 수 없다고 하여 『설문해자』의 견해와는 차이를 보이고 있다.[3] 그러면 코끼리를 뜻하던 '상'자가 어떻게 상징이라는 뜻으로 바뀌어 사용되게 된 것일까?

'상象'자는 『역경』 이전에 이미 갑골문에 나타난다. 갑골문에서 '코끼리 상'(象)자가 나타나는 것은 상商나라 때 실제로 코끼리를 자주 볼 수 있었기 때문이었다. 현재는 중원中原지역에서 코끼리가 사라졌지만 당시만 하더라도 지금의 하남성河南省지역에는 코끼리가 대량으로 서식했다고 한다.[4] 『맹자』「등문공하滕文公下」에 "주공周公이 호랑이(虎)·표범(豹)·코뿔소(犀)·코끼리(象)를 멀리 몰아내자 천하가 크게 기뻐했다"[5]라고 한 것을 보면, 주공의 시대에 코끼리는 쉽게 볼 수 있는 동물이었음을 알 수 있다.[6] 코끼리는 쉽게 볼 수 있을 뿐 아니라 사람들이 가축처럼 부리던 동물이었다. '위爲'자는 갑골문의 '&' 자의 형태로서 '조爪'와 '상象'의 두 부분으로 구성되어 있으니, 이것은 바로 손으로 코끼리 코를 붙들고 일하는 모습을 보여

---

2) 許愼 撰, 段玉裁 注, 『說文解字注』(上海古籍出版社, 2003), 459쪽, "南越大獸, 長鼻牙, 三年一乳, 象耳牙四足尾之形. 凡象之屬皆从象."

3) 羅振玉, 『增訂殷虛書契考釋』, 36頁下之'象'字, "今觀篆文, 但見長鼻及足尾, 不見耳牙之狀."

4) 현재의 하남성은 황하의 건조지대에 위치해 있으나, 고대 중국의 황하강 주변은 고온다습하였다. 따라서 商나라 때의 기후는 코끼리가 살기에 적합한 것으로 추정된다. 기원전 5000년~기원전 1000년 사이의 지층에서 발견된 동물의 25~30%는 코끼리·코뿔소·원숭이와 같은 열대 동물들이다. 은나라 유적지에서도 코끼리나 코뿔소의 기물들이 발견되었으며, 갑골문자에도 '코끼리 상'(象)자나, '무소 서'(犀)자와 같은 글자가 나타난다. 은나라의 옛 수도인 은허는 현재의 하남성 安陽 부근에 위치해 있는데, 하남성의 약칭인 豫도 코끼리와 관련이 있는 글자이다. '豫'는 은나라 때의 갑골문에도 나타나는 글자로서 '予'와 '象'으로 구성되어 있으며 '予'가 소리를 나타내는 形聲字이다. 이 '豫'자는 본래 큰 코끼리(象)를 의미했다가 후에 引伸되어 '즐기다'라는 뜻으로 변하였으며 나중에는 음이 같은 '미리 예'(預)의 뜻이 더해지게 되었다.

5) 漢 趙岐 注, 宋 孫奭 疏, 『孟子注疏』(十三經注疏 整理本 25; 北京大學出版社, 2000), 210쪽, "周公,……驅虎豹犀象而遠之, 天下大悅.; 『孟子』, 「滕文公下」"

6) 商의 청동기에도 코뿔소, 하마, 악어, 코끼리 등의 형태가 많이 나타난다. 황하유역의 신석기시대 유적에서도 물소뼈 등이 발견된 바 있다.

준다.7) 그러나 이후에 삼림의 황폐화와 기후의 변화로 말미암아 코끼리를 실제로 볼 수 없게 되자, 사람들은 코끼리의 실제 모습을 모사한 그림을 그려 놓고 그것을 통해서 코끼리의 모습을 상상하게 되었다. 『한비자韓非子』 「해로解老」에서는 이러한 상황을 다음과 같이 전하고 있다.

> 사람들이 살아 있는 코끼리의 모습을 보기를 원했으나 거의 볼 수 없으므로, 죽은 코끼리의 뼈를 구해다 놓고 제각기 그 뼈를 보며 살아 있는 모습을 마음속으로 그렸다. 그 후로 사람들이 마음으로 상상하는 근거가 되는 것은 모두 상象이라고 하였다.8)

이처럼 상象은 진짜 코끼리와 닮은 형태라고 상상해서 그린 그림을 의미하였다.9) 코끼리(象)를 생각(想)하던 것이 바로 '상상想像'이었기 때문에, 상상想像은 원래 상상想象으로 썼다.10) 또한 상象은 대상의 실제 모습과 유사한 것을 의미하였기 때문에, '형상을 유사하게 나타낸 것'(形似), '비슷한 것', '닮은 것' 등을 아울러 뜻하게 되었다. 그리고 코끼리라는 원래의

---

7) 許愼은 『설문』의 '爪'부에서 '爲'자를 설명하면서, '爲'자는 어미 원숭이가 좋은 발톱이 있어 잘 잡는다는 뜻이라고 풀이하였다. 그러나 갑골문의 발견에 따라 허신의 견해에도 수정이 불가피해졌다. 羅振玉은 『增訂殷虛書契考釋』에서 爲자는 爪와 象에서 나온 글자로서 결코 어미원숭이의 모양을 찾아볼 수 없다고 말하였다. 爪는 한 사람이 손을 쫙 펼친 모양이니, 이것은 손으로 코끼리를 끄는 형태이다. 사람이 코끼리를 부려 노동을 돕고 있으니, 소를 부리고 말을 타기 이전의 노동형태를 보여 준다. '爲'자의 본뜻은 손으로 코끼리를 끌어 일한다는 것이다. 코끼리는 다른 동물에 비해 더 고된 노동을 할 수 있었던 것이 '爲'가 '일하다'를 뜻하게 된 배경이다. 그 이후로 '爲'자는 거의 모든 일에 종사하는 뜻으로 통용되었고, 아울러 이로부터 '변하다'·'학습하다'·'연구하다'·'다스리다'·'관리하다' 등의 뜻이 파생되었다.

8) 『韓非子』, 권6, 「解老」; 『韓非子翼毳』, 「第六解老」, 31쪽; 『漢文大系』 第8卷(富山房, 明治 44年), "人希見生象也, 而得死象之骨, 案其圖以想其生也, 故諸人之所以意想者, 皆謂之象也."

9) 박연규, 「주역괘의 은유적 이미지-역에 대한 찰스 퍼스(Charles S. Peirce)의 기호학적 이해」, 『공자학』 제4호, 121~122쪽. 영어권에서 象은 일반적으로 이미지(image) 혹은 개념(idea)으로 번역된다. 象은 구체적 사물의 단순한 복사가 아니라 해석자에 의해 재구성된 기호이기 때문에 形과는 구분되어 사용된다.

10) 하영삼, 『연상한자』(예담, 2004), 78쪽.

의미와 구별하면서 오로지 이로부터 파생된 의미만을 표현하기 위해 '상像' 자를 따로 만들어 쓰게 되었다.[11] 이처럼 상像은 실재의 모습을 본떠서 그려진 것으로서 실재와 비슷하거나 닮은 모습을 의미하였기 때문에 '본뜨다' 혹은 '실재와 비슷한 모습으로 모사하다'라는 의미를 아울러 지니게 되었다. '상象'이 어떤 것을 대표하는 기호적 상징이라고 한다면, '상像'은 바로 그러한 기호적 상징을 만들기 위해서 대상의 모습을 가장 그럴듯하게 모사하는 행위를 가리킨다. 「계사전」에서는 상像의 모사적 성격을 다음과 같이 묘사하고 있다.

> 성인이 천하의 심오함을 관찰함으로써, 그 생긴 모양을 흉내 내어 그 사물의 가장 특징적인 것을 형상화하려고 하였기 때문에, 상象이라고 한다.[12]

위에서 설명한 것처럼, 대상의 모습을 모사하기 위해서는 모사행위에 앞서서 대상의 관찰이 선행되어야 하는데, 「계사전」에서는 이러한 관찰이 포희씨包犧氏가 팔괘八卦를 제작하기 이전에 이루어졌음을 서술하고 있다.

> 고대에 포희씨包犧氏가 천하를 다스릴 때, 고개를 들어 하늘의 상象을 관찰하고 몸을 굽혀서 땅 위의 법칙을 관찰하며 들짐승과 날짐승들의 무늬와 땅의 마땅한 바를 관찰했다. 가까운 데에서는 사람의 몸에서 본떴으며, 먼 곳에서는 여러 가지 사물에서 본떴다. 이리하여 팔괘를 처음으로 만들었는데, 이것으로써 신명神明의 덕성德性과 통하게 하고 만물의 정황을 나타내고자 했다.[13]

---

11) 마크 에드워드 루이스(Mark Edward Lewis)는 본문에 인용된 『韓非子』의 글이 기호학적 관점에서 세 가지 의미를 내포하고 있다고 주장하였다. 첫째, 하나의 象은 부재하는 무엇을 암시한다. 둘째, 그것은 자의적인 상징이 아니라, 그것이 표상하는 것에 연관된다. 이런 식으로 그것은 아이콘, 그리스어에서 기원한 어원적 의미뿐 아니라 퍼스의 비자의적 기호의 의미에 있어서의 아이콘이다. 셋째, 그것은 글에 묶여 있다.(마크 에드워드 루이스, 최정섭 옮김, 『고대중국의 글과 권위』, 565쪽)
12) 『周易正義』, 323쪽, "聖人有以見天下之賾, 而擬諸形容, 象其物宜, 是故謂之象."
13) 『周易正義』, 350쪽, "古者, 包犧氏之王天下也, 仰則觀象於天, 俯則觀法於地, 觀鳥獸之文,

「계사전」에서 "역자易者, 상야象也"라고 하고 이어서 "상야자象也者, 상야像
也"라고 한 것도 『역경』 기호의 모사적 성격을 규정한 것이다. 정약용의
상론象論도 역시 "상象은 곧 상像이다"라는 「계사전」의 간명한 정의로부터
출발한다. 기호의 모사적 성격을 누구보다도 명확하게 이해했던 정약용은
괘상卦象이 실재의 모사물이라는 관점을 다음과 같은 명제로 서술하고
있다. "『역경』의 근본원리는 상象을 본뜨는 것 외의 다른 데 있지 않다."[14]
이처럼 역상론易象論은 다산역학의 주춧돌 역할을 하고 있으니, 다산역학의
전체체계가 이 기초 위에 성립되어 있다고 해도 과언이 아니다.

정약용의 상象에 대한 정의는 찰스 샌더스 퍼스(Charles Sanders Peirce, 1839~1914)
가 내린 기호의 정의와 근본적으로 다르지 않다. 퍼스의 정의에 따르면
"기호 혹은 표상체는 어떤 측면이나 능력에 있어서 어떤 사람에게 어떤
대상을 대표할 수 있는 어떤 것이다."(sign, or representamen, is something which stands
to somebody for something in some respect or capacity.) 퍼스의 관점을 적용하면, 어떤
대상의 모사된 형태로서 역상易象은 실재하는 어떤 대상을 재현하는 대체물
로서 정의될 수 있다. 따라서 『역』의 기호들은 모두 어떤 것에 대한 모방
내지는 모사로 간주된다. 모사설적 정의에서는 기호가 갖는 의미의 근원을
모사행위에서 찾는다. 즉 상象이 어떤 것을 대표하는 기호적 상징의 이미지
(image)를 뜻한다면, 상像은 기호에 어떤 대상을 대표하고 대신하는 역할을
부여하기 위하여 그 대상의 모습을 가장 그럴 듯하게 모사하는 행위를
가리킨다. 요컨대 『역』의 본질은 상象에 있으며, 상象이란 어떤 대상을
모방하여 만들어진 상징이라는 것이다.[15]

---

與地之宜, 近取諸身, 遠取諸物, 於是始作八卦, 以通神明之德, 以類萬物之情."
14) 「周易四箋 II」, 『定本 與猶堂全書』(다산학술문화재단, 2012) 16, 292쪽; 『역주 주역사전』
    제8권, 102쪽, "易之爲道, 不外乎像象也."
15) 중국의 소장학자 侯敏이 쓴 저서 『易象論』(北京大學出版社, 2006)은 易象의 개념을 중심으
    로 역학의 체계를 정립하고 있다는 점에서 주목할 만하다.

기호의 의미가 상상력에 의해 자의적으로 창조되는 것이 아니라 실재에 대해 맺는 관계에 의해 규정되는 것이라고 한다면, 기호의 의미는 궁극적으로는 사실적 세계에로 환원된다. 기호의 지시체는 어디까지나 현실의 대상이지 않으면 안 되며, 기호는 그것의 모사일 뿐이다. 모사설(copy theory, Abbildtheorie)16)의 관점에서 보면, 모사되는 대상은 당연히 모사행위 이전에 실재하지 않으면 안 된다. 만일 기호가 실재의 모사에 의해 만들어진 것이라면, 모사할 대상이 없는 채로 기호만 혼자 존재한다는 것은 있을 수 없다. 따라서 모사설은 모사의 전제조건으로서 기호에 대응되는 외부세계의 대상을 요구하고 있다. 그러므로 모사설은 대응설(correspondence theory)을 함축한다. 기호학에서는 기호에 대응되는 대상을 지시체(referent)17)라고 부르는데, 지시체는 어디까지나 현실적 객관세계 속에 실재하지 않으면 안 된다. 일반적으로 기호에 대응되는 지시체를 현실 속에서 발견하는 것은 어렵지 않다.

그렇다면 신화나 전설 속에 나타나는 동물의 경우에도 그 지시체를 현실적 세계 속에서 발견할 수 있을까? 예를 들면, 건乾괘에 잠룡潛龍·현룡見龍·비룡飛龍·항룡亢龍 등이 언급되고 있고, 또 곤坤괘에 용전우야龍戰于野·군룡群龍 등이 언급되고 있다. 일반적으로 용은 오직 상상력으로 창조해

---

16) 모사설(copy theory)은 원래 인식론의 한 유형으로서 구성설(construction theory)과 대립되며, 반영론(reflection theory)이라고도 한다. 모사설에서는 지식이란 우리의 의식이 외부에 있는 실재를 거울이 물건을 비추는 것처럼 모사한 것이라고 생각한다. 반면에 구성설에서는 인식이란 인식주관이 선천적으로 가지고 있는 인식의 틀에 따라 정리함으로써 성립되는 것이라고 본다. 여기에서는 인식론에서의 모사설의 개념을 기호학에서의 기호와 대상과의 관계에 적용한 것이다.

17) 언어학에서 지시체(referent)는 단어나 표현, 기호 등에 의하여 지칭되는 구체적 대상을 가리킨다. 'George Washington', 'Mr. Washington' 등 여러 명칭이 역사적으로 미국의 초대대통령이었던 인물을 가리키기 위해 사용될 수 있지만, 그러한 명칭이 가리키는 지시체(referent)는 단지 하나가 있을 뿐이다. 기호학에서 지시체(referent)는 '단어 혹은 기호로서의 상징이 대표하는 대상'(the thing that a symbol as a word or sign stands for)을 뜻한다.(Merriam Webster's Online Dictionary)

낸, 전설과 신화 속에서만 존재했던 동물로 인식된다. 그러나 정약용은 '기호↔대상'의 상응관계를 엄격하게 적용해서 모든 기호에는 거기에 상응하는 지시체가 존재해야 한다는 원칙을 견지하고자 하였기 때문에, 건乾괘와 곤坤괘에 나오는 용에 대해서도 그것이 역사적으로 실존했던 동물임을 의심치 않는다. 정약용은 자신의 주장을 입증하기 위해『춘추좌씨전』을 전거로 든다.『좌전』소공昭公 29년(BC. 513)조에 "용이 진晉나라 도성인 강絳의 교외에 출현했다"(龍見於絳郊)라는 기록이 나온다. 또 소공 19년(BC. 523)조에는 용들이 정鄭나라 성문 앞에서 서로 싸웠다는 기록도 있다.[18] 정약용은 이러한 기록을 근거로 '용전우야龍戰于野'가 상상력으로 만들어 낸 허구적인 이야기가 아니라 역사적 실례에 바탕을 둔 기록이라고 주장한다.[19] 정약용은 함咸괘「대상전大象傳」의 "산상유택山上有澤, 함咸"에 대한 주注에서 기호적 상징의 배치가 모두 실리實理에 입각해서 이루어진 것임을 주장하고 있다.

> 우리나라의 백두산과 한라산에는 모두 그 정상에 큰 연못이 있는데, 대개 움푹 파인 웅덩이의 빈 공간으로 (물을) 담고 있다. (이처럼) 성인이 상을 관찰하고 글을 쓴 것은 모두 실재의 이치에 부합된다.[20]

함咸괘에는 택澤이 상괘上卦에 있고 산山이 하괘下卦에 있는데, 위의 말은 그러한 배치가 가상으로 꾸며 낸 것이 아니라 현실 속에도 존재함을 입증해

---

18) 『左傳』, 昭公 19年條;『춘추좌전』(한길사, 2006), 3권, 224쪽;『春秋左傳正義』(十三經注疏整理本 19), 1595쪽, "정나라에 큰 水災가 났다. 이때 용들이 도읍성의 時門 밖에 있는 호수인 洧淵에서 싸웠다."(鄭大水, 龍鬪於時門之外洧淵)

19) 「周易四箋 I」,『定本 與猶堂全書』15, 130쪽;『역주 주역사전』제1권, 344쪽, "생각해 보건대,『左傳』에 '용이 정나라 성문 앞에서 싸웠다'라고 하였으니[昭公 19년에 있었던 일], 易詞가 象을 취함은 모두 實理에 부합한다."(案, 左傳, 龍鬪鄭門[昭十九年], 易詞取象, 皆合實理)

20) 「周易四箋 II」,『定本 與猶堂全書』16, 258쪽;『역주 주역사전』제7권, 354쪽, "我邦之白頭山漢拏山, 其頂皆有大澤, 蓋有嵌空之虛受也. 聖人之觀象立文, 皆合實理."

보이려고 한 것이다. 즉 기호에 대응되는 지시체는 현실 속에서도 실재하지 않으면 안 된다. 또 그는 「설괘전」의 "하늘과 땅이 자리를 정하고 산과 못이 기를 통하며 우레와 바람이 서로 부딪치고 물과 불이 서로 꺼리지 않으므로, 팔괘가 서로 섞인다"(天地定位, 山澤通氣, 雷風相薄, 水火不相射, 八卦相錯)라고 한 것도 역시 실리에 근거를 둔 것이라고 주장하였다.[21] "산택통기山澤通氣"라는 말을 예로 들어 보면, 높은 산 위에 간혹 큰 못이 있으니 백산白山[22]이 그러하고 큰 못 가운데도 간혹 높은 산이 있으니 군산君山[23]이 그러하다는 것이다.[24] 마찬가지로 비比괘 「대상전」의 "지중유수地中有水, 비比"라는 말도 실제의 이치에 합치된다고 한다.

> 동굴의 내부를 보면 샘물이 넘쳐흐르니, "지중유수地中有水"라고 한 것도 역시 실제로 있는 이치이다.[25]

즉 정약용은 동굴 속에 물이 고여 있는 것을 예로 들어서 "지중유수地中有水"가 지어낸 말이 아님을 주장한 것이다. 그러나 어떠한 괘상이든지 거기에 상응하는 대상적 실재가 존재한다는 주장은 자칫 견강부회로 빠질 위험이

---

21) 「周易四箋 II」, 『定本 與猶堂全書』 16, 325쪽; 『역주 주역사전』, 제8권, 216쪽, "此言天地水火雷風山澤之實理."

22) 白山은 정약용의 『我邦疆域考』의 「白山譜」에서 언급되고 있다. 「白山譜」에서는 "백산은 동북쪽 여러 산의 시조이다"라고 하였으며, 그 산에는 不咸·蓋馬·徒太·白山·太白·長白·白頭·歌爾民商堅의 여덟 이름이 있다고 하였다. 따라서 백산은 백두산의 또 다른 이름인 셈이다.(정약용 저, 정해렴 옮김, 『아방강역고』, 현대실학사, 2001, 262~263쪽)

23) 君山은 중국의 湖南省 洞庭湖에 떠 있는 섬으로서 '君山島'라고도 하는데, '동정호의 明珠'라 칭해질 정도로 빼어난 명승지이다. 고대에는 군산을 洞庭山이라고 칭하였는데, 동정호라는 호수의 명칭은 여기에서 유래되었다. 군산은 총면적이 1평방킬로미터가 채 안 되는 아주 작은 섬이지만, 토양이 비옥하고 기온이 온화하며 습도가 적당하여 차 재배지로 적합한 곳이다. 여기서 나는 고급차를 君山銀針이라 한다.

24) 「周易四箋 II」, 『定本 與猶堂全書』 16, 325쪽; 『역주 주역사전』 제8권, 217쪽.

25) 「周易四箋 II」, 『定本 與猶堂全書』 16, 248쪽; 『역주 주역사전』 제7권, 308쪽, "洞穴之內, 源泉洋溢, 地中有水, 亦實理也."

있다. 「대상전」은 상괘上卦와 하괘下卦의 조합組合에 의해 만들어진 64괘의 결합방식을 나타낼 뿐이다. 상괘와 하괘가 결합되는 방식은 괘상에 상응하는 대상이 자연 속에 실재하는지의 여부와 아무런 상관이 없다. 따라서 상괘와 하괘를 조합시키다 보면 자연 속에서 상응하는 대상을 찾을 수 없는 괘상이 생겨날 수도 있다. 예를 들어 쾌夬괘의 「대상전」에서 "택상우천澤上于天, 쾌夬"라고 하였지만 연못이 하늘 위에 있는 예는 상상하기 힘들다.[26] 이러한 예들은 정약용의 사실주의적寫實主義的 기호론이 갖는 한계를 보여준다.

## 2. 아이콘과 미메시스

앞에서 정약용이 괘상의 기호를 대상적 실재의 모사물로 간주한다는 점에 대하여 설명하였다. 정약용이 기호적 모사물과 대상의 관계를 설명하기 위해 들고 있는 예는 우맹優孟[27]과 손숙오孫叔敖이다. 우맹은 춘추시대

---

26) 필자의 견해로는 이러한 예가 완전히 불가능한 것은 아니라고 생각된다. 왜냐하면, 비록 신기루이기는 하지만 사막에서 오아시스가 하늘 위에 있는 현상을 볼 수 있기 때문이다. 地天 泰卦의 경우에는 땅이 하늘 위에 있는 것으로 설정되어 있어 실제와 부합하지 않는 것처럼 보이지만, 이 경우도 역시 천체 속에 지구가 떠 있는 것으로 본다면 정당화될 수 없는 것은 아니다. 山天 大畜卦는 산이 하늘 위에 있는 경우인데, 그 「대상전」에서는 "天在山中"이라고 하였다. 이 경우에는 견강부회를 하지 않는다면 현실에 대응되는 지시체를 찾을 수 없다.

27) 『史記』 「滑稽傳」에 優孟에 관한 이야기가 전해지고 있다. "優孟은 춘추시대의 楚나라의 유명한 배우였으며, 孫叔敖는 초나라 莊王의 재상이었다. 손숙오는 장왕의 재상이 된 지 3개월 만에 초나라를 크게 확장함으로써 장왕이 패업을 이루는 데 크게 기여하였다. 그러나 손숙오가 죽자 집안형편이 어려워져 아들이 나무를 해서 연명할 지경이 되었는데도 장왕은 돌보아 줄 생각을 하지 않았다. 그러자 우맹이 거짓으로 생전에 손숙오와 같은 의관을 하고 다니다, 하루는 장왕이 베푼 술자리에 찾아가서 잔을 올리며 헌수했다. 이에 장왕은 손숙오가 다시 살아난 것으로 생각하고 말하기를 '그대를 다시 재상으로 임명하고자 하는데 어떤가?' 하니, 손숙오의 의관을 한 우맹은 집에 돌아가 아내와

초楚나라의 유명한 배우였는데, 초나라 장왕莊王의 재상이었던 손숙오가 죽은 뒤에 손숙오가 평소에 입던 의관을 그대로 입고 손숙오처럼 행동하였다. 그런데 그 흉내 낸 모습이 어찌나 손숙오가 살아 있을 때의 모습과 똑같았는지, 장왕은 손숙오가 다시 살아난 것으로 속았다는 것이다. 여기서 '우맹의관優孟衣冠'이란 이야기가 생겨났다. '우맹의관'이란 우맹이 손숙오의 의관을 착용하고 있다는 뜻으로, 외형은 거의 비슷한데 실재와는 다른 것을 가리킨다. 우맹이 손숙오를 흉내 내는 것처럼 상象도 대상을 모사함으로써 그 모사하는 대상을 표상表象하는 기능을 한다.

> 상象이란 실제의 모습에 가장 비슷하게 본뜨는 것(像似)이니, 우맹이 손숙오를 본뜨는 것은 손숙오의 비슷한 모습을 모방한 것일 따름이다.[28]

우맹과 손숙오의 예는 모사체와 지시물(referent)의 관계를 쉽고도 명확한 방식으로 설명해 준다. 여기서 손숙오는 지시물이며, 우맹은 모사체에 해당된다. 모사는 기호에 대응하는 지시체의 모습을 반영하여 만들어지는 것이며, 모사체는 지시물의 모습에 가장 근사近似한 형태로 만들어진다.

---

의논해 보겠다고 대답했다. 며칠 뒤 장왕을 찾아간 우맹은 말하기를 '아무래도 안 되겠습니다. 제 아내가 말하기를, 손숙오는 일생 나라를 위해 일해 초나라를 패국覇國으로 만들었는데도 그가 죽자 한 뙈기의 전답도 없어 그 아들이 나무를 해 생활하고 있으니, 손숙오 같은 재상이 되느니 자살하는 것이 더 낫겠다고 하였습니다'라고 하였다. 장왕은 그제야 잘못을 깨닫고 그의 아들에게 봉지를 주어 손숙오의 제사를 받들게 하였다."(優孟故楚之樂人也.……楚相孫叔敖知其賢人也. 善待之 病且死, 屬其子曰, 我死, 汝必貧困, 若往見優孟, 言我孫叔敖之子也. 居數年, 其子窮困負薪, 逢優孟, 與言曰, 我孫叔敖子也, 父且死時, 屬我貧困往見優孟. 優孟曰, 若無遠有所之, 卽爲孫叔敖衣冠, 抵掌談語. 歲餘, 像孫叔敖, 楚王及左右不能別也. 莊王置酒, 優孟前爲壽, 莊王大驚, 以爲孫叔敖復生也, 欲以爲相. 優孟曰, 請歸與婦計之, 三日而爲相. 莊王許之. 三日後, 優孟復來. 王曰, 婦言謂何. 孟曰, 婦言愼無爲, 楚相不足爲也, 如孫叔敖之爲楚相, 盡忠爲廉以治楚, 楚王得以覇, 今死, 其子無立錐之地, 貧困負薪以自飮食, 必如孫叔敖, 不如自殺. 因歌曰……於是莊王謝優孟, 乃召孫叔敖子, 封之寢丘四百戶, 以封其祀後十世不絶. 此知可以言時矣.)

28) 「周易四箋 II」, 『定本 與猶堂全書』 16, 318쪽; 『역주 주역사전』 제8권, 191쪽, "象也者, 傲似也. 優孟象孫叔敖者, 得孫叔敖之傲似而已."

따라서 기호제작이란 근본적으로 미메시스(mimesis)[29]에서 비롯된다. 우맹은 손숙오의 평소의 모습을 흉내 냄으로써 실재에 가장 가깝게 재현해 낸 모방의 산물이다. 마찬가지로『주역』의 기호(象)는 실제적 사태의 원상原象을 가장 그럴듯하게 재현해 낸 모사물(像)일 뿐이다. 미메시스는 원상과 재현된 상 사이의 유사성에 기초하고 있다. 일반적으로 대상과의 유사성(resemblance)의 관계에 있는 기호를 현대 기호학에서는 아이콘(圖像, icon)이라고 하거니와,[30] 모사체로서의 기호도 일종의 아이콘으로 볼 수 있다.[31] '아이콘'은 그리스어 '에이콘'(εἰϰών, eikōn)에서 유래한 단어로, 상象(image), 형상形象(figure), 유사성(likeness) 등의 뜻을 지닌다. 즉 '아이콘'은 본래 어떤 것을 유사한 형태로 재현하는 상象을 의미하였다. 아이콘은 대상을 모사해서 그려진 그림이기 때문에 원래의 대상과 유사성을 가진다. 예컨대, '토끼'라는 단어도 하나의 기호라고 볼 수 있지만 대상과의 유사성을 갖는 것은 아니다. 그러나 그것을 그림으로 그린 아이콘은 현실에 존재하는 토끼와 형태적 유사성을 갖는다. 여기서 중요한 것은 모사는 모사일 뿐이며 모사와 실재를 혼동해서는 안 된다는 사실이다. 즉 모사설의 관점에서는 상징 그 자체에 대해서는 어떠한 실재성도 부여하지 않는다. 정약용은 「계사전」에 나오는 '양의兩儀'의 개념에 대해 설명하면서 이 점을 분명히 하고 있다. '양의兩儀'의 '의儀'는 '형용함'을 뜻하는데, '형용形容'이란 사물의 모습을 실제 모습에 가장 가깝게 그리는 행위를 의미하므로 일종의 모사행위라고 볼 수 있다. 정약용은

---

29) 미메시스(mimesis)는 모방(imitiation)이라는 뜻의 용어로서, '흉내 내다'를 뜻하는 고대 그리스어 '미메이스타이'(mimeisthai)에서 유래된 말이다. '미메시스'는 '모방'(imitation) 이라는 뜻뿐만 아니라 재현(representation) 또는 표현(expression)의 의미도 포함한다. 플라톤이 이 용어를 사용한 이후 미메시스는 예술작품의 재현이나 모방을 뜻하는 용어로 사용되고 있다.

30) 소두영,『문화기호학』(사회문화연구소, 1995), 81쪽.

31) 類像(icon)을 도상이라고도 한다. 퍼스는 기호를 도상(icon), 지표(index), 상징(symbol)으로 분류한다. 괘는 도상, 지표, 상징의 세 가지 성격을 모두 지닌다.(박연규,「주역괘의 은유적 이미지-『역』에 대한 찰스 퍼스의 기호학적 이해」,『공자학』 제4호, 133쪽)

이러한 의미로 사용된 '의儀'의 모사체로서 혼천의渾天儀(armillary sphere)32)와 황도의黃道儀(ecliptic armillary sphere)33)를 예로 들고 있다. 혼천의는 혼천渾天(둥근 하늘)의 모습을 형용한 축소모형이고, 황도의黃道儀는 황도黃道(태양이 지나는 길)34)의 모습을 형용한 축소모형이다. 즉 혼천의는 혼천 그 자체가 아니며, 황도의는 황도 그 자체가 아니다. 그것은 마치 지구의地球儀가 지구의 모사체이지 지구 그 자체는 아닌 것과 같다. 마찬가지로 「계사전」의 양의는 천지에 대한 상징적 모사일 뿐, 천지 그 자체는 아니다.

요컨대 '미메시스'란 모방으로서의 재현행위를 가리키는 용어이다. 정약용이 기호를 모사물로 이해한다는 것은 결국 기호를 미메시스의 산물로서 간주한다는 것과 같은 뜻이다. 이러한 사실주의寫實主義가 그의 기호론을 협소하게 만드는 것도 부인할 수 없는 사실이다. 정약용의 모사적 기호론은 기호에 상상력이 머물 수 있는 공간을 허용하지 않는다. 그는 용과 같은 신화 속의 상상의 동물마저도 사실적 존재로 묘사함으로써 판타지(fantasy)가 개입할 여지를 근원적으로 차단하고 있다. 따라서 그의 기호학에서는 반인반마半人半馬의 켄타우로스(Kentauros, Centaur)35)같은 가상적 존재(imaginary being)가 들어설 공간이 없다. 이러한 그의 기호사실주의는 용을 상상력에

---

32) 渾天儀(armillary sphere)는 천체의 운행과 그 위치를 측정하는 고대의 관측기구이다. 해와 달, 오행성 등의 천체의 운행과 그 위치를 측정하기 위해 사용된다. 고대 중국에서는 당시의 우주관인 혼천설에 기초하여 관측기구를 만들었는데, 둥근 하늘(渾天)의 모양을 닮았다고 해서 혼천의라고 불렀다. 璇璣玉衡·渾儀器·渾儀·渾象 등으로도 불린다. 渾이란 圓 또는 球를 뜻하고, 儀는 실제 관측장치를 뜻한다. 順帝(125~144) 때 張衡(78~139)은 銅渾天儀를 만들었으며, 王蕃(219~257)도 역시 渾儀라는 천체관측기구를 제작하였다.

33) 黃道儀(ecliptic armillary sphere)는 황도의 經緯를 측량하는 관측기구이다. 東漢의 永元 15년에 賈逵가 만들었다고 한다.

34) 黃道(ecliptic)는 태양의 궤도를 가리킨다. 지구가 공전하기 때문에 생기는 것이므로, 실질적으로는 지구가 공전하는 궤도와 같다. 황도는 태양 주위를 공전하는 지구의 궤도면과 천구가 만나는 커다란 원이며, 천구의 적도와 23.5°만큼 기울어져 있다.

35) 그리스신화에 나오는 半人半馬의 괴물이다. 하반신은 말이고, 허리 윗부분은 사람이며, 양손도 갖추고 있다.

의해 창조된 기호로 간주하려는 명나라의 역학자 내지덕來知德의 관점과 명확히 대비된다. 내지덕의 관점을 따른다면, 기호는 결코 사진寫眞처럼 실재를 완벽하게 사실적으로 재현한 실재의 등가물等價物이 될 수 없다.

설령 기호가 실재를 모사함으로써 만들어진다는 것을 인정하더라도 원본과 구별할 수 없는 복사물(copy)과 같은 것은 아니다. 에른스트 카시러(Ernst Cassirer)가 지적한 것처럼, 모사는 결코 원본을 그대로 반영할 수 없으며 대체할 수도 없다.[36] 만약에 기호가 원본을 그대로 모사해서 기호와 원본이 완전히 동일한 것이 되어 버린다면, 그것은 기호로서의 역할을 상실해 버리고 말 것이다. 상징은 단순히 외부세계를 반영하는 것이 아니라 오히려 새롭게 창조되는 것이며, 새롭게 창조된 상징체계를 통해 그동안 드러나지 않았던 세계의 새로운 측면을 드러낸다. 이런 점에서 우리의 인식이 세계를 수동적으로 반영한다고 보는 모사설은 극복되어야 한다.[37] 따라서 기호의 존재 이유가 대상의 완벽한 재현에 있는 것이 아니라면 기호에도 상상력이 침투할 여지를 남겨 두어야 할 것이다.

---

36) 에른스트 카시러 저, 박찬국 옮김, 『상징형식의 철학: 제1권 언어』(아카넷, 2011), 95쪽.
37) 에른스트 카시러 저, 박찬국 옮김, 『상징형식의 철학: 제1권 언어』, 「역자 해제」, 562쪽.

# 제2장 상과 의미

## 1. 「설괘전」의 물상

기호학은 비록 서구에서 탄생한 학문이지만 『주역』을 이해함에 있어서
도 매우 효과적인 분석틀을 제공한다.[1] 『주역』은 오직 기호학적 독법을
따를 때에만 그 접근을 허용한다. 만일 『주역』 텍스트의 기호학적 특성을
무시한 채로 다른 일반적 텍스트와 마찬가지로 읽어 내려간다면 틀림없이
독해에 실패하게 된다. 정약용은 『주역』 텍스트의 고유한 특성을 무시한
채 텍스트를 해독하려는 독역자讀易者들에게 다음과 같은 경고를 보낸다.

> 당신이 『주역』을 『예기』나 『논어』처럼 읽고자 한다면 『주역』의 뜻을 얻는 것은
> 요원遼遠할 것이다.[2]

---

1) 기호학이란 용어는 기호를 의미하는 고대 그리스어 '세메이온'(semeion)에서 유래하였다.
   기호학의 용어로는 '세미올로지'(semiology) 혹은 '세미오틱스'(semiotics)라는 말이 사용된
   다. 소쉬르(Saussure)는 '세미올로지'라는 용어를 사용하였고 유럽대륙에서는 '세미올로
   지'가 '세미오틱스'보다 선호되는 경향이 있었으나, 요즈음은 국제적인 합의에 따라
   '세미오틱스'가 공식적인 용어로 채택되어 사용되고 있다. 한편 움베르토 에코는 '세미오
   틱스'라는 용어를 언어학에 반드시 의존해야 할 필요가 없는 기호체계연구라는 의미로
   서 사용할 것을 제안하였다.(움베르토 에코 저, 서우석 역, 『기호학이론』, 문학과지성사,
   1985, 39쪽)

말할 필요도 없이, 『주역』을 『예기』나 『논어』처럼 읽을 때 실패하는 이유는 『주역』 텍스트의 기호학적 성격을 무시했기 때문이다. 누구나 한 번이라도 『주역』 책을 펼쳐본 사람이라면 『주역』에는 다른 책에 없는 독특한 특징이 있다는 것을 발견하게 되니, 그것은 곧 64괘 384효라는 독특한 기호의 체계이다. 따라서 『주역』을 『논어』·『맹자』 등의 경전처럼 읽으려고 할 때 그 의미를 도저히 깨달을 수 없다는 것은 너무나 당연한 이치이다. 그것은 마치 수학책을 소설책 읽듯이 읽을 경우 실패할 수밖에 없는 것과 같다. 따라서 『주역』을 읽을 때에는 『주역』의 고유한 특성에 주의를 기울이면서 읽어 나가는 독특한 독법이 요구되는데, 그것이 다름 아닌 기호학적 독법이다. 기호학은 비록 서구에서 성립되었지만, 『주역』도 기호로 구성된 체계라는 점에서, 그 원리는 『주역』에도 적용가능하다. 다만 '세미오틱스'(semiotics)는 서구에서 발달된 학문체계이고 『주역』은 중국 고대문화의 산물이므로 그 문화적 배경의 차이를 충분히 고려하면서 적용해야 한다는 점이 다를 뿐이다.

그렇다면 어떻게 하면 『주역』의 고유한 기호적 특성에 주의를 기울이면서 읽을 수 있을 것인가? 『주역』은 기본적으로 괘卦의 기호로 구성된 체계인데, 그 기호를 상象이라고 부른다. 상이란 우주만물을 모의模擬하여 만들어 낸 형상으로서, 그것을 괘의 이미지(image)로 표현한 것을 괘상卦象이라고 부른다. 그런데 상의 기호를 통해서 전달하고자 하는 것은 의미이다. 이 상의 의미를 '의意'라고 한다. 따라서 괘상은 괘의卦意 즉 괘의 의미를 드러내기 위한 수단이라고 하겠다. 앞서 설명하였듯이, 괘상은 기표記標 즉 시니피앙(signifiant)에 해당되며, 괘의는 기의記意 즉 시니피에(signifié)에 해당된다. 그런데 상과 더불어 의미를 드러내기 위한 또 다른

---

2) 「周易答客難」, 『易學緖言』, 『定本 與猶堂全書』(다산학술문화재단, 2012) 17, 292쪽, "子欲讀之如禮記論語, 遠矣哉!"

매개체가 있으니, 바로 괘사卦辭이다. 의미의 전달은 형상을 통해야 하며, 형상을 명확히 밝히기 위해서는 언어가 필요하다. 괘사와 효사爻辭가 바로 『주역』에서 쓰이는 언어인데, 이 언어는 상에 연계되어 묶여 있기 때문에 '계사繫辭'라고도 불린다. 그러나 '계사繫辭'라는 용어는 십익十翼의 하나인 「계사전繫辭傳」의 언어'라는 잘못된 관념을 불러일으킬 수 있기 때문에 여기에서는 『주역』의 언어를 통칭하는 술어로 괘사卦辭 혹은 괘사卦詞를 사용하기로 한다. 『주역』의 세미오시스(semiosis)는 바로 괘상卦象·괘사卦詞·괘의卦意의 삼자관계에 의해 형성되는 과정이다. 여기서 세미오시스의 과정이란 곧 『주역』의 의미화(signification) 과정을 가리킨다. 그러면 『주역』의 세미오시스는 구체적으로 어떻게 진행되는가? 『주역』의 세미오시스가 발생하기 위해서는 일단 괘상과 괘사를 연계시킨 다음에 이를 통해서 괘의를 획득해야 한다. 그렇다면 괘상과 괘사를 어떻게 연계시킬 것인가? 이 연계작업을 위해서는 팔괘의 각각이 상징하는 것이 무엇인지를 알지 않으면 안 된다.

팔괘가 상징하는 사물 혹은 대상을 물상物象이라고 하는데, 팔괘의 물상을 기록해 놓은 문헌이 바로 「설괘전」이다. 「설괘전」은 팔괘의 제작 동기와 과정을 설명하고, 팔괘가 상징하는 것이 무엇인가를 구체적으로 명시해 놓은 문헌이다. 『주역』 해석에 있어서 「설괘전」은 절대적으로 중요한 역할을 한다. 정약용은 「여윤외심서與尹畏心書」[3)에서 「설괘전」의 중요성을 다음과 같이 강조하고 있다.

---

3) 「與尹畏心書」는 정약용이 그의 친구 尹永僖(1761~?)에게 보낸 편지이다. 畏心은 윤영희의 호이다. 윤영희는 조선 후기 문신으로서 1791년(정조 15) 역적의 자손이 시험에 통과하였다는 이유로 탄핵을 받았으나 정조와 蔡濟恭의 비호로 무사하였다. 남인으로서 당론을 따른다는 이유로 노론 측의 공격을 받았다. 채제공 등 남인들이 탄핵을 받을 때 함께 형벌에 처해졌으나, 이후 석방되었다. 1794년(정조 18) 정언·부교리·당상관 등을 역임하였으나 관직생활이 순탄하지는 않았다.

『주역』에 「설괘전」이 있는 것은 비유하자면 (『시경』의) 풍風·아雅4)에 (『爾雅』의) 「석언釋言」이 있는 것과 같으니, 이는 어두운 거리를 밝혀 주는 하나의 등불과 같고 큰 강을 건너게 해 주는 배와 같다. 만약에 「설괘전」을 버리고 역사易詞를 관찰하려고 한다면, 그것은 마치 자고새 소리 같은 남방의 방언을 말하는 오랑캐가 통역을 버리고 중국의 방언에 통하기를 구하는 것과 같으니, 어찌 가능하겠는가?5)

정약용은 「설괘전」을 버리고 『주역』을 이해하려는 것은 육률六律6)을 버리고 음악을 하려는 것과 같다고 말한다.7) 육률은 육려六呂8)와 더불어 음계를 구성하는 요소이니, 이것이 없다면 아예 음악을 만들 수 없다.9) 「설괘전」의 물상은 그 규칙이 엄밀하니, 모든 역사易詞 해석은 「설괘전」의 물상에 의거해서 행해지지 않으면 안 된다. 문왕과 주공이 『주역』을 편찬할 때에도 한 글자 한 문장(一字一文)이 모두 「설괘전」의 물상에 의거하였음이 틀림없다. 요컨대 「설괘전」이 없었다면 『주역』도 존재할 수 없었다. 그러므로 「설괘전」을 해석할 줄 알고 사용할 줄 안다는 것은 바로 『주역』을 해석할 줄 안다는 것과 같은 의미이다. 정약용은 역학의 전승(易道)이 흐려진 데에는 「설괘전」의 물상론이 무시되거나 철폐되어 버린 것이 중요한 원인이 되었다고 보았다.

---

4) '風'은 風敎의 詩로서 민요류를 말하고, '雅'는 엄정하고 품위가 높은 음악시를 말한다.
5) 「與尹畏心」, 『定本 與猶堂全書』 4, 128쪽 "周易之有說卦. 猶風雅之有釋言. 此, 昏衢之一燈也. 大河之方舟也. 捨說卦而觀易詞. 是猶蠻夷鉤輈之舌. 捨象譯而求通中國之方言也. 惡乎可哉!"
6) 六律이란 十二律 가운데 陽聲에 속하는 黃鐘·太蔟(大蔟)·姑洗·蕤賓·夷則·無射(亡射)의 여섯 가지 音을 가리킨다.
7) 「周易四箋 I」, 『定本 與猶堂全書』 15, 34쪽; 『역주 주역사전』 제1권, 32~33쪽, "文王周公之撰次易詞, 其一字一文, 皆取物象. 舍說卦而求解易, 猶舍六律而求制樂."
8) 六呂란 十二律 가운데 陰聲에 속하는 大呂·夾鐘·仲呂·林鐘·南呂·應鐘의 여섯 가지 音을 가리킨다.
9) '律'이라는 글자는 『서경』에서 음악과 관련되어 쓰이기 시작했고, 『管子』에서는 법령·규칙의 뜻으로 쓰였다. 율이란 곧 '樂을 이루는 규칙'을 말한다(김병훈, 『율려와 동양사상』, 예문서원, 2004, 85쪽)

## 2. 상과 점의 관계

일반적으로 기표記標·기의記意의 관계가 확실하게 규정된다면 기호의 의미는 명확하게 규정될 수 있다. 그런데 『주역』의 기호체계의 해석에서 기표에 대응되는 기의를 확정짓기 어려운 것은 무엇 때문일까? 그것은 단일한 기표에 대하여 여러 종류의 기의가 대응되기 때문일 것이다. 이런 이유 때문에 정약용은 「독역요지讀易要旨」의 제1칙으로 추상抽象의 원칙을 정립한다. 추상이란 하나의 기표에 상응하는 여러 개의 기의가 있다고 하더라도 그 중에서 한 개의 기의만을 선택하여 그 괘의 대표적 상징으로 삼는다는 원칙이다. '추상抽象'이란 문자 그대로 '상象을 추출抽出 하는 것'을 뜻한다.10) 미술 용어로서의 추상抽象(abstraction)11)은 구상具象 (figuration)의 반대개념이다.12) 그러나 역학의 전문술어(technical term)로서의 추상은 구상성具象性으로부터 분리된 개념 혹은 구상성을 지니지 않는 개념으로 이해되어서는 안 된다. 정약용은 추상의 법칙을 정립해야 할

---

10) 『근대어의 성립』(近代語의 成立)을 지은 모리오카 겐지(森岡健二)에 따르면, '抽象'은 니시 아마네(西周, 1829~1897)를 통해서 독자적으로 번역된 서양철학 용어 중의 하나이다. 니시 아마네는 'abstract'를 '抽象'으로 번역하였는데, 이 용어가 아직까지도 사용되고 있다.

11) 한자어 '抽象'은 '추출하다', '뽑아내다'라는 의미를 갖고 있다. 이 단어는 영어 단어인 'abstract'를 번역한 것인데, 라틴어 'abstrahere'의 과거분사형인 'abstractus'로부터 왔다. 그런데 'abstrahere'는 '멀리'(away)를 뜻하는 'ab(s)'과 '끌어내다'(draw)를 뜻하는 'trahere'가 결합된 단어로, '끌어내다'(drag away), '떼어놓다'(detach), '다른 데로 돌리다'(divert) 등의 뜻이 있다. 따라서 'abstractus'는 '끌어내어진'(drawn away)을 뜻한다. 이렇게 해서 'abstractus'는 '물질적 대상 혹은 실제적 문제로부터 끌어내어지거나 분리된' 것을 의미하게 되었다.(Online Etymology Dictionary)

12) 추상미술은 그리고자 하는 대상에서 우연적이고 비본질적인 요소들을 버리고 본질적이고 핵심적인 요소들만을 뽑아서 단순하고 함축적인 형태로 나타내는 미술을 의미한다. 추상미술이 구상미술과 반대방향으로 향하게 된 이유는 대상의 형태적 특징을 과감하게 생략한 채 대상의 본질적이고 핵심적인 형태를 압축적으로 표현했기 때문이다. 즉 추상미술은 대상으로부터 멀어지고 자유로워진다는 생각에서 출발해서 점차 대상의 흔적을 모두 지워 버린 색과 형태들 간의 관계 구성이라는 방향으로 전개된다.

필요성을 다음과 같이 설명하고 있다.

> 일반적으로 세상의 일이란 복잡하게 뒤얽혀 있고 또한 그 종류도 수없이 많다.
> 비록 성인의 글이라고 해도 어찌 몇 구절의 말로써 천하의 만사萬事를 포괄하고
> 천하의 만정萬情을 남김없이 표현할 수 있겠으며, 두루 포괄하여 적용하는 것과
> 세세한 것 하나하나에 부합하는 것이 모두 부절(契)이 서로 들어맞듯이 같을 수가
> 있겠는가? 따라서 괘사나 효사라는 것은 성인이 『역』의 한 가지 사례를 들어 그
> 점법을 밝힌 것으로서, 학자들로 하여금 하나를 거론하여 셋을 알 수 있게 하고
> 하나를 듣고서 열을 알 수 있도록 한 것이지 "이 괘의 상은 단지 지금 말하고
> 있는 이것일 뿐이다"라거나 "이 효의 뜻은 단지 여기서 제시하는 것일 뿐이다"라고
> 하는 뜻이 아니다.13)

일반적으로 복서卜筮란 실존적 상황에서 어떤 구체적인 해결책을 구하기
위해서 행해지는 것이다. 『주역』의 도道가 천하의 만사萬事와 만정萬情을
모두 포괄한다고 믿는 사람들에게는 대단히 실망스러운 일이 되겠지만,
『주역』의 괘효사는 매우 구체적인 상황의 몇 가지 경우만을 예시하는
데 그칠 뿐이다. 정약용은 특정한 괘효사가 갖는 한계를 다음과 같이
지적하고 있다.

> 괘卦와 효爻는 모든 사태와 사물에 상응할 수 있는 능력을 갖추고 있으나, 그것의
> 특정한 주사繇詞는 모든 사태와 사물에 해당될 수가 없다.14)

이처럼 『주역』의 괘사나 효사는 아주 적은 몇몇 경우밖에 대표하지

---

13) 「周易答客難」, 『易學緒言』, 『定本 與猶堂全書』 17, 291쪽, "大抵, 天下之事, 紛綸雜遝, 浩汗漭
洋, 雖以聖人之文, 豈能以數句之詞, 括天下之萬事, 窮天下之萬情, 而氾應曲當, 皆如合契哉!
故卦詞爻詞者, 聖人所以示易例, 以明占法, 令學者, 舉一以反三, 聞一以知十, 非謂此卦之象,
只此所言, 此爻之義, 只此所揭也."

14) 「周易四箋 Ⅰ」, 『定本 與猶堂全書』 15, 53쪽; 『역주 주역사전』 제1권, 101쪽, "以卦以爻則,
有應萬事萬物之才, 而其繇詞則, 不能該萬事萬物." 「독역요지」의 "一曰抽象"을 참조할 것.

못한다. 점占은 어떤 특수하고도 개별적인 경우를 지시하는데, 이렇게 구체적인 사물을 지칭하게 되면, 결국 특정한 사물에 얽매여 여러 정황을 통괄할 수 없게 된다. 예를 들면 건乾 초구初九의 "잠룡물용潛龍勿用"이라는 점사占辭는 군자의 출처진퇴를 점치는 데에는 부합하지만, 그것으로써 혼인·제사·천도遷都 등의 문제를 점치려고 한다면 적합하지 않다. 마찬가지로 혼인의 점은 제사의 점과 통용되지 못하며, "이섭대천利涉大川"의 점사를 만난다면 큰 강을 실제로 건너는 경우를 제외하고는 아무런 해당사항이 없다.

이처럼 특수성에 제한되어 버리는 한계는 점사의 성격상 어쩔 수 없는 측면이 있다. 왜냐하면 몇 개의 한정된 단어로 구성된 점사는 특수한 몇 개의 개별적 사례들만을 포괄할 수밖에 없기 때문이다. 그러나 이처럼 구체적 특수성의 한계에 갇히게 되는 것은 결코 『주역』의 저자가 의도한 바가 아닐 것이다. 『주역』에서 상象을 설정한 목적은 바로 이러한 한계성을 극복하기 위해서이다. 정약용은 상을 설정한 목적이 다름 아닌 "거일이반삼擧一以反三, 문일이지십聞一以知十"15), 즉 "한 가지 일을 미루어 세 가지 일을 돌이켜 알게 하고, 하나를 들으면 열을 알게 하려는" 데 있다고 주장한다. 점은 특수한 개별적 몇 가지 사례 이외에는 제시하지 못하는 반면에 상은 다양한 함축을 지닌다. 따라서 상은 특수성을 벗어나지 못하는 점의 한계를 보완해 준다. 주희는 상의 무궁무진한 함축적 기능을 거울에 비유하여

---

15) "擧一反三"은 하나를 가르치면 셋을 알 수 있을 정도로 영리하거나 지혜롭다는 뜻이다. 『論語』「述而」에 "분발하지 않으면 열어 가르쳐 주지 않고, 표현하고자 하나 제대로 표현하지 못해 더듬거릴 정도에 이르지 않으면 일으켜 주지 않는다. 한 귀퉁이를 들어 가르쳐 주었는데도 나머지 세 귀퉁이를 미루어 알지 못하면 되풀이하지 않는다"(不憤不啓, 不悱不發, 擧一隅不以三隅反, 則不復也)라고 한 데서 유래된 말이다. "聞一知十"은 "하나를 들으면 열을 미루어 안다"는 뜻으로, "擧一反三"과 유사한 표현이다. 『논어』「公冶長」의 "顔回는 하나를 들으면 열을 알지만, 子貢은 하나를 들으면 둘을 알 뿐이다"(回也, 聞一以知十, 賜也, 聞一以知二)라는 자공의 발언에 나온다.

설명하였다. 거울이 그 앞에 어떤 대상이 오더라도 비출 수 있는 것과 마찬가지로 상도 어떤 특정한 대상에 한정되지 않고 폭넓게 적용될 수 있다. 예를 들면 잠룡潛龍의 상은 천자로부터 서인에 이르기까지 두루 적용될 수 있다.[16] 이러한 관점에 입각하여 주희는 상을 다음과 같이 정의한다.

> 대개 이른바 상象이라는 것은 모두 많은 사람들이 공통적으로 이해하는 사물에 가탁하여 사태事態의 리理를 형용함으로써 사람들로 하여금 취하거나 버릴 바를 알게 하는 것이다.[17]

이처럼 상과 점의 기능은 서로 다르기 때문에 양자를 혼동하면 곤란하다. 일반적으로 상은 어디에든 두루 통용될 수 있는 일반적 상황에 적용되는 반면에 점은 구체적이고 특수한 상황에 적용된다. 정약용은 상과 점의 차이점을 다음과 같이 설명하고 있다.

> 점占은 오로지 한 가지 사건만을 지시하는 반면에, 상象은 만 가지 일을 비춘다. 사물을 끌어다가 어떤 상황을 비유함에 있어 본래 어떤 정해진 규칙이 있는 것이 아니다.[18]

정약용이 언급하고 있는 상과 점의 예들을 열거하면 다음과 같다.

---

16) 黎靖德 編, 王星賢 點校, 『朱子語類』(北京: 中華書局, 1986) 第5冊, 권67, '易三・綱領下', 1647쪽, "易如一箇鏡相似, 看甚物來, 都能照得. 如所謂潛龍', 只是有箇潛龍之象, 自天子至於庶人, 看甚人來, 都使得."

17) 『朱子語類』第5冊, 권67, '易三・綱領下', 1647쪽, "盖其所謂象者, 皆是假此衆人共曉之物, 以形容此事之理, 使人知所取舍而已."

18) 「周易四箋 I」, 『定本 與猶堂全書』 15, 194쪽; 『역주 주역사전』 제2권, 283쪽, "占者, 專指一事, 象者, 通照萬務, 引物比況, 本無定則也."

| 괘효 | 萬事之通象 | 占以指事 |
|---|---|---|
| 乾 九五 | 飛龍在天 (나는 용이 하늘에 있다) | |
| 需 九五 | | 需于酒食 (술과 음식을 즐기면서 기다린다) |
| 泰 初九 | 拔茅茹, 以其彙 (띠풀의 뿌리를 뽑을 때 그 뿌리가 같은 무리끼리 따라서 올라온다) | 征吉 (정벌하면 길하다) |
| 否 九五 | 繫于苞桑 (뽕나무 떨기에 매달려 있다) | |
| 大畜 六五 | 豶豕之牙 (거세한 돼지를 붙들어 매어 두는 나무말뚝이다) | |
| 大過 九二 | 枯楊生梯 (마른 버드나무에 싹이 난다) | |
| 大壯 九三 大壯 上六 | 羝羊觸藩 (숫양이 울타리를 들이받는다) | |
| 中孚 九二 | 鳴鶴在陰 (우는 학이 그늘에 있다) | |

그러나 어떤 경우에는 상과 점이 명확하게 구분되지 않는 경우도 있다. 예컨대 "행인득우行人得牛" 혹은 "상우우역喪牛于易"은 인사人事와 관련된 상으로 통용될 수도 있고, 구체적인 일을 지시하는 점이 될 수도 있다.[19] 또 "이섭대천利涉大川"은 물을 건너는 일(涉川)에 해당되는 고유한 점(專占)이지만, 동시에 시대를 구제하는 일(濟時)에 관련된 일반적 상징(通象)으로 간주될 수도 있다.

| 괘효 | 或爲通象, 或爲指事 |
|---|---|
| 无妄 六三 | 行人得牛 (행인이 소를 얻다) |
| 旅 上九 | 喪牛于易 (소를 交易해서 잃다) |
| 頤 上九 등 9괘 | 利涉大川 (큰 내를 건너는 것이 이롭다) |

---

19) 「周易四箋 I」, 『定本 與猶堂全書』 15, 58쪽; 『역주 주역사전』 제1권, 119쪽, "至如馬牛羊豕之有關人事者, 或爲通象, 或爲指事."

그러면 象상과 占점의 관계를 太泰태괘 初九초구의 예를 들어 설명해 보기로 하자. 그 효사는 "발모여拔茅茹, 이기휘以其彙, 정길征吉"로 되어 있는데, 이것은 다시 상과 점의 두 부분으로 나뉜다.

| 象 | 拔茅茹, 以其彙 (띠풀의 뿌리를 뽑을 때 그 뿌리가 같은 무리끼리 따라서 올라온다) |
|---|---|
| 占 | 征吉 (정벌하면 길하다) |

점은 상이 포괄하는 외연外延의 다양한 사례 가운데 하나에 불과하다. 즉 太泰태괘 초구에서 "발모여拔茅茹, 이기휘以其彙"와 "정길征吉"이 내용적으로 연관된 것은 사실이지만, "정길征吉"의 점사는 "발모여, 이기휘"의 상象에 포괄되는 한 가지 예를 지시할 뿐이다. 정약용은 이것을 다음과 같이 설명하고 있다.

> 띠풀의 뿌리를 뽑을 때 같은 무리끼리 연결되어 뽑혀 올라오는 것(拔茅連茹)은 현자賢者를 추천해 올리는 상에도 해당되지만, 동시에 정벌하러 가면 길한 상에도 해당될 수 있다[국읍國邑을 정벌하는 경우에 적敵의 세력을 뽑아 버리는 것이 마치 풀뿌리를 뽑는 것과 같다].[20]

띠풀(茅)은 본래 뿌리와 뿌리가 서로 연결되어 있다. 따라서 그 띠풀을 잡아당기면 뿌리가 통째로 뽑혀 다함께 일어나게 된다. 이것은 일종의 비유적 상징에 속하는 것이므로 다양하게 해석될 수 있다. 어떤 경우에는 같은 부류에 속하는 군자끼리 서로 인재를 추천하거나 선발해 올리는 것에 비유될 수도 있고, 또 어떤 경우에는 적敵을 발본색원拔本塞源하여

---

20) 「周易四箋 I」, 『定本 與猶堂全書』 15, 194쪽; 『역주 주역사전』 제2권, 283쪽, "拔茅連茹, 固爲進賢之象, 亦可爲征吉之象[征伐國邑者, 擧而拔之, 如拔草根]."

뿌리째 제거하는 전쟁에 비유될 수도 있다.

이처럼 점과 별도로 상을 설정하는 것은 특수성을 지양해서 일반성으로 고양시키기 위한 것이지만, 『주역』에서는 괘효사가 어떤 특수한 사례에 제한되어 버리는 한계를 극복하기 위해 몇 가지 방법을 사용하고 있다.

첫째로 괘효사에서 점을 거론하지 않고 괘의 성격(卦德)만을 표현하는 경우가 있는데, 이를 정약용은 「독역요지」에서 제3칙 '존질存質'의 규칙으로 수립하였다. 예컨대 대유大有괘의 "원형元亨", 대장大壯괘의 "이정利貞", 태兌괘의 "형이정亨利貞", 정鼎괘의 "원길형元吉亨", 수隨괘의 "원형이정元亨利貞" 등의 괘사에서는 단지 괘덕卦德만이 언급되고 있을 뿐, 입군立君·벌국伐國·건도建都·천국遷國·제사祭祀·혼가婚嫁 등 구체적 사건에 연관되는 점占은 언급되고 있지 않다. 그리고 점을 거론하는 경우에 있어서도 단지 길흉에 관한 판단만 내릴 뿐이지, 구체적 상황에 관련시키지 않는다. 예컨대 췌萃괘 구사九四의 "대길무구大吉无咎", 해解괘 초육의 "무구无咎", 항恒괘 구이의 "회망悔亡", 대장大壯괘 구이의 "정길貞吉" 등에는 구체적 점사가 결여되어 있다. 만약에 어떤 특정한 사건을 언급하게 되면 그 특수한 예에 얽매여 버리는 한계에 갇히게 된다. 따라서 괘효사에 한 가지 사건도 포함시키지 않음으로써 오히려 만사萬事에 응하는 데 아무런 장애가 없도록 한 것이다. 이러한 예들은 특수한 몇 경우에만 한정되고 마는 점의 한계를 극복하기 위한 노력을 보여 준다.

둘째로 정약용이 「독역요지」 제11칙 비덕比德에서 수립한 규칙으로서, 효사에서 구체적인 사태 혹은 사물을 언급치 않고 오직 그 괘덕卦德을 대비시키는 경우가 있다. 예컨대 림臨괘의 "함림咸臨"·"지림至臨"·"지림知臨"·"돈림敦臨", 복復괘의 "불원복不遠復"·"휴복休復"·"빈복頻復"·"독복獨復"·"돈복敦復", 태兌괘의 "화태和兌"·"부태孚兌"·"래태來兌"·"인태引兌" 등의 경우가 여기에 해당된다. 이러한 예들에서는 여섯 개의 효를 배열하여 비교하고, 이것과 저것을 대조하여 단지 두 개의 글자로 괘덕卦德을 나타내기만 할 뿐 구체적인 사물을 거론하지 않았다. 이것은 구체적 사태를 언급할 경우에 어떤 특정한 사태에 얽매이게 되어 여러 정황을 통괄할 수 없게 될 것을 우려하였기 때문이다.

이러한 예들은 구체적 특수성을 지양하여 보편성을 획득하려는 시도들이다. 정약용은 이를 다음과 같이 설명하고 있다.

> 이런 것은 어떤 이유 때문인가? 한 효爻의 주사繇詞가 오로지 한 가지 일만을 위해 지은 것이 아님을 밝히기 위해서이다. 그리고 한 가지 일도 언급하지 않는 경우는 만사萬事에 응하여 다함이 없도록 하고자 함인 것이다. 이는 모두 그 일반적인 것을 제시하면서 동시에 그 특수한 사례를 제시하여, 학자들로 하여금 하나를 보면 셋을 알고 하나를 들으면 열을 알아서 만사萬事에 응하여 다함이 없도록 하고자 함인 것이다.[21]

요컨대 『주역』을 지은 저자의 의도는 일반적인 것을 제시하면서 동시에 특수한 예를 제시하는 데 있다. 앞서 언급한 바 있는 "거일이반삼擧一以反三, 문일이지십聞一以知十"의 원리는 특수자를 지양시켜 보편자에로 통일시키는 것 이외의 다른 것이 아니다. 이처럼 개별적인 것으로부터 보편적인 것에로 나아가고, 특수자를 지양시켜 보편자에로 통일시키는 것은 동서양을 막론하고 논리(logic)의 기본 기능이다. 『주역』의 논리도 역시 개별적 사물 그 자체에 관심을 갖기보다는 사물들 사이의 내적 연관성의 탐구를 목적으로 한다. 그러나 『주역』의 논리는 보편자를 파악하는 방식에 있어서 서양의 논리와 중요한 차이점을 지닌다. 서양의 논리에서는 추상적이고

---

21) 「周易答客難」, 『易學緖言』, 『定本 與猶堂全書』 17, 292쪽, "若是者, 何也? 明一爻之繇不專爲一事也. 並一事而不言, 所以應萬事而不窮也······皆所以發其凡而起其例, 使學者, 擧一而反三, 聞一而知十, 以之應萬事而不窮也."

보편적인 것은 구체적인 개별자를 떠나서 성립되는 경향을 보이는 데 반해서, 『주역』의 사유방식에서는 구상적 상징이 갖는 무한한 함축성을 통하여 보편성을 구현하려는 경향이 있다. 헤겔(Hegel)은 『역경』의 사상을 비평하여 다음과 같이 말하고 있다.

> 구체적인 것이 사상적·개념적으로 파악되지 않고 일상적인 관념 속에서 이해되고 있다. 즉 그것은 직관적·지각적으로 서술되어 있는 것이다. 따라서 이 구체적인 제 원리를 주워 모으는 데 있어서 보편적인 자연력 혹은 정신력의 사상적 파악은 찾아볼 수 없다.[22]

나카무라 하지메(中村元)는 그의 저서 『중국인의 사유방법』에서 헤겔의 발언에 찬동하는 취지로 다음과 같이 말하고 있다.

> 중국의 언어표현이 지극히 비논리적이고 말과 말 혹은 글귀와 글귀와의 결합에 분명한 원칙이 없는 까닭에 중국인들은 추상적 사색을 하는 것이 쉽지 않았다.[23]

나카무라 하지메에 따르면, 중국인들의 사유방법의 특징은 다음과 같이 요약될 수 있다. 첫째, 보편에 대한 자각이 없고, 둘째, 언어의 표현과 사유가 비논리적이며, 셋째, 법칙적 이해가 결여되어 있다. 결국 나카무라 하지메에 따르면, 중국인은 구상적 지각을 중시한 반면에 추상적 사유를 발전시키지 못했다. 만일 헤겔과 나카무라 하지메의 설명을 받아들인다면 『역』에서 논리성을 추구하는 것은 연목구어緣木求魚의 격이 될 것이다. 그러나 과연 『역』은 보편성과 추상성을 결여하고 있기 때문에 논리를 갖출 수 없는 것일까? 필자의 견해로는 헤겔과 나카무라 하지메의 비판은

---

22) Hegel, Vorlesungen über die Geschichte der Philosophie, S.139; 나카무라 하지메(中村元) 저, 김지견 역, 『중국인의 사유방법』(동서문화원, 1971), 73~75쪽에서 재인용.
23) 나카무라 하지메(中村元) 저, 김지견 역, 『중국인의 사유방법』, 72쪽.

『역』의 논리가 갖는 특수한 성격을 오해한 데서 비롯된 것이다. 『주역』의 논리는 구상성을 매개로 해서 보편성을 추구하기 때문에 구체적인 것에서 유리되지 않으면서 전개된다. 즉 『주역』의 논리는 구상성을 떠나지 않은 채로 상징이 갖는 무한한 함축성 속에서 전개된다. 따라서 헤겔이 비판한 『주역』의 구상적이고 지각적인 성격은 『역』의 논리가 갖는 한계가 아니라 오히려 그 장점이라고 해야 될 것이다. 『역』의 논리에서는 추상적인 것과 구상적인 것, 또 개별적인 것과 보편적인 것은 분리되지 않은 채로 종합되고 통일되는 것이다.[24]

---

24) 방인, 『다산역학사상에 대한 연구』(한국학중앙연구원 한국학대학원 석사학위논문, 1983), 114쪽.

# 제3장 상의 철학적 해석

　정약용은 상징의 의미가 실재로부터 도출된다고 보는 관점에 입각하여, 상징은 현상적 존재에 대한 기호적 모사물이라고 주장한다. 모사설의 관점에서 본다면, 기호는 실재적 사태의 원상原象을 가장 그럴듯하게 재현해 내는 모사물(像)일 뿐이다. 기호의 형상은 그에 대응하는 지시체를 모사하여 만들어진 것이며, 기호는 지시체의 모습을 반영反映하고 있다. 따라서 괘상卦象이란 천지자연天地自然의 실제적 상象을 모사하여 반영시킨 그림이라고 할 수 있다. 만일 모사가 어떤 대상의 실재하는 모습을 가장 실재에 가깝게 묘사하는 행위라고 한다면, 모사되는 대상은 당연히 모사행위 이전에 실재하지 않으면 안 된다. 따라서 모사설은 모사의 전제조건으로서 외부세계의 객관적 실재를 요구하고 있다. 인식이란 어디까지나 객관적으로 실재하는 대상을 인식하는 것이지 가공架空의 상상 속의 대상을 인식하는 것이 아니기 때문이다. 아울러 상징이란 객관적 실재의 반영이지 무無로부터의 창조는 아니다. 필자는 정약용의 이러한 관점을 사실주의寫實主義 혹은 반영론反映論으로 정의하고자 한다. 정약용의 이러한 관점에서 본다면, 괘의 상징은 모두 현실적 대상에 근거를 갖는다.

# 1. 내지덕의 괘정입상설에 대한 반박

이러한 정약용의 견해에 대해 정면으로 대립되는 견해를 제출한 인물은 명대의 역학사상가 내지덕來知德(1525~1604)이었다. 내지덕은 『주역집주周易集注』에서 '괘정지상卦情之象'이라는 개념을 수립함으로써 현실에 대응되는 대상이 없어도 상상력으로 만들어 낸 기호가 있을 수 있음을 주장하고 있다.[1] '괘정지상'이란 감정으로 느끼는 대상을 상상력에 의해 만들어 내는 것을 가리키기 때문에, 반드시 현실이나 실재의 세계에 근거할 필요가 없다. 이것은 상象이 실재적 사물과의 연관성 아래 설정되는 것이 아니라 상상력에 의해 임의로 창조될 수 있음을 뜻한다. 이러한 이론을 괘정입상설卦情立象說이라고 부르기로 하자.[2]

일반적으로 괘상卦象의 의미는 「설괘전」에서 지정해 놓은 의미를 따르는 것이 원칙이다. 그러나 내지덕은 이처럼 괘정卦情에 의해 상象의 의미가 설정된 경우에는 「설괘전」을 따를 필요가 없다고 주장하였다. 「설괘전」에 따르면 건乾괘에 해당되는 동물은 본래 말(馬)이라고 되어 있으나, 정작 건괘의 효사에 나타나는 동물은 말이 아니라 용龍이다. 주희도 일찍이 이런 종류의 문제에 대해 도저히 납득할 수 없음을 토로한 적이 있다.[3] 그러나 내지덕은 주희가 이 문제를 해결할 수 없었던 것은 괘정입상卦情立象

---

1) 내지덕에 따르면, "성인이 象의 개념을 수립함에 있어서의 기준으로는 ① 卦情之象・② 卦畫之象・③ 大象之象・④ 中爻之象・⑤ 錯卦之象・⑥ 綜卦之象・⑦ 爻變之象・⑧ 占中之象이 있다"("聖人立像, 有卦情之象, 有卦畫之象, 有大象之象, 有中爻之象, 有錯卦之象, 有綜卦之象, 有爻變之象, 有占中之象")라고 한다. 『周易集注』, 「易經字義・象」; 『周易集注』 (中國古代易學叢書 27; 中國書店, 1998), 8쪽.

2) 내지덕은 乾卦의 「상전」을 해석하면서, "이것은 氣를 말한 것이지 形을 말한 것이 아니다"(此言氣而不言形)라고 하였다. 이는 氣의 변화가 곧 象으로 나타나기 때문에 象의 실질이 곧 氣가 된다는 관념에 그 근거를 두고 있다. 그러므로 "氣가 있으면 곧 形이 있게 된다"(有是氣即有是形)라고 한 것이다.

3) 『朱子語類』, 권66, '易二', "易之象理會不得, 如乾爲馬, 而乾之象卻專說龍, 如此之類, 皆不通."

의 이치를 몰랐기 때문이라고 생각하였다. 내지덕에 따르면, 건도乾道는 변화를 위주로 하고 용은 자유자재로 변화하는 동물이기 때문에 「설괘전」의 설명에 구애될 필요가 없다. 마찬가지로 함咸괘의 효사에 나오는 '무拇'(엄지발가락)·'비腓'(장딴지)·'고股'(허벅다리)·'매脢'(등살)·'보輔'(광대뼈)·'협頰'(뺨)·'설舌'(혀) 등의 경우에도 그러한 단어에 상응하는 괘상卦象이 반드시 존재해야 하는 것은 아니다. 왜냐하면 그러한 단어들은 주공周公이 젊은 남자와 젊은 여자가 서로 느끼는 감정을 상상력에 의해 표현하기 위한 수단이기 때문이다.[4] 이처럼 내지덕의 괘정입상설에서 상징은 상상력의 산물로 간주되기 때문에, 상象은 실재와 관계없이 독립적으로 존재한다. 상상력에 의해 만들어진 상은 현실에 그 지시체를 가지지 않고, 오직 관념 속에서만 그 지시체를 가진다. 요컨대 내지덕의 관점에서 보면, 상징은 상상력의 창조물이기 때문에 반드시 실재로부터 비롯될 필요는 없다. 내지덕은 『주역집주』에서 괘정입상설을 다음과 같이 요약하고 있다.

> 상像(즉 象)이란 사물과 이치가 서로 꼭 그럴듯하고 거의 비슷해서 상상할 수 있는 것을 말하는 것이지, 정말로 실재로 그러한 사물이 있다거나 정말로 그러한 실재의 이치가 있다는 것이 아니다.[5]

그러나 상징을 객관적으로 실재하는 대상에 대한 모사로 간주하는 정약용의 관점에서 내지덕의 주장을 수용할 수 없었다는 것은 너무나 당연하다. 정약용의 관점에서 본다면, 상징은 결코 허구적 실재나 상상의 산물이 될 수 없다. 왜냐하면 상징이 존재하려면 반드시 그 이전에 실재가 존재하지

---

4) 『周易集注』, 권1, 「易經字義」, 4쪽; 『周易集注』(叢書 27), 7쪽.
5) 『周易集注』, 권1, 「原序」, 2쪽; 『周易集注』(叢書 27), 3쪽, "像者, 乃事理之彷彿近似, 可以想像者 也, 非眞有實事也, 非眞有實理也."

않으면 안 되기 때문이다. 정약용은 내지덕의 주장을 다음과 같이 논박하고
있다.

> 이러한 이치가 있어서 여기에 이러한 사물이 있고, 이러한 사물이 있어서 여기에
> 이러한 상이 있다. 만일에 이러한 사물이 없다면 또한 이러한 상도 없을 것이며,
> 진실로 이러한 이치가 없다면 이러한 사물도 없을 것이다. 지금 내지덕의 말에
> 이르기를 비록 상이 있다고 하더라도 실제로는 이러한 사물이 없다고 하고, 또
> 비록 이 상이 있더라도 본래는 이러한 이치가 없다고 하니, 이 몇 마디 말들은
> 이미 혼탁하여 깨끗하지 않은 것이다.[6]

여기서 정약용은 실재와 상징은 일치하지 않을 수도 있다는 내지덕의
주장에 맞서 상징 이전에 실재가 반드시 선재하지 않으면 안 된다고 주장하
고 있다. 흥미로운 점은 정약용이 '리理→사事→상像'의 선후 관계를 설정한
점이다. 즉 리가 있은 뒤에라야 사가 있고, 사가 있은 뒤에라야 상이 있다는
것이다. '상像＝상象＝모사된 기호'라는 정의에서 본다면, '리→사→상'은
'법칙→현상→기호'라는 생성순서를 의미하게 된다.

요컨대, 정약용은 기호의 생성이론에 관해서 사실주의적寫實主義的 관점
을 유지하고 있다. 즉 상징과 실재와의 관계에서 실재는 언제나 상징에
대해서 선행한다. 사실주의적 관점에 입각해서 본다면, 기호란 실재의
모사물일 뿐이지, 기호에 실재를 생성시킬 수 있는 기능이 부여된 것은
아니다.

---

6) 「來氏易註駁」, 『易學緖言』, 『定本 與猶堂全書』(다산학술문화재단, 2012) 17, 206쪽, "駁曰,
有此理斯有此事, 有此事斯有此像, 若無此事, 亦無此像, 苟無此理亦無此事. 今來氏之言曰,
雖有此像, 實無此事, 雖有此像, 本無此理, 卽此數語, 已渾濁不淸矣."

## 2. 왕필의 득의망상설에 대한 반박

정약용의 사실주의寫實主義의 관점의 대척점에 있는 또 한 사람의 대표적
인물은 왕필王弼이다. 왕필은 유학자이기는 하지만, 도가의 초월적 인식론
을 역학이론에 도입하여 『역경』의 도가적 해석이라는 새로운 장을 열었던
인물이다. 초월적 인식론에 기반을 둔 왕필의 역학이론과 반영론反映論
및 모사설에 입각해 있는 정약용의 역학이론은 정면으로 대립하고 있다.
그러면 먼저 왕필의 역학이론을 소개하고 이어서 그에 대한 정약용의
비판을 다루기로 한다.

왕필은 한대의 상수학象數學에 맞서서 현학玄學의 의리학義理學을 제창한
인물이다. 그런데 그가 상수학에 대항하기 위해 동원한 방법론적 전략은
소위 득의망상설得意忘象說이었다.[7] 그가 『주역약례周易略例』「명상明象」에서
전개하고 있는 득의망상설은 『장자莊子』의 득의망언得意忘言의 개념을 역학
해석에 발전적으로 적용시킨 산물로서, 그 전거는 「계사전」의 "서부진언書
不盡言, 언부진의言不盡意"에 있었다. 왕필이 제시한 역학 이해의 방법은
다음의 네 가지 명제로 요약될 수 있다.

① 언어를 통해서 상을 관찰한다. (尋言以觀象)
② 상을 통해서 의미를 관찰한다. (尋象以觀意)
③ 상을 얻었으면 언어를 잊어도 된다. (得象而忘言)
④ 의미를 얻었으면 상을 잊어도 된다. (得意而忘象)

위의 왕필의 명제 속에 나타난 언言·상象·의意는 각각 괘효사卦爻辭·괘
효상卦爻象·괘효의卦爻意라는 역학 해석의 삼요소에 해당된다.[8] 이 세 가지

---

7) 田漢雲, 『六朝經學與玄學』(南京出版社, 2003), 247쪽.

요소 중에서 '의意'는 특히 중요하다. 왜냐하면 왕필의 관점에 따르면 역해석의 궁극적 목적은 의미를 획득하는 것(得意)에 있으며, 상象은 의미 획득을 위한 수단이기는 하지만 수단은 목적에 도달한 뒤에는 버려져야 하기 때문이다. 즉 "상에 집착하는 자는 의미를 얻지 못한다."(存象者, 非得意者也) 의미와 상의 관계는 마치 불교에서 말하는 달과 손가락의 관계와도 같아서, 달을 가리키기 위해 손가락을 사용하지만 일단 달을 본 뒤에는 손가락은 잊혀야 한다. 따라서 왕필은 다음과 같이 주장한다. "상을 잊은 자는 바로 의미를 얻은 자이다."(忘象者, 乃得意者也) 그러면 왕필이 『주역약례』 「명상」에서 서술하고 있는 득의망상설에 대해 알아보기로 하자.

상象은 의미(意)를 드러내는 것이고, 언어(言)는 상을 분명하게 하는 것이다. 의미를 표현하기 위한 수단으로는 상보다 더 나은 것이 없고, 상을 표현하기 위한 수단으로는 언어만한 것이 없다. 언어는 상에서 생겨나므로, 언어를 통해서 상을 관찰한다. 상은 의미에서 생겨나므로, 상을 통해서 의미를 관찰한다. 의미는 상을 통해 완벽하게 드러나고, 상은 언어를 통해 드러난다. 그러므로 언어란 상을 밝히기 위한 수단일 뿐이니, 상을 얻었으면 언어를 잊어도 된다. 상이란 의미를 간직하기 위한 수단일 뿐이니, 의미를 얻었으면 상을 잊어도 된다. 이는 마치 올무는 토끼를 잡기 위한 도구에 불과하므로 일단 토끼를 잡았으면 올무를 잊어버려도 되고, 통발은 물고기를 잡기 위한 도구에 불과하므로 일단 물고기를 잡았으면 통발을 잊어버려도 되는 것과 같다. 그러므로 언어란 상의 올무(蹄)이고, 상이란 의미의 통발(筌)이다. 이런 까닭에 (상을 얻은 후에도) 언어를 여전히 간직하고 있는 자는 상을 얻은 자가 아니며, (의미를 얻은 후에도) 상을 여전히 간직하고 있는 자는 의미를 얻은 자가 아니다. 상은 의미로부터 생겨난 것이니, 상을 간직하려고 (집착)하더라도 (그때) 간직되는 것은 (참된) 상이 아니다. 언어는 상으로부터 생겨난 것이니, 언어를 간직하려고 (집착)하더라도 (그때) 간직되는 것은 (참된) 언어가 아니다. 그러므로 상을 잊은 자가 바로 의미를 얻은 자이며, 언어를 잊은 자가 바로 상을 얻은 자이다.

---

8) 윤석민, 「왕필 『주역주』 해경방법론과 그 연원에 관하여」, 『동양철학』 제26집(한국동양철학회, 2006), 195쪽.

의미를 얻음은 상을 잊음에 있고, 상을 얻음은 의미를 잊음에 있다. 그러므로 상을 세워서 의미를 남김없이 표현하되 그 상을 잊을 수 있어야 하고, 획畫을 겹쳐서 정情을 남김없이 표현하되 그 획을 잊을 수 있어야 한다.[9]

왕필은 의미(意)와 상象의 대응관계는 인정하지만, 양자 사이의 필연적 일치를 주장하고 있지는 않다. 「설괘전」에 따르면 건장함(健)과 말(馬)의 의미에 상응하는 것은 건乾의 상이며, 유순함(順)과 소(牛)의 의미에 상응하는 것은 곤坤의 상이다. 말은 건장한 동물이기 때문에 말·건장함은 건乾의 상에 속하며, 소는 유순한 동물이기 때문에 소·유순함은 곤坤의 상에 속한다. 그렇지만, 왕필의 관점에서 본다면 상象이란 어차피 의미를 드러내기 위해 사용되는 수단에 불과하기 때문에, 그 의미만 표현할 수 있다면 어떤 상을 취하든지 상관이 없다. 즉, 건장함이라는 의미만 충족시킬 수 있다면 건乾 이외의 다른 어떤 괘를 말(馬)을 상징하는 것으로 삼아도 관계없다. 마찬가지로 유순함·소라는 의미가 반드시 곤坤의 괘상에만 대응되어야 할 아무런 필연성도 없다. 따라서 왕필은 괘효사의 의義를 파악하면, 언어와 상에 더 이상 구애될 필요가 없다고 본다. 왕필은 역학 해석의 본지가 "상을 잊음으로써 그 의미를 구하는"(忘象以求其意) 데 있음에도 불구하고 한대漢代의 역학은 상만 남고 그 뜻은 잊어버린 '존상망의存象忘義'의 잘못을 저질렀다고 비판하고 있다.[10]

---

9) 『周易略例』, 「明象」; 王弼 저, 임채우 역, 『주역 왕필주』(도서출판 길, 2008), 630~631쪽; 魏 王弼 撰, 樓宇烈 校釋, 『周易注』(中華書局, 2011), 「附周易略例」, 414~415쪽, "夫象者, 出意者也. 言者, 明象者也. 盡意莫若象, 盡象莫若言. 言生於象, 故可尋言以觀象. 象生於意, 故可尋象以觀意. 意以象盡, 象以言著. 故言者所以明象, 得象而忘言. 象者, 所以存意, 得意而忘象. 猶蹄者所以在兔, 得兔而忘蹄. 筌者所以在魚, 得魚而忘筌也. 然則, 言者, 象之蹄也. 象者, 意之筌也. 是故, 存言者, 非得象者也. 存象者, 非得意者也. 象生於意而存象焉, 則所存者乃非其象也. 言生於象而存言焉, 則所存者乃非其言也. 然則, 忘象者, 乃得意者也. 忘言者, 乃得象者也. 得意在忘象, 得象在忘言. 故立象以盡意, 而象可忘也. 重畫以盡情, 而畫可忘也."

10) 임채우 역, 『주역 왕필주』; 『周易注』, 「附周易略例」, 415쪽, "一失其原, 巧喻彌甚. 從復或值, 而義无所取. 蓋存象忘意之由也."

그러나 주희는 왕필의 득의망상론이 상의 본질적 의의를 훼손시키는 것이라고 비판한 바 있다. 주희의 관점은 정약용에 의해서도 그대로 수용되고 있으므로, 정약용의 관점을 고찰하기 전에 먼저 주희의 왕필 비판에 대해 살펴보기로 하자.

> 왕필은 "그 뜻이 진실로 건장함(健)에 상응한다면 어찌 반드시 건乾만이 말(馬)이 되겠으며, 효爻가 참으로 유순함(順)에 부합한다면 하필 곤坤만이 곧 소(牛)가 되겠는가"라고 하였지만, 이런 발언의 뜻을 잘 따져 보면 곧 『주역』의 '상을 취함'이 유래한 바가 없게 되고, 단지 『시경』에서 쓰이는 비比·흥興의 체體나 『맹자』에 나오는 비유와 같은 것이 될 따름이다. 그렇다면 「설괘전」의 제작이 『주역』과 무관한 것이 될 것이며, (「계사전」의) "가까이는 몸에서 취하고, 멀리는 사물에서 취한다"라는 말도 또한 쓸데없는 이야기가 될 것이다.[11]

위의 인용문에서 주희는 왕필의 득의망상론이 「계사전」에서 언급한 "근취저신近取諸身, 원취저물遠取諸物"이라는 취상取象의 근본원리와 어긋난다는 점을 지적하고 있다. 왕필의 관점을 따를 경우 상象은 대상을 표현하기 위해 동원된 비유에 불과한 것이 되고 만다. 이 경우 상象의 의미가 반드시 대상으로부터 유래되어야 할 필연성은 소멸되어 버리고 말 것이다. 즉 대상을 모사하고 그 대상을 대표하거나 상징하는 기호로서의 본질적 기능은 무시되어 버리고, 상상력에 의하여 아무렇게나 만들어질 수 있는 것이 되고 말 것이다.

왕필의 득의망상설은 도가의 초월주의적 인식론이 낳은 당연한 귀결이다. 도가에 따른다면 참다운 인식을 위해서는 언어와 대상을 모두 초월하지 않으면 안 된다. 예를 들면 『장자』 「외물外物」편의 "말이란 마음속에 가진

---

11) 「周易四箋 II」, 『定本 與猶堂全書』 16, 296쪽; 『역주 주역사전』 제8권, 119~120쪽, "王弼以爲 義苟應健, 何必乾乃爲馬, 爻苟合順, 何必坤乃爲牛, 觀其意, 直以易之取象, 無所自來, 但如詩之 比興, 孟子之譬諭而已. 如此, 則是說卦之作爲無與於易, 而'近取諸身, 遠取諸物', 亦瞢語矣."

뜻을 상대방에게 전달하는 수단이므로 뜻을 얻으면 말은 잊어버리고 만다"(言者, 所以在意, 得意而忘言)라는 말은 언어를 초월할 것을 가르친 것이고, 『장자』「지북유知北遊」편의 "도란 볼 수 없는 것이니, 볼 수 있다면 도가 아니다"(道不可見, 見而非也)라는 말은 대상을 초월할 것을 가르친 것이다. 이처럼 도를 안다는 것은 언어와 형상을 모두 초월하는 것이다. 도가적 관점에서 본다면 언어라든가 상징이라든가 하는 것은 모두 달을 가리키는 손가락에 불과하다. 손가락은 달을 바라보기 위해 필요한 것이기는 하나, 달을 바라볼 때에는 잊혀야 한다.

그러나 정약용은 「승려 초의草衣 의순意洵에게 보내는 글」(爲草衣僧意洵贈言)에서 왕필의 도가적 해석 방법을 선가禪家의 참선화두법參禪話頭法에 유비하면서 혹독하게 비난하고 있다.

『역경』이라는 책은 한 글자 한 구절도 상象을 걸어 놓음에 유래하지 않음이 없다. 만일 성인이 현공설법懸空說法했다면 그것은 마치 선가의 참선화두參禪話頭와도 같아서, 한 가지 주제를 그냥 제시해 놓고 맡겨 버리니 스스로 깨닫기가 어렵다. 왕보사王輔嗣가 「설괘전」을 버리고 『주역』을 해석하고자 하니 또한 어리석지 아니한가?[12]

「위초의승의순증언爲草衣僧意洵贈言」은 정약용이 자신보다 24세 젊은 선승禪僧 초의草衣(법명은 意洵, 1786~1866)에게 써 준 글이다.[13] 이 글을 초의에게 써 준 계유년癸酉年(1813)은 『주역사전』 무진본戊辰本(1808)이 나온 지 이미 5년이나 지난 뒤였다. 초의는 『주역사전』 무진본이 나온 이듬해인 1809년에

---

12) 「爲草衣僧意洵贈言」, 『定本 與猶堂全書』 3, 402쪽, "易之爲書, 無一字一句, 不由掛象. 若云, 聖人懸空說法, 如禪家參禪話頭, 任指一物, 便自難通, 王輔嗣乃欲棄說卦以解易, 不亦愚乎?"

13) 정약용이 초의선사와 만난 것은 1809년의 일로서, 정약용이 48세, 초의가 24세 때의 일이다. 『다산시문집』 권17에 수록되어 있는 「爲草衣僧意洵贈言」(초의승 의순에게 주는 말)의 끝에는 이 글이 嘉慶 癸酉年(1813) 8월 4일에 썼다고 기록되어 있다. 이 글은 정약용이 초의에게 준 贈言 중 하나이다. 정약용이 초의에게 준 贈言은 모두 23편이었는데, 그 중에서 5편만이 『다산시문집』 권17에 수록되어 있다.

다산초당으로 찾아가서 정약용에게서 『주역』을 배우게 되었는데, 『주역』의 제61번째 괘명인 중부中孚14)를 자字로 사용할 정도로 『주역』에 강한 애착을 드러냈다. 초의에게 준 글에서 정약용은 왕필이 「설괘전」에 의존하지 않고 『주역』을 해석하려고 한 것은 마치 선가禪家의 참선화두법參禪話頭法과 유사한 측면이 있음을 지적하고 있다. 선가에서는 참선할 때 수행자에게 한 가지 화두를 제시하여 스스로 그 화두를 풀어내도록 한다. 그런데 화두를 풀어내는 데에 어떤 정해진 기준이 있는 것이 아니기 때문에 화두를 풀어내는 것은 전적으로 수행자에게 맡겨진 몫이다. 초의는 선승이었던 만큼 역사易詞의 의미를 마치 화두를 풀듯이 이해하려는 경향이 있었던 것 같다. 따라서 정약용은 초의에게 『주역』을 공부할 때 선가의 참선화두법처럼 접근해서는 안 된다고 경계한 것이다. 개인의 깨달음에만 의존하는 이러한 방법은 임의적이고 주관적인 해석을 용인할 것이기 때문에 실증을 요구하는 『주역』의 해석 방법과 관련이 없을 뿐 아니라 맞지도 않다. 만일 『주역』의 괘상이 성인이 현공설법懸空說法한 것이라면 그것은 마치 선가의 참선화두법과 같을 것이다. 그렇지만 성인은 결코 허공에 설법하는 법이 없다. 괘상이 무엇을 상징하는지에 관해 어떤 규약이 존재하지 않는다면 그에 대한 해석은 자의적이 될 뿐이며, 결국 해석자의 주관에 오로지 의존하게 될 것이다. 「설괘전」은 『주역』의 해석자가 의거해야 할 공통의 규약을 제공한다. 정약용이 이 글에서 "『주역』이라는 책은 한 글자 한 구절도 상을 걸어 놓음에 유래하지 않음이 없다"(易之爲書, 無一字一句, 不由掛象)라고 한 것은 전형적인 상수학자로서의 발언이다.15) 황종희黃宗羲는 『역학상수론易

---

14) 초의가 中孚라는 자를 최초로 사용한 것은 『白雲帖』에서이다. 『백운첩』은 1812년(초의 27세 때) 9월 12일에 정약용이 제자 尹峒(1793~1853) 및 초의와 함께 월출산 아래 백운동에 놀러갔다가 돌아와서 만든 시첩이다. 정약용이 백운동 13경에 붙여 시를 짓고 초의가 그 시의 일부를 篆書로 썼는데, 여기에 정약용의 명에 따라 다시 초의가 백운동과 다산초당을 그림으로 그려서 합첩한 것이 바로 『백운첩』이다.

學象數論』에서 "『역경』 중의 어떤 글자라도 상과 연계되지 않고 헛되이 배치된 것이 없다"(易中之象, 無一字虛設)라고 하였는데,[16] 정약용의 주장도 이와 같은 맥락에서 이해할 수 있다. 다만 정약용은 상수象數 중에서 상象을 중시한 것이지, 수數에 대해서는 큰 비중을 두지 않았다는 점에 유의할 필요가 있다. 그는 「사고역의四庫易議」[17]에서 후세의 잡학雜學이 흥기한

---

15) 필자는 본서에서 정약용을 시종일관 상수학자로서 분류하였다. 그런데 정약용이 象數 중에서 중시한 것은 象이지 數는 아니기 때문에 정약용을 상수학자로 부르는 것이 적절치 않다는 주장도 있다. 즉 정약용의 역학은 상수학이라기보다는 象學이라는 것이다. 예를 들자면, 황병기는 박사학위논문 『다산 정약용의 易象學』(연세대 대학원 철학과, 2004)에서 정약용이 『주역』을 일관되게 象學으로 해석하였다고 주장하였다. 김언종도 역시 정약용이 역학의 핵심이 象에 있는 것이지 數에 있는 것은 아니라고 생각하였다고 주장하였다. 즉 정약용은 『여유당전서보유』에 포함된 「四庫易議」에서 『欽定四庫全書總目』의 「易類 總論」을 읽은 다음에 『역경』의 핵심이 象數에 있다는 주장에 대해서 견해를 달리한다고 밝혔다고 한다.(김언종, 『여유당전서보유』의 저작별 진위 문제에 대하여[上], 『다산학』 9호, 2006, 152쪽) 필자는 정약용의 역학이 象에 치우치고 數에 대해서는 큰 비중을 두지 않았다는 점을 부정하는 것은 아니다. 그리고 다산역을 좀 더 정밀하게 분류한다면 상수학 중에서도 象學으로 정의해야 한다는 의견에도 동의한다. 다만 象學이라고 하더라도 역시 상수학에 속하는 하위 범주일 뿐이다. 무엇보다도 정약용이 활용하고 있는 역리사법이 상수학의 전통에서 유래된 것이라는 점을 무시할 수 없다.

16) 黃宗羲 撰, 鄭萬耕 點校, 『易學象數論』(中華書局, 2010), 권2, 94쪽.

17) 「四庫易議」는 『與猶堂全書補遺 III』(『定本 與猶堂全書』 37)에 포함되어 있는데, 정약용은 이 글에서 『欽定四庫全書』의 「易類總目提要」에 대한 자신의 견해를 펼치고 있다. 김언종은 정약용이 『四庫全書』의 「易類總目提要」를 읽은 시기를 유배에서 풀려난 이후로 추정하고, 「四庫易議」를 다산역학의 이해에 있어 매우 중요한 자료로 평가하고 있다.(김언종, 『여유당전서보유』의 저작별 진위문제에 대하여[上], 『다산학』 9호, 152쪽) 그런데 總目提要의 저자인 四庫館臣의 견해에 따르면 역학사는 兩派六宗으로 요약된다. 여기서 兩派란 象數派와 義理派를 말하며, 상수파에 三宗이 있고 또 의리파에 三宗이 있으므로 합치면 兩派六宗이 된다는 것이다. 정약용은 四庫館臣의 견해를 대체로 수긍하면서도 漢儒들의 象數가 『주역』이 최초로 형성된 옛 시기로부터 그다지 멀지 않기 때문에 漢儒들의 象數學을 宗主로 삼아도 좋다는 견해에 대해서는 반론을 제기하고 있다. 즉 『易經』의 핵심은 象에 있을 뿐, 數에 있는 것이 아니라는 것이다. 정약용의 이 주장은 數理易을 배척한 것이라고 볼 수 있다. 필자의 견해로는 「四庫易議」는 다산역학의 계통을 밝히는 데 매우 중요한 자료이다. 즉 「四庫易議」는 정약용이 상수학 중에서도 특히 象을 중요시하였으며, 數에 큰 비중을 두지 않았음을 분명히 밝혀 주었다는 점에서 그 자료적 가치가 있다. 어쨌든 설령 象學으로 분류한다고 하더라도 그 역시 상수학에 속하는 支流로 보아야 한다는 것이 필자의 견해이다.

원인을 수數로써『역』을 담론談論하는 학풍의 여파餘波로 파악하고 있다.[18]

　역경주석사의 전통을 되돌아 볼 때 주석가들은『주역』의 기호적 특성에 주목하고 이에 근거하여 다양한 해석들을 제출하였으나, 기호의 특성에 충실한 해석을 전개한 것은 상수학파였다. 의리학파의 경우에는 기호를 완전히 무시한 것은 아니었으나, 괘효사가 기호의 의미와 필연적 연관을 맺고 있음을 입증할 수 없었기 때문에 기호의 의미에 대한 엄밀하고도 정확한 독해의 가능성을 확신하지 못하였다. 의리학의 관점에서 본다면 기호적 성격은『주역』에 부수적으로 부여된 것이지 본질적인 특성은 아니다. 왕필은 의리학파의 특징을 전형적으로 보여 주는 학자이다. 왕필은 상수학파의 이론을 불신한 나머지『주역』의 기호적 성격을 소제掃除해 버리려고 시도하였다.

　해석방법론의 관점에서 왕필과는 대척점에 서 있는 정약용은 왕필의 의리학적 관점이 역학의 본질을 크게 훼손하고 있다고 믿었다. 정약용은『주역』의 괘효사의 의미가 괘상에 반드시 상응해서 해석되어야 한다고 주장하였다. 따라서 정약용은 해석방법론의 측면에서 볼 때 상수학자로 분류되어야 마땅하다. 그가『주역사전』에서 활용하고 있는 추이·효변·호체·물상의 네 가지 해석 방법은 모두 상수학으로부터 나온 것이다. 정약용의 이론은 상수학의 전형적 특징을 보여 주기 때문에 기호학적 관점이 잘 적용될 수 있다. 기호는『주역』과 분리될 수 없는 텍스트의 본질적 특성이다. 만약『주역』의 기호적 특성을 간과한 채로 독해할 경우 제대로 이해할 수 없을 뿐 아니라 필연적으로 텍스트의 오독誤讀을 초래하게 된다. 『주역』은 본래 기호의 체계이기 때문에『주역』을 기호학적 관점에서 해석한다는 것은『주역』의 특성에 본질적으로 부합한다.

---

18) 「四庫易議」, 與猶堂全書補遺 III,『定本 與猶堂全書』, 37, 258쪽, "後世雜學之附起, 皆以數談易之餘波."

# 제4장 기호계의 모형구조

## 1. 상제의 계시

상제上帝에 대한 논의는 정약용의 역학관을 고찰함에 있어서도 매우 중요하다. 아마도 상제의 개념만큼 다산학과 관련하여 격렬한 논쟁을 야기한 개념도 없었을 것이다. 이러한 논쟁은 다산사상의 정체성正體性에 관한 의문을 불러일으키기에 충분했다. 논란의 핵심은 정약용의 상제관이 선진유학先秦儒學의 정통성을 계승하고 있는 것인지,[1] 아니면 천주교의 영향을 강하게 받고 있는 것인지에 있다. 상제라는 용어가 비록 오래된

---

[1] 예를 들면 이동환은, 정약용의 '상제' 개념의 내포는 『천주실의』에 묘사된 '天主'의 개념과 매우 유사한 것이 사실이지만, 상제 개념의 이러한 특징들은 先秦경전 그 자체에 내포되었던 것으로 보아야지 정약용이 『천주실의』의 천주 개념에 영향 받아 天主 개념의 내포를 그대로 上帝 개념으로 옮겨 놓았다고 보면 곤란할 것이라고 주장하였다. 아울러 그는 정약용의 上帝 개념에 인격성을 부여한 것은 先秦古經의 본래성을 회복시키려는 작업과 연관해서 생각하지 않으면 안 된다고 주장하였다. 이동환에 따르면, 정약용이 天 개념에 인격성을 부여하기 시작한 것은 23세(1784) 때 저술한 『중용강의』에서부터이며 『천주실의』를 접한 것도 바로 이 무렵(1784)이지만, 이러한 경향성은 이미 21세(1782) 이전에 나타나고 있었다고 한다.(이동환, 「다산사상에서의 '상제' 도입경로에 대한 서설적 고찰」, 『다산의 정치경제사상』, 창작과비평사, 1990, 300~301쪽)

유가경전에서 나왔다고 하더라도, 유일신으로서 인격신을 주장하고 있는 점에 있어서는 기독교 혹은 천주교의 신(God) 개념과 매우 흡사하기 때문에 이러한 논란은 피할 수 없는 것처럼 보인다. 한 가지 의심의 여지가 없이 분명한 사실은, 정약용은 23세 때인 1784년에 큰 형 정약현의 처남인 이벽李檗(1754~1786)을 통해 천주교에 접하게 되었고, 또 『천주실의天主實義』·『칠극七克』 등의 서적을 읽어 보는 등 천주교사상에 적극적으로 경도된 적이 있었다는 점이다. 그러나 30세 되던 해인 1791년에 정약용의 외종형 윤지충尹持忠과 그 외종인 권상연權尙然이 신주를 불사르고 제사를 지내지 않음으로써 촉발된 신해옥사辛亥獄事가 일어나면서 정약용은 천주교와의 관계를 정리하지 않을 수 없었다. 정약용은 36세 되던 1797년(丁巳)에 「변방사동부승지소辨謗辭同副承旨疏」[2]를 통해 자신이 천주교와 무관함을 선언하고, 그 이후로는 선진시대 유학경전에 대한 탐구를 통해 근본유학에로의 회귀를 시도하였다. 그러나 역설적이게도 그가 천주교의 영향을 떨쳐 버리지 못했다는 의혹은 선진유학의 개념인 상제上帝를 강조하면서 더욱 불거졌다.

'상제'라는 단어의 출처가 선진의 유가경전임에도 불구하고 정약용이 천주교와 연관된 것으로 의심받게 된 것은 보유론자補儒論者들이 선교전략의 일환으로 이 용어를 적극적으로 활용하였기 때문이다.[3] 천주교의 신(God) 개념이 '천주天主'라는 용어로 정착되는 과정에서 '상제'와 동일시된 것은 전혀 이상한 일이 아니었다.[4] 마테오리치(Matteo Ricci, 利瑪竇, 1552~1610)는 『천주

---

2) 「辨謗辭同副承旨疏」는 정약용이 1797년에 승정원 동부승지를 사직하면서 낸 삼천여 글자에 이르는 장문의 상소문이다. 일명 「自明疏」로 불린다. 정약용은 이 상소문에서 천주교와 자신과의 관계된 전말을 소상히 밝혔다.
3) '上帝'가 五經 중에서 가장 일찍 나오는 용례는 『尙書』의 「虞書·舜典」이다.
4) 補儒論은 16세기 동양에 진출한 예수회의 선교사들이 채택했던 선교의 토착화 전략이다. 그들은 현지인들이 기독교신앙을 큰 이질감이나 거부감 없이 받아들일 수 있도록 하기 위해서 유교문화와 기독교 사이에 공통적으로 합치되는 부분이 있으면 적극적으로 수용하고자 하였다. 그들은 유교문화가 기본적으로는 기독교와 합치된다는 점을 강조함으로써 새로운 사상의 수용에 대한 거부감을 완화시키면서, 유학에 기독교의 교리가

실의天主實義(De Deo Verax Disputatio)[5)]의 제2장에서 천주는 중국의 유가경전에 나오는 상제와 동일한 존재로서 단지 그 이름만 다를 뿐이라고 주장하였다. 정약용은 51세 때인 1812년에 완성된 『춘추고징春秋考徵』(12권)에서 상제를 "만물을 다스리며 편안히 기르는 자"(宰制安養之者)라고 정의하였는데,[6)] 이러한 정의는 마테오리치가 『천주실의』에서 천주天主를 "만물을 주재하여 편안히 기르는 자"(主宰安養之者)라고 정의한 것과 매우 유사하다.[7)] 따라서 『천주실의』의 초월적 인격신관이 정약용의 신관神觀에 수용된 것으로 볼 수 있다.[8)] 이러한 점은 정약용의 상제관이 그가 원시유학의 계승자임을 표방한 이후에도 여전히 부분적으로는 천주교의 영향 아래 형성되고 있었음을 보여 준다.

그러면 상제 개념이 정약용의 역학관과 관련하여 어떤 의미를 지니는지에 주의하면서 논의를 전개해 나가기로 하자. 우선 '상제'라는 용어가 『주역』에서, 그리고 『주역사전』의 역주易注에서 어떻게 사용되고 있는지를

보충될 때 비로소 완성될 수 있다고 설득하였다. 16세기 동양 삼국의 보편적 신앙대상은 '하늘'(天)이었는데, 예수회 선교사들은 이 '天'이라는 단어가 기독교의 신인 데우스(Deus)와 상통한다고 판단하였다. 그들은 데우스(Deus)를 한자어로 옮기는 과정에서 天帝, 天尊, 天理, 天命, 天運, 天道, 天主, 天, 上帝, 上主 등의 말을 혼용하였는데, 이 가운데 '天主'라는 용어가 점차 널리 통용되어 갔다. '天主'라는 용어는 동양의 보편적 신앙대상이었던 '天'과 그리스도교의 데우스 개념을 결합시킨 것으로서, 그 자체로 보유론적 성격을 지니고 있다. 천주라는 한자어를 처음으로 창안한 사람은 일본에서 선교하던 알레산드로 발리냐노(Alessandro Valignano, 1539~1606) 신부인데, 마테오리치(1552~1610)는 발리냐노의 용어를 채택하여 데우스(Deus)의 譯語로 정착시켰다. 기독교의 신앙대상이 '천주'로 번역됨에 따라서 '천주교'라는 명칭도 나타나게 되었고, 이러한 과정에서 큰 거부감 없이 그리스도교를 받아들일 수 있는 토대가 마련되었다.

5) 『天主實義』는 예수회 소속의 이탈리아 신부 Matteo Ricci(利瑪竇)가 한문으로 저술한 천주교 교리서이다. 제목은 '하느님에 대한 참된 의미'라는 뜻이며, 영어로는 "The True Meaning of the Lord of Heaven" 혹은 "The True Meaning of God"로 번역된다. 8편 174항목으로 구성되어 있다.

6) 『春秋考徵』, 『定本 與猶堂全書』(다산학술문화재단, 2012) 14, 301쪽, "上帝者, 何? 是於天地神人之外, 造化天地神人萬物之類, 而宰制安養之者也."

7) 『천주실의』(서울대학교 출판부, 2006), 40쪽.

8) 박종천, 『다산 정약용의 의례론』(신구문화사, 2008), 108쪽.

검토해 보도록 하겠다.

'상제'는 『주역』에서 정정괘鼎卦 「단전象傳」의 "이향상제以享上帝"와 예괘豫卦 「대상전大象傳」의 "은천지상제殷薦之上帝" 등의 두 곳에서만 보이는데, 이것은 『서경書經』에서 '상제'가 32번 나오는 것에 비교한다면 결코 많다고 할 수 없다.[9] 『주역사전』의 역주에서 정약용이 상제를 언급하고 있는 빈도를 조사해 보아도 다음의 일곱 경우에 그치고 있어서 그 빈도가 그리 높지 않음을 알 수 있다.

① 同人卦 : "以事上帝", "郊焉而事上帝."
② 鼎卦 象傳注 : "震, 上帝也."
③ 震卦 象傳注 : "對越上帝."
④ 豐卦 卦辭注 : "此皇皇上帝臨于下土也. 上帝旣假."
⑤ 豫卦 大象傳注 : "宗廟之神, 合于上帝."
⑥ 渙卦 大象傳注 : "乾天在上, 是上帝也."
⑦ 說卦傳注 : "震者, 天之長子, 所以爲帝[爲天子], '帝出乎震', 亦以爲上帝也[豫大象]."

정약용의 역주易注에서 특징적인 것은 '상제上帝'와 더불어 '황황상제皇皇上帝[10]', '대월상제對越上帝[11]' 등의 용어가 같이 쓰이고 있다는 점이다. 그러나

---

9) '上帝'라는 단어가 가장 많이 등장하는 것은 『서경』이며, 『시경』에 24회, 『예기』에 20회, 『춘추』에 8회, 『주역』에 2회 나타난다. 공자 이전의 문헌에서는 '帝', '上帝', '天' 등이 혼용되지만, 공자 이후의 四書에서는 '帝'나 '上帝'보다는 '天'이 더 많이 사용된다. '帝'는 갑골문에 이미 출현하는데, 사람들이 경외하는 신적인 대상이라는 의미로 사용되었고, 서주 초기에 天의 개념과 결합하여 至高神의 의미를 갖춘 뒤로는 거의 主宰의 뜻으로 사용되었다.(김충렬, 『중국철학사』, 예문서원, 1994, 120~121쪽) 고대 문헌에는 상제라는 말 이외에도 皇天, 昊天, 旻天, 上天 등의 용어가 나온다.
10) '皇皇上帝'는 昊天上帝의 동의어로서 우주만물을 관장하는 최고신이자 자연신이다. 동서남북 및 중앙의 다섯 방위에 있는 天神 위에 군림한다. 『孔子家語』와 『說苑』 「權謀」 등에서 『시경』의 "皇皇上帝, 其命不忒"이라는 구절이 인용되고 있다.
11) '對越上帝'는 『近思錄』에 程子의 "毋不敬, 可以對越上帝"(공경하지 않음이 없으면 상제를 대할 수 있다)라는 말이나, 이황의 『聖學十圖』 「제9 敬齋箴」에 있는 "그 의관을 바르게 하고 그 눈매를 존엄하게 하며, 마음을 가라앉혀 있기를 마치 상제를 대하듯이 하라"(正其

이들 용어들에 대한 구체적인 설명이 부족해서, 그가 특별히 강조해서 설명한 것으로 볼 수는 없다. 오히려 그는 상제에 대한 언급을 일부러 회피하고 있는 듯한 인상마저 준다. 천주교도들에 의해 상제가 그들의 신神 개념을 가리키는 용어로 사용되던 상황에서, 그 용어의 빈번한 사용은 자칫 천주교라는 특정한 종교집단과 연계된 것으로 오해를 불러일으킬지도 모르는 일이다. 반면에 '천天'자는 『주역사전』에서 엄청나게 높은 빈도로 등장하는데, 물리적 하늘과 인격적 주재자로서의 신이라는 의미로 동시에 사용되고 있다. 이러한 중의성으로 말미암아 '천'자의 사용에는 항상 애매성의 문제가 수반된다. 정약용은 『춘추고징』에서 상제에 대한 포괄적 정의를 내리면서, 이러한 문제를 지적하고 있다.

> 오늘날의 큰 병폐는 전적으로 천天을 상제로 이해하는 것에 있으니, 요·순·주공·공자께서는 이와 같이 잘못 이해하지 않으셨다. 오늘날의 관점으로 옛 경전을 해석할 때 줄곧 오해를 하게 되는 것도 모두 이 때문이다. 상제란 무엇인가? 그것은 하늘과 땅과 귀신들과 인간들의 밖에 있으면서 하늘과 땅과 귀신과 인간과 만물을 만들고 다스리며 편안하게 길러 주는 자이다. 상제를 가리켜서 하늘이라고 말하는 것은 왕을 가리켜서 나라(國)라고 말하는 경우와 같으니, 저 푸르고 형체 있는 하늘을 가리켜서 곧 상제라고 여긴 것은 아니다.[12]

---

衣冠尊其瞻視, 潛心以居對越上帝)라는 말 등에서 볼 수 있는 표현이다. 정약용은 『주역사전』에서 '對越上帝'라는 말을 비록 한 번밖에 쓰지 않았지만, 이 말은 '昭事上帝'와 더불어 당시의 천주교도들이 즐겨 쓰던 표현이므로 주목할 필요가 있다. 예를 들어, 정약용의 형이었던 정약종은 제1차 추국에서 "'對越昭事'라는 말은 옳지 않음이 없다"라고 하였는데, '對越昭事'는 '對越上帝'와 '昭事上帝'를 합친 말이었다. 하지만 '대월상제'라는 말은 『近思錄』이나 이황의 『聖學十圖』에도 나오고, 또 '昭事上帝'는 『시경』의 「大雅·文王之什」에서 "維此文王, 小心翼翼, 昭事上帝"라고 한 데에도 나온다. 따라서 그 용어의 사용이 바로 천주교의 영향을 보여 주는 것이라고 단정하는 것은 경솔한 일이다.

12) 『春秋考徵』, 『定本 與猶堂全書』14, 301쪽, "古今大病, 全在乎認天爲帝, 而堯舜周公不如是錯認, 故以今眼釋古經, 一往多誤, 凡以是也. 上帝者何? 是於天地神人之外, 造化天地神人萬物之類, 而宰制安養之者也. 謂帝爲天, 猶謂王爲國, 非以彼蒼蒼有形之天, 指之爲上帝也."

정약용이 지적한 것처럼 하늘(天)이라는 말은 종종 하느님(天帝)이라는 뜻으로 사용되기도 한다. 이것은 마치 나라님(王)을 나라(國) 자체와 동일시하는 것과 같다. 오늘날 우리의 일상어법에서도 "하늘도 무심하시지!", 혹은 "하늘 무서운 줄 모르느냐"라는 말을 흔히 쓰는데, 이것은 '하늘'의 중의성重義性이 문화적으로 전승되어 내려온 결과라고 하겠다. 그러나 위의 인용문에서 정약용은 일상화법에 내재되어 있는 천天의 중의성을 지적하고 두 차원의 혼동을 경계한 것이지, 천天이라는 말을 상제라는 뜻으로는 사용하지 말아야 한다고 주장한 것은 아니다. 오히려 정약용은 인격적 주재신이라는 뜻으로 '천'자를 즐겨 사용한다. 앞서 언급한 것처럼, 정약용은 천주교에 연계된 인상을 줄 수도 있는 '상제'라는 용어를 가급적 삼가는 대신에, 그와 동일한 의미를 지니지만 사람들의 일반적 종교관념에 더 밀착해 있는 '천'이라는 말을 더 즐겨 사용하게 된 것이다.

상제에 관한 이러한 언급회피는 다분히 의도적인 것이지만, 정약용은 한 번도 상제에 대한 믿음을 포기한 적이 없었다. 왜냐하면 상제는 그의 역학관을 성립시키는 데 있어 필수불가결한 존재이기 때문이다. 정약용의 상제에 대한 신념은 『역학서언』의 「한강백현담고韓康伯玄談考」에서 보다 명확한 형태로 드러난다.[13] 『역학서언』의 저술 연도는 대략 1808년에서 1821년 사이로 추정되는데, 『주역사전』 무진본이 1808년의 저술임을 고려할 때 상제에 대한 그의 신념이 그 이후로도 변하지 않았음을 알 수 있다.

---

13) 『易學緖言』의 저술연도는 대략 1808년에서 1821년 사이로 추정된다. 『역학서언』의 「李鼎祚集解論」과 「鄭康成易注論」에 "嘉慶, 庚辰"이라고 그 저술시기를 밝히고 있는데, 이는 1820년에 해당된다. 또 「來氏易註駁」과 「李氏折中鈔」는 道光 元年 辛巳에 완성된 것으로 되어 있는데, 이는 1821년에 해당된다. 따라서 『역학서언』의 최종적 출간은 1821년 이후가 된다. 그러나 『역학서언』의 일부는 『주역사전』 무진본이 나온 1808년에 이미 존재하고 있었을 것으로 추정된다. 왜냐하면 『俟菴先生年譜』의 순조 8년 戊辰(1808) 조에서는 12권의 『周易緖言』에 대해 언급하고 있으며, 또 巽庵 丁若銓이 '膡言', '緖言', '答客難' 등에 대해 언급하고 있는 것이 확인되기 때문이다.

일음일양一陰一陽하는 그 위에 분명히 재제지천宰制之天이 있는데, 이제 드디어 일음일
양으로써 도체道體의 근본을 삼는 것이 옳겠는가?[14]

위의 인용문에서 '재제지천宰制之天'은 만물의 생성변화의 과정을 주재하
고 지배하는 궁극적 존재를 뜻하는 말로서, 사실상 상제의 동의어로 사용되
고 있다. 정약용은 『춘추고징』에서 상제를 "재제안양지자宰制安養之者"라고
정의한 바 있으므로, '재제지천'의 '재제宰制'[15]는 『춘추고징』에서와 같은
의미로 사용되었다고 볼 수 있다. 여기서 정약용은 송대의 역리천易理天의
관점에서 주재천主宰天의 관점으로 전환하고 있다. 그는 『중용강의中庸講義』
에서 태극이나 무극 등의 용어에는 사물을 주재하고 통제하는 '재제'의
개념이 포함되어 있지 않음을 지적한다.[16] 물리적 우주 위에서 만물을
주재하고 통제하는 것은 오직 지성적 존재만이 할 수 있다. 정약용은
천도운행의 역리천易理天이나 이법천理法天 위에 엄연히 천지를 통괄하는
주재자로서의 상제천이 존재함을 주장하고 있는 것이다. 상제천은 조화의
능력을 지니는데, 이 조화란 무로부터 유를 창조하는 능력이다.[17]

---

14) 『韓康伯玄談考』, 『易學緒言』, 『定本 與猶堂全書』 17, 107~108쪽, "一陰一陽之上, 明有宰制之
天, 而今遂以一陰一陽, 爲道體之本, 可乎?"

15) '宰制'란 統轄 혹은 支配를 뜻하는 말이다. 『史記』「禮書」에 "宰制萬物, 役使群衆"(만물을
주재하고 군중을 영도해 나간다)라는 말이 있다.(『史記』, 권23, 「禮書」; 『史記』[中華書局,
1959] 第4冊, 1157쪽; 정범진 외 옮김, 『사기』[까치, 1996], 「표・서」, 49쪽)

16) 『中庸講義補』, 『定本 與猶堂全書』 6, 394쪽 "이미 宰制한다면 곧 만물의 변화를 주관하여
펼침에 至誠으로 쉼이 없을 것이니, 어찌 텅 비고 아득하여 아무런 조짐도 없는 모습일
것인가?"(旣爲宰制, 則主張萬化, 至誠無息, 亦豈冲漠無朕之象乎?)

17) 정약용이 造化를 上帝와 연관시키고 있는 명확한 증거는 찾을 수 없다. 그러나 『주역사전』
의 觀卦 「象傳」에 대한 주에서 "兩曜迭運, 七政循度, 而四時之序不忒. 聖人觀乎此, 而知造化
之有神也"(해와 달이 교대로 운행하고 七政의 여러 星辰이 질서 있게 운행함으로써
그 度數에 따르니 四時의 차례가 어긋나지 않는다. 성인이 이것을 관찰하여 [천지의]
조화에 神이 깃들어 있음을 아는 것이다)라고 한 것을 통해 造化를 神과 연관시키고
있음을 볼 수 있다. 물론 여기서 神이 上帝와 동의어로 쓰이고 있는 것은 아니지만,
신이라는 용어가 포괄하는 외연에는 상제도 포함된다. 『역학서언』에서는 '조화'라는
용어가 더욱 빈번하게 나타나는데, 조화의 능력을 상제에게 부여한 언급이 있는 것은

무릇 유형의 것이 무형의 것으로부터 나오는 것을 일러 조화라고 한다.[18]

　따라서 다산역학의 체계는 상제의 계시(啓示 revelation)에 절대적으로 의존하는 일종의 신학적 체계이다. 『역』의 기호체계는 점술에 의존해서만 의미와 생명력을 지니는 체계로서 발전해 왔다. 복서卜筮란 성인이 초월적 존재와 소통함으로써 천명의 계시를 받들기 위해 만들어 낸 장치(法式)에 불과하다. 인위적 규약체계인 『역』의 기호들이 구체적인 인간상황과 관계를 맺기 위해서는 초월적 존재가 필요하다. 무신론자의 경우에 점술의 체계란 단지 우연한 확률에 의해 결정되는 체계에 불과하겠지만, 그 경우에는 미래의 예측이 아무런 필연성이 없는 순수한 우연에 의해 결정된다는 불합리를 피할 수 없다. 만일 점술을 통해서 미래에 대한 예측이 가능하다는 것을 인정한다면, 이 경우 그러한 예측을 성립시켜 주는 근거로서 어떤 초월적 존재자의 보이지 않는 손을 가정하지 않을 수 없을 것이다. 그러므로 만일 상제의 계시가 없다면 다산역학의 체계는 붕괴할 수밖에 없다.[19]

---

아니지만 대체로 우주의 궁극적 실재에 속한 능력이라는 맥락에서 조화라는 용어를 사용하고 있다. 본문의 인용문에서는 조화를 '무로부터 유가 생성된다'는 의미로 사용하고 있으나, 단지 생성이라는 의미로 사용되는 경우도 많은 것으로 보인다. 유초하는 "'유형의 것은 무형에서 나온다'라는 말은 조화를 가리키는 것"이라는 정약용의 발언을 근거로 해서 정약용이 태극을 상제의 피조물로 이해했다고 주장하였다.(유초하, 「정약용 철학에서 본 영혼불변과 우주창조의 문제」, 『한국실학연구』 제6호, 2003, 145쪽) 그러나 정순우는 정약용이 조화의 의미를 창조(creation)의 개념으로 사용하였는지는 불분명하다고 반론을 제기하였다. 즉 그는 정약용이 쓴 '조화'라는 용어도 儒者들이 즐겨 쓰는 '天地造化', '造化之樞紐' 등의 표현처럼 만물을 생성하고 소멸시키는 대자연의 이치를 드러내는 작용으로 이해하는 것이 적당할 것이라고 주장하였다.(정순우, 「다산에 있어서 천과 상제」, 『다산학』 9호, 28~29쪽, 2006.)

18) 「漢魏遺義論」, 『易學緖言』, 『定本 與猶堂全書』 17, 82쪽, "夫謂有形生於無形者, 造化之謂也."

19) 필자의 견해는 성태용이 「다산철학에 있어서 계시 없는 상제」에서 펼친 주장과 분명히 상반된다. 여기서 성태용은 "다산의 상제에서 기독교의 영향을 찾으려는 여러 시도들이 있었고, 그 결과 다산의 상제 개념에서 마테오리치의 『천주실의』에서 따온 많은 모습들을 발견하는 성과를 거두었으나, 다산의 상제에서는 기독교의 핵심이라 하는 '계시'를 찾을 길이 없다"(「다산철학에 있어서 계시 없는 상제」, 『다산학』 제5호, 2004, 106쪽)라고

정약용은 「역론易論 2」에서 '역易이란 무엇인가'라는 근원적인 질문을 던지면서, 점술의 기원을 신의 계시를 구하는 인간의 행위에서 찾고 있다. 그는 「역론 2」에서 『역』의 존재 이유를 다음과 같이 설명한다.

『역』은 무엇 때문에 지은 것인가? 성인이 하늘의 명命을 청請하여 그 뜻에 따르기 위한 것이다.[20]

정약용에 따르면, 복서란 곧 천지신명을 섬기는 행위에서 비롯된 것이다.[21] 즉 복서는 실존적 상황에 처한 인간이 절대자인 신에게 계시를 요청하고 그 뜻에 따르기 위한 수단으로 창안된 것이다. 점술은 초월적 존재자인 상제가 점치는 자에게 자신의 의지를 드러내고 운명을 계시해

하고, 이어서 다음과 같이 주장한다.
"인격적인 상제에 의해 창조된 물질적인 세계는 그 자체의 기계적인 운동에 의해 움직여 나갈 뿐이다. 그렇게 움직여 나가는 세계를 그렇게 유지되도록 하는 것이 상제의 권능이라고 말할 수는 있지만, 그 권능은 처음에 태극에 그 법칙성을 부여한 순간 다시 작용하지 않으며, 작용할 필요가 없게 된다. 따라서 상제가 인격적인 존재라는 것은 물질적인 세계의 변화 어디에서도 우리 눈에 관측되지 않는다. 이렇게 조화롭게 움직여 가는 세계의 배후에는 분명 이렇게 설계한 존재가 있어야 한다는 믿음이 필요하다면 필요할 뿐이다."(『다산학』 제5호, 109쪽)
성태용이 정약용의 상제에 啓示 개념이 없다고 한 이유는, 물리적 세계는 그 자체의 운동법칙에 의해 움직여 나갈 뿐이고 상제는 그 과정에 개입하지 않는다고 보기 때문이다. 필자는 이 점에 관하여 특별히 이의를 제기하고 싶은 생각은 없다. 그러나 성태용은 정약용이 卜筮를 神의 계시를 받기 위한 수단으로 해석하고 있다는 점을 간과하고 있다. 성태용도 『주역』의 점술이 초월적 존재의 뜻을 묻기 위한 것이라는 점은 인정하였지만, 그럼에도 불구하고 상제가 『주역』의 괘를 통해 간접적으로 예시할 뿐이며 직접적으로 말하지는 않는다는 점에서 계시가 성립하지 않는다고 생각하였다. 그러나 종교학적 관점에서 본다면, 계시란 聖顯 즉 神聖의 顯現을 뜻하며, 신의 음성을 통한 현시뿐 아니라 신탁, 미래에 대한 예견, 現夢, 占卜 등을 포함하여 보다 넓은 의미에서 이해되는 것이다. 계시의 본래적 의미가 신이 자신의 의지를 인간에게 직접 드러내 보이는 데 있다고 한다면, 점술은 바로 이러한 계시의 고전적 의미에 충실하게 부합한다고 하겠다.

20) 「易論」, 「周易四箋 I」, 『定本 與猶堂全書』 15, 328쪽; 『역주 주역사전』 제4권, 136쪽, "易何爲而作也? 聖人所以請天之命, 而順其旨者也."
21) 「卜筮通義」, 『易學緖言』, 『定本 與猶堂全書』 17, 281쪽, "先王의 세상에서는 神明을 공경히 섬긴 까닭에 卜筮를 만들었다."(先王之世, 敬事神明故, 設爲卜筮.)

줄 수 있도록 고안된 장치이다. 이때 점치는 자가 자신에게 어떤 상황이 기다리고 있는지 도저히 알 수 없는 실존적 한계상황에 처해 있어야 한다는 것이 복서를 실행하기 위한 첫 번째 전제조건이 된다. 만일 자기가 도모하는 일의 성공과 실패가 명약관화明若觀火한 경우에는 구태여 복서에 의지할 필요가 없다. 두 번째 전제조건은 점을 치려는 동기가 선의지善意志에서 비롯되어야 한다는 것이다. 따라서 복서를 통해 천명의 계시를 요청할 수 있는 유일한 경우는, 선의지에서 비롯하였으나 도저히 성공과 실패를 미리 알 수 없는 경우밖에 없다.

> 오직 일이 공정한 선에서 나왔으나, 그 성패화복成敗禍福을 미리 알아 헤아릴 수 없을 때에만 성인이 천天에게 알려주도록 청하는 것이다.[22]

그렇다면 과연 어떻게 하면 천과 소통할 수단을 획득할 수 있는 것일까? 비록 인간이 아무리 절대자에게 간절히 천명을 일러줄 것을 호소하고, 또 천이 거기에 감통하여 그 요청을 들어주고자 해도 일반적 방법으로는 서로 소통할 수 있는 길이 막혀 있다. 만일 초월적 존재인 천이 세속적 인간에게 자신의 의지를 계시啓示할 방법이 없다면 과연 인간은 어떻게 해야만 천명에 순응할 수 있는 것일까? 여기에 성인의 고뇌가 있다.

> 그러나 성인이 절실히 하늘의 뜻을 물어 본다 하더라도 하늘은 순순히 일러 줄 수 없다. 그렇다면 하늘이 비록 어떤 일에 대해서 그 일이 성공할 것을 알려주고 그 일을 실행하게끔 권하고자 한다 하더라도 말미암을 데가 없다. 마찬가지로 하늘은 실패할 것임을 알려주고 아울러 그러한 일을 하지 못하게끔 저지하고자 한다 하더라도 역시 말미암을 데가 없다.[23]

---

22) 「易論」, 「周易四箋 I」, 『定本 與猶堂全書』 15, 328쪽; 『역주 주역사전』 제4권, 136쪽, "唯事之出於公正之善, 而其成敗禍福, 有不能逆睹, 而縣度之者, 於是乎, 請之也."

23) 「易論」, 「周易四箋 I」, 『定本 與猶堂全書』 15, 328쪽; 『역주 주역사전』 제4권, 136~137쪽, "雖然, 聖人能切切然請之, 天不能諄諄然命之, 則天雖欲告之成, 而勸之使行未由也. 又雖欲告

정약용에 따르면 복서는 성인이 이러한 절박한 실존적 상황에서 궁리 끝에 마련해 낸 묘안의 방책이다. 이러한 정약용의 복서관을 가장 정확하게 이해한 인물은 그의 중형仲兄 정약전丁若銓이었다.『역학서언』에는 정약전의 『자산역간兹山易柬』이 실려 있는데, 이 글은 비록 정약전의 것이기는 하지만 그가『주역사전』을 읽고 완벽하게 공감한 뒤에 정약용과의 서신연락을 통해 나온 것이므로 다산역학의 관점을 충실하게 대변하고 있는 것으로 보아도 좋을 것이다.

중씨仲氏는 다음과 같이 말한다. "『주역』이라는 한 권의 책은 모두 상징으로 이루진 것이다.…… (그런데『주역』을 지은) 성인은 어찌하여 바로 '본래의 이치'를 지적하지 않고 (이렇듯) 구차하게 '엇비슷한 상象'을 빌려서 후세사람들을 깨우치려 하셨는가? 인심人心은 형체가 없지만 이런 인심이 지각하기 위해서는 반드시 유형의 이목구비라는 감각기관을 갖추어야 하니, 이목구비가 (무형의) 인심을 위해 다리(津梁)와 같은 매개자로 되지 않는다면 인심은 바로 한낱 귀머거리와 장님일 따름이다. (이와 마찬가지로) '이치'라는 것은 본래 형체가 없는 것이지만 상징은 곧 형체가 있는 것이니, 이러한 '유형의 상'이 눈과 귀에 접촉하지 않는다면 어찌 '무형의 이치'를 알 수가 있겠는가? 이것이 그 첫 번째 이유이다. 또한 괘와 문자는 모두 만물의 (특정한) '표지標識'이다. (그래서) 하나의 괘와 효에는 이미 그 만물의 여러 이치가 포괄될 수 없으니, '방불한 상징'을 가지고 짐짓 그런 여러 이치가 어떤 사물이 되는 것처럼 방편적으로 나타내지 않는다면 (특정한 하나의 괘가) 어떻게 여러 이치를 나타낼 수 있겠는가? 이것이 그 두 번째 이유이다. 또한 사람은 길흉화복을 예견할 수 없으나 하늘은 그것을 미리 알 수 있으니, 복서라는 것은 하늘에 그런 길흉화복을 여쭈어 보는 것이다. (그러나) 천도는 본래 말이 없으니, 사람의 질의에 갑자기 그 본성을 바꾸어 순순히 알려 줄 리가 없다. 이에 8괘를 중첩하여 64괘를 만들고 또 그것을 펼쳐 384개의 효를 만들어서 세상만사의 정황과 인도人道의 상변常變이 모두 그 괘효에 상응하도록 하여, 만사萬事가 모두 포괄되고 나열되지 않음이 없게 하고서는『역易』이라 이름하여 그것을 가지고 하늘에 여쭈는 것이니, 말없는

之敗, 而沮之使勿行, 亦未由也."

하늘로 하여금 그 예견豫見의 권능을 부려서 괘효 중의 하나를 지목하여 인간에게 계시해 주십사 하는 것이다. 그러나 또한 세상만사의 정황(天下之事故)과 변하거나 변하지 않는 생활방식(人道之常變)을 아무것도 없는 허공 위에다 생각나는 대로 제멋대로 서술할 수는 없으므로 팔괘의 형태와 성격이 (그것이 모방하려는 대상과) 비슷한 것에 의지하여 상징으로 삼은 것이지만, 사실은 팔괘가 아니라고 해도 (다른 방식으로) 역의 기호체계를 만들 수 있다. 특별히 '팔괘'로써 상징하려는 대상이 '세계 내에서 일정한 형태로 항구적으로 있는 큰 요소'(天地間一定不易之大物事)가 되는 까닭에 팔괘에서 상징을 취한 것일 뿐이다. 이것이 그 세 번째 이유이다."[24]

이상의 정약전의 주장을 요약해 본다면, 그는 『주역』의 기호체계가 제작된 동기를 다음과 같은 세 가지로 제시하고 있다.

첫째, 인간의 인식활동은 형상 있는 것이 감각기관과 접촉할 때에만 발생한다.

둘째, 우리는 사물을 표현하는 표지標識를 통해서만 인식활동을 한다. 괘나 문자 등과 같은 표지가 있음으로써 우리는 그 속에 담긴 이치를 인식할 수 있다.

셋째, 하늘은 인간에게 직접 말을 걸어오지 않는다. 하늘이 인간에게 자기의 의사를 알리고 싶어도 허공에 나타낼 수는 없으므로, 어떤 매개체가 있지 않으면 안 된다. 팔괘 등은 사물의 비슷한 모양을 인위적으로 취해서

---

24) 「兹山易柬」, 『易學緒言』, 『定本 與猶堂全書』17, 302~303쪽, "仲氏曰, 一部易, 都是象也……聖人, 何不直指本理, 而苟借依俙之象, 以詔後世也? 人心無形, 而人心之所以知覺, 必待有形之耳目口鼻; 苟非耳目口鼻之爲之津梁, 人心, 直一聾瞽耳. 理本無形, 而象則有形, 非此有形之接於耳目, 何以知無形之理! 此一也. 又卦與文字, 皆萬物之表識(去聲)也. 一卦一爻之中, 既不得包其衆理, 則不以依俙之象, 姑識其爲某物某事, 而將何以識之耶? 此二也. 又吉凶禍福, 人不得前知, 而天則前知, 卜筮者, 所以稟其吉凶禍福於天者也. 天道不言, 則不可以人之質疑, 而遷變其常, 諄諄然命之也. 於是, 以八卦而重之, 爲六十四卦; 而衍之, 爲三百八十四爻, 以天下之事故, 人道之常變, 凡所應有之, 事莫不該載而並列名之曰易, 而稟之於天; 使不言之天, 得以操其前知之權, 而指其一, 而示人也. 然, 天下之事故, 人道之常變, 又不可架空立說, 隨意亂書; 故又以依俙彷彿於八卦之形性者, 取象而言之. 其實, 雖非八卦, 亦可以作易也. 特以八卦爲天地間一定不易之大物事, 故取象於八卦耳. 此三也."

그것을 통해 말없는 하늘의 의사가 담기도록 한 것이다.

요컨대 복서는 고대인의 종교생활에서 신의 의지를 전달받을 수 있는 매개체의 역할을 하고 있다는 것이다. 만일 인간이 절대자와 직접적으로 소통할 수 있는 방법을 갖고 있다면 팔괘 등의 기호를 필요로 하지 않을 것이다. 그러나 초월적인 신은 인간에게 직접 말을 걸어오는 법이 없고, 인간의 편에서도 역시 감각기관을 통해서만 대상의 형태를 지각할 수 있기 때문에, 양자 사이에 어떤 매개체가 필요하게 된다. 정약전은 이 매개체를 '진량津梁'이라고 부르는데, '진량'이란 신과 인간 사이를 연결해 주는 가교架橋 혹은 나루터를 의미한다.

결국 정약전과 정약용은 모두 점술을 위해 사용된 기호체계를 초월적 존재인 신과 인간 사이의 소통을 위한 매개로 삼고 있다는 점에서 공통된다. 정약전은 『자산역간』에서 "복서란 하늘에 길흉화복을 여쭈어 보기 위한 것"(卜筮者, 所以稟其吉凶禍福於天者也)이라고 하였다. 마찬가지로 정약용은 「역론 2」에서 "『역』이란…… 성인이 하늘의 명을 청하여 그 뜻에 따르기 위한 것이다"(『易』……聖人所以請天之命, 而順其旨者也)라고 하였다. 요컨대 복서를 신의 계시를 받기 위한 수단으로 보고 있다는 점에서 두 사람의 견해는 완전히 일치한다.


## 2. 시뮬레이션 모형


복서는 제정일치적 형태로 유지되던 고대사회에서 신탁(oracle)을 위해 사용되던 일반적 방법 가운데 하나였다.25) 이처럼 복서는 고대인들의

---

25) 점술(divination)은 신성한(numinous) 성질이 깃든 물질적 대상의 수단을 통해 보이지 않는 권능과 소통하는 것이라고 정의될 수 있다.(Michael Loewe, *Divination, mythology*

생활세계에 깊게 뿌리박고 있는 종교신앙의 한 형태였기 때문에, 『역경』의 세계관을 이해하기 위해서는 고대인의 종교관념 속에서 복서가 담당했던 역할에 대해 깊은 이해가 요구된다. 앞서 설명한 것처럼 정약용은 복서가 고대인들의 경천신앙敬天信仰에 바탕하고 있으며, 천지신명天地神明을 섬기는 행위에서 비롯된 것이라고 보았다.26) 정약용은 「역론」에서 점술의 기원을 신의 계시를 구하는 인간의 행위에서 찾고 있는데, 그에 따르면 복서란 초월적 존재자인 상제가 실존적 상황에 처한 인간에게 자신의 의지를 드러내고 운명을 계시해 줄 수 있도록 고안된 장치였다.27) 이처럼 복서를 상제의 계시를 받기 위한 수단으로 보는 정약용의 견해는 복서를 초월적 존재와 소통하기 위한 중요한 수단이었다고 보는 현대의 종교인류학적 관점과도 일맥상통한다.28) 그러면 정약용의 설명을 통해, 복서가 발생하게 된 과정에 대해 고찰해 보기로 하자.

『역』은 무엇 때문에 지은 것인가? 성인이 하늘의 명을 청하여 그 뜻에 따르기 위한 것이다. 오직 일이 공정한 선에서 나왔으나, 그 성패화복을 미리 알아 헤아릴 수 없을 때에만 성인이 천에게 알려주도록 청하는 것이다. 그러나 성인이 절실히 하늘의 뜻을 물어 본다 하더라도, 하늘은 순순히 일러 줄 수도 없는 것이다. 그렇다면 하늘은 비록 어떤 일에 대해서 그 일이 성공할 것을 알려주고 그 일을 실행하게끔 권하고자 하더라도 말미암을 데가 없다. 마찬가지로 하늘은 실패할 것임을 알려주고 아울러 그러한 일을 하지 못하게끔 저지코자 하더라도 역시 말미암을 데가 없다. 성인이 이를 근심하여 아침부터 저녁까지 숙고함에, 우러러서는 하늘을 보고 아래로

and monarchy in Han China, Cambridge University Press, 1994, p.189.)

26) 「卜筮通義」, 『易學緖言』, 『定本 與猶堂全書』 17, 281쪽, "先王의 세상에서는 神明을 공경히 섬긴 까닭에 卜筮를 만들었다."(先王之世, 敬事神明故, 設爲卜筮.)

27) 「卜筮通義」, 『易學緖言』, 『定本 與猶堂全書』 17, 280쪽, "옛날 사람들이 천지신명을 섬긴 것은 상제를 섬기기 위한 것이었으니, 그들은 천명을 들음으로써 복서를 하였던 것이다." (古人事天地神明, 以事上帝, 故卜筮以聽命)

28) K. C. Chang, Art, Myth, and Ritual—The Path to Political Authority in Ancient China (Harvard University Press, 1983), p.54.

는 땅을 살피며 하늘의 밝음(天明)을 이어받아 그 명을 묻는 방안을 생각하였는데, 어느 날 아침 흔연히 책상을 치고 일어나면서 말하기를 "내게 좋은 방법이 있다"라고 하였다.[29]

위에서 정약용은 천명의 계시가 직접적으로 이루어지기 어려운 이유에 관해 설명하고 있는데, 이는 정약전이 『자산역간』에서 한 설명과 매우 비슷하다. 앞서 정약전은 천天과의 소통(commnunication)에 따르는 근본적 문제점을 이렇게 지적하였다. 첫째, 천은 언어를 사용하지 않기 때문에 직접적 대화를 통한 소통은 불가능하다. 둘째, 신의 계시를 받으려고 하는 인간의 입장에서 보더라도, 인간은 감각기관을 통해 대상의 형태를 인식하기 때문에 유형의 대상은 인식할 수 있어도 무형의 대상은 인식할 수 없으며, 따라서 허공에 글씨를 쓰는 "가공입설架空立說"은 가능하지 않다. 바로 여기에 기호제작자인 성인의 고뇌가 있다. 말없는 천의 계시를 받을 수 있는 적절한 방법은 없을까? 정약용이 「역론」에서 묘사한 성인의 고뇌도 바로이 문제와 관련된다. 성인은 이 문제를 고민하면서, 아침 일찍부터 밤늦게까지 골똘하게 생각하게 된다. 때로는 하늘을 우러러 보면서 천문을 관찰하고 때로는 땅을 내려다보면서 지리를 관찰하는 등, 그의 생각은 온통 하늘의 밝은 뜻을 계시 받을 수 있는 적절한 방법이 없을까 하는 데 쏠려 있었다. 그런데 고민을 거듭하던 성인은 마침내 갑자기 책상을 치고 일어나면서 들뜬 목소리로 다음과 같이 외쳤다. "내게 방법이 있다!"(予有術矣)

---

29) 「易論」, 「周易四箋 I」, 『定本 與猶堂全書』 15, 328쪽; 『역주 주역사전』 제4권, 136쪽, "易, 何爲而作也? 聖人所以請天之命, 而順其旨者也. 夫事之出於公正之善, 足以必天之助之成, 而予之福者, 聖人不復請也. 事之出於公正之善, 而時與勢有不利, 可以必其事之敗, 而不能受天之福者, 聖人不復請也. 事之不出於公正之善, 而逆天理, 傷人紀者, 雖必其事之成而徹目前之福, 聖人不復請也. 唯事之出於公正之善, 而其成敗禍福, 有不能逆睹而縣度之者, 於是乎請之也. 雖然聖人能切切然請之, 天不能諄諄然命之, 則天雖欲告之成而勸之使行, 末由也. 又雖欲告之敗而沮之使勿行, 亦末由也. 聖人是憫, 蚤夜以思, 仰而觀乎天, 頫而察乎地, 思有以紹天之明, 而請其命者, 一朝欣然, 拍案而起, 曰, '予有術矣'."

그렇다면 이때 성인이 생각해 낸 그 방법이란 과연 무엇이었을까? 정약용은 「역론」에서 성인이 점술을 신과의 소통을 위한 매개체로서 고안해 내는 과정을 다음과 같이 묘사하고 있다.

이에 손으로 땅에 그림을 그려 홀수와 짝수 또는 강剛과 유柔의 형태를 만들어 놓고는 "이것은 천지수화天地水火가 변화해서 만물을 생성하는 상징이다"라고 하였다. 이어서 이 8괘를 가지고서 진퇴소장進退消長의 형세를 만들어 두고는 "이것은 사시四時의 상징이다"라고 하였으며, 또한 이 12개의 벽괘辟卦를 가지고 승강왕래昇降往來하는 형국을 꾸며 놓고는 "이것은 만물의 상징이다"라고 하였다[이것이 50연괘衍卦이다]. 이에 그 땅에 그려 둔 기우奇偶 또는 강유剛柔의 형세를 가지고 그 상을 음미하여 유사한 사물(似)을 연상함에, 그 상에 방불한 것을 얻는 경우 그것에 이름을 붙여 말하기를 "이것은 말(馬)이며 저것은 소(牛)이다. 이것은 수레(車)이며 저것은 궁실宮室이다. 또 이것은 창과 군사이고 저것은 가히 활과 화살이다"라고 한 것이다. 이런 것들을 적어 놓고 법식으로 삼으니, 바라건대 하늘이 이런 명칭에 의거하여 (장래의 일을 예고하는 데 그 명칭을) 사용하시기를 바라는 것이다. 비록 인위적으로 설정된 명칭(人立之名)일 뿐이요 하늘이 그것들을 실체로 여기는 바는 아니지만, 하늘이 진실로 나의 정성을 살피셔서 그 어떤 일(故)에 대해 알려주시고자 한다면, 또한 원하건대 내가 지은 명칭을 매개체로 삼아서 그것을 통해 장래를 알려주시는 일에 쓰이도록 하소서 하고 기원한 것이다[이것들은 「설괘전」에 나오는 상징들이다]. 이에 들판으로 나가서 향내 나는 풀(芳草) 몇 줄기를 취하되 그 승강왕래하는 것(50衍卦)과 개수를 맞추어 상응하게 하는데, 이것을 삼가 정성스럽게 방안에 간직해 두고 사용할 때를 기다리는 것이다[이것이 시책蓍策 50개이다]. 이리하여 매번 일이 있을 때마다 이것을 꺼내어 손에 쥐고는 또한 그것을 운용하되 네 개씩 갈라서 나누는데, 이에 이르기를 "이는 사시의 상징이다"라고 한 것이다. 또 다음으로 그 시책들을 흩었다 모았다 하는데, 그것들을 헤아려 가지런히 했다가 뒤섞었다가(參伍) 하면서 변통시켜 "이것은 만물의 상징이다"라고 한다. 그렇게 한 다음에 그 수를 계산하여 그 형상을 나타내게 되는데, 이에 괘형이 이루어져서 그 점괘(體)가 정해진다[이 단계는 점서로써 하나의 괘를 얻은 것이다]. 이에 다음으로 소위 마馬·우牛·거車·궁실宮室·과병戈兵·궁시弓矢 등 그 실제의 모습과 비슷한 상을 가지고 그 괘의 승강왕래하는 자취를 살피게 되는데,

그 괘의 형체는 온전한 경우도 있고 결손되어 이지러진 경우도 있으며 혹은 서로 부합하기도 하고 혹은 위배되어 어긋나기도 한다. 그리고 그 정황은 신장伸張되는 것일 수도 있고 위축되는 것일 수도 있으며, 즐거운 것일 수도 있고 근심스러운 것일 수도 있는 것이다. 이처럼, 확신을 할 수도 있고 불안하고 두렵게 여길 수도 있으며 안전할 수도 있고 위태로울 수도 있는 괘의 형태와 정황들은 「설괘전」에 언급된 그 실제의 모습과 비슷한 상을 가지고 살피는 것이다[이는 그 얻은 괘의 길흉을 판단하는 점이다]. 그렇게 살펴서 진실로 길하다면 이에 그 일을 수행하며 말하기를 "하늘이 그 일을 하도록 내게 명하시니, 그것을 행하게 되었다"라고 하는 것이며, 점괘를 살펴봄에 참으로 불길하다면 전전긍긍하고 삼가서 감히 그 일을 행하지 않는 것이겠다. 이것이 『역』이 만들어진 이유인데, 이는 바로 성인이 천명을 물어 그 뜻을 따르고자 함이다.30)

여기서 성인이 생각해 낸 한 가지 방법이란 앞서 정약전이 『자산역간』에서 설명한 방식과 같다. 정약전은 계시가 이루어지는 과정을 다음과 같이 설명한 바 있다. 먼저 기호제작자가 신과 인간을 중재시킬 수 있는 기호의 매개체를 만들어 놓으면, 그 다음에 신이 그 매개체를 통해 자신의 의지를

---

30) 「易論」, 「周易四箋 I」, 『定本 與猶堂全書』 15, 328~330쪽; 『역주 주역사전』 제4권, 137~141 쪽, "於是, 以手畫地, 爲奇偶剛柔之形, 曰 '此天地水火變化生物之象也'[此八卦]. 又取之, 爲升降往來之狀, 曰 '此萬物之象也'[此五十衍卦]. 於是, 取其所畫地, 爲奇偶剛柔之勢者, 玩其象, 憶其似, 若得其髣髴者, 而命之名曰, '此馬也, 彼牛也; 此車也, 彼宮室也 此戈兵也, 彼弓矢也. 著之爲法式, 冀天之因其名而用之, 雖人立之名, 非天之所以爲實, 然, 天, 苟欲鑒吾誠, 而告之故, 則亦庶幾因吾之所爲名, 而遂以是用之也'[此說卦]. 於是, 出于野, 取芳草若干莖; 與其所爲升降往來者, 合其數, 以相應; 敬以藏之於室, 而待之也[此蓍策五十]. 每有事, 出而握之, 旣又爲之, 劈而四之, 曰 '此四時之象'也. 又于是, 散之聚之, 參伍之, 變通之; 曰 '此萬物之象也'. 旣已, 算其數, 而著其形, 形成而體立[此筮得一卦]. 於是, 取所謂馬牛車宮室戈弓矢髣髴之象, 察其所升降往來之跡; 而其形之或全或虧, 或相與或相背; 其情之或舒或蹙, 或可悅或可憂, 可恃可懼可安可危者, 無不以其髣髴者而玩之[此占其吉凶]. 玩之誠吉, 於是乎, 作而言曰, '天其命予, 而行之矣'. 玩之誠不吉, 兢兢然, 莫之敢行. 此易之所爲作也, 此聖人之所以請天之命, 而順其旨者也. 曰 "然則, 卜亦然 亦所以請天之命, 而順其旨者也. 聖人, 何不尊之爲六經, 使其書亡也?" 曰, 卜之兆也, 直以著其吉凶之成象; 方·功·義·弓, 各有定體; 雨霽蒙圉, 各具本色. 體, 一百二十; 而其繇, 什之; 故, 不相用. 不相用, 則其升降往來之象, 不寓於其中也. 故當大事, 以之請天之命, 而紹天之明, 則長於易. 若夫居而玩其辭, 因以審其進退存亡之故, 而知其所以自處也, 則唯易有之. 故聖人唯易."

드러내도록 한다. 이때 점치는 사람이 마주치게 되는 상황은 매우 다양하기 때문에, 그 매개체는 세계 내의 어떠한 사물·사건이든지 모두 상징할 수 있도록 포괄적으로 만들어져야 한다. 일단 그 매개체가 만들어지고 나면 신은 미래를 예지할 수 있는 자신의 권능을 활용하여, 그 중에서 점치는 사람의 상황에 가장 적합한 것 하나를 골라 그 사람에게 보여 주게 된다. 여기서 그 매개체란 점대(筮)를 조작하는 절차인 서술筮術과 그것을 통해 뽑아 낸 64괘 등의 상징물을 통틀어 가리키는 명칭이다. 그렇다면 어떻게 이 매개적 장치를 만들 수 있을 것인가? 정약용에 따르면, 기호의 매개체는 그것을 통해 상징하려는 바의 대상의 형태적 특징들을 모사함으로써 만들어진다. 괘란 대상에 대한 가장 그럴듯한 모사로서 제작된 것이며, 어떤 특정한 사물을 대신하여 마치 실재의 대상인 것처럼 기능한다. 『주역』의 팔괘는 말, 소, 수레, 궁전의 방, 창을 든 병사, 활과 화살 등 어떤 실재하는 대상을 모사하여 만들어진 기호이다. 그런데 그러한 기호적 상징물들을 통해 대상들의 실제적 성격을 재현하기 위해서는 기호는 마치 원래의 대상들이 작동되는 것처럼 작동되지 않으면 안 된다. 즉 기호는 형태적 측면에서뿐만 아니라 기능적 측면에서도 대상의 성격을 모사한다. 예컨대 우마가 나아가는 모습이나 활로 화살을 쏘는 광경이 있다면, 우牛·마馬·궁弓·시矢 등을 모사해서 만들어진 괘상은 마치 현실의 소·말·활·화살 등과 같이 묘사되지 않으면 안 될 것이다.

각각의 괘가 개별적 대상에 대한 모사인 것처럼, 시초蓍草를 조작해서 점괘를 획득하는 과정인 연시법演蓍法은 천도가 순환해서 만물에 영향을 미치는 과정을 상징적으로 재현한다. 즉 시책蓍策 50개를 조작해서 이것을 넷으로 나누는 과정은 봄·여름·가을·겨울의 네 계절을 통해 순환하는 사시를 본뜬 것이요, 그 시책들을 흩었다 모았다 하는 조작과정을 통해서 어떤 특정한 괘상을 뽑아내는 것은 자연의 순환력이 만물에 작

용하여 천변만화하는 상황을 연출하는 것에 상응한다. 이렇게 해서 승
강왕래乘降往來하는 괘의 변화는 봄·여름·가을·겨울로 순환하는 자연
의 모습에서부터 길흉화복의 인간사에 이르기까지 묘사하지 못하는 것
이 없게 된다.

중요한 점은 기호체계가 세계 내의 어떠한 사물 혹은 사건이든지 모두
상징할 수 있도록 포괄적으로 만들어져야 한다는 것이다. 즉『주역』의
기호계(semiosphere) 체계의 외연外延은 세계 전체의 외연과 같아야 한다. 음(--)
과 양(一)의 조합에 의해 8괘를 만들어 내고, 8괘의 조합에 의해 64괘를
만들어 내면, 기호의 조합체로 표현하지 못할 대상은 아무것도 없게 된다.
음과 양이라는 이원적 요소가 결합해서 천天·지地·수水·화火라는 자연의
4요소가 만들어지고, 이로부터 천天·지地·수水·화火·뇌雷·풍風·산山·
택澤이라는 자연의 구성요소가 모두 갖추어진다. 이것은 자연적 세계가
생성되어 가는 모습을 상징한 것이다. 64괘 중에서 12벽괘의 배열을 조작하
여 음양이 순차적으로 증가하거나 감소하는 상황을 만들어 놓고는, 이것을
사시四時의 상징으로 삼는다. 그 다음에 12벽괘로부터 다시 음양이 위아래로
이동하는 상황을 만들어 놓고는 이것을 만물의 상징으로 삼는데, 이것이
50연괘衍卦라는 것이다. 기호제작자는 이렇게 만들어진 각각의 기호에
"이것은 말의 상징이다", "이것은 소의 상징이다", "이것은 궁실의 상징이다"
등으로 이름을 붙여 줌으로써 기호와 대상 사이에 관계를 맺어 준다.
이 기호들의 명칭은 모두 인위적으로 설정된 명칭(人立之名)이기 때문에,
거기에는 아무런 실체성도 없고 그를 통해 천명이 계시되어야 할 아무런
필연성도 없다. 그러나 초월적 존재는 인간의 간절한 요청을 받아들여
이 인위적 장치를 매개체로 삼아 그 의도를 반영시킨다는 것이다.

우리는 기호를 통해 사물의 정태적 형태뿐 아니라 동태적 사건도 표현할
수 있다. 그렇게 되기 위해서는 괘상은 실제 대상의 모습뿐 아니라 그

작동되는 방식도 모사해야만 된다. 복잡한 복합체나 거대한 유기체처럼 직접적 관찰이 어려운 경우, 기호조작의 방법에 의해 우회적으로 다시 본래의 대상에 접근할 수 있다. 이 경우 우리는 복합체나 유기체의 구성요소들을 기호로 표시함으로써 기호체계가 본래의 대상을 대표하는 모형으로서 작동하도록 구성할 수 있다. 만일 그렇게만 될 수 있다면 기호체계는 일종의 모의실험(simulation)을 위한 모형(model)으로서 작용할 수 있는 것이다. 비록 '시뮬레이션'(simulation)이라는 현대적 용어를 정약용이 사용했을 리 없지만, 그가 「역론」을 통해 전개하고 있는 괘 개념은 그러한 개념에 아주 가까운 것이라고 말하지 않을 수 없다.

장기將棋와 같은 놀이를 생각해 보면 기호의 모의실험적 기능을 쉽게 이해할 수 있다. 장기는 항우項羽와 유방劉邦 사이에 벌어졌던 초한전楚漢戰을 모의模擬해서 만들어진 일종의 전쟁 게임이다. 그 게임규칙은, 자기 편의 대장을 상대편의 공격으로부터 안전하게 방어하는 동시에 적장을 진퇴불능의 상태로 만들어 승패를 결정하는 방식으로 이루어진다. 가로 10줄과 세로 9줄로 그려져 있는 장기판의 양 진영에는 각 16개씩, 모두 32개의 말들이 포진된다. 각 진영에 있는 16개의 말들은 왕에 해당되는 하나의 장將과, 한 짝의 차車·포包·마馬·상象·사士, 다섯 개의 졸卒(혹은 兵)이다. 이 16개의 말들은 현실의 대상을 모사해서 만들어진 시뮬라크르(simulacre)[31]들이다. 이러한 시뮬라크르들을 사용하여 초나라와 한나라 사이의 전투를 가정해서 모의전투를 벌일 수 있으니, 장기라는 것은 말하자면 2인용으로 개발된 전쟁 시뮬레이션 게임이라고 할 수 있다. 이 전쟁 게임에서는 차·포를 진격시켜 순식간에 적의 주력을 궤멸시킬 수도

---

31) 시뮬라크르(simulacre)는 라틴어 시뮬라크룸(simulacrum)에서 유래된 프랑스어이다. 라틴어 시뮬라크룸은 가상, 거짓 그림 등의 뜻이며, 시뮬라크르는 시늉, 흉내, 模擬 등을 뜻한다. 프랑스 철학자 보드리야르(Baudrillard)는 이 용어를 원본의 성격을 부여받지 못한 복제물을 가리키는 개념으로 사용하였다.

있다. 또한 보병인 병·졸은 비록 전차나 대포처럼 신속하게 공격하지는 못하더라도 한 걸음씩 적을 압박해 들어갈 수 있다. 중요한 것은 이때 실제 대상에 대한 기호적 대체물들이 마치 실제의 대상이 현실에서 움직이듯이 작동해야 한다는 점이다. 현실의 보병부대가 한 걸음씩 움직이듯이 게임 속의 병·졸들도 한 번에 한 칸밖에 움직이지 못한다. 그리고 왕은 궁실 밖으로 직접 나가서 전투를 벌이기보다는 왕궁 안에 거처하면서 군대를 지휘해야 한다.

이처럼 기호체계는 실재하는 사물의 변화양식에 상응하는 운영체계를 지닌다. 그것은 기호가 사물의 구조적 형태와 운동양식을 본뜸으로써 만들어졌기 때문에 생기는 당연한 귀결이다. 그러나 아무리 기호체계가 현실적 실재에 상응하는 방식으로 작동되는 체제라고 하더라도 대상과 관계를 맺기 위해서는 상징의 해석이라는 절차를 거치지 않으면 안 된다. 이것은 현대의 시뮬레이션의 기제機制(mechanism)가 완벽할 정도로 대상을 재현하기 때문에 상징적 요소가 거의 없다는 것과 큰 차이점이다. 예를 들어 항공기의 시뮬레이션모형(simulation model)을 조작하는 기사는 그 모형이 너무나 완벽하게 실재와 유사하게 만들어졌기 때문에 실재와 아무런 차이를 느끼지 못한다. 그러나 『주역』의 기호체계에서 실재하는 대상들은 낯선 상징물로 대체된다. 더구나 점치는 사람은 자신의 불확실한 상황을 점치는 것이기 때문에, 점괘를 최종적으로 얻기 전까지는 자신의 상황이 구체적으로 어떤 괘상에 해당되는지 알지 못한다. 다시 말해서 『역경』의 기호체제는 점술을 통하지 않고는 아무런 의미도 지니지 못한다. 이런 점에서 『역경』의 기호체계는 오로지 고대인의 종교적 관념과 밀접하게 관련되어 있다고 하겠다.

## 3. 기호계의 위계

『역』의 상징체계는 실재세계의 모사이다. 기호모형을 구성하는 역상易象의 시뮬라크르(simulacre)들은 세계 내의 다양한 자연적 사건이나 사회적 삶의 다양한 형태들을 표현해 낸다. 개별적 상징물들을 조합해서 하나의 통합적 상징체계를 구현해 낼 때, 이 기호모형의 구조적 형태를 통해 세계의 존재론적 특징을 반영할 수 있도록 모형의 전체적 틀이 설계되어야 한다. 마치 지구의地球儀의 형태를 만들 때 오대양五大洋 육대주六大洲의 세부적 사항들을 그려 넣기에 앞서서 전체적으로 지구의 원구圓球 형태를 본뜬 모형을 설계해야 하는 것과 같다.

기호모형의 전체적 형태는 그것이 본뜨려고 하는 세계의 존재론적 위계(hierarchy)를 반영할 수 있도록 설계된다. 따라서 기호계의 모형구조는 세계의 존재론적 위계와 상응하는 구조로 설계되어 있다. 정약용에 따르면, 세계의 존재론적 위계는 모두 삼층으로 구성된다. 그 제1층에는 만물이 있는데, 거기에 상응하는 기호는 50연괘이다. 제2층에는 천도 즉 자연의 질서가 자리하고 있는데, 거기에 상응하는 기호는 14벽괘이다. '벽괘–연괘'는 『역』의 기호모형을 지탱하는 기본골조이며 뼈대이다. 14벽괘가 모형의 상부구조를 형성한다면 50연괘는 그 하부구조를 형성한다. 상부구조의 존재영역은 사계절의 순환으로 표상되고, 하부구조의 존재영역은 필연적으로 자연의 순환력의 지배를 받는 만물의 세계이다. 전체적으로 14벽괘가 표상하는 것은 천도의 운행이며, 50연괘가 상징하는 것은 자연순환의 과정 속에서 전개되는 인사의 변화이다. 제3층에는 상제上帝가 있어, 아래의 천도와 만물세계를 다스린다. 그렇다면 상제에 대응되는 기호는 과연 무엇일까? 정약용은 『주역사전』에서 건乾 혹은 진震을 상제에 대응되는 기호로 간주하였다. 건乾을 상제의 기호로 삼은 것은 환渙괘 「대상전」의 주注에서 "건乾의 하늘이 위에 있으니, 이것이 상제이다"(乾天在上, 是上帝也)라고 한 데에서 볼 수 있다.32) 건천乾天을 상제로 본 것은 자연의 천天을 의인화擬人化하여 주재자主宰者의 지위를 부여했기 때문이다. 그리고 진震을 상제에 대응되는 기호로 본 사례는 정鼎괘 「단전」의 주注에서 "진震은 상제이다"(震, 上帝也)라고 한 데에서 발견된다. 또 정약용은 「설괘전」의 '제출호진帝出乎震'에 대한 주에서, 천天의 장자가 바로 진震이니 진은 천자天子인 동시에 상제가 된다고 하였다.33) 이러한 존재론적 위계를 도표로 표시하면 다음과 같다.

| | 존재론적 위계 | 기호계의 모형구조 |
|---|---|---|
| 최상층 | 上帝 | 乾·震 |
| 제2층 | 天道 | 14벽괘 |
| 제1층 | 萬物 | 50연괘 |

여기서 상제를 표상하는 두 개의 기호와 관련하여 한 가지 의문이 발생한다. 이미 건乾은 제2층의 14벽괘에 포함되어 있고 진震은 제1층의 50연괘에 포함되어 있는데, 14벽괘에 포함된 건乾은 사시四時의 순환과정 중의 한 시점을 표상할 뿐이며 50연괘에 포함된 진震은 14벽괘로부터 변화되어 나온 파생적 존재일 뿐이다. 그렇다면 이처럼 제한된 기능만 부여되어 있던 이 기호들에게 다른 기호들을 지배하는 우월적 기능이 부여될 수 있을까? 사실 정약용은 건乾 혹은 진震이 상제를 표상한다는 것에 대해 특별히 강조한 바가 없다. 뿐만 아니라 정약용의 모사설적

---

32) 「周易四箋 II」, 『定本 與猶堂全書』 16, 267쪽; 『역주 주역사전』 제7권, 394~395쪽.
33) 「周易四箋 II」, 『定本 與猶堂全書』 16, 338쪽; 『역주 주역사전』 제8권, 270~271쪽, "震者, 天之長子, 所以爲帝[爲天子], 帝出乎震, 亦以爲上帝也[豫「大象」]."

관점에서 본다면, 상제는 무형무색無形無色의 존재이기 때문에 표상될 수 있는 아무것도 가지고 있지 않다. 실제로 정약용은 주돈이周敦頤가 「태극도」에서 무극無極을 원圓의 기호로 표현한 것을 비판하여, 물리적 형체가 없는 무극을 어떻게 도형적 기호로 표시할 수 있다는 것인지에 대해 의심을 드러낸 바 있었다. 만약 무극에 형체가 없다면 애당초 그림으로 그릴 수도 없어야 한다.[34] 따라서 정약용의 모사설적 관점을 정합적으로 적용한다면, 상제는 기호화할 수 없는 표상불가능한 존재라고 해야 옳다. 그럼에도 불구하고 상제를 기호화한 것은, 상제를 의인화(personification)해서 사유하였기 때문이라고 보아야 한다.

그러면 이제 표상화될 수 있는 기호계의 위계位階에 우리의 관심을 집중해 보기로 하자. 기호계의 위계 중 표상화될 수 있는 기호계는 제1층과 제2층으로, 이 두 층은 각각 14벽괘와 50연괘로 이루어져 있다. 14벽괘−50연괘의 기호모형은 실재세계의 천도−만물이라는 이원적二元的 구조를 그대로 모사하고 있다. 즉 실재세계의 '천도−만물'은 『역』에서 14벽괘−50연괘의 형태로 반영된다. 상부구조가 표상하는 것은 자연의 세력이다. 자연의 세력이란 모든 사물의 생성·성장·결실·소멸의 과정에 지배적인 영향력을 행사하는 순환적 세력을 가리킨다. 자연의 순환력은 인간에게 봄·여름·가을·겨울의 사시로서 표상되는데, 12벽괘는 자연의 순환을 상징하였으므로 사시지괘四時之卦라고 할 수 있다. 실제로 12벽괘에는 사시로써 계사繫辭를 삼은 괘가 많은데, 그것을 열거하면 다음과 같다.[35]

---

34) 「沙隨古占駁」, 『易學緒言』, 『定本 與猶堂全書』 17, 178쪽, "濂溪周先生, 嘗繪之爲圖. 夫無形, 則無所爲圖也, 理可繪之乎?"
35) 「周易四箋 I」, 『定本 與猶堂全書』 15, 255쪽; 『역주 주역사전』 제3권, 181쪽, "十二辟卦, 本配四時."

| 觀卦 | 四時不忒. (사시가 어긋나지 않는다) |
|---|---|
| 臨卦 | 至于八月, 有凶. (8월에 이르러 흉함이 있다) |
| 剝卦 | 君子尙消息盈虛, 天行也. (군자는 스러지고 자라남, 차고 빔의 이치를 숭상하니, 천도의 운행이 그러하기 때문이다) |
| 復卦 | 七日來復. (7일 만에 다시 돌아온다) |
| 屯卦 | 與時行也. (사시의 운행과 함께한다) |

12벽괘가 사시지괘라는 것은 12벽괘가 상징하는 것이 다름 아닌 자연의 순환력이라는 점을 나타낸다. 정약용은 전통적 방식대로 사시지괘四時之卦가 만들어 내는 자연의 순환력을 천도天道라고 부르고 있다. 천도의 존재양태는 인간에게 봄·여름·가을·겨울의 되풀이되는 흐름으로 인식된다. 벽괘의 운동방식은 천도의 순환방식을 모사적으로 흉내 낸 것에 불과하기 때문에, 12벽괘의 순환은 천도의 순환을 모사해 낸다. 반면에 연괘가 표상하는 대상은 자연계의 천변만화하는 현상들과 인간적 삶의 다양한 형태로서의 만물이며 인사人事이다. 자연의 존재양태가 나아가거나 물러나고 꺼지거나 자라나는 진퇴소장의 질서정연함을 나타내는 데 반해, 잡다한 현상들의 존재방식은 승강왕래하면서 변화무상하게 움직이는 존재방식을 취한다. 주로 이러한 운동방식은 길흉존망과 굴신영욕을 되풀이하는 인간사에서 일어난다.

『역』의 기호체계의 모형구조는 세계의 존재론적 질서를 반영하며, 14벽괘−50연괘의 기호모형은 자연과 만물 사이의 존재론적 관계를 기호로 옮겨 놓은 것이다. 이것을 도표로 표시하면 다음과 같이 된다.

| 64괘의 분류 | | 구성요소 | 지시대상 | 모형구조 |
|---|---|---|---|---|
| 14벽괘 | 四時之卦 (12벽괘) | 復·臨·泰·大壯·夬·乾 ·姤·遯·否·觀·剝·坤 | 天地·四時 | 상부구조 (자연의 순환적 세력) |
| | 再閏之卦 | 小過·中孚 | 日月 | |
| 50연괘 | | 64괘 중 14벽괘를 제외한 나머지 50괘 | 萬物 | 하부구조 (인간사회의 제 현상) |

이 도표를 「계사전」의 '오세재윤五歲再閏'의 역상曆象모델에 의거해서 다음과 같이 재구성해 볼 수 있다. 64괘 중에서 건乾·곤坤은 천天·지地를 상징하며 나머지 62괘는 '오세재윤'의 원리를 상징한다.[36] 즉 1년은 12개월로 되어 있으므로 5세歲는 60개월이 되고(5×12=60), 5년마다 두 번의 윤달이 배치되므로 5년은 60개월에 2개월을 더하여 62개월이 된다.(60+2=62) 따라서 천지를 상징하는 건乾·곤坤 및 윤달을 상징하는 중부中孚·소과小過, 그리고 나머지 60괘를 더하면 모두 64괘가 된다.(2+{5×12}+2=64)[37]

| 지시대상 | 구성요소 | 괘의 수 | 총수 |
|---|---|---|---|
| 天地 | 乾·坤 | 2 | |
| 五歲 | 64 − 乾·坤 | 12×5=60 | 2 + 60 + 2 = 64 |
| 再閏 | 小過·中孚 | 2 | |

한漢·진晉 이래로 역법曆法의 원리를 『역易』에 의거해서 탐구하려는 '이력상역以曆象易'의 경향이 지배하였다. 그러나 정약용의 견해로는 『역』의 원리는 '상象'일 뿐이기 때문에 '이역상력以易象曆'은 가능하지만 '이력상역以

---

36) 윤달을 두는 방법을 置閏法이라고 하는데, 정약용은 동서양 치윤법의 차이에 대해서도 이해하고 있었다. 태음태양력을 채택한 중국의 역법에서는 5년에 두 번 윤달을 두는 '五歲再閏'의 방식을 취한 반면에 태양력을 채택한 서양의 역법에서는 4년에 한 번씩 閏日을 넣는 방식을 사용하고 있다. 정약용은 淸의 秦蕙田(1702~1764)이 『五禮通考』에서 소개한 서양의 『新法算書』를 인용하여 서양의 치윤법을 설명했다. 『신법산서』에서는 "서법에서 1년은 365와 1/4일이므로 매 4년마다 나머지가 하루를 이룬다. 이에 인하여 윤일을 두니 100년 가운데 평년(整年)이 75번이고 윤년이 25번이다. 모두 36,525일 (365.25×100=36,525)이다"라고 하였다. 정약용은 이것이 『周髀算經』에서 365일을 經歲라 하고, 1/4일이 4년 동안 쌓여 하루가 증가하는 것과 같다고 보았다. 서양의 역법에서는 雨水 후 5일경에 윤일을 두는데, 오랜 시간이 흐르면 또 하루의 차이가 발생한다. 대체로 양력에서 우수는 2월 19일경이므로, 정약용의 언급은 태양력에서 2월 말에 윤일을 두는 방식을 말한 것으로 이해할 수 있다.(구만옥, 「다산 정약용의 천문역법론」, 『다산학』 10호, 2007, 55~103쪽)
37) 구만옥, 「다산 정약용의 천문역법론」, 『다산학』 10호(2007), 55~103쪽.

曆象易'은 이치에 맞지 않는다. 즉 『역易』으로 역법曆法을 본뜰 수는 있어도, 거꾸로 역법曆法으로 『역易』을 본뜰 수는 없다.

그러면 이제 벽괘와 연괘의 유형적 특징에 주목해 보기로 하자. 정약용은 「계사전」의 '방이유취方以類聚'와 '물이군분物以群分'이라는 두 용어가 벽괘와 연괘의 유형적類型的 특징을 명확히 드러내어 준다고 주장하였다. 정약용은 14벽괘와 50연괘의 특징을 「계사전」에 나오는 방이유취方以類聚·물이군분物以群分이라는 용어와 연계시켜 각각 방이유취괘方以類聚卦·물이군분괘物以群分卦라고 명명하였다. 그러면 '방이유취'와 '물이군분'은 무엇을 뜻하는가? 직역한다면, '방이유취'는 "방方은 유類에 따라 모인다"로, '물이군분'은 "물物은 군群에 따라 분산된다"로 해석될 수 있다. 여기서 방方과 물物, 유취類聚와 군분群分은 서로 대비되는 개념을 형성한다. 방方은 방위方位 혹은 방소方所를 가리키는 용어로서 공간적 위치와 방향성이 결합된 개념이다.[38] 「설괘전」의 방위를 보면, 8괘의 공간적 배치가 무질서한 우연에 내맡겨진 것이 아니라 춘春·하夏·추秋·동冬의 계절적 순환과 연계되어 있음을 알 수 있다. 따라서 방方의 공간성은 단순히 공간적 점유가 아니라 시간적 질서와 관련을 맺고 있는 공간성이다. 반면에 물物은 일단 공간적 방소가 정해진 이후에 그 공간 속에 자리 잡은 온갖 존재를 가리킨다.

아울러 두 술어에 대한 축자적逐字的 해석은 양자가 집합과 분산이라는 개념을 중심으로 형성된 용어라는 것을 알게 해 준다.[39] 유취類聚는 동류同類

---

38) 갑골문에서 方은 사각형을 가리키는 글자였다. 方이 口자와 통한다는 점에서도 方자가 사각형의 뜻을 지님은 확인된다. 또 갑골문에서 方은 동서남북의 사방을 나타낼 뿐만 아니라, 부족의 이름을 나타내는 경우도 있다. 그러나 方은 土와는 구별된다. 土가 수확물을 공급받던 동서남북의 실제 영토를 가리키는 반면에, 方은 비와 수확을 관장하는 바람의 진원지로 언급된다. 즉, 방은 형이상학적 실체로서의 의미를 지닌다.(사라 알란 지음, 오만종 옮김, 『거북의 비밀, 중국인의 우주와 신화』, 144쪽)

39) 그러면 이 집합과 분산의 운동주체는 무엇인가? 집합 즉 類聚의 작용을 담당하는 주체는 乾坤이다. 건곤을 포함한 12벽괘에는 모두 乾과 坤이 들어 있다. 반면에 분산 즉 群分의 작용을 담당하는 주체는 坎離이다. 요컨대 음양의 운동을 촉발시키는 동인은

에 속하는 것끼리 응집되는 것을 가리키며, 군분群分은 군집群集된 무리가 분산되는 것을 가리킨다.[40] '방이유취괘'는 음양의 세력이 응집되어 있어 분화가 이루어지지 않은 단계의 벽괘를 가리킨다. 정약용에 따르면 벽괘가 그렇게 불리는 이유는 음양의 세력이 분화되지 않고, 음은 음끼리, 양은 양끼리 뭉쳐져 있기 때문이라는 것이다.[41] 즉 벽괘의 형태적 특성은 음양의 세력의 분화가 아직 이루어져 있지 않은 데 존재한다. 실제로 복復·림臨·태泰·대장大壯·쾌夬·건乾·구姤·둔遯·비否·관觀·박剝·곤坤 등 12벽괘의 어느 것 하나라도 음양이 유취되어 있지 않은 것이 없다. 12벽괘는 음/양의 세력의 점진적인 증가/감소의 과정 중에 있는 괘들이다. 12벽괘 각각의 명칭과 괘상은 다음과 같다.

---

집합과 분산의 두 작용이며, 집합과 분산을 일으키는 주체는 乾坤과 坎離이다.

40) 정약용은 『주역』을 類聚와 群分이라는 두 개의 관점을 통해 파악할 수 있다고 주장하는 仲氏의 설을 소개하고 있다.(「周易四箋 I」, 『定本 與猶堂全書』 15, 45쪽; 『역주 주역사전』 제1권, 76쪽) 만약 이러한 관점을 적용한다면, 『주역』의 64괘는 어느 것이나 類聚之卦나 群分之卦 중 어느 하나에 속한다. 즉 '유취지괘'는 14벽괘를 지칭하고 50연괘는 '군분지괘'를 지칭한다. 仲氏는 정약용의 仲兄 丁若銓을 가리키는 것으로 보이지만, 『易學緖言』 「玆山易柬」에는 "易有二觀"이라는 말이 보이지 않는다. 그러나 거기에서 "夫此方以類聚者, 有若乾·坤之專用事於易中, 而及夫物以群分之後, 則若非坎·離之形, 不能成卦. 除此十二卦, 則無一卦無坎·離之形者. 然則乾·坤主於聚方, 坎·離主於分物. 權無偏重, 勢不相下, 了無差等矣, 此豈非一部『易』之大義耶?"라고 한 것을 "易有二觀"의 관점에 의거한 것으로 볼 수는 있다. 다른 한편으로 仲氏가 毛奇齡 『仲氏易』의 仲氏를 가리키는 것일 가능성도 배제할 수 없다. 『중씨역』의 중씨란 모기령의 형인 毛錫齡을 가리키는데, 사실은 모기령 본인의 저술이라는 견해가 지배적이다. 모기령의 『仲氏易』에도 類聚와 群分의 관점은 존재한다. 필자의 견해로는 정약용은 표면적으로 본인이 인정하는 것 이상으로 모기령의 『중씨역』의 영향을 상당히 받았다. 특히 방이유취괘−물이군분괘의 구분이 유취와 군분의 관점에 근거한 것이라는 주장은 모기령의 학설을 수용한 것으로 보인다. 그러나 14벽괘−50연괘라는 분류방식과 명칭의 사용은 어디까지나 정약용의 관점이다. 따라서 설령 중씨가 『중씨역』의 중씨를 가리킨다고 하더라도 중씨의 견해는 "仲氏曰, 易有二觀, 一曰類聚, 二曰群分"까지에 그치며, 그 이후는 정약용의 학설이라고 보아야 한다.

41) 사실 14벽괘 중 소과와 중부를 제외한 12벽괘는 괘의 형태가 ① 전부 음으로 되어 있는 형태, ② 전부 양으로 되어있는 형태, ③ 음과 양의 세력이 섞이지 않고 음은 음대로 양은 양대로 뭉쳐 있는 형태로 구성되어 있다. 그리고 소과와 중부도 비록 음과 양이 섞여 있기는 하지만 음과 양이 산만하게 흩어져 있는 것이 아니라 균형 잡힌 형태를 취하고 있다.

| 12벽괘 | 復 | 臨 | 泰 | 大壯 | 夬 | 乾 | 姤 | 遯 | 否 | 觀 | 剝 | 坤 |
|---|---|---|---|---|---|---|---|---|---|---|---|---|
| 괘상 | ䷗ | ䷒ | ䷊ | ䷡ | ䷪ | ䷀ | ䷫ | ䷠ | ䷋ | ䷓ | ䷖ | ䷁ |

　한편 재윤지괘再閏之卦는 12벽괘와는 달리 순환의 과정 속에 포함되지 않지만 역시 음양이 미분화未分化되어 있는 소과小過(䷽)·중부中孚(䷼) 두 괘를 가리킨다.

　12벽괘가 표상하고자 하는 대상은 자연의 순환적인 세력 그 자체이며, 재윤지괘가 표상하려는 대상은 해와 달이다.[42] 반면에 물이군분物以群分은 음양의 집합적 세력이 해체되어 분산된 상태를 가리키고 있다.[43] '물이군분'으로 대표되는 하부구조는 자연의 분화과정이 완료되어 이미 변화되어 버린 세계를 상징하고 있다. 정약용은 방이유취方以類聚가 14벽괘에 대한 지칭이고, '물이군분物以群分'이 50연괘에 대한 지칭이라고 주장한다. 실제로 벽괘와 연괘의 형태를 관찰해 보면 '방이유취괘方以類聚卦'에서는 음양의 세력이 응집되어 있어 음양의 분화가 이루어지지 않은 반면에, '물이군분괘物以群分卦'에서는 음·양이 분산되어 승강왕래하면서 사물 속에 침투하여 그 생성과 변화의 과정에 참여하는 단계라고 말할 수 있다. 전자가 자연의 순수한 생성력의 단계라고 한다면, 후자는 그 자연의 생성력에 의해 생성되

---

42) 14벽괘를 共時性(synchrony)과 通時性(diachrony)의 두 측면에서 고찰할 수도 있다. 공시적 (synchronic)이라는 개념은 논리적 또는 심리적 관계들이 어떤 하나의 체계 속에 공존하는 상태를 가리킨다. 통시적(diachronic)이란, 어원학적으로는 두 시점을 뜻하지만 보통은 시간의 흐름을 나타내는 것으로 쓰이는데, 그것은 어떤 체계 속에 공시적으로 들어 있는 논리적·심리적 관계들이 실제 시간에 따라 전개되는 모양을 나타낸다. 그러므로 공시성이 어떤 기호를 사용하는 데 동시적으로 갖추어야 할 조건을 의미한다면, 통시성은 기호의 역사성을 가리킨다. 14벽괘의 경우, 만일 14벽괘를 하나의 전체로서 단번에 인식한다면 그것은 공시적 차원의 기호이지만, 그것을 순차적 질서에 의해 배열된 체계로 이해한다면 통시적 차원에 속한다.

43) 「周易四箋 II」, 『定本 與猶堂全書』 16, 272쪽; 『역주 주역사전』 제8권, 23~25쪽, "天尊地卑 乾坤定矣.……方以類聚, 物以群分, 吉凶生矣."

고 변화된 구체적 사물세계의 단계로서, 음양은 만물 속에 흩어져서 국가·사회·인륜의 여러 현상들 속에 분산되어 반영되어 있다. 이러한 관계를 도표圖表로 나타내면 다음과 같이 된다.

| 존재영역 | 모사 | 유형적 특징 |
|---|---|---|
| 天道(自然) | 14벽괘 | 方以類聚 : 未分化된 자연의 생성력 |
| 人事(社會) | 50연괘 | 物以群分 : 分化된 사물과 사회현상 |

세계의 존재론적 질서는 수직적 위계의 형태를 취하고 있으며, 각각의 존재영역은 서로 혼동되지 않는다. 벽괘와 연괘는 서로 명확하게 성격을 달리하는 두 개의 존재영역을 대표하고 있으며, 이 두 영역의 존재론적 지위는 결코 동등하지 않다. 즉 벽괘는 연괘보다 존재론적으로 선행하며 또 우월하다. 존재론적 질서가 수직적이라는 것은 상부구조의 존재영역이 하부구조의 존재영역보다 우월한 지배권을 행사한다는 뜻이다. 14벽괘는 50연괘보다 상위에 존재하며, 50연괘의 변화양식을 지배한다. 14벽괘-50연괘는 자연-인간의 관계를 기호모형으로 표현한 것이다. 정약용은 벽괘가 사시를 가리키고 연괘가 만물을 가리킨다고 하였다. 14벽괘-50연괘와 자연-인간 사이에는 유비적類比的 관계가 성립한다. 14벽괘가 50연괘의 변화를 지배하는 것이지, 50연괘가 14벽괘의 변화를 지배하는 것은 아니다. 마찬가지로 자연이 인간을 지배하는 것이지 인간이 자연을 지배하지는 않기 때문이다.

벽괘는 사시四時를 뜻하고 연괘는 만물을 뜻한다. 만물이 사시四時로부터 기氣를 받을 수는 있어도, 사시가 만물에 의지하지는 않는다.[44]

44) 「朱子本義發微」, 『易學緒言』, 『定本 與猶堂全書』 17, 138쪽, "辟卦者, 四時也. 衍卦者, 萬物也. 萬物受氣於四時, 而四時無賴乎萬物也."

이처럼 만물이 사시四時에 의해 지배된다고 보는 것은 전통적인 천인관계론天人關係論에 충실한 결과이다. 자연의 힘은 모든 자연적 현상과 인간의 다양한 삶의 양태들에 영향을 미치는 우월적 세력이다. 자연의 세계(天道)가 인간적 생활세계(人事)에 대하여 존재론적 우위를 지니듯이, 14벽괘와 50연괘 사이에는 거역할 수 없는 존재론적 위계가 성립한다. 정약용은 벽괘-연괘의 존재론적 위계가 역전될 수 없다는 것을 부모-자식의 관계에 비유하였다. 즉 부모가 자식을 낳는 것이지, 자식이 부모를 낳는 것은 아니다. 마찬가지로, 벽괘가 연괘의 변화방식을 지배할 수는 있어도 그 역은 결코 성립될 수 없다.

> 연괘가 벽괘로부터 변화를 지배받는 것은 마치 어린아이들이 부모로부터 생명을 받는 것과 같다. 지금 어떤 사람이 있어 말하기를 을乙을 갑甲의 아들이라고 하고 또 조금 있다가 말하기를 갑은 을의 아들이라고 한다면, 천하에 이러한 윤리란 있을 수 없는 일이다.45)

이처럼 벽괘와 연괘를 대비시키고 양자 사이에 존재론적 위계의 차별을 부여한 것은 주희의 괘변설에서는 발견할 수 없는 정약용의 추이설의 뚜렷한 특징이다. 주희의 경우에는 벽괘로부터 연괘로 변하는 것을 허용하였을 뿐 아니라 연괘로부터 벽괘로 변하는 것도 역시 허용하였다. 그러나 정약용에 따른다면 이것은 터무니없이 불합리하다. 만일 벽괘가 연괘로부터 생겨난다는 것을 허용한다면, 이는 마치 아버지가 아이에게서 태어나는 것을 인정하는 것처럼 불합리하다.

---

45) 「朱子本義發微」, 『易學緒言』, 『定本 與猶堂全書』17, 136쪽, "衍卦之受變於辟卦, 如兒女之受生於父母, 今有人曰, 乙爲甲子, 又從而爲之說曰, 甲爲乙子, 天下無此倫也."

## 4.『주역』의 우주론

정약용의 우주론적 체계는『주역사전』의「시괘전蓍卦傳」을 중심으로 전
개되고 있다. 십익十翼 중에「시괘전」이라고 불리는 별도의 전문傳文이
있는 것은 아니지만, 그는「계사전」중에서 서법筮法에 관해 설명하고 있는
몇몇 구절을 취하여 별도로 독립시켜서「시괘전」이라는 명칭을 부여하였
다.46) 그가 이처럼 특별한 의의를 부여한 것은「계사전」의 이 부분이야말로
망실되어 버린 상고시대의 서법을 재구성할 수 있는 중요한 단서를 제공해
준다고 생각하였기 때문이다. 그러나 철학적 관점에서 본다면, 서법의
복원보다 더 심원한 철학적 의의를 갖는 것은 그 우주론적 함축이다.
「계사전」의 우주생성론(cosmogony)이 갖는 사상사적 의의는 무엇보다도 우주
의 시원적 존재를 태극太極으로 설정하고, '태극太極→양의兩儀→사상四象→
팔괘八卦'의 순서로 순차적으로 생성되는 우주생성론의 도식을 제시했다는
데 있다. 아마도「계사전」의 다음 구절만큼 우주생성론에 관한 철학자들의
상상력을 자극하고 많은 철학적 논쟁의 시발점이 된 구절도 없을 것이다.

『역易』에 태극太極이 있으니, 이것이 양의兩儀를 낳고, 양의가 사상四象을 낳으며,
사상이 팔괘八卦를 낳는다.47)

대부분의 유가사상가들은 우주의 생성과정에 관한 이론을 전개할
때는 항상「계사전」의 이 도식에 의지하였다. 태극·양의·사상 등의
용어들은 기호계(semiosphere)를 구성하는 지칭으로 쓰이고 있다. 만약 기호계

---

46)「시괘전」은「계사전」중에서 서법과 관련이 있는 상편 9장의 대부분과 10·11장의
  몇 구절을 뽑아서 별도로 독립시킨 것이다.
47)「周易四箋 II」,『定本 與猶堂全書』16, 318쪽;『역주 주역사전』제8권, 189쪽, "易有太極,
  是生兩儀, 兩儀生四象, 四象生八卦."

가 있다면 거기에 상응하는 현실적 세계가 또한 존재해야 한다. 기호계란 가상적 존재일 뿐이지만, 거기에 대응되는 것은 현실적으로 실재하는 구체적 대상이다. 기호와 대상의 관계에서 '대상=실재'가 '기호=상징'보다 앞서 존재한다는 것은 정약용의 역학이론에서 시종일관 유지되는 기호학적 원칙이다. 그 원칙에 따르면, 기호적 지칭은 대상 그 자체로부터 구별되어야 한다. 태극·양의·사상·팔괘 등의 용어들은 모두 기호적 지칭으로서, 그 기호적 지칭은 그것이 지칭하려는 바의 지시체(referent)에 대한 명칭일 뿐이기 때문에 대상 그 자체가 될 수 없다. 기호와 대상을 혼동하면 안 된다는 것은 너무나 당연한 이야기이지만, 정약용이 이 원칙을 새삼 환기시키는 것은 이 상식이 무시됨으로써 종종 심각한 개념적 혼란이 초래되어 왔기 때문이다. 그러면 정약용의 설명을 들어보기로 하자.

> 태극·양의·사상·팔괘라는 명칭이 설시법揲蓍法과 연관하여 가설架設된 것이기는 하지만, 태太·양兩·사四·팔八이라고 하는 것의 근본은 또한 마땅히 자세히 고찰해 보아야 한다. 대저 이 『역』이 나오기 전에 먼저 이른바 '태극'이라는 것이 존재했기에, 대연大衍의 역이 그것을 본떠서 가지게 된 것이다[태극이라는 상징을 가지게 됨]. 먼저 이른바 '둘'과 '넷'이 존재했던 것이니, 그러므로 (설시법에서) "둘로 나누고 네 개씩 헤아리는 방식"은 그것을 본떠서 그렇게 하는 것이다. 또한 이른바 "하나는 둘을 낳고, 둘은 넷을 낳으며, 넷은 여덟을 낳는다"는 것도 먼저 그런 이치가 있었으므로 천지(의 운행과 이치)를 모두 포괄하여 개관한 자가 그것을 본받아서 (획을 그리는 방식을) 그렇게 하게 된 것이다.[48]

---

48) 「周易四箋 II」, 『定本 與猶堂全書』 16, 319쪽; 『역주 주역사전』 제8권, 194~195쪽, "雖然, 曰太曰兩曰四曰八之本, 仍當體究. 盖此易興之前, 先有所謂太極者, 存焉. 故大衍之易, 得以倣彼而有之也[有太極]. 先有所謂, 兩與四者, 存焉. 故分而二, 揲以四者, 得以象彼而爲之也. 又, 所謂一生兩, 兩生四, 四生八者, 先有其理, 故範圍天地者, 得以效法而爲之也."

태극·양의·사상·팔괘는 우주의 기호계(semiosphere)를 구성하는 기호들이지만, 그 명칭들은 본래 설시법에서 사용되는 전문용어(technical term)에서 유래되었다. 설시법이란 시책蓍策의 조작을 통해서 점을 치는 절차를 말하는데, 태극·양의·사상·팔괘는 시책의 조작으로부터 점괘의 획득에 이르기까지의 네 단계의 과정을 가리키는 지칭들이다. 소옹邵雍은 「계사전」의 이 용어들이 획괘畵卦의 원리를 가리키는 것으로 보는 데 반해서, 정약용은 이것이 설시구괘揲蓍求卦의 원리와 관계되는 것으로 보았다.49) 그렇다면 점치는 절차를 설명하는 설시법과 우주의 생성과정이 도대체 무슨 관련이 있다는 말인가? 현대인의 관점에서 본다면, 점술은 단지 점술일 뿐이고 우주론과는 아무런 상관도 없다. 그러나 고대인들의 시각으로 본다면, 점술이란 성스러운 존재(divine Being)와의 소통을 통해 개인과 우주를 연결시키는 종교적 의례(rite)50) 혹은 제의(ritual)의 성격을 지닌다. 따라서 점술을 통해 우주적 질서의 상징적 재현이 이루어지는 것으로 간주된다. 그러므로 설시법의 점술은 원형적 사건(archetypal event)을 재현시켜 점술에 관여하는 사람들로 하여금 우주적 질서에 동참하도록 하는 데 그 의의가 있다. 이 설시법의 과정은 우주가 최초로 생성된 단계에서부터 우주의 분화가 이루어지고, 이어서 자연과 만물의 생성이 이루어지기까지의 전체적 과정을 상징적으로 재현하도록 설계되어 있다. 태극은 우주생성의 시원적 상태를 상징하는 기호이며, 양의는 그 우주가 나뉘어서 하늘과 땅의 두 부분으로 된 상태를 상징하는 기호이다. 그리고 사상은 다시 우주의 네 가지 구성요소인 천天·지地·수水·화火를 가리킨다. 팔괘는 건乾·곤坤·감坎·리離·진震·손巽·간艮·태兌를 가리키는데, 이것이 상징하는 것은

---

49) 박주병, 『周易反正』(서문당, 2002), 112쪽.
50) 儀禮의 영어단어 'rite'의 어원은 '성스러운 관습'을 의미하는 라틴어 'ritus'로서, 이로부터 의례(rite)나 제의(ritual) 등의 용어가 파생하였다.

천天·지地·수水·화火·뇌雷·풍風·산山·택澤으로서 우주생성의 최종 단계인 만물의 생성 단계이다. 우주의 생성과정은 '태극太極→양의兩儀→사상四象→팔괘八卦'의 순서로 전개되는데, 이를 단순화시킨다면 '1→2→4→8'의 과정이 된다.

### 1) 역유태극易有太極

앞서 살펴본 바대로 정약용은 기호와 대상의 관계에 적용했던 기호학적 원칙을 우주론적 기호모형들에도 예외 없이 적용하고 있다. 그 기호학적 원칙이란 대상은 기호보다 항상 선행적으로 존재한다는 원칙을 말하는데, 우주론적 기호모형에는 태극, 음양, 사상, 팔괘 등이 있다. 정약용은 이 명칭들이 대상을 지칭하는 기호적 지칭일 뿐이라는 점을 강조한다. 이 중에서 태극은 가장 중요한 기호이다. 왜냐하면, 그것은 우주만물의 시원적始原的 존재를 표상하고 있기 때문이다. 태극의 경우에도 마찬가지로 태극이라 불리는 기호적 지칭이 있기 이전에 거기에 상응하는 대상이 존재하며, 태극이란 그것을 모방하여 만든 표상체일 뿐이다.

> 이 『역易』이 생겨나기 이전에도 이른바 태극이 먼저 존재하였다. 그러므로 대연大衍의 『역易』이 그것을 모방함으로써 (태극을) 있게 한 것이다.[51]

여기서 '이른바 태극'은 대상체로서의 태극이며, 대연大衍의 『역易』이 그것을 모방함으로써 만들어진 태극은 표상체로서의 태극이다. 그렇다면 태극이 표상하는 것은 무엇인가? 즉 태극이라는 기호적 지칭에 상응하는 지시물은 과연 무엇인가? 그러면 태극의 의미를 ①서법筮法의 절차적 의미와

---

51) 「周易四箋 II」, 『定本 與猶堂全書』 16, 319쪽; 『역주 주역사전』 제8권, 194쪽, "盖此易興之前, 先有所謂太極者, 存焉. 故大衍之易, 得以倣彼而有之也."

②상징적 의미라는 두 측면에서 탐구해 보기로 하자.

우선 서법의 절차에 관련된 부분은 「계사상전」 제9장으로서, 그 중에서 특히 태극에 관한 논의의 단서를 제공하는 것은 "대연지수오십大衍之數五十, 기용사십구其用四十九"의 부분이다. 이것을 풀이하면, "대연지수大衍之數는 50인데, 그 중에서 실제로 사용하는 것은 49개이다"라는 뜻이 된다. 여기서 '대연지수'란 크게 펼쳐진 책수策數를 뜻하는데, 50개의 시책들이 아직 나뉘지 않은, 시책蓍策을 헤아리기 전의 상태를 가리키는 용어이다. 주희의 설에 따르면 50개의 시책 중에서 별도로 뽑아 놓고 사용하지 않는 한 개의 시책이 바로 태극을 상징한다. 주희는 이 한 개의 시책을 사용하지 않는 이유를 그것이 천지만물의 근원으로서 변동하지 않는 본체를 상징하기 때문이라고 설명하였다. 그러나 정약용은 한 개의 시책을 따로 뽑아 놓고 쓰지 않는 이유는 그것이 태극에 해당되기 때문이 아니라 단지 수數를 일으키는 기본(起數之本)으로 삼기 위해서라고 하였다. 50개의 책수 가운데 임의로 뽑은 한 개의 시책은 단지 50분의 1에 불과하다. 따라서 정약용은 그것을 태극에 배당하는 것은 옳지 않다고 주장하였다. 만일 이 한 개의 시책이 태극을 상징하는 것이 아니라면, 과연 태극에 해당되는 것은 무엇인가? 정약용에 따르면 태극이란 시책을 헤아리기 전, 즉 50개의 시책들이 아직 나뉘지 않은 상태를 가리키는 용어이다.[52]

이상에서 서법의 절차에 관해 서술하였다. 서법의 절차는 시책의 조작에 의하여 점괘를 추출해 내는 기술적技術的(technical) 의미만 있는 것이 아니다. 그 절차의 각 단계는 우주생성의 과정을 상징적으로 표상하는 것으로 간주되고 있기 때문에, 두 의미의 차원은 서로 밀접하게 연관되어 있다. 그렇다면 서법의 절차가 상징하는 것은 무엇인가? 시책의 전체수 50개를

---

52) 「沙隨古占駁」, 『易學緖言』, 『定本 與猶堂全書』 17, 178쪽, "若夫「易大傳」之云, 易有太極者, 是謂'揲蓍之先, 五十策之未分者, 是有太極之象·太極之貌'也. 故借以名之, 曰易有太極."

나누기 이전의 상태는 우주의 최초의 시원적 상태를 상징한다. 즉 태극은 우주의 시원적 존재를 상징한다. 그러면 이 시원적 존재로서의 태극의 성격을 정약용의 관점에 의거해서 설명해 보기로 하자.

1) 태극은 하늘과 땅이 분화되기 이전부터 있었던 존재이며, 혼돈한 유형有形의 시작이고, 음양을 배태하고 있는 것이며, 만물이 생성되는 태초太初이다.[53) 태극의 시원적 의미는 극極이라는 말 자체에 내포되어 있다. '극'이라는 말은 원래 지붕의 용마루(屋極)를 가리키던 말이었다. 옛날 가옥은 삿갓 모양의 집 전체를 지탱하기 위해 그 중심에 축을 세웠는데, 그 중심축의 정점에 있는 용마루를 중심으로 서까래들이 뻗어 내려오는 형태를 취하고 있었다. 이와 마찬가지로 모든 만물이 어떤 원초적 존재로부터 순서대로 연역적으로 발생되어 나오는 모습이 흡사 집의 용마루로부터 서까래들이 뻗어져 나오는 모양과 같다는 것이다.[54)

일찍이 마융馬融은 태극을 천체의 중심축이 되는 북극성(北辰)과 동일시함으로써 사람들이 그 견해를 괴이하게 여겼다. 그러나 정약용은 마융의 견해가 잘못된 것이 아니라고 옹호한다. 무릇 광대하게 펼쳐진 우주의 진화도 처음에는 하나의 시원점始原点으로부터 시작하는 법인데, 그 시원점에 해당하는 것이 바로 북극성(北辰)이 놓인 위치가 된다. 정약용은 「육씨석문초陸氏釋文鈔」에서 수박(西瓜)의 성장과정을 예로 들면서, 북극성을 수박의 성장이 시작되는 시원점인 수박꼭지에 비유하고 있다.

---

53) 「沙隨古占駁」, 『易學緒言』, 『定本 與猶堂全書』 17, 178쪽, "太極者, 天地未分之先, 渾敦有形之始, 陰陽之胚胎, 萬物之太初也."

54) 「周易四箋 II」, 『定本 與猶堂全書』 16, 318쪽; 『역주 주역사전』 제8권, 190~191쪽, "極이란 屋極의 뜻이니 옥극이란 옥상의 등성마루(脊)를 의미한다. 한 건물에 등성마루가 있어 여러 서까래가 이로부터 나누어져서 나오니, 이것은 마치 大衍의 策이 이를 極으로 삼아 兩儀와 四象이 모두 이로부터 나누어져 나오는 것과 같다."(極也者, 屋極之義, 屋極者, 屋脊也, 一棟爲之脊, 而衆桷分出, 亦猶大衍之策爲之極而兩儀四象, 皆於是乎分出也.)

사물이 창조되고 생성되는 방식은 넓고 크기는 하지만, 실상 하나의 예를 통해 모든 사물이 생성되는 법칙을 알 수 있다. 수박이 처음 열릴 때는 그 크기가 밤톨만하다. 그러나 그 몸통 속으로부터 점점 커 가는 까닭을 캐서 들어가 보면, 맨 먼저 열매가 열리게 될 꼭지 부분에서부터 조금씩 펴지기 시작하여 둥그런 모양을 이루고, 그것이 다시 꽃배꼽(꽃이 붙어 있다 떨어진 자리)으로 오므라들었다가 거기에 열매가 달리고, 그것이 부풀어 마침내 커다란 수박이 된다. 천지창조의 시작도 그 방식이 반드시 이와 같을 것이다. 북신北辰이란 바로 수박의 열매꼭지에 해당된다. 그것이 점점 퍼져서 둥근 꼴을 이루고 다시 오그라져서 남극이 된다. 남극은 바로 수박의 꽃배꼽에 해당한다. 풀나무의 온갖 열매와 온갖 곡식이 열리는 것이 모두 이와 같다. 이러한 점에서 볼 때, 위대한 창조의 시작도 그 방식이 마찬가지라야 할 것이다. 북극성이 태극이 되는 것이 분명하지 아니한가?[55]

위의 설명에서 알 수 있는 것처럼, 정약용은 우주의 발생과정을 이 수박꼭지로부터 수박이 생성되는 과정에 비유하고 있다. 북신北辰은 엄밀히 말한다면 북극성이라기보다는 북극성이 놓인 자리를 가리킨다. 우주의 생성은 바로 이 점으로부터 시작되기 때문에 이것을 태극과 동일시할 수 있다는 것이다.

2) 태극은 유형적 존재의 시초를 형성하며, 물질적 존재이다. 우주진화의 시초는 아직 미분화된 혼돈의 상태인데, 이 상태가 바로 태극이다. 정약용은 태극을 "천지지배태天地之胚胎"[56], 혹은 "음양지배태陰陽之胚胎"[57]라고 부르

---

55) 「陸德明釋文鈔」, 『易學緖言』, 『定本 與猶堂全書』 17, 260쪽, "造物生物之法, 雖若廣大, 其實皆用一例. 西瓜之始生也, 其小如粟, 而就其體中, 求其所以漸大之故, 則先自蒂, 始小舒, 爲圓形, 復收爲花臍(花跗之所落), 乃實乃脹, 以成大瓜, 天地創造之初, 其法亦必如此. 北辰者, 瓜之蒂也. 漸舒, 爲圓形, 復收爲南極. 南極者, 瓜之臍也. 草木瓜蓏百果百穀, 其例皆同, 則洪造之初, 其法應然, 北辰之爲太極, 不其明矣乎?"

56) 「周易四箋 II」, 『定本 與猶堂全書』 16, 319쪽; 『역주 주역사전』 제8권, 195쪽, "太極者, 誰也? 天地之胚胎也."

57) 「沙隨古占駁」, 『易學緖言』, 『定本 與猶堂全書』 17, 178쪽, "태극이란 하늘과 땅이 나뉘기에 앞서 온통 한데 엉켜 있는 유형의 것의 시작이고, 음양을 잉태하고 있는 胚胎이며, 온갖 사물이 존재하게 된 太初이다."(太極者, 天地未分之先, 渾敦有形之始, 陰陽之胚胎,

고 있다. 여기서 우리는 정약용이 태극을 시원적 존재의 미분화된 상태로 간주하고 있음을 알 수 있다. 흥미로운 사실은 정약용이 『역학서언』「한강백 현담고」에서 혹독하게 비판한 바 있는 공영달孔穎達이 정약용과 매우 유사한 주장을 펴고 있다는 점이다.[58] 공영달은 태극을 태초太初 혹은 태일太一과 동일시하면서 천지가 분화되기 이전(天地未分之前)에 원기元氣가 혼융한 상태로 규정하였으며, 정약용은 태극을 원기의 혼융 상태로 규정한 이 견해를 승인하고 있다.[59] 이처럼 태극을 한 덩어리의 원기로 간주하는 견해는 정약용의 『중용책中庸策』에서도 재차 표명되고 있다.[60]

3) 태극은 형이상(metaphysical)의 무형적 존재가 아니다.[61] 태극은 단지 물질적이고 유형적인 존재의 시초일 뿐이며, 거기에는 어떠한 정신적 요소도 없다. 따라서 태극을 무無와 동일시하는 도가 계열의 역학자들의 견해는 받아들일 수 없다. 한강백은 노자의 영향을 받아 태극생양의太極生兩儀의 뜻을 무가 유를 생성한다는 뜻과 동일시하였다. 공영달도 역시 '도생일道生一'의 '일一'을 태극으로 간주하고 또 '일음일양지위도一陰一陽之謂道'의 '일一'을 '무無'라고 보았다. 그러나 정약용은 태극을 무형무상無形無狀의 존재로 간주하는 것에 반대하고 거기에 어떠한 형이상학적 지위를 부여하는 것을 거부하였다. 주희를 위시한 성리학자들은 태극을 무극無極 혹은 리理와 동일시하였는데, 이는 태극을 유형적 세계의 무형적 근원으로 간주

---

萬物之太初也.)

58) 「韓康伯玄談考」, 『易學緖言』, 『定本 與猶堂全書』 17, 110쪽, "공영달이 말하였다. 太極이란 天地가 아직 분화되기 이전에 元氣가 混融하여 하나로 된 상태를 말하는 것이니, 이것이 바로 '太初'요 '太一'이다."(孔云, 太極, 謂天地未分之前, 元氣混而爲一, 卽是太初·太一也.)

59) 「韓康伯玄談考」, 『易學緖言』, 『定本 與猶堂全書』 17, 110쪽, "孔以太極爲元氣, ……是猶近理."

60) 『中庸策』, 『定本 與猶堂全書』 2, 76쪽, "무극-태극과 같은 것은 한 덩어리의 원기가 아무것도 없는 것으로부터 엉겨서 이루어진 것을 말하는 것에 불과합니다."(無極太極, 不過以一團元氣, 從無物中凝成之謂也.)

61) 「沙隨古占駁」, 『易學緖言』, 『定本 與猶堂全書』 17, 178쪽, "所謂太極者, 是有形之始. 其謂之無形之理者, 所未敢省悟也."

한 것이다. 이러한 해석의 빌미를 제공한 것은 주돈이周敦頤(濂溪, 1017~1073)의 「태극도설太極圖說」이었다. 주돈이는 「태극도설」에서 「계사전」의 "역유태극易有太極"이라는 문구에 의거하여, 태극으로부터 음양이 생성되고 음양으로부터 다시 오행五行이 생성되며 최종적으로 오행으로부터 만물이 발생된다고 하는 우주생성론의 도식을 제시하였다. 그러면 여기에서 주돈이의 우주생성론이 언급되고 있는 「태극도설」의 너무도 유명한 구절을 음미해 보기로 하자.

> 무극이면서 태극이니, 태극이 움직여서 양을 생성하고, 움직이는 것이 지극해서 고요함이 되며, 고요하면 음을 낳는다. 고요함이 지극하면 다시 움직인다. 한 번 움직이고 한 번 고요한 것이 서로 그 근원이 된다. 음으로 나뉘고 양으로 나뉘어 양의兩儀가 성립된다.[62]

주돈이의 「태극도설」이 갖는 철학적 의의는 우주의 시원적 존재를 태극으로 보고 태극에 형이상학적이고 초월적인 지위를 부여함으로써 송대 철학에 형이상학적 사유의 기본방향을 제시하였다는 데 있다. 그러나 주돈이는 이 시원적 존재를 태극이면서 동시에 무극인 존재로 설정함으로써 우주의 시원에 관한 온갖 억측이 더욱 증폭되도록 만드는 계기를 제공하였다. 「태극도설」 서두의 "무극이태극無極而太極"이라는 문구는 주자학파朱子學派와 상산학파象山學派 사이에 수백 년 동안 격렬한 철학적 토론을 불러일으켰다. 무극이라는 말은 원래 『도덕경』 제28장에 나오는 말로서, 이러한 용어의 사용은 주돈이가 도가사상의 영향을 강하게 받고 있음을 입증해 주고 있다. 주돈이가 태극의 개념에 만족하지 않고 다시 무극이라는 개념을 내세운 것은 무로부터 유가 생성된다는 도가의 우주생성론을 수용하였기

---

62) 馮友蘭 저, 박성규 옮김, 『중국철학사』 하(까치, 1999), 443쪽, "無極而太極. 太極動而生陽, 動極而靜, 靜而生陰, 靜極復動, 一動一靜, 互爲其根. 分陰分陽, 兩儀立焉."

때문이다. 실제로 주돈이는 「태극도설」을 저술할 무렵 진단陳搏의 「무극도無極圖」를 보았던 것으로 알려져 있다. 주돈이의 「태극도설」은 그 도가적인 색채에도 불구하고, 주희의 학문적 노력에 의해 신유학 전통에서 매우 중요한 의의를 지닐 수 있게 되었다. 주희는 주돈이가 무극이라는 표현을 사용한 것은 사람들이 태극을 마치 어떤 구체적인 사물로 간주하게 될 것을 염려했기 때문이었던 것으로 이해하였다. 즉 공간적인 제약을 지니지 않고 물리적인 형태를 지니지도 않으며 특정한 장소를 차지하지도 않는 태극의 성격을 표현하기 위해서 무극이라는 말을 일부러 도입하였다는 것이다. 주희는 태극을 리理와 동일시하였는데, 리는 만물의 보편적인 법칙인 동시에 개별적인 사물에 내재한 법칙으로 간주된다. 그러나 명말청초에 이르러 송대의 도서상수학圖書象數學에 대한 회의적 분위기가 형성되면서 주돈이의 「태극도설」에 대해서도 많은 비판이 쏟아지게 되었다. 황종염黃宗炎(1616~1686)은 『도학변혹圖學辨惑』에서 주돈이의 「태극도」와 진단의 「무극도」를 구체적으로 비교함으로써 전자가 후자에서 비롯된 것이라는 증거를 설득력 있게 제시하였다. 그리고 모기령毛奇齡(1623~1716)도 『태극도설유의太極圖說遺議』에서 주돈이의 「태극도」가 바로 『도장道藏』의 「태극선천지도太極先天之圖」에서 온 것임을 고증하였다. 정약용은 명말청초의 고증학의 영향을 강하게 받고 있기 때문에, 황종염과 모기령의 견해를 참조했을 가능성이 매우 높다. 정약용의 경우에도 「태극도」의 명칭과 동그라미의 형상이 유가 경전에 연원을 둔 이론이 아님을 지적하였다.

　그러면 주돈이의 「태극도」를 참조하면서, 논의를 전개해 가기로 하자. 주돈이가 「태극도」에서 태극을 원圓의 도형 기호로 표시하려고 했던 것은 대단히 흥미롭다. 도표의 가장 위에 배치되어 있는 백색의 큰 원은 만물발생의 근원을 상징하는데, 이 원은 "무극이태극無極而太極" 즉 무극이면서 동시에 태극인 상태를 나타낸다. 그리고 다시 그 큰 원의 아래에

흑과 백의 원환(圓環)이 번갈아 둘러싸고 있는 그림이 있는데, 이것은 태극의 운동과 정지에 의하여 양과 음이 번갈아 생성되는 과정을 표현한 것이다.

그런데 정약용은 물리적 형체를 갖지 않는 것을 어떻게 도형적 기호로 표시할 수 있다는 것인지 의심을 드러낸다. 만약 태극에 형체가 없다면 애당초 그림으로 그릴 수도 없지 않겠는가?[63] 후세사람들은 이 태극을 형이상의 존재로 떠받들고 있지만, 만약 그것이 형이상의 존재라면 어떻게 음양의 기운과 섞일 수 있을 것인가? 만일 음양의 기운과 섞일 수 있는 것이 아니라면, 검은색과 흰색으로 둘러싼 것으로 표현할 수도 없을 것이다.[64] 정약용의 발언을 들어 보자.

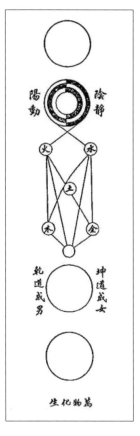

태극도

「태극도」에 있는 한 개의 둥근 동그라미는 육경六經에 보이지 않는다. 이것은 영靈이 있는 물건(有靈之物)인가? 아니면 아무런 지각도 없는 물건(無知之物)인가? 텅 비어 불가사의한 것인가? 천하에 무형의 존재가 주재자가 될 수는 없다.…… 하물며 텅 비어 있는 듯한 태허太虛 일리一理를 천지만물을 주재하는 근본으로 삼는다면 천지 사이의 일이 이루어질 수 있겠는가?[65]

63) 「沙隨古占駁」, 『易學緖言』, 『定本 與猶堂全書』 17, 178쪽, "濂溪周先生, 嘗繪之爲圖. 夫無形, 則無所爲圖也."
64) 「韓康伯玄談考」, 『易學緖言』, 『定本 與猶堂全書』 17, 110쪽, "乃後世之論, 推尊太極爲形而上之物. 每云, 是理非氣, 是無非有, 不知形而上之物, 何以有黑白交圈也."
65) 『孟子要義』, 『定本 與猶堂全書』 7, 228쪽, "大極圖上一圓圈. 不見六經. 是有靈之物乎. 抑無知

요컨대 정약용은 태극을 유형적 물질세계의 시초로 간주하고 있을 뿐이며, 거기에 천지만물을 생성해 내는 능력이 있는 것은 아니라고 한다. 송대 철학에서는 태극을 비물질적 리理와 동일시함으로써 이 무형적 리에 천지만물을 주재主宰하는 근원적 능력이 부여되어 있는 것처럼 설명해 왔다. 그러나 정약용은 아무런 지성적 능력도 갖추고 있지 않은 비물질적 존재에 이러한 주재主宰의 기능을 부여하는 것은 결코 합리적인 생각이 아니라고 본다. 물론 이는 정약용의 경우 송대 철학에서 리理나 태극 혹은 무극에 부여했던 대부분의 속성을 상제上帝에게 귀속시키고 있기 때문이기도 하다. 조화造化, 주재主宰, 소리도 들리지 않고 냄새의 자취도 감지되지 않는다는 특성 등은 성리학자들의 경우에는 무극이면서 태극인 상태를 서술하는 용어였으나, 정약용에게 그 용어들은 상제에게 부여된 능력이나 특성이었던 것이다.

## 2) 태극생양의太極生兩儀

우주생성의 제2단계는 "태극생양의太極生兩儀"의 단계이다. 먼저 서법筮法의 절차와 관련하여 갖는 의미에 대해 설명해 보기로 하자.

「시괘전蓍卦傳」 중에서 두 번째 단계와 관련된 구절은 "분이위이分而爲二, 이상양以象兩"의 구절인데, 풀이하자면 "(49개의 시책을) 나누면 두 묶음이 되는데, 그로써 둘을 상징한다"는 것이 된다. 앞서 50개의 시책 중에 그 쓰지 않은 한 개의 시책을 따로 내려놓은 데 이어서, 다시 남은 49개를 두 손으로 임의로 나누어 양쪽에 내려놓는다. 그렇게 하면 한쪽에는 기수奇數의 시책이, 다른 한쪽에는 우수偶數의 시책이 남아 있게 된다. 이 두 부분이

---

之物乎. 將空蕩蕩. 不可思議乎. 凡天下無形之物. 不能爲主宰. 故一家之長. 昏愚不慧. 則家中萬事不理. 一縣之長. 昏愚不慧. 則縣中萬事不理. 況以空蕩蕩之太虛一理. 爲天地萬物主宰根本. 天地間事. 其有濟乎."

상징하는 것이 천天·지地이며, 이것을 양의兩儀라고 한다.66) 우주생성론적 관점에서 본다면, "태극생양의"는 미분화된 상태로 있던 태극이 나뉘어 둘로 되는 것을 가리킨다.

> 양의는 무엇인가? 가볍고 맑은 것(輕淸者)은 위에 있고 무겁고 탁한 것(重濁者)은 아래에 있으니, 이것을 가리켜 양의라고 한다.67)

앞서 정약용은 태극을 원기의 혼융 상태로 정의한 바 있다. 하나의 분화되지 않은 원기로 있던 태극은 두 번째 단계에 이르러 두 부분으로 나뉘게 된다. 그러면 이때 태극의 자기분화를 일으키는 원인은 무엇인가? 그것은 기氣의 운동이다. 가볍고 맑은 기氣를 '경청자輕淸者'라 하고 무겁고 탁한 기氣를 '중탁자重濁者'라 하는데, '경청자'는 위로 올라가서 하늘을 형성하고 '중탁자'는 아래로 내려가서 땅을 형성하게 된다.68) 이때 '경청자'의 상승운동과 '중탁자'의 하강운동이 동시에 일어나기 때문에 천天과 지地의 형성은 동시적으로 일어난다.69) 일반적으로 이 '경청자'를 양陽이라고 하며, '중탁자'를 음陰이라고 한다. 그러나 정약용은 전통적 견해를 승인하면서도 동시에 그 개념의 실체화를 경계한다. 음양은 결코 형이상학

---

66) 49개의 蓍策을 둘로 나눈 뒤에는, 짝수인 蓍策 즉 陰策 중에서 임의의 한 개를 뽑아 시책을 담는 蓍帶 사이에 걸어 둠으로써 양쪽에 내려놓은 시책과 함께 三才를 상징하는 것으로 해석하였다.

67) 『周易四箋 II』, 『定本 與猶堂全書』 16, 319쪽; 『역주 주역사전』 제8권, 195쪽, "兩者, 誰也? 輕淸者位乎上, 重濁者位乎下, 此之謂兩也."

68) 이런 견해가 정약용에 의해 처음으로 제기된 것은 물론 아니다. 李鼎祚는 『周易集解』에서 鄭玄(즉 鄭康成)의 "輕淸者, 上爲天, 重濁者, 下爲地"라는 설을 인용하고 있으니, 정약용의 설이 정현과 같음을 알 수 있다.

69) 『論語古今註 II』, 『定本 與猶堂全書』 9, 193쪽, "太極이 한 번 변하여, 가볍고 맑은 것(輕淸者)은 위로 올라가서 하늘이 되고 무겁고 탁한 것(重濁者)은 아래로 내려가서 땅이 된다. 따라서 위로 푸른 하늘과 아래로 누런 땅이 동시에 함께 형성된다."(太極一變, 輕淸者, 上而爲天, 重濁者, 下而爲地, 則上蒼下黃, 一時俱成)

적 실체가 될 수 없으니, 그것은 음이니 양이니 하는 말들이 단순한 차명借名일 뿐이기 때문이다.

> 옛날의 지혜로운 철학자(先哲)들은 가볍고 맑은 것(輕淸者)으로써 양을 삼고 무겁고 탁한 것(重濁者)으로써 음을 삼았다. 원래 이 음양이라는 명칭은 차명借名일 뿐이다.[70]

여기서 정약용은 양의兩儀가 원초적 상태인 태극이 이분화二分化된 상태에 대한 상징적 기호에 불과하다고 간주하고 있다. 기호란 실재하는 어떤 대상의 그럴듯한 모사에 불과하다는 정약용의 기호학적 관점은 여기에서도 예외 없이 관철되고 있다. 정약용은 기호의 모사적 의미가 '양의'라는 용어 자체에 내포되어 있다고 말한다. 즉, '양의兩儀'의 '의儀'에는 ① '형용함', ② '본받음'(法) 혹은 '미루어 헤아림'(度) 등의 뜻이 있는데, 어떤 의미이든지 간에 양의는 상징적 모사일 뿐이지 지칭하는 대상 그 자체는 아니다. 우선 '형용함'의 뜻을 보면, '형용한다'는 행위는 사물의 모습을 실제 모습에 가장 가깝게 그럴듯하게 그리는 것이므로 일종의 모사행위라고 볼 수 있다. 정약용은 '의儀'가 모사적 상징체를 가리킨다는 것을 설득력 있게 입증하기 위해 혼천의渾天儀와 황도의黃道儀의 예를 들고 있다. 혼천의는 혼천渾天의 모습을 형용한 축소모형이고, 황도의는 황도黃道의 모습을 형용한 축소모형이다. 어느 것이나 상징적 대체물이지, 혼천 그 자체 혹은 황도 그 자체는 아니다. 둘째로, '의儀'에는 '본받음'(法) 혹은 '미루어 헤아림'(度)의 뜻이 있는데, 어느 뜻이건 간에 상징적 모사의 의미가 포함되어 있다. 어떤 대상을 본받는다는 것은 곧 'A라는 사물로써 B라는 사물을 본받는 것'(謂以此物, 法彼物)이며, 그 본받

---

70) 『中庸講義補』, 『定本 與猶堂全書』 6, 283쪽, "先哲於此, 又以輕淸者爲陽, 重濁者爲陰, 原是借名."

으려고 하는 대상(B)을 기준으로 삼아 따르는 것이다.[71] 요컨대, '의儀'란 본받으려는 대상을 모방함으로써 그 원본이 되는 대상을 형용하는 행위 혹은 그 결과물을 뜻한다.

　'의儀'가 상징적 모사물이지 그것을 통해 모사하려는 대상 그 자체는 아니라는 것은 어찌 보면 너무나 당연한 이야기이다. 옥편을 찾아보더라도 '의儀'라는 글자에 담긴 뜻은 쉽게 확인될 수 있다. 그럼에도 불구하고 정약용이 '의儀'자의 의미를 이처럼 강조한 이유는 어디에 있을까? 그것은 당연한 기호학적 원칙이 너무나도 쉽게 잊혀 왔기 때문이다. 양의가 본래 의미하던 것은 시책을 나누어 두 묶음으로 만드는 것이다. 시책을 둘로 나누는 것은 미분화된 혼돈 상태의 태극이 두 부분으로 분화되는 과정을 상징적으로 재현하기 위한 것이다. 이 과정은 우주생성의 초기에 원기元氣 상태로 있던 시원적 존재가 분화되어 천天·지地의 두 부분으로 나누어지는 과정이기도 하다. 양의란 이 과정을 흉내 내어 묘사한 것이므로 천지의 형용일 따름이지, 그것이 천지 그 자체는 아닌 것이다. 그러나 한漢·위魏 이래 학자들은 종종 양의를 천지 그 자체와 동일시해 왔으니, 그것은 분명히 잘못이다. 즉, "양의는 천지를 모사한 상징적 기호이다"라고 말하면 옳지만, "양의는 천지이다"라고 말한다면 그야말로 터무니없는 이야기가 된다. 앞서의 예를 다시 들어 보면, 지구의地球儀는 지구의 모사체이지 지구 그 자체는 아니다. 만일 지구의를 들어 보이면서 이것이 지구를 상징하는 물건이라고 말한다면 옳은 이야기가 되겠지만, 이것이 바로 지구 그 자체라고 말한다면 아주 작은 모조품에 불과한 것이 진짜 지구 행세를 하게 될 것이다. 바로 그런 이유에서 정약용은 양의를 천지 그

---

71) 「周易四箋 II」, 『定本 與猶堂全書』 16, 318쪽; 『역주 주역사전』 제8권, 191쪽, "儀也者, 形容也. 如渾天儀爲渾天之形容而已, 非直渾天也. 黃道儀爲黃道之形容而已, 非直黃道也. 著策之分而爲二者, 爲天地之形容而已, 非直天地也[又儀, 法也, 度也, 謂以此物, 法彼物]."

자체와 동일시한다면 저 드높이 솟아 있는 푸른 하늘(穹然之蒼)과 부드럽게 깔려 있는 황토(隤然之黃)가 모두 실제의 천지가 아니라 가짜 천지(假天地)가 되어 버리고 말 것이라고 비판하였던 것이다.[72)]

### 3) 양의생사상兩儀生四象

우주생성의 세 번째 단계는 "양의생사상兩儀生四象" 즉 양의가 사상을 생성하는 단계이다. 그러면 사상이란 도대체 무엇인가? 우선 어의語義의 측면에서 고찰해 보면, '사상四象'의 '상象'에는 대상을 흉내 내어 모사한 그림(像)이라는 의미가 내포되어 있다. 다시 말해 사상에는 '원본이 되는 대상을 모사하여 그 실제 모습에 매우 가깝게 그려 낸 그림'이라는 의미가 포함되어 있는 것이다. 정약용은 기호와 그 지칭대상을 구별하려는 자신의 기호학적 관점을 양의의 경우에서처럼 사상에서도 관철시키려 한다. 초나라 우맹이 손숙오를 흉내 낼 때 우맹이 모사체이지 지시체(referent)가 아닌 것처럼, 사상四象도 단지 실재의 모습을 그럴듯하게 모방한 기호일 뿐이다.[73)] 양의든 사상이든 간에 대상 그 자체가 아니라 모사체에 불과하다는 점에 있어서는 서로 다를 것이 없다.

그러면 사상四象으로써 모사하려는 대상은 과연 무엇인가? 앞서 태극과 양의의 경우에 그러했듯이 그 모사의 의미는 서법筮法 자체에 내포되어

---

72) 「周易四箋 II」, 『定本 與猶堂全書』 16, 320쪽; 『역주 주역사전』 제8권, 196~197쪽, "그런데 漢魏 이후로 곧바로 천지로써 兩儀라고 이름하였다. 儀란 곧 형용함을 뜻하는데, 그렇다면 저 '하늘 모습의 푸르름'(穹然之蒼)과 '부드럽게 깔려 있는 黃土'(隤然之黃)가 모두 '거짓 하늘-땅'(假天地)일 따름이니 어찌 옳겠는가?"(乃自漢魏以來, 直以天地, 名之爲兩儀, 儀也者, 形容也, 卽彼穹然之蒼, 隤然之黃, 皆假天地也. 嗚呼可哉!)

73) 「周易四箋 II」, 『定本 與猶堂全書』 16, 318~319쪽; 『역주 주역사전』 제8권, 191~192쪽, "象이란 방불하고 유사한 것이다. 초나라 優孟이 孫叔敖의 시늉을 했다는 것은 손숙오와 비슷한 모습이 되었다는 것일 따름이다「大傳」에 '易은 象이라 하고) '象'은 '像'이라 하였다.]"(象也者, 像似也. 優孟象孫叔敖者, 得孫叔敖之像似而已[大傳云, 象者, 像也].)

있다. 먼저 '태극생양의'의 서법의 운영절차를 되돌아보면, 앞서 50개의 시책蓍策 중 한 개의 시책을 제외한 나머지 49개의 시책을 나누어 둘로 만든 것이 바로 양의였다. 49개의 시책을 둘로 나누면 한쪽은 기수奇數가 되고 다른 한쪽은 우수偶數가 되는데, 그 중에서 우수의 시책 중 한 개를 뽑아 시책을 담는 독대韇帶 사이에 걸어 놓는다. 그러면 양쪽에 놓인 시책과 독대 중간에 놓인 한 개의 시책이 합쳐져서 천天·지地·인人 삼재三才를 상징하는 것이 된다. 그 다음 절차는 양쪽의 시책을 넷씩 세어서 덜어 내는 "설지이사揲之以四"의 과정으로, 이것이 바로 양의생사상兩儀生四象의 단계에 해당된다. 즉 네 개씩 헤아려 나감으로써 사시의 순환과정을 상징적으로 재현하는 것이다.[74] 이 과정을 추이론推移論과 관련시켜 설명한다면, 64괘 중에서 사시에 해당되는 괘들이 12벽괘인데, 12벽괘를 사시에 분배함으로써 사시의 순환과정을 비슷하게 본뜨는 것이다.

앞서 설명한 우주생성과정과 연관해서 본다면, 제1단계는 태극의 단계였고, 제2단계는 "태극생양의"의 단계로서 태극이 둘로 나뉘어 경청자輕淸者는 위로 올라가서 천天이 되고 중탁자重濁者는 아래로 내려가서 지地가 되는 단계였다. 제3단계는 제2단계에서 생긴 천·지가 다시 분화작용을 일으켜서 천天·지地·수水·화火의 사기四氣로 나누어지는 단계이다. 이 사기四氣 중에서 천天·화火가 경청자의 부류에 속한다고 한다면, 지地·수水는 중탁자의 범주로 묶일 수 있다.[75] 태극에서 사상의 생성에 이르기까지의 과정을 도표圖表로 표시하면 다음과 같이 될 것이다.

---

74) 「周易四箋 II」, 『定本 與猶堂全書』 16, 318~319쪽; 『역주 주역사전』 제8권, 191~192쪽, "蓍策을 4개씩 헤아려 나가는 것도, 四時의 양태를 그런 과정 중에 어렴풋이나마 비슷하게 형용함을 말하는 것이다."(蓍策之揲之以四者, 謂四時之象, 依俙彷彿於此間也.)

75) 정약용은 『禮記』 「表記」에 나오는 "天火尊而不親, 地水親而不尊"의 구절을 들어, 天/火가 같은 범주에 묶이고 地/水가 같은 범주에 묶임을 말하고 있다.

| 太極 | | | |
|---|---|---|---|
| 天 | | 地 | |
| 天 | 火 | 水 | 地 |

　천·지·수·화는 각각 그 체질體質이 다르고 위차位次에도 차등이 있다.[76] 천·지·수·화의 사기는 항상 천체의 운행과 함께하며, 춘·하·추·동의 사시에 순환하고 있다. 따라서 천·지·수·화의 사기에 의하여 형성되는 춘·하·추·동의 사시를 일컬어 사상四象이라고도 한다. 이때 사시四時는 사계절 그 자체를 의미한다기보다는 사계절의 순환을 일으키는 자연의 생성력을 가리킨다. 따라서 천·지·수·화는 구체적 물질로서의 하늘·땅·물·불을 의미한다기보다는 오히려 추상적 의미에서의 '자연세계를 형성시키는 원질'을 가리킨다고 하겠다. 정약용은 이러한 사상의 의미를 종합해서 다음과 같이 정리하고 있다.

　총론적으로 말해서, 사상四象이란 춘하추동 사계절의 상징이다. 하늘이 밖에서 둘러싸고 해와 달이 운행함에, 천天·지地·수水·화火의 기가 그 사이에 활동하여 없을 때가 없다. 다만 그 차갑고 더움이 서로 가까운 것에 따라 (천·지·수·화를 각각 하나씩) 사계절에 배당하는 것이다. 그러므로 점법에서 네 개씩 나누는 방식이 사시를 본뜸으로써 천·지·수·화의 상징도 또한 그 가운데 깃들게 되는 것이다.[77]

---

76) 「周易四箋 II」, 『定本 與猶堂全書』 16, 319쪽; 『周易四箋』, 권8, 26나; 『역주 주역사전』 제8권, 195쪽, "四象이란 무엇인가? 天地水火가 體質이 각각 나누어져서 위차에 등급이 있으니, 이것을 가리켜 四象이라 한다."(四者, 誰也? 天地水火, 體質各分, 位次有等, 此之謂四也)

77) 「周易四箋 II」, 『定本 與猶堂全書』 16, 321쪽; 『역주 주역사전』 제8권, 199~200쪽, "總之, 四象者, 四時之象也. 天包於外, 日月運行, 而天地水火之氣, 行於其間, 無時不在, 第以其寒暑之相近者, 而配之於四時, 故揲四之法, 以象四時, 而天地水火之象, 亦寓其中矣."

만일 천지수화天地水火를 괘상으로 나타낸다면 건곤감리乾坤坎離로 표시할 수 있다. 정약용은 팔괘 중에서 이 네 개의 괘를 사정괘四正卦라고 부르고 거기에 특별한 의미를 부여한다. 『역경』의 64괘를 구성하는 것은 8괘의 기본요소이지만 8괘 중에서도 핵심이 되는 것은 건乾·곤坤·감坎·리離의 4괘이다. 왜냐하면 8괘 중에서 진震·손巽·간艮·태兌의 4괘는 건·곤·감·리라는 기본적 구성요소로부터 도출되는 이차적 요소이기 때문이다. 이처럼 건·곤·감·리는 64괘 전체를 구성하는 핵심이 되기 때문에, 정약용은 「주역답객난周易答客難」에서 이를 '『역』의 사유四維'라고도 부르고 있다. 그에 따르면, 풍뢰산택風雷山澤을 생성시키는 원인이 되는 것은 천지수화天地水火이니, 이 사유를 팔괘 중의 나머지 네 괘와 병렬하여 늘어놓는 것은 온당하지 않다. 그것은 사유가 결코 나머지 네 괘와 평등한 지위를 지니는 것이 아니기 때문이다.[78] 엄밀하게 말한다면, 우주조화의 원인으로는 단지 사유가 있을 뿐이다.

역학사를 되돌아 볼 때, 사상四象의 의미를 사시지상四時之象에서 찾은 것은 정약용이 최초는 아니다. 이정조李鼎祚의 『주역집해周易集解』에 따르면 우번虞翻(164~233)도 역시 "사상四象, 사시야四時也"라고 하였다. 뿐만 아니라 『주역건착도周易乾鑿度』에서도 역시 사상을 사시로 풀이하고 있다. 즉 이 책에서는 '태극→천지→사시→팔괘'라는 우주생성론의 도식을 다음과 같이 전개하고 있는데, 이는 결국 '태극→양의→사상→팔괘'라는 도식과 같은 것이다.

공자께서 말씀하셨다. "역은 태극에서 시작하니, 태극이 나누어져 둘이 되므로, 천지를 낳는다. 천지에는 춘하추동의 계절이 있으므로 사시를 낳는다. 사시에는

---

78) 「周易答客難」, 『易學緖言』, 『定本 與猶堂全書』 17, 299쪽, "答, 天地水火, 易之四維也. 風雷山澤, 皆於是乎受變, 不可以並列爲八而平等看之也."

각각 음陰·양陽과 강剛·유柔의 구분이 있으므로 팔괘를 낳는다. 팔괘가 정열하면 천지의 도가 서게 되니, 아울러 뇌풍수화산택雷風水火山澤의 상이 정해지는 것이다."79)

이상의 설들을 통해 볼 때, 사상을 사시로 보는 견해는 상고로부터 전해 내려온 이론의 일부였을 가능성이 매우 높다.80) 그러나 이후에 각양각색의 학설이 범람하게 되면서 사상의 본래적인 의미는 흐려지고 말았다는 것이 정약용의 판단이다. 정약용은 이들 잘못된 사상설을 열거하고 각각 비판을 가하고 있는데, 그 내용은 다음과 같다.

첫째, 정현鄭玄에 따르면 사상에 해당되는 것은 목木·화火·금金·수水이다. 이에 대해서는 다음과 같은 비판이 가능하다. 만일 목·화·금·수를 사상이라고 한다면 어찌 그러한 물질들이 팔괘를 형성시킬 수 있겠는가? 또 그러한 이론은 정현 자신이 "천일생수天一生水, 지이생화地二生火"라고 말한 것과 비교해 보아도 정합적이지 못하다. 즉, 앞서 천天·지地가 수水·화火를 생성한다고 말하더니 이제 와서는 거꾸로 수·화가 천·지를 생성시키는 것으로 설명하는 셈이니, 이치에 어긋남이 심하다.

둘째, 우번에 따르면 사상에 해당되는 것은 남男·여女·장長·소少이다. 이에 대해서는 다음과 같은 비판이 가해진다. 「서괘전」에 따르면 천·지가 있은 뒤에야 남·여가 있고, 진·간이 성립된 이후에야 장·소의 형태가 성립된다. 그런데 우번은 지금 남·여·장·소가 팔괘를 생성시킨다고

---

79) 鄭玄 注, 『周易乾鑿度』(中國古代易學叢書 49; 中國書店, 1998), 47쪽, "孔子曰, 易始於太極, 太極分而爲二, 故生天地, 天地有春夏秋冬之節, 故生四時, 四時各有陰陽剛柔之分, 故生八卦, 八卦成列, 天地之道立, 雷風水火山澤之象定矣."

80) 蕭元·廖名春 編, 『周易大辭典』(中國工人出版社, 1991), 157쪽. 그 밖에 「周易尙氏學」에서도 四象을 四時로 보고, 또 이 四時는 少陽·老陽·少陰·老陰을 의미한다고 보았다. 「周易尙氏學」의 四象說은 다음과 같다. "四象은 곧 四時이니, 봄은 少陽이고 여름은 老陽이며 가을은 少陰이고 겨울은 老陰이다. 노양과 노음은 九와 六이며, 소양과 소음은 七과 八이다. 그러므로 四象이 정해지니, 八卦가 스스로 생겨나는 것이다."(四象卽四時, 春少陽, 夏老陽, 秋少陰, 冬老陰也. 老陽老陰卽九六, 少陽少陰卽七八, 故四象定卽八卦自生)

말하고 있으니 이 역시 순서가 뒤바뀐 것이다.

셋째, 후과後果에 따르면 사상에 해당되는 것은 신물神物·변화變化·수상垂象·도서圖書의 넷이다. 이에 대해서는 다음과 같은 비판이 가능하다. 양의와 팔괘의 개념은 더하거나 뺄 수 있는 개념이 아니다. 그런데 수많은 것들 중에서 특정한 네 개의 사물만을 지정하여 사상이라고 한다는 것은 부당하다.

넷째, 소옹邵雍에 따르면 사상에 해당되는 것은 태양太陽·태음太陰·소양少陽·소음少陰의 네 가지이다. 그러나 이는 획괘법에 따른 사상설로서, 설시법의 절차와는 아무런 상관이 없다. 과연 소옹의 사상으로써 형용하고자 하는 본래의 대상(本物)은 무엇인가? 원론으로 되돌아가서 생각해 볼 때, 사상四象의 상象이란 흉내 내어 모사하는 것을 뜻하기 때문에 아무런 흉내 낼 대상이 없이 단지 기호만 있다는 것은 납득이 되지 않는다.[81]

### 4) 사상생팔괘四象生八卦

태극으로부터 시작된 존재의 분화는 양의와 사상의 단계를 거쳐 팔괘의 단계에 오면 완결된다. 사상생팔괘四象生八卦의 명제는 이 마지막 단계의 존재의 생성과정을 서술하고 있다. 여기서의 팔괘는 중괘重卦가 아닌 소성괘小成卦를 가리킨다. 그런데 팔괘는 자연의 요소들을 상징화한 것으로서 사실상 자연의 생성과정은 여기서 완결된다. 물론 팔괘에서 64괘가 연역되어 도출되는 것은 사실이지만, 팔괘가 지칭하는 천·지·수·화·뇌·풍·산·택이 이미 완성된 자연의 세계이며, 추가해서 만들어질 별도의 자연세

---

81) 「邵子先天論」, 『易學緖言』, 『定本 與猶堂全書』 17, 173쪽, "만약 사상이 원래 本物의 명칭이 될 수 있다고 한다면, 태양·태음·소양·소음은 천지간에 본래 이런 사물이 없고 또한 이런 명칭도 없는 것이다."(若云, 四象原可爲本物之名, 則太陰太陽少陽少陰, 天地間本無此物, 亦無此名)

계가 새롭게 있는 것은 아니기 때문이다.[82] 만일에 「계사전」의 저자가 의도한 것이 팔괘가 지칭하는 바의 팔물八物로부터 만물을 발생시키는 것이었다고 한다면, "사상생팔괘四象生八卦"에 이어서 "팔괘생육십사괘八卦 生六十四卦"라는 구절도 필요할 것이다. 더구나 정약용은 팔괘가 먼저 생성된 다음에 64괘가 생성된 것이 아니라 팔괘와 64괘가 동시에 성립된 것으로 보고 있기 때문에, 팔괘가 64괘를 생성시켰다는 말은 이치에 닿지 않는다. 그러므로 64괘 및 384효에 의해서 상징되는 대상은 자연세계의 새로운 창출을 지칭한다기보다는 오히려 자연의 영향력 아래 형성된 인간적 삶의 다양한 양태를 뜻하는 것으로 보아야 할 것으로 생각된다.

그러면 사상생팔괘의 생성과정에 대한 정약용의 설명을 들어보기로 하자. 앞에서 정약용은 팔괘의 연역의 주체로서의 사상을 구성하는 요소가 천·지·수·화라고 주장하였다. 그런데 천·지·수·화는 뇌·풍·산·택 을 생성시키는 주체로서 우주의 사원질四原質이며, 『역』의 사정괘四正卦를 형성하고 있다. 앞서 언급한 바 있듯이, 정약용은 사정괘를 사유四維라고 부르면서 여기에 특별한 의미를 부여하고 있다. 사유로부터 나머지 4괘가 생성되는 과정에 대해서 정약용은 다음과 같이 설명하고 있다.

> (천·지·수·화의) 네 요소가 이미 성립되니 (그 이후) 천天과 화火가 서로 더불어 뇌雷와 풍風이 생겨나며[천이 화를 둘러싸면 뇌가 되고, 화가 천과 함께하면 풍이 된다], 지地와 수水가 서로 친하여 산山과 택澤이 생긴다[수가 토를 깎아내면 산이 되고, 토가 수를 에워싸면 택이 된다]. 이것이 바로 사四가 팔八을 생성하는 이치이며, 팔괘가 팔八인 까닭이 여기에 있는 것이다.[83]

---

82) 필자와 달리 유초하는 八卦의 상징물인 八物이 萬物을 생성하는 것으로 설명하였다. 예컨대, 다음의 인용문과 같은 경우이다. "天地水火雷風山澤의 다양한 상호관계 운동으로 만물이 생성된다."(유초하, 「정약용의 역학서언과 『주역사전』」, 『철학과 현실』 1996년 가을호, 252쪽)

83) 「周易四箋 II」, 『定本 與猶堂全書』 16, 319~320쪽; 『역주 주역사전』 제8권, 195~196쪽,

이상의 인용문을 통해 우리는 정약용의 "사생팔四生八"의 과정에 대한 견해를 볼 수 있다. "사생팔"의 과정은 자연의 원질로부터 자연의 나머지 요소들이 어떻게 파생되는가를 보여 준다. 정약용의 분석을 요약해 본다면 결국 원질로부터의 자연의 생성과정은 크게 다음과 같은 두 개의 과정으로 압축될 수 있겠다.

① 천天과 화火의 세력의 결합에 의해서 뇌雷와 풍風이 생성됨.
② 지地와 수水의 세력의 결합에 의해서 산山과 택澤이 생성됨.

　보다 구체적으로 뇌·풍·산·택의 생성과정을 개별적으로 설명한다면 다음과 같이 될 것이다.

① 천이 화를 둘러싸서 뇌가 생성됨. (天包火爲雷)
② 화가 천과 합세하여 풍이 생성됨. (火與天爲風)
③ 수가 토를 깎아내어 산이 생성됨. (水削土爲山)
④ 토가 수를 에워싸서 택이 생성됨. (土圍水爲澤)

이상의 관계를 도표로 표시하면 다음과 같이 된다.

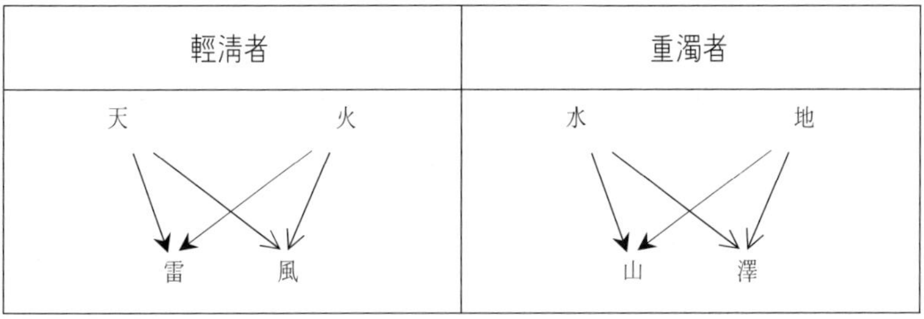

| 輕淸者 | 重濁者 |
|---|---|
| 天　　　火 | 水　　　地 |
| 雷　風 | 山　澤 |

---

"四者旣立, 天火相與, 而雷風以生[天包火爲雷, 又火與天爲風]. 地水相比, 而山澤以成[水削土爲山, 又土圍水爲澤]. 此四之所以生八, 而八卦之所以八在是也."

이것이 "사생팔四生八"의 생성구조인 것이다. 그러면 자연이 완성되었을 때 자연의 요소들이 어떠한 교호交互작용을 형성해 내는지를 살펴보기로 하자. 「설괘전」에서는 (1) 산택통기山澤通氣, (2) 뇌풍상박雷風相薄, (3) 수화불상역水火不相射 등을 말하고 있는데, 정약용의 설명은 다음과 같다.

① 산택통기山澤通氣: 산과 연못이 기를 통함
　산과 택은 지와 수가 만들어 내는 것이고, 뇌와 풍은 천과 화가 만들어 내는 것이다. 간혹 높은 산 위에 큰 연못이 있는 경우도 있고 큰 연못 중에 혹 높은 산이 있는 경우도 있으니, 이것을 가리켜 "산택통기"라고 한 것이다.84)

② 뇌풍상박雷風相薄: 우레와 바람이 서로 부딪침
　빠른 우레와 세찬 바람이 같은 소리를 내면서 서로 상응하니, 이것을 가리켜 "뇌풍상박"이라고 한 것이다.85)

③ 수화불상역水火不相射: 물과 불이 서로 싫어하지 않음
　불이 땅속을 지나감에 온천이 생기고 물이 불의 기운을 받아[태양의 기운 역시 화기火氣에 해당됨] 초목을 길러 내니, 이것을 가리켜 "수화불상역"이라고 한 것이다.86)

이렇게 해서 팔괘가 상징하는 팔물八物의 세계가 완성된다. '태극→양의→사상→팔괘'의 과정은 시간적 순서에 따라 배열된 우주생성론이다. 그리고 이 과정을 해당 기호들의 지칭대상으로 표시한다면, '시원적 존재→천天·지地→천天·지地·수水·화火→천天·지地·수水·화火·뇌雷·풍風·산山·

---

84) 「周易四箋 II」, 『定本 與猶堂全書』 16, 325쪽; 『역주 주역사전』 제8권, 217쪽, "山澤者, 地水之所成也. 雷風者, 天火之所成也. 高山之上, 或有大澤. 大澤之中, 或有高山, 是山澤通氣也."

85) 「周易四箋 II」, 『定本 與猶堂全書』 16, 325쪽; 『역주 주역사전』 제8권, 217쪽, "迅雷烈風, 同聲相應, 是雷風相薄也."

86) 「周易四箋 II」, 『定本 與猶堂全書』 16, 325쪽; 『역주 주역사전』 제8권, 217~218쪽, "火行地中, 厥有溫泉, 水受火氣[日氣亦火氣], 乃長草木, 是水火不相斁也."

택澤'의 과정이 될 것이다. 여기서 반드시 언급하고 넘어가야 할 문제가 있으니, 그것은 시원적 존재인 태극과 최종적 생성물인 팔물八物과의 관계이다. 태극은 시원적 존재였으니, 우주생성의 최초의 단계에 단 한 번만 존재하고 그 이후 생성이 진행되거나 완료된 단계에서는 소멸되는 것일까? 정약용은 그렇게 보지 않는다. 태극과 팔물의 관계는 전체와 부분의 관계와 같아서, 만물이 완성된 뒤에도 태극은 그 만물 속에 여전히 포함되어 있다.

> 태극은 팔물을 합친 전체이며, 팔물은 태극의 부분이다. 그 재료는 각각 분변分辨할 수 있는 것이 아니요, 그 도수度數는 각각 계량計量할 수 있는 것이 아니다. 비유하자면, 대악大樂을 나눈 것이 다만 이 팔음八音이며 팔음이 모인 것이 다시 이 대악大樂이어서, 대악의 밖에 별도로 팔음이 있고 팔음의 밖에 별도로 대악이 있는 것이 아닌 것과 같다.87)

이러한 우주관이 가능한 것은, 태극의 존재로부터 완전히 새로운 타자他者가 생성되는 것이 아니라 시원적 존재의 변화에 의해 생성이 이루어지기 때문일 것이다. 태극에 의해 생성되는 양의·사상·팔괘 등은 태극과 전혀 다른 별개의 존재를 생성하는 것이 아니라, 태극의 자체적 변화에 의해 생성된 것일 뿐이다. 그러므로 양의·사상·팔괘 등에도 태극은 분화된 부분의 형태로 남아 있다고 할 수 있는 것이다.

---

87) 「邵子先天論」, 『易學緖言』, 『定本 與猶堂全書』 17, 173쪽, "譬如大樂之分, 只此八音, 八音之會, 還是大樂. 非大樂之外, 別有八音, 八音之外, 別有大樂也."

제3부 다산역의 해석방법론

# 제1장 『주역』의 독법

　『주역』을 어떻게 읽을 것인가? 『주역』은 매우 독특한 문헌이기 때문에 거기에 맞는 고유한 독법讀法을 필요로 한다. 따라서 정약용은 『주역』을 『논어』나 『맹자』를 읽듯이 읽으면 결코 이해할 수 없다고 말한다. 『주역』에는 다른 경서에는 없는 괘상卦象이 있으며, 그 점사占辭의 문장구조는 일반적 문례文例와 매우 다르다. 그것은 『논어』나 『맹자』처럼 대화체의 서술형식을 취하고 있지도 않으며, 객관적 사실에 대한 정보를 전달하거나 논리적 주장을 서술하고 있는 것도 아니다. 거기에는 기起·승承·전轉·결結의 이야기 구조가 존재하지 않는 경우가 많으며, 문장을 연결해서 읽는다고 하더라도 그 의미가 통하지 않는 경우 또한 많다. 역사易詞의 의미는 역상易象과 연계되어 있기 때문에 역사를 해독하기 위해서는 역상의 상징적 의미를 이해하지 않으면 안 된다. 따라서 『주역』을 읽는다는 것은 역사를 해석하는 일이며, 역사를 해석한다는 것은 그 의미를 역상과 연계하여 파악하는 일이다. 그러나 일반적 문장과 다른 성격을 지닌 점사의 의미를 이해한다는 것이 쉽지 않을 뿐더러, 그것이 역상과 어떻게 연계되어 있는지를 파악한다는 것은 더욱 어렵다. 역학자들에 따라 역사에 대한 해석이 천양지차로 벌어지는 일은 『주역』의 해석에 있어서는 흔히 일어나는 일이다. 이것은 역사 해석에서 객관성을 획득하는 것이 얼마나 힘든 일인지를 보여 준다. 이러한 해석의 차이는 해석자가 갖고 있는 훈고학적 지식이나 역상 해석의 기술 등의 차이에서 비롯된다.

이처럼『주역』을 독해하기 위해서는 역사易詞와 역상易象의 의미를 풀어내는 해석기술을 필요로 한다. 그러나 이러한 해석기술 이상으로 중요한 것은『주역』텍스트에 대한 이해방식이다.『주역』의 기호체계와 주나라 사람들의 생활세계 사이에는 어떠한 연관성이 있는가? 이러한 문제들에 대한 선이해先理解의 방식은 텍스트를 이해하는 방식을 결정한다. 정약용은『주역』텍스트와 그것을 산출한 생활세계의 연관성을 중요시한다. 왜냐하면『주역』이 주나라 사람들의 생활상을 반영하는 것인 한에서 그 기호체계의 의미는 생활세계와의 관련 아래서 해명되어야 하기 때문이다.『주역』의 기호체계는 인위적 규약체계이며, 그 인위적 규약체계는 기호제작자들이 생활하던 특정 시기의 역사적·문화적 산물이다. 따라서 기호체계의 의미를 밝히기 위해서는 일단 그 기호모형을 탄생시킨 역사문화적 생활세계를 복원시키는 작업이 필요하며, 그 생활세계 속에서 괘사와 효사가 지녔던 원래의 의미로 환원시키는 작업이 필요하다. 따라서 필자는 정약용의『주역』이해의 관점을 환원還元과 복원復原이라는 두 개의 키워드(key word)를 통해 풀어내고자 한다.


## 1. 환원: 복서와 의리


역학사를 되돌아 볼 때『주역』을 이해하는 방식은 크게 두 가지로 나뉜다. 하나는 상수학파이며, 다른 하나는 의리학파이다. 두 학파는『주역』이라는 책의 성격을 이해하는 방식이 근본적으로 달랐기 때문에 역사易詞를 이해하는 방식도 서로 다를 수밖에 없었다. 상수학파는 『주역』이 본래 복서卜筮를 위한 책이라는 점을 조금도 의심하지 않았다. 즉 복서란 수數를 조작하는 일련의 과정을 통해 이루어지며, 상象의 의미를 해석해 내는 기술과 연관되어 있다. 따라서 역사는 본질적으로 점사占辭이며, 상과 수는 역사를 해석하기 위해 사용되는 필수적인 수단이다. 반면에 의리학파는 『주역』을 만든 성인의 의중에는 점술보다 훨씬 고차원적이고 심오한 의도가 숨어 있었을 것이라고 주장한다. 의리학파에 따르면 성인이 『주역』을 만든 심오한 의도는 천인성명지리天人性命之理를 밝히는 일에 있었다.

정약용은 『주역』을 기본적으로 복서의 책이라고 보지만, 거기에는 천인성명지리天人性命之理도 깃들어 있다고 본다. 이것은 일종의 절충적 관점으로서 『주역사전』의 「독역요지」 제15칙 우의寓義에서 설명되고 있다. 문왕과 주공의 역사易詞는 기본적으로 점사여서, 거기에도 의리가 깃들어 있기는 하지만 매우 은미해서 뚜렷하게 드러나지 않는다. 그러나 공자에 이르게 되면 의리의 천명闡明이 두드러진다. 「단전」은 공자가 괘사의 의미를 오로지 의리의 관점에서 천명한 것이다. 「문언」에도 의리의 천명은 있지만 공자가 지은 것이 아니며, 건乾·곤坤의 두 괘에 한정되어 있다. 「계사전」에서는 효사에 은미하게 담긴 뜻을 연역演繹하여 이끌어 내고 있는데, 중부中孚괘 구이九二, 동인同人괘 구오九五, 대과大過괘 초육初六 등에서 그 사례를 볼 수 있다. 「대상전」은 순수하게 철학적·윤리적 의미의 음미를 위하여 만들어진 것이기 때문에 서가筮家와는 관여하는 바가 없다.

『주역』이 복서를 위한 것인지 아니면 의리를 위한 것인지의 문제는 "『주역』이란 도대체 무엇을 위한 책인가"라는 본질적인 문제와 연관되어 있다. 정약용은 『역학서언』의 「주역답객난周易答客難」에서 갑자甲者·을자乙者·병자丙者라는 가상의 세 질문자를 내세워서 이 주제에 관해 문답을 진행시키고 있다.[1] 이 토론은 정약용의 역학관을 엿볼 수 있게 해 줄 뿐 아니라, 『주역』의 근본적 성격을 이해함에 있어서도 매우 흥미로운 주제를 제공한다. 그러면 먼저 의리학적 관점을 대변하고 있는 가상의 질문자인 을乙의 발언을 청취해 보기로 하자.

> 선생의 말씀처럼 역사易詞의 여러 물상들이 모두 「설괘전」에 부합한다면, 이것은 역사의 문장들이 모두 심오할 것이 없게 된다. 그것이 심오하지 않다면 그 말한 바는 오로지 점서만을 위한 것일 뿐 어떠한 큰 의리(人義理)도 그 가운데 없을 것이니, 정말로 이와 같다면 『역易』을 존중할 필요가 없을 것이다.[2]

을의 견해에 따르면 『주역』의 궁극적 목적은 결코 복서에 있지 않다. 만약 『주역』이 점서만을 위하여 만들어진 것이라면 그다지 심오할 것도 없으며 존중할 가치도 없다. 을은 상수학자들에 의해 상징해석의 근거로서 사용되어 온 「설괘전」에 대해서도 의심의 눈초리를 던진다. 그러나 정약용은 「설괘전」이 없다면 『주역』을 해석할 수 있는 방법 자체가 원천적으로 차단된다고 말한다. 「설괘전」은 배가 항해하기 위해 필요한 나침반과도 같다. 나침반이 없다면 배가 항해할 수 없듯이, 「설괘전」이 없다면 『주역』의 기호를 해석할 도리가 없다. 「설괘전」은 일종의 암호를 해석할 수 있는 코드라고 할 수 있는데, 이 코드를 활용한다면 『주역』의 상징기호에 담긴 의미를 풀어낼 수 있다.

그러나 을은 정약용의 이러한 관점에 전혀 동의하지 않고 다음과 같이

---

1) 『易學緒言』의 「周易答客難」에서는 甲者, 乙者, 丙者가 돌아가면서 각각 세 번씩 질문한다. 따라서 모두 9번의 질문이 제기되고 있다. 『주역』이 卜筮를 위한 것인지 혹은 義理를 위한 것인지의 질문은 乙者에 의해서 제기된 것이므로 여기서는 甲者와 丙者의 질문은 배제하였다.

2) 「周易答客難」, 『易學緒言』, 『定本 與猶堂全書』(다산학술문화재단, 2012) 17, 295쪽, "苟如子言, 易詞諸物, 皆合說卦, 是易詞文, 都不深奧, 其不深奧, 即其所言寔爲占筮, 無大義理, 寓於其中, 苟如是矣, 易不必尊."

반문한다. 상징의 의미가 모두 「설괘전」에 적혀 있고 또 그 적힌 바에 따라 해석될 수 있다면, 『주역』에는 어떠한 신비도 남아 있지 않게 될 것이 아닌가? 신비가 사라져 버린 뒤에는 천박한 점서만이 남게 될 것이다. 그때에도 우리는 여전히 『주역』을 존중할 수 있을 것인가? 마침내 을은 『주역』의 본질은 복서에 있는 것이 아니라 의리의 천명에 있다고 선언한다.

> 『주역』은 원래 의리를 천명하기 위한 목적에서 만들어진 책으로서 복서와는 무관한 것이다.[3]

그렇다면 을은 자신의 주장을 어떻게 정당화시키고 있는가? 을은 『주역』에서 점서와 무관한 부분을 찾아냄으로써 점서보다 더 본질적인 요소가 있음을 주장하려고 한다. 을은 정약용의 벽괘론과 효변설을 수용한다는 전제 아래, 다음과 같은 질문을 제기하고 있다.

> 선생의 주장에서는 "연괘는 모두 벽괘를 따르며, (그런 연괘들의 경우는) 그 (벽괘로부터) 오르고 내리는 변화에 근거하여 그 길흉을 점친다"라고 하였다. 또 "벽괘의 경우는 벽괘 자체의 꺼지거나 자라나는(消長) 과정 혹은 (그 벽괘의) 반대괘를 통하여 그 좋고 나쁨(休咎)을 점친다"라고 하였다. 만약 점서占筮하여 건乾괘를 얻었는데 효가 변하지 않는 경우라면, 이는 건원乾元을 근거로 해서 비로소 시작된 것이므로 다시금 따를 것이 없을 터이니 그 길흉과 좋고 나쁨(休咎)을 어디에서 고찰하고 징험하겠는가? 구체적인 예를 들어, 어떤 사람이 마구간의 말을 잃어버린 후 그것을 찾고자 점서를 해서 건乾괘가 효변하지 않는 경우를 얻었다고 하자. 그래서 그 괘사를 살펴보았더니 "원형이정元亨利貞"이라고 나온다면, 또한 황당하지 않겠는가?[4]

---

3) 「周易答客難」, 『易學緖言』, 『定本 與猶堂全書』 17, 291쪽, "原來周易是義理書, 不干卜筮."
4) 「周易答客難」, 『易學緖言』, 『定本 與猶堂全書』 17, 290~291쪽, "客有乙者曰, 子云, 諸卦皆從 辟卦, 以其升降, 占其吉凶, 又云, 辟卦以其消長與其反對, 占其休咎, 若筮遇乾卦 亦不變, 乾元資始, 更無所從, 吉凶休咎, 于何考驗, 假如有人, 喪其廐馬, 將逐而筮, 遇乾不動, 考之卦詞, 元亨利貞, 不亦晃洋?"

을의 질문을 요약하면 다음과 같다. 정약용의 학설에 따른다면, 효가 변하지 않는 경우에는 단사彖辭(卦辭)로써 점치는 것으로 되어 있다. 건乾괘가 효변하지 않는 경우는 바로 이 단사로써 점치는 경우에 해당된다. 그러나 건괘에 나오는 "원형이정元亨利貞"의 단사로써 도대체 무엇을 점치겠는가? 다시 말해, "원형이정" 등의 괘사는 어떤 특정한 상황에 대비한 점사라고 볼 수 없으며, 『주역』의 괘사를 모두 점사라고 간주하는 것은 잘못된 단정이라는 것이다.

그러나 정약용은 을이 설득력 있는 논거를 제시하는 데 실패했다고 본다. 을은 "원형이정"의 단사를 점사가 아닌 예로 들고 있으나, 거기에 구체적인 상황이 제시되어 있지 않다고 하더라도 얼마든지 실제적 상황에 응용하여 적용할 수 있다. 예컨대, 을이 든 예처럼 마구간에서 말을 잃어버린 경우라고 가정해 보자. 건乾괘의 효가 변하지 않는 경우를 얻었으므로 그 단사인 "원형이정元亨利貞"이 점사가 된다. 그런데 건乾괘는 벽괘이므로 벽괘 자체의 추이推移를 따른다. 쾌夬괘로부터 한 개의 양이 추가되면 건乾괘가 되니, 벽괘 추이의 논리를 따르면 건괘는 쾌괘로부터 온 것이 된다.

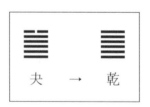

夬 → 乾

그런데 쾌夬괘의 하괘下卦는 건乾이니 말(馬)로 볼 수 있고, 상괘上卦는 태兌이니 잃어버림(脫失)의 상이 된다. 따라서 이러한 상을 종합해서 해석한다면, 쾌夬괘는 말을 잃어버린 상황에 해당된다. 그런데 쾌夬괘에서 건乾괘로 추이하게 되면, 그 상괘上卦가 태兌에서 다시 건乾으로 변하게 된다. 이것은 앞서 잃어버렸던 말이 장차 스스로 돌아올 것으로 풀이될 수 있다.

혹은 다음과 같이 해석할 수도 있겠다. 쾌夬괘의 때에 말을 한 마리 잃어버렸다. 이제 건乾괘로 추이하게 되면, 건乾괘의 상괘上卦도 건乾이고 하괘下卦도 건乾이다. 이것은 잃어버린 말이 다시 또 다른 한 마리의 말을 데리고 들어온 상황으로 풀이될 수도 있으니, 새옹지마塞翁之馬의 고사를 연상하게 한다.

그러면 이번에는 말이 달아난 방향을 추정해 보기로 하자. 쾌夬괘에서 건乾괘로 변하였는데, 쾌夬괘의 상괘上卦는 태兌이며 건乾괘의 상괘上卦는 건乾이다. 그러므로 말은 태兌의 서쪽에서 건乾의 서북쪽으로 달아난 것이라고 풀이할 수 있다. 이렇게 상을 취하면 그 말을 얻을 것인지 잃을 것인지 점쳐 볼 수 있다. 실제로 『춘추좌씨전』 성공成公 16년조에 기록되어 있는 언릉鄢陵의 전투[5]에 대해 행해진 점서례占筮例는 '건乾이 복復으로 변한 경우'(乾之復)에 해당되지만, 복復괘의 단사인 "출입무질出入无疾"이나 "칠일래복七日來復"을 취하지 않고도 점을 풀이하고 있다.[6]

따라서 정약용은 을이 『주역』이 점서를 위한 책이 아니라는 결정적 증거를 제시하는 데 실패하였다고 본다. 그렇다면 『주역』은 심오한 의리를 담고 있는 책으로서 복서와 무관하다는 을의 주장은 정당화의 근거를 상실한 것이 아니겠는가? 문왕과 주공이 역사易詞를 지을 초기에 점서 이외에 또 무엇을 생각할 수 있었단 말인가? 정약용의 발언을 들어 보자.

---

5) 鄢陵之戰은 노나라 성공 16년(기원전 575년) 6월에 晉나라와 楚나라가 鄭나라의 영토인 鄢陵에서 중원의 패권을 다투기 위해 벌인 전투로서 춘추시대 5대 전투 중 하나로 간주된다. 이 전투에서 진나라는 오랜 적수인 초나라를 격파함으로써 중원지구에서의 우세한 지위를 확보하게 되지만, 그 이후로 진나라와 초나라는 모두 그 세력이 점차로 약화되게 된다. 『춘추좌씨전』에 따르면, 晉 厲公은 楚 共王에 대한 공격 여부를 결정하기 위하여 점을 쳐서 '乾之復'의 점괘를 얻었다.

6) 「周易答客難」, 『易學緒言』, 『定本 與猶堂全書』 17, 291쪽, "春秋傳鄢陵之戰, 筮之遇復, 占之如坤之復, 而下純伏離, 上純伏坎之象, 取以爲文, 至於出入無疾七日來復之詞, 無所取焉, 斯可以知筮法也."

문왕과 주공이 역사를 지을 초기에는 오직 점치는 사람만을 위하여 범례를 수립했을 뿐이다. 천인성명지리天人性命之理가 어찌 그 사이에 머무를 수 있겠는가!7)

요컨대 『주역』의 점사는 점치는 사람을 위하여 설정된 범례에 불과하다. 『주역』이 점서를 위해 만들어진 것이라는 역사적 기원을 무시한 채 천인성명지리가 담긴 심오한 철학종교의 서적이나 윤리적 처세서로 간주하려고 한다면, 그것은 역사적 사실에 위배될 뿐 아니라 그 본래적 성격을 왜곡시킬 수밖에 없다. 이러한 관점에 서서 정약용은 『주역』에서 유현幽玄하고 고원高遠한 의미만을 읽어 내려는 성향을 경계한다.

그 도의 성격이 이와 같은데도 후세에 『주역』의 이치를 말하는 사람들은 오직 큰 것만을 존귀하게 여겨서 유현하고 고원한 것에만 힘쓸 뿐이다. 뿐만 아니라 자질구레하고 비근한 뜻(에 불과한 것)을 마치 (저 우주의) 은하수銀河水의 끝없음처럼 풀이하려고 하니, 이것이 『주역』의 도리가 어두워진 까닭이며, 성인의 평범하고도 실제적인 가르침이 고원하고 기묘하거나 신기하고 영적이거나 환상적인 법으로 귀착되어 도저히 깨달음으로 이끌 도리가 없게 된 까닭이다.8)

요컨대 『주역』의 본질은 그것이 복서를 위해 만들어진 것이라는 데 있다. 그런데 복서란 고묘高妙하거나 신기한 영환지법靈幻之法이 아니라 성인의 평실지교平實之敎이다. 『주역』의 점사는 대부분 농업·목축·어렵漁獵·혼인·가족·제사·정벌·방위·소송 등 평범한 일상생활의 여러 측면에 연관되어 있다. 예를 들면, 민간에서 재물을 잃는 경우, 여행자가 실물失物하는 경우, 재물을 잃어버렸다가 되찾는 경우, 비가 오지 않아 기우제를

---

7) 「周易答客難」, 『易學緖言』, 『定本 與猶堂全書』 17, 296쪽, "文周撰詞之初, 唯爲筮人發凡立例而止耳. 天人性命之理, 何所寓於此間哉!"

8) 「周易答客難」, 『易學緖言』, 『定本 與猶堂全書』 17, 296쪽, "其爲道, 如是也, 而後之說易者, 唯大之尊之, 幽遠之爲務, 並其瑣小卑近之旨, 而訓之爲河漢而無極也, 此易所以晦, 而聖人平實之敎, 歸於高妙神奇靈幻之法, 而莫之提悟者也."

드리는 경우, 제사·혼인·전벌戰伐 등 어떤 특정한 상황에서 길흉을 점치는 경우가 대부분이다. 민간에서 소나 양을 잃어버렸다는 점사에 무슨 대단한 천인성명지리가 깃들 수 있겠는가?

그렇다면 『주역』에는 심오한 이치란 존재하지 않는 것일까? 그렇지는 않다. 정약용은 종종 "역가이언재易可易言哉" 즉 "『주역』을 쉽게 이야기할 수 있을 것인가?"라고 말하는데, 이러한 발언을 통해서도 그가 『주역』에 심오한 이치가 있음을 확신하고 있었다는 것을 알 수 있다. 또 그는 리離괘로부터 중부中孚괘로 변하는 경우와 감坎괘로부터 소과小過괘로 변하는 경우는 그야말로 특특비상지례特特非常之例이기 때문에 그 정의묘지精義妙旨는 도저히 말로써 전달할 수 없다고도 하였고,[9] 또한 감坎·리離·이頤·대과大過·중부中孚·소과小過 등의 괘는 성인의 마음씀씀이(用心)가 기기묘묘奇奇妙妙한 곳이라고도 하였다.[10] 군자의 출처진퇴出處進退의 의리와 굴신존망屈伸存亡의 이유에 관해서는 「문언전」, 「계사전」, 건乾괘·곤坤괘의 여러 효 및 동인同人괘 구오九五, 대유大有괘 상구上九 등에 언급되어 있다.[11]

이렇게 본다면 『주역』에는 일상적 차원과 심오한 차원이 공존하고 있다. 심오한 차원이란 곧 의리의 차원이니, 자연의 질서를 탐구함으로써 그 변화의 법칙을 징험하거나 입신立身·처세處世·처신處身의 도道를 알아내는 것이 이에 해당된다. 반면에 일상적 차원이란 곧 복서의 차원이니, 말·소·개·닭을 얻거나 잃어버리는 경우 등 평범한 일상사에 걸쳐져 있다. 미세한 차원으로 말하자면 『역』의 도道는 벼룩이나 파리처럼 작은 동물의 날뛰는 것을 관찰할 정도로 세밀한 영역에까지 관여하고 있고,

---

9) 「朱子本義發微」, 『易學緖言』, 『定本 與猶堂全書』 17, 138쪽, "至於中孚之以離變, 小過之以坎變, 此, 特特非常之例, 其精義妙旨, 不可以言傳也."

10) 「答仲氏」, 『定本 與猶堂全書』 4, 216쪽, "其中坎離頤大過中孚小過, 聖人用心尤奇奇妙妙."

11) 「周易答客難」, 『易學緖言』, 『定本 與猶堂全書』 17, 296~297쪽, "若君子出處進退之義, 屈伸存亡之故, 孔子文言說之略備, 乾坤諸爻及同人九五, 大有上九之類, 是也."

일상사의 차원에서는 부자·군신·부부관계 등에서의 처신의 방법을 알고 이목구비耳目口鼻와 사지백체四肢百體 등 신체적 변화의 징조를 미리 감지하는 데 이용할 수도 있으며,[12] 고차원적으로는 귀신에 통달하고 천명을 살피며 가뭄이 들거나 장마가 지는 까닭을 짐작하는 데 활용할 수도 있다. 그러나 아무리 심오한 이치가 있다는 것을 인정한다고 하더라도, 역사易詞는 복서에 관련된 것이 대부분이고 의리에 관해 언급한 것은 매우 적다. 그럼에도 불구하고 모든 것을 천인성명지리天人性命之理로 귀결시킨다면 잘못된 해석을 불러일으킬 뿐이다.

> 이제 (상경과 하경) 두 편의 64괘와 384개의 효사로써 천인성명지리의 한 가지 이치에 귀일시키고자 하여, 나아가고 물러서며 살고 죽는 의리를 거기에 깃들게 하고자 한다면, 많은 경우 서로 어긋나고 맞지 않아서 합치할 수 없을 것이다.[13]

이러한 착오를 면하기 위해서는 어떤 특정한 괘사가 일상적인 의미로 말해진 것인지 심오한 의미를 드러내려 한 것인지 정확하게 분간해 내지 않으면 안 된다. 역사易詞가 평범한 일상사를 언급한 것인데도 불구하고 거기에서 심오한 의미를 읽어 내려고 한다면 과장되거나 억지 해석이 될 수밖에 없고, 심오한 철학적 진리인데도 불구하고 그것을 일상적 차원에서 해석한다면 천박한 해석이 되고 만다. 따라서 과장이나 천박한 해석을 피하려면 이러한 양면성을 있는 그대로 수용하여 『주역』 저자의 본래 취지에로 환원시키지 않으면 안 된다. 즉 심오한 의미에서 말한 것은 심오하게 해석하고, 평범한 취지에서 말한 것은 평범하게 해석하는 일이다.

---

12) 「周易答客難」, 『易學緖言』, 『定本 與猶堂全書』 17, 295쪽, "邇之, 可以處父子君臣夫婦之變, 而耳目口鼻四肢百體之動, 亦可以前知其徵."

13) 「周易答客難」, 『易學緖言』, 『定本 與猶堂全書』 17, 297쪽, "今欲以二篇, 六十四卦, 三百八十四 爻之詞, 一以歸之於天人性命之理, 而欲以自寓其進退存亡之義, 則多見其鉏鋙枘鑿而不相投 合也."

필자는 이것을 환원의 원칙이라고 부르고자 한다. 정약용이 권장하는
『주역』 해석법은 다음과 같은 환원의 원칙을 지키는 것이다.

> 큰 의미로 말한 것은 큰 의리로 환원시키고, 작은 의미로 말한 것은 작은 일(小事)로
> 환원시켜야 한다. 높게 말하거나 멀리 말한 것은 고원한 데로 환원시키고, 낮게
> 말하거나 가깝게 말한 것은 비근한 데로 돌려야 한다. 깊은 것을 깊게, 드러난
> 것을 드러나게 하는 것, (바로) 이것이 『주역』을 읽는 방법이다. 지금 『주역』 2편의
> 64괘와 384효의 어휘로써 하나같이 천인성명지리天人性命之理에 귀속시키고자 하여
> 스스로 진퇴존망進退存亡의 뜻을 깃들게 하고자 한다면, 많은 곳에서 어긋나 서로
> 뜻이 부합되지 못함을 발견하게 될 것이다.[14]

환원의 원칙이 의미하는 것은 『주역』을 있는 그대로 이해하자는 것이다.
『주역』을 있는 그대로 이해하기 위해서는 사실로 돌아가야 한다. 환원의
취지는 괘효사를 원래의 목적에로 되돌리는 데 있다. 즉 원래의 목적이
복서였으면 복서로 이해하고, 의리에 있었으면 의리로 이해하자는 것이다.
『주역』을 있는 그대로 이해하는 데 있어 최대의 걸림돌은 『주역』의 가치를
실제 이상으로 과장하거나 실제 이하로 비하해서 평가하는 태도이다.
전자는 "『주역』은 심오한 철학적 지혜가 담긴 책이다"라는 관점을, 후자는
"점서는 『주역』의 기원이며 본질이다"라는 관점을 관철하려고 한다. 철학적
성향이 강한 해석가들은 『주역』을 오로지 '천인성명지리天人性命之理'와 '진
퇴존망지의進退存亡之義'의 책으로만 보고 싶어하며, 복서적인 측면은 애써
무시하려고 한다. 이러한 부류의 사람들은 일반적으로 의리학자들이다.
의리학자들은 『주역』에서 순전히 점사로 말한 것마저도 천인성명지리로

---

14) 「周易答客難」, 『易學緖言』, 『定本 與猶堂全書』 17, 297쪽, "大言之者, 還之以大義, 小言之者,
還之以小事, 高言之, 遠言之者, 還之以高遠, 卑言之, 近言之者, 還之以卑近, 幽者幽之, 顯者顯
之, 此, 讀易之法. 今欲以二篇六十四卦三百八十四爻之詞, 一以歸之於天人性命之理, 而欲以
自寓其進退存亡之義, 則多見其鉏鋙柄鑿, 而不相投合也."

해석하려고 한다. 그들에게는 『주역』의 한 글자 한 구절이 모두 성인의 말씀이요 우주의 천리天理였다. 반면에 상수학의 진영에서는 대체로 『주역』의 점술적 성격을 중시한다. 그들에게는 『주역』이 복서를 위한 책이었다는 것이 의심할 수 없는 엄연한 역사적 사실이다. 이 두 가지 견해는 나름대로 일리가 있는 견해이기는 하나, 어느 하나의 견해에만 고착되면 『주역』을 '있는 그대로' 이해하는 데 방해가 될 뿐이다. 왜냐하면 『주역』이 심오한 우주의 철리를 담고 있다는 것도 사실이지만 점술에서 비롯되었다는 것도 또한 사실이기 때문이다. 이런 선입견으로부터 벗어나 '있는 그대로' 이해하는 최선의 방법은 '사실 그 자체로' 돌아가는 길밖에는 없다.

우리가 환원의 방법을 취하게 될 때 『주역』에 대한 신비의 장막은 대부분 제거된다. 『주역』의 점사는 대부분 고묘하거나 신기한 영환지법靈幻之法과는 아무런 관련이 없고, 농업·목축·어렵·혼인·가족·제사·정벌·방위·소송 등 평범한 일상생활의 여러 측면에 연관되어 있다. 이러한 관점은 정약용으로 하여금 신비주의에 대해 적대적 태도를 취하게 한다. 정약용의 반신비주의적 관점을 보여 주는 자료로는 「역론易論 1」이 있다. 「역론 1」은 「역론 2」와 더불어 정약용의 역학관을 드러내 주는 중요한 자료로서, 소순蘇洵(1009~1066)의 「역론易論」에 대한 반론의 성격을 지니고 있다.[15] 정약용은 「역론 1」을 통해 소순의 「역론」에 나타난 신비주의적 관점을 집중적으로 공격하고 있다. 그러면 먼저 소순의 신비주의적 관점에 대해 알아보기로 하자.

성인의 도가 없어지지 않은 것은 『예禮』를 밝히고 『역易』을 유현幽玄하게 하였기 때문이며, 사람이 존귀함을 얻게 된 것은 그 마음 속에 엿볼 수 없는 것이 있기

---

15) 蘇洵의 「易論」은 그의 「六經論」 중의 한 부분으로서, 그의 문집인 『嘉祐集』 卷六에 나온다. 「육경론」은 모두 ①易論, ②禮論, ③樂論, ④詩論, ⑤書論, ⑥春秋論의 六論으로 구성되어 있는데, 소순은 이를 통해 육경에 대한 자신의 견해를 피력하고 있다.

때문이다. 이로 말미암아 『주역』을 지어서 세상 사람들의 눈과 귀를 신기하게 함으로써 그 도가 마침내 존귀하게 되었으니, 이는 성인이 그 기략機略과 권도權道를 사용하여 세상 사람들의 마음을 유지維持시킨 것이다.[16]

소순은 『동파역전東坡易傳』을 지은 소식蘇軾(1036~1101)의 부친이다. 『동파역전』은 소순이 역주易注를 달다가 완성하지 못하고 노환으로 죽자 아들 소식이 동생 소철蘇轍의 의견을 수렴하여 완성한 책으로 알려져 있다. 따라서 『동파역전』에는 소순의 견해가 상당 부분 포함되어 있다고 보아도 될 것이다. 그런데 소식은 노장사상으로써 『주역』을 풀이하는 왕필 이래의 전통을 흡수하였을 뿐 아니라 때로는 불교적 사유를 채택하고 유교적 사상을 융합함으로써 삼교회통三敎會通을 완성하고자 하였다. 그러므로 정약용은 「역론 1」에서 소순의 삼교융합적 해석에 맞서서 자신의 독자적인 「역론」을 제출하려고 한 것이다. 정약용은 소순의 신비주의적 관점을 다음과 같이 비판하고 있다.

안타깝구나! 소순이 여기에서 실언한 것이다. 대체로 성인聖人이 성인이 될 수 있었던 이유는 그 지성至誠으로써 사물에 대응하여 그 행위와 발언이 마치 해와 달이 하늘에서 빛나는 것처럼 명확하기 때문이며, 아무리 의심의 눈초리로 바라보더라도 조금도 가려지거나 어두운 구석이 없기 때문이다.[17]

정약용의 관점에 따르면, 성인聖人이 성인인 이유는 일반인들과 공유할 수 없는 신비한 지식을 독점하고 있기 때문이 아니라, 자신의 언행을

---

16) 「易論一」, 『定本 與猶堂全書』 2, 264쪽, "聖人之道, 所以不廢者, 『禮』爲之明, 而『易』爲之幽也. 人之所以獲尊者, 以其中有所不可窺者也. 於是因而作『易』, 以神天下之耳目, 而其道遂尊. 此聖人用其機權, 以持天下之心."

17) 「易論一」, 『定本 與猶堂全書』 2, 264쪽, "噫! 蘇氏於是乎失言矣. 夫聖人之所以爲聖人者, 以其能至誠以待物, 使其所爲與所言, 昭乎若日月之耀乎天, 而無纖毫幽翳有足以望而疑之者也."

해와 달처럼 명명백백明明白白하게 드러내어 추호도 의심의 여지가 없는 상태로 유지하기 때문이다. 속인들은 자신의 속내를 알게 될까 두려워해서 괴이한 행동을 통해 자신을 신비화시키는 일을 일삼지만, 이는 결코 성인이 할 짓이 못된다.

여기에 어떤 한 성인이 있어, 공손하게 행동하는 예절을 만들어서 백성들로 하여금 대중을 공경하도록 가르치고, 제사를 지내는 예절을 만들어서 백성들로 하여금 조상에 보답하도록 가르치고, 장사지내는 예절을 만들어 백성들로 하여금 죽은 이에게 정성을 다하도록 가르친다고 하자. 그런데 다른 한편으로 그 때문에 마음에 의구심이 생겨 "내가 백성들에게 가르친 것들이 다 헤아리기 쉽고 알기 쉬운 것이어서 저들이 나의 심오한 뜻과 온축된 의미를 다 알아낸다면 나는 존경받지 못할 텐데!" 하고 두려워한다고 가정해 보자. 그래서 밤낮으로 지혜와 책략을 발휘하여 백성들이 알아낼 수 없는 일을 만들어 동에 번쩍 서에 번쩍 황홀하기 이를 데 없고 괴상야릇하게 속이면서 시작도 끝도 없이 그 정체를 환상적으로 변화시켜서 어리석은 사람들에게 드러내 보여, 그들로 하여금 놀라고 두려워 쩔쩔매며 주춤주춤 뒤로 물러나게 하고 그 눈과 귀를 신기하게 만들어서 몸을 굽혀 땅에 엎드려서 두 손 모아 백 번 절하면서 나를 높여 주기를 원한다고 가정해 보자. 성인이 정말 이와 같겠는가? 이것은 불교를 믿는 무리들과 후대에 하도·낙서 등의 그림을 만들어 벽에 붙여 놓고 명성을 도둑질하는 용렬하고 노망한 무리들이나 하는 짓이다. 어찌 성인의 뜻이 이와 같다고 생각한단 말인가? 기략과 권도를 써서 천하 사람들의 마음을 휘어잡는 방식은 패자霸者의 책략이며 병가兵家의 술수이다. 복희·신농·문왕·주공·공자 등의 성인들이 이런 짓을 하였다고 생각한단 말인가? 그리고 또 『역』에 무슨 감추어진 내용들이 있겠는가?[18)]

---

18) 「易論一」, 『定本 與猶堂全書』 2, 264~265쪽, "有聖人焉, 爲之登降揖讓, 以敎民敬衆, 爲之獻酬醋酸, 以敎民報本, 爲之衰麻哭泣之紀, 以敎民仁死, 旣又爲之瞿然內恐于心, 曰: '我之所敎于民, 使之然者, 皆民之所易測易知者, 彼將盡窺吾之奧與蘊, 而吾不尊矣.' 於是運智發謀, 夜以繼書, 設爲民所不可知之事, 恍忽閃倏, 瑰恠譎詭, 無端無倪, 變幻其體, 投而抵之于愚夫愚婦之前, 使其駭愕惶汗, 逡巡退蹙, 以之神天下之耳目, 冀欲其屈躬伏地, 攢手百拜, 以尊我. 聖人固如是乎? 是唯浮居釋氏之徒, 及後世庸鈍老醜, 爲河圖洛書之圖, 附之壁, 以盜名者爲之耳. 曾謂聖人之志如是乎? 夫設機樞, 以持天下之心, 此霸主之略, 而兵家之所爲算也. 曾謂伏羲神農文王周公孔子之聖而有是乎? 且『易』亦何幽之有?"

정약용은 나아가 『주역』은 성인이 사람들의 마음을 사로잡기 위해 기권機權을 활용한 것이라는 소순의 견해에 대해서도 정면으로 반박한다. 기권이란 패주覇主의 계략이나 병가兵家의 모략 같은 것인데, 복희·신농·문왕·주공·공자 등과 같은 성인이 이런 기권을 썼으리라고 상상하기 힘들다. 마침내 정약용은 『주역』에는 어떤 비의秘義도 존재하지 않는다고 선언한다.

> 『주역』에 무슨 은미한 것이 있는가? 「설괘전」을 만들어서 양(羊)·소(牛)·말(馬)·돼지(豕)의 형상形象을 비유하고, 십익十翼의 『역전易傳』을 지어서 그 추이推移와 왕래往來의 자취를 나타내었으며, 9니 60이니 하는 숫자를 만들어서 그 변동變動하고 천류遷流하는 용도用度를 나타내었다. (『주례』「춘관·종백」에 따르면, 거북점을 칠 때는) 8인의 하사下士가 점인占人이 되어 그 사건事件을 점쳤고, (시초점을 칠 때는) 서인筮人이 그 길흉吉凶을 판단함에 2인의 중사中士가 국가의 의문스러운 사안을 결단決斷하거나 (혹은) 민간의 일용생활에 대비케 하였다고 하였으니, (그렇다면) 『주역』에 또한 무어 그리 은미한 것이 있단 말인가![19]

정약용의 이러한 발언은 『주역』에 어떠한 미언묘의微言妙義도 존재하지 않는다는 것처럼 해석될 여지가 있다. 그러나 다른 곳에서 그는 『주역』에 미언묘의가 있음을 인정하는 발언도 하고 있다. 따라서 그 진의眞意가 어디에 있는지 주의해서 살펴볼 필요가 있다.

> 『주역』이란 책은 주나라 사람들의 예법이 실려 있는 것이니, 유자라면 그 미언묘의가 발휘되어진 곳에 밝지 않아서는 안 될 것입니다. 그러나 옛 성인들은 모든 미언묘의에 대해 그 실마리만 살짝 드러내어 사람들로 하여금 스스로 터득하게 하였습니다. 만약 하나도 숨김없이 훤히 드러나 알 수 있는 경우라면 너무 재미가 없을 것입니다. 지금 이 역전易箋은 너무 상세하고 분명한데, 이 점은 깊이 후회하는 바입니다.[20]

---

19) 「易論一」, 『定本 與猶堂全書』 2, 265쪽, "『易』亦何幽之有? 爲之 「說卦」, 以喩其羊牛馬豕之象, 爲之翼傳, 以著其推移往來之跡, 爲之曰九而曰六, 以顯其變動遷流之用. 占人占其故, 下士八人, 筮人辨其吉凶, 中士二人, 以決國疑, 以前民用, 『易』亦何幽之有?"

분명히 이 발언은 앞서의 발언들과 비교해 보면 모순되어 보이는 것도 사실이다. 앞에서는 모든 것을 하늘의 일월日月처럼 명명백백明明白白하게 드러내 보이고자 한 것이 성인의 의도였다고 말하였으나, 뒤에서는 미언묘의微言妙義의 단서만 드러냄으로써 사람들로 하여금 그 의미를 자득하게 하려는 것이 성인의 의도였다고 말하고 있는 것이다. 그러나 필자의 관점에서 본다면, 언뜻 모순되어 보이는 두 발언은 모두 정약용의 진의眞意를 반영하고 있다. 전자는 성인에게는 패왕의 계략이나 병가의 모략 같은 기권機權이 존재하지 않는다는 측면을 강조하기 위한 말이고, 후자는 기호의 상징적 의미가 모두 해석되어 버릴 경우 기호로서의 기능을 상실하게 된다는 측면을 강조하기 위한 말이다. 만일 기호의 제작자가 고의적으로 기호를 도저히 해석할 수 없도록 신비의 장막을 친 것으로 이해한다면 이것은 기호제작자가 자신의 메시지를 일부러 애매모호하게 만들었다고 간주하는 것이 되지만, 성인에게는 기호를 신비화함으로써 대중의 접근을 차단하려는 신비주의적 전략이 존재하지 않았다. 정약용은 기호를 에워싸고 있는 신비주의의 장막을 헤치고 기호를 일상성의 차원에로 돌려놓으려고 시도한다. 그렇다고 해서, 기호의 상징성을 해체해 버리는 것이 기호제작자의 궁극적 의도였다고 간주하는 것도 역시 잘못된 견해이다. 왜냐하면, 해석되어야 할 것을 갖지 않는 기호는 더 이상 기호가 될 수 없기 때문이다.

이상에서 정약용이 제시한 독역讀易의 원칙들을 언급하였지만, 요약하자면 결국 『주역』을 있는 그대로 보자는 것으로 귀결된다. 즉 복서에 관해 언급한 것이면 복서로서 해석하고, 의리에 관한 언급이라면 의리로 해석하

---

20) 「答仲氏」, 『定本 與猶堂全書』 4, 195쪽, "周易者, 周人禮法之所在, 儒者不可以不明其微言妙義, 在所發揮也. 然古之聖人, 凡微言妙義, 皆微發其端, 令人自思而自得之. 若無一隱晦, 昭然加見, 便無滋味, 今此易箋, 太詳太明, 是卽所深悔也."

자는 것이다. 요컨대 환원의 방법이란 "큰 의미로 말한 것은 큰 뜻으로 돌리고"(大言之者, 還之以大義) "작은 의미로 말한 것은 작은 뜻으로 돌리는"(小言之者, 還之以小事) 방법이라고 말할 수 있다.

## 2. 복원: 생활세계의 재구성

앞서 독역讀易의 원칙으로 '환원'에 대해 언급하였다. 그러면 이제 '복원'의 원칙에 대해 말해 보기로 하자. 복원의 원칙이란 기호의 본래 의미를 알기 위해서는 기호체계가 생성된 생활세계를 복원해야 한다는 것을 뜻한다. 『주역』의 기호체계는 자연발생적으로 발생한 것이 아니라 인위적 규약체계이다. 그런데 그 인위적 규약체계는 기호제작자들이 생활하던 특정시기의 역사적·문화적 산물이다. 따라서 어떤 기호체계의 의미도 그 기호모형을 탄생시킨 역사문화적 생활세계를 배제하고서는 충분히 이해될 수 없다. 『주역』의 기호학적 특성을 해명하기 위한 출발점은 『주역』의 생활세계(Lebenswelt)이다. 『주역』의 상징체계가 갖는 기호적 특성은 많은 부분 그 생활세계와의 연관성 아래서만 해명될 수 있다. 그러므로 『주역』의 기호체계는 주나라의 생활세계와의 관련 아래서 해명되어야 하는 것이다. 정약용은 '환원의 원칙'이라는 말을 쓰지 않았던 것과 마찬가지로 '복원의 원칙'이라는 말도 역시 사용하지 않았다. 그러나 그가 『주역』 점사의 이해는 생활세계의 배경 아래서만 가능하다고 믿었던 것은 분명하다. 정약용은 정약전丁若銓에게 보낸 편지에서 『주역』이 주나라 사람들의 문화를 고찰하기 위한 수단으로 쓰일 수 있음을 주장하고 있다.

한선자韓宣子가 노魯나라에 초빙되어 역상易象을 보고 말하기를 "주周나라의 예법禮法

이 모두 노나라에 있도다"라고 하였습니다. 자세히 역전易箋을 들여다보면 서주西周의 예법을 환히 알 수 있는 것이 그 수數를 헤아릴 수 없습니다. 이제 복서라는 이유로 그 예법마저도 고찰하지 않겠다면 옳겠습니까? …… 『주역』이란 책은 주나라 사람들의 예법이 실려 있는 것이니, 유자儒者라면 그 미언묘의微言妙義가 발휘發揮되어진 곳에 밝지 않아서는 안 될 것입니다.[21]

진晉나라의 한선자韓宣子(韓起)[22]가 『주역』을 이용한 방식은 그것을 문화코드(culture code)로 활용하는 방식이었다. 한선자가 노나라에 초빙되어 간 것은 노나라 소공昭公 2년(BC.540)이었는데, 그는 역상易象과 『춘추』를 보고 나서 다음과 같이 말했다. "주나라의 예법이 모두 노나라에 있도다. 주공의 덕행과 주나라 왕실이 그렇게 위대한 왕업을 성취한 연유를 이제야 나는 알겠도다."(周禮盡在魯矣. 吾乃今知周公之德, 與周之所以王也) 이 발언은 한선자가 『주역』의 상象을 통해서 주나라의 문화를 들여다볼 수 있었음을 말해 준다. 정약용도 한선자와 마찬가지로 『주역』을 "주나라 사람들의 예법이 들어있는 곳"(周人禮法之所在)으로 이해하였다. 은나라 말기와 주나라 초기의 사회에 관련된 사료가 거의 남아 있지 않은 상황에서 『주역』 경문은 고대인의 생활세계를 들여다볼 수 있는 귀중한 자료를 제공한다. 문제는 『주역』의 자료가 통합적인 정보를 주지 못하고, 무질서하게 흩어져 있는 불완전한 정보만을 준다는 데 있다.[23] 주나라의 생활세계를 복원시키기 위해 우리는 『주역』 이외에도 『주례』·『예기』·『의례』·『시경』 등을 활용할 수 있다. 특히 『주례』는 주나라 사람들의 예법을 담고 있는 책이므로 매우 유용한 자료이다.[24] 또 『주역사전』의 인용빈도로 보면, 정약용은 『예기』와 『의례』

---

21) 「答仲氏」, 『定本 與猶堂全書』 4, 195쪽, "韓宣子聘魯, 見易象曰: "周禮在魯", 詳覽易箋, 則西周禮法之昭然可見者, 不知其數. 今以卜筮之故, 幷欲不考其禮法, 可乎?……周易者, 周人禮法之所在, 儒者不可以不明其微言妙義, 在所發揮也."

22) 韓宣子는 춘추시대 晉나라의 대부 韓起를 가리킨다. 宣은 그의 시호이다.

23) 高亨, 김상섭 역, 『고형의 주역』(예문서원, 1995), 67쪽.

를 대단히 중시하고 있음을 알 수 있다. 아울러 정약용은 『시경』을 읽지 않고서는 『주역』을 읽을 수 없다고 말하고 있다.[25] 이 유가경전들은 주나라의 문화를 이해하는 데 있어 상호보완적 역할을 한다.

한선자의 예는 『주역』을 주나라 문화를 이해하기 위한 수단으로 삼은 것이지만, 그 역逆의 방법도 가능하다. 즉 주나라 문화의 여러 측면들을 잘 이해한다면 『주역』에 대한 이해의 수준도 당연히 높아질 것이다. 『주역』의 점사는 결국 주나라의 문화의 산물이므로 당시 주나라 사람들의 평범한 일상생활의 제 측면들을 반영하고 있다. 경제생활과 관련된 내용으로는 농업·목축·어렵 등이 있고, 사회제도에 관한 내용으로는 건국·봉건제·계급·혼인·가족 등이 있으며, 사회활동에 관한 내용으로는 제사·정벌·방위·소송 등이 있고, 사상에 관한 내용으로는 도덕관념·정치관념 등이 있는데, 『주역』의 괘사와 효사에서는 이에 관한 언급들이 상당수 발견된다. 이러한 경우들의 몇 가지 예들을 열거한다면 다음과 같다.[26]

## 1) 민간에서 재물을 잃어버린 사람(民間失財者)의 점사
① 민간에서 소를 잃어버리거나 되찾는 점사
◇ 无妄卦 六三 : 行人得牛, 邑人之災. (길을 가던 행인이 소를 얻은 것은 마을 사람들에게는 재앙이 됨)
◇ 旅卦 上九 : 喪牛. (소를 잃어버림)
◇ 小畜卦 九二 : 牽復. (소를 잃어버렸다가 다시 찾아서 고삐를 잡고 끌어옴)
② 민간에서 양을 잃어버린 사람의 점사
◇ 大壯卦 六五 : 喪羊. (양을 잃어버림)

---

24) 「答仲氏」, 『定本 與猶堂全書』 4, 195쪽, "周易者, 周人禮法之所在, 儒者, 不可以不明, 其微言妙義, 在所發揮也."
25) 「周易答客難」, 『易學緖言』, 『定本 與猶堂全書』 17, 297쪽, "不讀詩, 無以讀易." 정약용이 『시경』과 『주역』의 관계를 중요시한 것은 현대 중국의 聞一多(1899~1946)를 연상하게 한다.
26) 「周易答客難」, 『易學緖言』, 『定本 與猶堂全書』 17, 296쪽.

③ 노잣돈과 도끼를 잃거나 얻는 점사

◇ 巽卦 上九 : 喪其資斧. (그 노잣돈과 도끼를 잃음)

◇ 旅卦 九四 : 得其資斧. ([나그네가] 그 노잣돈과 도끼를 얻음)

④ 재물을 잃어버리으나 되찾는 점사

◇ 震卦 六二 : 億喪貝, 躋于九陵, 勿逐, 七日得. ([가난한 사람들을 구휼하여 안심시키는] 供億의 일에 재물[貝]을 잃고 아홉 언덕에 오르니, 잃은 재물을 뒤쫓지 않더라도 7일 만에 되찾을 것이다)

◇ 旣濟 六二 : 婦喪其茀, 勿逐, 七日得. (부인이 그 [수레 뒤쪽에 있는] 차양을 잃었으니, [잃어버린 차양을 찾으러] 뒤쫓아 가지 않더라도 7일 만에 되찾을 것이다)

## 2) 멀리 여행을 떠나는 사람(遠行起程者)의 점사

◇ 睽卦 上九 : 往遇雨, 則吉. ([여행자가] 비를 만나지 않으면 도적을 만나거나 혹 병을 얻게 되는 까닭에, 비를 만나는 것이 [차라리] 길한 것으로 되는 경우)

## 3) 제사를 위한 희생(祭祀牲牲)의 점사

◇ 萃卦 彖詞 : 用大牲, 吉. ([제사에] 큰 희생을 쓰니, 길함)

◇ 中孚卦 彖詞 : 豚魚, 吉 (새끼 돼지와 물고기[처럼 등급이 낮은 제물]로 제사를 드려도 길함)

◇ 渙卦 九二 : 奔其机. (그 희생을 올려놓은 궤를 흩트려 달아남)

## 4) 전렵田獵의 점사

◇ 屯卦 六三 : 卽鹿无虞. (사슴을 쫓음에 산지기가 없음)

◇ 師卦 六五 : 田有禽. (밭에 날짐승이 있음)

◇ 比卦 九五 : 王用三驅, 失前禽. (왕이 세 번 말을 몰아서 사냥할 적에, [자신의] 앞으로 온 짐승은 놓아 줌)

◇ 恒卦 九四 : 田无禽. (사냥하나 짐승을 잡지 못함)

◇ 解卦 九二 : 田獲三狐. (사냥에서 세 마리의 여우를 잡음)

## 5) 기우제(雩祀)를 올려 비를 기원(禱雨)하는 점사

◇ 小畜卦 彖詞, 上九 : 密雲不雨, 自我西郊. (짙은 구름이 끼었으나 비가 오지 않으니, 우리 西郊[의 들판]에서, 郊祭를 지냄)

◇ 小過卦 六五 : 密雲不雨, 自我西郊.

6) 제사祭祀의 점사

   ◇ 觀卦 彖詞 : 盥而不薦. (손을 씻었으나, 제물을 올리지 못함)
   ◇ 萃卦 彖詞 : 王假有廟. (임금이 종묘에 [제사를 지내러] 이름)

7) 혼인婚姻

   ◇ 屯卦 六二 : 匪寇婚媾. (도적이 아니라 혼인할 상대임)

8) 전벌戰伐

   ◇ 師卦 初六 : 師出以律, 否臧, 凶. (장수가 출정할 때는 군율로써 함이니, [군율에] 순종치 않고 거스른다면 흉할 것이다)
   ◇ 師卦 六三 : 師或輿尸, 凶. (軍師가 혹시 시체를 수레에 싣게 될 수도 있으니, 흉함]

9) 건국建國

   ◇ 屯卦 彖詞, 初九 : 利建侯. (제후를 세움이 이로움)

10) 도적盜賊

   ◇ 蒙卦 上九 : 擊蒙, 不利爲寇, 利禦寇. (몽매한 도적의 무리를 격파함이니, 도적질하는 것은 불리하지만 도적을 막는 것은 이로움)

만일 우리가 『주역』의 점사들이 쓰인 시대의 생활세계를 복원할 수 있다면, 점사가 어떠한 상황에서 어떠한 의도로 사용되었는지 추정하는 데 큰 도움을 받을 수 있을 것이다. 물론 서주시대(BC.1066~BC.771)나 기원전 11~12세기 무렵의 문왕 및 주공과 관련된 역사적 환경을 완벽하게 복원해 낸다는 것은 사실상 불가능하다. 더군다나 『주역』의 일부 점사들이 언급하고 있는 상商왕조로 거슬러 올라가면 더욱더 난관에 부딪힐 것이 틀림없다. 그러나 고고학이 흩어진 유물을 모아서 원형을 재구성해 내듯이 『주역』의 점사들이 어떠한 환경에서 사용되었는지를 추적하는 것은 반드시 필요한 작업이다. 특히 『주역』의 점사 중에는 상商(BC.1600~BC.1066)과 서주시대의 역사적 사건을 언급하고 있는 것들이 있기 때문에, 이러한 괘효사들이 연관되어 있는 역사적 사건에 관한 정보를 획득하는 것은 괘사의 의미를 정확히 파악하기 위해서 매우 중요한 작업이다. 그러면 정약용의 관점을 통해 이러한 괘효사가 역사적 사례와 어떻게 연관된 것인지 고찰해 보기로 하자.

1) 기제既濟괘 구삼九三의 "고종이 귀방을 정벌하여 3년이 걸려서야 승리하니, 소인은 쓰지 말아야 한다"(高宗伐鬼方, 三年克之, 小人勿用)

"고종벌귀방高宗伐鬼方, 삼년극지三年克之"라고 한 것은 고종이 귀방을 3년 만에 정벌한 사건을 가리킨다. 이 사건은 미제未濟괘 구사九四에서 "위엄을 떨쳐서 귀방을 정벌하니, 3년이 되어서야 대국으로부터 상을 받을 것이다" (震用伐鬼方, 三年有賞於大國)라고 한 데서 다시 언급되고 있다. 그러면 여기서 귀방鬼方이란 어떤 지역이며, 정벌을 주도한 고종高宗은 누구를 가리키는 것일까? 『한서漢書』「광형전匡衡傳」에 "성탕成湯이 (오랑캐들의) 다른 풍속을 교화하고 귀방을 회유하였다"(化異俗而懷鬼方也)라는 기록이 있는데, 정약용은 여기에 언급된 귀방이 흉노匈奴를 가리킨다고 보았다.[27] 흉노를 가리켜 귀방이라고 한 것은 고대 중국의 생활관습과 연관이 있다. 『예기』「단궁」편에 따르면 고례古禮에서는 사람이 죽으면 북방에 머리를 북쪽으로 하여 장례를 치렀던 까닭에 북쪽의 나라를 귀방이라고 했다는 것이다. 또 『한서』「서강전西羌傳」에는 "은나라 왕실이 중간에 쇠미함에 여러 오랑캐가 반란을 일으켰는데, 고종 대에 이르러 서융西戎[28]과 귀방鬼方을 정벌함에 3년 만에

---

27) 『漢書』, 권81, 「匡衡傳」; 『漢書』(中華書局, 1962) 第10冊, 3335쪽, "化異俗而懷鬼方也."
28) 중국 고대에 漢人들이 서방의 이민족을 가리켜 부른 명칭. 한인들은 사방의 이민족을 東夷·西戎·南蠻·北狄 등으로 불렀다. 그 중에서 서융에 해당하는 명칭은 鬼方·獫狁· 犬戎 등으로, 이미 殷代와 周初부터 나타났다. 이들은 甘肅에서 陝西·山西지방에 걸쳐 활약한 것으로 보이는데, 이 지역에서 일어난 周王朝도 서융 때문에 자주 고통을 받았으며 기원전 8세기에 그 일부인 犬戎은 西周를 멸망시켰다. 東周시대에 들어서도 그들의 활약은 계속되었으나 秦나라의 세력에 눌려 차츰 쇠퇴하였다.

승리를 거두었다"[29]라는 기록이 있는데, 정약용은 여기에 언급된 고종이 다름 아닌 무정武丁(BC.1324~1265 재위)을 가리킨다고 보았다. 무정은 은나라 제22대 왕으로, 부왕 소을少乙에 이어 재위에 올라 반경盤庚 이후 약해진 국력을 다시 일으킨 현군賢君으로 전해지고 있다.[30] 고종은 무정武丁의 묘호廟號[31]로서, 무정 시기부터는 갑골문이 다량으로 발견되고 있다.

## 2) 태泰과 육오六五와 귀매歸妹과 육오六五의 "제을귀매帝乙歸妹"

정약용에 따르면, "제을帝乙이 누이동생을 시집보내다"(帝乙歸妹)라고 하였을 때, 제을은 주왕紂王과 미자계微子啓의 아버지라고 한다. 누이동생을 이웃나라로 시집보내는 일은 역사적으로 흔히 있던 일이었으니, 『춘추전春秋傳』에 따르면 환왕桓王은 진晉나라 헌공獻公의 딸이자 자신의 누이동생인 백희伯姬를 제齊나라 양공襄公에게 시집보낸 일이 있었다. 또 삼국시대에

---

29) 『後漢書』, 권87, 「西羌傳」; 『後漢書』(中華書局, 1965) 第10冊, 2870쪽, "殷室中衰, 諸夷皆叛, 至高宗, 征西戎鬼方, 三年乃克."

30) 盤庚이 殷(하남 안양)으로 천도한 후 상왕조는 정치・경제・군사 등의 방면에서 큰 발전을 이룩했다. 武丁시대에는 대규모의 전쟁을 통하여 수도의 안정을 도모하였다. 무정은 商代의 귀족통치의 세력을 확장하기 위하여 끊임없이 대외정벌에 나섰다. 당시 중원의 서북방을 에워싸고 있던 부족으로는 下旨・土方・姜方・鬼方 등이 있는데, 이따금 변경에 침입하여 약탈을 일삼고 노예들도 빼앗아 갔다. 기원전 1296년, 武丁은 望乘을 파견하여 이들을 징벌하도록 명하였다. 망승은 5000여 명의 군사를 거느리고 우선 하지로 진격하여 그해 12월에 전쟁을 끝내고, 다음해 곧바로 비교적 강대한 귀방과의 작전을 시작하였다. 상왕은 渭河 유역에서 활동하고 있는 周人 및 隴西의 강방이 이를 틈타 교란하는 것을 방지하고자 蒙侯를 특파하여 그들을 감시하게 했는데, 이는 귀방에 대한 작전에 역량을 집중하기 위한 것이었다. 귀방은 상의 군대가 원정 온 것을 보고는 토방과 연맹을 맺고 상군에 대항하였다. 쌍방의 접전은 매우 치열하여, 무정은 7차례나 원군을 보냈으며 총병력은 2만 3천여 명에 달하였다. 이 전쟁은 기원전 1293년 말까지 지속되다가 상의 승리로 끝났다.

31) 황제가 죽으면 일반적으로 2개의 정식 칭호를 가지는데, 하나는 謚號이고 하나는 廟號이다. 시호는 황제가 죽은 후 대신들이 황제의 생전 행적을 고려하여 제정한 칭호로, 필요하면 부단히 증가할 수 있다. 소위 묘호는 봉건시대의 종법제사제도와 관련이 있는 칭호이다. 제왕이 죽으면 모두 황족 중의 世系에 근거하여 묘호를 붙여서 그의 황실 종족 속에서의 지위를 확정하는데, 이 방법은 殷代에서 비롯되었다. 예를 들어 殷王 太甲을 太宗, 太戊를 中宗, 武丁을 高宗이라고 한 것이 그것이다.

오吳의 손권孫權이 자신의 누이동생을 촉蜀의 유비劉備에게 시집보낸 일도 있었다.

## 3) 명이明夷과 육오六五의 "기자지명이箕子之明夷"

정약용은 이 점사를 기자동래설箕子東來說을 지지하는 언급으로 간주하였다. 즉 "기자지명이箕子之明夷"는 "기자箕子가 오랑캐를 개명시키기 위해서 갔다"는 뜻으로 풀이되어야 한다는 것이다. 그에 따르면, 『서경』「홍범」에 나오는 바와 같이 기자箕子는 선왕의 도를 품고 있었지만 중국 내에서 교화를 펼 수가 없었으므로, 이에 동쪽 조선으로 가서 동이족의 나라에서 이 선왕의 도를 밝혀 그 도가 끊어지지 않도록 하였다. 그러나 한대의 주석가들은 "기자지명이"의 기자箕子를 역사적 실재 인물이 아닌 것으로 보아 착오를 일으켰다. 『한서』「유림전儒林傳·맹희전孟喜傳」에서는 "촉나라 사람 조빈趙賓이 『역』을 연구했는데, 그 문장을 멋대로 꾸며 대어 '기자명이箕子明夷'를 '만물방해자萬物方荄滋' 즉 '만물이 울창하게 자라나는 것'이라고 풀이하였다"라고 적고 있다. 한유들이 이처럼 곡해하게 된 것은 역사를 문왕이 저술한 것으로 간주하였기 때문인데, 그들은 문왕 이후의 사건인 "기자명이"를 문왕이 예언할 수는 없다고 보았다. 그러나 수隨괘 상육上六의 "왕용형우서산王用亨于西山"(왕이 西山에서 제사를 올렸다)과 승升괘 육사六四의 "왕용형우기산王用亨于岐山"(왕이 岐山에서 제사를 올렸다)의 구절도 역시 문왕의 글이 아니니, 한유들의 설은 효사가 문왕의 저술이라고 간주한 잘못된 가설에 기초하고 있다. 서백西伯 창昌32)이 문왕으로 추존된 것은 무왕武王이 상나라

---

32) 뒤에 문왕으로 추존된 西伯 昌은 상나라 紂辛 11년(BC.1144)에 羑里에 갇혔다가 3년 만에 석방되었다. 『史記』「周本紀」에는 다음과 같이 기록되어 있다. "崇侯 虎가 紂에게 '서백은 선과 덕을 쌓아 제후들이 모두 그를 따르니, 장차 임금님께 이롭지 않을 것입니다' 라고 참소하였다. 주는 곧 서백을 유리에 가두었다. 閎夭 등이 이를 근심한 끝에 有莘氏의 미녀와 驪戎의 명마와 有熊의 수레 끄는 말 서른여섯 마리 및 그 밖의 신기한 물건들을 구하여 주의 총신인 費仲을 통해 주에게 바쳤다. 주는 매우 기뻐하며 '이 중에서 한

를 멸망시킨 이후의 일인 것이다.

점사에 언급된 역사적 사건의 실례는 복서와 연관을 맺고 있다. 따라서 『주역』이 복서에서 비롯된 것임을 인정하는 것은 『주역』 텍스트의 역사성에 대한 올바른 인식의 출발점이 된다. 『주역』에는 고대 중국에서 성행했던 점치는 관습뿐 아니라 종교·전쟁·예법 등에 이르기까지 고대문명의 전반적인 모습이 포함되어 있다.

그러나 만약 『주역』의 역사성에만 집착하여 오늘날의 문화가 과거의 문화와는 본질적으로 다른 기반에 서 있다는 것을 무시한다면 그 역시 크게 잘못된 태도이다. 『주역』은 주나라 사람들의 생활세계를 반영함에 의해 형성되었지만, 오늘날 우리는 더 이상 그러한 생활세계를 공유하고 있지 않다. 따라서 『주역』의 생활세계를 복원한다는 것은 그 세계관을 이상理想으로 삼는다는 것과는 서로 다른 별개의 문제이다. 정약용은 중형 정약전에게 보내는 편지에서 『주역』 텍스트가 갖는 현재적 의미에 대하여 다음과 같이 설명하고 있다.

옛날에는 봉건제를 썼으나 지금은 봉건제를 쓰지 않고, 옛날에는 정전제를 썼으나 지금은 정전제를 쓰지 않으며, 옛날에는 육형肉刑제도를 썼으나 지금은 육형제도를 쓰지 않고, 옛날에는 입시立尸를 하였으나 지금은 입시를 하지 않습니다. 복서를 지금의 세상에 다시 행하게 할 수 없는 것은 이런 몇 가지 일보다 더 어려움이 있습니다. 이러한 까닭에 저는 갑자년(순조 4년, 1804)부터 『주역』 공부에 전심專心하여 지금까지 10년이 되었지만 하루도 시초를 세어 괘를 만들어서 어떤 일을 점쳐

가지로도 서백을 석방시킬 수 있을 터인데, 하물며 선물이 이렇게 많음에랴!'하고 곧 서백을 사면하였다."(崇侯虎譖西伯於殷紂曰, "西伯積善累德, 諸侯皆嚮之, 將不利於帝." 帝紂乃囚西伯於羑里. 閎夭之徒患之, 乃求有莘氏美女, 驪戎之文馬, 有熊九駟, 他奇怪物, 因殷嬖臣費仲而獻之紂. 紂大說曰, "此一物足以釋西伯, 況其多乎！" 乃赦西伯.; 『史記』, 권4, 『周本紀』 제4; 『史記』[中華書局, 1959] 第1冊, 「紀一」, 116쪽)

본 적이 없습니다. 내가 만약 뜻을 얻는다면 조정에 아뢰어 복서를 금하게 하기에 겨를이 없을 것입니다. 이것은 오늘날의 복서가 옛날의 복서와 같지 않아서 하는 말이 아닙니다. 비록 문왕이나 주공을 지금의 세상에 다시 태어나게 한다 하더라도 결코 복서로써 의문 나는 문제를 결정하려 하지는 않을 것입니다. 이러한 사리는 후세의 군자들도 반드시 알 것인데, 선생께서는 어찌하여 이러한 뜻을 천명하여 별도의 책 하나라도 짓지는 아니하고, 『주역』의 원리가 지나치게 밝혀졌다고 근심까지 하시는 것입니까? 무릇 하늘을 섬기지 않는 사람은 감히 복서를 하지 않는데, 저는 지금 하늘을 섬긴다고 하더라도 복서를 하지 않겠습니다. 제가 이런 의리에 있어서 엄격하지 않은 것은 결코 아닙니다. (그럼에도 불구하고 이렇게 『주역』에 대해 궁리하게 된 것은) 다만 『주역』이라는 책에 주나라 사람들의 예법이 들어 있는 것이어서, 유자라면 그 미언묘의微言妙義를 발휘하여 밝히지 않을 수가 없기 때문입니다.[33]

따라서 『주역』을 옛사람의 생활세계를 간직하고 있는 고전古典으로서 이해해야지, 『주역』에 담긴 문화를 오늘날 재현하거나 전승하려는 태도는 크나큰 착오이다. 정약용은 자신이 주나라 사람들과는 다른 시대에 살고 있고, 그 시대로 되돌아 갈 수 없음을 명확하게 깨닫고 있었다. 봉건제와 정전법은 주나라 때에는 시행되었지만 오늘날에는 시행되지 않는다. 마찬 가지 이유에서 주나라의 관습인 복서를 오늘날 다시 실행한다는 것은 맞지 않다.[34] 천에 대한 종교적 숭배를 중심으로 모든 생활이 영위되었던 주나라에서 복서는 하늘을 섬기기 위한 종교적 의례였으나, 오늘날의

---

33) 「答仲氏」, 『定本 與猶堂全書』 4, 195쪽, "古封建, 今不封建, 古井田, 今不井田, 古肉刑, 今不肉刑, 古巡守, 今不巡守, 古立尸, 今不立尸, 卜筮之不可復行於今世, 有甚於此數事, 故我自 甲子年專心學易, 而于今十年, 未嘗一日撲著作卦, 以筮某事. 我若得志則告于朝廷, 將嚴禁卜 筮之不暇, 此非謂今之筮非古之筮也. 雖使文王周公生於今世, 決不以卜筮稽疑, 此簡事理. 後 之君子, 亦必知之, 先生何不闡明此義, 另作一書, 而迺憂易理之太明乎? 凡不事天者, 不敢卜筮, 我則曰今雖事天, 亦不敢卜筮. 我於此義, 非不至嚴, 而周易者, 周人禮法之所在, 儒者, 不可以不 明其微言妙義在所發揮也."

34) 「卜筮通義」, 『易學緖言』, 『定本 與猶堂全書』 17, 281쪽, "祭不用尸, 田不畫井, 獨卜筮, 不可廢 乎?"

사람들에게 복서란 그러한 종교적 관심과는 무관하게 요행을 바라는 마음에서 행해지는 술수에 불과하다. 종교적 목적을 상실한 복서는 단지 사술邪術에 불과할 뿐이기 때문이다.

# 제2장 독역요지

## 1. 열여덟 개의 해석규칙

정약용은 『주역』 해석에서 자의적 해석을 최대한 배격하고 『주역』 전편全篇에 일관되게 적용될 수 있는 해석규칙을 수립하려고 시도하였다. 이처럼 엄밀한 규칙체계 위에서 행해지는 질서정연한 해석은 『주역사전』이 내세울 만한 해석학적 성취라고 할 만하다. 『주역사전』의 「괄례표括例表」·「독역요지讀易要旨」·「역례비석易例比釋」 등은 정약용이 수립한 해석규칙들인데, 이 규칙들은 『주역사전』 무진본戊辰本에 두 부분으로 나뉘어 수록되어 있다. 즉 상편上篇의 제1권에 「괄례표括例表 상上」·「독역요지讀易要旨」·「역례비석易例比釋 상上」 등이 배치되어 있고, 하편下篇의 제10권에 「괄례표括例表 하下」·「역례비석易例比釋 하下」가 배치되어 있다.1) 이처럼 해석규칙들을 두 부분으

---

1) 易理四法에 대한 설명은 주로 「括例表 上」에서 행해지고 있으며, 三易之義에 대해서는 주로 「括例表 下」에서 설명이 이루어지고 있다. 역리사법과 삼역지의가 卦象의 변화방식을 설명하는 해석기술에 해당된다면, 「易例比釋」은 元亨, 利貞 등의 점사를 상편의 28例와 하편의 11例로 나누고, 그 예들의 일반적 해석규칙을 다룬 것이다. 그리고 「독역요지」는 易詞 해석을 위한 일반적 준칙들을 수립한 것으로서, 모두 18則으로 구성되어 있다.

로 나누어 배치한 것에 특별한 이유가 있는 것으로는 보이지 않는다. 다만 전체를 합치면 상당한 분량이 되기 때문에, 상편과 하편이 시작하는 부분에 적절히 배분한 것이 아닐까 짐작된다. 이 해석규칙들 중에서 가장 큰 비중을 차지하는 것은 소위 역리사법易理四法이라고 불리는 네 가지 주석방법이다. 이것은 ① 추이推移, ② 물상物象, ③ 호체互體, ④ 효변爻變의 네 가지로 구성되는데, 『주역사전』의 '사전四箋'이라는 명칭은 여기에서 비롯되고 있다.[2] 역리사법이 『주역』의 해석에 핵심적 역할을 하는 방법론이라면, 삼역지의三易之義는 보조적 방법론으로서 ⑤ 교역交易, ⑥ 변역變易, ⑦ 반역反易의 세 가지로 이루어져 있다. 역리사법과 삼역지의를 합치면 모두 일곱 개의 기본적 해석방법이 존재하는 것이 된다.

역리사법과 삼역지의에 대해서는 나중에 설명할 것이기 때문에, 여기서는 「독역요지讀易要旨」에 관해 설명하기로 한다. 『다산연보茶山年譜』[3]에서는 「독역요지」의 저술시기를 『주역사전』의 최종본인 무진본이 완성된 1808년으로 기록하고 있으나, '제독역요지후題讀易要旨後'가 1806년(순조 6) 단옷날에 쓰인 것을 보면 「독역요지」의 해석규칙들은 1806년 병인년에는 이미 완성되어 있었을 것이다. 「독역요지」의 해석규칙은 모두 18칙으로 이루어져 있는데, 여기서는 일단 간략한 일람표를 만들어 그 대략을 제시한 뒤에 자세히

---

2) 정약용이 네 가지 해석방법을 ① 추이, ② 물상, ③ 호체, ④ 효변의 순서로 배치한 데에 어떤 특별한 이유가 있다고는 생각되지 않는다. 필자의 견해로는 추이와 효변과 호체는 구체적 해석방법과 연관되는 것이지만 물상은 해석의 상수학적 원칙에 관련되는 것이므로 그 배열을 달리할 필요가 있다. 그리고 추이와 효변은 괘상의 변화와 관련되는 해석방법이므로 함께 배열할 필요가 있다. 따라서 '추이→효변→호체→물상' 혹은 '물상→추이→효변→호체'의 배열순서가 적합하다고 본다.

3) 정약용이 죽은 지 84년 후인 1921년에 현손 丁奎英이 여러 기록을 참조하여 정리한 『俟菴先生年譜』를 가리킨다. 이는 '선생서거 100주년 기념사업'으로 1934년에서 1938년까지 5년에 걸쳐 간행한 활자본 『여유당전서』 154권 76책(신조선사)을 1961년 문헌편찬위원회에서 세 권의 영인본으로 만들면서 부록으로 함께 간행하였다. 정약용의 회갑 이후의 삶을 기록하고 있어 「자찬묘지명」과 함께 그에 대한 연구에 있어 필수적인 귀중한 자료이다.

서술해야 할 필요성이 있는 부분에 대해서는 별도로 서술하기로 한다. 「독역요지」 18칙 중에서 별도로 서술할 규칙은 제2칙 해사該事, 제12칙 영물詠物, 제17칙 인자認字 등이다.

| 세칙 | 명칭 | 요지 |
|------|------|------|
| 제1칙 | 추상抽象 | 역의 괘효는 만물의 상징을 다 갖추고 있으나, 특정한 역사는 만사만물을 포괄할 수 없다. 따라서 역사에서는 만물의 상징 중 오직 한 가지 상만을 뽑아 특정한 상황을 표현하도록 한다. |
| 제2칙 | 해사該事 | 하나의 점사 안에 몇 가지 일을 섞어 넣음으로써 점을 쳐서 나올 수 있는 다양한 가능성에 대비하도록 한다. 따라서 그 경우에는 서로 다른 맥락으로 구성된 몇 가지 사건을 모아 놓은 것이기 때문에 하나의 연결된 문장으로 읽으면 안 된다. |
| 제3칙 | 존질存質 | 괘사나 효사에서 사물을 구체적으로 언급하지 않고 오직 괘덕만을 표현하는 경우가 있는데, 이것은 추상적 괘덕만을 언급하고 특정한 사물이나 사건을 언급하지 않음으로써 오히려 모든 사물이나 사건에 일반적으로 적용될 수 있도록 하기 위함이다. |
| 제4칙 | 고명顧名 | 괘의 이름을 붙이는데 정해진 규칙은 없으나, 다음의 몇 가지 경우로 분류될 수 있다. ①8괘의 본덕本德 ②음양소장의 세勢, ③추이왕래의 상황에 의해 명명한 경우, ④직접적으로 물형物形을 취한 경우, ⑤괘에 의하여 상을 뽑아내어 우연적으로 명명한 경우 등이다. ①②③의 경우에는 그 괘효사에 비록 그러한 의미가 반영되어 있지 않더라도 그 효사 해석에서 반드시 그렇게 명명하게 된 본상本象을 살펴야 한다. 반면에 ④⑤의 경우에는 그 괘효사에 그런 의미가 인용되고 있다 하더라도 모든 점서에 일반적으로 적용되는 통상通象으로 삼을 수는 없다. |
| 제5칙 | 파성播性 | 효변을 하기 이전의 괘를 본괘本卦라고 하고, 효변을 함으로써 형성되는 괘를 지괘之卦라고 하는데, 효변이 이루어지더라도 해석의 중심은 지괘가 아닌 본괘에 두고 해석해야 한다. 괘효사의 저자는 효사에 반드시 본괘의 성기性氣를 씨를 뿌리듯 심어 둠으로써 그 본질을 되돌아보게 하였다. |
| 제6칙 | 유동留動 | 괘주卦主가 되는 효에서는 효변을 취하지 않고, 추이推移의 본상本象만을 취한다. |
| 제7칙 | 결본缺本 | 여섯 효 중에서 한두 개의 효사에서는 본성本性을 언급하지 않은 경우가 있다. 이러한 경우는 지나치게 그 괘의 본래의 성기性氣에 집착해서 변통하는 법을 알지 못하게 될 것을 우려해서 그렇게 한 것이지, 그 본래의 성기가 거기에 결여되어 있는 것으로 볼 수는 없다. |
| 제8칙 | 용졸用拙 | 역사의 물상은 교묘히 부합되지 않음이 없다. 그러나 때로는 상을 취하는 것이 갑갑하고 사물에의 응용이 군색하여 마치 졸렬하고 서툴러 능숙하지 못한 것처럼 보이는 경우가 있는데, 여기에는 오히려 크나큰 기교가 깃들어 있다. |
| 제9칙 | 쌍소雙遡 | 괘가 추이하여 두 개의 모괘母卦를 가진 경우 그 괘사는 반드시 그 근원을 양쪽으로 소급해서 이중으로 상을 드러낸다. 효변해서 지괘之卦가 형성된 경우에도 마찬가지로 두 개의 모괘를 쌍방으로 거슬러 올라가서 그 근원을 밝혀야 한다. 그러나 3양괘와 3음괘는 한 개의 모괘만을 근원으로 취하므로 이 원칙의 적용을 받지 않는다. |

| 세칙 | 명칭 | 요지 |
|---|---|---|
| 제10칙 | 첩현疊現 | 한 괘와 다른 괘가 그 물상이 서로 같은 경우, 그 주사繇辭는 간혹 앞선 글을 그대로 중첩하여 사용함으로써 그 상을 드러낸다. 이러한 사례는 같은 물상을 갖춘 모든 괘와 효는 그 점이 동일할 수 있음을 나타내는 것이다. 소축小畜괘의 단사와 소과小 過괘 육오에 공통적으로 나오는 "밀운불우密雲不雨"와 같은 말이 여기에 해당된다. |
| 제11칙 | 비덕比德 | 만일 괘효사에서 구체적인 사물을 지칭하게 되면 그 하나의 사물에만 얽매이게 되어 여러 정황을 통괄할 수 없게 된다. 따라서 여섯 개의 효를 배열하여 비교하고 이것과 저것을 대조하여, 두 글자의 효사로써 괘덕卦德만 나타내고 구체적인 사물을 거론하지 않는 경우가 있다. 이러한 경우는 여러 일들을 점침에 있어 모두 이 두 글자에 따라 그 기본적 의미를 점치게 된다. 림臨괘의 함림咸臨·감림甘臨·지림知 臨·돈림敦臨 등과 같은 예가 그러한 경우이다. |
| 제12칙 | 영물詠物 | 상은 모든 일에 통용되는 상징이 될 수 있다. 이렇게 사물에 빗대어 어떤 사건을 비유하여 말하는 것은 마치 『시경』에 비比와 흥興이 있는 것과 같다. |
| 제13칙 | 건유建維 | 역에는 네 개의 벼리가 있으니, 건곤감리乾坤坎離가 그것이다. 64괘의 양획은 건에 근본하고 음획은 곤에 근본하니, 건곤이 두 벼리가 된다. 또한 64괘의 상괘는 모두 감의 자리에 있고 하괘는 모두 리의 자리에 있으니, 감리도 역시 두 벼리가 된다. |
| 제14칙 | 변위辨位 | 위位에는 ①삼재三才, ②이기二氣, ③귀천貴賤, ④내외內外의 네 종류가 있다. ①삼 재지위란 1·2를 지地, 3·4를 인人, 5·6을 천天으로 보는 것이다. ②이기지위란 1·3·5를 양으로, 2·4·6을 음으로 보는 것이다. ③귀천지위란 1·2를 민民, 3·4를 신臣, 5를 군君, 6을 천天으로 보는 것이다. ④내외지위란 1·2·3을 아我, 4·5·6을 적敵으로 보는 것이다. |
| 제15칙 | 우의寓義 | 역사는 복서를 위주로 하는 것이지만, 의리 또한 거기에 깃들어 있다. 문왕과 주공의 역사에서는 의리가 숨어 있어서 잘 드러나지 않는다. 그러나 공자의 「단전」에 이르러 의리적 측면이 분명히 드러나게 되었다. 「대상전」은 복서와 무관하고 오로지 군자의 수양을 위한 것이니, 의리가 확연하게 드러난다. |
| 제16칙 | 고점考占 | 괘효의 상에 본래부터 정해진 길흉은 없다. 일반적으로 역사에서 길흉을 말한 것은 모든 점치는 데 통용되는 점괘가 될 수는 없다. 군자에게 길한 경우라도 소인에게는 해로울 수 있고, 군자에게 흉한 경우라도 소인에게 이로울 수가 있다. |
| 제17칙 | 인자認字 | 경전의 심오한 뜻을 알고자 한다면 먼저 글자의 뜻을 정확히 파악해야 한다. 모든 경전이 그러하지만 『주역』은 특히 그러하다. 그리고 괘의卦義와 자의字義를 혼동하는 경우도 있는데, 두 개는 분명히 다른 것이다. |
| 제18칙 | 찰운察韻 | 역사의 음운법은 가장 엄격하고도 정밀한 것이다. 음운을 정밀히 고찰한다면 구句를 나누는 데 착오가 없을 것이고, 구를 나누는 것에 착오가 없다면 경전의 의미도 바르게 드러날 것이다. |

## 2. 영물詠物: 상징과 비유

『주역』은 64괘와 384효로 구성된 상징체계이며, 상象을 매개로 해서 상징적 의미를 표출한다. 그런데 상이 상징적 의미를 지니는 것은 비유의 방법을 사용하기 때문이다. 비유는 표현하고자 하는 대상을 다른 대상에 빗대어 감각화하는 수사법으로서, 비유가 성립되기 위해서는 반드시 원관념(本意)과 보조관념(喩意) 사이에 유사성이 있어야 한다. 비유의 목적은 저자의 생각이나 정서를 독자에게 보다 생생하게 전달하거나 보다 쉽게 이해시키는 데 있다. 비유에는 직유(simile)·은유(metaphor)·환유(metonymy)[4] 등 여러 종류가 있지만 그중에서 대표적인 것은 은유隱喩이다.[5] 은유는 원관념과 보조관념을 비교형의 부사나 어미 및 조사 등의 연결어를 사용하지 않고 직접 연결시키는 수사법으로, "A는 B이다"(A=B)라는 형식을 취한다.[6] 은유법에서는 본뜻을 숨기고 비유하는 형상만 드러내어 대상을 설명하거나 그

---

4) 환유는 어떤 개체와 관련되는 인접한 다른 개체를 사용하여 표시하는 의미의 연접적 치환이다. 은유와 환유는 우리의 경험에 토대를 두고 연상을 환기시키면서 다른 곳으로 의미의 전이를 꾀한다는 점에서는 유사하지만, 은유적 개념이 유사성에 기반해 형성되는 반면에 환유적 개념은 인접성 혹은 인과성에 토대를 둔다는 점에서 다르다.(오태석, 「은유와 유동의 기호학–주역」, 『중국어문학지』 제31집, 중국어문학회, 2011, 33쪽)
5) 『주역』을 은유의 관점에서 해석한 연구로는 박상준과 오태석의 연구가 있다. 박상준은 『주역』의 은유적 기능에 대해 다음과 같이 말하고 있다. "『주역』의 괘효사는 은유에 의해 쓰인 텍스트이다. 은유는 미학적 감동을 목적으로 하거나 사태의 본질을 효과적으로 전달하기 위해 사용하는 수사기법이다. 은유의 쌍을 구성하는 원관념과 보조관념 중 어느 하나는 그 개념이 명료한 말로 되어 있어, 표현하고자 하는 사태를 이해하는 실마리가 된다."(박상준, 「주역의 본질: 주역의 은유적 서술구조의 측면에서」, 『정신문화연구』 제32권 제4호, 통권 117호) 한편 오태석은 『주역』의 괘의 의미는 유비적 은유와 환유를 통해 의미의 전이 및 문화적 맥락화가 이루어지며, 또 그러한 과정을 통해 괘의 의미가 확장되고 새롭게 해석된다고 지적하면서, 이것을 은유와 유동의 기호학적 과정이라고 불렀다.(오태석, 「은유와 유동의 기호학–주역」, 『중국어문학지』 제31집, 47쪽)
6) 은유는 한 종류의 사물을 다른 종류의 사물의 관점에서 이해하고 경험하는, 의미의 질적인 도약과 대체이다.(오태석, 「은유와 유동의 기호학–주역」, 『중국어문학지』 제31집, 33쪽)

특질을 묘사하기 때문에 매우 함축적이며 암시성이 강하다. 은유는 시의 기본 언어로서 단순히 유사성을 나타내는 것에서부터 일련의 연상을 일으키는 것에 이르기까지 여러 역할을 할 수 있다.

『시경』은 내용적으로는 풍風·아雅·송頌으로 분류되고 표현형식으로는 부賦·비比·흥興으로 분류되는데, 이를 합쳐서 『시경』의 육의六義라고 부른다.7) 표현형식을 다시 설명하자면, 부賦는 마음에 느낀 바를 있는 그대로 사실적으로 서술하는 표현형식을 가리키고, 비比는 읊으려는 것을 비유적으로 표현하는 방식이며, 흥興은 읊으려는 것을 연상시키는 사물을 먼저 끌어들여 표현하는 방식이다.8) 일반적으로 부賦는 직설법, 비比는 직유법, 흥興은 은유법과 비슷한 것으로 간주되고 있다. 주희에 따르면, 비比는 이것(此物)을 저것(彼物)으로 비유한 것이며, 흥興은 먼저 다른 것을 언급함으로써 말하려는 것을 불러일으키는 것이다.9) 즉 비比는 표현하려는 대상을 다른 대상에 빗대어 나타내는 표현법이고, 흥興은 하고 싶은 말을 하기 전에 아무 관계도 없는 다른 사물을 먼저 언급하여 분위기를 띄운 다음에 본론으로 들어가는 서술형식을 가리킨다.10) 서복관徐復觀은 흥興은 평소 어떤 생각을 지니고 있지는 않았다가 사물을 보고 그러한 생각이 우연히 떠올라 창작한 것인 데 반해서, 비比는 사물이 일단 이지적 안배를 통하여

---

7) 六義를 최초로 언급하고 있는 문헌은 『周禮』이다. 『周禮』 「春官·大師」에서는 "大師掌六律 六同,……敎六詩, 曰風, 曰賦, 曰比, 曰興, 曰雅, 曰頌"이라고 하였다.

8) 정약용은 『詩經講義補遺』에서 "風·雅·頌은 『시경』의 三經이 되고 賦·比·興은 『시경』의 三緯가 된다"라고 말하였다.(「詩經講義補遺」, 『定本 與猶堂全書』(다산학술문화재단, 2012) 10, 351쪽, "風雅頌謂之三經, 賦比興謂之三緯.")

9) 성백효 역주, 『詩經集傳』 上(전통문화연구회, 1996), 37쪽, "比者, 以彼物比此物也"(比는 저 물건을 가지고, 이 물건을 비유하는 것이다); 성백효 역주, 『詩經集傳』 上, 26쪽, "興者, 先言他物以引起所詠之辭也."(興은 먼저 다른 사물을 말하여 읊을 말을 일으키는 것이다.)

10) 주희는 興에 대해 다음과 같이 설명하고 있다. "興이란 어떤 물건을 빌려서 시작하는 것이지만 실상 본론은 그 다음의 구절에 있다."(借彼一物, 以引起事, 其事常在下句; 『朱子語類』 第6冊, 권80, '詩一·綱領', 2069쪽)

주관적 의식을 거쳐 창작된 것으로 보았다. 따라서 흥興은 앞에서 흥기하고 뒤에서 사실을 서술하여 주제와의 관계가 평행병렬平行竝列이 아니라 선후 상생先後相生인 반면에, 비比는 주제와 평행적 지위를 갖는다고 한다.[11] 그러나 비比와 흥興이 항상 이처럼 분명하게 구분되는 것은 아니다. 흥興은 본래 자연스러운 감정의 발로와 연상의 측면 이외에 비유의 측면도 함께 포함한다. 따라서 비比와 흥興을 전혀 관계가 없는 것으로 볼 수는 없다.[12]

정약용은 비比와 흥興을 특별히 구별하지 않은 채로 『주역』의 상象과 『시경』의 비比·흥興 사이에 방법적 유사성이 있다는 점을 지적하였다.[13] 그는 「독역요지」 제12칙 영물詠物에서 다음과 같이 말하고 있다.

> 역사易詞의 글에는 상象을 말한 것이 있고 점占을 말한 것이 있다. 점은 구체적인 일을 지적하여 점을 치는 것이므로 혼인에 관한 점은 제사의 점과 통용하지 못한다. (반면에) 상은 상징을 표현하는 수단으로서, (상징인 특정한) 초목草木·조수鳥獸의 운동과 수레(車輿)·도구(器)·의복(服)의 변화는 모든 일에 통용되는 상징이 될 수가 있다. 그러므로 (『주역』에서) 이렇게 사물에 빗대어 어떤 사건을 비유하여 말하는 것은 마치 풍시風詩에 비比와 흥興이 있는 것과 유사하다.[14]

『주역』의 상과 『시경』의 흥 사이에 유사성이 있다는 것을 지적한 것은 정약용이 처음은 아니다. 당唐의 공영달은 『주역정의周易正義』의 곤坤괘

11) 김선정, 「『詩經』 '興'詩에 대한 기존 논의를 통해 본 興의 성격 고찰」, 『중국어문학논집』 제51호(중국어문학연구회, 2008), 549쪽.
12) 김선정, 「『詩經』 '興'詩에 대한 기존 논의를 통해 본 興의 성격 고찰」, 『중국어문학논집』 제51호, 556쪽.
13) 현대 중국에서 『주역』의 象과 『시경』의 興 사이에 유사성이 있음에 주목한 연구로는 侯敏의 『易象論』(北京大學出版社, 2006)이 있다. 侯敏은 『易象論』의 제4장 「興象－易之象與 詩之興的比較」에서 이 문제를 집중적으로 다루고 있다.
14) 「周易四箋 I」, 『定本 與猶堂全書』 15, 58쪽; 『역주 주역사전』 제1권, 118~119쪽, "易詞之文, 有象有占. 占以指事, 婚媾之占, 不能通祭祀. 象以表微, 草木鳥獸之動, 車輿器服之變, 皆可以爲 萬事之通象. 故詠物喩事, 一似風詩之有比興也."

초육初六의 주에서 "무릇『역』이란 상이다. 물상으로써 인사를 밝힌 것은 마치『시』의 비유와 같다"(凡易者, 象也, 以物象而明人事, 若詩之比喻也)라고 말한 바 있다. 정약용보다 조금 앞선 인물인 청대의 장학성章學誠(1738~1801)도『문사통의文史通義』에서 "역상은『시경』의 비比 혹은 흥興과 통한다"(易象, 通于詩之比興)라고 말한 바 있다.15) 현대 중국의 대표적인 고증역학자 중의 한 사람인 이경지李鏡池(1902~1975)도 비比와 흥興의 해석법이『주역』과 밀접한 관련이 있다는 점에 주목하여 다음과 같이 말하였다. "비比와 흥興의 두 종류의 시詩의 체제는『시경』중에 매우 많아서, 시를 말하는 사람은 자연히 체제에 의거하여 해석할 수 있다. 그러나『주역』중에도 이런 시가가 있으나 의외로 지금까지 아는 사람이 없었고, 더욱이『시경』을 말하는 방법을 가지고 『주역』을 말하는 사람은 없었다."16)『주역』에 나오는 흥체興體의 예로는 다음과 같은 것들이 있다.

◇ 乾괘 九五 : 飛龍在天, 利見大人. (나는 용이 하늘에 있으니, 대인을 만나 봄이 이로울 것이다.)

◇ 大過괘 九二 : 枯楊生稊, 老夫得其女妻, 无不利. (마른 버드나무에 싹이 나며, 늙은 지아비가 처를 얻으니, 이롭지 않음이 없으리라.)

◇ 明夷괘 初九 : 明夷于飛, 垂其翼, 君子于行, 三日不食. (명이새가 날아감에 그 날개를 드리우네. [명이새가 둥지를 떠나듯이] 군자가 길을 떠나니, 삼일 동안 먹지 못하는구나.)

◇ 漸괘 九三 : 鴻漸于陸, 夫征不復, 婦孕不育, 凶, 利禦寇. (기러기가 점차적으로 육지로 나아감이다. 지아비가 정벌에 나섰으나 돌아오지 못하고 부인이 아이를 배어도 기르지 못하니, 흉하다. 도둑을 막는 경우에는 이로울 것이다.)

◇ 中孚괘 九二 : 鳴鶴在陰, 其子和之. 我有好爵, 吾與爾靡之. (우는 학이 [연못 남쪽의]

---

15) 章學誠,『文史通義』(臺北: 世界書局, 1984) 1卷, 內篇一,「易教下」, 4~5쪽; 장학성 저, 임형석 역,『文史通義校注』(소명출판, 2011) 제1권, 86쪽~94쪽, "주역의 괘상은 육예를 포괄하지만, 특히 시경의 노래와 표리관계에 있다.『주역』의 괘상은 시경의 노래와 통하며『주역』의 괘사와 효사는 춘추의 범례와 통한다."(易象雖包六藝, 與詩之比興, 尤爲表裡,……易象通於詩之比興, 易辭通於春秋之例)
16) 高亨·李鏡池·容肇祖 지음, 김상섭 역,『주역점의 이해』, 133쪽에서 재인용.

그늘에 있거늘, 그 새끼가 화답함이로다. 나에게 좋은 작위가 있어서, 너와 내가 [함께 천명에] 순종하도다.)

미국의 『주역』 연구가인 에드워드 쇼네시(Edward Shaughnessy, 중국명 夏含夷)는 흥의 의미를 "to raise up"(불러일으키다), "to cause to arise"(일어나게 하다) 등으로 풀이하고, 이것을 명사화해서 "arousal"(불러일으키기)로 번역하고 있다.[17] 『주역』의 점사들이 사용된 시기는 대체적으로 『시경』의 시들이 지어진 시기와 일치하는데, 『주역』과 『시경』 사이에는 흥의 방법을 사용한다는 공통점이 존재한다. 일부 학자들은 흥의 방법이 단순히 운율을 맞추기 위한 것이라고 그 의의를 평가절하하고 있지만,[18] 에드워드 쇼네시는 흥에 그 이상의 의의가 깃들어져 있다고 강조한다. 즉 『주역』과 『시경』의 작자들은 자연의 이미지를 불러일으킴으로써 자연과 인간 사이에 깊은 교감을 나누고, 자연계와 인간계 사이의 연관성을 감지해 냈다는 것이다.[19] 예를 들자면 점漸괘에서

---

17) 심재훈 엮음, 『화이부동의 동아시아학』(푸른역사, 2012), 151쪽.
18) 예를 들면 顧頡剛도 시경의 興은 특별한 의미가 있는 것이 아니라 단순히 韻과 격식을 맞추기 위한 장치라고 주장하였다.(김선정, 「『시경』 '興'詩에 대한 기존 논의를 통해본 興의 성격고찰」, 『중국어문학논집』 제51호, 552쪽)
19) Edward L. Shaughnessy, "Arousing Images: The Poetry of Divination and the Divination of Poetry"(「이미지 불러일으키기: 주역고대점복과 시의 상관성」, 9쪽; 단국대학교 동양학연구소 해외석학초청포럼자료집, 2009. 6. 23.). 쇼네시의 논문은 『화이부동의 동아시아학』(심재훈 엮음, 푸른역사, 2012)에 포함되어 출판되었다. 쇼네시 교수가 단국대학교 동양학연구소에서 발표한 논문은 시카고 대학의 시카고동양학연구소(The Chicago Oriental Institute)에서 2009년 3월 6일에 개최된, '과학과 미신-고대세계에서의 기호의 해석'(Science & Superstition-Interpretation of Signs in the Ancient World)이라는 제목의 제5차 연례세미나(The fifth annual University of Chicago Oriental Institute seminar)에서 발표한 그의 논문 "Arousing Images: The Poetry of Divination and the Divination of Poetry in Early China"와 같은 내용이다. 이 학회에서는 고대세계의 기호사용을 과학과 미신과 관련하여 다루었는데, 기호학적 관점에서 다룬 매우 흥미로운 주제의 논문이 많이 발표되었다. 이 학회는 모두 3부로 구성되었는데, 제1부(Session 1)는 '고대세계에서의 기호이론'(Theory of Signs in the Ancient World), 제2부(Session 2)는 '고대세계에서의 기호의 해석학'(Hermeneutics of Signs in the Ancient World), 제3부(Session 3)는 '고대세계에서의 기호해석의 역사'(History of Sign Interpretation in the Ancient World)라는 주제로 이루어졌다.

기러기가 날아가는 상은 『시경』에서도 동일하게 사용되고 있다.

◇ 漸괘 九三 : 鴻漸于陸, 夫征不復, 婦孕不育, 凶, 利禦寇. (기러기가 점차적으로 육지로 나아감이다. 지아비가 정벌에 나섰으나 돌아오지 못하고, 부인이 아이를 배어도 기르지 못하니, 흉하다. 도둑을 막는 경우에는 이로울 것이다.)

◇ 『詩經』 「豳風・九罭」 : 鴻飛遵渚. 公歸無所. (기러기가 물을 지나 날아가네. 님은 집으로 돌아오지 않네.)

◇ 『詩經』 「小雅・鴻雁」 : 鴻雁于飛, 肅肅其羽, 之子于征, 劬勞于野. (기러기 날아올라 푸드덕 푸드덕 날갯짓하네. 군정 중인 이 사람들 들판에서 고생하네.)

점괘의 여섯 효사는 제방堤防・반석磐石・육지・나뭇가지・언덕 등 다양한 지점으로 이동하는 기러기의 모습으로 구성되어 있다. 이러한 기러기의 움직임을 통해 자연적 사건을 먼저 언급한 다음, 이어서 정벌에 나갔으나 돌아오지 못하는 지아비, 혹은 임신을 했으나 아기를 기르지 못하는 부인 등을 언급하는 것이 흥의 전형적인 방식이다. 비록 기러기와 임신한 부인 사이에 어떤 연관성이 있는지는 확실하지 않으나, 『시경』 전편을 통해서 기러기가 나타날 때면 언제나 남녀 간의 이별의 사건이 벌어진다는 것을 환기시킨다.[20] 이것은 아마도 고대 중국에서 군대의 정벌이 여름의 우기와 가을의 수확철을 피해서 겨울이 시작할 무렵에 행해졌고, 이것이 철새의 이동시기와 계절적으로 우연히 맞아 떨어졌기 때문일 것으로 추측된다. 남편을 군대로 내보내야 하는 임신한 부인의 입장에서는 기러기의 출현처럼 불길한 징조는 없었을 것이다. 이러한 예들은 자연세계의 어떤 현상을 먼저 배치시킨 뒤에, 이어서 사회적 삶의 어떤 양태를 거기에 연관시킴으로써 양자가 비유적으로 유비類比될 수 있음을 암시한다.[21] 이러한 유비는

20) Michael Leowe & Edward Shaughnessy, *The Cambridge History of Ancient China: From the Origins of Civilization to 221 BC* (Cambridge University Press, 1999), p.342.

자연적 세계와 인간의 사회적 영역 사이에 존재하는 상응관계에 의존하는
데, 이러한 상응관계를 통해서 자연세계가 인간에게 이해될 수 있는 영역으
로 들어오게 되는 것이다.[22] 요컨대 『주역』과 『시경』은 자연세계와 인간
영역을 상관적으로 파악하는 사고방식을 공유하고 있으며, 또 그러한
상관적 사고방식(correlative way of thinking)에 의해 형성된 세계관을 반영하고
있다고 하겠다.


## 3. 인자認字: 자구의 훈고


「독역요지」의 제17칙 '인자認字'는 자의字義의 파악을 의미한다. "경經의
뜻을 알고자 한다면 먼저 글자의 뜻을 파악해야 한다"(欲得經旨, 先認字義)는
것은 경서 연구의 대전제이다. 우선 글자의 뜻을 파악해야지만 문장의
의미가 통할 수 있고, 문장의 의미가 통한 뒤라야 전체적 대의大義가 통할
수 있다. 이 원칙은 어느 고전에나 통용되는 원칙이지만 『주역』에서는
특히 중요하다.[23] 정약용은 『주역』뿐 아니라 『시경』에 대해서도 같은 취지
의 발언을 한 적이 있거니와,[24] 어쨌든 오래된 고전문헌일수록 자의의

---

21) 마크 에드워드 루이스, 최정섭 옮김, 『고대중국의 글과 권위』(미토, 2006), 548쪽.

21) 마크 에드워드 루이스, 최정섭 옮김, 『고대중국의 글과 권위』(미토, 2006), 548쪽.
22) 일반적으로 興의 은유적 기능은 자연현상을 소재로 삼아 자연 – 인간의 유비관계를
표현하지만, 간혹 자연계의 사건을 소재로 삼지 않고 인간사회의 사건을 소재로 삼아
興體가 사용되는 경우도 있다. 예를 들면, 歸妹卦 上六의 "女, 承筐无實, 士刲羊, 无血,
无攸利"[시집갈] 처녀가 광주리를 이고 있는데 [그 광주리 속에] 예물이 없으며, [장가
갈] 선비가 羊을 찔렀는데도 피가 나오지 않으니, 이로울 바가 없을 것이다)와 같은
경우가 그것이다.(Michael Loewe & Edward Shaughnessy, *The Cambridge History of Ancient
China: From the Origins of Civilization to 221 BC*, p.339)
23) 「周易四箋 I」, 『定本 與猶堂全書』 15, 61쪽; 『역주 주역사전』 제1권, 127~128쪽, "欲得經旨,
先認字義. 諸經皆然, 而『易』爲甚."
24) 「詩經講義序」, 『定本 與猶堂全書』 3, 30쪽, "諸經皆然, 詩爲甚."

정확한 파악은 더욱 중요해진다. 자의의 정확한 파악을 '훈고訓詁'라고 하는데, 훈고란 '옛글의 의미를 정확하게 새긴다'는 뜻이다.25) 전통적인 학문체계에서 훈고학은 경전의 올바른 해석을 위한 기초학문인 소학小學 가운데 한 분야를 이루는데, 훈고학은 자의뿐 아니라 어법·수사학 등의 고전문헌과 관련된 분야를 모두 포괄한다. 훈고학의 연원은 춘추시대의 노魯나라 모형毛亨이 지은 『시고훈전詩故訓傳』26)에까지 거슬러 올라간다. 여기에서는 고문古文을 주해하는 방법으로 '고故'27)·'훈訓'28)·'전傳'29)의 세 가지 방법을 제시하였다. 훈고를 중시한 것은 한유漢儒들이었는데, 이들은 글자 하나하나의 뜻을 고증함으로써 원래의 자의를 밝히기 위해 노력하였다.30) 정약용은 비록 「오학론五學論」에서 한대 훈고학의 병폐를 지적한 바 있었지만, 경학 연구에 있어 훈고의 중요성에 대해서는 분명히 자각하고 있었다. 정약용은 신해년辛亥年(1791) 겨울에 쓴 『시경강의詩經講義』31) 「서序」

---

25) '訓詁'와 같은 뜻으로 쓰이는 말로는 '訓故', '故訓', '古訓', '解故', '解詁' 등이 있다.

26) 『毛詩詁訓傳』 혹은 줄여서 『毛傳』이라고도 한다.

27) '故'는 '詁'와 통한다. 『설문』에 따르면 '詁'는 '故言'을 풀이(訓)하는 것이다.(說文曰, 詁, 訓故言也.) '詁'는 古言이라는 會意字로서 古語를 현재의 언어문자로 바꾸어 풀이한다는 의미를 가진다.(詁, 古也, 通古今之言使人知也.: 『爾雅注疏』)

28) '訓'이라 함은 자구나 언어가 가리키는 의의를 설명하는 것이다.

29) '傳'은 본래 고대에서 역참에서 公文을 전달해서 보내는 工具를 가리키는 용어였다. 고대유가의 경전에는 經과 傳의 구분이 있었다. 經은 原文을 가리키고, 傳은 경서 원문에 대한 후인의 해석을 가리킨다. 傳을 傳注라고도 한다. 『說文』에서는 "傳, 遽也"라고 했으니, 이것으로부터 引申해서 그 의미를 저것에 미치게 함을 뜻한다. 『毛詩訓傳』을 줄여 『毛傳』이라고 했으니, 고대의 언어를 해석하는 것을 '傳'이라고 했다. 孔穎達은 "傳이란 그 의미를 傳하여 통하게 하는 것이다"(傳者, 傳通其義也)라고 하였다.

30) 後漢에 이르러 賈逵·馬融·鄭玄 등이 출현하여 고문경학을 위주로 하는 훈고학을 더욱 발전시켜 갔다. 이런 훈고학의 흐름은 三國, 六朝를 거쳐 당나라에까지 이어졌다. 당의 공영달은 『五經正義』를 편찬함으로써 큰 성과를 올렸다.(이상옥, 「청대의 고증학」, 『중국학보』 제14집, 한국중국학회, 1973, 58쪽)

31) 1808년(순조 8)에 쓰인 15권 5책으로 된 필사본으로, 규장각도서이다. 1791년(정조 15) 가을 정약용이 內苑에서의 試射會에 侍從臣으로 참여했으나 과녁을 맞히지 못했으므로, 왕은 벌로 그를 北營에 당직시키고 800여 章의 『詩經』 條問을 과제로 주면서 40일 내에 條對하도록 명하였다. 정약용은 40일에 20일을 더 청하여 조대를 마쳤는데, 각

에서 훈고의 중요성을 다음과 같이 강조하고 있다.

> 독서讀書의 의의는 오직 뜻과 이치만을 구하는 데 있다. 만약 뜻과 이치를 얻지
> 못한다면 비록 매일 천 권의 책을 독파한다 하더라도 그것은 마치 담장을 마주하는
> 것과 같다. 비록 그렇지만 글자의 훈고가 명료하지 못하면 뜻과 이치가 그로 인해
> 모호해지니, '동東'을 훈고하면서 '서西'라고 풀이한다면 뜻과 이치가 괴리되고 반대가
> 된다. 이에 옛날의 선비들이 경전을 해석할 때 대부분 훈고를 급선무로 여겼던
> 것이다. 과거와 오늘날의 문자가 다르게 사용됨은 마치 중화中華와 이적夷狄이 말을
> 함에 음音이 다른 것과 같고, '훈고'라는 것은 통역과 같다. 통역이 그 본래의 뜻을
> 얻지 못하고 돌아가서 그 나라 사람들에게 "중화 문물이 성대하다"라고 말한다면
> 이에 가소로운 오랑캐가 될 것이다. 요즘 사람들이 독서를 하지만 몽매해서 말만
> 하면 반드시 하夏·은殷·주周 삼대三代를 일컫는 것이 어찌 이것과 다르겠는가?
> 모든 경전이 다 그렇거니와 『시경』은 더욱 심하다.[32]

「시경강의서」가 정약용이 30세 되던 신해년 겨울에 쓰인 것으로 볼
때, 훈고에 대한 관심은 그의 청년시절로까지 거슬러 올라간다. 정약용의
훈고학에 대한 관심은 청대 고증학의 발흥에 자극받은 바 크다. 그는
유배되기 이전에 정조의 총애를 받아 규장각에서 초계문신抄啓文臣[33]으로
일하면서 청대 서적을 접할 기회가 있었다.[34] 조선 후기의 실학자들과

---

조문에 臣對라고 하여 자신의 의견을 강술하였다. 1808년(순조 8) 저자가 손수 이를
편집하고 또 補遺를 만들어 원편 12권 4책, 보유 3권 1책의 5책으로 합편하였다. 권1~2의
1책은 현재 유실되었고, 나머지가 『與猶堂集』 권1~15에 들어 있다.

32) 「詩經講義序」, 『定本 與猶堂全書』 3, 30쪽; 실시학사 경학연구회, 『역주 시경강의』 제1권(사
암, 2008), 3쪽, "讀書者, 唯義理是求. 若義理無所得. 雖日破千卷. 猶之爲面墻也. 雖然其字義之
詁訓有不明則義理因而晦. 或訓東而爲西則義理爲之乖反. 玆所以古儒釋經. 多以詁訓爲急者也.
古今文字之異用. 如華夷解語之殊音. 詁訓者象譯也. 譯之不得其本意. 而歸而語其國曰, '中華文
物盛矣.' 斯爲可笑夷也. 今人之讀書蒙昧. 而言必稱三代者. 何以異是. 諸經皆然. 詩爲甚."

33) 抄啓文臣制는 정조 6년(1781) 2월에 시작된 제도로서, 의정부에서 37세 이하의 젊은
문신 중에서 인재를 선발하여 올리면 이들을 규장각에서 주관하여 특별위탁교육을
실시하였다. 대표적인 초계문신 출신으로는 정약용, 이가환, 서유구 등이 있었다.

34) 청대 학자 중에서 정약용에게 영향을 미친 고증학자로는 閻若璩(1636~1704)와 毛奇齡

청대 고증학자들 사이에는 적어도 탈脫성리학적 세계관을 지향한다는 공통점이 있었다.35) 고증학은 명대 말기로부터 시작해서 청대 초기에 크게 유행하였는데, 건륭제乾隆帝(1735~1795) 중기로부터 가경제嘉慶帝(1796~1820)에 이르게 되면 '건가乾嘉의 학'이라고 불릴 만큼 전성기를 맞이하게 된다. 건륭에서 가경에 이르는 시기는 전반적으로 고증학이 왕성하던 시기였다. 특히 건륭 58년(1793)에 『십삼경주소十三經注疏』의 간행을 계기로 한·당 경학에 대한 관심이 점차로 증가하게 된다.36) 이러한 관심은 한대 훈고학에 대한 복고적 풍조를 불러일으킴으로써 한학 르네상스의 시대가 도래하게 된다. 양계초梁啓超(1873~1929)가 『청대학술개론清代學術概論』에서 지적한 바처럼, 청대 학술은 먼저 송대로 돌아감으로써 왕학王學 즉 왕수인王守仁의 양명학으로부터 해방되고, 다음으로 한·당대로 돌아감으로써 정주학程朱學에서도 해방될 수 있었다. 여기서 더 나아가 전한前漢으로 돌아감으로써 후한後漢시대 경학의 양대 산맥인 허신許愼과 정현鄭玄의 그늘을 벗어날 수 있었으며, 다시 선진先秦으로 돌아감으로써 모든 전주傳注로부터 해방될 수 있었다.37) 청대 학술의 근본정신은 "실사구시實事求是"와 "무징불신無徵不信"에 있었으니, 이러한 정신이 고증학의 발달을 가져왔다. "무징불신"이란 증거가 없다면 믿지 못하겠다는 것이니, 이것이 바로 고증학의 학문정신이며 동시에 다산실학의 기본이념이다.

---

등이 있다. 특히 모기령은 정약용의 역학이론 형성에 상당한 영향을 미친 것으로 추정된다. 왜냐하면 『주역사전』에는 정약용이 모기령의 『仲氏易』을 면밀히 검토한 흔적이 보이기 때문이다. 胡渭(1633~1714)는 모기령의 뒤를 이어 송대의 圖書學을 체계적으로 비판한 『易圖明辨』을 저술하였다. 유감스럽게도 정약용의 저술 속에서 『易圖明辨』에 대한 언급을 찾을 수 없다.

35) 윤석민, 「朝·清 역학의 탈성리학적 세계관 지향」, 『중국학보』 제59집(한국중국학회, 2006), 364쪽.
36) 이상옥, 「청대 고증학 이입과 다산 정약용」, 『중국학보』 제11집(한국중국학회, 1970), 37쪽.
37) 梁啓超 저, 이기동·최일범 공역, 『청대학술개론』(여강출판사, 1987), 19~20쪽.

고증학은 한대의 고전 연구를 존중했으며, 따라서 한대의 훈고학과 비슷한 점이 많다. 그래서 청조의 한학이라고도 불렸는데, 학문의 목적을 고전 본래의 뜻을 밝히는 소박·진실에 두었으므로 '박학樸學'(질박한 학문)이라고도 하였다. 고증학은 고전의 원초적 형태와 의미를 파악하기 위해 문헌이나 언어를 연구하는 학문으로서, 문장이나 단어의 뜻을 정밀하게 연구하여 의문이 생기면 주관적인 해석을 버리고 객관적인 증거를 광범위하게 찾아 실증적으로 고증하는 방법론을 채택하였다. 폭넓게 자료를 수집하여 치밀하게 글자와 구절의 음과 뜻을 밝히되, 여러 설이 있을 때에는 고서를 두루 참고하여 증거 제시와 교감 등의 방법으로 엄격하게 고증하였다. 연구범위 또한 경학·사학·지리학·금석학·음운학 등 다방면에 걸쳐 있었기 때문에 근대학문의 기초를 마련하는 계기가 되기도 했다. 그런데 정확한 고증을 위해서는 문자의 학에 정통해야 하기 때문에, 그들의 경학은 소학小學을 중요한 수단으로 삼았다.38) 『청사淸史』「예문지藝文志」에서는 소학류의 서적으로 『이아爾雅』39)·『방언方言』40)·『석명釋名』41)·

---

38) 이상옥, 「청대의 고증학」, 『중국학보』 제14집, 60쪽.

39) 진한시대에 편찬된 전문적 훈고서로서 원시적 형태의 字典이다. '爾'는 '近'이요 '雅'는 '正'의 뜻이니, 『爾雅』라는 서명은 "近於雅正"의 뜻이다. 요컨대 『이아』는 규범에 의거하여 지방에 따라, 또 고금에 따라 달라진 언어의 통일을 꾀한 자전이라 할 수 있다. 정약용은 『주역』의 十翼의 하나로 간주되어 온 「文言」을 『이아』와 마찬가지로 易의 字義를 訓한 일종의 전문 字書로 보았다. 『이아』의 가치로는 훈고학의 기초를 확립했다는 점을 들 수 있다. 훈고를 연구하고 주소를 하는 이들은 모두 『이아』를 근거로 삼았다. 張揖은 「上廣雅表」에서 『이아』를 '칠경을 살피는 척도'(七經之檢度)이자 '학문의 사다리'(學問之階路)라고 찬양하였다. 훈고학은 춘추전국시기에 싹텄으나 당시의 훈고는 옛사람들의 언급 혹은 저작에 보이는 몇몇 詞語에 대한 간단한 해석이나 전대의 한 편 혹은 몇 편의 논저를 문맥에 따라 해석한 것이 전부였다. 『이아』에 이르러서야 고금의 다른 말들과 지방마다 다른 말, 그리고 각종 名物을 전체적으로 연구하고 체계적으로 정리하게 되었다. 아울러 의미를 통석한 것들을 모아 조략하게나마 조리 있는 분류사전 체제를 갖춤으로써 훈고학의 기초가 마련되었다. 그 다음 가치는 詞語의 다양한 옛 뜻을 보존하고 있다는 데 있다. 이러한 고훈은 주로 경전을 해석하기 위한 것이기는 하지만, 그것을 통해 선진의 다른 전적을 해석하는 데 활용할 수 있다. 이 책이 없었다면 선진시대 문헌을 이해하기가 매우 어려웠을 것이며, 古語의 의미변화를 탐색하기도

『광아廣雅』[42) 등을 언급하고 있다. 청대 고증학자들은 대부분 허신의『설문
해자說文解字』를 중시하였는데, 그것은『설문해자』가 소학의 기초를 형성하
는 책으로 간주되었기 때문이었다.

그러면 정약용이『주역』연구에서 채택한 훈고 및 고증의 방법에 대해
논해 보기로 하자. 그가『주역사전』에서 자의 연구를 위해 참조한 훈고서로
는『이아』·『석명』·『광아』·『방언』·『비아埤雅』[43)·『모시초목조수충어소毛

─────────────────────────────

  쉽지 않았을 것이다.『이아』는『주역사전』에서 27회 이상 인용되고 있다.

40) 揚雄(BC.53~AD.18)이 편찬한 책으로, 본래의 명칭은『輶軒使者絶代語釋別國方言』이다.
  '輶軒'이란 고대 제왕의 使者가 타는 작은 수레를 가리키며, '絶代語釋'이란 사라진
  옛 말에 대한 풀이를 뜻하며, '別國方言'은 당시 각 지역의 말을 가리킨다. 따라서
  책의 제목은 수레를 타고서 각지로 가서 歌謠와 方言의 異語 등을 채집한다는 뜻을
  담고 있다. 이것을 후세에『方言』이라 줄여 부르게 된 것이다.(이연주, 양웅 방언에
  나타난 동북지역의 언어상황,『중국학보』, 제58집, 2008, 36쪽) 이 책은 중국에서 편찬된
  최초의 방언사전으로, 고대의 어휘와 한어발전사의 연구를 위해 진귀한 자료가 된다.
  『方言』과『爾雅』에는 큰 차이가 있는데,『爾雅』에 기록된 것은 古書의 훈고이고,『方言』에
  기록된 것은 살아 있는 口語이다. 그러나 훈고방법에 있어서는 둘 사이에 유사점이
  있다. 즉 조항마다 먼저 몇 개의 同義詞를 열거한 뒤에 常用詞를 이용하여 해석했다는
  점이 그것이다. 다만『方言』의 동의사는 동일한 사휘에 속하는 것이 아니라 다른 방언의
  사휘에 속하는 것이라는 점에서『爾雅』와 달랐다.『方言』은『주역사전』에서는 坤卦
  六四, 蒙卦 初六 등에서 언급되고 있다.

41) 후한의 劉熙의 저서로 알려져 있으나,『後漢書』「文苑傳」에서는 柳珍이 지었다고 하였다.
  『釋名』은 聲訓을 통해 의미를 해석하고 어원을 탐구한 일종의 辭書로서, 8권 27편으로
  되어 있다. 분류는『爾雅』의 예를 따랐으나 분류체계가『이아』에 비해 더 자세하고
  합리적이다. 주석본으로는 청대 畢沅의『釋名疏證』, 王先謙의『釋名疏證補』, 成蓉鏡의
  『釋名補證』, 吳翊寅의『釋名疏證校議』등이 있다. 현대에 와서는 中華書局에서 출판된
  『釋名』(北京, 1985)을 참고할 수 있다.『석명』은『주역사전』에서는 升卦 六四, 豐卦 九三,
  屯卦「大象傳」등에서 언급되고 있다.

42) 魏의 張揖이 지은 책으로,『博雅』라고도 함.『爾雅』를 보충하기 위해 지은 책이기 때문에
  체제가『이아』와 흡사하다. 先秦시대부터 작자가 살던 시기까지의 많은 어휘들을 싣고
  있는데,『이아』에 없는 어휘들까지 다루고 있어 내용이 충실하다. 부족한 점이라면
  체제가『이아』의 수준에 머물러 있고 어휘의 해석이 동의어나 유의어로 되어있다는
  것이다. 후대의 주석서로는 隋代 曹憲의『博雅音』과 淸代 王念孫의『廣雅疏證』이 있다.
  『광아』는『주역사전』에서는 晉卦 九四, 家人卦 九三 등에서 언급되고 있다.

43)『이아』를 보충한 것으로, 宋 陸佃(1042~1102)의 저서이다.『주역사전』에서는 大畜卦
  六五, 井卦 九二 등에서 언급되고 있다. 육전은 王安石 계열의 인물로, 정약용은 陸農師라고
  인용하기도 한다.『비아』는『이아』의 체제에 따라 8편으로 구성되어 있다. 물고기에

詩草木鳥獸蟲魚疏』44)・『경전석문經典釋文』45)・『설문해자』46)・『자림字林』47)・『광

운廣韻』48)・『하소정夏小正』49)・『풍속통風俗通』50) 등이 있다. 이 훈고서들을

대하여 해석한 것을 필두로 하여 짐승・새・벌레・말・나무・풀 등의 각종 명물에
대하여 전문적으로 해석하고 있으며, 마지막으로 천문에 대하여 언급하고 있다.『시경』
에 나오는 문구를 인용하여 풀이한 곳이 많으나, 글자의 뜻을 해석하는 데 있어 왕안석의
『字說』과 같은 억설을 끼어 놓기도 하였다.

44) 삼국시대 吳나라 陸璣의 저술로, 줄여서『詩草木疏』라고 부르기도 한다.(陸璣,『毛詩草木鳥
獸蟲魚疏』, 叢書集成續編 83, 臺灣 新文豊出版公司) 오래 전에 망실되었고, 금본은 후대의
『毛詩正義』등에서 집록한 것이므로 원본이 아닐 뿐더러 완성본도 아니다.『주역사전』의
晉卦 九四에서 인용되고 있다.

45) 唐 陸德明의 저술로, '釋文'이란 의미와 성음에 대한 해석이라는 뜻이다. 여러 경전의
성음과 의미를 주석하였는데, 풀이한 경전들은『주역』,『고문상서』,『모시』,『주례』,
『의례』,『예기』,『춘추좌씨전』,『공양전』,『곡량전』,『효경』,『논어』,『노자』,『장자』,
『이아』의 14종이다. 당시는 경학을 둘러싼 今古文논쟁이 일단락되었을 때이므로 고문학
과 금문학의 설을 같이 기록해 두었는데, 경문과 주문에 대한 주음뿐 아니라 그 의미까지
도 밝힌 것이 특징이다.『주역사전』에서는 賁卦, 旣濟卦 六四,「설괘전」등에서 인용되고
있고,『역학서언』의「陸氏釋文鈔」에서 집중적으로 논의하고 있다.

46) 동한 許愼의 저술로, 중국 最古의 字典이다. 글자마다 형태, 성음, 의미에 대하여 설명하고
있는데, 부수의 자리를 나누어 서로 뒤섞이지 않도록 하는 편집체제를 택하고 있다.
이러한 원칙에 따라 수집한 10,516자를 자형구조에 근거하여 540부로 나누고, 部마다
하나의 部首를 만들어 10,516자를 통합시켰다. 허신은 자형의 해석을 통해 글자를
만든 본의를 분명하게 밝히고 육서의 요지를 개괄적으로 천명하였다. 청대 고증학자들
은 대부분『설문해자』를 중시하였는데, 戴震, 段玉裁, 王念孫, 王引之, 兪樾 등이 그
대표적 학자이다.『주역사전』에서 인용은 매우 많다.

47) 南朝 말에 晉의 呂忱이 찬술한 책으로서 현존하지 않는다.『字林』은 출간되자마자
중요시되었으며, 唐代에 더욱 성행하였다. 文字의 훈고를 기록하고 있으며,『설문해자』
의 누락을 보충하기 위해 지었다고 한다. 체제는『설문해자』에 의거하여 540부로
나누고 12,824자를 수록하였는데,『설문해자』보다 3,471 자가 많다. 段玉裁의『說文解字
注』에서는 "許愼 이후의 字書 가운데『자림』이 있는데, 部首의 차례는 지금 전하지
않고, 이것을 이은 顧希馮의『玉篇』이 전하고 있다"라고 하였다.『주역사전』에서는
豐卦 九三에서 인용되고 있다.

48) 본래 명칭은『大宋重修廣韻』이다. 1008년 宋의 陳彭年에 의하여 편수된 韻書로서 중국
언어학사에 있어 최초의 완전한 운서라고 할 수 있다.『광운』은 음운학의 여러 개념을
종합한 것으로 中古音韻의 연구뿐만 아니라 현대음을 연구할 때도 가장 기본이 되는
자료이다. 切韻系韻書를 집대성한 저작으로 26,000여 字로 성조의 平・上・去・入에
따라 구성되어 있는데, 206韻의 韻目의 배열순서와 四聲의 계승은 李舟의『切韻』에서
따온 것이다. 비록 운서이지만 字義를 해석하고 字形을 분석하였으며 字音半切을 분명히
하고 同音字도 함께 나열되어 있어 음운전문서인 동시에 문자와 훈고 방면에서도
귀중한 저서이다.『광운』을 연구한 주요 저작으로는 陳澧의『切韻考』, 鄧顯鶴의『玉篇廣韻

다시 종류에 따라 분류하면, ㉠ 의미를 통석한 전문적 훈고서, ㉡ 성음과 의미를 주석한 전문적 훈고서, ㉢ 형태, 성음, 의미를 결합한 전문적 훈고서, ㉣ 전문 운서韻書류 ㉤ 기타 등으로 나뉠 수 있다. 정약용이 『주역사전』에서 참조한 훈고서들을 종류별로 분류해 보면 다음의 표와 같다.[51]

| ㉠ 의미를 통석한 전문적 훈고서 | 『爾雅』, 『釋名』, 『廣雅』, 『方言』, 『埤雅』, 『毛詩草木鳥獸蟲魚疏』 |
|---|---|
| ㉡ 성음과 의미를 주석한 전문적 훈고서 | 『經典釋文』 |
| ㉢ 형태·성음·의미를 결합한 전문적 훈고서 | 『說文解字』, 『字林』 |
| ㉣ 운서류 | 『廣韻』 |
| ㉤ 기타 | 『夏小正』, 『風俗通』 |

---

校刊札記』, 劉半農의 『十韻彙編』, 張世祿의 『廣韻硏究』, 周祖謨의 『廣韻校勘記』 등이 있다. 『주역사전』에서는 觀卦 象辭, 觀卦 六二 등에서 인용되고 있다.

49) 원래 『大戴禮記』(1권) 중의 1편으로서 기후 관련 저서인데, 400여 자로 되어 있다. 前漢의 戴德이 지은 것으로 전하고 있으나 편찬시기에 대해서는 의견이 분분하다. 이 책의 성격에 대해서는 두 가지 견해가 있다. 하나는 夏나라의 달력 12개월의 순서에 따라 매달의 星象·기후에 따른 농사와 정치를 기술한 책으로 보는 것이고, 다른 하나는 원시시대 羌族의 제사기록으로 보는 것이다. 이 책은 種植·蠶桑·목축·漁獵 활동에 대해 기록하고 종식과 채집의 종류 및 사용공구에 대해서도 간략하게 서술하고 있다. 당시의 토지제도와 생산관계를 반영하고 있을 뿐 아니라 천문·농업·목축업에 대해서도 언급하고 있어, 진나라 이전의 과학기술과 경제를 연구하는 데 중요한 자료로 평가받고 있다. 이 책의 가치를 반영하듯 많은 학자들이 이 책의 注를 편찬했는데, 대표적인 사람으로 남송의 주희와 蔡元定, 원나라의 金履祥 등을 들 수 있다. 청나라 때에는 이 책에 주를 단 사람이 더욱 많았다. 徐世溥의 『夏小正解』, 黃叔琳의 『夏小正注』, 諸錦의 『夏小正詁』, 畢沅의 『夏小正考注』, 程鴻詔의 『夏小正集說』, 黃模의 『夏小正分箋』, 孫星衍이 校注한 『夏小正傳』 등이 그 예이다. 『주역사전』에서는 大過卦 九二에서 인용되고 있다.

50) 東漢 靈帝(168~188 재위) 때 학자인 應紹의 저서로서 『風俗通義』라고도 불린다. 풍속의 잘못을 바로잡고 그 의미를 밝힌 저술로서, 30권으로 이루어져 있었으나 지금은 대부분 散失되었다. 『주역사전』에서는 離卦 九三에서 인용되고 있다.

51) 周大璞, 『訓詁學初稿』(武漢大學出版社, 1987); 周大璞 저, 정명수·장동우 옮김, 『훈고학의 이해』(동과서, 1993)에서 주로 참조함.

## 1) 자의와 괘의의 구별

그러면 이번에는 정약용이 「독역요지」의 제17칙 '인자認字'에서 언급한 자의字義와 괘의卦義의 구별 문제를 다루어 보기로 하자. 정약용은 자의와 괘의가 종종 혼동되고 있음을 지적하며 양자를 구별하고 있다.

> 「서괘전」과 「잡괘전」에서 언급하는 괘의 의미는 (말 그대로) 괘의 뜻이지, 그 글자의 뜻이 아니다. 그런데 후세의 자전에서 (괘의를) 아울러 기록하여 글자의 뜻으로 삼아 기록하니 큰 잘못이다. ○「서괘전」에 "준屯은 가득 찬 것이고,…… '고蠱'는 일(事)이며,…… '림臨'은 큰 것이다"라고 하였다. 이러한 사례들은 「잡괘전」에서 말한 "비比'는 즐겁고 '사師'는 근심하며,…… '겸謙'은 가볍고 '예豫'는 게으르다" 등과 다름이 없다. 이것은 모두 괘의이니, 자의로 인식하는 것은 오류이다.[52]

괘의는 괘의 뜻이고 자의는 글자의 뜻인데, 양자를 혼동하면 곤란하다. 이러한 혼동이 일어나게 된 원인은 후세의 자서字書에서 괘의를 자의에 흡수해 버린 데 있다. '비比'와 '사師'의 예를 들어 보자. 「잡괘전」의 "비락사우比樂師憂"에 대해 정약용은 이것이 괘의이지 자의가 아니라고 주장하였다. 즉 비比를 즐거움(樂)의 뜻으로, 사師를 근심함(憂)의 뜻으로 본 것은 어디까지나 자의가 아니라 괘의에 해당한다는 것이다. 여기서 하나의 의문이 생긴다. 그렇다면 「서괘전」 혹은 「잡괘전」의 괘의에 자의가 반영된 경우는 없는 것일까? 다시 '비比'를 예로 들어 보기로 하자. 「서괘전」에서는 '비'에 대해 설명하면서 "비자比者, 비야比也"라고 하였다. 그렇다면 이것은 괘의인가, 자의인가? 이 문구만으로 판정하기에는 부족한 점이 있으므로 「서괘전」의 전후 문맥을 살펴보자.

---

52) 「周易四箋 I」, 『定本 與猶堂全書』 15, 61쪽; 『역주 주역사전』 제1권, 128쪽, "序卦雜卦之言卦義者, 是, 卦義也, 非字義也. 而後世字書, 並錄爲字義, 大謬矣"; 「周易四箋 I」, 『定本 與猶堂全書』 15, 61쪽; 『역주 주역사전』 제1권, 131쪽, "序卦는, 屯者, 盈也. 蠱者, 事也. 臨者, 大也, 若此類, 與雜卦所云, 比樂師憂, 謙輕豫怠之等, 無以異也. 皆是卦義, 認之爲字義, 則謬矣."

사師는 무리이다. 무리는 반드시 돕는 바가 있기 때문에 비比괘로써 받았다. 비는 친하여 돕는 것이다. 친하게 가까이 하면 반드시 모이고 쌓는 것이 있기 때문에 소축小畜괘로써 받았다.[53]

위의 인용문을 통해 보면 비比의 의미를 '친하게 붙음'(親附) 혹은 '친하게 가까이 지냄'(親近)이라는 비比의 본의로부터 끌어와서 해석한 것을 알 수 있다. "비자比者, 비야比也"는 동어반복으로 보이지만, 사실은 비比괘의 의미를 사람들이 이미 알고 있는 '비比'의 본래의 뜻으로부터 끌어온 것이다.[54] 이처럼 같은 글자를 반복함으로써 뜻을 풀이한 경우로 「서괘전」의 "몽자蒙者, 몽야蒙也"와 "박자剝者, 박야剝也" 등이 있다. 이 뜻풀이들은 글자의 본래의 뜻에 부합한다. 이러한 예들은 괘명과 동일한 글자를 반복하여 뜻을 풀이한 경우이지만, 다른 글자로 풀이했는데도 자의와 괘의가 일치하는 경우가 있다. 즉 「서괘전」의 "췌자萃者, 취야聚也", "항자恒者, 구야久也", "해자解者, 완야緩也", "쾌자夬者, 결야決也" 등의 경우가 그것이다. 이러한 예들에서도 자의와 괘의는 서로 일치하거나 설령 일치하지 않더라도 양자 사이의 의미의 간격이 그다지 크지 않다. 따라서 위에서 든 예들은 괘명의 풀이를 글자의 본의로부터 이끌어 내고 있는 경우들로서, 자의와 괘의가 일치하거나 혹은 자의로써 괘의를 삼은 것이라고 보아야 한다.

### 2) 자의

정약용은 「독역요지」 제17칙 '인자認字'에서 경전의 뜻을 파악하기 위해서는 자의字義를 먼저 파악해야 한다고 말하였다. 자의를 정확히 해독하는

---

53) 『周易正義』, 394쪽, "師者, 衆也. 衆必有所比, 故受之以比, 比者, 比也, 比必有所畜, 故受之以小畜."
54) 「서괘전」에 있는 "蒙者, 蒙也"와 "剝者, 剝也"의 경우도 마찬가지라고 생각된다.

일의 중요성은 모든 경전에 해당되는 것이겠지만 『주역』의 경우에는 특히 더하다. 정약용은 『주역』의 자의에 분명치 못한 점이 많다고 말하면서 '형亨'·'정貞'·'회悔'·'린吝' 등을 그 예로 들고 있다.[55] 그러면 정약용의 설을 중심으로 이들 글자의 의미를 탐구해 보기로 하자.

### (1) 형亨의 뜻

'형亨'자는 『주역』에서 매우 빈번하게 쓰이는 글자로서 모두 44회나 나온다.[56] 그 중에서 괘사에서 사용된 것이 40회이며,[57] 효사에서 사용된 것이 4회이다.[58] 정약용은 '형亨'을 「계사전」에 나오는 '감이수통感而遂通'의 뜻으로 풀이하고 있다. 일반적으로 '형亨'을 '형통함'의 뜻으로 풀이하는데, 이 의미가 여기에 해당된다. 「문언文言」에서는 원元·형亨·이利·정貞을 사덕四德으로 언급함으로써 마치 네 개의 개념이 동등하게 비교될 수 있는 것 같은 인상을 주었다. 그러나 이 네 글자 중에서 한 글자만으로 단사斷詞를 형성할 수 있는 것은 오직 '형亨'자 밖에 없다. '형亨'은 '형통하다'는 뜻으로 그 자체로 완결된 의미를 가지지만, '원元', '이利', '정貞'의 경우에는 단독으로 쓰이면 그 의미가 통하지 않고 '이정利貞'의 예에서 볼 수 있는 것처럼 다른 글자와 결합해서 써져야지만 그 의미가 통한다.[59]

---

55) 「周易四箋 I」, 『定本 與猶堂全書』 15, 61쪽; 『역주 주역사전』 제1권, 127~128쪽, "欲得經旨, 先認字義. 諸經皆然, 而『易』爲甚. 如亨·貞·悔·吝之等, 字義尙多不白."; 「周易四箋 II」, 『定本 與猶堂全書』 16, 319쪽; 『역주 주역사전』 제8권, 193~194쪽, "讀聖經而求聖道, 其字義名實, 最宜精核, 不可漫漶."

56) 大有卦 九三, 隨卦 上六, 升卦 六四의 세 곳은 '享'이 쓰인 것으로 간주하여 포함시키지 않았다.

57) 萃卦의 괘사에서는 '亨'자가 두 번 나온다.

58) 否卦 初六, 否卦 六二, 大畜卦 上九, 節卦 六四의 네 곳이다.

59) 「周易四箋 I」, 『定本 與猶堂全書』 15, 64쪽; 『역주 주역사전』 제1권, 141쪽, "元亨利貞이 비록 四德을 형성하는 듯하지만, 占法에 있어서는 오직 亨자만이 斷詞가 될 수 있다."(元亨利貞, 雖若四德. 然, 其在占法, 唯'亨'字, 可爲斷詞)

그런데 정약용은 '형亨'·'팽烹'·'향享'의 세 글자는 서로 통한다고 말한다.[60] 이러한 정약용의 주장은 주희의 설과 다르지 않다. 주희는 『주역본의』의 대유大有괘 구삼의 "공용형우천자公用亨于天子"에 대한 주에서 "형亨은 『춘추전春秋傳』에서 '향享'이라고 썼으니, 조헌朝獻의 제례祭禮를 가리킨다. 옛날에 '형통亨通'의 '형亨'과 '향헌享獻'의 '향享'과 '팽임烹飪'의 '팽烹'의 뜻에 모두 형亨자를 썼다"[61]라고 하였다. 그러면 이 세 글자는 어떻게 해서 서로 통하는 글자가 된 것일까?

'형亨'의 고자古字는 '향亯'인데, 『설문說文』에 따르면 "향亯은 바치는 것을 뜻하니, '높을 고'(高)의 생략된 형태이며, 익힌 음식을 바치는 것을 상형한 것이다"(亯, 獻也. 從高省. 曰象進孰物形)라고 하였다. 즉 '향亯'의 윗부분은 '높을 고'(高)자의 생략된 형태이며, 아랫부분은 익힌 제수祭需의 모양을 본뜬 것이다. 『설문』에서는 '향亯'과 '고高'가 같은 근원을 가진다고 보았으니, 금문金文의 '향亯'자는 바로 높은 대臺의 건축물의 형상을 본뜬 것이다. 고대에는 높은 건축물을 쌓아 종묘宗廟 혹은 신묘神廟로 삼고, 여기에 익힌 제수를 높게 쌓아 신에게 제사를 드렸다. 이로부터 '제사드리다'는 '향헌享獻'의 뜻이 나오게 되었다. 익힌 음식을 바치기 위해서는 음식을 삶아야 하므로 '형亨'은 '팽임烹飪'의 '팽烹'과 통한다. '팽임烹飪'이란 곧 '삶아 익히는 것'이니, 음식을 삶아 익히는 것은 '연향燕享'을 위한 것이다. '연향燕享'이란 곧 제사를 가리키니, 제사를 드리면 형통하게 되므로 '제사지낼 향'(享)과 '형통할 형'(亨)은 서로 통하게 된다. 따라서 수隨괘 상육 "왕용형우서산王用亨于西山"과 승升괘 육사 "왕용형우기산王用亨于岐山"에서의 '형亨'은 곧 '향享'과 같다.

---

60) 「周易四箋 I」, 『定本 與猶堂全書』 15, 61쪽; 『역주 주역사전』 제1권, 128쪽, "亨者, 感而遂通見 「比釋」. 然, 亨, 本爲离火之德. 故烹飪之烹, 得與亨通見鼎卦. 烹飪, 所以燕享, 故燕享之享, 亦與亨通見隨·升」."

61) 백은기 역주, 『譯註 周易本義』(여강, 1999), 169쪽, "亨, 春秋傳作享, 謂朝獻也. 古者, 亨通之亨, 享獻之享, 烹飪之烹, 皆作亨字."

제사를 드리기 위해서는 음식을 삶아 익혀야 하고, 또 제사를 드리면 형통하게 된다. 이렇게 해서 '형통할 형'(亨)과 '삶아 익힐 팽'(烹)과 '제사지낼 향'(享)의 세 글자가 서로 통하게 된 것이다.

마왕퇴백서본馬王堆帛書本과 상해박물관上海博物館 소장 전국초죽서본戰國楚竹書本(상박본으로 약칭) 『주역』의 출현은 이 글자들의 기원에 관한 새로운 통찰을 제공한다. 상박본에서는 '제사를 올린다'는 뜻일 때는 '향膏'으로 쓰고, 단점지사斷占之辭의 경우에는 '卿'으로 쓰고 있다. 그러므로 괘사의 '형亨'은 상박본 『주역』에서는 모두 '卿'으로 되어 있다. 수호지진간睡虎地秦簡 『일서日書』에 따르면 '卿'은 '향饗'으로 읽어야 하고, 그 뜻은 '신이 공물供物을 흠향하는 것'이다.[62] 복모좌濮茅左는 상박본 『주역』 제2호간의 고석考釋에서 '卿'은 '향饗'의 옛 글자라고 밝히고 있다.[63] '향饗'자는 고대의 문례文例에서 '향享'과 동일하게 쓰이니, 바로 '향헌享獻'이나 '향사享祀'의 의미이다. 갑골문甲骨文·금문金文·죽간竹簡의 자형字形을 보면 '卿'은 두 사람이 서로 마주보고 음주하는 모습을 상형한 것이다. 금문의 '卿'자에는 확실히 두 사람이 마주보고 먹으려고 하는 형태가 나타나 있다.[64] 그러나 마주보고 있는 양쪽의 관계는 결코 평등한 관계가 아니어서, 한쪽이 제사를 드리는 사람이라고 한다면 다른 한쪽은 그 공물을 받아들이는 귀신이 된다.[65] 그러므로 그 글자가 '향사'의 의미를 지니게 되는 것이다. 『설문』에 따르면 '향饗'은 "마을 사람들이 음주하는 것"(鄕人飮酒也)을 뜻하는데, 식부食部에 속하며 '식食'

---

62) 睡虎地秦簡 『日書』의 "陽日, 百事順成. 邦郡得年, 小夫四成. 以蔡, 上下群神卿(饗)之, 乃盈志"에 대한 주해를 참조할 것.(王子今, 『睡虎地秦簡日書甲種疏證』, 湖北敎育出版社, 2004, 23쪽.)

63) 濮茅左, 『楚竹書周易硏究』 上卷(上海古籍出版社, 2006), 74쪽.

64) 容庚, 『金文編』(中華書局, 1985), 권9, 645쪽, "象兩人相向就食之形. 公卿之卿, 鄕党之鄕, 饗食之饗, 皆爲一字, 羅振玉說" 羅振玉은 '公卿'의 '卿', '鄕黨'의 '鄕', '饗食'의 '饗'이 모두 같은 글자라고 주장하였다.

65) 朱興國, 「釋周易術語"亨"」, bamboosilk.org

과 '향鄕'이 합쳐진 글자로서 '형亨'과 통한다.66) 이러한 맥락에서 '卿'을 '향饗'으로 읽고, '신이 공물을 흠향한다' 혹은 '제사를 드림으로써 점을 친 사람의 소원을 신이 받아들인다'는 뜻으로 해석할 수 있다. 마왕퇴백서본에서도 마찬가지로 '제사를 올린다'는 뜻일 때와 단점지사斷占之辭로 쓰일 때를 구분된다. 즉 마왕퇴본에서는 '향사享祀'의 뜻일 때는 '방芳'으로 쓰고 단점지사의 경우에는 '형亨'으로 쓰고 있다.67)

그 다음으로 '형亨'자의 의미와 관련하여 「문언」과의 관련성을 고찰해 보기로 하자. 「문언」에서는 원형이정元亨利貞을 열거하여 다음과 같이 설명하고 있다.

> 원元은 선善의 으뜸이다. 형亨은 기쁘게 모이는 것이다. 이利는 의로움이 적절하게 조화된 것이다. 정貞은 일(事)의 근간(幹)이다. 군자는 인仁을 체험하고 실천하는 자이니 충분히 다른 사람의 어른이 될 수 있고, 기쁘게 모임을 가지니 예의에 합치할 수 있으며, 사물을 이롭게 함으로써 화합된 정의正義를 구현할 수 있고, 바르고 한결같음(貞固)으로써 일을 잘 처리할 수 있다.68)

왕필 이후 제유들은 원·형·이·정을 사덕이라 부르면서 사덕의 개념을 『주역』의 의리를 밝힐 수 있는 단서로 삼고자 하였다. 북송의 호원胡瑗993~1059)은 『주역구의周易口義』에서 공영달의 견해를 인용하여 사덕을 춘·하·추·동의 사시와 인·의·예·지·신의 오상 등의 개념과 연계시켜 설명하

---

66) 許愼 撰, 段玉裁 注, 『說文解字注』(上海古籍出版社, 2003), 220~221쪽.

67) 마왕퇴본에서 '享祀'의 뜻일 때 '芳'으로 쓴 사례는 困卦 九二의 "利用芳祀"라고 한 것에서 볼 수 있다. 斷占之辭의 경우에는 '亨'으로 쓴 사례는 매우 많으며 同人卦의 "同人于野, 亨" 등이 그 예이다.(Edward L. Shaughnessy, *I Ching - The First English Translation of the Newly Discovered Second-Century B.C. Mawangdui Texts* [Newyork: Ballantine Books, 1996], p.48 및 p.126)

68) 『周易正義』, 14쪽, "元者, 善之長也. 亨者, 嘉之會也. 利者, 義之和也. 貞者, 事之幹也. 君子, 體仁足以長人, 嘉會足以合禮, 利物足以合義, 貞固足以幹事."

였다.[69] 정이程頤는 호원의 영향을 받아, '원'을 만물의 시작(萬物之始)으로, '형'을 만물의 성장(萬物之長)으로, '이'를 만물이 각자 저마다의 적합함을 얻음(萬物之遂)으로, '정'을 만물의 완성(萬物之成)으로 정의하였다.[70] 그러나 원·형·이·정을 역의 네 기둥(四柱)으로 세우고 그로부터 형이상학적 이론을 도출하려는 정이의 시도는 정약용이 보기에 그다지 성공적인 것은 아니었다.[71] 주희는 정이가 사덕에 지나치게 집착했다고 말한 바 있는데, 정약용은 주희의 이 발언을 인용하고 있다.[72]

그렇다면 이제 '형亨'자의 의미와 관련하여, 「문언」에서 "형자亨者, 가지회야嘉之會也"라고 한 것은 '형'자의 본의와 어떤 관계가 있는 것일까? 주목할 것은 이와 매우 유사한 표현이 마왕퇴백서본『주역』의 「무화繆和」편[73]에 나온다는 점이다.[74] 「무화」편의 "형자亨者, 가호지회야嘉好之會也"라는 구절이 바로 그것이다. 그렇다면 '형'자에는 어떻게 해서 '모임'(會聚)의 의미가 부여된 것일까? 아마도 그것은 '형'에 '제사드린다'는 뜻이 있고, 제사를

---

69) 胡瑗, 『周易口義』(中國古代易學叢書 2; 中國書店, 1998), 455쪽, "義曰, 文王旣重伏義所畫之卦, 又爲此卦下之象辭, 以明乾之四德, 又配之四時, 五常而言也."

70) 程頤 撰, 王孝漁 點校, 『周易程氏傳』(中華書局, 2011), 1쪽, "元亨利貞, 謂之四德, 元者, 萬物之始, 亨者, 萬物之長, 利者, 萬物之遂, 貞者, 萬物之成."

71) 「周易四箋 I」, 『定本 與猶堂全書』 15, 65쪽; 『역주 주역사전』 제1권, 142쪽, "특히 「文言」의 글에서는 이 4가지를 四德으로 동등하게 배열하여 춘하추동의 四時의 象에 배당하였는데 [朱子는 '元'은 봄이고 '亨'은 여름이라고 하였다], 이 때문에 많은 학자들은 『周易』을 해설하면서 항상 元·亨·利·貞을 네 기둥(四柱)으로 설정하고자 하니, 그 결과 꽉 막혀 앞뒤의 의미가 통하지 않는 경우가 많게 되었다[朱子가 말하기를, '伊川先生은 四德에 너무 집착했다' 하였다]."(特以「文言」之詞, 平列四德, 以配四時之象[朱子曰, '元爲春, 亨爲夏']. 故諸家說『易』, 每欲立之爲四柱, 便多窒礙不通[朱子曰, '伊川泥那四德'].)

72) 『朱子語類』 第5冊, 권69, 1733쪽, "牝馬之貞, 伊川只爲泥那四德, 所以如此說不通."

73) 繆和는 마왕퇴 백서 『주역』의 역전 중의 한 편이다. '繆'의 중국어 讀音은 7가지가 있고, 우리 발음은 5가지가 있다.(김상섭, 『마왕퇴출토 백서주역』, 下卷, 비봉출판사, 2012, 356쪽) 일반적으로 학계에서는 '繆和'를 '무화' 혹은 '목화'로 읽고 있다. 여기서는 '무화'라는 독음으로 읽기로 한다.

74) Edward L. Shaughnessy, *I Ching – The First English Translation of the Newly Discovered Second-Century B.C. Mawangdui Texts*, p.260, "亨者, 嘉好之會也."

지내는 종묘는 신과 인간이 모이는 곳이기 때문일 것이다. 이렇게 본다면 '형'자의 '형통함'의 의미는 신과 통함의 의미가 되며, 정약용이 '형'자를 '감이수통感而遂通'의 뜻으로 풀이한 것도 역시 같은 맥락에서 이해할 수 있다. 그리고 그 '모임'(會聚)의 의미도 또한 신과 인간의 만남으로 이해할 수 있는 것이다.

### (2) 정貞의 뜻

정약용은 '정貞'자에 세 가지 뜻이 있다고 한다.

첫째는 '이정利貞'이라 할 때의 '정貞'자의 의미이다. 이 경우에 '정'자는 '일'(事)을 의미한다.(貞者, 事也.) 이때 '일'이란 다름 아닌 점치고자 하는 사안을 가리킨다.

둘째는 '정절貞節'이라 할 때의 '정貞'자의 의미이다. 예컨대 준屯괘 육이의 "여자女子, 정貞, 부자不字, 십년내자十年乃字"는 "여자가 정절을 지켜 자식을 낳아 기르지 못하다가 십년 만에야 자식을 낳아 기르게 된다"라는 뜻이다. 이 경우 '정'은 '정절을 지킨다'는 뜻이다.

셋째는 '정貞'이 '회悔'의 대비개념으로 사용되는 경우이다. '정貞'과 '회悔'가 대비적으로 쓰이는 경우는 다시 두 가지 용례로 나뉜다. 하나는 괘가 변하는 것을 '회'라 하고 괘가 변하지 않는 것을 '정'이라 하는 것으로, 이는 『상서尙書』 「홍범洪範」에 언급되어 있으며[75] 『국어國語』의 "정준회예貞屯悔豫"[76]라는 말도 역시 이에 해당된다. 다른 하나는 내괘를 '정'이라 하고 외괘를 '회'라고 하는 것으로,[77] 『좌전左傳』에서 고蠱괘를 정풍회산貞風悔山의

---

75) 漢 孔安國 傳, 唐 孔穎達 疏, 『尙書正義』(十三經注疏 整理本 3; 北京大學出版社, 2000), 372쪽, "曰貞曰悔."
76) 左丘明 撰, 林東錫 譯註, 『國語 2』(동서문화사, 2009), 681~683쪽. 「春秋官占補註」의 「重耳反國之筮」에도 "貞屯悔豫"라는 말이 있다.(「周易四箋 II」, 『定本 與猶堂全書』 16, 240쪽; 『역주 주역사전』 제7권, 274쪽)

괘라고 한 것이 바로 이것이다.[78)

위에서 밝힌 '정貞'의 세 가지 의미 중에서 특히 정약용 학설의 독특성을 보여 주는 것은 첫 번째 학설이다. 따라서 첫 번째 정의에 대해 좀 더 상세히 논해 보기로 하자. '정'자가 일을 의미할 때(貞者, 事也)는 단점지사로 사용되는 경우이다. 이때 '정'자는 단독으로는 점사가 되지 못하고, 반드시 다른 글자에 부착됨으로써 그 기능을 발휘한다.[79) 정약용의 「역례비석상」에서 열거하고 있는 28개의 단사의 용례 중에서 '정'자가 포함된 것이 모두 16개가 있다. 따라서 '정'자는 단사 중에서 가장 큰 비중을 차지한다. 그러면 아래에서 '정'자가 포함된 16개 단사의 용례를 열거해 보기로 하자.

① 원형이정元亨利貞: 크게 형통하고, 일을 맡아 처리함에 이롭다.
② 형이정亨利貞: 형통하고, 일을 맡아 처리함에 이롭다.
③ 이정利貞: 일을 맡아 처리함에 이롭다.
④ 정길貞吉: 일을 맡아 처리한 것이 길하다.
⑤ 정흉貞凶: 일을 맡아 처리한 것이 흉하다.
⑥ 영정永貞: 오래 지속되는 일.('利永貞', '元永貞', '永貞吉', '勿用永貞' 등)
⑦ 거정居貞: 거처를 옮기는 일.('利居貞', '居貞吉' 등)
⑧ 간정艱貞: 어려운 일.('艱貞', '利艱貞' 등)
⑨ 안정길安貞吉: 안정安定된 일에 길하다.
⑩ 이영정利女貞: 부녀婦女의 일에 길하다.
⑪ 이군자정利君子貞: 군자의 일에 길하다.('不利君子貞'도 같은 경우)

---

77) 「周易四箋 II」,『定本 與猶堂全書』16, 240쪽;『역주 주역사전』제7권, 274쪽;『朱子語類』第4冊, 1636쪽.
78) 「春秋官占補註」의 「秦伯伐晉之筮」에 나온다.(「周易四箋 II」,『定本 與猶堂全書』16, 221쪽;『역주 주역사전』제7권, 180~181쪽)
79) 「周易四箋 I」,『定本 與猶堂全書』15, 64쪽;『역주 주역사전』제1권, 141쪽, "卽雖貞字, 例已不同. 如貞吉利貞之類, 必附著他字, 方爲占詞. 單貞, 無可占也." 정약용은 이처럼 주장하였으나, 困卦의 괘사처럼 단독으로 쓰인 경우도 있다. 즉 "困, 亨, 貞, 大人吉"(김석진,『周易傳義大全譯解』下[대유학당, 1996], 1044쪽)이 그것이다.

⑫ 이유인지정利幽人之貞: 은둔자의 일에 길하다.('幽貞吉'도 같은 경우)

⑬ 잡정雜貞: 군사적인 일(師卦의 '貞丈人吉'), 곤란한 일(困卦의 '貞大人吉'), 여행자의 일(旅卦의 '旅貞吉'), 무인의 일(巽卦의 '利武人之貞'), '작은 일'[小貞]과 '큰 일'[大貞](屯卦 九五의 '小貞吉, 大貞凶').

⑭ 가정可貞: 일을 겨우 할 만하다.('不可貞'은 '일을 할 만하지 않다'의 뜻)

⑮ 정린貞吝: 일을 맡아 처리함에 허물을 고치지 않아 순조롭지 않다.

⑯ 정려貞厲: 일을 맡아 처리함에 위태롭다.


이상의 용례는 모두 '정貞'이 '일'(事) 혹은 '일을 맡아 처리함'(幹事)으로 해석되는 경우이다. 그런데 정약용은 '정'에 '일'의 의미뿐 아니라 '올바름'(正)과 '견고함'(固)의 의미도 내포되어 있다고 주장하였다.[80] 이 두 가지 의미는 모두 '일'의 뜻과 결부되어 있다. 먼저 '올바름'과 '일'의 뜻이 서로 연계되는 이유는, 길흉을 알아보기 위해 점을 치는 일은 반드시 옳은 일이어야 하기 때문이다. 무릇 옳지 않은 일이라면 아예 점을 쳐서는 안 되며, 반드시 옳은 일에 대해서만 점을 쳐야 한다.[81] 그러므로 '일'에 '올바름'의 의미가 덧붙여짐으로써, '정貞'은 '올바름에 머무르면서 일을 맡아 처리하는 것'(居正以幹事)을 뜻하게 되었다. 여기서 '거정居正'의 의미를 '올바른 마음자세를 유지하면서' 혹은 '올바름 속에서' 정도로 이해할 수 있을 것이다. 또 '견고함'과 '일'의 뜻이 서로 연계되는 이유는, 일을 맡아 처리하는 방법(幹事之法)은 마치 담장을 건축할 때처럼[82] 반드시 견고함을 중시해야 하기 때문이다.[83]

---

80) 「周易四箋 I」, 『定本 與猶堂全書』 15, 61쪽; 『역주 주역사전』 제1권, 129쪽, "貞者, 正也" 및 "貞者, 固也."

81) 「周易四箋 I」, 『定本 與猶堂全書』 15, 61쪽; 『역주 주역사전』 제1권, 128~129쪽, "不正之事, 不敢以筮, 故謂事爲貞. 貞者, 正也[如'小貞吉, 大貞凶']."

82) 「周易四箋 I」, 『定本 與猶堂全書』 15, 102쪽; 『역주 주역사전』 제1권, 232쪽, "如幹築墻, 乃堅乃固[事之固]."

83) 「周易四箋 I」, 『定本 與猶堂全書』 15, 61쪽; 『역주 주역사전』 제1권, 129쪽, "又幹事之法. 必以堅固, 故謂事爲貞. 貞者, 固也."

그러므로 '정貞'자에는 결국 '일'(事)·'올바름'(正)·'견고함'(固)의 세 가지 의미가 포함되어 있으니, 그 세 의미를 모두 결합시켜서 '이정利貞'을 풀이한다면 '일을 맡아 처리함에 올바름과 견고함으로써 한다면 이롭다'라는 뜻이 될 것이다. 그러나 일을 맡아 처리함에 있어서 '올바름'과 '견고함'은 당연히 전제되어야 하는 요소이기에 구태여 강조하지 않아도 된다. 그러므로 '이정利貞'은 '일을 맡아 처리하면 이롭다' 혹은 '일처리에 이롭다'의 의미가 되는 것이다.

그러나 '정貞'에 '올바름' 혹은 '견고함'의 뜻이 내포되어 있다고 하더라도 그 중심은 어디까지나 '간사幹事'에 있으며, '올바름' 혹은 '견고함'은 그 전제 혹은 부가적 조건에 불과하다. 즉 '이정利貞'은 '일을 맡아 올바르게 그리고 견고하게 처리하면 이롭다'의 뜻인데, 여기에서 그 의미의 골격을 형성하는 것은 '일을 맡아 처리하면 이롭다'이며, '올바르게'와 '견고하게'는 '일을 처리함(幹事)'을 위한 전제 혹은 부가적 조건이 된다. 따라서 '간사幹事'의 의미를 생략한 채 그와 연계된 의미만을 내세운다면 잘못된 해석이 된다.

정약용은 잘못된 해석의 대표적 사례로 정이程頤의 '이정利貞'에 대한 해석을 들고 있다. 정이에 따르면 '이정利貞'에는 세 가지 의미가 있는데 그것은 모두 '올바름'(正)의 의미와 연관되어 있다. 첫째, 손損괘 구이의 효사 "이정利貞, 정흉征凶, 불손弗損, 익지益之"에서 '이정'은 혹시라도 올바르지 못한 데 빠질까 경계하기 위하여 올바름(貞正)을 유지해야만 이롭다는 것을 강조한 경우이다.(戒所利, 在貞正也) 둘째, 대축大畜괘의 괘사 "대축大畜, 이정利貞, 불가식不可食, 길吉, 이섭대천利涉大川"에서 '이정'은 그러한 경계의 의도는 없지만 정도正道를 얻는 것이 이로움을 얻기 위한 조건임을 밝힌 경우이다. 온축蘊蓄은 정도를 얻어야 마땅하기에 '이정'이라고 한 것이다.(人之蘊蓄, 宜得正道, 故云利貞) 셋째, 점漸괘의 괘사 "점漸, 여귀길女歸吉, 이정利貞"에서 '이정'은 올바름이 이로움의 원인이 되는 경우이다. 다시 말해서 이로운 까닭은 그 올바름이 있기 때문이다.(有言所以利者, 以其有貞也) 여자가 시집가서 길한 것은 그 올바른 행실로 말미암은 것이다.(女之歸, 能如是之正, 則吉也) 그 올바름은 본래부터 있었으며, 경계하는 의도에서 말한 것은 아니다.(蓋其固有, 非設戒也)[84] 이러한 정이의 학설을 종합해 보면, '이정'은 '올바르면 이롭다', '올바름을 얻어야 마땅하다', '올바르기 때문에 이롭다' 등의 뜻이 된다.

정이가 '이정'의 세 가지 의미를 구별하였지만, 어쨌든 이 세 의미가 모두 '올바름'(正)의 의미와 연관되어 있다. 그러나 정약용은 정이의 '정貞=정正'의 정의가 잘못된 것이라고 비판한다. 앞서 정약용은 "정자貞者, 정야正也"라고 하였으니, '정貞'에 '정正'의 뜻이 함축되어 있음을 인정한 바 있다. 그럼에도 불구하고 정이의 학설이 잘못되었다고 비판하는 것은 거기에 '간사幹事'의 의미가 생략되어 있기 때문이다. 그러면 정이의 '정貞'='올바름'(正)의 정의를 개별적 효사에 적용할 때 발생하는 문제점에 대해 알아보기로 하자.

동인同人괘의 '이군자정利君子貞'은 '군자의 올바름에 이롭다', 혹은 의역하여 '군자가 올바르게 행동한다면 이롭다'로 해석될 것이다. 이 경우에는 '정貞'='올바름'(正)의 풀이는 잘 들어맞는 것처럼 보인다. 그러나 비否괘의 '불리군자정不利君子貞'의 경우는 어떠한가? 만약 이것을 '군자의 올바름에 불리하다' 혹은 '군자가 올바르면 불리하다'로 해석한다면 군자는 불리함을 피하기 위해서 올바름의 길을 포기하게 될 것이다. 그렇다면 군자는 비색否塞한 시절을 맞이할 경우 올바르게 행동하면 안 된다는 말인가?[85] 모름지기

---

84) 程頤의 말은 漸卦 卦辭의 注에 나온다.(程頤 撰, 王孝漁 點校,『周易程氏傳』, 中華書局, 2011, 304쪽, "程子曰, 諸卦多有利貞, 而所施或不同. 有涉不正之疑, 而爲之戒者. 有其事必貞, 乃得其宜者. 有言所以利者, 以其有貞也. 所謂涉不正之疑而爲之戒者, 損之九二, 是也. 處陰居 說, 故戒以宜貞也. 有其事必貞乃得宜者, 大畜, 是也. 言所畜利於貞也. 有言所以利者, 以其有貞者. 漸, 是也. 言女歸之所以吉利於如此貞正也. 蓋其固有, 非設戒也.")

85) 「周易四箋 I」,『定本 與猶堂全書』15, 70쪽;『周易四箋』, 권1, 22가;『역주 주역사전』 제1권, 154쪽, "同人則曰, '利君子貞', 否則曰, '不利君子貞', 將否塞之時, 君子不宜守正乎?"

군자의 행실이란 어디를 가더라도 바르지 않은 것이 없어야 한다. 이 괘를 얻으면 마땅히 바르게 해야 되고, 저 괘를 얻으면 바르게 하지 않아도 된다는 그런 이치가 세상에 있을 리 만무하다.[86] 이것은 '가정可貞'(坤 六三 等), '불가정不可貞'(蠱 九二 等), '정흉貞凶'(師 六五 等)의 경우도 마찬가지이다. '가정可貞'의 경우에는 올바름을 지켜도 되고 '불가정不可貞'의 경우에는 올바름을 지키지 않아도 되는 것일까? '정흉貞凶'의 경우도 매우 많은데, 그것은 '올바르면 흉하다'의 뜻이 될 것이다. 그렇다면 점을 쳐서 '정흉貞凶'을 만난 사람은 올바름을 어겨서라도 길함을 추구해야 하는 것일까?[87] 또 준屯괘 구오에 "소정길小貞吉, 대정흉大貞凶"이라고 하였으니, '소정小貞'이란 '소사小事'를 가리키며 '대정大貞'이란 대사大事를 가리킨다. 만약 '정貞'='올바름'(正)의 정의를 적용하면, "작게 올바르면 길하고, 크게 올바르면 흉하다"의 뜻이 된다. 이런 해석을 취하면 제일등第一等의 의리를 버려두고 그 다음 등급의 의리를 추구해야 할 것이니, 그 오류가 매우 심하다.[88]

정약용의 '정貞'에 대한 이상의 설명은 다음의 인용문에 자세히 서술되어 있다.

'정貞'은 '올바름'(正)의 의미이다. 복서의 취지는 천명天明을 받는(紹) 데 있음이니, 애초부터 바르지 못한 일이라면 감히 점칠 수 없다. 그러므로 일(事)을 정貞이라고 말하는 것이다. '정貞'이란 일(事)이니, '이정利貞'이란 '일을 처리하기에 마땅하다'(宜幹)는 뜻이다. 군자의 일이란 어떤 일에 있어서나 올바르지 않음(不正)이 없어야 하거니와, 이 괘를 얻으면 마땅히 바르게 해야 되고 저 괘를 얻으면 바르게 하지 않아도

---

86) 「周易四箋 Ⅰ」, 『定本 與猶堂全書』 15, 70쪽; 『역주 주역사전』 제1권, 154쪽, "君子之事, 无往不正. 遇此卦則宜正, 遇彼卦則不宜正. 天下无此理也."

87) 「周易四箋 Ⅰ」, 『定本 與猶堂全書』 15, 70쪽; 『역주 주역사전』 제1권, 155쪽, "有曰, '可貞'[坤六三 之等], 有曰, '不可貞'[蠱九二之等], 筮遇'不可貞'之卦者, 將不可以自正乎? 諸卦言'貞凶'者, 甚多. 君子之義, 辟凶趨吉, 則筮遇'貞凶'者, 將違於正而求吉乎?"

88) 「周易四箋 Ⅰ」, 『定本 與猶堂全書』 15, 79쪽; 『역주 주역사전』 제1권, 175~176쪽, "若云, '小正而吉, 大正而凶', 則筮而遇是者, 將置第一等義理, 必求其次乎, 謬甚矣."

된다는 그런 이치는 세상에 없다. 동인同人괘의 경우는 "이군자정利君子貞"이라 하였고 비否괘의 경우는 "불리군자정不利君子貞"이라 하였는데, 암울한 시기(否塞之時)에는 군자가 바름을 지키지 않아도 된다는 것인가? 또 어떤 경우는 "가정可貞"이라 하고[곤坤괘 육삼 등] 어떤 경우는 '불가정不可貞'이라 하였는데[고蠱괘 구이 등], 점서하여 '불가정'의 괘를 얻은 경우에 스스로를 바르게 해서는 안 된다고 할 것인가? 여러 괘에서 '정흉貞凶'이라 말하는 경우가 매우 많은데, 군자의 의리는 흉함을 피하고 길함으로 나아가는 데 있거니와 점서하여 '정흉'을 얻은 경우는 장차 정도正道를 어겨가면서 길함을 구해야 한다는 것인가? 굳이 '이정利貞'을 '의정宜正'(바르게 함이 마땅하다, 마땅히 바르게 해야 한다)의 뜻으로 풀이한다면, 64괘 384효의 어느 것 하나라도 '이정'이 아님이 없으니, 어찌 단지 대축大畜·대장大壯·점漸·중부中孚 등만이 비로소 '의정'이 되겠는가? 그러므로 '이정利貞'이라는 것은 '일을 맡아 처리하기에 마땅함'(宜幹事)을 말하는 것이다.[89]

## (3) 회悔와 린吝의 뜻

'회悔'와 '린吝'은 개과改過와 연관된 단점지사이다. 성인이 『역』을 만든 이유도 역시 허물을 고쳐서 의義에 나아가기 위한 데 있다. 공자가 "나에게 몇 년을 더 빌려 주어 마침내 『주역』을 배울 수 있다면 거의 큰 허물이 없을 것이다"[90]라고 한 데서도 개과천선改過遷善이 '역가지대의易家之大義'임

---

89) 「周易四箋 I」, 『定本 與猶堂全書』 15, 70쪽; 『역주 주역사전』 제1권, 154~155쪽, "貞者, 正也. 卜筮之義, 紹天明也. 不正之事, 不敢以筮, 故謂事爲貞. 貞者, 事也. 利貞者, 宜幹也. 君子之事, 无往不正. 遇此卦則宜正, 遇彼卦則不宜正. 天下无此理也. 同人則曰, 利君子貞, 否則曰, 不利君子貞, 將否塞之時, 君子不宜守正乎? 有曰, 可貞[坤六三之等], 有曰, 不可貞[蠱九二 之等], 筮遇不可貞之事者, 將不可以自正乎? 諸卦言貞凶者, 甚多. 君子之義, 辟凶趨吉, 則筮遇 貞凶者, 將違於正而求吉乎? 苟以利貞, 訓爲正正, 則六十四卦, 三百八十四爻, 无一而非利貞, 奚特大畜·大壯·漸·中孚之等, 始得爲宜正乎? 利貞也者, 宜幹事之謂也."

90) 『論語』, 「述而」, "假我數年, 卒以學易, 庶無大過矣." 다른 본에서는 '假'가 '加'로, '卒'이 '五十'으로 쓰여 있는 경우도 있는데, 송의 劉安世는 '加'와 '假'는 음이 서로 가까워 잘못 읽은 것이고 '卒'과 '五十'은 글자가 서로 비슷해서 잘못 쓴 것이라고 주장하였다. 이는 '假'와 '卒'을 誤字로 본 것이다. 그러나 정약용은 『논어고금주』에서 '加'는 '假'로 써야 옳고, '卒'은 '五十'으로 써야 옳다고 하고 있다. 정약용이 '假'로 써야 옳다고 한 것은 『史記』를 따른 것이며, "五十學易"이 옳다고 본 것은 『예기』 「내칙」에 "二十學禮"

을 깨닫게 된다. 인간이라면 누구나 과오를 범하지 않을 수 없다. 그러나 과오를 범한 이상 그 과오를 고쳐서 선으로 나아가야 한다. '회悔'란 과오를 범한 뒤에 허물을 고치는 것이고, '린吝'이란 그 허물을 고치는 데 인색한 것이다. '회悔'자는 '매每'와 '심心'자가 합쳐진 글자로, 마음에 늘 잊지 않는 것을 뜻한다.[91] 그리고 '린吝'은 '문文'과 '구口'가 합쳐진 글자로, 구설口舌로써 허물을 문식文飾하는 것을 가리킨다.[92] 이것을 괘상에 적용시키면, 괘와 상이 모두 변하면 '회悔'가 되니, 점치는 법에 변괘變卦를 곧바로 회괘悔卦라고 하고 또 『국어』「진어晉語」에서 "정준회예貞屯悔豫"라고 한 것이 바로 이러한 용례에 해당된다. 반면에 괘는 이미 변했는데도 상이 오히려 변하지 않고 있다면 '린吝'이 된다. 음이면서 양위에 머무르고 있거나 혹은 양이면서 음위에 머무르고 있다면 그 합당한 자리가 아니다. 그런데도 그러한 상태를 고치려고 하지 않으면 그 점이 인색한 것이 된다. 또 간艮의 미혹함과 태兌의 위태로움은 결코 바람직한 상태가 아닌데도 고치지 않고 그대로 있다면 그 역시 인색한 것이 된다.

---

등의 용례가 있기 때문이다. 『주역사전』에서는 '加'를 '假'로 쓰고 있어 『논어고금주』와 일치하지만, '五十'의 경우에는 '卒'로 쓰고 있어 그 표기가 서로 일치하지 않는다.(『역주 논어고금주』 제2권, 사암, 2010, 202~207쪽) 『주역사전』 무진본은 1808년의 저술이고 『논어고금주』는 1813년 무렵의 저술인데, 『주역사전』의 표기가 잘못된 것인지 아니면 정약용의 견해가 『논어고금주』에 이르러 달라진 것인지는 알 수 없다. 여기에서는 『주역사전』의 표기를 따르는 것이 옳다고 생각되어, '卒'로 읽고 '마침내'의 뜻으로 풀이한다.

91) 「周易四箋 I」, 『定本 與猶堂全書』 15, 61쪽; 『역주 주역사전』 제1권, 130쪽, "每心不忘曰, '悔'."

92) 「周易四箋 I」, 『定本 與猶堂全書』 15, 61쪽; 『역주 주역사전』 제1권, 130쪽, "口舌文過曰, '吝'."

# 제3장 사대의리와 삼역지의

'사전四箋'은 서명書名인 동시에 『주역』의 해석원리인 추이推移·물상物象·
호체互體·효변爻變을 가리키는 용어이다. '전箋'은 주석의 한 형태인데, 여기서
는 해석방법론이라는 의미를 함축하고 있다.[1] 일반적으로 학계에서는 정약
용의 네 가지 『주역』 해석방법을 가리켜 '역리사법易理四法'이라고 부르고
있다.[2] 그러나 정약용은 「괄례표括例表」에서 '역유사법易有四法'이라고 말한
적은 있어도 '역리사법'이라는 용어를 사용한 적은 없다. 정약용 자신은
이 네 가지 방법을 총괄하는 용어로서 「제무진본題戊辰本」에서는 '사의四義'[3]라

---

1) 箋은 『說文』에 "箋은 책에 표지를 해 놓는 것이다"(笺, 表識書也)라고 하였으니, 원래
   책 속에 꽂아 두는 작은 대나무 쪽지를 가리키는 말이었다. 그런데 나중에 대나무
   대신에 좁은 종이쪽지를 써 붙여서 특별히 기억할 만한 곳을 표시하게 되었는데,
   이것을 '찌지'라고 한다. 여기에서 註釋이나 註疏의 의미가 나왔다. 일반적으로 '箋'은
   隨文釋義(글을 따라가면서 뜻을 풀이함)의 방식으로 써진 注疏의 한 종류를 가리키며,
   補充과 訂正의 의미가 포함되어 있다. 이러한 형식의 주석은 漢代의 鄭玄으로부터
   시작된 것으로 알려져 있다.
2) 여기서 한 가지 유념해야 할 사항은 정약용이 사용한 해석방법에는 위의 네 가지
   해석방법 이외에도 '三易之義'가 있다는 사실이다. '三易之義'란 交易, 變易, 反易의 세
   가지 괘 변화의 방식을 말한다. 정약용은 「괄례표하」에서 '推移正義' 이외에도 三易에
   관한 학설이 있다고 말함으로써, 이것을 괘의 이동변화와 관련된 해석방법의 범주에
   포함시키고 있다. 따라서 이 셋을 포함시키면 정약용이 활용하고 있는 해석방법은
   일곱 개로 늘어나기 때문에 '七箋'이라는 표현도 가능할 것이다. 그러나 정약용이
   추이, 물상, 호체, 효변을 '四大義理'라고 부른 것으로 보아서 '三易之義'는 그 활용도가
   상대적으로 떨어지는 것으로 간주된 것 같다.

는 용어를, 「괄례표括例表」에서는 '사법四法'이라는 용어를 썼다. 또 「계사전」의 주에서 '사대의리四大義理'라는 용어를 사용하기도 하였다. 아울러 『주역사전』의 서명書名으로 『주역사해周易四解』가 사용된 것으로 미루어 볼 때, '사해四解'도 네 가지 해석방법을 지칭하는 용어로 쓰였던 것으로 추정된다.[4] 어쨌든 사법四法·사의四義·사해四解·사대의리四大義理 등의 용어는 그 자체로는 『주역』의 해석을 위한 방법임을 분명하게 표현하지 못한다는 한계가 있다. 반면에 '역리사법易理四法'이라는 용어를 사용할 때는 역학해석방법론이라는 의미는 명확하게 드러나지만, 이법理法에 의해서 『역』의 체계가 성립된다는 잘못된 관념을 심어 줄 우려가 있다. 그러나 필자의 생각으로는 정약용도 '사대의리'라는 용어를 사용한 바 있으므로 그대로 써도 무방하다고 생각된다.[5] 이 경우 '의리義理'는 해석의 원리 정도를 의미하는 것이 된다.

그러면 이제 『주역사전』의 네 가지 해석규칙에 대한 설명으로 나아가기로 하자. 정약용은 「사전소인四箋小引」과 「괄례표括例表」에서 역리사법을 '추이推

---

3) 「周易四箋 I」, 『定本 與猶堂全書』(다산학술문화재단, 2012) 15, 31쪽; 『역주 주역사전』 제1권, 23쪽, "甲子本, 四義雖具, 粗略不完."

4) 정약전은 「巽菴書牘·寄茶山」에서 '四解'와 '象解'라는 명칭을 거론하고 있다. "『易解』의 서문은, 먼 바다의 외딴 섬에서는 서적을 참고할 수가 없고 세월도 여유롭지 않아 연약한 풀잎에 붙어 있는 가벼운 티끌처럼 덧없어, 참으로 자네 말처럼 급한 마음에 간략하게 엮어 보내긴 하지만 거칠고 서툴러 부끄럽기만 하네. 다만 내 생각에 '四解'라는 이름은 '象解'보다 못한 것 같네.…… 만일 예전처럼 '象解'라고 부르고자 한다면 서문도 마땅히 고쳐야 한다네."(『易解』序文, 窮海無以考書, 歲月不饒, 弱草輕塵, 誠如君言, 草草搆送, 荒拙可愧. 但吾意, 則名曰'四解'不如'象解'.…… 若欲仍舊呼作'象解', 則序亦當有改耳.; 丁若鏞 丁若銓 著, 丁海廉 譯, 『다산서간정선』, 번역 115쪽, 원문 322쪽) 「巽菴書牘」은 乙丑年(1805) 五月 初三日에 흑산도에 유배 중이던 정약전이 동생 정약용에게 보낸 서찰이다. 이 글로 미루어 볼 때, 정약용이 정약전에게 서문을 부탁했을 때는 '周易四解'라는 이름으로 맡겼으나, 정약전은 그 명칭이 탐탁하지 못하여, 차라리 그 이전에 사용하던 '周易象解'라는 명칭이 더 낫다고 여긴 것 같다. 따라서 『周易四箋』이라는 서명이 처음부터 쓰인 것은 아니고, 그 이전에는 『周易四解』 혹은 『周易象解』라는 서명이 사용되었던 것으로 추정해 볼 수 있다.(황병기, 『다산 정약용의 역상학』, 연세대, 2004, 9~11쪽)

5) '역리사법'이라는 용어는 『주역사전』은 물론이고 『易學緖言』에서도 한 번도 사용된 적이 없다. 필자가 알기로는 '역리사법'은 다산학 전문가인 이을호 선생이 처음으로 사용한 이후에 확산되고 정착된 용어이다.

移→물상物象→호체互體→효변爻變'의 순서로 설명하고 있다. 이러한 순서는 「여윤외심서與尹畏心書」에서 역리사법에 대해 설명할 때에도 역시 지켜지고 있다. 그러나 「자찬묘지명自撰墓誌銘」(集中本)에서는 '추이→효변→호체'의 순서로 각각 내용을 소개한 다음에, 이 셋을 함께 묶어서 '역유삼오易有三奧'라고 부르고 있다.6) 이 세 가지 오의奧義가 갖추어진 이후에야 물상物象이 묘합妙合하게 된다고 하였으니, 결국 '추이→효변→호체→물상'의 순서로 설명한 것이 된다. 이렇게 물상物象을 나머지 셋으로부터 분리시킨 것은 그 성격이 확연히 다르다는 점을 고려했기 때문인 것으로 보인다. 앞의 세 가지가 괘상卦象을 해석하기 위한 상수학적 해석기술인 데 반해서, 물상은 괘사卦詞의 해석이 「설괘전」의 괘상의 설명과 연계해서 이루어져야 한다는 상수학적 기본원리에 관한 것이다. 그리고 필자의 견해로는 '삼오三奧'를 '추이→효변→호체'의 순서로 설명하는 것이 보다 더 합리적이다. 왜냐하면 추이와 효변은 모두 괘상의 이동과 변화를 설명하는 해석방법인 반면에, 호체는 괘상을 취하는 방법에 관련된 해석방법이기 때문이다. 따라서 필자는 「자찬묘지명自撰墓誌銘」(集中本)의 순서를 따라 정약용의 네 가지 『주역』 해석방법을 '추이→효변→호체→물상'의 순서로 설명하려고 한다.


## 1. 추이

### 1) 추이의 의미

추이推移7)는 역리사법을 구성하는 네 가지 해석원리 가운데 하나이다.

---

6) 「自撰墓誌銘」(集中本), 『定本 與猶堂全書』 3, 272쪽, "三奧具而物象妙合."

7) 원래 '推'는 '추'와 '퇴'의 두 가지 독음이 있다. '推移'를 관습적으로 '추이'로 읽고 있지만, '퇴이'로 읽는 것도 가능하다. 그렇게 되면 '推移'의 중국어 발음 'tuiyi'에 가깝게 된다. 이 책에서는 관습을 존중하여 '추이'로 읽기로 한다.

일반적으로 역학사에서 추이는 괘변卦變이라는 용어로 더 잘 알려져 있다.8) 그러면 정약용은 왜 일반적으로 통용되는 괘변이라는 용어 대신에 추이라는 용어를 사용한 것일까? 그것은 아마도 기존의 괘변설로부터 자신의 학설이 갖는 차별성을 강조하기 위해서일 것이다. 정약용이 특히 추이라는 말을 택하게 된 데에는 모기령毛奇齡의 『중씨역仲氏易』의 영향이 있었을 것으로 추정된다. 왜냐하면 모기령이 『중씨역』 「서序」에서 이역移易9)에 대해 설명하면서 '추이推移'라는 말을 쓰고 있기 때문이다.10) 뿐만 아니라 모기령은 『추역시말推易始末』에서 괘변과 같은 의미로 '추역推易'이라는 용어를 사용하고 있다. 이때 '추역推易'은 사실상 '추이推移'와 거의 같은 의미로 사용되고 있다.11)

그러면 '추이'란 무엇을 뜻하는가? 원래 '추推'는 ①밀다·밀치다(排), ②변천變遷하다 등의 뜻을 포함하고 있으니, '추이'란 '밀어 옮기는 것'을 의미한다. 그러면 무엇을 밀어내어 옮긴다는 것일까? 「계사전」에 "강剛과 유柔가 서로 밀어 옮겨 변화를 생성한다"(剛柔相推而生變化)라고 하였으니, 추이란 어떤

---

8) 卦變과 變卦는 완전히 다른 개념이므로 서로 혼동하면 안 된다. 卦變이란 한 괘에서 두 개의 爻가 서로 자리를 교환함으로써 새로운 괘로 변화되는 것을 가리키며, 變卦는 한 괘의 어떤 爻가 양에서 음으로 혹은 음으로 변화되는 것을 가리킨다. 變卦란 爻變의 다른 이름이다.

9) 移易은 전통적 학설에서는 卦變에 해당된다. 移易은 모기령의 五易說을 구성하는 한 부분이다. 모기령의 五易說이란 괘의 변화방식에 다섯 가지가 있음을 말한 것이니, 그 다섯 가지는 다음과 같다. ①變易, ②交易, ③反易, ④對易, ⑤移易.

10) 모기령은 『仲氏易』 「序」에서 다음과 같이 말하고 있다. "이역이란 그 分聚를 살피고 그 往來를 헤아려서, 推移하여 위와 아래로 가게 하는 것을 말한다."(移易, 謂審其分聚, 計其往來, 而推移而上下之.)

11) 모기령이 卦變이라는 전통적 술어 대신에 '移易'이란 술어를 사용한 데에는 자신의 이론이 전통적 학설과는 그 체계를 달리한다는 것을 내세우려는 의도가 강하게 작용하고 있다. 왜냐하면, 不易卦·聚卦·半聚卦·子母易卦·分易卦 등의 형식은 전통적 역학에 없는 모기령 역학의 독특한 방법이기 때문이다. 마찬가지로 정약용도 자신의 추이설이 전통적인 괘변설과는 다른 것이라는 것을 드러내기 위해 추이라는 새로운 용어를 사용한 것으로 짐작해 볼 수 있다.

괘의 강(剛陽) 또는 유(柔陰)의 괘획(卦畫)을 밀어내어 다른 위치로 이동시킴으로써 괘의 변화를 발생시키는 것을 가리킨다. 일반적으로 괘변설은 '모괘자모괘래(某卦自某卦來)' 즉 '모괘(某卦)는 모괘(某卦)로부터 왔다'의 형식을 취하고 있다. '모괘자모괘래'를 'A괘는 B괘로부터 변화된다'라는 형식으로 치환(置換)시켜 추이의 법칙을 이해해 보기로 하자. 괘변설의 일반적 형태는 B괘에 벽괘를 배치하고, A괘에 나머지 괘들을 배치하는 형태를 취하고 있다. 정약용의 괘변설도 전통적 학설을 바탕으로 만들어진 것이기 때문에 이러한 일반적 형식에서 크게 벗어나지 않는다. 다만 전통적 괘변설과 다른 점은 경방의 12벽괘에 소과(小過)·중부(中孚)의 두 괘를 추가하여 14벽괘설을 주장했다는 것과 64괘 가운데 14벽괘를 제외한 나머지 50괘들을 연괘(衍卦)라고 부른다는 점에 있다. 따라서 정약용의 괘변의 법칙은 '연괘 A는 벽괘 B로부터 변한다'는 형식으로 서술될 수 있다.

## 2) 14벽괘

### (1) 12벽괘

역학사에서 벽괘라는 명칭을 최초로 사용한 인물은 서한 말기의 경방(京房)(BC.77~BC.37)이다. 『한서』「경방전(京房傳)」에 따르면, 경방은 맹희(孟喜)의 문인(門人)인 초연수(焦延壽) 즉 초공(焦贛)으로부터 배웠다고 한다. 이 기록에 따른다면 맹희에서 초연수를 거쳐 경방으로 역학의 전수가 이루어진 것이 된다. 맹희는 살아 있을 때 초연수와 서로 왕래가 있었으므로, 초연수의 역학은 곧 맹씨학(孟氏學)으로 간주되었다. 경방은 맹희의 소식괘(消息卦)를 벽괘라고 불렀는데, 벽(辟)은 군(君) 즉 군주를 뜻하였다. 벽괘가 군주가 되면 나머지 괘들은 당연히 신하(臣下)가 된다. 신하괘(臣下卦)는 다시 공(公)·후(侯)·대부(大夫)·경(卿)의 괘로 나눠진다. 군주가 신하를 통치하듯이 벽괘는 자신을 제외한

나머지 모든 괘들의 변화의 방식을 제어한다.[12]

정약용은 벽괘라는 명칭이 경방이 벽괘설을 창안하기 훨씬 이전부터 사용되어 왔다고 확신하고 있었지만[13] 자신의 주장을 뒷받침할 만한 전거典據를 제시하지 못하였다. 벽괘라는 명칭은 『주역』의 경문이나 십익에 나오지 않을 뿐 아니라, 경방 이전의 어느 누구에 의해서도 사용된 바가 없다. 어쨌든 벽괘라는 명칭이 경방 이전에 쓰이지 않았다고 해서 큰 문제가 되는 것은 아니다. 경방 이전에도 맹희孟喜가 12소식괘를 중심으로 괘기설卦氣說[14]을 전개한 바 있고, 경방이 다시 이것을 12벽괘[15]라고 다시 명명한 것일 뿐이다.[16] '소식消息'이라는 말은 「단전」에 나오는데, 「단전」에서는 소식의 원리를 거역할 수 없는 우주의 대섭리로 제시하고 있다. 예컨대 풍䷶괘의 「단전」에서는 소식의 이치를 다음과 같이 서술하고 있다.

해가 중천에 오면 기울어지며, 달이 차면 일그러지니, 천지가 가득 차거나 텅 비게

---

12) 『漢書』 「京房傳」에 辟卦의 뜻에 대해 다음과 같이 설명한다. "顔師古가 注에서 孟康을 인용하여 다음과 같이 말하였다. '경방은 消息卦를 辟이라고 했으니, 辟이란 君이다. 息卦를 太陰이라고 하고 消卦를 太陽이라고 했으며 그 나머지 괘들을 少陰과 少陽이라고 했으니, 臣下를 일컫는 것이다.'"(顔師古注引孟康曰: '房, 以消息卦爲辟. 辟, 君也. 息卦曰太陰, 消卦曰太陽, 其餘卦曰少陰少陽, 謂臣下也.')

13) 「唐書卦氣論」, 『易學緖言』, 『定本 與猶堂全書』 17, 121쪽, "벽괘라는 명칭은 예로부터 있었으니, 다른 괘들을 통섭하는 괘를 가리켰다. 그런데 焦贛과 京房 등이 公·侯·卿·大夫 등의 군더더기 같은 설을 덧붙여서 만들어 내었다."(辟卦之名, 自古有之, 以統諸卦, 而焦贛·京房之等, 添出贅疣, 爲公·侯·卿·大夫之說耳)

14) 卦氣說은 『易緯稽覽圖』에서 나왔다. 『四庫全書總目提要』에서는 孟喜와 京房의 학문이 모두 여기에서 나왔다고 하였다.("蓋卽孟喜京房之學所自出, 漢世大儒言易者, 悉本於此.")

15) 십이벽괘는 '十二消息卦', '十二君卦', '十二月卦', '十二主卦' 등의 異稱으로도 불린다.

16) 사실 다산역과 경방역 사이에 벽괘라는 명칭을 사용하고 있는 것 이외에 그다지 공통점이 많은 것은 아니다. 다산역에서 벽괘는 어디까지나 괘변설과 결합됨으로써 제 역할을 다하게 된다. 漢易의 사상가 중에서 다산역과 가장 큰 공통점을 보이는 사람은 虞翻(字는 仲翔, 164~233)이다. 우번은 12벽괘를 괘변설과 결합시킴으로써 다산역의 괘변설과 매우 흡사한 형태를 취하게 되었다.

되는 것도 시간과 더불어 꺼지거나 자라나는 것인데, 하물며 사람에 있어서랴!
하물며 귀신에 있어서랴!17)

여기서 표현된 음양소식설陰陽消息說은 중국 민족이 오래 전부터 관찰해
온 우주의 섭리에 바탕을 둔 것이었다. 태양이 동쪽에서 떴다가 서쪽으로
지고, 달도 찼다가는 또 다시 기울듯이, 음과 양의 세력이 갈마들면서
사계四季가 순환한다. 한대漢代의 상수학은 이러한 천지자연의 순환을 괘효
卦爻에 구현시키려고 한 것으로, 사계四季의 순환을 12벽괘로 나타냈던
것이다. 한유들은 벽괘를 양이 생겨서 자라나는 과정을 나타내는 식괘息卦와
음이 생겨서 자라나는 과정을 나타내는 소괘消卦의 두 부분으로 나누었
다.18) 한유들의 분류에 따르면 식괘息卦에는 복復・림臨・태泰・대장大壯・쾌
夬・건乾이 배당되고, 소괘消卦에는 구姤・둔遯・비否・관觀・박剝・곤坤이 배
당되는데 이를 도표로 표시하면 다음과 같다.

| | 息卦 | | | | | | 消卦 | | | | | |
|---|---|---|---|---|---|---|---|---|---|---|---|---|
| | 復 | 臨 | 泰 | 大壯 | 夬 | 乾 | 姤 | 遯 | 否 | 觀 | 剝 | 坤 |
| 卦象 | ䷗ | ䷒ | ䷊ | ䷡ | ䷪ | ䷀ | ䷫ | ䷠ | ䷋ | ䷓ | ䷖ | ䷁ |
| 月曆 | 11월 | 12월 | 1월 | 2월 | 3월 | 4월 | 5월 | 6월 | 7월 | 8월 | 9월 | 10월 |
| 十二支 | 子 | 丑 | 寅 | 卯 | 辰 | 巳 | 午 | 未 | 辛 | 酉 | 戌 | 亥 |

12소식괘는 양이 증가하는 식괘息卦와 음이 증가하는 소괘消卦의 두 부분
으로 구성된다. 첫째로 복復에서부터 건乾에 이르는 과정은 양의 세력이
아래에서 위로 점증하는 과정으로서, 이 과정에서는 양기가 점차적으로

---

17) "日中則仄, 月盈則食, 天地盈虛, 與時消息, 而況於人乎! 況於鬼神乎!" 소식이라는 용어는
   剝卦 「단전」에도 나온다. "君子, 尙消息盈虛, 天行也."
18) 徐芹庭, 『兩漢十六家易注闡微』(五洲出版社, 1975), 71쪽.

강해지고 음기가 점차적으로 약해지니, 양식음소陽息陰消의 과정이다. 둘째
로 구姤에서부터 곤坤에 이르는 과정은 음의 세력이 아래에서 위로 점증하는
과정으로서, 이 과정에서는 음기가 점차적으로 강해지고 양기가 점차적으
로 약해지니, 음식양소陰息陽消의 과정이다. 전자를 건乾괘의 「단전」에서
"시승육룡時乘六龍"이라고 표현한 건도변화乾道變化의 과정이라고 한다면,
후자는 곤도변화坤道變化의 과정이라고 할 수 있다. 전체적으로 볼 때, 벽괘의
변동은 사계의 순환을 기호로 재현한 것이며, 반反과 복復의 운동을 되풀이한
다. 이것을 도표로 표시하면 다음과 같이 된다.[19)

이처럼 한유漢儒들은 64괘 중에서 위의 12괘를 주축으로 하여 『주역』의
구조를 파악하고, 기타 제 이론을 소식괘와 결합시킴으로써 음양소식설이
라는 독특한 이론체계를 만들어 내었다. 한유들이 음양소식관을 통해

---

19) 「12벽괘소식도」의 출처:
    http://1803.img.pp.sohu.com.cn/images/2008/9/9/16/26/11cecfe9af0g215.jpg

추구하였던 것은 자연계와 인간계를 통섭統攝하는 보편적 통일원리를 제시하려는 것이었다. 이것은 천지자연의 질서 속에서 인간생활의 규범을 찾으려는 천인통일관天人統一觀을 확립하려는 시도로서, 이러한 천인통일관의 관점에서 인간은 꺼지고 자라는 천지자연의 대섭리에 종속되고 지배되며 순종해야 하는 존재로 간주된다.[20] 그 당시 천문天文·율력律曆 등의 사상은 상수역의 음양소식관을 수용함으로써 이루어졌는데, 이들 이론은 미래에 대한 길흉을 예지하려는 시도를 함으로써 주술적이거나 신비적 요소를 띠기도 하였다.[21] 이들 한유들이 전개한 음양소식설의 이론적 기반이 되었던 것은 음양오행론을 위주로 한 상수학이었다.

음양소식설에 기반을 둔 상수학을 제일 먼저 전개한 사람은 맹희孟喜였다. 그 이후 초연수焦延壽·경방京房 등을 거쳐서 음양재변陰陽災變의 역설易說이 한대 사상을 지배하게 되었다. 이들은 음양소식의 리理를 괘효卦爻에 구현시키려고 하였는데, 이때 리理는 천지자연의 리理로서 일월日月의 진퇴進退와 사시四時의 추이推移를 지배한다.[22] 그런데 맹희에 의해 시작된 한대의 상수학은 경방에 이르러 점후역占候易으로서 대성大成하게 되었다. 상수역의 규모는 후한에 이르러 정현鄭玄·순상荀爽·우번虞翻을 거치면서 더욱 정밀해지고 광대해졌다.[23] 이들 이론에 있어서 중심축中心軸이 되었던 것은 앞서도 말한 바와도 같이 십이소식괘라고 하겠는데, 십이소식설은 그 밖의 여러 이론들과 결합됨으로써 역학사적으로 변천해 갔다. 십이소식설은 경방의 괘기설에서는 역曆과 결합하였고,[24] 정현의 효진설爻辰說에서는 성상星象의 천문사상과 결합하였으며, 우번에게서는 월체납갑설月體納甲說

20) 鈴木由次郎, 『漢易硏究』(明德出版社, 1963), 165~167쪽.
21) 武內義雄, 『易と中庸の硏究』(岩波書店, 1943), 204쪽.
22) 鈴木由次郎, 『漢易硏究』, 3~12쪽.
23) 鈴木由次郎, 『漢易硏究』, 7쪽.
24) 鈴木由次郎, 『漢易硏究』, 167쪽.

과 결합하였다.[25] 순상은 맹희에 의해 전개된 십이소식설을 계승하여 괘변설과 결합된 형태의 이론을 전개하였으며, 우번은 순상에 의해 전개된 소식괘변설을 더욱 정밀하게 발전시켰다.[26] 이처럼 괘변설과 결합된 소식설이야말로 정약용이 계승해서 발전시키고 있는 이론의 모태이다.

### (2) 재윤지괘

위에서 14벽괘 중 12벽괘에 대해서 설명했으므로 이제 나머지 두 벽괘에 대해 설명할 차례이다. 정약용이 12벽괘 이외에 별도로 소과小過·중부中孚를 벽괘로 채택한 것은 정약용 추이설의 중요한 특징이다. 정약전丁若銓은 소과·중부를 벽괘에 편입시킨 것을 다산역의 큰 공로로 평가한 바 있다.[27] 소과괘와 중부괘는 윤월閏月을 상징하므로 재윤지괘再閏之卦 혹은 양윤지괘兩閏之卦라고 불린다. 건乾·곤坤을 포함한 12벽괘가 군주君主의 존재로 묘사되고 있는 데 반해서, 양윤지괘兩閏之卦는 추뉴樞紐에 비견된다.[28] 추뉴란 곧 지도리를 뜻하니, 지도리란 문짝을 문설주에 달아서 문짝을 받치거나 여닫게 하기 위해 붙이는 돌쩌귀(경첩, hinge)를 가리킨다. 지도리는 매우 작은 물건이지만, 지도리가 없다면 육중한 문이 매달려 있을 수 없을 뿐 아니라 회전할 수도 없다. 마찬가지로 괘의 변화는 소과와 중부라는 지도리가 있음으로 해서 원활하게 운용된다. 소과와 중부는 이음괘二陰卦와 이양괘二陽卦의 추이에 참여하여 마치 지도리와 같은 역할을 담당한다. 소과와 중부의 괘 형태를 보면 각각 대감大坎(☵)과 대리大離(☲)의 형태를

25) 鈴木由次郎, 『漢易硏究』, 240쪽.

26) 王震, 「易消息述要」, 『易學應用之硏究』 제2집(臺灣: 中華書局, 1982), 277쪽.

27) 「玆山易柬」, 『易學緒言』, 『定本 與猶堂全書』 17, 302쪽, "대저 그대는 易學에 있어 긴 밤의 샛별이라 하겠거니와, 특히 小過卦와 中孚卦의 의미를 밝혀낸 것은 그 공이 더욱 크다. 내가 그대의 형인 것이 또한 만족스럽다."(大抵君之於易, 可謂長夜曙星. 而至於發出 小過中孚之義者, 其功尤大矣. 吾爲君之兄亦足矣)

28) 『易學緒言』, 『定本 與猶堂全書』 17, 208쪽, "十二辟卦爲之君主, 而兩閏之卦爲之樞紐."

취하고 있으니, 달(月)과 해(日)의 상징이기도 하다.[29] 일월日月의 영허盈虛는 사시의 순환과 연계되어 윤달을 만들어 낸다. 12벽괘의 변화의 근거가 건乾·곤坤이라면, 소과·중부는 감坎·리離에 해당된다. 정약용의 역학체계에서 건乾·곤坤·감坎·리離는 사정괘四正卦에 해당되니, 자연의 네 가지 구성요소인 천天·지地·수水·화火에 상응한다.

## 3) 50연괘

이제 14개의 벽괘가 정해졌으므로 나머지 괘들에 대해서 언급할 차례이다. 『주역』의 64괘에서 14벽괘를 제외하면 50괘가 남게 되는데, 정약용은 이 50괘를 연괘衍卦라고 불렀다. 그런데 연괘라는 명칭은 「계사상전」 제9장에서 "대연지수大衍之數, 오십五十"이라고 한 것에서 유래한다.[30] '대연大衍'이란 '크게 펼쳐낸다'는 뜻이니, 14벽괘(King Hexagrams)를 펼쳐서 확장한 것이 50연괘(Expanded Hexagrams, 혹은 Extended Hexagrams)이다. 정약용은 주周나라 사람들이 50연괘를 가리켜 '대연大衍'이라고 불렀다고 주장한다.[31] 그러나 그의

---

29) 「周易四箋 I」, 『定本 與猶堂全書』 15, 34쪽; 『역주 주역사전』 제1권, 31쪽, "小過者, 大坎也. 中孚者, 大离也."

30) 「周易四箋 II」, 『定本 與猶堂全書』 16, 298~306쪽; 『역주 주역사전』 제8권, 125~142쪽, "대연의 수는 50이지만, 그 쓰는 것은 49이다. 나누어 두 부분으로 하여 하늘과 땅을 상징한다. 하나를 걸어서 三才를 상징한다. 네 개씩 헤아려서 사계절을 상징한다. 손가락 사이에 남은 것을 되돌려 끼워서 윤달을 상징한다. 5년에 두 번 윤달이 있으므로 두 번 손가락 사이에 끼운 다음에 걸어 둔다."(大衍之數五十, 其用四十有九. 分而爲二以象兩, 掛一以象三, 揲之以四, 以象四時, 歸奇於扐, 以象閏, 五歲再閏, 故再扐而後掛.)

31) 「周易四箋 II」, 『定本 與猶堂全書』 16, 298쪽; 『周易四箋』, 권8, 15가; 『역주 주역사전』 제8권, 125~126쪽, "大衍이라는 것은 衍卦를 말한다. 64괘 가운데 12辟卦는 춘하추동의 四時에 해당되고 中孚卦와 小過卦는 두 번의 윤달에 해당되며 그 나머지 50卦를 周나라 사람들이 대연이라고 부른 것이니, 대개 이 50괘가 모두 14개의 벽괘로부터 변화되어 나온 것으로서 그 14개의 괘를 펼쳐 확장하여 괘로 만들었다는 것을 말한다(그 방식은 「推移表」에 상세히 나와 있다). 그러므로 대연이라고 한 것이지, 이런 50개의 괘 이외에 따로 이른바 대연이라는 것이 있는 것은 아니다."(大衍者, 衍卦之謂也. 六十四卦之中, 十二辟卦, 配之於四時, 中孚·小過, 配之於再閏. 餘五十卦, 周人謂之"大衍", 蓋謂此五十卦者,

주장처럼 주나라 사람들이 실제로 50연괘를 가리켜 '대연'이라고 불렀는지
는 확인할 길이 없다. 마왕퇴馬王堆 백서帛書 『주역』의 「계사전」에는 '천지지
수天地之數'에 대한 언급은 있어도 '대연지수大衍之數'에 대한 언급은 보이지
않는다. 즉 "하늘은 1이고 땅은 2이며, 하늘은 3이고 땅은 4이며, 하늘은
5이고 땅은 6이며, 하늘은 7이고 땅은 8이며, 하늘은 9이고 땅은 10이다"(天一地
二, 天三地四, 天五地六, 天七地八, 天九地十)의 구절만 있지, "대연지수大衍之數" 일장一章
은 보이지 않는다. 한편 김경방金景芳은 "대연지수大衍之數, 오십五十"은 원래
"대연지수大衍之數, 오십유오五十有五"가 되어야 맞는데 "유오有五"의 두 글자
가 탈락된 것이라고 주장하였다.[32] 만일 김경방의 주장이 옳다면 대연지수
는 50이 아니라 55가 되어야 하며, 대연지수는 곧 천지지수가 된다. 그러나
대연지수에 대한 논의는 워낙 학설이 분분하여 간단히 논할 문제가 아니
다.[33] 어쨌든 정약용이 "대연지수오십"의 의미를 벽괘설과 연관시켜 설명
한 것은 매우 탁월한 견해라고 하겠다. 다만 '대연'의 개념이 벽괘설과
연관된 것이라는 확실한 증거를 제시하지 못한 점이 아쉬울 따름이다.[34]

---

皆受變於十四卦, 而衍之爲卦也[法詳「推移表」]. 故曰"大衍", 非五十卦之外, 別有所謂"大衍"者
存焉也)

32) 金景芳, 呂紹綱 著, 『周易全解』(上海古籍出版社, 2012), 543쪽.

33) "大衍之數五十"의 의미와 관련하여 다음과 같은 설들이 존재한다. ① 京房은 "50이란
10日 12辰 28宿이니, 합치면 50이 된다"(五十者, 謂十日, 十二辰, 二十八宿也, 合五十)라고
하였다. ② 邵雍은 "天數 25의 倍數가 50이다"(天數二十有五之倍數, 合五十)라고 하였다.
③ 馬融은 "태극이 양의를 생성하고, 양의가 일월을 생성하고, 일월이 사시를 생성하고,
사시가 오행을 생성하고, 오행이 12월을 생성하고, 12월이 24절기를 생성하니, 합치면
50이 된다"(太極生兩儀, 兩儀生日月, 日月生四時, 四時生五行, 五行生十二月, 十二月生二十
四氣, 合五十)라고 하였다. ④ 荀爽은 "괘에 각각 6효가 있으니, 6효에 8을 곱하면 48이
된다. 거기에 乾坤의 두 개의 用爻를 더하면 합쳐서 50이 된다"(卦各有六爻, 六八四十八,
加乾坤二用爻, 合五十)라고 하였다. ⑤ 鄭玄은 "천지지수가 55인데, 五行으로 氣를 통하니,
五行으로 5를 빼면 합쳐서 50이 된다"(天地之數五十有五, 以五行通氣, 凡五行減五, 合五十)
라고 하였다. ⑥ 朱熹는 "河圖의 中宮에 있는 天數 5를 地數 10과 곱하면 얻어진다"(蓋以河
圖中宮天五乘地十而得之)라고 하였다.

34) 정약용은 14벽괘를 확장해서 만들어진 것이 50연괘이며, 그 확장은 추이의 변화방식을
통해 이루어진다고 보았다. 따라서 14벽괘설과 대연지수의 설은 밀접하게 연관되어

## 4) 방이유취괘와 물이군분괘

벽괘는 연괘와 더불어 『역』의 이원적二元的 구조를 결정한다. 즉 『역』의 형태적 구조는 14벽괘와 50연괘의 두 부분으로 구성된다. 『역』의 상부구조를 형성하는 것은 14벽괘이며, 하부구조를 형성하는 것은 50연괘이다. 정약용은 벽괘와 연괘의 형태적 특성을 유취類聚와 군분群分에서 찾았는데, 그 전거는 「계사전」의 "방위에 따라 종류별로 모이고, 사물에 따라 무리별로 나뉜다"(方以類聚, 物以群分)라는 구절에 있었다. 벽괘에서는 양은 양끼리, 음은 음끼리 종류에 따라 모여 있으므로 그는 이를 방이유취괘方以類聚卦라고 불렀다. 방이유취괘의 형태적 특징은 문자 그대로 동류同類끼리 취합聚合되어 있다는 데 있다. 반면에 연괘에서는 음과 양이 무리 속에 분산되어 뒤섞여 있으므로 물이군분괘物以群分卦라고 명명하였다.[35]

◇ 14벽괘 : 방이유취괘方以類聚卦 (방위에 따라 종류별로 모임)
◇ 50연괘 : 물이군분괘物以群分卦 (사물에 따라 무리별로 모임)

필자의 견해로 이러한 분류 방식은 모기령으로부터 영향을 받은 것이다. 모기령은 『중씨역仲氏易』 서序에서 이역移易의 개념을 설명하면서 "그 나뉨과 모임을 살핀다"(審其分聚)라는 표현을 사용하고 있는데,[36] 이것은 모기령이

---

있어야 하고, 추이설과도 관계를 지녀야 한다. 그러나 벽괘라는 명칭을 최초로 사용한 京房은 대연지수 50을 10日·12辰·28宿를 합쳐서 성립된 숫자라고 보았다. 따라서 大衍의 의미를 벽괘를 크게 확장해서 만들어진 것이라는 데서 찾은 것은 아니다. 뿐만 아니라 추이설과도 아무런 관계도 갖지 않는다.

35) '方以類聚'와 '物以群分'은 「계사상전」의 "하늘은 높고 땅은 낮으니, 乾과 坤이 이렇게 해서 정해진다.…… 방위에 따라 종류별로 모이고, 사물에 따라 무리별로 나뉜다. 길과 흉이 이로부터 생겨난다"(天尊地卑 乾坤定矣.……方以類聚, 物以群分, 吉凶生矣)에 나오는 말이다.

36) 모기령은 다음과 같이 말하였다. "移易이란 그 分聚를 살피고 그 往來를 헤아려서, 推移하여 위와 아래로 가게 하는 것을 말한다."(移易, 謂審其分聚, 計其往來, 而推移而上下之; 『仲氏易』[中國古代易學叢書 36; 中國書店, 1998], 182쪽)

분산分散과 취합聚合의 관점에 의해 괘를 분류하고 명명命名하였음을 보여준다. 모기령은 「추역절중도推易折中圖」[37]에서 64괘를 불역괘不易卦, 취괘聚卦, 반취괘半聚卦(環聚卦), 자모취괘子母聚卦(子母易卦), 분괘分卦(分推卦 혹은 分易卦) 등으로 분류하고 있다. 불역괘不易卦는 건乾·곤坤을 가리키는 명칭이니, 이 두 괘는 괘를 변화시키는 근원이 된다. 64괘는 건乾·곤坤의 두 괘를 제외한다면, 취괘聚卦와 분괘分卦라는 두 개의 범주로 양분된다. 취괘聚卦란 음은 음끼리, 양은 양끼리 모여 있기 때문에 붙여진 명칭이다. 그리고 분괘分卦란 음과 양이 섞여 있기 때문에 붙여진 명칭으로서, 취괘로부터 변화를 받는 괘를 지칭한다.[38] 모기령의 분류에서 사용되고 있는 '취聚'와 '분分'의 용어는 「계사전」의 "방이유취方以類聚, 물이군분物以群分"의 구절로부터 유래되었음이 분명하다. 정약용은 14벽괘를 방이유취괘方以類聚卦로, 50연괘를 물이군분괘物以群分卦로 부르고 있는데, 이것도 역시 모기령으로부터의 영향을 분명하게 드러내고 있다. 비록 정약용이 모기령의 괘변설에 대해 혹독하게 비판했음에도 불구하고, 양자의 괘변설 사이에는 공통점도 많다는 점을 부인할 수는 없다. 모기령의 취괘聚卦·반취괘半聚卦·분괘分卦는 각각 정약용의 벽괘辟卦·재윤지괘再閏之卦·연괘衍卦에 해당된다.[39] 이러한 모기령의 분류를 범주화해 보면 다음과 같다.[40]

---

37) 「推易折中圖」는 『推易始末』(四卷)의 권4에 해당된다.
38) 分卦가 聚卦에서 나오는 것에는 정약용의 四時之卦 및 再閏之卦라는 辟卦로부터 大衍之卦 50괘가 나오는 것이 대응된다.(김승동, 「모기령과 정약용의 역괘해석에 관한 비교연구」, 『인문논총』 제36집, 부산대, 1990, 227쪽.)
39) 방인, 「다산역학의 방법론적 고찰-모기령과 정약용의 역학방법론의 비교」, 『철학연구』 94권(대한철학회, 2005), 163~186쪽.
40) 필자는 이전의 졸고 「다산역학의 방법론적 고찰-모기령과 정약용의 역학방법론의 비교」(『철학연구』 94권)에서 작성했던 범주를 일부 수정하였다. 不易卦의 경우에는 모기령이 方以類聚卦로 분류한 것은 아니었으나, 乾坤 두 괘는 卦形으로 볼 때 방이유취괘의 전형으로 볼 수 있다.

| 方以類聚卦 | 不易卦 | 乾, 坤 (2卦) |
|---|---|---|
| | 聚卦 | 復, 臨, 泰, 大壯, 夬, 姤, 遯, 否, 觀, 剝 (10卦) |
| | 半聚卦 | 小過, 中孚 (2卦) |
| | 子母聚卦 | 无妄, 大畜, 頤, 大過, 咸, 恒, 損, 益, 革, 升 (10卦) |
| 物以群分卦 | 分卦 | 不易卦, 聚卦, 半聚卦, 子母聚卦를 제외한 나머지 괘 (40卦) |

이러한 분류방식은 정약용과 모기령에 있어 거의 일치하고 있다. 다만 모기령은 취괘에 복復·림臨·태泰·대장大壯·쾌夬·구姤·둔遯·비否·관觀·박剝의 10벽괘를 배당하였다. 한편 모기령은 건乾·곤坤을 불역괘不易卦로 정의하고, 모든 괘의 근원에 해당되는 괘이기 때문에 변하지 않는다고 주장하였다. 그는 두 괘를 방이유취괘方以類聚卦로 분류한 것은 아니었으나, 괘형卦形으로 볼 때 방이유취괘에 속한다고 보아야 한다. 반면에 정약용은 건乾·곤坤의 두 괘에 제괘諸卦의 근원괘라는 특별한 지위를 부여하고 있지 않다. 다산역의 체계에서 건·곤은 10벽괘와 합쳐져서 12벽괘 자체의 내부적 순환과정 속에 편입된다. 그리고 모기령의 반취괘는 정약용의 재윤괘에 해당되는 개념인데, 소과小過괘·중부中孚괘가 이에 해당된다.[41]

## 5) 추이설의 내용

이제 벽괘와 연괘가 무엇인지 설명하였으므로, 정약용의 추이설의 내용을 구체적으로 살펴보기로 하자. 추이설의 형식은 다음과 같은 두 가지 유형으로 나뉜다.

---

41) 모기령의 半聚卦와 정약용의 再閏卦의 개념설정이 서로 유사하다는 점에 대해서는 이미 김승동의 논문에서 지적된 바 있다.(김승동, 「모기령과 정약용의 역괘해석에 관한 비교연구」, 『인문논총』 제36집, 226~227쪽)

첫째 유형: 12벽괘는 벽괘의 내부에서 순환운동을 한다.

둘째 유형: 연괘는 벽괘로부터 변화된다.

첫째 유형은 14벽괘 중에서 중부中孚·소과小過를 제외한 12벽괘 내부의 자체적 순환과정이다. 이 순환과정은 두 개의 과정으로 구성된다. 복復에서 건乾에 이르는 과정은 양의 세력이 점차적으로 증가하고 음의 세력이 점차적으로 감소하는 과정이다. 반면에 구姤에서 곤坤에 이르는 과정은 음의 세력이 점차적으로 증가하고 양의 세력이 점차적으로 감소하는 과정이다.

a) 복復→림臨→태泰→대장大壯 → 쾌夬→건乾 (→姤…)

b) 구姤→둔遯→비否→　관觀　→ 박剝→곤坤 (→復…)

a의 과정이 끝나면 b의 과정이 시작되고, 'a+b'의 과정이 끝나면 한 차례의 순환이 완결된다. 그리고 다시 순환과정은 계속적으로 무한 반복된다. 즉 '복復→림臨→태泰→대장大壯→쾌夬→건乾→구姤→둔遯→비否→관觀→박剝→곤坤→복復→……'의 과정을 되풀이하게 되는 것이다. 이렇게 해서 12벽괘가 형성되거니와, 이 12벽괘는 각각 일 년의 열두 달에 배당된다. 이때 12벽괘는 봄·여름·가을·겨울의 사계를 반복하면서 순환하는 자연의 모습을 상징한다. 12벽괘의 순환이 상징하는 것은 천도天道의 순환운동이다. 천도의 운동방식이란 춘·하·추·동의 순환과 반복에 의해 표현된다. 따라서 정약용은 12벽괘를 사시지괘四時之卦라고도 부른다. 실제로 12벽괘의 괘사 중에는 특정한 시간의 의미나 자연의 순환적 운행을 사시와 관련해서 언급하고 있는 것을 발견할 수 있는데, 그것을 열거하면 다음과 같다.[42]

---

42) 「周易四箋 I」, 『定本 與猶堂全書』 15, 255쪽; 『역주 주역사전』 제3권, 181쪽, "十二辟卦, 本配四時."

◇ 觀卦 : 四時不忒. (사시가 어긋나지 않는다)
◇ 臨卦 : 至于八月, 有凶. (팔월에 이르러 흉함이 있다)
◇ 剝卦 : 君子尙消息盈虛, 天行也. (군자는 꺼지고 자라며 차고 비는 이치를 숭상하니, 그것이 천도의 운행이기 때문이다)
◇ 復卦 : 七日來復. (칠일 만에 다시 돌아온다)
◇ 遯卦 : 與時行也. (사시와 더불어 운행한다)

둘째 유형은 14벽괘로부터 50연괘가 변화되어 생성되는 과정이다. 일반적으로 괘변설이라고 하면 이것을 가리킨다. 추이설의 둘째 유형을 더욱 구체화시켜 표현하다면 다음과 같이 서술될 수 있다.

같은 수의 음陰과 같은 수의 양陽을 가진 임의의 벽괘 X와 연괘 Y에 있어서, 연괘 Y는 벽괘 X로부터 변한다.

이 법칙에 종속된 세칙으로 다음과 같은 규칙들이 성립한다.

① 일양의 연괘는 일양의 벽괘인 복復과 박剝으로부터 변한다.
② 일음의 연괘는 일음의 벽괘인 구姤와 쾌夬로부터 변한다.
③ 이양의 연괘는 이양의 벽괘인 림臨·관觀·소과小過의 세 괘 가운데 두 괘로부터 변한다.
④ 이음의 연괘는 이음의 벽괘인 대장大壯·둔遯·중부中孚의 세 괘 가운데 두 괘로부터 변한다.
⑤ 삼양의 연괘는 삼양의 벽괘인 태泰로부터 변한다.
⑥ 삼음의 연괘는 삼음의 벽괘인 비否로부터 변한다.

둘째 유형의 규칙에 따르면, 14벽괘로부터 50연괘로 변할 수는 있어도 50연괘로부터 14벽괘로 변하는 것은 불가능하다. 이것은 너무나 당연한 규칙이다. 왜냐하면 '벽괘―연괘'의 관계는 '사시四時―만물萬物'의 관계에 상응하는 것이기 때문이다. 사시四時의 존재론적 지위는 만물의 존재론적 지위보다 높으며, 이 관계는 역전될 수 없다.

> 벽괘는 사시四時를 뜻하고, 연괘는 만물을 뜻한다. 만물이 사시四時로부터 기氣를 받을 수는 있어도, 사시가 만물에 의지하지는 않는다.[43]

사시란 자연의 순환적 세력이며, 만물은 자연의 아래에 있으면서 자연의 영향을 받는 모든 것을 포괄한다. '사시=벽괘'의 형태적 특징은 '방이유취'이며, '만물=연괘'의 형태적 특징은 '물이군분'이다. '방이유취괘'에서 음과 양이 아직 분산되지 않고 있음은 순수한 생명력으로 존재하고 있는 자연의 세계를 상징한다. 반면에 '물이군분괘'에서 음과 양이 분산되어 있음은 자연의 생성력이 침투되어 이미 변화해 버린 세계를 상징한다. 여기서 중요한 점은 '사시↔만물'의 관계가 '벽괘↔연괘'의 관계에 상응한다는 사실이다. 만물이 사시四時로부터 기氣를 받을 수는 있어도 사시가 만물에 의지하지는 않듯이, 마찬가지로 14벽괘로부터 50연괘로 변할 수는 있어도 50연괘로부터 14벽괘로 변할 수는 없다. 만일 연괘로부터 벽괘로 변한다는 것을 허용한다면, 이는 마치 아버지가 아이에게서 태어나는 것을 인정하는 것처럼 불합리하다.

> 연괘가 벽괘로부터 변화를 지배받는 것은 마치 어린아이들이 부모로부터 생명을 받는 것과 같다. 지금 어떤 사람이 있어 말하기를 을乙을 갑甲의 아들이라고 했다가 또 조금 뒤에는 말하기를 갑은 을의 아들이라고 한다면, 천하에 이러한 윤리란 있을 수 없는 일이다.[44]

---

43) 「朱子本義發微」, 『易學緖言』, 『定本 與猶堂全書』 17, 138쪽, "辟卦者, 四時也. 衍卦者, 萬物也. 萬物受氣於四時, 而四時無賴乎萬物也."
44) 「朱子本義發微」, 『易學緖言』, 『定本 與猶堂全書』 17, 136쪽, "衍卦之受變於辟卦, 如兒女之受生於父母, 今有人曰, 乙爲甲子, 又從而爲之說曰, 甲爲乙子, 天下無此倫也."

이것은 '사사→만물'에 적용되는 존재론적 위계가 '벽괘→연괘'에 그대로 적용되고 있음을 의미한다. '자연=사시'가 '세상의 모든 현상=만물'을 지배하는 것이지, 그 반대는 성립하지 않는다.

위에서 서술한 추이설의 두 가지 유형에 다 속하지 않고 예외적 규칙으로 허용되는 경우로서 재윤지괘가 있다. 정약용이 이 경우에 추이의 일반적 법칙을 적용하지 않고 예외적 규칙을 적용한 것은, 이 두 괘를 '특특비상지례 特特非常之例'에 속한다고 보았기 때문이다. 따라서 이것은 일종의 특례特例 혹은 변례變例라고 볼 수 있는데, 이 경우 추이의 법칙은 다음과 같이 서술될 수 있다.

① 중부中孚는 리離로부터 추이되어 변한다.
② 소과小過는 감坎으로부터 추이되어 변한다.

정약용은 중부中孚와 소과小過가 벽괘가 되어야만 이양괘二陽卦와 이음괘 二陰卦가 균일하게 두 개의 모괘母卦를 갖게 되어 정합적 체계를 유지할 수 있다고 생각하였다. 그러나 그는 이 두 괘를 12벽괘의 순환과정에 포함시 킬 수는 없었다. 왜냐하면 이 두 괘는 다른 12벽괘와는 달리 꺼지거나 자라남(消長)의 과정으로부터 독립되어 있기 때문이다. 따라서 이 두 괘의 경우에는 일반적인 추이의 법칙을 적용하지 않고 예외를 허용하였다. 즉 이 두 괘는 벽괘임에도 불구하고 연괘인 감坎과 리離로부터 변화되는 것을 허용한 것이다. 이처럼 예외를 허용한 이유는 이 두 괘의 성격이 재윤지괘再閏之卦라는 데 있다. 재윤지괘란 윤달의 설정과 관련된 두 개의 괘로서, 윤달은 해(日)의 기영氣盈45)과 달(月)의 삭허朔虛46)에 의해 형성된다.47)

---

45) '氣盈'이란 '기운이 넘친다'는 뜻이니, 한 해의 曆數로 周天常數에 과도한 태양력수의 '5와 235/940일'(즉 5와 1/4일)을 가리킨다.
46) '朔虛'란 '초하루가 빈다'는 뜻이니, 달이 해와 만남에 '5와 592/940일'이 적은 것을 가리킨다.

따라서 윤달을 형성하는 근본적 원인은 일日과 월月의 변화에 있다. 그런데 일과 월의 변화를 상징하는 것은 감坎과 리離의 두 괘이므로, 이 두 괘로써 윤달을 상징하는 소과괘와 중부괘의 변화의 원인으로 삼은 것이다.

> 중부와 소과의 두 괘는 소종래所從來가 없으니, 특별히 감坎과 리離의 두 괘를 좇아 승강왕래하여 다시 감과 리가 되는 것이다. 대개 감과 리는 해(日)와 달(月)이니, 해의 기영氣盈과 달의 삭허朔虛가 윤월閏月을 세우는 것이 아니겠는가?[48]

문제는 중부中孚와 소과小過가 감坎과 리離로부터 변하였다고 할 경우에 '일왕일래一往一來'라는 추이의 원칙에 어긋난다는 데 있다. 만약에 리로부터 중부가 변하고, 감으로부터 소과가 변하기 위해서는 일왕일래一往一來가 아니라 이왕이래二往二來가 되어야 한다.[49]

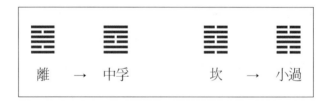

따라서 두 번의 자리바꿈이 일어나 추이가 성립함으로써 정약용의 일왕

---

47) 『尙書』「虞書·堯典」의 注에 "해와 하늘이 만남에 '5와 235/940일'이 많은 것은 氣盈이 되고 달이 해와 만남에 '5와 592/940일'이 적은 것은 朔虛가 되니, 기영과 삭허를 합하여 윤달이 생긴다"(日與天會而多五日九百四十分日之二百三十五者, 爲氣盈. 月與日會而少五日九百四十分日之五百九十二者, 爲朔虛, 合氣盈朔虛, 而閏生焉)라고 하였다.

48) 「周易四箋 II」, 『定本 與猶堂全書』 16, 188쪽; 『역주 주역사전』 제7권, 26쪽, "此二卦無所從來, 特從坎離二卦, 升剛而往來之, 復成坎離, 夫坎離者, 日月也. 日之氣盈, 月之朔虛, 非所以立閏乎."

49) 中孚卦가 離卦로부터 변하거나 혹은 小過卦가 坎卦로부터 변하기 위해서는 2효와 3효 및 4효와 5효(혹은 2효와 4효 및 3효와 5효) 사이에 자리 이동이 있어야 한다. 이 경우 一往一來가 아니라 二往二來가 된다.

일래의 법칙을 어기게 된다. 뿐만 아니라 벽괘인 중부와 소과가 연괘인 중감重坎과 중리重離로부터 변한다는 것 자체가 정약용이 세운 근본원리에 위배된다. 이처럼 추이법의 일관성을 파괴했다는 비난을 무릅쓰면서까지 예외를 허용한 것은 무슨 까닭인가? 그는 이러한 예가 '특특비상지례特特非常之例'에 속하기 때문이라고 설명하는 것 이외에 합리적인 이유를 제시하지 못한다. 다만 그 정의묘지精義妙旨는 가히 말로써 전달할 수 없다고 하였으니, 이것은 결국 합리적 설명을 포기하고 신비적 영역으로 귀속시킨 것이다.[50]

> 중부에 이르러서는 리離로써 변하고 소과에 이르러서는 감坎으로써 변하니, 이는 특별하고도 또 특별하여 일반적으로 있지 않은 예(特特非常之例)이다. 그 정의묘지精義妙旨는 가히 말로써 전달할 수 없다.[51]

필자의 견해로는 정약용이 중부와 소과를 벽괘로 편입하게 된 데에는 나름대로의 이유와 고민이 있었다고 본다. 역학사를 통해 볼 때, 괘변설의 주장자들은 이 두 괘의 변화규칙을 설정하는 데 상당한 고심을 거듭하였다. 만약 소과와 중부를 연괘로 설정하게 되면, 그것은 괘변의 일반적 규칙에 어긋난다. 왜냐하면 괘변은 오직 일왕일래一往一來 혹은 일효승강一爻升降만을 정법正法으로 삼기 때문이다. 이 원칙에 따르면 오직 한 개의 효만이 이동하며, 원래 자리의 효와 옮겨 간 자리의 효가 서로 자리를 바꿈으로써 한 괘 내에서의 양효兩爻의 호환이 이루어진다. 그런데 중부괘는 이음괘二陰卦이므로 둔遯괘와 대장大壯괘로부터 와야 한다. 그리고 소과괘는 이양괘二陽卦

---

50) 정약용은 이러한 특별한 요소를 지닌 괘로 坎・離・頤・大過・中孚・小過 등을 열거하면서, 이러한 괘들이야말로 성인이 마음 쓴 것이 더욱 기기묘묘한 곳이라 주장하였던 것이다.(「答仲氏」, 『定本 與猶堂全書』 4, 216쪽, "其中坎離頤大過中孚小過, 聖人用心尤奇奇妙妙.")

51) 「朱子本義發微」, 『易學緖言』, 『定本 與猶堂全書』 17, 138쪽, "至於中孚之以離變, 小過之以坎變, 此, 特特非常之例, 其精義妙旨, 不可以言傳也."

卦이므로 림臨괘와 관觀괘로부터 와야 한다. 그러나 중부괘가 둔遯괘와 대장괘로부터 변하거나 소과괘가 림臨괘와 관觀괘로부터 변하기 위해서는 일왕일래一往一來가 아니라 이왕이래二往二來가 이루어져야 하기 때문에 괘변설의 일반적인 원칙에 어긋나게 된다. 이런 이유 때문에 괘변설의 주장자들은 중부괘와 소과괘를 변례變例 혹은 특례特例로 설정하였다. 예컨 대 우번은 중부와 소과의 두 괘를 이음괘와 이양괘의 벽괘로부터 변화되는 경우에 포함시키지 않고 변례지괘變例之卦로 간주해서 특례를 적용하였다. 이에 따르면 중부괘는 송訟괘로부터 변한 것이 되고, 소과괘는 진晉괘로부터 변한 것이 된다. 즉 중부괘는 송괘의 4효가 초효로 가는 것(四之初)이 되고, 소과괘는 진괘의 6효가 3효로 가는 것(上之三)이 된다.

그러나 이러한 해결책은 일왕일래의 원칙은 지켰을지 몰라도, 송訟괘와 진晉괘는 본래 벽괘가 아니기 때문에 '연괘는 벽괘로부터 변해야 한다'는 조건을 충족시키지는 못한다. 괘변설의 역학사적 전개 과정에서 이러한 문제는 해소되지 못하고 되풀이된다. 이정지李挺之는 「육십사괘상생도六十 四卦相生圖」에서 중부괘를 가인家人괘로부터 변한 것으로, 소과괘를 해解괘로 부터 변한 것으로 설정하고 있다. 또 주승朱升(1299~1370)은 오징吳澄(1249~1333) 의 『역찬언易纂言』에 의거해서 「십벽괘변도十辟卦變圖」에서는 중부괘와 소과 괘에는 괘변을 적용하지 않았으며, 「육자괘변도」에서는 중부괘를 리離괘로 부터 변한 것으로, 소과괘를 감坎괘로부터 변한 것으로 설정하였다. 정약용 이 재윤지괘에 적용한 괘변의 방식은 주승이 찾은 해결책과 같다.

한편 모기령은 「추역절중도推易折中圖」에서 벽괘를 '취괘聚卦'라고 하고, 중부와 소과를 '반취괘半聚卦'라고 하였다.[52] 그렇지만 모기령은 반취괘에

---

52) 정약용은 중부와 소과를 三易成卦라고 명명했는데, 이것은 모기령이 중부와 소과를 半聚卦로 명명한 것과 비슷하다. '三易成卦'란 한 괘 안에 세 번의 변화가 있다는 뜻이다. 즉 중부는 陽陰陽의 형태를 취하고 있고 소과는 陰陽陰의 형태를 취하고 있으니, 괘의 형태가 단정한 모습을 취하고 있어서 음과 양이 어지럽게 흩어져 섞여 있는 다른

대해서는 그것이 어디로부터 변한 것인지 언급하지 않았고, 그 대신에 반취괘로부터 변화되는 괘들에 대해서만 언급하였다. 즉 중부괘부터 변하는 괘들에는 손巽·송訟·가인家人·무망无妄·대축大畜·규睽·수需·태兌의 8괘가 있고, 소과괘로부터 변하는 괘들에는 진震·해解·췌萃·진晉·명이明夷·승升·건蹇·간艮의 8괘가 있다. 요컨대, 만약 중부·소과의 두 괘를 벽괘로부터 변한 것으로 보면 일효一爻의 왕래에 의해서는 될 수 없으므로, 이 두 괘를 변례變例로 취급하거나 혹은 '반취괘'로 설정한 것이다. 만약 그것을 억지로 변통시키려고 한다면 일효승강법一爻升降法의 규칙을 파괴하고 이효승강법二爻升降法을 주장하게 된다. 모기령의 괘변설은 많은 점에서 정약용의 추이설을 형성하는데 영향을 미친 것으로 보인다. 정약용이 '벽괘=방이유취괘'와 '연괘=물이군분괘'로 분류한 것은 아마도 모기령이 취괘와 분괘로 분류한 방식에 영향을 받았을 것으로 추정된다. 뿐만 아니라, 정약용이 중부와 소과를 '삼역성괘三易成卦'라고 명명한 것도 모기령의 '반취괘'의 개념과 흡사하다.

## 6) 추이설의 근거

그러면 추이설은 『주역』의 경전 자체 내에서 어떤 근거를 갖고 있을까? 정약용은 그 근거를 「계사전」과 「단전」에서 찾고 있다. 먼저 「계사전」에서 추이설의 근거로 제시되고 있는 구절은 다음과 같다.

① 강강과 유柔가 서로 밀쳐냄에 변화가 생겨난다.(剛柔相推, 而生變化.)
② 바꾸어 재단하는 것을 '변화'(變)라고 하고, 밀쳐내어 움직이도록 하는 것을 '통함'(通)이라고 한다.(化而裁之, 謂之變. 推而行之, 謂之通.)
③ 강강과 유柔가 서로 밀쳐냄에 변화가 그 가운데 있다.(剛柔相推, 變在其中矣.)

---

연괘들과는 같지 않다는 것이다.

④ 강강剛과 유유柔는 근본을 세운 것이요, 변화하여 통하게 함은 때를 따른 것이다.(剛柔者, 立本者也. 變通者, 趣時者也.)

추이의 '추推'는 옮김(移)이며 밀침(排)을 뜻하니, 12벽괘로부터 강획剛畫을 밀어 올리거나 유획柔畫을 밀어 내림으로써 변화를 생성시킨다. 추이는 또 '변통變通'이란 개념으로도 설명되는데, '화이재지化而裁之'는 '변變'이며 '추이행지推而行之'는 '통通'의 행위이다. '화이재지'는 변화시켜서 마름질하는 것이고 '추이행지'는 밀쳐서 옮기는 것이니, 양자는 비록 표현은 다르지만 벽괘의 강획 혹은 유획을 이동시켜 연괘를 생성시키는 과정을 표현한다는 점에서는 같다. 즉 추이란 12벽괘를 '화이재지化而裁之'하거나 '추이행지推而行之'함으로써 50연괘를 만들어 내는 '변통'의 과정이다. 그리고 "강강剛・유유柔는 근본을 세운 것이요, 변變・통通은 때를 따른 것이다"(剛柔者, 立本者也. 變通者, 趣時者也)라고 하였는데, 여기에서 '근본을 세운다'(立本者)라고 한 것은 12벽괘를 가리킨 것이요 '때를 따른다'(趣時者)라고 한 것은 12벽괘를 변통시켜 50연괘를 생성시킴을 가리킨 것이다.[53]

그 다음으로 「단전彖傳」의 경우를 검토해 보자. 일반적으로 괘변설자들은 그들 주장의 논거를 「계사전」보다는 단사彖詞(혹은 卦辭)에 대한 고주古注인 「단전」에서 찾았다.[54] 그런데 「단전」 중에서 특히 주목을 끈 것은 "강래剛來", "유진柔進", "강상剛上", "유상柔上", "강자외래剛自外來" 등의 형식으로 된 문장

---

53) 「周易四箋 II」, 『定本 與猶堂全書』 16, 286쪽; 『역주 주역사전』 제8권, 72쪽, "12벽괘는 음양이 서로 같은 것끼리 모여 있으니, 이것은 근본을 세운 것이다. 50연괘는 변화하고 소통함에 일정한 방향이 없으니, 이것은 때를 따르는 것이다."(十二辟卦, 陰陽相聚, 此, 立本者也. 五十衍卦, 變通無方, 此, 趣時者也.)

54) 사마천은 복희씨가 8괘를 만들고 문왕이 64괘와 괘사・효사를 만들었다고 주장하였다. 그러나 동한의 馬融과 陸績은 彖詞(혹은 卦辭)는 문왕이, 효사는 周公이, 십익은 공자가 만들었다고 한다. 따라서 마융의 설에 따르면 「彖傳」은 공자의 저술이 된다. 이러한 통설에 대해서는 비판적인 견해도 제기되고 있으나, 정약용은 「단전」이 공자의 저술이라는 견해를 지지한다.

들이었다. "강剛이 온다" 혹은 "유柔가 나아간다" 등의 문구는 분명히 괘변을 써서 괘사의 본문을 해석한 명백한 증거처럼 보인다. 「단전」에서 괘변의 유력한 증거가 되는 문구들은 다음과 같이 열거될 수 있다.[55]

◇ 訟 : 剛來而得中. (강이 와서 중을 얻는다)
◇ 隨 : 剛來而下柔. (강이 와서 유의 아래로 간다)
◇ 蠱 : 剛上而柔下. (강이 위로 가고, 유는 아래로 간다)
◇ 噬嗑 : 剛柔分……柔得中而上行. (강과 유가 나뉘어…… 유가 중의 자리를 얻어 위로 간다)
◇ 賁 : 柔來而文剛……分剛上而文柔. (유가 와서 강을 문채내며…… 강을 분리하여 상승시켜 유를 꾸민다)
◇ 无妄 : 剛自外來而爲主於內. (강이 밖으로부터 와서 안에서 주가 된다)
◇ 大畜 : 剛上而尙賢. (강이 위로 가서 어진 이를 높인다)
◇ 咸 : 柔上而剛下. (유가 위로 가고, 강이 아래로 내려온다)
◇ 恒 : 剛上而柔下. (강이 위로 가고, 유가 아래로 내려온다)
◇ 晉 : 柔進而上行. (유가 나아가 위로 간다)
◇ 睽 : 柔進而上行. (유가 나아가 위로 간다)
◇ 蹇 : 往得中也. (가서 중을 얻는다)
◇ 解 : 往得衆也……乃得中也……往有功也. (가서 무리를 얻는다.…… 이에 곧 중을 얻는다.…… 가서 공을 세운다)
◇ 升 : 柔以時升. (유가 때에 따라 상승한다)
◇ 鼎 : 柔進而上行. (유가 나아가 위로 간다)
◇ 漸 : 進得位.……剛得中也. (나아가 지위를 얻는다.…… 강이 중을 얻는다)
◇ 渙 : 剛來而不窮……柔得位乎外. (강이 와서 막히지 않는다.…… 유가 밖에 자리를 얻는다)

위의 「단전」의 문구에 대하여 역학계의 견해는 두 편으로 나누어진다.

---

55) 卦變의 적용례로 제시한 「象傳」의 문구는 모두 17례인데, 이것은 朱熹가 『周易本義』에서 卦變을 적용한 19개 중 泰卦와 否卦를 제외한 것이다. 주희는 泰卦의 "小往大來"와 否卦의 "大往小來"를 괘변의 사례로 취급하였으나, 정약용에 따르면 이것은 오히려 三易之義 중에서 交易을 적용한 사례에 포함된다.

즉 한편에서는 「단전」의 문구가 괘변설의 명확한 증거를 보여 준다고 간주하는 반면에, 다른 한편에서는 「단전」의 문구는 괘변과 아무런 관련이 없다고 본다. 주희는 괘변이 아니라면 이러한 문구를 해석할 방도가 없다고 봄으로써 전자의 입장을 대변하였다. 정약용 또한 괘변설을 지지하는 입장에 속하므로 당연히 전자의 견해를 지지한다. 반면에 이광지李光地는 이러한 문구는 아예 허설虛設이라고 봄으로써 후자의 입장에 섰고, 내지덕 역시도 이러한 문구가 착종錯綜을 설명하는 것이라고 봄으로써 후자의 견해를 지지하고 있다.

　괘변설이 지니는 역할에 관해서도 견해의 차이가 있다. 주희는 괘변설은 '역중지일의易中之一義'이지만 '작역지본지作易之本指'는 아니라고 보았다.[56] 이것은 괘변설이 역 해석의 가능한 방법론 중의 하나일 뿐이라고 보는 것이기 때문에, 괘변설의 의의를 축소시킨 것이다.[57] 반면에 모기령은 괘변설을 '연획계사지본지演畫繫辭之本旨'라고 하였으니, 이것은 괘획을 연역하고 역사를 괘상에 붙들어 매는 근본원리로 간주한 것이다.[58] 정약용의 관점도 모기령과 동일하다. 정약용은 괘변설이 단지 『역』을 해석하는 가능한 많은 방법론 중의 하나가 아니라 성인의 작역대의作易大義라고 주장하고

---

56) 괘변설과 관련하여 정약용과 주희의 학설에는 공통점도 있지만 차이점도 크다. 그럼에도 불구하고 정약용은 추이설을 비롯한 역리사법 모두에 대해 "朱子之義也"라고 함으로써 양자 간의 공통점을 의도적으로 부각시키는 반면 차이점에 대해서는 그다지 강조하지 않는 경향을 보이고 있다. 필자는 「정약용의 주자본의발미 연구」(『다산학』 제19호, 다산학술문화재단, 2011)에서 정약용이 주장하는 주자설과의 일치는 과장된 측면이 많다는 점을 상세하게 분석한 바 있다. 임재규도 「정약용 추이론 소고」(『종교연구』 제70권, 한국종교학회, 2013)에서 정약용의 추이론은 주희의 괘변설과 관계가 없다고 주장하였다.

57) 宋 朱熹 撰, 廖名春 點校, 『周易本義』(中華書局, 2009), 18쪽, "象傳或以卦變爲說, 今作此圖以明之, 蓋易中之一義, 非畫卦作易之本指也."

58) 『四庫全書總目提要』에서는 모기령이 『推易始末』에서 괘변을 "획을 연역하고 易詞를 짓는 본래의 의도"(演畫繫辭之本旨)에 속하는 것으로 생각하였다고 평가하였다.("朱子謂卦變乃易中之一義, 而奇齡則以爲演畫系辭之本旨, 未免主持太過"; 『四庫全書總目提要』, 經部, 易類六, 「推易始末」, 권4)

있다. 즉 괘변을 『주역』의 해석방법론이자 제작원리라고 본 것이다. 뿐만 아니라 그는 괘변설이 문왕 때부터 시작된 것이 아니라 이미 복희·황제·요순의 제기制器 때에도 추이지법推移之法을 썼다고 주장함으로써 괘변설의 역사적 시원점을 『주역』 발생 이전의 시대까지 소급시키고 있다.[59]

## 7) 추이설의 실천윤리적 함의

추이는 괘효의 오르고 내림(升降) 혹은 오고 감(往來)을 설명하는 해석방법이다. 괘효의 승升·강降·왕往·래來는 괘상의 길吉·흉凶·회悔·린吝을 만들어 낸다. 군자의 출出·처處·진進·퇴退를 살피려면, 괘효의 진進·퇴退·소消·장長으로 말미암아 생긴 괘상의 길吉·흉凶·회悔·린吝을 살피지 않으면 안 된다. 이렇게 해서 괘효의 승升·강降·왕往·래來를 살피는 추이법은 바로 군자의 출처진퇴를 묻기 위한 수신법修身法으로 전환된다. 『주역』이란 천변만화千變萬化하는 자연의 변화와 인간의 도덕적 세계에서 부딪치는 길吉·흉凶·회悔·린吝을 괘상으로 옮겨 놓은 것에 지나지 않는다. 정약용은 「여윤외심서與尹畏心書」에서 추이설의 윤리적 함의를 다음과 같이 설명하고 있다.

군자가 『주역』을 좋아하는 것은 어째서입니까? 바로 승강왕래升降往來·진퇴소장進退消長의 상象을 완미하고 경계할 수 있기 때문입니다. 그런데 만약 괘가 추이하지 않고 효가 변동하지 않는다면 성인께서 어떻게 만물의 정情을 체득하여 그 출처진퇴出處進退의 의리를 살펴 흉을 피하고 길로 나아갈 수 있겠습니까. 자기에게 맞는 지위가 아닐 경우 그 자리에 버티고 있으면 흉하다고 경계하고 그 지위를 사양하고 물러나면 길하다고 찬미하며, 유로써 강을 이기면 '위태로움이 있다'(有厲)고 하고,

---

59) 「周易四箋 II」, 『定本 與猶堂全書』 16, 287~288쪽; 『역주 주역사전』 제8권, 80쪽, "先儒謂十二辟推移之法, 始於文王故, 唯周易有此法. 然, 堯舜之制器尙象, 仍用推移之法, 必其法, 自古同然故, 孔子之言, 如是也."

귀한 사람이 천한 사람에게 겸손하면 '크게 민심을 얻는다'(大得)고 하였으니, 이런 것들은 그 추이변동 때문이 아니겠습니까. 이로써 몸을 닦아 몸에 과악過惡이 없고, 이로써 백성을 다스려 백성들이 이택利澤을 입으며, 이로써 처세하여 위험에 빠지지 않고, 이로써 사물을 관찰하여 상앙祥殃(상서와 재앙)과 화복禍福이 오는 것을 착오 없이 예견할 수 있는 뒤에야 바야흐로 성인의 글이라 할 수 있습니다. 그러므로 공자가 좋아하시고 맹자가 사용하신 데에는 의거할 만한 바가 있었기 때문입니다. 옛날의 성현들은 우환이 있을 적마다 『주역』으로 처리하셨습니다. 나의 오늘의 처지를 감히 옛날 성현들께서 당하셨던 바에 비기는 바는 아니지만, 그 위축되고 궁액窮厄을 만난 심정은 현賢·불초不肖가 같은 것입니다.[60]

이처럼 추이변동법推移變動法으로 수신修身하면 몸이 과오가 없게 되고 치민治民하면 백성이 이택利澤을 입게 되며 처세處世하면 기벽機辟에 빠지지 않게 된다. 군자가 출처진퇴를 결정짓기에 앞서 괘효의 승강왕래를 살피지 않으면 안 되는 이유가 바로 여기에 있다.

추이변동법을 실행시키는 것은 필자가 제2부 제4장의 제2절 「시뮬레이션 모형」에서 설명한 모의실험의 기제機制(mechanism)를 작동시키는 것에 해당된다. 점을 쳐서 자신의 처지에 맞는 괘를 뽑은 다음 그 괘를 변동시키고 효를 변동시키는 것은 점괘에 대응되는 상황을 재현시키는 시뮬레이션 (simulation)의 작업이다. 점치는 사람은 괘효를 변동시킴으로써 자신이 처한 상황을 판단하고, 그 판단에 의거해서 출出·처處와 진進·퇴退를 결정할 수 있다. 정약용은 『주역』이 점술을 위해서 만들어졌음을 인정하면서도 그것을 군자의 도덕적 실천을 위해 활용할 수 있는 가능성을 모색하였다.

---

60) 「與尹畏心」,『定本 與猶堂全書』4, 128쪽 "君子之喜易也, 何哉? 亦唯是升降往來進退消長之象. 是玩是戒耳. 卦不推移, 爻不變動, 聖人將何所體萬物之情, 而自審其出處進退之義, 以之避凶 而趨吉哉. 匪其位而據之則戒之爲凶, 讓其位而下之則美之爲吉. 以柔乘剛則謂之有厲, 以貴下 賤則謂之大得. 若是者非以其推移變動乎. 以之修身而身無過惡. 以之治民而民蒙利澤, 以之處 世而不陷機辟, 以之觀物而祥殃禍福之來, 可以逆覩無錯. 夫然後方可謂聖人之書, 而孔子之 喜, 孟子之用, 爲有所依靠也. 古者聖賢, 每有憂患則處之以易. 鋪今日之地, 非敢擬之於古聖賢 之所遇. 若其畏約窮厄之情, 則賢不肖之所同也."

「계사전」에 따르면, 『주역』을 활용하던 네 가지 용도가 있었으니 복서는 그 네 가지 목적 중의 한 가지 용도에 지나지 않았다.[61] 즉 ①언어를 통해 그 의미를 추구하기 위한 목적(以言者尙其辭), ②행동을 통해 그 변화를 추구하기 위한 목적(以動者尙其變), ③도구제작을 통해 그 상을 추구하기 위한 목적(以制器者尙其象), ④복서를 통해 그 점을 추구하기 위한 목적(以卜筮者尙其占)이 그것이다. 그러나 정약용은 복서의 방법이 다른 목적과 더불어 활용될 수 있는 가능성도 제시하였다. 즉 점을 쳐서 추이변동법을 활용하기 위해서는 역사易詞를 탐구하지 않을 수 없으니, "언어를 통해 그 의미를 추구하기 위한 목적"은 당연히 그 과정에 포함되게 된다. 또 그 시뮬레이션의 기제를 작동시켜 출처진퇴를 결정하는 과정은 그 자체가 "행동을 통해 그 변화를 추구하는 것"에 해당된다. 본래 기호에는 표상적表象的 의미(ideational sense)와 행태적行態的 의미(behavioral sense)가 있다. "x가 P라는 사람에게 y를 나타낸다"(x stands for y for a person P)라는 명제는 "P라는 사람이 x를 알게 되면, y를 마음에 떠올리게 된다"(When P becomes aware of x, it calls y to mind)라는 명제와 같은 의미이다. 이것이 바로 표상적 의미에 해당된다. 반면에 "어떤 사람 P가 x를 지각하게 되면, y에 적합한 어떤 행동적 반응을 일으키게 된다"(When P perceives x, he is led to make some behavioral response appropriate to y)라는 것은 행태적 의미에 해당된다.[62] 역사의 의미를 이해하는 것은 기호의 표상적 의미를 파악하는 것이다. 그리고 만약 그 기호에 대한 인식이 어떤 도덕적 실천을 촉발시키는 효과를 가져온다면, 그것은 기호의 행태적 의미에 해당된다.

---

61) 『周易正義』, 333쪽, "『易』에 성인의 도가 네 가지 있다. 언어로 그 도를 따르는 자는 그 辭를 숭상하였다. 행동으로 그 도를 따르는 자는 그 변화를 숭상하였다. 도구제작으로 그 도를 따르는 자는 그 象을 숭상하였다. 卜筮로 그 도를 따르는 자는 그 占을 숭상하였다."(易有聖人之道, 四焉. 以言者尙其辭, 以動者尙其變, 以制器者尙其象, 以卜筮者尙其占)

62) Paul Edwards, *The Encyclopedia of Philosophy* (New York: The Macmillan Company & The Free Press, 1978), Vol.7, p.438.

## 2. 효변

### 1) 금약시의 발견

효변은 추이와 더불어 괘의 변화방식에 관한 핵심규칙을 형성한다. 추이가 '모괘某卦는 모괘某卦로부터 변한다'(某卦自某卦來)의 형식을 취하는 반면에 효변은 '모괘某卦가 모괘某卦로 변한다'(某卦之某卦)의 형식을 취한다. 양자의 결정적 차이라면, 추이는 괘획의 공간적 이동에 의해 괘의 변화가 이루어지지만 효변은 괘획이 양에서 음으로 혹은 음에서 양으로 전환함으로써 괘의 변화가 이루어진다는 데 있다. 괘사(즉 彖辭)와 「대상전」의 해석은 추이에 의존하는 반면에 이를 제외한 384개의 효사는 추이와 효변이 결합되어야만 효과적으로 해석이 이루어질 수 있다. 만일 어느 하나에만 의존하게 될 경우 괘상과 괘사가 부합하지 않아 모든 해석이 어그러져 버리게 된다.

효변은 역리사법 중에서도 가장 독창적이며 혁신적인 해석방법이다. 추이의 경우에는 괘변설이라는 형태로 전승되어 온 과정을 추적할 수 있지만, 효변의 경우에는 역학사에서 그 유사한 사례를 찾기가 극히 어렵다. 정약용은 「사전소인四箋小引」에서 효변도 다른 해석방법과 마찬가지로 "주자의 해석방법"(朱子之義也)이라고 하였다. 그러나 주희는 효변을 원리적으로만 인정했을 뿐 괘효사의 해석에 적용하지는 않았다.[63] 따라서 『역학서언』

---

63) 정약용은 『주역사전』의 「四箋小引」에서 효변을 포함한 易理四法 모두에 대해서 "주자의 해석방법"(朱子之義也)이라고 네 번이나 되풀이해서 서술한 바 있다. 그럼에도 불구하고 『주역본의』에서는 실제로 효변을 적용해 해석한 사례를 찾을 수 없고, 단지 筮法과 연관된 효변의 원칙만 확인할 수 있을 뿐이다. 정약용이 주희가 효변을 취한 것으로 보는 증거는 『주역본의』의 乾 初九의 注에서 말한 다음과 같은 구절이다. "무릇 乾卦를 만나 이 효가 변한 것은 이 象을 보고 그 占을 완미해야 하니, 나머지 효는 이것을 모방한다."(凡遇乾而此爻變者, 當觀此象, 而玩其占也. 餘爻倣此) 그러나 주희가 "이 상을 보고 그 점을 완미해야 한다"(當觀此象而玩其占)라고 했을 때, '此象'이 가리키는 것이

「다산문답」에서 정약용의 장남 정학연丁學淵(1783~1859, 學稼)이 정약용에게 한유漢儒 이래로 효변의 뜻을 아는 사람이 과연 아무도 없었는지 물었던 것도 전혀 이상하지 않다. 정약용은 정학연의 질문에 대해 "천하가 지극히 넓은데 그럴 리야 있겠느냐?"(天下至廣, 豈有是也?)라고 대답하였다.[64] 그러나 막상 정약용이 효변이 적용된 사례로 제시한 것은 宋末의 도결都潔의 『주역변체周易變體』의 한 가지 예에 불과하였다.[65] 또 그는 성호星湖 이익李瀷이 효변설을 채용했다고 언급하고 있으나 이것은 곤坤괘 육사의 "괄낭무구括囊 无咎"의 주 한 곳에 지나지 않았다.[66] 이처럼 효변설은 역학사에서 거의 자취를 감추어 버려 그 흔적조차 찾기 어렵다.[67] 정약용은 「여윤외심서」에

---

무엇인지 모호한 점이 있다. 효변이 발생하면 本卦의 象(本象)은 之卦의 象(變象)으로 변화된다. 그런데 주희는 다만 '이 상을 본다'(觀此象)라고 했을 뿐, 그것이 본괘의 本象인지 아니면 지괘의 變象인지 명확하게 밝히지는 않았다. 점을 쳐서 획득한 점괘는 지괘이므로 본상이 아닌 변상을 관찰해야 하는 것이 옳다. 만약에 점을 쳐서 변화된 괘를 얻은 뒤에 易詞를 그 변화된 괘와 연계시키지 않는다면, 효변을 취한 의의가 없게 될 것이다. 유감스럽게도 주희는 변상으로 해석한 예를 구체적으로 제시하지는 않았다.

64) 질문: "한나라 유학자들 이후로 효변의 뜻을 아는 자가 아무도 없는가?" 대답: "천하가 지극히 넓은데 그럴 리가 있겠는가? 『문헌통고』, 「경적고」에 『주역변체』 16권이 실려 있는데, 송나라 도결이 지은 것이다.……내가 이 책을 구해 보지 못한 것이 한스럽다."(問: 漢儒以降, 爻變之義, 竟無知者耶. 答: 天下至廣, 豈有是也. 文獻通考, 經籍考, 載周易變體十六 券, 宋都潔所撰.……恨未得此書見之也; 「茶山問答」, 『易學緒言』, 『定本 與猶堂全書』 17, 315쪽)

65) 정약용은 都潔의 『周易變體』에 대한 정보를 『文獻通考』 권176, 「經籍考三」을 통해 얻을 수 있었지만, 『주역변체』를 직접 구해 볼 수는 없었다. 다행스럽게도 우리는 도결의 『주역변체』를 구하여 볼 수 있다. 『四庫全書珍本初集』의 004와 005에 『易變體義』가 실려 있는데, 동일한 책의 별명이 아닌가 추정된다. 다만 사고전서본 『易變體義』는 12권으로 정약용이 말한 16권과는 차이가 있다.

66) 「周易四箋 I」, 『定本 與猶堂全書』 15, 128쪽; 『역주 주역사전』 제1권, 334쪽, "星湖先生曰, 四之動爲震, 有囊象."

67) 임재규의 연구에 따르면, 都潔과 동시대의 역학자인 沈該가 지은 『周易小傳』에서도 變卦로써 六爻를 해석하였다고 한다.(임재규, 「정약용 효변론의 연원에 대한 시론적 고찰」, 『다산학』 22호[2013], 350쪽.) 아울러 임재규는 「중국역학사에 나타난 효변론 연구」(『대동문화연구』 제82권[성균관대학교 대동문화연구원, 2013], 279~280쪽)에서 元代의 陳應潤, 明代의 黃道周, 淸代의 包儀 등을 통해서도 효변론의 전개를 추적할

서 주희가 지은 「구곡도가九曲棹歌」<sup>68)</sup>를 빌려 효변설의 전승이 끊어져 버린 상황을 다음과 같이 묘사하였다.

무지개다리(虹橋)는 한 번 끊어진 뒤 소식消息이 없고,　　　虹橋一斷無消息

일만 골짜기 천 개의 바위에 푸른 안개만 자욱하다.　　　萬壑千巖鎖翠烟

　　그러나 효변설은 매우 희귀한 해석방식일 뿐 아니라 대단히 혁명적인 발상법이기도 하다. 왜냐하면 그것은 기존의 해석방법을 완전히 뒤집은 것이기 때문이다. 효변이란 간단히 말한다면, 음을 양으로 혹은 양을 음으로 해석하는 방법이다. 만일에 정약용의 효변설이 옳다면 전통적 해석방법을 전면적으로 수정하지 않으면 안 될 것이다.

　　정약용이 효변설을 착안하게 된 과정은 강진으로 유배된 지 7년이 지난 1808년 어느 날에 친구 윤영희尹永僖에게 보낸 장문의 편지(「與尹畏心書」)에 상세히 기술되어 있다.<sup>69)</sup> 정약용은 이 편지에서 『주역』을 연구하게 된 과정을 회고하면서 자기 학설의 큰 줄거리를 소개하고 있다. 이에 따르면, 그가 효변의 뜻을 발명하게 된 최초의 계기는 '예禮'에 대한 연구로부터 비롯되었다. 정약용은 순조 1년(1801) 겨울 강진에 유배된 이후에 그 이듬해

───────────────────────

수 있음을 밝혔다.

68) 「九曲棹歌」는 주희가 지은 「武夷九曲」을 가리킨다. 棹歌란 뱃사공이 노를 저어가며 부르는 뱃노래를 가리키니, 「구곡도가」는 주희가 武夷山의 계곡을 따라 아홉 번 굽이쳐 흐르는 계곡물에서 뱃놀이를 하면서 지은 노래이다. 주희는 1183년에 武夷山에 武夷精舍를 세우고 10년 동안 은거하면서 무이산의 아름다움을 노래한 「구곡도가」를 지었다. 「구곡도가」는 모두 九曲으로 되어 있는데, "虹橋一斷無消息, 萬壑千巖鎖翠烟"은 그 중 第一曲에 해당된다.

69) 「與尹畏心」은 『茶山詩文集』 제19권 「書」에 실려 있다.(『定本 與猶堂全書』 4, 128쪽) 그 편지에 "7년 동안 流落하여 문을 닫아걸고 칩거하였다"(七年流落, 杜門塊蟄)라는 구절이 있는 것으로 보아, 이 편지는 정약용이 강진에 유배된 1801년으로부터 7년이 지난 해, 즉 1808년에 쓰인 것으로 보인다. 1808년은 정약용이 『주역사전』 무진본을 완성한 해이기도 하다.

봄부터 고례古禮를 고찰하기 위해 『춘추좌씨전』을 읽기 시작하였는데, 그러던 중에 춘추시대의 관점官占 기록에 주목하게 된다. 춘추시대의 관점은 『춘추좌씨전』에 17개, 『국어國語』에 3개 등 모두 20개의 사례가 기록되어 있는데, 거기에 기록된 점서례占筮例를 보면 통행본 『주역』과는 현저하게 다른 특징이 발견된다. 즉 통행본 『주역』에는 각각의 효사 앞에 초구初九, 구이九二 등의 효제爻題가 있는 데 반해 춘추시대의 관점 기록에서는 이것이 '모괘지모괘某卦之某卦'의 형식으로 되어 있는 것이다. 예를 들면 '건乾 초구'는 '건지구乾之姤'로 되어 있고 '건乾 구이'는 '건지동인乾之同人'으로 되어 있으며 '곤坤 초육'은 '곤지복坤之復'으로 되어 있다. 이때 '지之'는 관형격조사 '~의'가 아니라 '가다'라는 뜻의 '지之'자로 풀이해야 하니, '모괘지모괘某卦之某卦'는 '모괘某卦가 모괘某卦로 간다' 혹은 '모괘某卦가 모괘某卦로 변한다'라는 뜻이 된다. 이러한 종류의 서술은 채묵지서蔡墨之筮, 진경중지서陳敬仲之筮, 필만지서畢萬之筮, 진백벌진지서秦伯伐晉之筮 등 『춘추좌씨전』에 기재되어 있는 관점의 17개 서례들에 나타나고 있다.

정약용은 이 수수께끼와도 같은 형식이 의미하는 바를 알아내기 위해 잠심완색하니, 이때가 계해년(1803) 늦은 봄 무렵이었다. 그러나 도저히 그 문로門路를 찾을 수 없어 의심과 분함만이 마음속에 교차될 뿐이었다. 이에 음식도 거의 손에 대지 않고 오로지 『주역』 책 하나만을 책상 위에 올려놓고 밤낮으로 연구하니, 눈으로 보는 것, 손으로 만지는 것, 입으로 읊는 것 마음으로 생각하는 것 붓으로 쓰는 것 등 어느 것 하나도 『주역』이 아닌 것이 없었다. 마침내 갑자년(1804) 동짓날 무렵 그는 효변의 이치를 활연관통豁然貫通하게 되었다. 이에 자신감을 얻어 효변을 적용해서 매일 한 괘씩 효사를 다시 읽어 내려가니, 파죽지세破竹之勢로 64일 만에 상하 2편을 독파할 수 있었다. 정약용은 「여윤외심서」에서 효변을 그동안 아무도 근접할 수 없었던 건장궁建章宮70)의 천문만호天門萬戶를 여는 열쇠에

비유하면서 효변의 뜻을 깨닫게 된 벅찬 감회를 다음과 같이 술회하고
있다.

이제 「설괘전」의 글과 그 변동의 방식을 취하여 마음을 가라앉히고 384개의 효사를
연구해서 모색해 나간다면, 글자마다 부합하고 구절마다 부합해서 다시는 의심되어
이해되지 않는 일이 조금도 없을 것입니다. 대저 그 오묘하고도 미묘한 언어와
의미(奧言微旨)가 도저히 이해되지 않아 아무리 재주 많은 대유학자(鴻工鉅儒)라고 하더
라도 그 문앞만 바라보다가 도망갔었는데, 이제는 마치 날카로운 칼로 대나무를
자르는 듯이 풀리지 않는 일이 없을 것입니다. 비유하자면, 건장궁建章宮 안에
천 개의 대문과 만 개의 지게문들이 있고 종묘의 미美와 백관의 부富가 모두 그
속에 있지만, 철로 만든 자물쇠가 단단히 채워져 있고 문짝의 쇠붙이는 매우
견고하여 이 사람 저 사람들이 그 문앞까지 왔다가는 감히 그 안을 엿보지도
못하고 있던 차에 갑자기 열쇠 한 꾸러미를 손에 넣게 되어, 그것으로 외문外門을
여니 외문이 열리고 중문中門을 여니 중문이 열리며 고문皐門(궁성의 제일 바깥에 있는
높은 문)과 고문庫門(곳집의 문)을 여니 고문皐門과 고문庫門이 열리고 더 안쪽의 응문應門
과 치문雉門을 여니 또 응문과 치문이 열리는 것과 같습니다. 이렇게 해서 천
개의 대문과 만 개의 작은 문들이 일제히 활짝 열리게 되니, 일월이 밝게 비치고
풍운이 드리우며 이른바 종묘의 미와 백관의 부가 줄지어 있는 것이 환히 드러나서
그 하나하나가 손을 뻗치면 바로 만져질 듯합니다. 천하에 이런 즐거움이 어디에
있겠습니까![71]

---

70) 建章宮은 漢武帝 때 長安의 서북쪽 樓臺였던 柏梁臺가 불에 타자 축조한 한 무리의
   궁전으로서 둘레가 10여 km에 달할 정도로 엄청나게 커서 千門萬戶로 불렸다. 建章宮은
   본래 漢代의 宮名이었지만, 후에는 宮苑의 凡稱으로 사용되었다.
71) 「與尹畏心」,『定本 與猶堂全書』4, 128쪽, "今取說卦之文及變動之法, 潛心究索, 於三百八十四
   爻之詞 則字字符合, 句句契比, 無復一毫半點之疑晦不通者. 凡其奧言微詞之必不可解, 鴻工鉅
   儒之望門却走者, 無不破竹之勢, 迎刃以解. 譬如建章宮殿, 千門萬戶, 宗廟之美, 百官之富,
   皆在其中 但其鐵鏁牢固, 屈戌深嚴, 萬夫當門, 莫之敢窺. 忽有一條鑰匙, 落在手中, 以之啓外門,
   而外門關 以之啓中門, 而中門關, 以之啓皐門庫門, 而皐門庫門關, 以之啓應門雉門, 而應門雉
   門關. 於是乎, 千門萬戶, 豁然貫通, 而日月照明, 風雲藹蔚 凡所謂宗廟之美, 百官之富, 昭森布
   列, 歷歷可指. 天下, 有是快哉!"

정약용은 이 열쇠를 얻어 난공불락처럼 여겨지던 해석학적 난제를 일거에 해결할 수 있었으니, 그의 외손인 방산航山 윤정기尹廷琦(1814~1879)[72]가 효변을 가리켜 '금약시金鑰匙(황금열쇠)라고 했던 것은 참으로 적절한 표현이었다고 하겠다.[73]

## 2) 획과 효의 구별

그러면 이제 효변설에 대한 정약용의 학설을 상세히 검토해 보기로 하자. 먼저 효爻라는 글자에 대해 설명해 보자. 일단 효爻(yao)를 획畫과 구별하는 것이 중요하다.[74] 획이란 말에는 선線(line)이라는 개념 외에는 아무것도 들어 있지 않는 반면에, 효에는 변화의 개념이 포함되어 있다. 『설문해자』에서는 효爻를 교爻의 뜻으로 풀이하고 있으니, 효爻의 본의는 교차爻叉에 있다. 효爻는 ×의 거듭된 형태로서, ×는 교爻의 뜻을 내포하고 있다.[75] 이것은 음에서 양으로 혹은 양에서 음으로 교차되는 상황을 나타낸다. 따라서 음효는 음에서 양으로 변화하는 것이며, 양효는 양에서 음으로 변화하는 것이 된다. 그러나 『역경』의 원문에는 음陰이나 양陽이라는 말이 나오지 않고 『역전』에 이르러야 나타나니, 음효陰爻 혹은 양효陽爻라는 말이 사용되는 것도 그 이후의 일이다. 흥미로운 것은 효爻가 갑골문에도 있었던 글자라는 사실이다. 갑골문에서는 숫자 '오五'를 '×'로 쓰기 때문에

---

72) 자는 景林, 호는 航山. 아버지는 참봉 榮喜이며, 어머니는 羅州丁氏로 정약용의 딸이다. 저서로는 『易傳翼續』, 『詩經講義續集』, 『航山遺稿』 등이 있다.

73) 이영호, 「航山 易學의 특징과 그 역학사적 위상」, 『한문학보』 제16권(우리한문학회, 2007), 289~315쪽.

74) 필자의 견해로는 爻라는 용어는 爻變에만 한정해서 사용해야 한다. 효변이란 양에서 음으로 혹은 음에서 양으로 질적 변환이 발생함을 가리키는 용어이다. 卦變의 경우에는 질적 변화는 발생하지 않고 오로지 공간적 위치 변동만 발생하므로 爻의 변화가 아니라 획의 移動이 일어난다.

75) 徐中舒 主編, 『甲骨文字典』(四川辭書出版社, 2006), 1353쪽.

'효爻'는 '×'를 위와 아래로 겹쳐서 쓴 형태가 된다.[76] 그러나 '효爻'자가 숫자 '오五'와 의미상 어떻게 연관되는지는 분명하게 밝혀져 있지 않다.

| 甲骨文 | 金文 | 小篆 | 楷書 |
|---|---|---|---|

### 3) 노양과 노음

그러면 다음으로 검토할 것은 효변과 효제爻題의 관련성이다. 『주역』의 여섯 효에는 초구初九·초육初六·구이九二·육이六二·상구上九·상육上六 등의 명칭이 붙어 있는데, 이것이 효제爻題이다. 그런데 그 숫자를 보면, 모두 구 아니면 육이다. 왜 다른 숫자는 없고 오로지 구와 육만 쓰여 있으며, 도대체 그 의미는 무엇일까? 본래 『주역』의 서법에서 점을 쳐서 최종적으로 얻게 되는 영수營數는 6·7·8·9 중의 하나인데, 6은 노음老陰, 7은 소양少陽, 8은 소음少陰, 9는 노양老陽을 표시한다.[77]

| 老陰 | 少陽 | 少陰 | 老陽 |
|---|---|---|---|
| 六 | 七 | 八 | 九 |
| 變 | 不變 | 不變 | 變 |

---

76) 徐中舒 主編, 『甲骨文字典』, 356쪽.
77) 筮法에 따르면 三掛의 절차를 통해 최종적으로 획득하게 되는 수가 모두 天數(1, 3, 5, 7, 9)이면 九 즉 老陽이 되고, 모두 地數(2, 4, 6, 8, 10)가 되면 六 즉 老陰이 된다. 만약에 두 번은 天數이고 한 번은 地數이면 八 즉 少陰이 되고, 한 번은 天數이고 두 번은 地數이면 七 즉 少陽이 된다.

소少와 노老는 변화의 정도를 표시하는데, 소少가 변화의 정도가 미약해서 다른 상태로 변화되지 않는 상태를 표시하는 데 반해서 노老는 변화가 극에 달해서 이미 반대편으로의 변화가 발생하기 시작한 상태를 표시한다. 소양 혹은 소음의 상태에서는 변화가 미약하지만, 노양 혹은 노음의 상태에서는 정반대의 상태로 전환된다. 여기에는 양적 축적이 질적 변화를 일으킨다는 변증법적 원리가 적용된다. 노양은 양이 충만한 순양純陽의 상태이기 때문에 양의 축적과정이 더 이상 진행될 수 없고 음으로 전환된다. 반면에 노음은 음이 최고로 축적된 순음純陰의 상태이기 때문에 이미 양으로 전환되는 상태이다.

효변의 형식을 일상명제의 형태로 표현한다면 그것은 'x괘가 y괘로 간다', 혹은 'x괘가 y괘로 변화한다'는 진술의 형태가 될 것이다. 즉 효변은 '모괘지모괘某卦之某卦', 즉 '모괘某卦가 모괘某卦로 간다' 혹은 '모괘某卦가 모괘某卦로 변한다'라는 형태를 취한다. 이 경우 앞의 괘를 본괘本卦라고 부르고, 뒤의 괘를 지괘之卦(變卦)라고 부른다. 준屯괘의 경우를 예로 들어 보기로 하자.

① 屯之比 (屯 初九) : 준괘(䷂)가 비괘(䷇)로 변함
② 屯之節 (屯 六二) : 준괘(䷂)가 절괘(䷻)로 변함
③ 屯之旣濟 (屯 六三) : 준괘(䷂)가 기제괘(䷾)로 변함
④ 屯之隨 (屯 六四) : 준괘(䷂)가 수괘(䷐)로 변함
⑤ 屯之復 (屯 九五) : 준괘(䷂)가 복괘(䷗)로 변함
⑥ 屯之益 (屯 上六) : 준괘(䷂)가 익괘(䷩)로 변함

## 4) 추이설과 효변설의 결합

앞서 설명한 것처럼 추이와 효변은 괘의 변화를 설명하는 해석공식이다. 추이가 '모괘자모괘래某卦自某卦來' 즉 '모괘某卦가 모괘某卦로부터 변한다'라

는 공식으로 표현되는 반면에 효변은 '모괘지모괘某卦之某卦' 즉 '모괘某卦가 모괘某卦로 변한다'라는 공식으로 표현된다. 추이가 괘획의 이동을 설명하는 데 쓰이는 해석방법인 데 반해서, 효변은 효의 전환을 설명하는 데 쓰이는 해석방법이다. 그런데 효사를 해석할 때 어느 하나의 방법에만 의존한다면 괘의 변화를 충분히 설명할 수 없다. 따라서 효과적인 해석을 이끌어 내기 위해서는 양자를 결합하지 않으면 안 된다. 두 개의 방법이 결합되는 과정을 설명하면 다음과 같다.

| 제1단계 | 효변을 통해서 본괘와 지괘가 형성된다. | 本卦 → 효변 → 之卦 |
| 제2단계 | 추이를 통해서 본괘가 모괘로부터 변한다. | 母卦 → 추이 → 本卦 |
| 제3단계 | 추이를 통해서 지괘가 모괘로부터 변한다. | 母卦 → 추이 → 之卦 |

위에서 변화의 근원이 되는 괘를 모괘母卦라고 명명하였다. 만약 본괘 혹은 지괘가 연괘에 해당한다면, 그 연괘는 벽괘로부터 변화되어야 한다. 그런데 연괘가 일양괘一陽卦·일음괘一陰卦·이양괘二陽卦·이음괘二陰卦에 속한다면 연괘는 두 개의 벽괘를 모괘로 취한다. 이처럼 본괘 혹은 지괘가 두 개의 모괘를 갖는 경우에는 변화의 근원을 양쪽으로 소급해서 추적해야 한다. 「독역요지」의 제9칙 쌍소雙遡가 바로 이 해석규칙에 해당된다. 그러나 연괘가 삼양괘三陽卦·삼음괘三陰卦에 속하는 경우에는 오직 한 개의 벽괘만을 모괘로 취한다. 따라서 이 경우에는 쌍소의 규칙이 적용되지 않는다. 추이와 효변을 결합해서 쌍소의 해석규칙을 도상으로 표현해 보면 다음과 같다.

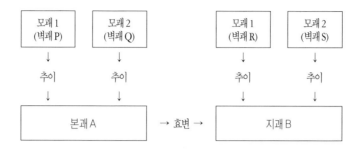

① 본괘 A가 일양괘·일음괘·이양괘·이음괘에 속하는 연괘인 경우에 A괘는 두 개의 벽괘 P와 Q를 모괘로 취한다.

② 지괘 B가 일양괘·일음괘·이양괘·이음괘에 속하는 연괘인 경우에 B괘는 두 개의 벽괘 R과 S를 모괘로 취한다.

③ 본괘 A가 삼양괘 혹은 삼음괘에 속하는 연괘인 경우에 A괘는 한 개의 벽괘 P를 모괘로 취한다.

④ 지괘 B가 삼양괘 혹은 삼음괘에 속하는 연괘인 경우에 B괘는 한 개의 벽괘 R을 모괘로 취한다.

⑤ 본괘 A 혹은 지괘 B가 벽괘라면 그 모괘는 벽괘이며, 그 변화방식은 벽괘의 추이방식을 따른다.

### 5) 잠화위아蠶化爲蛾와 조화위선蜩化爲蟬

효변이란 본래 시괘지법蓍卦之法의 한 부분이다. 시괘지법이란 점치는 절차를 가리키는 용어인데, 정약용은 여기에도 철학적 의미가 함축되어 있다고 보았다. 정약용은 "시괘蓍卦의 방법은 물리物理에 의존한다"(蓍卦之法, 依於物理)라고 하였다. 따라서 시괘지법에서 유래한 효변은 『역』 해석의 방법적 도구일 뿐 아니라 그것 자체가 물리적 세계의 본성에 대한 표현이 된다. 이것은 바로 점법이 물리에 의존한다는 주장이다. 그렇다면 물리란 무엇을 가리키는 것일까? 물리가 사물의 법칙 혹은 존재의 질서를 뜻한다고 본다면, 물리를 밝힌다는 것은 결국 세계의 본성을 해명하는 것이 된다.

그러면 정약용이 생각하는 세계의 본성이란 어떤 것인가? 그것은 질적 변화의 원리이다. 정약용은 「정강성역주론鄭康成易注論」에서 이 질적 변화의 원리를 '잠화위아蠶化爲蛾'와 '조화위선蜩化爲蟬'으로 표현하고 있다. '잠화위아'는 누에벌레가 나방이 되는 것이며, '조화위선'은 매미 유충이 매미가 되는 것이다. 누에벌레가 나방이 되고 매미 유충이 매미가 되기 위해서는 질적인 변화가 일어나야 한다. 이것은 괘에서는 효변이 발생하여 본체가 변체로 전환되는 것에 해당된다. 정약용은 「계사전」의 "정기위물精氣爲物, 유혼위변遊魂爲變"이 바로 이러한 질적 변화의 원리를 표현하고 있다고 보았다.

> 물物이라고 함은 사물의 본체本體이며, 변變이라고 함은 사물의 변체變體이다. 누에벌레가 나방이 되고 매미 유충이 매미가 되니, 이것이 곧 "정기위물精氣爲物, 유혼위변遊魂爲變"의 뜻이다. 시괘의 법은 물리에 의존하는 것이니, 괘는 괘의 본체이며 효는 괘의 변체이다. 건乾이 변해서 구姤가 되며 곤坤이 변해서 복復이 되니, 이것이 "정기위물, 유혼위변"이다.[78]

"정기위물精氣爲物, 유혼위변遊魂爲變"이란 "정기精氣는 물物이 되고 유혼遊魂은 변變이 된다"는 뜻이다. 정약용에 따르면, '물物'은 괘의 본체本體를 가리키고 '변變'은 괘의 변체變體를 가리킨다. 효변이란 효의 변화에 의해 괘의 본체가 변체로 변하는 것으로, 본체가 변체로 변하면서 질적 변환이 발생하게 된다. '잠화위아蠶化爲蛾'와 '조화위선蜩化爲蟬'은 이러한 질적 변환의 원리를 가리킨다. 위진 이래로 불교에 빠진 자들이 정기와 유혼의 설로써 불교의 윤회설을 설명해 왔으니, 유혼팔괘遊魂八卦[79]·귀혼팔괘歸魂

---

78) 「鄭康成易註論」, 『易學緖言』, 『定本 與猶堂全書』 17, 66~67쪽, "物者, 物之本體也. 變者, 物之變體也. 蠶化爲蛾, 蜩化爲蟬, 卽精氣爲物, 游魂爲變也. 蓍卦之法, 依於物理. 卦者, 卦之本體也. 爻者, 卦之變體也. 乾變爲姤, 坤變爲復. 亦所謂'精氣爲物, 游魂爲變'也."
79) 遊魂八卦란 晉·明夷·中孚·大過·頤·訟·需·小過 등 8괘를 가리킨다. 만물은 활동하

八卦[80) 등이 그러한 종류의 이론들이다. 불교적 관점에서 해석하면, "유혼위변"이란 사람이 죽은 뒤에 혼이 흩어져서 허공에서 유영하고 있다가 변화되는 것이고, "정기위물"이란 유혼의 상태로 있던 혼이 태胎에 들어가고 난 뒤에 부모의 정기를 받아 혈육을 가진 인간으로 태어나는 것이다. 그렇지만 작역자作易者의 의도가 불교의 윤회설에까지 미치고 있다고 보는 것은 아무리 생각해 보아도 지나친 억측이다.[81) 따라서 정약용은 이러한 설들은 모두 위진 이래 위가緯家로부터 유래된 황당무계한 사설邪說에 불과하다고 단호한 어조로 비판한다. 이에 비하면 정현이 정기를 소양·소음의 숫자인 칠·팔을 가리키는 표현으로 보고 유혼을 노양·노음의 숫자인 구·육을 가리키는 표현으로 본 것은 상구商瞿와 비직費直 이래로 전승되어 내려온 고훈古訓에 속한다는 것이다. 그러나 정약용은 정현이 칠七·팔八을 목木·화火의 수數로 보고 구九·육六을 금金·수水의 수數로 본 것은 위가緯家의 사설邪說에 빠진 것이라고 비판하였다. 그는 오행설五行說을 칠팔구육七八九六의 수數와 연계시킨 것은 마치 개꼬리를 담비에 갖다 붙인 격이라고 조롱하고,[82) 정현과 같은 대학자가 이러한 위가緯家의 사설邪說에 빠진 것은 참으로 애석한 일이 아닐 수 없다고 비평하고 있다.[83)

---

다가 쉬고, 쉬다가 또 다시 활동하니, 유혼이란 이러한 동작을 가리킨다.
80) 歸魂八卦란 歸妹·蠱·漸·師·隨·比·同人·大有 등 8괘를 가리킨다. 만물이 無의 상태 즉 근본으로 돌아가는 것을 歸魂이라고 한다.
81) 「鄭康成易註論」, 『易學緖言』, 『定本 與猶堂全書』 17, 67쪽, "精氣游魂之說, 汎濫橫出. 魏晉以降, 浸淫佛敎者, 執之爲輪回之說, 豈作易者意慮之所及乎?"
82) 狗尾續貂 : 『晉書』「趙王倫傳」에서 유래된 고사성어로서, 좋지 않은 것으로써 좋은 것을 대신하니 앞뒤가 서로 어울리지 않게 됨을 비유한 말이다. 魏將 司馬懿의 아홉째 아들인 司馬倫이 趙王에 즉위하여 그의 무리가 득세하게 되었는데, 그 노비에 이르기까지 벼슬자리를 함부로 주다 보니 고관의 관모 장식용으로 쓰이던 담비의 꼬리 가죽이 부족하게 되어 볼품없는 개꼬리 가죽까지 동원하여 관모를 장식하였다. 당시 백성들이 이를 조롱하여 "담비 꼬리가 모자라니 개꼬리로 이어 대는군"(貂不足, 狗尾續)이라고 하였다.
83) 「鄭康成易註論」, 『易學緖言』, 『定本 與猶堂全書』 17, 67쪽, "鄭以'精氣'爲七八, '游魂'爲九六. 必是商瞿·費直以來, 相承相傳之古訓. 周鼎殷彝, 爽光燦然, 洵可貴也. 其云, '七八, 木火之精,

## 6) 파성播性의 규칙

본괘本卦가 지괘之卦로 변하면 지괘之卦의 물상物象은 본괘와 크게 달라지게 되며, 부분적으로 지괘之卦의 물상을 갖게 된다. 그 예를 들어 보면 다음과 같다.

① 태泰괘 초구初九는 지괘之卦가 승괘升卦가 되니, 태지승泰之升에는 승升의 뜻이 있다.
- ◇ 泰之升 (泰 初九) : 拔茅茹, 以其彙. (띠풀의 뿌리를 뽑을 때 그 뿌리가 같은 무리끼리 따라서 올라온다.)
② 지괘가 명이明夷괘가 되는 경우, 그 효사에는 모두 명이明夷의 뜻이 있다.
- ◇ 泰之明夷 (泰 九二) : 包荒. (오랑캐를 포용함)
- ◇ 豐之明夷 (豐 六四) : 遇其夷主. (그 오랑캐의 군주를 만남)
- ◇ 旣濟之明夷 (旣濟 九五) : 東鄰殺牛, 不如西郊之禴祭. (동쪽 이웃에서 소를 죽이는 것이 서쪽 이웃에서 禴祭로써 실제로 그 복을 받는 것만 같지 못하다.)
③ 예豫괘 육이六二 즉 예지해豫之解는 해解괘 「단전彖傳」의 뜻과 부합된다.
- ◇ 豫之解 (豫 六二) : 介于石, 不終日, 貞吉. (돌 사이에 끼여 곤경에 처해 있으니, 이처럼 위태로운 상황에서는 하루가 끝날 때까지 기다리지 말 것이며, 신속하고도 올바르게 일을 처리하면 길할 것이다.)
- ◇ 解卦 「象傳」 : 動而免乎險. (움직여서 험난함을 면함)

그러나 본괘가 지괘로 변하더라도 본괘의 성질이 완전히 소멸되는 것은 아니다. 「독역요지」 제5칙인 '파성播性'은 바로 이 점을 『주역사전』의 독자들에게 환기시키기 위해 마련한 규칙이다. '파성'이란 문자 그대로 '성性을 파종播種하다' 혹은 '성性을 뿌리다'의 뜻이다. 이것은 본괘의 성기性氣가 여섯 효에 골고루 뿌려져서 흩어져 있음을 의미한다. 따라서 본괘에서 지괘로 변하더라도 본괘를 바탕으로 해서 변화된 여섯 효는 본괘의 성품을 여전히 공유하게 된다. 예를 들어 본괘가 승升괘면 지괘가 아무리 정井괘나

---

九六, 金水之數.' 自此以下, 皆緯家之邪說. 惜乎! 其續貂也."

고蠱괘가 되더라도 '올라간다'는 뜻을 유지하고, 본괘가 복復괘면 지괘가 아무리 진震괘나 준屯괘가 되더라도 '돌아온다'는 뜻이 우세하다. 마찬가지로 수需괘의 여섯 효는 아무리 효변을 하더라도 모두 '기다림'(需待)의 뜻을 가지며, 비賁괘의 여섯 효는 효변이 이루어지더라도 '문채내어 장식함'(賁文)의 뜻을 공통적으로 갖게 된다. 만약 본괘를 제쳐놓고 지괘之卦의 물상만을 전용專用하여 해석하면 크게 그르친 해석이 되고 만다.

### 7) 유동留動의 규칙 : 괘주卦主의 경우

일반적으로 효변을 취하면 본괘와 지괘之卦가 생기게 된다. 그러나 효변을 취하지 않는 예외적 경우가 있으니, 효변을 취하지 않는다면 지괘가 생길 수 없으므로 본괘의 본상本象으로만 해석하게 된다. 「독역요지」 제6칙 '유동留動'은 바로 이 예외적 경우에 대한 규칙이다. '유동留動'을 직역한다면 '변동變動을 유보留保시키는 것'이니, 변동을 유보시킨다는 것은 곧 효변을 취하지 않는다는 뜻이다.

그러면 효변을 취하지 말아야 하는 예외는 어떤 경우에 발생하는가? 그것은 효가 괘주卦主인 경우에 발생한다. 그러면 괘주의 경우에 효변을 취하지 않는 이유는 무엇인가? 그것은 괘주가 갖는 특수한 지위 때문이다. 대개 괘주는 일양괘 속 한 개의 양효 혹은 일음괘 속 한 개의 음효의 경우처럼 하나의 괘 내부에서 그 괘의 성격을 부여하는 가장 결정적인 위치에 있다. 옛날부터 전해 온 서법筮法에 따르면, 이런 위치에 있는 효를 만나면 "신명이 가리키는 바가 정녕코 여기에 있다"(神明所指, 丁寧在此)라고 간주하였다. 따라서 그러한 경우에는 괘주 즉 괘의 주인으로 간주하여 효를 변화시키지 않았다. 괘주이기 때문에 효변을 취하지 않은 사례를 열거하면 다음과 같다.

◇ 師괘 九二 : 王三錫命. (왕이 세 번이나 명을 하사한다)
◇ 比괘 九五 : 王用三驅. (왕이 세 번 말을 몰아서 사냥한다)
◇ 謙괘 九三 : 有終. (군자가 끝마치는 바가 있다)
◇ 豫괘 九四 : 由豫. (예괘가 말미암은 바이다)

   파성과 유동은 매우 중요한 해석규칙이지만, 정약용이 처음부터 이
규칙들을 적용한 것은 아니었다. 「제무진본題戊辰本」에서 『주역사전』의
성서成書 과정을 서술한 것에 따른다면, 갑자본과 을축본에서는 파성과
유동의 규칙이 전혀 적용되지 않았다. 정약용이 괘주의 경우에 변상變象을
취할 필요가 없음을 깨닫게 된 것은 병인본을 일단 완성해 놓은 뒤였다.
정약용이 병인년(1806) 단옷날에 보은산방寶恩山房에서 쓴 「제독역요지후題
讀易要旨後」에서 밝히고 있는 바에 따른다면, 그는 師괘 구이의 "재사중在師
中"(장수가 중군에 있다)의 구절을 풀이하면서 괘주는 변상을 취할 필요가
없음을 비로소 알게 되었다고 한다. 병인본에 파성과 유동의 뜻에 빠지거
나 잘못된 것(闕誤)이 많았다고 한 「제무진본」의 서술을 참조해 볼 때,
파성의 원리를 적용한 것도 역시 이 무렵이었다고 보아야 할 것이다.
이때는 이미 원고를 마무리하여 책의 장정裝幀을 다듬고 있을 무렵이었지
만, 그는 개의하지 않고 다시 신본新本을 만들었다. 그러나 착오를 너무
늦게 발견하였기 때문에 수정된 병인본에는 오류를 바로잡는 것이 제한적
으로 반영될 수밖에 없다. 따라서 파성과 유동의 원리를 제대로 적용하
는 것은 정묘본에 이르러서야 가능하였다. 「제무진본」의 서술에 따르면,
정약용은 장남인 학가學稼 정학연丁學淵(1783~1859)에게 병인본의 착오를
수정하는 일을 시켰다. 그러나 정학연이 그 일을 끝내지 못하고 북쪽으로
되돌아갔기 때문에 다시 제자 이청李晴(1792~1861)[84]에게 위촉해서 마치도

---

84) 字는 鶴來 또는 琴招이고 號는 靑田이다. 이청은 강진의 아전 집안 출신으로 손병조,
   황상, 황취, 황지초, 김재정 등과 더불어 정약용이 강진의 유배시절에 읍내에서 길러

록 하였으니, 이렇게 해서 완성된 것이 바로 정묘본이다.

## 8) 단사의 해석

효변爻變이란 서법筮法에서 동효動爻가 생길 때 그 동효로써 생긴 지괘의 변상으로 점치는 것을 의미한다. 그런데 만일 점을 쳤지만 동효가 그 가운데 하나도 없다고 한다면 어떻게 해야 할까? 이러한 경우는 서점筮占을 쳐서 얻은 영수營數가 9나 6이 아니라 7 혹은 8을 얻은 경우에 해당된다. 9는 노양의 숫자이며, 6은 노음의 숫자이며, 7은 소양의 숫자이며, 8은 소음의 숫자이다. 만약 여섯 획으로 구성된 괘에서 노양이나 노음은 한 개도 없고 전부 소양 혹은 소음으로 이루어져 있으면, 이런 경우에는 동효가 발생하지 않는다. 이처럼 동효가 전혀 없는 경우에는 단사彖辭(즉 卦辭)로써 해석하게 된다. 단사는 64괘에 하나씩 있으므로 『주역』 전체로 보면 64괘의 불변괘不變卦가 생기는 것이다. 다산역학의 체계에서 본다면, 각각의 효는 독립적인 괘를 형성하므로 『역경』에는 384개의 변괘變卦와 64개의 불변괘不變卦가 있게 된다.

---

낸 제자 가운데 한 사람이다. 1802년에 정약용에게 입문하였고, 이후 해배될 때까지 정약용의 저술활동에 적극적으로 참여하였다. 정약용은 『주역사전』 정묘본의 완성을 이청이 도왔다고 말하고 있는데, 정묘본을 마무리하던 1807년에 이청의 나이는 15세에 불과하였다. 그는 또 정약용을 도와 『대동수경』(1814)에 주석을 달았는데, 이 책은 정약용과 이청의 공동저술로 평가받고 있다. 정약용이 해배된 이후 이청은 서울에 올라와 서유구 문하에 출입하였고, 탁월한 천문학자였던 서유구의 서자 徐八輔(1825?~1854)와 긴밀하게 교유하였다.(한영규, 「19세기 懷人詩를 통해 본 閭巷人의 형상 ─ 南秉哲의 懷人詩를 중심으로」, 『韓國語文敎育硏究會 172회 학술대회 논문집』[韓國語文敎育硏究會, 2008], 141~142쪽) 아울러 천문역산의 전문가였던 南秉哲을 비롯해 홍현보, 玄鎰, 이상적, 김석준 등과도 교류했으며, 천문학에 관한 『井觀編』이라는 저술을 남겼다.(문중양, 「19세기의 호남 실학자 이청의 『井觀編』 저술과 서양 천문학 이해」, 『한국문화』 37, 서울대 규장각 한국학연구원, 2006) 이청은 70세 되던 해인 1861년에 우물에 몸을 던져 생을 마감하였다. 한편 보성군수와 영천군수를 지낸 이학래(1824~1883)는 별개의 인물이다.(황병기, 「이학래의 헛갈리는 행적」, 『강진신문』, 2010. 02. 05)

정약용은 단사는 문왕에 의해, 그리고 효사는 주공에 의해 지어진 것이라는 설을 지지하였다. 그런데 문왕의 단사는 본상本象으로써 역사易詞를 삼은 것이며, 주공의 효사는 변상變象으로써 역사를 삼은 것이다.[85] 이처럼 '단象↔효爻'의 관계를 '본상↔변상'으로 대비시킬 수 있는 근거는 「계사전」에 있다. 「계사전」에서는 단象과 효爻의 관계를 다음과 같이 설명하고 있다.

> 단은 상에 대해 말한 것이고, 효는 변화에 대해 말한 것이다. (象者, 言乎象者也. 爻者, 言乎變者也.)

> 단은 (괘의 바탕이 되는) 재질材質이고, 효는 천하의 변천을 본받아 배우는 것이다. 이런 까닭에 길·흉이 생겨나고 회·린이 드러나게 된다. (象者, 材也. 爻也者, 效天下之動者也. 是故, 吉凶生而悔吝著也.)

정약용은 「계사전」의 "단자象者, 재야材也"를 설명하면서 '단→효'의 관계를 건축술로 비유한다. 단을 집을 짓는 데 사용되는 훌륭한 재목(美材)에 비유할 수 있다면, 육효의 변화는 '(그것을) 변화시켜 치수에 맞게 잘라내는 것(化而裁之)에 해당된다. 즉 효는 단이라는 재목을 써서 건물의 동량棟梁과 지도리(樞臬)를 만들어 내는 것과 같다. 효는 변화를 위주로 하여 천하의 사물이 두루 변동하는 정황을 모사한 것이다. 그런데 이것은 단이라는 재료를 써서 만들어진 것이므로, 단사의 뜻을 알아야만 효사의 뜻도 자연스럽게 알게 된다.

단·효의 관계를 이해하는 정약용의 방식은 다른 역학자들과는 근본적으로 다르다. 예컨대, 왕필은 『주역약례周易略例』 「명단明象」에서 "단象은 한

---

85) 「周易四箋 II」, 『定本 與猶堂全書』 16, 278쪽; 『역주 주역사전』 제8권, 43쪽, "文王象詞, 以其本象而爲之辭者也. 周公爻詞, 以其變象而爲之辭者也."

괘의 체體를 통합적으로 논의한 것이며, 상象은 한 효爻의 의미를 개별적으로 분별한 것이다"(夫象者, 統論一卦之體者也, 象者, 各辨一爻之義者也)라고 하였다. 즉 왕필은 단象과 효爻의 관계를 통론統論과 각의各義의 관계로 풀이한 것이다. 그러나 정약용은 왕필의 관점은 큰 오류를 범하고 있다고 주장한다. 왕필의 관점은 '단↔효'의 관계를 '전체↔부분'의 관계로 이해하는 관점이다. 하지만 여섯 효가 변동하면 각각 하나의 괘를 얻게 되는데, 그렇게 되면 괘상이 변동되어 본괘의 상과 판이하게 달라진다. 따라서 '전체↔부분'의 관점은 더 이상 유효하지 않다. 만약 건축술의 비유를 적용한다면, 왕필은 단을 완성된 건축물로, 효를 그 재료로 간주한 것이다. 이 건축물은 이미 완성되어 있기 때문에 더 이상 변용이 불가능하다. 마치 한 개의 건축물 속에는 여섯 개의 건축재료, 혹은 거실·주방·부엌·현관·침실·창고 등 여섯 개의 구성요소가 있는 것과 같다. 반면에 정약용에게 있어서는 건축물과 재료의 관계는 역전되어, 단이 재료가 되고 효는 건축물이 된다. 하나의 건축물이 완성되기 위해서는 재료를 잘라내고 덧붙이는 등의 가공과 변용의 과정을 거쳐야 한다. 따라서 정약용의 해석체계에서는 단이라는 건축자재가 있고, 그리고 이를 변형시키는 방법에 따라 여섯 개의 각각 다른 건축물이 형성되게 된다.

## 9) 용구와 용육

효변은 원래 일효가 변하는 것을 원칙으로 한다. 그러나 『주역』에서는 예외적으로 육효가 전부 변하는 경우를 인정하고 있는데, 그것이 용구用九와 용육用六의 경우이다. 용구用九는 건지곤乾之坤 즉 건乾의 여섯 효가 전부 변하여 곤坤이 되는 경우요, 용육用六은 곤지건坤之乾 즉 곤坤의 여섯 효가 전부 변하여 건乾이 되는 경우이다. 따라서 용구用九에서는 본괘가 건乾이

되고 지괘가 곤坤이 되며, 용육用六에서는 본괘가 곤이 되고 지괘가 건이 된다.

## 10) 점서례의 총계

이상에서 언급된 모든 경우의 수를 합하면, 『주역』에 열거된 점서례의 전체 합계는 450개가 된다. 이것은 다음의 세 경우를 합한 총계이다.

① 일효변一爻變 : 한 괘에서 한 효가 변동하는 경우로서 64괘에 모두 육효가 있으므로 곱하면 384개의 경우가 있다.(64×6=384)
② 무효변無爻變 : 한 괘에서 동효動爻가 전혀 없는 경우로서 64괘에 단사가 하나씩 있으므로 64개의 경우가 있다.(64×1=64)
③ 전효변全爻變 : 한 괘에서 육효가 모두 변하는 경우로서 용구用九와 용육用六의 두 개의 경우가 있다.(1+1=2)

이렇게 해서 다음과 같은 수식이 성립하게 된다.

$$(6 \times 64) + (64 \times 1) + (1+1) = 384 + 64 + 2 = 450$$

정약용은 이렇게 점서를 통해 괘를 얻어 내는 과정이 「계사전」에서 "촉류이장지觸類而長之"(같은 종류끼리 접촉시켜서 확장해 나감)라고 한 것에 해당된다고 풀이하였다. 즉 "촉류이장지"란 설시揲蓍를 통해 64괘를 불려서 450개의 서례筮例를 형성하는 과정이다.[86]

---

86) 「周易四箋 II」, 『定本 與猶堂全書』 16, 316쪽; 『역주 주역사전』 제8권, 180쪽, "六十四卦, 滋之爲四百五十卦, 故曰觸類而長之也."

## 11) 다효변의 경우

이상에서 『주역』에 나타난 점서례를 모두 열거하였다. 그것은 ① 일효변, ② 무효변, ③ 전효변의 세 경우로 대표된다. ①은 64괘의 각각의 효의 경우에, ②는 변효가 없어서 각 괘의 단사(즉 괘사)로 점치는 경우에, ③은 용구·용육의 경우에 해당된다. 그렇다면 만약 ①과 ③에 속하지는 않으면서도 ④다효변多 爻變인 경우는 어떻게 될까? 『주역』은 용구·용육의 경우를 제외한다면 오직 한 개의 동효를 인정하는 것을 원칙으로 삼는다. 그러나 점을 칠 경우에는 동효가 여러 개가 생기는 경우가 발생할 수 있다. 정약용은 그 경우에는 부득이하게 최종적으로 한 개의 동효를 골라내야 한다고 주장하였다. 이럴 때 사용하는 것이 11,520개의 죽책竹策이다. 「계사전」에서 "이편지책二篇之策, 만유일천오백이십萬有一千五百二十, 당만물지수야當萬物之 數也"(두 편의 책수는 11,520이니, 만물의 수에 해당한다)라고 한 것이 바로 이것을 가리킨다. 11,520개의 죽책이 도출되는 과정을 설명하면 다음과 같다.

① 64괘에는 모두 384효가 있는데, 그 가운데 양효와 음효가 각각 192개씩 있다.(192+ 192=384)
② 양효에 36개의 죽책을 배당하고, 음효에 24개의 죽책을 배당한다. 양효에 36개의 죽책을 배당하는 까닭은, 노양의 수가 9이며 여기에 영수營數 4를 곱해서 생긴 숫자가 36이기 때문이다.(9×4=36) 음효에 24개의 죽책을 배당하는 까닭은, 노음의 수가 6이며 여기에 영수 4를 곱해서 생긴 숫자가 24이기 때문이다.(6×4=24)
③ 192개의 양효에 각각 36개의 죽책이 배당되어 있으므로, 모두 6,912개의 양의 죽책이 존재한다.(36×192=6,912) 또 192개의 음효에 각각 24개의 죽책이 배당되어 있으므로, 모두 4,608개의 음의 죽책이 존재한다.(24×192=4,608)
④ 따라서 양효에 배당된 6,912개의 죽책과 음효에 배당된 4,608개의 죽책을 합치면 일만천오백이십 개의 죽책이 있게 된다.(6,912+4,608=11,520)

이렇게 해서 다음과 같은 수식이 성립하게 된다.

$$(36 \times 192) + (24 \times 192) = 6,912 + 4,608 = 11,520$$

죽책을 보관하는 방에는 죽책을 보관하는 시독蓍櫝이 있고, 각각의 죽책 위에는 그것이 어떤 효에 속하는 죽책인지를 표시하는 건초구乾初九, 건구이 乾九二 등의 표제가 쓰여 있다. 예를 들면 준屯괘는 초구·육이·육삼·육사· 구오·상육으로 되어 있으니, 각각 36·24·24·24·36·24개씩 모두 168개 의 죽책이 보관되어 있다.(36+24+24+24+36+24=168)[87] 그러면 이제 준屯괘에 서 초획과 제2획에서 모두 순획純畫을 얻은 경우를 가정해 보자. 순획을 얻었다는 것은 노양의 숫자인 9, 혹은 노음의 숫자인 6을 얻은 경우에 해당한다. 정약용은 이 경우 동효를 한 개 골라내는 과정을 다음과 같이 설명하고 있다.

가령 한 차례 점을 쳐서 그 괘로 준屯을 얻었는데 초획과 제2획이 모두 순획純畫을 얻었다면[이 경우 초획은 노양을 얻고, 제2획은 노음을 얻은 것이다], 서인筮人은 (그 죽책이 담겨 있는 櫝의) 상독上櫝을 뽑아 열어 준괘 초구의 죽책 36매와[4×9=36] 준괘 육이의 죽책 24매를 취하고[4×6=24] 같이 합쳐서 돌려 섞어[합하면 60개의 죽책이 된다] 역시 4개씩 4개씩 헤아려 나가는데[역수는 모두 4를 사용한다], 마지막 죽책 4매를 취하여[이 방식은 앞서와 같다] 임의로 그 하나를 뽑는다. 만약 그 뽑은 것이 초구의 죽책이면 초효가 변하는 것이 되고[준屯괘가 비比괘로 감], 육이의 죽책이면 두 번째 것이 효변하는 것이 된다[준屯괘가 절節괘로 감]. 이것이 이른바 "참오이변參伍以變"[88]이라는 것이다.[89]

---

87) 나머지 괘효의 경우도 모두 이와 같은 방식으로 표시된 죽책이 있으니, 이를 열거하면 乾之策 216매, 坤之策 144매, 屯之策 168매,…… 未濟之策 180매 등 모두 합쳐서 11,520개의 죽책이 된다.

88) "參伍以變"이란 "같이 모으고 참작하여 변화시킨다"는 뜻이다. "參伍以變"의 '參'은

정약용은 '구'나 '육'이 한 개만 나오는 경우는 점치는 사안이 간명하고
신속하게 진행되어 달리 구애되는 것이 없는 경우이며, 그것이 여러 개
나오는 경우는 그 득실을 점치기가 복잡하고 어지러워 구애되는 것이
있는 경우라고 설명한다. 후대의 점법에 이른바 "형제발동兄弟發動"이라는
것이 있는데, 구와 육을 여럿 얻은 경우의 점괘가 혹 이것에 해당하는
것이 아닌지 모르겠다고 그는 말한다.[90]

## 12) 하상지구법

이미 밝힌 바처럼, 정약용의 효변설은 『춘추좌씨전』과 『국어』의 관점官占
에 '모괘지모괘某卦之某卦'의 서례가 나타난다는 데 주목하여 개발된 것이다.[91]
『춘추좌씨전』과 『국어』에 실린 서례들은 춘추시대의 고점법占占의 자취를
보여 준다는 점에서 매우 중요하다. 정약용은 『춘추좌씨전』과 『국어』의
서례를 철저히 분석하여 『춘추관점보주春秋官占補註』를 저술하였는데, 이것

---

'참'으로 읽는다. 정약용은 「계사전」의 "參伍以變"의 注에서 "參, 與也. 伍, 猶互也."라고
하였다.(「周易四箋 II」, 『定本 與猶堂全書』 16, 317쪽; 『역주 주역사전』 제8권, 186쪽.)
89) 『周易四箋 II』, 『定本 與猶堂全書』 16, 313쪽; 『역주 주역사전』 제8권, 180쪽, "假令,
一筮之間, 其卦遇屯, 而其初畫與第二畫, 俱得純畫初得老陽, 第二得老陰]. 則筮人抽出䇷, 取屯初
九之策三十六枚[四九, 三十六]. 屯六二之策二十四枚[四六, 二十四], 合同滾轉[合得六十策], 亦四四
揲之[易數, 皆用四], 取末後之策四枚[法如前]. 任抽其一. 若是初九之策, 則初爻變[屯之比]. 若是六
二之策, 則第二爻變[屯之節]. 此所謂'參伍以變'也."
90) '兄弟發動'은 형제효가 발동하는 경우로서, 이 경우에는 사업이나 재물 점에는 크게
흉하다. 그러나 형제는 자손을 낳기 때문에 자손을 위한 점이나 형제자매를 위한
점에는 좋다. '兄弟爻發動', '兄弟爻變化', '兄弟爻持世' 등의 항목을 참조할 것.(김승동,
『易思想辭典』, 부산대학교 출판부, 1998, 1315쪽)
91) 『춘추좌씨전』과 『국어』의 官占에 '某卦之某卦'의 서례가 나타난다는 사실에 주목하여
효변설을 전개한 학자로는 明末의 黃道周(1585~1645)가 있다. 임재규는 황도주의 『易象
正』의 卷首 凡例에 나오는 「春秋說象凡例十八條」를 정약용의 「춘추관점보주」와 비교하
여 두 사람의 효변설이 多爻變의 경우 이외에는 대체로 공통점이 많다고 주장하였다.
임재규, 「정약용 효변론에 대한 비판적 고찰 ─ 「춘추관점보주」의 효변설을 중심으로」,
『종교와 문화』 제24호(서울대학교 종교문제연구소, 2013), 66~68쪽.

은『주역사전』에 편입되어 있다. 정약용은『춘추관점보주』에서『주역』의 서법은 일효변을 원칙으로 하지만, 하夏·상商시기의『연산連山』·『귀장歸藏』의 서법에서는 다효변을 원칙으로 하였다고 주장하였다. 즉『주역』의 서법에서는 육과 구를 써서 점을 쳤지만『연산』과『귀장』의 서법에서는 칠과 팔을 써서 점을 쳤다는 것이다. 이것이 이른바 '하상지구법설夏商之舊法說'이다.[92] 정약용이 이렇게 추론한 근거는『춘추좌씨전』과『국어』에『주역』의 일효변의 서법에 맞지 않는 서례가 있기 때문이었다. 즉 ①『좌전』양공襄公 9년의 '목강동궁지서穆姜東宮之筮', ②『국어』「진어晉語」노로 희공喜公 24년의 '중이반국지서重耳反國之筮', ③『국어』「진어」의 '동인영공지서董因迎公之筮', ④『국어』「주어周語」의 '성공귀진지서成公歸晉之筮'가 그것이다. 네 가지 서례 중에서 ①, ②, ③의 서례에서는 모두 '팔八'자가 언급되어 있는데, 그 의미는 아직까지도 명확하게 밝혀져 있지 않다.[93] 정약용은 이 네 경우가 모두『주역』의 일효변의 서법을 따르고 있지 않기 때문에『주역』과는 상관이 없는 '하상지구법' 즉『연산』과『귀장』의 서법이라고 주장하였다.

정약용의 하상지구법설은 전통적으로 권위를 인정받아 온『춘추좌씨전』의 주석가 두예杜預와『국어』의 주석가 위소韋昭의 견해에 근거를 두고 있다.[94] 그러나 최근 들어 역학계에서는 새로운 출토자료에 의거해서

---

92) 방인,「정약용의「춘추관점보주」의 "夏商之舊法"설에 대한 비판적 고찰」,『퇴계학보』 제131집(퇴계학연구원, 2012), 161~191쪽.

93)『左傳』襄公 9년조의 '穆姜東宮之筮'항에는 "艮之八"이 나오고,『國語』「晉語」의 '重耳反國之筮'항에는 "貞屯悔豫皆八"이 나오며,『國語』「晉語」의 '董因迎公之筮'항에는 "泰之八"이라는 말이 나온다.

94) 晉代의 경학가 杜預(222~284)가 이미 "(『연산』과『귀장』의) 두 가지『易』은 七·八의 숫자로써 점을 쳤다"(二易, 皆以七八爲占)라고 말한 바 있다. 현존하는『국어』주석본 중에서 가장 오래된 주를 남긴 삼국시대의 경학가 韋昭(204~273)도 역시『국어』의 重耳反國之筮를『연산』과『귀장』의 서법을 모두 사용한 것으로 간주하였다. 韋昭는 "筮史占之, 皆曰, 不吉" 중의 '筮史' 구에 대한 下注에서, "筮人掌以三易辨九筮之名. 一夏連山, 二殷歸藏, 三周易. 以連山歸藏, 占此兩卦, 皆言不吉"(筮人은 三易으로써 九筮의 이름을 분별하는 일을 관장하니, 첫째는 夏의『連山』이며, 둘째는 殷의『歸藏』이며, 셋째는

『연산』·『귀장』에 관한 새로운 가설들을 제기하고 있기 때문에, 전통적 견해 및 이에 근거를 두고 있는 정약용의 학설에 대해서도 비판적 고찰이 불가피하다. 이학근李學勤을 비롯한 일부 중국 학자들은 출토자료에 근거해서 『귀장』이 『주역』보다 결코 이른 시기에 형성된 것이 아니라는 가설을 주장하고 있다. 만약 이러한 가설이 옳다면 『춘추좌씨전』과 『국어』에 나오는 다효변의 서례들이 '하상지구법'에 속한다는 정약용의 주장도 마찬가지로 도전받게 된다. 그러나 임충군林忠軍 등의 학자들은 여전히 『귀장』이 『주역』보다 선행해서 존재했다는 견해를 고수하고 있으며, 나름대로 근거도 확보하고 있다. 따라서 『귀장』과 『주역』의 선후관계에 대해 어느 한쪽으로 결론을 내리는 것은 아직은 성급하다.[95]

## 13) 출토자료로 본 효변설

효변설을 지지하는 증거로 정약용이 제시한 가장 오래된 문헌은 『춘추좌씨전』의 관점 기록이었다. 그러나 오늘날 우리는 정약용이 전혀 알지도 못했고 알 수도 없었던 많은 출토자료들을 참조할 수 있다. 장정랑張政娘은 출토자료 중에서 두 개의 숫자괘가 한 조씩을 이루고 있는 점서례들을 발견하였다. 1978년 봄에 초국楚國의 고도故都인 기남성紀南城 부근에 있는 천성관天星觀 1호 초묘楚墓[96]에서 전국시대 중기(BC350년 전후)의 유물인 죽간

---

『周易』이다. 서인은 『연산』과 『귀장』으로 이 두 괘를 점쳤기 때문에 모두 불길하다고 한 것이다)이라고 하였다. 이것은 위소가 "皆曰"의 의미를 『연산』과 『귀장』의 두 가지 서법을 모두 사용한 것으로 이해하고 있었음을 뜻한다. 그러나 이와는 달리 "皆曰"을 『연산』·『귀장』을 모두 썼다는 뜻이 아니라 筮·史의 두 職官이 모두 불길하다는 뜻이라고 풀이하는 견해도 있다.

95) 보다 자세한 내용을 위해서는 필자의 다음 논문을 참고할 것. 「정약용의 「춘추관점보주」의 "夏商之舊法" 설에 대한 비판적 고찰」, 『퇴계학보』 제131집, 161~191쪽.

96) 天星觀은 지금의 湖北省 江陵縣에 위치해 있다. 이곳은 전국시대 楚國의 故都인 紀南城 부근에 있다. 천성관 1호 초묘의 下葬 연대는 대략 기원전 340년 전후로 추정된다.

70여 점이 출토되었는데, 그 중에는 한 줄에 두 괘씩 모두 8조 16괘가 배열되어 있는 숫자괘가 발견되었다. 천성관에서 발견한 숫자괘를 천성관수괘天星觀數卦97)라고 하고, 그 서법筮法을 천성관서법天星觀筮法98)이라고 한다. 그 밖에도 신채갈릉초간新蔡葛陵楚簡99), 포산초간包山楚簡100), 안양安陽 소둔小屯의 도편陶片101) 등에서 역시 좌우의 두 괘가 병렬되어 양괘일조兩卦一組의 배열을 취하고 있는 숫자괘들이 출토되었다. 이러한 배열방식은 앞의 괘가 본괘이고 뒤의 괘가 그것을 효변시켜서 얻은 변괘(즉 之卦)일 가능성을 강력히 시사한다.102) 이들 출토자료로 볼 때, 고대의 서법은 지금 우리가 알고 있는 『주역』의 서법과는 상당히 다른 것일 가능성이 높다. 예를 들면, 『주역』의 영수營數는 6·7·8·9에 한정되지만, 출토자료에서는 1과 5의 숫자도 사용되고 있다.103) 그러나 이러한 고고학적 유물들도 고대의 서법을

---

97) 장정랑에 따르면, 天星觀數卦는 대부분 一 혹은 六의 숫자로 되어 있고, 나머지 10% 정도는 八, 九의 숫자로 되어 있다. 즉 一이 쓰인 횟수가 37회, 六이 쓰인 횟수가 49회, 八이 쓰인 횟수가 5회, 九가 쓰인 횟수가 4회이다.(「江陵天星觀一號楚墓」, 『考古學報』 1982年 第1期)

98) 예컨대 天星觀竹簡에는 "一六六六六六"과 "六六六六六六"이 있는데, 기수를 양효로, 우수를 음효로 치환시키면 전자는 剝卦가 되고 후자는 坤卦가 되니, 剝卦와 坤卦가 병렬적으로 놓여 있는 것으로 볼 수 있다. 만약 전자를 本卦로 보고 후자를 變卦 즉 之卦로 보면, 이것은 剝卦의 上爻가 動하여 爻變이 된 경우로서, '剝之坤' 즉 剝卦가 坤卦로 변한 것이 된다.

99) 제1부 제1장 각주111) 참조.

100) 제1부 제1장 각주112) 참조.

101) 安陽 小屯에서 출토된 陶片에는 "六六七六六八"과 "六六七六六七"의 숫자괘가 발견되었다. 이것을 마찬가지 방식으로 치환시키면 전자는 豫卦가 되고 후자는 歸妹卦가 되니, '豫之歸妹' 즉 豫卦의 初爻와 二爻가 동하여 歸妹卦로 변한 것이 된다.

102) 그 밖에 張家坡의 卜骨에도 "六八一五一"과 "五一一六八一"이 한 조가 된 예가 있는데, 위의 방식에 따라 치환시키면 전자는 大壯卦가 되고 후자는 无妄卦가 된다. 이 경우는 효변이 아니라 雷天 大壯을 交易시켜 天雷 无妄으로 만든 것으로 볼 수 있다. 이렇게 본다면, 효변뿐 아니라 交易·變易·反易 등의 變卦 방식도 일찍부터 사용되었을 가능성이 있다.

103) 최근의 고고학적 성과에 따르면, 각 효의 營數로서 6, 7, 8, 9 이외에 1, 5가 사용된 사례도 발견되고 있다. 張亞初와 劉雨는 「從商周八卦數字符號談筮法的幾個問題」라는 논문을 통해, 商代 武丁시기로부터 東周시기에 이르기까지 팔괘 부호 중에서 九가

해명할 수 있는 확실한 실증적 증거가 되기에는 아직 부족한 것으로 보인다. 향후 새로운 고고학적 증거들이 출토되면 마침내 모든 의혹을 헤치고 보다 유력한 가설을 수립하는 데 이르게 될 것이다.[104]

그 다음으로 마왕퇴馬王堆 백서帛書『주역』에서도 효변설이 발견된다. 마왕퇴 백서『역전易傳』의「무화繆和」편에 "겸지초육嗛之初六, 겸지명이야嗛之明夷也"라고 한 것은 효변을 써서 풀이한 명백한 증거이다.[105] 마왕퇴『주역』의 겸嗛괘는 통행본『주역』의 겸謙괘에 해당되니, '겸지명이嗛之明夷'는 곧 '겸지명이謙之明夷'이다. 요명춘廖名春은 이때 본괘本卦는 겸謙괘이고 초육初六이 효변을 발생시켜 명이明夷괘를 만든 것이니, 명이괘는 지괘之卦가 된다는 점을 지적하였다.[106] 이 밖에도 백서본帛書本『주역』에는 효변설을 적용한 것으로 보이는 구절이 여러 곳에서 발견된다.[107] 이러한 서법筮法은『좌전』과『국어』에 나타난 '모괘지모괘某卦之某卦'와 같은 유형의 서법筮法임이 분명하다.[108] 따라서『좌전』에 기재된 '모괘지모괘某卦之某卦'의 서법筮法이 백서본『주역』에로 전승된 것이라는 가설假說을 설정할 수 있다. 만약『좌전』이 서한 말의 유흠劉歆(?~AD.23)에 의해 위찬僞撰된 것이라고 본다면『좌전』의 성서成書 시기는 기원전 168년 이전에 필사筆寫된 마왕퇴 백서본『주역』보다 오히려 더 늦어지게 되지만, 유흠이『좌전』에 기재된 춘추시대의 점서례占筮例들을 위조해 내는 일은 불가능했을 것이다.[109]

---

없는 36개의 사례를 수집하여 제시하고 있다.(張亞初·劉雨,「從商周八卦數字符號談筮法的幾個問題」,『考古學報』1981年 第2期) 전국시기의 湖北 江陵의 天星觀 楚墓에서도 '本卦-變卦'가 두 괘씩 병렬된 형식을 취하고 있는 易卦들이 모두 8組 16卦가 발견되었다. 그 중에서 營數가 1인 경우가 37次이며, 그 밖의 경우들에서는 6, 8, 9가 사용되었다.

104) 방인,「정약용의「춘추관점보주」의 하상지구법설에 대한 비판적 고찰」,『퇴계학보』제131집, 166쪽.
105)『儒藏』精華編 第281冊, 出土文獻類(北京大學儒藏編纂中心, 2007), 304쪽.
106) 廖名春,『帛書易傳初探』(臺北: 文史哲出版社, 中華民國 87年), 202쪽.
107) 劉彬,「論帛書≪衷≫篇的篇名及其象數思想」,『學燈』第18期(2011).
108) 김상섭,『마왕퇴출토 백서주역』하권(비봉출판사, 2012), 437쪽.

### 14) 효변설의 전승

너무나 당연한 말이지만, 정약용은 백서본帛書本『주역』의 존재를 알
수 없었다. 그러나 백서본『주역』에 효변의 명백한 증거가 나타난다는
사실은 너무나 중요하다. 이것은『좌전』의 효변설이 역학사적으로 전승되
어 내려가고 있었다는 것을 입증해 주는 증거가 된다. 정약용은『좌전』의
효변설이 역학사적으로 전승된 증거를 가의賈誼(BC.201~BC.168)와 경방京房
(BC.77~BC.37)에게서 찾고 있다. 그는『주역사전』의 건乾괘 초구初九 "잠룡물용
潛龍勿用"의 주注에서 아마도 두 사람이 효변의 뜻을 알고 있었던 것 같다고
추측하고 있다.[110]

가의賈誼의 "잠룡물용潛龍勿用" 풀이는 그의 저서『신서新書』에 보인다.

> 잠긴 용이 들어가서 나오지 않는 까닭에 '물용勿用'이라고 한 것이다. (潛龍, 入而不能出,
> 故曰, '勿用'.)[111]

정약용은 가의가 잠룡潛龍이 '들어가서 나오지 않는다'(入而不能出)고 풀이한
것은 「설괘전」에 "손巽은 들어감이다"(巽, 入也)라고 한 설명을 적용한 것으로
서, 효변을 취해 건乾을 손巽으로 변화시킨 것이라고 보았다. 가의가 세상을
떠난 기원전 168년은 공교롭게도 백서본『주역』이 출토된 장사長沙 마왕퇴馬
王堆 3호 한묘漢墓의 묘주墓主의 묘장墓葬연대와 같다. 따라서 가의는 마왕퇴백
서본『주역』에 나타난 효변설을 공유했을 가능성이 높다.

그 다음으로 경방京房이 효변을 취한 사례는 건乾괘 초구初九의 "잠룡물용

---

109) 『春秋』를 주석한 『春秋左氏傳』의 편찬자는 左丘明으로 알려져 있으나, 그 저자 및 성립시기
    와 관련하여 많은 의혹이 있다. 현대에 와서는 유흠의 좌전 위작설은 거의 부정되고
    있으나 『좌전』의 신빙성에 대해서는 논란이 계속되고 있다.(김언종, 「정다산의 주자
    논어집주 비판 4」, 『어문논집』 제47집, 민족어문학회, 2003, 467~468쪽)
110) 「周易四箋 I」, 『定本 與猶堂全書』 15, 107쪽; 『역주 주역사전』 제1권, 251, "二家, 似知爻變."
111) 賈誼 저, 박미라 역, 『新書』(소명출판, 2007), 268~269쪽.

潛龍勿用"에 대한 『경방역전』의 주注에 나타난다.

> "잠룡물용潛龍勿用"이라고 하였으니, 그 이변異變은 바람으로 나타난다. 나아감이
> 원활치 않다. (潛龍勿用, 厥異風, 行不解.)

여기서 경방이 효변을 취했다고 본 까닭은 "궐이풍厥異風"이라는 구절
에 있다. 건乾괘는 여섯 개의 양획으로 이루어진 괘라서 거기에는 바람(風)의
상象이 존재하지 않는다. 따라서 건乾의 초획初畫을 변화시켜 음陰으로 만들
지 않으면 손巽의 바람(風)의 상을 추출해 낼 수 없다. 이런 이유에서 정약용은
경방이 "잠룡물용潛龍勿用"에 대한 해석에서 효변을 취했다고 본 것이다.
그 밖에도 정약용은 경방이 관觀괘 상구上九의 "관기생觀其生" 및 박剝괘
상구上九의 "소인박려小人剝廬"와 관련된 해석에서 효변을 취했다고 보고
있다. 만약 경방이 효변설을 취했다고 본 정약용의 견해가 타당하다면,
이것은 가의賈誼의 사후死後 대략 백 년 뒤까지도 효변설이 전승되고 있었음
을 입증해 주는 증거가 될 것이다.


## 3. 호체

### 1) 호체의 정의

삼획으로 구성된 소성괘小成卦를 중괘重卦시키면 육획괘인 대성괘大成卦
가 형성된다. 이때 상괘와 하괘를 중합重合시켜 형성된 대성괘의 중간에서
상을 취해 새로운 괘를 형성해 내는 것을 호체互體(huti) 혹은 호괘互卦(hugua)라
고 부른다. 호체는 가운데 있는 네 개의 효를 취하고, 초효와 상효는 취하지
않는다. 괘의 중간에서 취한다고 해서 중효中爻라고 부르기도 한다. 괘의

중간에서 취할 수 있는 삼획괘로는 제2효에서 제4효에 이르는 2·3·4위의 호괘와 제3효에서 제5효에 이르는 3·4·5위의 호괘가 있다. 전자를 하호下互라고 하고, 후자를 상호上互라고 한다. 예를 들면 준屯괘에서 호체를 취하면, 상호上互는 간艮이 되고 하호下互는 곤坤이 된다.

## 2) 호체설의 전거

『주역』의 경문이나 『역전』에 호체 혹은 호괘라는 말이 나오는 것은 아니다. 그렇지만 「계사전」의 "잡물찬덕雜物撰德"의 구절은 호체에 대한 언급으로 간주된다.

> 사물을 뒤섞어 여러 가지 특성을 갖추고, 옳음과 그름을 분별해 내는 것은 중효中爻가 아니면 이루어지지 않는다. (若夫雜物撰德, 辨是與非, 則非其中爻不備)

그러면 "잡물찬덕雜物撰德"이란 무엇인가? '잡물雜物'이란 여러 종류의 물상을 섞는 것이고, '찬덕撰德'이란 여러 괘덕을 갖추는 것이다. 여러 종류의 괘상을 섞어 놓으면 여러 괘의 특성은 자연히 갖추어질 것이니, '찬덕'은 '잡물'의 결과가 된다. 즉 호괘의 물상을 추가함으로써 물상을 취하는 범위가 다양해지는 것을 가리켜 "잡물찬덕"이라고 한다. 호괘를 취하면 상괘와 하괘 이외에 또 호괘의 괘덕을 추가로 취할 수 있게 되어 여러 종류의 괘덕을 갖출 수 있다.

예를 들어, 효사 중에 마馬 혹은 우牛에 대한 언급이 나온다고 하자. 「설괘전」에 따르면 건乾은 마이며 곤坤은 우이다. 그런데 상괘나 하괘에 건 혹은 곤이 없다면 효사와 괘상을 연계시킬 방법이 없다. 이때 괘의 중간에서 건과 곤의 호괘를 취할 수 있다면 효사에 있는 마와 우를 해석할 수 있는 길이 열리게 된다. 이처럼 호괘를 통해 마와 우의 물상을 추가해서 물상을 다양하게 하는 것이 바로 '잡물'이다.

또 다른 예를 들어 보기로 하자. 「설괘전」에 따르면, 간艮에는 그침(止)의 뜻이 있고 태兌에는 즐거워함(說)의 뜻이 있다. 역사易詞에 그침과 즐거워함의 뜻은 나타나 있는데 상괘 혹은 하괘에 간 혹은 태의 괘상이 없다면 괘상과 역사를 연계시킬 방법이 없다. 이때 괘의 중간에서 간 혹은 태의 호괘를 취할 수 있다면, 간을 그침의 뜻과 연계시키고 태를 즐거워함의 뜻과 연계시킬 수 있게 된다. 이처럼 호괘를 통해 간의 그침과 태의 즐거워함의 괘덕을 보충해서 갖추어 놓는 것이 바로 '찬덕'이다.[112]

역경주석사적으로 볼 때, 『주역』 이외의 문헌에서 호체를 적용하여 경문을 해석한 최초의 사례는 『좌전』 장공莊公 22년조의 '진경중지서陳敬仲之筮'에서 찾아볼 수 있다. 주희가 "『좌전』의 한 곳에서 관觀괘를 설명하면서 분명히 호체해석법을 사용하였다"(『左傳』一處說觀卦, 分明用互體)라고 한 것은 바로 이것을 가리킨 것이다.

> 진陳나라 여공厲公이 경중敬仲을 낳았다……. 경중이 어렸을 때에, 주周나라 태사太史가 『주역』으로써 (진경중의 장래에 대한) 점치는 일과 관련하여 진후陳侯를 알현하였다. 진후가 태사로 하여금 (아이의 장래에 대해) 점을 치게 하였더니 관觀괘가 비否괘로 변하는 경우를 얻었다. (점을 친 주나라 태사는) 말하기를, "곤坤은 땅이고 손巽은 바람이며 건乾은 하늘이니, ('觀之否'의 경우는) 바람이 하늘로 변하고 땅 위에 산이

---

112) 黃宗羲 撰, 鄭萬耕 點校, 『易學象數論』(中華書局, 2010), 권2, 95쪽, "曰卦無乾坤而有牛馬, 非雜物乎? 卦無艮兌而言止說, 非撰德乎? 雜物撰德即是互體."

있습니다. 산에는 (갖가지) 재물이 있어 그것을 하늘의 광명으로써 비추는데, 이런 상황에서 땅 위에 머물고 있는 것입니다. 그러므로 "나라의 빛을 볼 것이요, 왕의 손님이 됨에 이롭다"(觀國之光, 利用賓于王)라고 한 것입니다.[113]

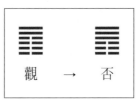

점을 쳐서 얻은 것은 '관지비觀之否' 즉 관觀괘가 효변하여 비否괘로 된 경우이다. 윗글에서 "바람이 하늘로 변하고, 땅 위에 산이 있다"(風爲天, 於土上, 山也)라고 한 것을 보면 호체를 취했음이 분명하게 드러난다. 즉 "땅 위에 산이 있다"(於土上, 山也) 하였으니, 이것은 비否괘의 2·3·4위에서 간산艮山의 호체를 취한 것이다. 두예가 "제2위에서 제4위에 이르기까지 간艮의 상이 있다"(自二至四, 有艮象)라고 한 것도 역시 호체로써 풀이하였음을 보여준다. 어쨌든 두예의 주注 이전에 『좌전』의 본문에서 이미 호체가 적용되었다는 사실이 중요하다. 황종희黃宗羲는 『춘추좌씨전』의 성립시기가 성인이 『역경』을 저술한 시기로부터 그리 멀지 않기 때문에 그 전승의 역사가 반드시 근거를 가질 것이라고 추정하였다.[114] 그렇다면 호체는 『춘추좌씨전』 이전으로 거슬러 올라가 그 기원을 추적해야 마땅하다.

113) 『周易四箋 II』, 『定本 與猶堂全書』 16, 216쪽; 『역주 주역사전』 제7권, 154~159쪽, "陳厲公……生敬仲.……其少也, 周史有以周易見陳侯者. 陳侯使筮之, 遇觀之否, 曰,……坤土也, 巽風也, 乾天也, 風爲天於土上, 山也. 有山之材而照之以天光, 於是乎居土上. 故曰, 觀國之光, 利用賓于王."
114) 黃宗羲 撰, 鄭萬耕 點校, 『易學象數論』(中華書局, 2010),, 권2, 94~95쪽, "夫春秋之說經者. 去聖人未遠, 其相傳必有自."

## 3) 호체설의 기원

장정랑張政娘은 호체설의 근거를 은허殷墟의 복사卜辭에까지 거슬러 찾고

있다.[115] 은허의 복사에서는 숫자괘들이 다량으로 발견되었는데, 그 가운데

에는 3개의 수가 모여 한 조가 된 것, 4개의 수가 모여 한 조가 된 것,

6개의 수가 모여 한 조가 된 것이 있었다. 3개의 수의 조합은 단괘單卦를

표현한 것이며, 6개의 수의 조합은 중괘重卦를 표현한 것으로 추정된다.

그렇다면 4개의 수의 조합은 무엇인가? 장정랑은 이것이 초효와 상효를

생략한 것으로서 호체에 해당되는 것이라고 추정하였다. 복골卜骨에서

발견된 4개의 숫자로 구성된 괘로는 은허의 복사에서 발견된 "육칠칠육六七

七六"[116]과 소둔남지小屯南地의 갑골[117]에서 발견된 "팔칠육오八七六五"[118]가

있다. 그리고 정명鼎名으로 기록된 4개의 숫자도 발견되었는데, "팔팔육팔八

八六八"[119]로 된 숫자괘가 그것이다. 여기에 기수는 음으로, 우수는 양으로

치환된다는 원칙을 적용하면, "육칠칠육"은 대과大過괘의 호괘인 태兌(677)와

손巽(776)이 되고, "팔칠육오"는 기제旣濟괘의 호괘인 감坎(876)과 리離(765)가

되며, "팔팔육팔"은 곤坤괘의 호괘인 곤坤(886)과 곤坤(868)이 된다.[120] 복골의

---

115) 張政娘, 「古代筮法與文王演周易」(中國古文字研究會 第一屆年會上發表, 1978); 張政娘, 「試釋
    周初青銅器銘文中的易卦」, 『考古學報』 1980年 第四期(『周易研究論文集』 一[北京: 北京師範
    大學出版社, 1990]에 재수록).
116) "六七七六"은 『甲骨文合集』 第9冊(29074片)에 수록되어 있다. 張政娘은 이 복골의 연대가
    기원전 1200년 전후, 즉 주 문왕의 조부인 太王(古公亶父)이 戎狄의 침입으로 邠땅을
    떠나 岐山으로 옮겨 간 시기보다 이전 시기라고 추정하였다.
117) 지금의 河南省 彰德府 安陽縣 小屯村 남쪽 지역에서 1899년에 한 농부가 밭에서 우연히
    甲骨의 파편을 발견하였다. 이곳은 商의 옛 도읍지가 있던 곳이며, 殷墟라 불리는
    곳이기도 하다. 그 이후 1928년부터 1937년까지 10년간 15차에 걸쳐 中央研究院 歷史語言
    研究所가 小屯村에서 갑골 24,918편을 획득하였다. 특히 1936년의 제13차 발굴 때에는
    有字甲骨 17,804편을 획득하였다.
118) "八七六五"은 『小屯南地甲骨』 上冊 第2分冊(4352片)에 수록되어 있다.
119) "八八六八"은 『續殷文存』 卷上, 7頁에 수록되어 있는 鼎名이다.
120) 張政娘, 『張政娘論易叢稿』(中華書局, 2011), 72쪽; 蕭元, 『周易大辭典』(中國工人出版社, 1991),
    98쪽.

숫자를 금본今本『주역』의 괘명에 맞추어 넣는 것은 무리한 추정임이 분명하지만, 어쨌든 네 개의 숫자로 된 괘가 호괘를 가리킬 가능성을 제시하였다는 데 의의가 있다.

### 4) 호체설의 역사적 전개

문헌상으로 호체설이 최초로 출현한 것은『춘추좌씨전』이라고 하겠으나, 호체라는 용어를 최초로 사용한 사람은 전한시대의 경방京房이었다. 송대의 왕응린王應麟이 쓴『곤학기문困學紀聞』에 따르면 경방은 2·3·4위의 물상을 가리켜 호체라고 불렀다.

> 경씨京氏는 2효에서 4효에 이르는 것을 호체互體라고 하고, 3효에서 5효에 이르는 것을 약상約象이라고 하였다.

호체는 경방 이후에도 한대의 상수역학에서 자주 사용되었지만, 그 중에서도 호체를 가장 즐겨 사용한 사람은 정현鄭玄이었다. 그리고 송대에 유전되던 마의도자麻衣道者[121]의『정역심법正易心法』제19장에 "한 괘 가운데에 모두 여덟 괘를 갖추고 있으니, 정正이 있고, 복伏이 있고, 호互가 있고, 참參이 있다"(一卦之中, 凡具八卦, 有正有伏, 有互有參)라고 하였는데, 이 중에서 '유호有互'라는 표현은 호괘를 가리키는 것으로 보인다.[122]

---

121) 麻衣道者는 宋나라 때의 인물로서 觀相의 大家로 유명하였다. 저서로는『正易心法』이 있다. 송대의 道士인 陳摶(陳希夷)이 바로 마의도자의 제자로 알려져 있는데, 진단은 『정역심법』에 대한 注를 남겼다. 주희는「序麻衣易後」(『주자대전』권81)에서,『정역심법』속에 포함되어 있는 先天四圖의 연원이 진단에 있다고 하였다(이봉호,「진단과 소옹의 역학의 관련성」,『도교문화연구』제25집[한국도교문화학회, 2006], 91~117쪽)

122) 張政烺,『張政烺論易叢稿』, 72쪽.

## 5) 호체찬성론자들의 논거

호체는 괘효사의 해석에 있어 가능한 최대한의 유연성을 제공한다. 상괘와 하괘의 이체二體의 결합에 의해서만 괘상을 관찰하면 갖추어진 괘상이 빈약하여 역사易詞에 연계되는 상을 찾을 수 없는 경우가 종종 발생한다. 청대의 왕명성王鳴盛은 호체가 없을 경우 당면하게 되는 해석의 한계를 지적하여 다음과 같이 말하였다.

> 만약 호체가 없다면 64괘는 다만 64개의 사건에 대해서만 말할 뿐이니, 어떻게 천지를 미륜彌綸하고 만단萬端을 경위經緯할 수 있겠는가?[123]

앞서 언급한 것처럼, 상괘와 하괘의 물상만으로 해석이 불가능한 경우에 괘의 중간에서 호괘를 취하면 다양한 해석 가능성이 열리게 된다. 만일 호체를 인정하지 않는다면 계사 중 어떤 부분은 거기에 대응되는 물상이 없을 수도 있다. 그렇게 되면 계사와 물상이 반드시 일치해야 한다는 상수학적 원칙에 위배된다. 상수학의 원칙에 따르면, 『주역』의 괘효사는 모두 상과 연계되어 있기 때문에 어느 한 글자도 이유 없이 배치된 글자는 없다.[124] 말(馬)에 해당되는 상징이 건乾괘이고 소(牛)에 해당되는 상징이 곤坤괘라면, 말 혹은 소를 언급하고 있는 괘사는 건괘 혹은 곤괘의 괘상과 연계되어 있어야 한다. 물론 의리학적 관점에서 본다면 계사와 물상이 일대일로 대응할 필요는 없다. 그러나 의리학적 관점을 용인할 경우에는 『주역』을 만든 성인이 상을 아무렇게나 설치했다고 인정하는 꼴이 될 것이다.[125]

---

123) 王鳴盛, 『蛾術編』(江蘇廣陵古籍刻印社, 1992), 「說錄二·南北學尙不同」, "若無互體, 六十四卦, 只說六十四事, 何以彌綸天地經緯萬端乎?"

124) 黃宗羲 撰, 鄭萬耕 點校, 『易學象數論』,(中華書局, 2010), 94쪽, "易中之象, 無一字虛設."

125) 黃宗羲 撰, 鄭萬耕 點校, 『易學象數論』(中華書局, 2010), 94~95쪽, "若棄互體, 是聖人有虛設之象也."

## 6) 호체반대론자들의 논거

만일 64괘를 8괘×8괘=64괘의 방식에 의해 형성된 것으로 간주하는 입장에 선다면, 대성괘의 구성요소인 소성괘 이외에 별도로 중간에서 호괘를 취하는 것은 변칙적인 해석법으로 여겨질 수도 있다. 왜냐하면 두 개의 소성괘를 결합시키기 이전에는 호괘란 결코 존재하지 않았기 때문이다.

역학사적으로 볼 때 호체설이 배격받기 시작한 것은 종회種會(225~264)와 왕필이 호체설을 비판한 이후부터라고 생각된다. 삼국시대 위나라의 현학자玄學者인 종회는 「역무호체론易無互體論」을 지어 호체를 배격하였고, 이와 관련하여 순상荀爽의 종손자인 순의荀顗와 논쟁을 벌인 바 있다.126) 왕필은 명리名理를 숭상하여 호체를 배격하며 쓰지 않았는데, 그 이유를 『주역약례』 「명상明象」에서 다음과 같이 밝히고 있다.

> 본래의 뜻이 건장함에 있다면 어찌 반드시 말(馬)일 필요가 있겠는가? 류類가 유순함에 있다면 어찌 반드시 소(牛)일 필요가 있겠는가? 효가 진실로 순順의 뜻에 합한다면 어찌 반드시 곤坤이 소가 되어야만 하겠는가? 뜻이 참으로 건健에 응한다면 어찌 반드시 건乾이 말이어야 하겠는가? 그러나 혹자는 건乾에 마馬를 정해 두어서, 글을 살피고 괘를 따져서 말만 있고 건괘가 없으면 거짓된 설을 마구 불려서 바로잡기가 어렵다. 호체로도 부족하여 드디어 괘변에까지 미치고, 괘변으로도 부족하여 오행으로 유추하게 되었다.127)

왕필이 호체를 반대한 이유는 다음과 같다. 6획으로 구성된 괘는 상괘와 하괘의 이체二體로 구성된 것이다. 「설괘전」에 따르면, 건乾괘가 상징하는 것은 말이며, 곤坤괘가 상징하는 것은 소이다. 따라서 괘효사에 말이 언급되

---

126) 廖名春·康學偉·梁韋弦 著, 심경호 역, 『주역철학사』(예문서원, 1994), 322쪽.

127) 임채우 역, 『주역 왕필주』, 635~636쪽; 『周易注』, 「附周易略例」, 415쪽, "義苟在健, 何必馬乎? 類苟在順, 何必牛乎? 爻苟合順, 何必坤乃爲牛? 義苟應健, 何必乾乃爲馬?, 而或者, 定馬於乾, 案文責封, 有馬無乾, 則僞說滋漫, 難可紀矣. 互體不足, 遂及卦變, 變又不足, 推致五行."

어 있다면 거기에는 건괘가 있어야 하고, 괘효사에 소가 언급되어 있다면 거기에는 곤괘가 있어야 한다. 그런데 만일 상괘와 하괘 중에 건괘 혹은 곤괘가 없는데도 불구하고 괘효사에 소 혹은 말이 나타난다면 어떻게 판단해야 할까? 「설괘전」에 따라서 괘효사를 해석하려는 입장에서는 상과 괘효사를 일치시켜 설명할 수 없기 때문에 이러한 사태는 매우 당혹스러울 수밖에 없다. 왕필은 역학의 궁극적 목적이 괘효사의 의미의 이해에 있기 때문에, 의미의 이해가 이루어진다면 구태여 괘효사와 상의 일치를 추구할 필요는 없다고 보았다. 즉 왕필은 의리학의 관점에 서서 상수象數에 반드시 합치되지 않아도 무방하다는 입장을 폈던 것이다.

### 7) 호체불가폐론

주희는 호체를 인정하면서도 그것을 주注에 활용하지는 않았다.[128] 주희는 『춘추좌씨전』에 분명히 호체를 사용한 용례가 있기 때문에 폐지할 수 없다는 호체불가폐론互體不可廢論을 전개하였다. 또 주희와 마찬가지로 호병문胡炳文(1250~1333), 홍매洪邁(1123~1202) 등이 호체설을 옹호하였다.[129] 정약용은 『주역사전』의 서두에서 호체설이 '주자의 뜻'이라고 말함으로써 주희를 호체설의 강력한 후원자로 내세웠다. 그러나 주희는 호체의 폐지에는 반대하면서도 그것을 적극적으로 활용하지도 않는 신중한 입장을 취하였다. 따라서 주희의 입장은 호체설을 전면적으로 수용하였다기보다는 소극적 용인에 머물렀다고 보는 것이 옳다. 반면에 정약용은 거의 모든 괘에서 호체해석을 빈번하게 활용하였으니, 다산역학에서 호체설이 차지하는 비중은 매우 크다.

호체를 취하면 취상取象의 범위가 확대되어 해석이 편리해진다는 장점이 있다. 그러나 해석의 편리함이 호체를 채택해야 하는 논리적 정당성을

---

128) 이세동, 「朱子周易本義研究」(서울대학교 중문과 박사학위논문, 1996), 100쪽.
129) 「周易四箋 I」, 『定本 與猶堂全書』 15, 45쪽; 『역주 주역사전』 제1권, 75쪽.

확보해 주는 것은 아니다. 그렇다면 호체설의 논리적 정당성은 어디에서 찾을 수 있을 것인가? 정약용은 호체의 논리적 근거를 연속체적 존재 개념에서 찾는다. 팔괘의 때에는 각 괘가 형태를 각각 취하고 있으나 일단 소성괘가 결합되어 중괘가 이루어지면 양괘兩卦는 합쳐져서 한 덩어리가 되기 때문에 그 사이에 아무런 한계도 없다. 그러므로 여섯 획으로 구성된 하나의 괘 가운데 2·3·4·5의 위位가 서로 연결되어 연속체를 이루게 된다. 「계사전」에 "천지사방의 육허六虛에 두루 흘러, 위와 아래로 정해진 바가 없다"(周流六虛, 上下無常)라고 하였으니, 『역』의 변화는 무궁무진하며 자유자재하다. 『역』의 이념이 변화에 있으므로 그 취상법도 다양할 수밖에 없으며, 호체법도 그 중의 하나이다.130)

### 8) 호체법의 다양한 형태들

정약용은 상호上互와 하호下互를 취하는 단순한 방식 이외에도 대호大互·겸호兼互·도호倒互·복호伏互·반합牉合·양호兩互 등의 다양한 방식의 호체법을 구사하고 있다.

**대호大互** 호체의 커다란 형태로서, 오직 감坎과 리離의 경우에만 적용된다.131) 이것은 6획괘의 일부 혹은 전부를 합쳐서 대감大坎 혹은 대리大離의 형태가 되는 것을 가리킨다. 예를 들면, 손巽괘의 1·2·3·4위를 합치면 대감이 되고, 진震괘의 1·2·3·4위를 합치면 대리가 된다.

**겸호兼互** "삼재三才를 겸하여 둘씩 묶은 것"(兼三才而兩之)을 겸호라고 한다. 중괘重卦를 겸획兼畫하면, 건乾은 대건大乾이 되고, 곤坤은 대곤大坤이 되고, 림臨은 대진大震이 되고, 둔遯은 대손大巽이 되고, 소과小過는 대감大坎이

---

130) 「周易四箋 I」, 『定本 與猶堂全書』 15, 46쪽; 『역주 주역사전』 제1권, 77쪽.
131) 50衍卦는 모두 坎과 離의 작용으로 형성되는 것으로, 어떤 괘든 간에 大互를 취해서 보면 坎과 離가 포함되어 있다.(「周易四箋 I」, 『定本 與猶堂全書』 15, 45~46쪽; 『역주 주역사전』 제1권, 76쪽), "五十衍卦, 其分者也. 故其本體之內, 皆有坎离."

되고, 중부中孚는 대리大離가 되고, 관觀은 대간大艮이 되고, 대장大壯은 대태大兌가 된다.

**도호**倒互 문자 그대로 괘를 거꾸로 뒤집어 취하는 호체법이다. 『주역』의 64괘 중에는 바로 놓건 뒤집어 놓건 간에 동일한 형태가 되는 괘가 여덟 개가 있다. 즉 건乾·곤坤·감坎·리離·대과大過·중부中孚·이頤·소과小過가 그것이다. 이 중 건과 곤은 순양괘와 순음괘이기 때문에 호괘를 취한다는 것이 무의미하지만, 나머지 여섯 괘는 호체와 더불어 도체倒體를 취하여 괘재卦才의 용用을 보충하게 된다.

**복호**伏互 괘위卦位(卦數)의 1·3·5위는 기수이기 때문에 양을 배치하고 2·4·6위는 우수이기 때문에 음을 배치하면, 하괘에 리離가 생기고 상괘에 감坎이 생긴다. 이렇게 64괘의 어떤 괘이든지 상괘에 감이, 하괘에 리가 잠복되어 있다고 파악하는 관점을 복호伏互라고 하며, 복체伏體라고도 한다.

**반합**牉合 반씩 합친다는 뜻이다. 역사易詞에서 혼배婚配의 상을 취할 때 상괘와 하괘 중에서 한 괘는 정괘正卦를 취하고 나머지 한 괘는 도괘倒卦를 취하는 방법을 가리켜 반합牉合이라고 한다. 소남少男과 소녀少女의 배합에 주로 반합의 상을 취하며, 노혼老婚의 경우에도 역시 마찬가지이다. 예를 들면, 귀매歸妹괘에서 하괘인 정태正兌는 소녀가 되고 상괘인 도간倒艮은 소남이 된다.

**양호**兩互 정약용의 호체법 가운데서 가장 독특한 것은 양호작괘법兩互作卦法이다. 양호작괘법이란 상호괘와 하호괘를 중합重合시켜서 다시 새로운 괘를 만드는 방법이다.[132] 예를 들어 리離괘에서 양호괘를 취할 경우, 3·4·5위의 상호가 태兌요 2·3·4위의 하호가 손巽이므로 양괘를 합성시키면 대과大過괘가 만들어진다.

---

132) 「周易四箋 I」, 『定本 與猶堂全書』 15, 45쪽; 『周易四箋』, 권1, 11나; 『역주 주역사전』 제1권, 71~74쪽.

離 → 兩互作卦 → 大過

　양호작괘법兩互作卦法을 취할 경우에 효변爻變을 취해 만들어진 지괘之卦는 무시한다. 예를 들면, 고蠱괘 구삼九三은 '고지몽蠱之蒙'이 되지만, 몽蒙괘의 괘상卦象은 고려하지 않는다. 그 대신에 양호괘兩互卦를 만들어서 추이推移와 효변爻變을 살피게 된다. 이 경우 고蠱괘로부터 양호괘兩互卦를 만들면 귀매歸妹괘가 되는데, 귀매괘는 태泰괘로부터 추이推移된 것이다. 그 다음으로 양호괘兩互卦에서 효변爻變을 적용할 때에는 원래 고蠱괘 구삼九三이었으므로 양호괘兩互卦인 귀매歸妹괘에서도 구삼九三의 위치에서 효변爻變을 시키면 '귀매지대장歸妹之大壯'이 된다.[133]

　따라서 그 변화규칙을 도표로 작성하면 다음과 같이 된다.

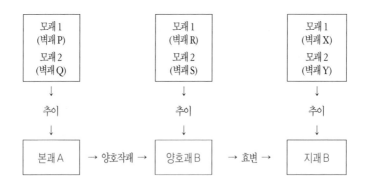

　① 본괘 A, 양호괘 B, 지괘 C가 일양괘一陽卦·일음괘一陰卦·이양괘二陽卦·이음괘二

133) 「周易四箋 I」, 『定本 與猶堂全書』 15, 245쪽; 『역주 주역사전』 제3권, 137쪽.

陰卦에 속하는 연괘衍卦인 경우에는 추이推移할 때 두 개의 벽괘를 모괘母卦로 취한다.

② 본괘 A, 양호괘 B, 지괘 C가 삼양괘三陽卦 혹은 삼음괘三陰卦에 속하는 연괘衍卦인 경우에는 추이推移할 때 한 개의 벽괘를 모괘母卦로 취한다.

③ 양호괘 B에서 효변을 취할 때는 본괘 A의 효爻가 있던 원래 위치에서 효변을 시킨다.

그러면 양호괘는 어떤 경우에 만들게 되는가? 정약용에 따르면, 양호작괘에는 두 가지 목적이 있다. 첫째는 '전민용前民用' 즉 백성들의 실용적 용도에 활용할 수 있도록 하기 위한 목적이요, 둘째는 '금민사禁民邪' 즉 백성들이 사악한 짓을 저지르지 못하도록 하기 위한 목적이다.

첫 번째 '전민용前民用'의 경우를 보자. 만일에 혼인에 관한 점을 치려고 점을 쳤는데, 태泰괘가 얻어졌다고 가정해 보자. 이때 점을 쳐서 혼인에 관한 상을 취하려던 사람은 태괘에서 거기에 상응되는 상을 발견할 수 없으므로 매우 당황하게 될 것이다. 『주역』에는 모두 64괘의 한정된 숫자밖에 없으므로 이러한 경우는 빈번하게 발생할 수 있다. 이런 경우에 태괘에서 양호를 취하면 귀매歸妹괘가 만들어진다. 그런데 귀매괘는 혼인괘이므로 점친 사람은 자신이 원하던 점괘를 얻을 수 있다.[134]

泰 　 → 兩互作卦 → 　 歸妹

---

134) 「周易四箋 I」, 『定本 與猶堂全書』 15, 48쪽; 『역주 주역사전』 제1권, 85~86쪽, "假如, 婚姻之家, 筮遇泰卦, 未有交媾之象, 民用不便. 而兩互作卦, 卽成歸妹, 則民用以通也."

이러한 방식의 호체법은 지나친 작위적 조작으로 여겨질 수도 있다. 그러나 정약용은 양호법은 자연스러운 이치에서 나오는 것이지, 교묘한 조작에서 유래한 것이 아니라고 주장하고 있다.[135]

둘째로 '금민사禁民邪'는 백성들로 하여금 사특한 행위를 금하게 함을 뜻한다. 『주역』에서 점을 치는 궁극적 목적은 선을 행하는 데 있다. 만일 옳지 못한 일로 점을 쳤는데 길괘吉卦가 나왔다면, 그러한 점괘를 그대로는 사용할 수 없다. 이런 경우에 양호괘를 만들어 불길한 괘상이 들어 있는지 시험해 볼 수 있는 것이다. 예컨대, 점을 쳐서 무망无妄괘를 얻었는데 동효動爻가 전혀 없었다고 가정해 보자. 이처럼 여섯 효 가운데 동효가 하나도 없는 경우는 단사(즉 괘사)로써 점을 치게 된다. 그런데 무망괘의 단사는 다음과 같이 되어 있다.

무망은 크게 형통함이며, (바르게) 일을 처리함에 이롭다. 그 옳지 않은 일을 할 경우에는 재앙이 생길 것이니, 가더라도 이롭지 못할 것이다. (无妄, 元亨, 利貞. 其匪正, 有眚, 不利有攸往)

무망괘의 단사는 두 부분으로 되어 있다. 전반부는 "무망은 크게 형통함이며, (바르게) 일을 처리함에 이롭다"(无妄, 元亨, 利貞)라고 되어 있으니, 선의지로 점을 쳐서 좋은 점괘를 얻은 경우에 해당된다. 그러나 후반부는 옳지 않은 일을 행하려고 할 때에 대해서 언급하고 있다. 만일 점치는 사람이 선의지가 없다면 전반부의 점괘는 해당되는 바가 없다. 이 경우에는 본상인 무망괘를 취하지 말고, 그 양호괘인 점漸괘를 만들어서 해석해야 한다.[136]

---

135) 「周易四箋 I」, 『定本 與猶堂全書』 15, 48쪽; 『역주 주역사전』 제1권, 85쪽, "兩互作卦者, 旣取互體, 自然成卦, 非苟爲是工巧也."

136) 「周易四箋 I」, 『定本 與猶堂全書』 15, 48쪽; 『역주 주역사전』 제1권, 86쪽, "又如, 不正之事, 筮遇吉卦, 則兩互作卦, 看取不吉之象. 故无妄之「象」曰, '其匪正, 有眚'[兩互, 漸], 謂兩互有眚也. 民志, 其有邪乎? 諸卦取兩互 爲象, 蓋以是也."

이렇게 함으로써 백성들로 하여금 사악한 마음을 내지 못하도록 하는 성인의 깊은 뜻이 효사에 담겨 있다.

无妄　　　→ 兩互作卦 →　　漸

그런데 양호로써 만들어지는 양호괘는 16괘에 그친다. 즉 건乾·곤坤·대과大過·이頤·복復·박剝·구姤·쾌夬·해解·건蹇·가인家人·규睽·귀매歸妹·점漸·기제旣濟·미제未濟의 16괘이다. 이들 16괘는 각각 4괘씩을 포섭하여 그 4괘에 대한 양호괘가 된다.[137] 양호괘를 도표로 표시하면 다음과 같다.

| 兩互卦 | 兩互作卦의 母卦 | 兩互卦 | 兩互作卦의 母卦 |
|---|---|---|---|
| 乾 | ← 乾·大過·姤·夬 | 解 | ← 謙·艮·明夷·賁 |
| 坤 | ← 坤·頤·復·剝 | 蹇 | ← 豫·震·晉·噬嗑 |
| 大過 | ← 離·小過·豊·旅 | 家人 | ← 訟·履·坤·兌 |
| 頤 | ← 坎·中孚·渙·節 | 睽 | ← 需·小畜·井·巽 |
| 復 | ← 蒙·師·臨·損 | 歸妹 | ← 泰·蠱·大畜·升 |
| 剝 | ← 屯·比·觀·益 | 漸 | ← 否·隨·无妄·萃 |
| 姤 | ← 同人·遯·革·咸 | 旣濟 | ← 解·睽·歸妹·未濟 |
| 夬 | ← 大有·大壯·鼎·恒 | 未濟 | ← 蹇·家人·漸·旣濟 |

## 9) 양호의 점서례: 완안량의 입구入寇

양호작괘법은 정약용이 처음으로 창안한 해석방법이 아니다. 정약용

---

137) 「兩互作卦表」, 「周易四箋 I」, 『定本 與猶堂全書』 15, 45쪽; 『역주 주역사전』 제1권, 71~74쪽.

이전에도 양호괘를 취하여 점을 친 사례들이 있었는데, 그 대표적 사례 중의 하나가 금金나라 제4대 황제 해릉왕海陵王 완안량完顏亮(1122~1161)[138])의 점서례이다. 소흥紹興 31년(1161)에 완안량이 대군을 이끌고 남진하여 남송을 침공하였는데, 회계會稽의 한 선비가 이 국가적 위기를 맞이하여 점을 쳤다. 『주역사전』에서는 이 점서에 대해 다음과 같이 서술하고 있다.[139])

> 송대에 금나라 임금 완안량이 침략해 들어옴에 점을 치니 수隨괘를 얻었다. 점치는 사람이 말하기를 "양호괘를 취하면 점漸괘가 된다"라고 하였으니, 이것도 또한 양호작괘법이다.[140])

隨　　　→ 兩互作卦 →　　　漸

---

138) 자는 元功이며, 女眞 이름은 迪古乃이다. 금의 태조 完顏阿骨打의 庶長子인 遼王 宗幹의 차남으로, 사촌형제인 熙宗 完顏亶을 살해하고 제4대 황제(재위 1149~1161)가 되었다. 海陵王은 즉위 전의 왕호이며, 후에 살해되어 폐위되었으므로 廢皇帝로 불리기도 한다. 1153년에 완안량은 제국의 수도를 상경 회령부에서 연경으로 천도하였고, 秦檜(1090~1155)의 死後에 남송을 침공하였으나 동생 完顏雍이 황제로 옹립되었다는 소식을 듣고 회군하던 중 자신의 부장에게 피살당하였다.

139) 완안량의 '入寇'에 관한 점괘는 會稽(지금의 절강성 紹興)의 어떤 선비가 완안량의 남송 침략을 맞이하여 친 점괘라고 한다. 회계의 선비는 먼저 '蠱之隨'의 점괘를 얻었는데, 이것은 蠱卦의 여섯 획이 전부 변하여 隨卦가 된 경우이다. 그 다음에 그는 隨卦로부터 兩互卦를 만들어 漸卦를 도출하였다. 그는 이 점괘를 풀이하여 완안량이 전쟁에서 패하리라 해석하고, 특히 隨卦가 否卦로부터 卦變한다는 것에 근거하여 완안량의 목이 잘려 땅에 떨어지리라 예견하였다. 이 고사는 程迥(南宋代, 생몰년 미상)의 『周易古占法』, 何楷(明代, 생몰년 미상)의 『古周易訂詁』, 毛奇齡(1623~1716)의 『仲氏易』과 『春秋占筮書』 등에 수록되어 있다.

140) 「周易四箋 I」, 『定本 與猶堂全書』 15, 48쪽; 『역주 주역사전』 제1권, 87쪽, "宋時, 金主, 完顏亮入寇, 筮之遇隨卦, 占者曰, '兩互爲漸', 亦此法也."

위의 설명에서 금나라 임금 완안량이 남송을 침공하자 점을 쳐서 수隨괘
를 얻었고, 또 그 양호괘인 점漸괘를 얻었음을 알 수 있다. 이 점서례에
관한 좀 더 상세한 정보는 모기령의 『중씨역』을 통해 얻을 수 있다.

송나라 때에 금나라 임금 완안량이 침략해 왔을 때에 점을 쳐서 '고지수蠱之隨'를
얻었다[고蠱괘와 수隨괘는 서로 반대되는 괘이니, 여섯 효가 모두 움직인 것이다]. 그러나 점을
쳐서 두 개의 괘상을 만난 것이니, 주자가 말하기를 "여섯 효가 모두 움직이면
괘의 뜻이 더욱 오류가 많아진다"라고 하였다.…… 점치는 사람이 말하기를, "나에게
는 진震의 위엄이 있으며[진震은 출위出威가 되니, 『국어』에 나온다] 밖의 것은 꺾여 부러짐(毁
折)을 당하니[태兌는 훼절毁折함이 되니, 「설괘전」에 나온다], 적이 패하는 상이다[내괘는 아我가
되고 외괘는 적敵이 된다]. 대개 수隨괘는 비否괘로부터 왔으며, 또 익益괘로부터 왔다.
모두 상강上剛으로 하유下柔를 막은 것이다. 고蠱괘가 변한 것도 또한 이와 같으니,
간상艮上이 변하여 유柔가 되고[고괘의 간艮 상구上九가 변해서 수괘의 태兌 상육上六이 됨]
손초巽初가 변하여 강剛이 된다[고괘의 손巽 초육初六이 변해서 수괘의 진震 초구初九가 됨].
건원乾元이 상上에 있다가 아래로 곤초坤初를 막으니, 금주金主의 머리가 잘려져
땅에 떨어진 것이다"라고 하였다.141)

완안량을 금주金主라고 하고 그의 침공을 '입구入寇'라고 한 데에는 그를

141) 『仲氏易』, 권8, 13~14; 『仲氏易』(叢書 36), 260쪽, "宋時, 金主, 完顔亮, 入寇, 筮, 蠱之隨此,
正相反之卦, 六爻俱動, 然, 乃占遇之兩象象, 朱子謂, 六爻俱動, 則占遇卦旨益謬矣, 見乾卦]. 占者曰, 我有震威[震
爲出威, 見國語], 而外當毁折[兌爲毁折, 見說卦], 敵敗之象也[內我外敵]. 蓋隨自否來, 又自益來, 皆以
上剛塡下柔, 而蠱之所變, 亦復如是. 艮上變柔[蠱, 艮上九變, 隨兌上六], 巽初變剛[蠱, 巽初六變,
隨, 震初九], 乾元在上, 下塡坤初, 斷金主之首, 而墮于地矣."

왕으로 인정하지 않고 그의 침략을 한갓 도적질에 불과한 것으로 폄하하는 뜻이 담겨 있다. 어쨌든 모기령에 따르면, 이때 서점筮占을 쳐서 얻은 점괘가 '고지수蠱之隨' 즉 '고蠱괘가 수隨괘로 변하는 괘'이다. 그런데 이것은 일반적인 효변의 예와 다르다. 『주역』의 서법에서는 용구用九·용육用六의 경우를 제외한다면 한 개의 효만 변동하지만, 고괘에서 수괘로 변화하기 위해서는 여섯 효가 모두 변동해야 한다. 정약용에 따르면 이처럼 여섯 효가 모두 변하는 경우는 『주역』에서는 용구와 용육 이외에는 없다.

어쨌든 여기서는 모기령이 취한 방식을 따라 설명해 보기로 하자. 적군과 아군의 관계는 수隨괘에서 하괘와 상괘의 관계이다. 그런데 하괘에는 진震의 위엄이 있으나 상괘에는 태兌의 꺾임이 있으니, 결국 막아내는 것은 아군이요 패하는 것은 적군이다. 고蠱괘의 간艮 상구上九는 금주 완안량의 머리를 상징한다. 이제 수괘로 변역되면 그 초효는 강剛으로 변하니, 적의 주장의 머리가 베어져 땅에 떨어진 것이 된다. 비否괘에서 수괘로 괘변하는 경우에도 마찬가지이다. 즉 상강上剛이 떨어져서 수괘의 초강初剛이 되었으니, 역시 적장의 머리가 땅에 떨어진 것으로 풀이할 수 있는 것이다. 모기령은 '수자비래隨自否來' 뿐만 아니라 '수자익래隨自益來'의 경우도 설정하고 있으나, 이것은 잘못된 괘변의 경우로서 정약용에게서는 인정될 수 없는 것이므로 여기에서는 설명하지 않기로 한다.[142] 이어서 양호작괘법에 대한 설명이 나온다.

> 수隨괘의 양호괘는 점漸괘가 되는데[3·4·5의 호괘가 손巽이 되고 2·3·4의 호괘가 간艮이 되니, 상호괘와 하호괘를 합치면 풍산風山 점漸괘가 된다], 점漸괘 구삼의 효사에 "지아비가 정벌에 나섰으나 돌아오지 못한다"(夫征不復)라고 하였으니, 그가 어찌 돌아올 수 있겠는가? 뒤에 과연 그 효사에서 말한 대로 실현되었다.[143]

---

142) '隨自益來'를 정약용이 괘변의 올바른 예로 인정하지 않는 것은 益卦가 辟卦가 아니기 때문이다. 정약용에 따르면, 衍卦는 오로지 辟卦로부터 변해야 한다.
143) 『仲氏易』, 권8, 13~14; 『仲氏易』(叢書 36), 260쪽, "此, 兩互爲漸三五互爲巽, 二四互爲艮, 合之爲風山

| 正卦 | 反卦 | |
|---|---|---|
| ䷑ | ䷐ | ䷴ |
| 蠱 ← 變易 → | 隨 → 兩互作卦 → | 漸 |

위의 양호작괘법에서 특징적인 것은 수隨괘의 효사로부터 점의 해석을
이끌어 내지 않고 양호괘인 점漸괘 구삼九三의 효사인 "부정불복夫征不復"을
곧바로 점사로 사용하고 있다는 점이다. 과연 이 효사에서 말한 대로,
"지아비가 정벌에 나섰으나 돌아오지 못하는 것"(夫征不復)은 완안량의 운명이
되고 말았다. 그는 1161년 대군을 이끌고 남송을 공격하였으나 지금의
안휘성安徽省 마안산시馬鞍山市에 있는 채석기采石磯에서 송의 군사에게 참패
하고, 완안량 자신은 진중에서 부하들에 의해 피살되고 만다.

## 10) 오징의 양호 해석

정약용이 양호 해석의 또 다른 예로 들고 있는 것은 원나라 오징吳澄(1249~
1333)의 양호 해석이다.[144] 오징의 양호법은 중간의 네 획을 교호交互시켜서
2·3·4위를 하체下體로 삼고 3·4·5위를 상체上體로 삼아 새로운 괘를
만들어 내는 방법을 취한다.[145] 오징의 호체설은 그의 저서 『역찬언외익易纂
言外翼』의 제6편에 나오는데,[146] 『주역전의대전周易傳義大全』에도 그의 양호

漸], 漸之辭曰, 夫征不復. 其何能返? 後果驗."
144) 吳幼淸이 말하기를, "泰卦의 兩互卦를 취하면 歸妹卦가 되기 때문에 (泰卦와 歸妹卦의)
六五의 효사에 (각각) '帝乙歸妹'라는 卦辭가 있는 것이다"라고 하였다『傳義大全』에 보인다].
(吳幼淸云, "泰之兩互爲歸妹, 故六五曰, '帝乙歸妹'[見『大全』]."; 「周易四箋 I」, 『定本 與猶堂全
書』 15, 48쪽; 『역주 주역사전』 제1권, 87쪽)
145) 王新春, 呂穎, 周玉鳳, 『易纂言導讀』(齊魯書社, 2006), 56쪽
146) 『易纂言外翼』은 모두 12篇으로 되어 있다. 그 중 제6편은 互體를 연구한 것인데 이미
일실되고 없고, 다만 序文만이 보존되어 있다. 그 서문에서는 호체를 다음과 같이

설이 소개되어 있어 대략적 내용을 알 수 있다.

> 태泰괘에서 육오六五는 중위中位에 있는 유柔인데, 하괘下卦의 중위에 있는 강剛에 상응한다. 제녀帝女가 지아비(夫)를 좇아서 시집가는 상이니, 태泰괘의 호체 및 괘변으로써 모두 귀매歸妹괘가 되는 까닭에 '귀매歸妹'라는 말로써 효사를 삼은 것이다.[147]

오징은 태泰괘 육오와 귀매歸妹괘 육오의 효사에 "제을귀매帝乙歸妹"라는 구절이 똑같이 나온다는 사실에 주목하였다. 그에 따르면 두 곳에서 "제을귀매"의 구절이 동시에 발견되는 것은 결코 우연이라고 볼 수 없다. 그는 호체와 괘변의 해석방법을 써서 그 이유를 밝힌다. 먼저 호체로 보면, 태泰괘로부터 양호괘를 만들면 귀매괘가 된다. 이것은 태泰괘의 2·3·4위의 태兌를 하체로 삼고 3·4·5위의 진震을 상체로 삼아서 양호괘를 만든 것이다. 그 다음으로 괘변으로 보더라도 귀매괘는 태泰괘로부터 변화되는 괘이다. 즉 삼양괘의 벽괘인 태泰괘의 3이 4로 가면 귀매歸妹가 된다.

완안량이 남송을 침공하였을 때 친 점서와 오징의 호괘법은 중간의

---

설명하고 있다. "重卦에는 上下의 두 體가 있다. 그리고 괘 가운데 네 획을 交互시켜 취하면, 2·3·4획은 下卦가 되고 3·4·5획은 上體가 된다."(重卦有上下二體, 又以卦中四 畫交互取之, 二三四成下體, 三四五成上體』『易纂言外翼』, 「十二篇原序」; 王新春·呂穎·周 玉鳳, 『易纂言導讀』[齊魯書社, 2006], 55쪽)

147) 王新春·呂穎·周玉鳳, 『易纂言導讀』, 118쪽, "六五以柔中, 應在下之剛中, 帝女下嫁從夫之 象, 泰卦互體及卦變皆成歸妹卦, 故以歸妹爲辭." 吳澄의 注는 『易纂言』泰卦 六五의 注에 나온다.

네 획을 교호시켜서 2·3·4위를 하체로 삼고 3·4·5위를 상체로 삼아 새로운 괘를 만들어 내는 방법이다. 정약용은 이러한 해석법을 양호작괘법이라고 부르면서 『주역사전』에서 광범위하게 활용하고 있다. 그러나 호체설의 전개사를 통해서 보면, 이러한 방식의 호체법은 매우 희귀한 사례에 속한다. 동한의 정현이 대축大畜괘 「단전」의 "불가식길不可食吉"을 풀이하면서 3·4·5·6위에 이頤괘의 상이 있다고 하였고, 우번이 몽蒙괘 괘사의 "비아구동몽匪我求童蒙, 동몽구아童蒙求我"를 풀이하면서 몽괘의 1·2·3위의 감坎을 하체로 삼고 3·4·5위의 곤坤을 상체로 삼아 사師괘의 괘상을 도출한 바 있었다.148) 정현과 우번의 방식은 호괘로써 별괘別卦를 도출한다는 점에서는 같으나, 중간의 네 획을 이용하는 방식이 아니기 때문에 엄밀히 말해서 정약용의 양호작괘법과는 상당한 차이가 있다.

정약용의 양호작괘법의 가장 큰 문제점은 지나친 작위성에 있다. 정약용은 『주역사전』에서 양호작괘법을 상당히 빈번하게 사용한다. 양호작괘법의 무분별한 남용은 해석학적 곤란을 해소시켜 주기는커녕 역사에 상응하는 괘상을 얻기 위해 의도적으로 조작하는 것이 아닌가 하는 의심을 불러일으킨다. 따라서 양호작괘법은 다른 모든 해석방법을 동원했음에도 불구하고 해석이 어려움에 부딪혔을 때 사용되는 최후의 수단인 것처럼 보인다. 문제는 과연 양호작괘법을 사용하는 충분한 정당성을 확보하고 있는가 하는 데 있다. 앞서 정약용은 양호작괘법을 사용하는 목적으로 '전민용前民用'과 '금민사禁民邪'를 들었지만, 그것이 충분한 이유가 될 수 있는지는 의문이다. 뿐만 아니라 정약용 이전에 양호작괘법을 사용한 사례가 매우 드물고, 그 문헌적 전거도 뚜렷하지 않다.

---

148) 王新春·呂穎·周玉鳳, 『易纂言導讀』, 55쪽.

## 4. 물상

물상物象은 정약용의 역리사법 중 하나이다. 물상은 어떤 특정한 해석방법이라기보다는 『주역』 해석의 기본원리이다. 정약용이 「자찬묘지명」(集中本)에서 추이推移·효변爻變·호체互體를 "역유삼오易有三奧"라고 부르고, 물상을 별도로 취급한 것도 바로 이런 이유에서일 것이다. 그러면 물상이란 무엇인가? 물상이란 '사물의 상징'이란 뜻이니, 괘상이 상징하는 대상을 가리킨다. 일반적으로 『주역』의 괘상은 어떤 것이든지 간에 사물의 상으로부터 취해진 것이기 때문에 모두 물상이다. 『주역』의 모든 괘효사는 철저히 괘상과 연계되어 있으며, 괘상의 의미는 그것과 연계되어 있는 물상으로부터 도출된다. 「설괘전」에서 건乾은 말, 곤坤은 소, 감坎은 돼지, 리離는 꿩이라고 한 것이 이에 해당된다. 공영달은 『주역정의周易正義』에서 물상의 의미를 다음과 같이 설명하고 있다.

> 무릇 『역』이란 곧 상象이다. 물상物象으로써 인사人事를 밝힘이 마치 『시경』의 비유와
> 같다. (凡易者, 象也, 以物象而明人事, 若干詩之正喻也)

『역』은 상징의 체계이며, 상象이란 사물에 대한 상징이다. 상징의 기능은 생활세계를 비유적으로 표현하는 데 있으니, 그것은 『시경』의 비유와 다르지 않다. 공영달의 물상에 대한 설명은 매우 적절하며, 정약용의 물상론에도 적용될 수 있다.

### 1) 「설괘전」의 등장

일반적으로 역학의 양대 학파 중 의리학파는 물상을 역사해석을 위한 필수적인 수단으로 보지 않았다. 의리학파는 「설괘전」이 전국시대 말기에서

한대에 걸쳐 유행한 음양재이陰陽災異사상과 관련이 있는 것으로 보았다. 이러한 관점에서 본다면 「설괘전」은 황당하여 경전이 될 가치가 없다. 반면에 상수학파는 역사易詞가 철저히 물상과 연계되어 있다고 보았다. 그들에 따르면, 역사의 해석은 철저히 「설괘전」에 의거해서 이루어져야 한다. 만약 괘상이 상징하는 것에 관한 공동의 규약이 존재하지 않는다면 그에 대한 해석은 자의적일 수밖에 없으며, 결국 해석자의 주관에 오로지 의존하게 된다. 자의적 해석을 배제하기 위해서는 '괘상→물상'의 연관관계를 규정하는 명확한 규칙 체계가 반드시 필요하다. 이러한 해석규칙을 제공해 줄 수 있는 것이 바로 「설괘전」이다. 따라서 「설괘전」에 의거하여 어떤 괘상이 어떤 물상을 상징하는지를 파악한 다음에야 괘효사의 해석에로 나아갈 수 있다.

그러면 「설괘전」이란 어떤 책인가? 「설괘전」은 십익 중 한 편이며, 그 내용은 주로 팔괘의 괘상卦象과 괘의卦意에 대한 설명으로 이루어져 있다. 서진西晉 무제武帝(265~290) 태강太康 2년(281)에 급군汲郡의 위魏 양왕襄王의 것으로 추정되는 무덤에서 출토된 죽간들을 정리해 엮은 『급총서汲冢書』에는 『주역』 상하편과 함께 「괘하역경卦下易經」 1편이 있었다고 하는데, 이것이 「설괘전」과 유사한 종류라는 견해가 있다.[149] 그러나 「설괘전」은 이보다 훨씬 이전인 전한의 선제宣帝(BC.73~BC.49) 본시本始 원년(BC.73)에 출현하였다. 왕충王充(27~104)의 『논형論衡』에는 다음과 같은 기록이 있다.

효선제孝宣帝(즉 宣帝) 때에 하내河內의 어떤 여자가 낡은 집을 허물다가 일실되었던 『역易』·『예禮』·『상서尚書』 한 편씩을 각각 발견하여 조정에 헌상하였다.[150] 선제는

---

149) 西晉 무제 太康 2년(281)에 汲郡의 不准이라는 사람이 魏 襄王의 무덤으로 알려진 무덤에서 많은 竹簡書들을 도굴하였는데, 이를 汲冢書라고 한다. 그런데 급총서에서는 『주역』 上下篇은 있었으나 「彖傳」·「象傳」·「繫辭傳」·「文言」은 없었다. 또 「卦下易經」(1편)이 있었다고 하는데, 「설괘전」과 대략 같았지만 차이점도 있었다고 한다. 『易繇陰陽卦』(2篇)도 발굴되었는데, 대체로 『주역』과 같았으나 卦辭는 같지 않았다. 이것을 『連山』·『歸藏』의 종류로 보는 견해도 있다. 『師春』(1편)은 『左傳』의 卜筮之事를 集解한 것으로, 이 '사춘'은 저자의 성명일 가능성이 있다.

이를 박사들에게 보여 주도록 하였다. 이후부터 『역』·『예』·『상서』가 각각 한 편씩 증가되었다.[151]

그러나 「설괘전」은 이때 처음 생겨난 것이 아니고, 진의 분서갱유 때에 일실되었던 것을 다시 찾은 것이다. 『수서隋書』「경적지經籍志」에 진나라 때에 『주역』은 복서에 관련된 것이라는 이유로 분서를 면했으나 오직 「설괘전」만 잃어버렸다는 기록이 있는데, 이로 미루어 본다면 「설괘전」은 분서갱유 때에 망실된 것으로 추정할 수 있다. 한편 1973년에 중국 호남성湖南省 장사長沙 의 마왕퇴馬王堆 한묘漢墓 3호묘에서 출토된 백서본 『주역』의 「계사전」에는 통행본 「설괘전」의 내용이 일부 포함되어 있다.[152] 마왕퇴 3호묘의 조성연대 는 대략 문제文帝 12년(BC 168) 무렵으로 추정되므로, 「설괘전」의 일부는 선제宣 帝 이전 즉 전한대 초기에 이미 존재하였던 것으로 볼 수 있다.[153]

---

150) 원래 河內의 여자가 조정에 바쳤던 것은 『易』, 『禮』, 『尙書』의 각 1편으로, 宣帝가 박사들을 소집하여 읽게 하니 三經에 각각 한 편씩이 증가하게 되었다. 『易經』에서 보태진 것은 「說卦」 1편이었는데, 후에 그것을 다시 「說卦」·「序卦」·「雜卦」 3편으로 나누었다.(李學勤, 『周易經傳溯源』, 中國社會科學出版社, 2007, 194쪽)

151) 王充 著, 黃暉 撰 『論衡』(臺北: 臺灣商務印書館發行, 中華民國 64년), 第2冊, 제12권, 「謝短」(제36편), 562쪽, "宣帝之時, 河內女子壞老屋, 得易一篇, 名爲何易, 此時易具足未?"; 第4冊, 제12권, 「正說」(제81편), 1120쪽, "至孝宣皇帝之時, 河內女子發老屋, 得逸易·禮·尙書各一篇, 奏之. 宣帝下示博士, 然後易·禮·尙書, 各益一篇."

152) 西漢 초기에 長沙國 승상을 지낸 利倉과 그 家屬의 묘장으로서 湖南省 長沙市에 위치하고 있다. 이곳은 일찍이 五代十國시대에 楚王 馬殷의 묘지라고 잘못 알려지는 바람에 馬王堆라고 불렸다. 1호묘의 묘주는 이창의 부인인 辛追이며, 2호묘의 묘주는 제1대후인 이창으로 惠帝 2년(BC.193)에 졸했다. 3호묘의 묘주는 확실하지는 않으나, 이창의 아들이자 제2대후로서 文帝 12년(BC.168)에 下葬되었을 것으로 추정된다.

153) 한대 초기의 역학의 전승의 계보는 다음과 같다.

李學勤은 漢易과 「설괘전」의 관계를 다음과 같이 설명하고 있다.

그렇다면 「설괘전」 성립의 상한上限을 어느 시기까지 거슬러 올라가 설정할 수 있을까? 전한 무제武帝(BC.141~BC.87) 때의 사마천司馬遷(BC.145?~ BC.86?)은 「설괘전」이 공자 시절에 이미 존재하고 있었다고 단정하였다.154) 그는 『사기史記』「공자세가孔子世家」에서 "공자가 만년에 『역』을 좋아하여, 「단彖」·「계繫」·「상象」·「설괘說卦」·「문언文言」을 서序하였고 『역』을 읽어 위편삼절韋編三絶하였다"(孔子晚而喜『易』, 序「彖」·「繫」·「象」·「說卦」·「文言」, 讀『易』, 韋 編三絶)라고 서술하고 있다. 따라서 「설괘전」은 공자가 '서序'를 한 대상에 분명히 포함된다.155) 원대의 경학자 오징吳澄은 『역찬언易纂言』에서 「설괘」 는 공자 이전부터 있던 글인데 공자가 『팔색八索』156)과 같은 책을 필삭筆削하 여 「설괘전」을 만들었을 것이라고 추정하였다.157) 정약용은 오징의 학설이

武帝 때에는 五經博士를 두었는데, 『역경』과 관련해서는 오직 楊何만이 있었다. 宣帝 때에 施讐·孟喜·梁丘賀 三家의 易이 學官으로 세워졌다. 元帝 때에 京房의 역이 나왔는데, 그는 焦贛의 제자로서 맹희 일파에서 나왔다. 이래서 田何의 한 계보에 속하는 역학이 서한 역학의 큰 세력을 차지하게 되었으니, 『漢書』「儒林傳」에서 "要言『易』者, 本之田何"라고 한 것도 바로 이러한 상황을 가리킨 것이었다. 그런데 시수·맹희·양구하 삼가의 『易』이 학관으로 세워진 것은 河內의 여자가 「설괘전」을 갖다 바친 이후의 일이니, 선제 초기에는 「설괘전」을 읽은 역경박사로는 오직 양하가 있을 뿐이었다. 양하와 시수·맹희·양구하 삼가의 역은 모두 田何로부터 나왔으며, 그 연대의 거리는 그리 멀지 않다. 양하의 학문에는 원래 「說卦」가 없었으며, 기본적으로 북방 계열인 전하의 계보에 속하는 역학자들에게는 지금의 「설괘전」 3편은 전해지지 않았던 것이다. 반면 淮南九師와 회남왕 劉安은 일찍이 「說卦」를 보았기 때문에 「설괘전」 3편은 漢初에 남방을 중심으로 流傳되었으며, 선제 초에 이르러서야 비로소 정통파의 지위에 있던 전하 계통의 학자들에 의해 알려지게 된 것이다.(李學勤, 『周易經傳溯源』, 195~196쪽)
154) 앞서 「설괘전」이 前漢의 宣帝 本始 원년(BC.73)에 老屋에서 발견되었다고 하였으므로, 司馬遷(BC.145?~ BC.86?)은 이보다 이전에 「설괘전」의 존재를 언급한 것이 된다.
155) 廖名春, 「『周易』「說卦傳」錯簡說新考」, 『周易研究』 1997年 第2期.
156) 『左傳』의 昭公 12년조와 孔安國의 『尙書傳』「序」 등에서 언급되는 책이다. 『春秋左氏傳』 昭公 12년조에 "左史倚相趨過, 王曰 是, 良史也, 子善視之, 是能讀三墳, 五典, 八索, 九丘"([楚 나라의] 左史 倚相이 그들 앞을 달려서 지나가자 왕이 말하였다. "저 사람은 좋은 史官이니, 그대는 잘 보아 두시오. 그는 『三墳』과 『五典』과 『八索』과 『九丘』 등의 옛 책을 잘 읽을 수 있소")라고 하였다. 여기서 『삼분』은 三皇의 책을, 『오전』은 五帝의 책을, 『팔색』은 八卦의 설을 적은 책을, 『구구』는 九州의 기록을 가리킨다고 한다.
157) 吳澄은 『易纂言』에서 "說卦者,……蓋自昔有其說. 夫子傳述之以爲傳爾.……或是, 夫子贊易 以前, 如八索之書, 所載有若此者, 而夫子筆削之, 以其无大害於理者, 姑存之也"라고 하였는

그럴듯하다고 보아 여기에 찬성하였다.

만약 「설괘」가 공자 이전부터 있던 것이라면, 그것은 언제부터 있었던 것일까? 한 가지 분명한 사실은, 『좌전』에 19개의 점례가 있는데 그 가운데 이미 「설괘전」의 괘상을 활용하여 설명하고 있는 부분이 많다는 것이다.[158] 『좌전』에 관해서는 전한 말기에 유흠劉歆(?~AD.23)이 위작僞作했다는 설이 있었으나, 최근에는 오히려 고문古文경전의 신빙성을 지지하는 증거가 많이 제시되고 있다.[159] 「설괘전」에서 사시에 방위를 짝지은 것은 비슷한 예가 『관자管子』「사시四時」, 『예기禮記』「월령月令」, 『여씨춘추呂氏春秋』「십이 기十二紀」 등에서도 발견되기 때문에 전국시대 후기 음양오행학설의 영향을 받아 형성된 것으로 볼 수도 있다. 그러나 『좌전』에서 「설괘전」의 물상을 그대로 사용하고 있는 것으로 볼 때, 서주西周시대(BC.11세기~BC.771)와 춘추시 대(BC.770~BC.403)에 이미 「설괘전」은 존재하고 있었던 것으로 추정할 수 있다.[160]

정약용은 『서경』의 「요전堯典」·「순전舜典」에 나타난 방위가 「설괘」의 방위와 일치한다는 사실에 주목하였다. 즉 「요전」에서 동작東作(봄철에 농사지 음)·남와南訛(여름에 사물이 성장하고 변화함)·서성西成(가을에 곡식이 익음)·삭역朔 易(동지 이후로 해가 다시 길어지기 시작함)이라고 한 것은 진震·리離·태兌·감坎 사방괘四方卦의 방위와 꼭 들어맞는 것처럼 보인다. 또 「순전」에서 순임금이 각 지역을 순수한 순서를 보면, 2월에 동악東岳, 5월에 남악南岳, 8월에 서악西

---

데, 이는 '원래의 「說卦」'와 '공자가 정리한 「說卦傳」'을 구분해서 본 것이다.

158) 「설괘전」의 卦象을 활용해서 설명하는 예로는 다음을 들 수 있다. "坤, 土也. 巽, 風也. 乾, 天也"(『春秋左傳正義』[十三經注疏 整理本 16], 莊公 22年條, 310쪽), 혹은 "震爲土, 車從 馬"(『春秋左傳正義』[十三經注疏 整理本 17], 閔公 元年條, '畢萬之筮', 349쪽).

159) 『좌전』은 전한 말기에 劉歆(BC.53~AD.25)이 위작한 것이라는 설이 있으나, 최근에는 오히려 고문경전의 신빙성을 지지하는 증거가 많이 제시되고 있다.(박건주, 「좌전위작설 에 대한 일고」, 『중국고대사연구』 제12집, 2004)

160) 『좌전』의 莊公 22년, 僖公 15년, 昭公 5년 등의 점서례가 여기에 해당된다.

岳, 11월에 북악北岳을 차례로 순수하였다고 했으니, 이때 동·남·서·북 사방의 순서도 춘하추동의 사계와 대략적으로 부합한다. 따라서 「설괘」 방위의 순서가 요임금과 순임금의 시절부터 변하지 않았음을 알 수 있다. 이것은 「설괘」의 방위가 아주 오래전부터 확립되어 있었음을 말해 주는 증거이다.

정약용은 한 걸음 더 나아가 「설괘」는 팔괘와 동시에 이루어진 것이라고 주장하였다. 그는 만일 「설괘전」의 물상이 없었더라면 『주역』 자체가 제작될 수 없었을 것이라고 말한다. 왜냐하면 물상을 취하지 않는다면 팔괘는 그 자체만으로는 아무 소용도 없으며, 만들 필요조차 없는 것이기 때문이다. 「설괘전」은 복희씨가 획괘할 때 이미 만들어진 것이다. 이처럼 「설괘」는 팔괘의 성립과 동시에 존재한 것이므로, 「설괘」가 존재하기 위해 공자를 기다릴 필요는 없다. 「설괘전」은 공자에 이르러 비로소 지어진 것이 아닐뿐 아니라 그 연원은 『주역』 이전으로 거슬러 올라간다.[161]

정약용은 『주역』 이전에도 하夏의 『연산역連山易』과 상商의 『귀장역歸藏易』이 실재하였으며 「설괘전」의 물상과 괘덕이 세 가지 역에 공통적으로 사용되었다고 주장한다.[162] 그는 그 근거를 『연산역』과 『귀장역』의 명칭 자체에서 찾고 있다. 즉 하역夏易이 '연산역'이라고 불린 것은 간艮을 선두에 배치하였기 때문이며, 상역商易이 '귀장역'이라고 불린 것은 곤坤을 선두에 배치하였기 때문이다. 따라서 간艮과 곤坤의 괘덕과 괘명이 『주역』과 더불어 공통적으로 사용되고 있었음을 알 수 있다. 『주례』 「춘관春官·태복太卜」에 "세 가지 『역』을 관장하였으니, 첫째는 『연산』이라고 하고 둘째는 『귀장』이

---

161) 「周易四箋 I」, 『定本 與猶堂全書』 15, 42쪽; 『역주 주역사전』 제1권, 59쪽, "先儒謂說卦爲孔子所作, 非深密體究之論也. 不取物象, 則八卦元不必作. 說卦者, 庖犧畫卦之初, 仰觀天文, 頫察地理, 遠取諸物, 近取諸身, 玩其象而命之, 名以與神明約契者也. 而俟孔子哉."

162) 「周易四箋 I」, 『定本 與猶堂全書』 15, 42쪽; 『역주 주역사전』 제1권, 60쪽, "說卦物象之名, 卦德之分, 夏商之所不改也."

라고 하며 셋째는 『주역』이라고 하였다"(掌三易之法, 一曰連山, 二曰歸藏, 三曰周易)라고
하였으니, 태복太卜이 세 가지 형태의 『역』을 함께 다룰 수 있었던 것은
그 상징이 공통적이기 때문이었을 것이다.[163]

  그러면 「설괘전」의 물상이 하·상·주 삼대의 『역』 체계에 공통적으로
사용되었다고 한 정약용의 주장을 과연 어떻게 보아야 할 것인가? 종래에
는 『연산역』과 『귀장역』의 역사적 실재에 대해서는 회의적으로 생각하였
다. 따라서 정약용의 주장이 매우 황당하게 들리는 것도 사실이다. 그러나
1993년 3월에 호북성湖北省 강릉현江陵縣 왕가대王家臺 15호 진묘秦墓에서
출토된 진대秦代의 죽간 중에 대략 4천여 자에 달하는 점간占簡이 발견되었
는데, 이것이 『귀장역』으로 추정된다는 연구결과가 발표되어 학계의
비상한 관심을 모은 바 있다.[164] 왕가대진간 『귀장』에 대한 최근의 연구결
과도 『귀장』과 『주역』의 구성원리가 완전히 일치함을 보여 주고 있다.[165]
주흥국朱興國은 그의 저서 『삼역통의三易通義』에서 진간 『귀장』에서 사용된

---

163) 『周禮』, 「春官·太卜」; 漢 鄭玄 注, 唐 賈公彦 疏, 『周禮注疏』(十三經注疏 整理本 8; 北京大學
   出版社, 2000), 748쪽, "掌三易之法, 一曰連山, 二曰歸藏, 三曰周易. 其經卦皆八, 其別皆六十
   有四."
164) 1993년 3월에 湖北省 江陵縣 王家臺 15호 秦墓에서 출토된 秦代의 죽간 중에 占簡 394支,
   약 4000여 字가 발견되었다. 정리자는 이에 대해 "문자의 형체로 보아 아주 오래된
   것으로, 楚簡 문자에 근접하며 전국시대 말기의 抄本으로 추정된다"라고 발표하였다.
   2000년 8월에는 북경대학 주최로 北京의 達園賓館에서 개최된 '新出簡帛國際學術研討會'
   에서는 荊州博物館의 王明欽이 「王家臺秦墓竹簡概述」이라는 논문을 발표하였는데, 거기
   에서 秦簡 『歸藏』에 대한 부분적 釋文이 최초로 시도되었다. 이때 토론회의 논문집은
   『新出簡帛研究』(艾蘭·邢文 編, 文物出版社, 2004)라는 제목으로 정식으로 출판되었다.
   王明欽은 「試論歸藏的幾個問題」(『一劍集』, 中國婦女出版社, 1996)에서 秦簡의 易占이 傳世
   本 『歸藏』과 일치한다고 주장하였다. 그리고 李零은 이 易占이 古書에서 인용한 『歸藏』과
   그 내용에 있어 일치한다는 것을 고증하였다. 즉 청대에 嚴可均이 편찬한 『全上古三代秦漢
   三國六朝文』(全六冊; 上海古籍出版社, 2009) 및 馬國翰이 편찬한 『玉函山房輯佚書』 등의
   수집본과 王家臺 秦簡의 易占을 비교해 볼 때 『歸藏』과 일치한다고 고증한 것이다.
165) 王家臺秦簡 『歸藏』에는 卦畫, 卦名, 卦辭는 있으나 爻辭는 없다. 반면에 『주역』의 체제는
   거기에 爻辭까지 있으므로 더욱 복잡해진 것이다. 이런 점에서 차이가 있는 것은
   사실이지만, 양자가 모두 筮에 속하며 龜兆에 속하는 것이 아니라는 점에서는 일치한다.
   (陳仁仁, 「從楚地出土易類文獻看『周易』文本早期形態」, 『周易研究』 2007年 第3期, 3~16쪽)

괘상과 『주역』에서 사용된 괘상이 동일한 의상意象체계에 속한다고 주장하였다.[166] 『주역』의 「설괘전」에서 "곤위중坤爲衆"이라고 한 것과 진간 『귀장』의 「개介」에서 "곤위인민坤爲人民"이라고 한 것은 양자가 일치함을 보여 주는 한 예이다.[167] 그 외에도 진간 『귀장』「준屯」의 "진위룡震爲龍"이 『주역』의 「설괘전」과 완벽하게 일치하는 등 『주역』과 『귀장』의 일치는 여러 곳에서 확인될 수 있다.[168] 따라서 이러한 새로운 고고학적 발견은 『주역』・『연산역』・『귀장역』의 관계의 해명에 새로운 빛을 던져 줄 수 있을 것으로 기대된다.

## 2) 「설괘전」 위작설에 대한 반론

「설괘전說卦傳」 위작설僞作說은 구양수歐陽修(1007~1072)[169]에 의해 제기되었다. 그는 『역동자문易童子問』(三卷)에서 동자와 스승의 문답 형식을 빌려서 십익十翼 가운데 「계사전繫辭傳」 상하편, 「문언전文言傳」, 「설괘전說卦傳」, 「서괘전序卦傳」, 「잡괘전雜卦傳」의 다섯 종류는 공자에 의해 지어진 것이 아니며, 또 어느 한 사람에 의해 지어진 것도 아니라고 주장하였다.[170] 그가 공자의 저술로 인정한 것은 「단전彖傳」 상하편과 「상전象傳」 상하편뿐이었다.[171]

---

166) 朱興國, 『三易通義』(齊魯書社, 2006), 275쪽.
167) 秦簡 『귀장』의 卦名과 통행본 『주역』의 卦名이 일치하는 것은 모두 21괘로, 旅, 豐, 臨, 升, 復, 節, 渙, 損, 咸, 訟, 師, 比, 履, 同人, 大過, 困, 井, 大壯, 兌, 歸妹, 漸이 그것이다. 그리고 진간 『귀장』의 괘명과 백서 『역경』의 괘명이 같은 것은 모두 15괘로, 旅, 豐, 小過, 復, 節, 渙, 損, 訟, 師, 比, 同人, 困, 井, 歸妹, 漸이 그것이다(龐樸 等 著, 『郭店楚簡與早期儒學』, 臺北: 臺灣古籍出版有限公司, 2002, 269쪽)
168) 朱興國, 『三易通義』, 298쪽.
169) 范仲淹・歐陽修・胡瑗・孫復・石介・李覯 등은 북송대 慶曆 연간(1041~1048)의 이른바 '慶曆易學'을 대표하는 학자들이다. 구양수는 유명한 『易童子問』 외에도 「易或問三首」, 「經旨易或問」, 「傳易圖序」, 「明用」, 「繫辭說」, 「張令注周易序」 등의 『주역』 관련 평설을 지었다.
170) 歐陽修, 『易童子問』, "繫辭非聖人之作乎? 曰, 何獨繫辭焉, 文言・說卦而下, 皆非聖人之作."
171) 『易童子問』의 주요 내용은 다음과 같다. (1) 공자가 지은 문장으로는 『易』과 『春秋』가

구양수 이전에는 사마천司馬遷과 반고班固에서부터 공영달孔穎達에 이르기까지 십익이 공자의 저술이라는 것을 의심한 사람이 아무도 없었기 때문에 그의 주장은 의고疑古의 학풍을 부르며 상당한 파문을 일으켰다.172) 그러나 구양수가 「설괘전」이 공자의 저술이 아니라는 뚜렷한 근거를 제시한 것은 아니었다. 그는 다만 「설괘전」과 「잡괘전」이 서인筮人의 점서占書라는 것은 너무나 명백하기 때문에 굳이 논할 필요조차 없다고 말했을 뿐이다. 따라서 정약용은 「설괘전」이 공자의 글이 아니라고 한 구양수의 주장은 정밀한 논의가 아니라 망발에 지나지 않는다고 비난하였다.173)

그러나 정약용 또한 「설괘전」 전부를 공자의 저술로 본 것은 아니다. 그에 따르면 「설괘전」에서 공자의 전문傳文은 그 서사序詞에 해당되는 부분으로, "옛날에 성인이 『역』을 만드심에 그윽이 신명을 도와서 시초蓍草를

---

있으며, 그 문장은 매우 간단하지만 그 의미는 매우 심원하다. 다만 「繫辭傳」 및 「文言」, 「說卦」 이하는 여러 설이 뒤섞여 어느 한 사람의 말이라고 할 수 없다. (2) 乾卦 「文言」 가운데에는 "元者, 善之長也, 亨者, 嘉之會也, 利者, 義之和也, 貞者, 事之幹也……" 등의 말이 있는데, 이는 魯나라 穆姜이 말한 것이다. 목강이 占筮를 해서 "艮之隨"를 얻었는데, 이것은 襄公 9년의 일이다. 그 뒤로 15년이 지나 공자가 태어났고, 다시 그 뒤로 수십 년이 지나 공자가 贊易하였으므로, 乾卦의 「文言」은 후대에 竄入한 것으로 볼 수 있다. (3) 「계사전」과 「설괘전」 가운데 팔괘의 창제에 관해 서로 충돌하거나 모순되는 설이 섞여 있는데, 이로 보아 이것이 어느 한 사람의 저술이 아니라는 것을 알 수 있다. 즉 ① "河出圖, 洛出書, 聖人則之"(「繫辭上」)에서, 이른바 圖란 팔괘의 文을 가리킨 것이니 神馬가 짊어지고 강에서 나와 복희에게 준 것이므로, 팔괘는 사람이 만든 것이 아니라 하늘이 내린 것이 된다. 그런데 ② "包羲氏之王天下也, 仰則觀象於天, 俯則觀法於地, 觀鳥獸 之文與地之宜, 近取諸身, 遠取諸物, 於是始作八卦"(「繫辭下」)에서는, 팔괘는 복희씨가 만든 것으로서 하도와는 관계가 없으며 하늘이 내려준 것도 아니다. 또 ③ "昔者, 聖人之作易也, 幽贊於神明而生蓍, 參天兩地而倚數, 觀變於陰陽而立卦"(「說卦傳」)에서는 팔괘가 蓍草에서 나온다고 하였다. 따라서 이 세 가지 설은 서로 다른 계통의 이론으로 보이는 것이다. (4) 「계사전」에는 "子曰"이라는 말이 여러 번 나오는데, 만약 공자가 쓴 글이라면 어떻게 "子曰"이라는 말이 나올 수 있겠는가? 그러므로 「계사전」은 공자의 설이 아니다.
172) 현존하는 문헌 중에서 孔子가 『易傳』을 지었다고 명확하게 언급한 최초의 문헌은 『周易乾鑿度』이다. 여기서는 "孔子占易, 得旅, 息志停讀, 五十究易作十翼"이라고 하였다.
173) "先儒謂說卦爲孔子所作, 非深究體究之論也"(「周易四箋 I」, 『定本 與猶堂全書』 15, 42쪽; 『역주 주역사전』 제1권, 59쪽); "歐陽修輩, 謂非夫子之書, 何其妄矣?"(「周易四箋 II」, 『定本 與猶堂全書』 16, 322쪽; 『역주 주역사전』 제8권, 208~209쪽)

만들어 내니"(昔者, 聖人之作易也, 幽贊於神明而生蓍)의 구절부터 "『역』은 역수逆數이다"(易, 逆數也)의 구절까지,174) 그리고 "만물은 진震에서 나온다"(萬物出乎震)의 구절부터 "이미 만물을 이룬다"(旣成萬物也)의 구절까지가175) 여기에 해당된다.176) 반면에 "우레로써 움직이고…… 곤으로써 감추며"(雷以動之……坤以藏之)의 구절부터 "제帝가 진震에서 나와…… 간艮에서 이룬다"(帝出乎震……成言乎艮)의 구절까지의 부분은 고문古文에 해당된다.177) 그러나 「설괘전」이 비록 공자 이전부터 있던 문헌이라고 하더라도 그 최종적인 형성과정에서는 공자가 산정刪定작업에 관여했을 것이라고 생각된다.

### 3) 물상의 보완

「설괘전」은 팔괘가 상징하는 것들에 대한 목록표를 제시한다는 점에서 일종의 물상사전物象辭典으로 활용된다. 「설괘전」의 물상은 역사易詞의 해석을 위해서는 반드시 필요한 것이지만, 그 물상사전에서 제시하고 있는

---

174) 여기에 해당되는 부분은 다음의 구절이다. "昔者, 聖人之作易也, 幽贊於神明而生蓍. 參天兩地而倚數. 觀變於陰陽而立卦, 發揮於剛柔而生爻, 和順於道德而理於義, 窮理盡性以至於命. 昔者, 聖人之作易也, 將以順性命之理. 是以, 立天之道曰陰與陽, 立地之道曰柔與剛, 立人之道曰仁與義. 兼三才而兩之, 故易六畫而成卦. 分陰分陽, 迭用剛柔, 故易六位而成章. 天地定位, 山澤通氣, 雷風相薄, 水火不相射, 八卦相錯. 數往者順, 知來者逆, 是故, 易逆數也."

175) 여기에 해당되는 부분은 다음의 구절이다.; "萬物出乎震, 震, 東方也. 齊乎巽, 巽, 東南也. 齊也者, 言萬物之潔齊也. 離也者, 明也, 萬物皆相見, 南方之卦也. 聖人南面, 而聽天下, 嚮明而治, 盖取諸此也. 坤也者, 地也, 萬物皆致養焉, 故曰, 致役乎坤. 兌, 正秋也, 萬物之所說也. 故曰, 說言乎兌. 戰乎乾, 乾西北之卦也, 言陰陽相薄也. 坎者, 水也, 正北方之卦也, 勞卦也, 萬物之所歸也. 故曰, 勞乎坎. 艮, 東北之卦也, 萬物之所成終而成始也, 故曰, 成言乎艮. 神也者, 妙萬物而爲言者也. 動萬物者, 莫疾乎雷. 撓萬物者, 莫疾乎風. 燥萬物者, 莫熯乎火. 說萬物者, 莫說乎澤. 潤萬物者, 莫潤乎水. 終萬物始萬物者, 莫盛乎艮. 故水火相逮, 雷風不相悖, 山澤通氣, 然後能變化, 旣成萬物也."

176) 정약용에 따르면, "帝出乎震……成言乎艮"의 古文을 공자가 해석한 것이 바로 "萬物出乎震……旣成萬物也"의 부분이다.

177) 古文에 해당되는 부분은 다음의 구절이다. "雷以動之, 風以散之, 雨以潤之, 日以晅之, 艮以止之, 兌以說之, 乾以君之, 坤以藏之, 帝出乎震, 齊乎巽, 相見乎離, 致役乎坤, 說言乎兌, 戰乎乾, 勞乎坎, 成言乎艮."

목록이 매우 제한되어 있어 역사를 해석하기에 충분하지 않다. 따라서 그 물상을 확충해야 할 필요성이 제기된다. 그러나 확충은 아무렇게나 이루어져서는 안 되고, 역례易例와 역리易理에 근거해서 이루어져야 한다. 그래서 정약용은 『좌전』·『국어』의 점서례와 순구가荀九家의 물상설을 취사 선택하여 물상을 확충해 나가고 있다. 예컨대 건乾이 윗옷(衣)이 되고 곤坤이 치마(裳)가 되며 진震이 대나무 제기(簋)가 되고 감坎이 집(宮)이 되는 등의 사례는 비록 「설괘전」에 설명이 없다고 하더라도 역사를 따져 살펴보면 모두 증거가 있다. 그러나 그것만으로는 부족하기 때문에 정약용 스스로 물상을 개발하여 이를 '금보今補'라는 제목 아래 보완하고 있다.

### (1) 『좌전』과 『국어』의 물상

『좌전』과 『국어』에는 모두 22개의 점서례가 있는데, 그 취상取象의 방법은 「설괘전」과 같거나 혹은 유사하다. 『좌전』의 장공莊公 22년조에 "곤坤은 땅이고 손巽은 바람이며 건乾은 하늘이다"(坤, 土也. 巽, 風也. 乾, 天也)라고 한 것, 또 소공昭公 5년조에 "리離는 불이고 간艮은 산이다. 불이 산을 불태우니 산이 무너진다"(離, 火也. 艮, 山也. 離爲火, 火焚山, 山敗)라고 한 것은 「설괘전」의 취상법과 완전히 동일하다. 그러나 「설괘전」과 다른 설도 있다. 예를 들어, 진震을 기旗라 하고 리離를 소(牛)라 하고 곤坤을 따뜻함(溫)이라 하고 감坎을 충직함(忠) 이라 한 것 등은 「설괘전」에는 나오지 않지만 『좌전』에는 있다. 정약용은 이러한 예들에 합당한 근거가 있다고 여겨 채록하였다. 한편 「설괘전」에는 "곤坤은 무리가 된다"(坤爲衆)라고 하였지만 『좌전』·『국어』·『백호통白虎通』 에는 "감坎은 무리가 된다"(坎爲衆)라는 설이 나온다.[178] 정약용은 "감이

---

178) 『左傳』 宣公 12년조 '知莊子之語'의 "衆散爲弱"에 대한 注에서 杜預는 "坎爲衆"이라고 하였고(『春秋左傳正義』[十三經注疏 整理本 17], 737쪽), 『國語』 「晉語」 僖公 24년조의 '重耳反國之筮'항에도 "坎은 노력함이며, 물(水)이며, 무리(衆)이다"(坎, 勞也, 水也, 衆也)라

무리가 된다"의 설이 역사에 아무런 증거가 없다고 하면서도[179] 감坎괘 「금보今補」에 그 설을 채록해 놓았다. 뿐만 아니라 그는 사師괘 「대상전」의 주에서 "감坎이 무리가 된다"의 설을 적용하여 "백성을 포용하고 무리를 기른다"(容民畜衆)의 구절을 해석하고 있다.

### (2) 순구가의 물상

정약용은 물상을 보완함에 순구가荀九家의 학설을 많이 참조하였다. 순구가란 후한의 순상荀爽(자는 慈明, 128~190)의 『구가역해九家易解』(十卷)에 등장하는 아홉 명의 역학가를 가리킨다. 원대의 마단림馬端臨이 지은 『문헌통고文獻通考』에서는 송의 진진손陳振孫의 견해를 인용하여, "한나라 때 회남왕淮南王 유안劉安이 『역』에 능통한 사람 9인을 초빙하였는데, 순상이 일찍이 그들의 역설을 집해集解하였다"라고 하였다.[180] 그러나 명대의 호진형胡震亨(1569~1645)은 회남왕이 초빙한 구사九師는 순구가와 아무런 관계가 없다고 주장하였다. 육덕명陸德明은 『경전석문經典釋文』의 「서록序錄」에서 그 구가의 이름을 열거하였는데, ①경방京房, ②마융馬融, ③정현鄭玄, ④송충宋衷, ⑤우번虞翻, ⑥육적陸績, ⑦요신姚信, ⑧적자현翟子玄, ⑨순상荀爽이 바로 그들이다. 순상의 『구가역해』는 이미 없어졌지만, 주희도 또한 육덕명의 『경전석문』에 인용된 것에 의거하여 그것들을 채록하였다. 정약용은 순구가의 설에는 바른 것도 있고 그릇된 것도 있다고 하면서 그들의 학설을 전적으로 신뢰하지는 않았다. 예컨대, 감坎이 여우(狐)가 된다거나 리離가 비조飛鳥가 된다고 한

---

는 설이 있다.(『周易四箋 II』, 『定本 與猶堂全書』 16, 242쪽; 『역주 주역사전』 제7권, 281쪽)

179) 『周易四箋 II』, 『定本 與猶堂全書』 16, 343쪽; 『역주 주역사전』 제8권, 292쪽, "『左傳』杜注, 以坎爲衆[『白虎通』云, '坤爲衆, 水亦爲衆'], 在易詞, 無驗."

180) 『周易四箋 II』, 『定本 與猶堂全書』 16, 329쪽; 『역주 주역사전』 제8권, 232쪽, "荀九家者, 荀慈明集九家, 『易解』十卷, 見諸史志[『文獻通考』引陳氏說云, "漢, 淮南王, 安, 聘明『易』者九人, 荀爽嘗爲之集解"]."

것 등은 믿을 수가 있지만, 건乾이 용龍이 되고 곤坤이 혼미함이 되고 감坎이 질곡桎梏이 된다고 한 것은 모두 잘못된 것이다. 그리고 '곤坤이 암컷이 된다', '리離가 암소牝牛가 된다' 등의 학설은 피상적으로 역사에 근거하였을 뿐, 그 의미를 새롭게 밝혀내었다고 할 절묘함이 전혀 없다. 따라서 정약용은 이러한 예들이 예로부터 전수되어 내려온 바른 의미가 아니라 경방 이후에 지어낸 학설에 불과하다고 평가하였다.[181] 정약용은 순구가의 학설을 검토하여 그 틀린 것을 하나하나 정정하였고, 「설괘전」 원문에는 나오지 않으나 역사에 근거가 있는 것은 취해서 보충하여 넣었다.

### (3) 복합물상

역사에서 사물의 상징을 취할 때 두 괘 이상의 괘를 연관 지어 물상을 설정한 경우가 종종 있다.[182] 순상荀爽과 우번虞翻 등 순구가荀九家는 하나의 괘에 오직 하나의 물상만을 귀속시켰다. 그러나 정약용은 순구가와 그들의 학설을 추종한 후대 학자들의 경솔함을 비난한다. 경문의 뜻이 끝내 세상에 드러나지 않게 되어 버린 것은 성인의 정情이 드러나 있는 경문을 자세히 증험해 보지 않았기 때문이다. 순구가는 효변으로 말미암아 괘상이 변동되고, 괘상이 변동되면 취상取象의 범위도 확대된다는 사실을 알지 못했다. 괘상이 변동되면 괘의 구성도 달라지며, 호체도 새롭게 취할 수 있기 때문에 취상의 범위가 확대된다.

대개 역사의 물상이 「설괘전」에 명시되어 있지 않을 때 두 개 이상의 괘상을 겸하여 취상하는 예가 많은데, 이때에는 물상을 복합적으로 결합시

---

181) 『周易四箋 II』, 『定本 與猶堂全書』 16, 329쪽; 『역주 주역사전』 제8권, 232~233쪽, "今案其文, 如'坤爲牝', '离爲牝牛'之等, 直據易詞, 了無開發之妙. 當是京房已後自刱, 非古來相傳之正旨也."
182) 『周易四箋 II』, 『定本 與猶堂全書』 16, 348쪽; 『역주 주역사전』 제8권, 312쪽, "易詞之取物象, 多有兼互二卦, 而命之爲物者."

켜 취상해야 한다. 정약용은 「설괘전」 주의 끝 부분에 부록으로 「부현겸호취상지법附見兼互取象之法」(겸호로써 상을 취하는 법을 첨부하여 보임)을 두었다. 여기서 겸호兼互란 호괘를 겸한다는 뜻이니, 호괘를 결합하여 물상을 취하는 방법을 뜻한다. 그러면 이러한 사례들을 열거해 보기로 하자.

(1) *제사祭祀* 제사를 구성하는 요소로는 재계齊戒·정결淨潔·공경恭敬·정성精誠·희생犧牲·사당祠堂 등이 있다. 「설괘전」에 "제호손齊乎巽"이라고 하였으니, 손巽에는 재계와 정결의 의미가 있다. 리離는 제사를 드리는 정성스러운 마음을 상징하고, 곤坤은 희생犧牲으로 제단에 올려지는 소(牛)를 상징하며, 간艮은 제사를 지내는 사당을 상징한다. 이 중에서 몇 개가 결합되어 제사의 물상을 만들어 낸다. 하늘에 교郊제사를 드리는 경우에는 리離의 정성과 손巽의 정결과 건천乾天의 세 가지 상이 결합되어 제사의 의미를 만들어 낸다. 곤困괘 구이九二의 "이용형사利用亨祀"와 곤困괘 구오九五의 "이용제사利用祭祀"는 손巽·리離·곤坤의 세 가지 물상이 복합된 경우이다. 환渙괘 괘사의 "왕격유묘王假有廟"는 손巽의 재계와 감坎의 공경과 간艮의 종묘라는 세 가지 물상이 결합된 경우이다.

(2) *혼구婚媾* 남녀의 결혼을 혼구婚媾라고 한다. 역례易例에 따르면, 혼구가 이루어지기 위해서는 한쪽은 뒤집어서 도괘倒卦를 취하고, 다른 한쪽은 그대로 정괘正卦를 취하게 된다. 이것을 반합牉合이라고 한다.[183] 일반적으로 소남과 소녀가 결혼하는 것이 상례常禮이기 때문에 간艮과 태兌의 결합을 통해 혼구의 상을 만들어 낸다.

그러나 대과大過괘 구이의 효사인 "고양생제枯楊生稊, 노부득기여처老夫得其女妻"는 늙은 지아비(老夫)가 젊은 여자(女妻)에게 장가가는 경우이다. 따라서 진震의 장남과 태兌의 소녀의 결합이 이루어진다. 이것은 대과大過괘가

---

183) 「周易四箋 I」, 『定本 與猶堂全書』 15, 47쪽; 『역주 주역사전』 제1권, 83쪽, "牉合者, 婚媾之象也. 故凡婚媾之卦, 其少男少女, 多一倒而一正."

효변하여 함咸괘가 되는 경우로서, 정괘는 함괘의 상괘인 태兌가 되고 도괘는 함괘의 하괘인 간艮을 뒤집은 진震이 된다.

한편 대과괘 구오九五의 효사인 "고양생화枯楊生華, 노부득기사부老婦得其士夫"는 구이九二의 경우와는 반대로 늙은 부인(老婦)이 젊은 지아비(士夫)를 얻는 경우이다. 따라서 손巽의 장녀長女와 간艮의 소남少男의 결합이 이루어진다. 이것은 대과괘가 효변하여 항恒괘가 되는 경우로서, 정괘正卦는 항괘의 하괘인 손巽이며 도괘倒卦는 상괘인 진震을 뒤집은 간艮이 된다.

그러나 진震의 노부老夫가 태兌의 소녀少女와 결혼하는 것이나 손巽의 노부老婦가 간艮의 소남少男과 짝이 되는 것은 결코 상례常禮가 될 수 없다. 함咸괘나 항恒괘에서는 남녀의 상은 갖추어져 있으나 반합牉合의 상이 없기 때문에 부부가 가정을 꾸리는 상은 될 수 있어도 혼배婚配의 상이 될 수는 없다.184)

---

184) 「周易四箋 I」, 『定本 與猶堂全書』 15, 48쪽; 『역주 주역사전』 제1권, 84쪽, "咸恒之類, 雖亦男女俱存, 其勢相順, 不相牉合. 但可爲夫婦正家之象, 不可爲婚配行禮之象."

*(3) 팽임烹飪*  음식을 삶아 요리하는 것을 팽임烹飪이라고 한다. 음식을 삶기 위해서는 불로 물을 끓여야 한다. 따라서 역례에서는 리화離火로써 그 위의 감수坎水를 끓이는 것을 팽임의 상으로 간주한다.[185] 수需괘 구오九五의 "수우주식需于酒食", 대유大有괘 구삼九三의 "공용형우천자公用亨于天子", 가인家人괘 육이六二의 "재중궤在中饋" 등에 팽임의 상이 있다. 그 밖에도 감坎의 술(酒), 태兌의 밥(食), 곤坤의 치양致養 등이 결합되어 음식과 관련된 괘상을 만들어 낸다.

*(4) 진흙(泥)*  진흙은 흙과 물이 혼합되어 만들어진다. 따라서 진흙의 상을 형성하기 위해서는 곤토坤土와 감수坎水 혹은 간산艮山과 감수坎水의 결합이 이루어져야 한다. 수需괘 구삼九三의 "수우니需于泥"는 곤토坤土와 감수坎水가 결합하여 태택兌澤을 형성한 경우이다.[186] 또 진震괘 구사九四의 "진수니震遂泥"도 역시 곤토坤土와 감수坎水가 결합하여 진흙이 된 경우이다.[187]

*(5) 질곡桎梏*  '질곡桎梏'이란 죄인이 차는 수갑과 족쇄를 가리킨다. 죄인에게 형벌을 가하기 위해서는 감坎의 법률을 집행해야 하며, 죄인에게 수갑과 족쇄를 채우기 위해서는 견고한 나무에 간艮의 손과 진震의 발을 묶어야 한다. 따라서 질곡의 의미를 충족시키기 위해서 감율坎律·간수艮手·진족震足의 세 가지 물상이 결합된다. 몽蒙괘 초육初六의 "용탈질곡用脫桎梏"과 서합噬嗑괘 초구初九의 "구교멸지屨校滅趾"가 그 예에 해당한다.

*(6) 월기망月幾望*  달이 거의 보름에 가까운 때를 '월기망月幾望'이라고

---

185) 「周易四箋 I」, 『定本 與猶堂全書』 15, 154쪽; 『역주 주역사전』 제2권, 114쪽, "易例, 上坎下离, 則爲烹飪之象[火溫水]."

186) 需卦 九三은 需之節인데, 節卦는 泰卦로부터 推移된 괘이다. 泰卦의 上卦는 坤土였는데 이제 節卦의 上卦에서 坎水로 적시니, 그 象이 泥가 된다.(「周易四箋 I」, 『定本 與猶堂全書』 15, 153쪽; 『역주 주역사전』 제2권, 107쪽)

187) 震卦 九四는 震之復인데, 復卦는 豫卦로부터 交易된 괘이다. 豫卦의 때에 坤土의 위에 坎水가 있으니, 그 象이 泥가 된다.(「周易四箋 II」, 『定本 與猶堂全書』 16, 119쪽; 『역주 주역사전』 제6권, 115쪽)

한다. 14일의 달을 '기망幾望'이라 하고, 15일의 보름달을 '이망已望'이라 하며, 16일의 달을 '기망旣望'이라고 부른다. 복체伏體의 관점을 취하면, 상괘가 있는 4·5·6위는 감위坎位이며, 달(月)의 자리가 된다.[188] 만약에 태兌가 감위坎位에 있으면, 이것은 달이 점점 차올라 거의 건乾의 원圓을 이루기 직전의 상태로 간주된다. 건원乾圓이 되면 보름달이 되겠지만, 태兌의 상태는 아직 가득 찬 상태는 아니므로 '월기망'이라고 한 것이다. '월기망'은 소축小畜괘 상구上九, 귀매歸妹괘 육오六五, 중부中孚괘 육사六四에 언급되어 있다.

*(7) 번리藩籬* 대나무 울타리를 '번리藩籬'라고 하니, 진震의 대나무와 리離의 담장이 결합되면 대나무 울타리가 된다. 대장大壯괘 구삼九三의 "저양촉번羝羊觸藩" 및 구사九四의 "번결불리藩決不羸"에서 그 용례를 볼 수 있다.

*(8) 배(舟)* 진震의 나무가 감坎의 하천이나 태兌의 연못에 떠 있고 그 위에 손巽의 바람이 있으면 배(舟)의 상징이다. 고蠱괘·익益괘·환渙괘의 괘사에 "이섭대천利涉大川"이라고 한 것이 그 용례에 해당된다. 만약 진震의 나무만 있고 감坎의 하천이나 태兌의 연못(澤)이 없으면 배가 되지 못한다.[189]

*(9) 질려疾藜* 진震·손巽의 초목草木이 감坎의 험독險毒과 결합하면 질려疾藜 혹은 총극叢棘이 된다. 질려는 억센 가시가 있는 납가새과의 일년초이며, 총극은 가시나무 덤불을 뜻한다. 감坎괘 상육의 "치우총극寘于叢棘"이라는 말이 그 용례이다. 순구가荀九家는 감坎이 총극의 뜻이 된다고 하였으나, 정약용은 총극의 뜻이 성립하기 위해서는 감坎만으로는 부족하고 무성한 진목震木이 감坎의 험난함 속에서 자라나야 한다고 보았다.[190] 곤坤괘 육삼六

---

188) 伏體란 잠복해 있는 괘체라는 뜻으로, 모든 괘의 上卦인 4·5·6위에는 坎이 잠복해 있고 下卦인 1·2·3위에는 離가 잠복해 있다고 본다. 그것은 육획괘 가운데 기수인 1·3·5위에 양획을 배치하고 우수인 2·4·6위에 음획을 배치하면 하괘는 離卦가 되고 상괘는 坎卦가 되기 때문이다. 정약용은 이것을 복체라고 부르면서 호체의 일종으로 파악하고 있다.

189) 『周易四箋 Ⅱ』, 『定本 與猶堂全書』 16, 338쪽; 『역주 주역사전』 제8권, 269~270쪽, "震木爲舟, 然, 必兼之以坎川[或兌澤], 其象乃現也."

三의 "거우질려據于蒺藜"에서는 진초震草와 감험坎險이 결합하여 질려蒺藜의 상을 형성한다.

*(10) 백학白鶴* 리離의 비조飛鳥와 손巽의 결백潔白이 결합되면 백학白鶴이 된다. 중부中孚괘 구이九二의 "명학재음鳴鶴在陰"이 여기에 해당된다. 중부괘 는 대리大離의 형태로서 큰 새를 상징한다. 그리고 중부괘의 상괘上卦는 손巽인데, 손巽은 깨끗함과 흰색을 상징하니 그 상이 학鶴이 된다. 중부괘의 하괘下卦는 태兌인데, 뒤집으면 손巽이 되니 역시 한 마리의 백학이다. 중부괘 는 위에도 백학이 있고 아래에도 백학이 있으니, 두 마리의 백학이 서로 마주보고 있는 형상이 된다. 또 하괘下卦인 태兌는 입을 상징하며, 하호괘下互 卦인 진震은 울음(鳴)을 상징하니, 이것은 백학이 우는 상이다. 상괘上卦는 손巽이지만 이것은 뒤집힌 태兌로 볼 수 있으며, 상호괘上互卦는 간艮이지만 뒤집힌 진震으로 볼 수 있다. 따라서 이것은 한 마리의 백학이 저쪽 편에서 울면 건너편에서 다른 한 마리의 백학이 화답하면서 울고 있는 상이 된다.

## 5. 삼역지의

다산역의 이론체계에서 사대의리四大義理와 더불어 괘상의 변화를 설명 하는 해석방법으로 삼역지의三易之義가 있다. 삼역지의란 교역交易·변역變 易·반역反易의 세 가지 해석방법을 가리킨다. 삼역三易의 해석방법이 『주역 사전』의 해석체계에서 처음부터 완비되어 있었던 것은 아니다. 왜냐하면 정약용은 『주역사전』의 갑자본·을축본에서는 양호兩互와 교역交易 등의 방법론을 적용하지 않다가, 병인본丙寅本에 이르러서야 이를 도입했다고

---

190) 『周易四箋 II』, 『定本 與猶堂全書』 16, 319쪽; 『역주 주역사전』 제4권, 102~103쪽, "震木蕃茂 [二四互], 生於坎險[下本坎], 是爲叢棘[木之茂險者]."

하였기 때문이다. 해석방법론으로서의 삼역지의가 갖는 역할은 추이推移와 마찬가지로 괘상의 변화를 설명하는 데 있다. 『주역』의 도道는 오직 변화를 추구하기 때문에, 그 변화는 어떤 고정된 방식에 얽매이지 않고 다양한 방식으로 구현된다.(易之爲道, 唯變所適) 따라서 괘상의 변화를 구현함에 있어 중심적 역할을 하는 것은 추이推移이지만, 때에 따라서는 삼역三易의 방식도 사용된다.191) 그러나 다산역의 체계에서 삼역지의가 추이推移만큼 중요한 비중을 차지하고 있다고는 볼 수 없다. 왜냐하면 정약용은 삼역三易의 방식을 추이推移만큼 급하게 알아야 할 필요는 없으므로 추이정의推移正義와 혼동되지 않도록 『주역사전』 하편下篇의 「괄례표 하下」에서 다루었다고 밝히고 있기 때문이다.

### 1) 교역交易

교역交易이란 상괘上卦와 하괘下卦를 교차시켜서 새롭게 형성된 괘와 본래의 괘의 관계를 가리킨다. 예컨대 승升괘는 상괘가 곤坤이고, 하괘가 손巽이니, 상괘와 하괘를 교차시켜 자리를 바꾸면 관觀괘가 된다. 따라서 승升괘와 관觀괘는 교역의 관계에 있다.

---

191) 推移이건 三易이건 간에 모두 괘획 혹은 괘상의 변화를 다루는 학설이라는 점에서 같은 부류에 속한다. 실제로 毛奇齡은 ①交易, ②變易, ③轉易, ④對易, ⑤移易의 五易說을 제창하였는데, 여기에는 다산역의 三易에 해당되는 ①, ②, ③과 推移에 해당되는 ⑤가 같은 범주에서 다루어지고 있다.

정약용은 교역을 포희씨庖犧氏가 8괘로부터 64괘를 생성시킨 방식이라고 하였다. 즉 여덟 개의 단괘單卦를 중괘重卦시켜 64괘를 조합해 내는 방식은 기본적으로 교역交易에 의존한다. 포희씨庖犧氏가 획괘畫卦할 때, 무슨 다른 방법이 있었겠는가? 추이推移란 일단 64괘가 갖추어지고 난 뒤에 성인이 그 괘상을 완상玩賞함으로써 그 변화의 관계를 발견한 것이다. 추이의 방법과 비교해 본다면, 교역의 변화방식은 그다지 정교精巧하지 않다. 그러나 12벽괘에 속하는 괘들은 승강왕래升降往來가 복잡하지 않고 변화가 적기 때문에 교역의 방식을 취하는 경우가 많다. 예를 들면, 태泰괘 괘사의 "소왕대래小往大來", 쾌夬괘 괘사의 "양우왕정揚于王庭", 박剝괘 육오六五의 "관어貫魚", 대장大壯괘 육오六五의 "상양喪羊"은 모두 교역交易에 의한 상을 취한 것이다.

### 2) 변역變易

변역變易이란 괘를 전부 변화시켜서, 즉 음을 양으로 변하게 하고 양을 음으로 변하게 해서 형성된 괘와 본래의 괘 사이의 관계를 가리킨다. 예를 들면, 건괘乾卦와 곤괘坤卦는 변역의 관계에 있다.

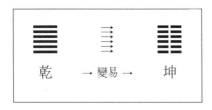

변역의 관계에 의거해서 배치된 괘로는 모두 8괘가 있는데, 다음과 같다.

[건乾↔곤坤], [감坎↔리離], [이頤↔대과大過], [중부中孚↔소과小過]

건乾·곤坤·감坎·리離·이頤·대과大過·중부中孚·소과小過의 여덟 괘
는 뒤집어도 같은 형태가 되기 때문에 반역反易은 성립될 수 없다. 위의
여덟 괘는 괘서卦序가 변역變易의 관계에 의거해서 배치된 경우이지만,
변역은 원리적으로는 어떤 괘든지 가능하다. 림臨괘의 괘사卦辭인 "팔월유흉
八月有凶"은 [림臨↔둔遯]의 관계에 의거한 것이고, 복復괘의 괘사인 "칠일래복
七日來復"은 [구姤↔복復]의 변역에 근거를 둔 것이다.([①姤]⇒[②遯]⇒[③否]⇒[④
觀]⇒[⑤剝]⇒[⑥坤]⇒[⑦復]) 마찬가지로 동인同人괘 구오九五의 "대사大師"는 동
인同人괘의 변역괘가 사師괘라는 것을 참조할 때 분명하게 이해된다.

### 3) 반역反易

반역反易192)이란 괘를 전도顚倒시켜서 만든 괘와 본래의 괘 사이의 관계를
가리킨다. 예를 들면, 준屯괘와 몽蒙괘는 반역의 관계에 있다. 이때 준괘는
정괘正卦가 되고, 몽괘는 반괘反卦가 된다.

屯 → 反易 → 蒙

---

192) '反易'의 '反'을 '뒤집다'의 뜻으로 해석하여 '번'으로 읽어야 한다는 주장이 있다. 反易이
원래의 괘를 뒤집어서 형성되는 것임은 옳다. 그러나 '뒤집다'(翻轉)의 뜻이라고 해서
반드시 '번'으로 읽어야 하는 것은 아니다. '如反掌'은 '손바닥을 뒤집다'의 뜻이지만,
'여반장'으로 읽는다. 특히 本卦와 反易卦가 [正↔反]의 관계에 있음을 고려하여 '번역'으
로 읽지 않고 '반역'으로 읽기로 한다.

『주역』에서 괘를 배열한 순서는 대체적으로 반역反易의 방법을 사용한 것이다. 반역反易에 따라 배치된 괘는 상경上經에 12쌍 24괘이며, 하경下經에 16쌍 32괘이다. 따라서 64괘 중에서 8괘는 변역에 의하여 배치된 것이 되고, 나머지 56괘의 괘서卦序는 반역의 관계를 따른 것이 된다.

상경上經: [준屯↔몽蒙], [수需↔송訟], [사師↔비比], [소축小畜↔리履], [태泰↔비否], [동인同人↔대유大有], [겸謙↔예豫], [수隨↔고蠱], [림臨↔관觀], [서합噬嗑↔비賁], [박剝↔복復], [무망无妄↔대축大畜]

하경下經: [함咸↔항恒], [둔遯↔대장大壯], [진晉↔명이明夷], [가인家人↔규睽], [건蹇↔해解], [손損↔익益], [쾌夬↔구姤], [췌萃↔승升], [곤困↔정井], [혁革↔정鼎], [진震↔간艮], [점漸↔귀매歸妹], [풍豐↔려旅], [손巽↔태兌], [환渙↔절節], [기제旣濟↔미제未濟]

반역괘의 특징은 제2획과 제5획이 서로 조응하고, 제3획과 제4획이 서로 호응함에 있다. 역사易詞에서 반역反易의 뜻을 취한 경우로는 사師괘 구이九二의 "왕삼석명王三錫命", 비比괘 구오九五의 "왕용삼구王用三驅", 손損괘 육오六五의 "십붕지구十朋之龜", 익益괘 육이六二의 "십붕지구十朋之龜", 쾌夬괘 구사九四의 "전무부부臀无膚", 구姤괘 구삼九三의 "전무부부臀无膚" 등이 있다.

### 4) 삼역설三易說의 의의

정약용의 삼역설이 갖는 역학사적 의의는『역易』의 변화의 이념을 보다 명확히 표현했다는 데 있다. 공영달의『주역정의』에 따르면, 정현鄭玄은 『역위易緯·건착도乾鑿度』의 설에 의거해서「역찬易贊」과「역론易論」을 짓고 '역易'이라는 한 글자에는 세 가지 뜻이 있다(易一名而含三義)고 주장하였다.[193]

---

193)『周易正義』, 5쪽, "『易緯·乾鑿度』云, '易, 一名而含三義; 所謂, 易也, 變易也, 不易也'; 又云'易者, 其德也'……鄭玄, 依此義, 作「易贊」及「易論」云, '易, 一名而含三義; 易簡一也, 變易二也, 不易三也'."

그 세 가지의 뜻이란 첫째, 이간易簡이요, 둘째, 변역變易이요, 셋째, 불역不易이다. 그런데 정약용은 『역학서언』의 「한위유의론漢魏遺義論」에서 정현의 삼역설이 의거하고 있는 『역위易緯·건착도乾鑿度』의 설이 위가緯家의 거짓된 설(謬說)로서 언급할 가치조차 없다고 말한다. '이간易簡'은 쉽고 간편簡便하다는 뜻이니, 이때의 '이易'자는 '난이難易'(어렵고 쉬움)의 '이易'자처럼 '쉽다'는 뜻으로 쓰였다. 그러나 '난이難易'의 '이易'가 '역易'의 뜻과 무슨 상관이 있겠는가? 그리고 불역不易은 변하지 않는다는 뜻이니, 『주역』의 변화의 이념과는 정면으로 위배된다. 따라서 정약용은 『역위易緯·건착도乾鑿度』 혹은 정현의 삼역설三易說 가운데 취할 것은 변역變易밖에 없고, 이간易簡·불역不易은 『주역』의 근본이념인 변화와 아무런 관련도 없다고 보았다.[194] 따라서 그는 삼역설을 오로지 『주역』의 변화의 이념에만 한정되는 원리로 설정한 것이다. 그리고 정현의 삼역설이 '역易'자에 함축된 자의字義를 밝히는 데 초점이 맞추어져 있는 반면에, 정약용의 삼역설은 역사易詞 해석을 위한 상수학적 방법으로 활용되고 있다는 점이 확연한 차이점이라고 하겠다.

---

194) 「漢魏遺義論」, 「易學緒言」, 『定本 與猶堂全書』 17, 82쪽, "若所謂簡易·不易者, 緯家之謬說, 難易之易, 於易何干?"

제4부 다산역의 서사기호학

# 제1장 『주역』의 서사기호학적 접근

## 1. 그레마스의 서사기호학과 『주역』

서사기호학(narrative semiotics)[1]이란 서사敍事(narrative)의 관점에서 기호를 해석하는 이론이다. 서사란 어떤 사건을 설명하는 것으로서, 시간과 공간에서 발생하는 인과관계로 엮어진 실제 혹은 허구적 사건들의 연결을 가리키는 용어이다. 서사 즉 내러티브는 연극이나 영화와 같은 행위예술의 전달수단일 뿐 아니라 글로 쓰인 모든 것들 속에 포함되어 있는 것이다. 여기서는 서사기호학의 이론을 정립한 그레마스(Algidras Julien Greimas, 1917~1992)의 관점에서 『주역』의 서사성을 고찰하고, 나아가 정약용의 역학이론에 그 관점을 적용해서 서사적 구조를 도출해 보려고 한다.

그레마스의 서사기호학은 러시아 형식주의와 프랑스 구조주의의 전통을 이어받고 있는데, 특히 서사성에 대한 체계적인 연구를 개시한 러시아의 형식주의자 블라디미르 프롭(Vladimir Propp, 1895~1970)이 『민담형태론』(*Morphology of the Folk Tale*)에서 행한 구조주의적 분석의 영향을 강하게 받았다.

---

1) '서사기호학' 대신에 '서술기호학', 혹은 '설화기호학'이라는 역어가 사용되기도 한다. 그 경우 서사성도 서술성으로 번역된다.

1960년대 프랑스에서는 이야기에 대한 고찰이 인문학의 화두 역할을 하였는데, 가장 두드러진 성과 중의 하나가 모든 담론 속에 내재하는 이야기의 성격 즉 서사성을 확인하고 그 구조를 밝히는 것이었다.[2] 서사기호학의 목적은 의미의 생성과 파악을 지배하는 조건들을 분석함으로써 텍스트의 의미생성과정을 기술하고 그 의미의 생성경로를 추적하는 데 있다. 그레마스에게 기호학이란 이미 존재하는 기호들의 체계 및 구조에 관한 연구가 아니라, 역동적인 의미작용의 체계들에 대한 연구를 의미한다. 하나의 독립적인 기호는 그 자체로서 수많은 의미특성들을 드러내거나 함축할 수 있지만, 그것은 일종의 잠재적 가능성으로 존재할 뿐이다. 의미구조의 최소단위를 형성하는 것은 문장이 아니라 담론(discourse)이며, 모든 담론 속에는 의미생성의 매개적 층위로서 기호서사적 구조가 들어 있다.

기호의 구체적 의미는 오직 텍스트를 통해서만 실현될 수 있다. 그런데 텍스트는 완전히 독립적이고 자율적인 실체가 아니며, 그것이 탄생하게 된 배경 즉 맥락(context)에 의존한다. 그레마스 기호학에서는 하나의 텍스트의 모습을 띠는 모든 개인적 혹은 사회적 행동, 정념 그리고 의미를 갖는 모든 것이 연구대상이 된다. 모든 텍스트의 밑바탕에는 서사 즉 이야기가 숨어 있다. 따라서 하나의 텍스트 안에 서사성이 있다고 말하는 것은 그 안에 이야기가 들어 있다고 말하는 것과 같다.[3] 그레마스는 전통적인 의미의 이야기와 구별하기 위하여 서사성이라는 용어를 사용하고 있으며, 커뮤니케이션이 이루어지는 곳에는 언제나 이야기가 있다고 주장하였다. 클로드 브르몽(Claude Bremond, 1929~?)[4]에 의하면, 이야기란 인간의 관심을

---

2) 김운찬, 『현대기호학과 문화분석』(열린책들, 2005), 104쪽.
3) 김성도는 서술성이란 일정한 담론유형을 특징짓는 속성이라고 정의한다.(그레마스 저, 김성도 역, 『의미에 관하여』, 인간사랑, 1997, 64쪽.)
4) 브르몽(Bremond)은 블라디미르 프롭(Vladimir Propp)의 민담이론을 발전시켜, 구조주의 문학이론을 전개하였다. 저서로 『서사의 논리』(Logique du récit, Seuil, 1973)가 있다.

끄는 사건들을 통일적인 행위들의 연쇄로 엮어 놓은 담론이다. 여기에서 행위의 통일성은 이야기를 구성하는 기본요건들 중의 하나이다. 이야기는 행위의 일관성을 생명으로 한다. 가령 상이한 사건들을 두서없이 늘어놓기만 하고 어떤 일관된 맥락을 찾을 수 없다면 그것을 이야기라고 말하기 어렵다. 보통 이야기라고 하면 동화나 소설 같은 좁은 의미의 이야기로 생각하지만, 통일적인 행위는 방대한 텍스트에서만 발견되는 것이 아니다. 그레마스는 전형적인 이야기들 이외에도 예컨대 사회과학이나 자연과학의 이론서들, 심지어 음식요리방법(recipe)에서도 서사층위를 발견할 수 있다고 주장하였다. 어떤 형태로 실현되든 이야기가 되기 위해서는 몇 가지 기본적인 구성요소들을 갖추어야 하며, 그 요소들이 나름대로의 체계적인 방식으로 조직되고 구조화될 필요가 있다. 이와 같이 거의 모든 텍스트에서 이야기를 이끌어 낼 수 있다면, 이야기에 대한 체계적인 접근과 분석은 여러모로 유용할 것이다.

그런데 모든 서사 텍스트는 표층구조와 심층구조로 이루어져 있다. 이들 층위는 이야기 속에서 밀접하게 상관되어 있다. 따라서 서사의 분석을 위해서는, 먼저 표층을 분석하여 그 이야기의 등장인물과 그들의 행위가 이야기 속에서 어떤 역할을 수행하고 그들의 역할이 서사를 어떻게 이끌어 나가는지를 파악해야 한다. 이처럼 표층구조에서 찾아 낸 특정 주체들이나 그들의 특정 행위는 보다 추상적이고 보편적인 구조 안에서 일반화될 수 있다. 이 보편적인 인식의 틀을 찾아내는 과정이 심층구조의 분석이다. 그것은 텍스트의 깊은 곳에 자리 잡고 있기 때문에 담론의 표층에서는 쉽게 드러나지 않는다. 특히 이야기를 일차적인 목적으로 하지 않는 텍스트, 말하자면 서사성이 심층구조 속에 자리 잡고 있는 텍스트에서는 더욱 그렇다. 이야기 분석의 첫걸음은 바로 담론의 표면 밑에 감추어진 그런 요소들을 확인하는 데서 시작된다.

『주역』의 텍스트는 서사적 관점(narrative perspective)에서 볼 때 풍요로운 토양을 제공한다. 개별적 역사易詞에는 서사가 포함되어 있는 경우가 많이 있다. 고힐강顧頡剛(1893~1981)은 『연경학보燕京學報』에 게재한 논문 「주역 괘효사 속의 고사들」(周易卦爻辭中的故事)에서 "상양우역喪羊于易"·"고종벌귀방 高宗伐鬼方"·"제을귀매帝乙歸妹"·"기자명이箕子明夷"·"강후용석마번서康侯 用錫馬蕃庶" 등의 괘효사는 상주商周시대의 고사故事와 연관되어 있다고 주장 하였다.[5] 고사란 다름 아닌 이야기이니, 서사적 관점에서 이러한 괘효사를 해석해야 하는 것은 당연하다. 그런데 주희는 이러한 예들이 역사적 사건을 맞아서 당시에 점을 쳤던 기록을 후세 사람들이 기록한 것일 가능성이 높다고 보았다.[6] 그러면 이 중에서 려旅괘 상구의 효사를 예로 들어 보기로 하자.

새가 그 집을 태우니, 나그네가 먼저는 웃겠지만 나중에는 울부짖을 것이다. 소를 역易에서 잃으니, 흉할 것이다. (鳥焚其巢, 旅人先笑後號咷. 喪牛于易, 凶.)[7]

고힐강에 따르면, 이 효사에 나오는 여인旅人(나그네)은 바로 왕해王亥[8]라는

---

5) 「周易卦爻辭中的故事」, 『燕京學報』, 1929. 이 글은 『古事辨』 제3冊에도 기재되어 있다.
6) 『朱子語類』 제4冊, 권66, 1638쪽, "易中言帝乙歸妹, 箕子明夷, 高宗伐鬼方之類, 疑皆當時帝乙 高宗箕子曾占得此爻, 故後人因而記之"; 『朱子語類』 제4冊, 권66, 1641쪽, "易畢竟是有象, 只是今難推. 如旣濟 高宗伐鬼方在九三, 未濟在九四. 損, 十朋之龜, 在六五, 益, 在六二."
7) 「周易四箋 II」, 『定本 與猶堂全書』(다산학술문화재단, 2012) 16, 161쪽; 『역주 주역사전』 제6권, 292쪽.
8) 王亥는 商왕조의 시조 契로부터 제7대 후손으로 알려진 인물이며, 상나라 선조들 중에서 비교적 이른 시기에 왕으로 칭해진 인물이다. 卜辭에서는 '王亥', '高祖亥' 혹은 '高祖王亥' 로 칭해지고 있다. 『山海經』 「大荒東經」에는 '王亥'로 적혀 있으며, 『世本』의 「作」편에는 '胲'로, 「帝繫」편에는 '核'으로, 『楚辭』 「天問」에는 '該'로, 『呂氏春秋』 「勿躬」에는 '王氷'으 로, 『史記』의 「殷本紀」와 「三代世表」에는 '振'으로, 『漢書』 「古今人表」에는 '垓'로 적혀 있다. 왕해는 비단과 소를 교역하던 상인이었는데, 有易땅에 이르렀다가 有易氏 일족에 의해 살해당했다. 왕해의 아들 上甲微는 河伯의 군대를 빌려 유역씨를 섬멸하고 그 군주인 綿臣을 죽여 복수하였다.(趙平安, 「再論淸華簡『保訓』中」, 『출토문헌과 중국사상』, 한국동양철학회, 2011, 24~25쪽)

인물을 가리키며, 이 효사는 왕해가 유역有易 땅에서 소를 잃어버린 고사와 연관되어 있다. 뿐만 아니라, 대장大壯괘 육오六五의 효사인 "상양우역喪羊于易, 무회无悔"도 역시 왕해가 유역有易에서 양羊을 잃어버린 고사와 연관되어 있다. 왕국유王國維(1877~1927)9)는 갑골의 연구를 통하여 왕해가 상商나라의 선조先祖라는 사실을 밝혀내었다.10) 한대 이후 왕해는 사서史書에서 자취를 감추어 버렸는데, 왕국유는 『초사楚辭』「천문天問」, 『산해경山海經』「대황동경大荒東經」, 『죽서기년竹書紀年』 등에서 왕해와 관련된 기록을 찾아내어 고증하였다. 그에 따르면 대장大壯괘 육오六五의 효사에 나오는 '역易'은 지명으로서 본래의 명칭은 '유역有易'11)인데, 어쩌면 대하大河의 북쪽에서 물길이 좌우로 갈라지는 곳이어서 그런 명칭이 생긴 것일 수 있다. 이 장소는 유목에 좋은 지형이어서 소나 양을 기르는 데 적합하였다. 그런데 왕해는 바로 이곳에서 살해당했던 것이다. 대장괘 육오에서 양을 잃어 버렸는데도 후회가 없다고 한 데 비해 려旅괘 상구에서는 소를 잃어 버려 흉하다고 한 것은 아마도 그 피해의 정도가 다르기 때문이었을 것이다. 이것은 양을 잃어 버려도 큰 손실에 이르지는 않지만 소를 잃어 버렸을 때에는 큰 위험에 처하게 된다는 것을 의미한다.

역대의 주석가들은 이 효사가 역사적 사건과 연관되어 있음을 몰랐기 때문에 그 의미를 제대로 파악할 수 없었다. 왕필은 이 효사를 해석하여,

---

9) 중국 청말민국초의 금석학자. 자는 靜安. 신해혁명(1911)이 일어난 뒤 경학과 금석학연구에 몰두하였는데, 특히 殷墟卜辭 연구로 새로운 분야를 개척했다.

10) 왕국유는 「殷卜辭中所見先公先王考」라는 논문을 1917년 2월 발표하였고, 같은 해 4월에 「殷卜辭中所見先公先王續考」를 발표하였다. 이 두 개의 글은 上海 倉聖明智大學의 『學術叢編』에 발표되었고, 1921년에 『觀堂集林』 제9권에 편입되었다.

11) 有易은 地名으로서, 大河의 북쪽에서 물길이 좌우로 갈라져 물의 흐름이 바뀌는 곳이라는 뜻의 易水에서 그 이름이 유래되었다. 지금의 河北省 易縣 일대라고 추정하기도 한다. 『山海經』 제14권 「大荒東經」에서 "왕해는 유역과 하백에게 사육하던 소를 맡겼다. 유역은 왕해를 죽이고 그 소를 가졌다"(王亥托于有易, 河伯僕牛, 有易殺王亥, 取僕牛)라고 하였으니, 그 지역에 사는 有易氏가 왕해를 살해한 사실을 전해 주고 있다.

"나그네로서 위에 처하니, 뭇사람의 질시를 함께 받는다. 그러므로 소를 잃어버리는 것이 어렵지 않고 쉽다"(以旅處上, 衆所同嫉, 故喪牛于易, 不在於難)라고 풀이하였다.12) 육적陸績은 『경전석문』에서 '역易'자를 '밭두둑 역'(場)자로 쓰면서, '場'의 음은 '역亦'으로서 '밭두둑'을 뜻하며 '마당 장'(場)자와 통한다고 보았다. 주희는 '易'자를 '용이容易'의 '이易'의 뜻으로 풀이하여, 자신이 깨닫지 못하는 사이에 갑자기 소를 잃어버리는 것으로 해석하였다. 그렇지만 주희는 '易'자를 '강장疆場'의 '장場'(마당)의 뜻으로 풀이하는 혹자或者의 설을 인용하면서, 그것이 『한서』「식화지食貨志」에서 '場'을 '易'으로 한 것과 통한다고 보았다. 이것은 왕필의 설을 유지하기는 하였지만, 그것이 어떤 장소의 명칭이 아닌가 하고 의심한 것이다. 한편 정약용은 역易이 교역交易 혹은 교역의 장소를 의미하는 것으로 보아, 시장에서 교역하다가 소나 양을 잃어버리는 것으로 해석하였다.

어쨌든 고힐강의 문제제기에서 보았듯이 효사가 역사적 사건에 연관되어 있음을 모르고 해석할 경우에는 엉뚱한 해석에 봉착할 가능성이 크다. 주희나 정약용의 경우에는 '易'자가 장소를 가리키는 것일 가능성을 열어 놓음으로써 큰 착오를 범하는 것을 모면하였다. 고힐강은 진晉괘 괘사의 "강후용석마번서康侯用錫馬蕃庶"도 역시 역사적 고사와 연관된 것일 가능성이 높지만 지금은 그 역사적 기록이 실전失傳되어 정확한 사실 여부를 알 수 없다고 하였다. 이와 관련하여 그는 탁월한 상상력과 놀라운 통찰력을 보여 주고 있는데, 정약용이 진晉괘 괘사의 주에서 고힐강의 견해와 완전히 일치하는 견해를 제시하였다는 점은 대단히 흥미롭다. 즉 정약용은 "제을귀매帝乙歸妹"·"고종벌귀방高宗伐鬼方"·"기자명이箕子明夷" 등의 사례가 모두 실재했던 역사적 사건이었던 것처럼 "강후석마康侯錫馬"도 역시 옛날에

---

12) 임채우 역, 『주역 왕필주』, 433쪽.

실제로 있었던 사건이었을 것이 틀림없다고 보았다.[13]

이처럼 개별적 괘효사에 서사적 의미층위가 존재하는 것은 분명하지만, 파편처럼 흩어져 있는 개별 효사들을 연결하여 서사성을 구성해 내는 것은 결코 쉽지 않은 작업이다. 개별 효사들은 어떤 특정한 사안에 관한 점사의 성격을 지니며, 점치는 사람은 질병·여행·결혼 등 어떤 개별적 사안에 대해 해답을 구한다. 각각의 괘효사는 각각 독립된 점사로 구성되어 있기 때문에 독립된 개별 서사를 형성할 뿐이다. 그렇지만 개별적 효사들이 무질서하게 배치되어 있는 것으로는 볼 수 없다. 어떤 특정한 괘에 여섯 개의 효사를 배치하였을 때, 『주역』의 저자는 아마도 한 괘에 속한 여섯 효사를 묶어 주는 통합적 서사구조 혹은 서사적 구성(plot)을 염두에 두었을 것이다. 따라서 어떤 특정한 괘에 속한 여섯 효사는 서로 연계되어 있으면서 통합된 이야기 주제의 각각의 부분을 구성하고 있을 가능성이 있다. 예를 들어 건乾괘의 여섯 효를 보면, 개별적으로 읽으면 이들 효 각각이 독립된 사건에 대해 언급하고 있는 것처럼 보이지만, 종합해서 보면 여섯 효사를 묶어 주는 수미일관한 서사구조가 있음을 감지하게 된다.

| 乾 上九 | 亢龍有悔 | 가장 높은 곳까지 올라간 용이니, 뉘우침이 있을 것이다. |
|---|---|---|
| 乾 九五 | 飛龍在天, 利見大人. | 나는 용이 하늘에 있으니, 대인을 만나 보면 이로울 것이다. |
| 乾 九四 | 或躍在淵, 无咎. | (용이) 혹 연못에서 뛰기도 함이니, 허물이 없을 것이다. |
| 乾 九三 | 君子, 終日乾乾, 夕惕若, 厲, 无咎. | 군자가 종일토록 쉬지 않고 열심히 일하고, 저녁에는 근심스러운 듯하니, 위태로우나, 허물이 없을 것이다. |
| 乾 九二 | 見龍在田. 利見大人. | 밭에 용이 나타남이니, 대인을 만남에 이로울 것이다. |
| 乾 初九 | 潛龍勿用. | 물속에 잠겨 있는 용이니, 쓰지 말라. |

---

13) 「周易四箋 I」, 『定本 與猶堂全書』 15, 377쪽; 『역주 주역사전』 제4권, 307쪽, "帝乙歸妹'·'高宗伐鬼方'·'箕子明夷'之類, 皆實有是事, 則康侯錫馬', 亦必故實也."

건乾괘의 여섯 효사를 전체적으로 보면, 잠룡潛龍에서 항룡亢龍에 이르는 뚜렷한 줄거리(storyline)를 발견할 수 있다. 『주역』의 저자는 '잠룡潛龍'→'현룡見龍'→'약룡躍龍'→'비룡飛龍'→'항룡亢龍'으로 이어지는 용의 변화단계를 통해서 군자의 출처·진퇴를 하나의 서사구조로 엮어 낸 것이다. 건乾괘 구삼九三의 효사에는 용에 대한 언급이 발견되지 않으나, 그것이 서사구조의 연결고리를 단절시키고 있는 것은 아니다. 먼저 잠룡에서 현룡으로 나아가는 과정은 은인자중하면서 때를 기다리던 군자가 자신의 모습을 세상에 알리는 단계이다. 그리고 약룡은 하늘로의 비상을 준비하는 단계로서, 하늘로 도약을 시도하다가 다시 잠수하기도 한다. 이 단계는 군자가 자신에게 닥친 도전을 맞아 때로는 좌절하지만 다시 이를 극복하고 새로운 차원으로 도약하려는 단계이다. 비룡은 하늘로 웅비한 용이 자신의 세력을 과시하는 단계로서, 군자에게는 자신의 정치적 야망을 현실에서 구현할 수 있는 단계이다. 그리고 항룡은 하늘 높은 줄 모르고 날아오른 용이 자만심自慢心을 다스리지 못하다가 큰 화를 당하는 단계이다. 이 단계를 군자에 비유하자면, 권세와 명예가 절정에 다다랐으나 끝없이 욕심을 부리다가 나중에 후회함을 면치 못하게 되는 것에 해당된다. '잠룡'→'현룡'→'약룡'→'비룡'→'항룡'의 과정은 각각 '은둔'→'출세'→'도전과 좌절'→'성공'→'후회'의 단계를 상징하며, 기·승·전·결로 묶여질 수 있는 하나의 이야기를 구성해 낸다. 필자는 제2장 「다산역의 스토리텔링」의 제2절 '용의 메타모르포시스'에서 이러한 용의 변화를 하나의 이야기로 묶어서 제시하려고 한다. 자유자재로 다양한 형태를 취하는 용의 메타모르포시스(metamorphosis)는 용에 의탁하여 이야기를 전개하고 있기는 하지만 사실은 군자의 출처진퇴에 관한 이야기이다.

이와 유사하게 점漸괘에서도 기러기가 점진적으로 날아가는 모습을 통해 의미 있는 변화의 이야기를 만들어 내고 있다. 점괘의 여섯 효사에서는

모두 홍점鴻漸을 언급하고 있는데, 홍점이란 큰 기러기를 가리킨다. 기러기
는 따뜻한 곳에서 월동越冬하기 위해 수만 킬로미터 이상을 이동하는 철새이
다. 기러기는 그 날아오는 때가 일정하며, 이동할 때에는 선두를 중심으로
질서 있게 이동한다. 정약용이 점漸괘 초육初六의 주에서 "천기天氣가 한랭해
지면 남쪽으로 돌아오고, 지기地氣가 따뜻해지면 북쪽으로 날아간다. 나아
갈 때에는 질서가 있어 반드시 그 점차적 순서에 따라서 한다"[14]라고
한 것도 역시 철새로서의 이동 모습을 묘사한 것이다. 기러기가 질서정연하
게 이동하는 모습은 『주역』의 작자에게 깊은 인상을 심어 주었을 것이다.
점괘 여섯 효사에서의 기러기의 진행을 보면 낮은 데에서 높은 데로 점차적
으로 옮겨가는 모습이 드러난다.

| 漸 上九 | 鴻漸于逵. 其羽可用爲儀, 吉. | 기러기가 점점 대로 위로 날아간다.[15] 그 깃을 의칙으로 삼아 본받을 만하니, 길하다. |
|---|---|---|
| 漸 九五 | 鴻漸于陵. 婦三歲, 不孕, 終莫之勝, 吉. | 기러기가 점점 언덕으로 날아간다. 부인이 삼년 동안 아이를 배지 못하나, 끝내 지아비를 마침내 이기지 못하니, 길할 것이다. |
| 漸 六四 | 鴻漸于木. 或得其桷. 无咎. | 기러기가 점점 나무로 날아간다. 만일 (기러기가) 그 평평한 나뭇가지에 앉을 수 있다면 허물이 없을 것이다. |
| 漸 九三 | 鴻漸于陸. 夫征不復, 婦孕不育, 凶, 利禦寇. | 기러기가 점점 육지로 날아간다. 지아비가 정벌에 나섰으나 돌아오지 못하고, 부인이 아이를 배어도 기르지 못하니, 흉할 것이다. 도둑을 방어함에 이로울 것이다. |
| 漸 六二 | 鴻漸于磐, 飮食衎衎, 吉. | 기러기가 점점 반석으로 날아간다. 마시고 먹어서 즐겁고 또 즐거우니, 길하다. |
| 漸 初六 | 鴻漸于干. 小子, 厲, 有言, 无咎. | 기러기가 점점 제방으로 날아간다. 어린아이에게 위태로워 (험담하는) 말이 있으나, 허물이 없을 것이다. |

14) 「周易四箋 II」, 『定本 與猶堂全書』 16, 131쪽; 『역주 주역사전』 제6권, 167~168쪽, "天寒[否上乾], 則南歸[四之三爲坎], 地溫[否下坤爲溫], 則北飛. 其進有序, 必以其漸."

15) 漸卦 上九는 원래 "鴻漸于陸"으로 되어 있으나, 그렇게 되면 九三의 효사와 중복될 뿐 아니라 "其羽可用爲儀"의 '儀'와도 운이 맞지 않는다. 때문에 程頤는 '陸'을 '逵'로 써야 한다고 주장하였는데, '逵'는 九達道 즉 '아홉 방면으로 통하는 큰길'의 뜻이다(『周易四箋』, 권6, 20가; 『역주 주역사전』 제6권, 188쪽.) 본문에서는 정이의 설에 따라 "鴻漸于陸"의 '陸'을 '逵'로 보고 "기러기가 점점 대로 위로 날아간다"로 해석하였다.

위의 효사들을 보면, 기러기는 '물가'→'반석'→'육지'→'나무'→'언덕'→'대로 위의 하늘'로 점차적으로 더 높은 곳을 향하여 이동하고 있다. 즉 방향성을 가지고 움직이고 있는 것이다. 이것은 효사의 저자가 육획괘의 효사를 의도된 기획을 갖고 일정한 순서로 배치했음을 보여 주는 예이다. 기러기는 앞으로 멀리 나아가지만, 반드시 되돌아온다. 정약용은 기러기의 이러한 습성에서 배워야 할 점이 있다고 보았다. 그에 따르면, 세상이 비색해져서 군자가 외국으로 출국했다가 나라로 다시 되돌아올 때에는 마치 큰 기러기가 점차적으로 귀환하듯이 해야 한다.[16] 군자의 도가 소멸되고 군왕의 덕이 백성에 두루 미치지 못할 때에 군자가 다시 국내로 돌아와서 문치文治를 밝힌다면, 마치 물이 점점 스며드는 것처럼 그 감화에 백성들이 귀화하게 될 것이다.[17] 이러한 정약용의 해석은 점괘 효사에 전반적으로 적용될 수 있는 서사기호학적 관점을 제시한다. 즉 점괘의 주제는 점차적인 전진과 귀환이다. 점괘의 괘사에서 "점괘는 여자가 시집감에 길하다"(漸, 女歸吉)라고 하고 또 「잡괘전」에서 "점은 여자가 시집감이니, 남자를 기다려서 가는 것이다"(漸, 女歸待男行也)라고 한 것은, 여자가 시집가는 것(女嫁)을 철새의 귀환에 비유한 것이다.[18]

그러나 하나의 괘 내부에 서사구조가 있다고 하더라도 각각의 효사는 연관성이 결여된 점사로 구성되어 있는 경우가 대부분이다. 점괘의 여섯 효사에서 기러기의 움직임을 제외하고 나면 기·승·전·결의 스토리를

---

16) 「周易四箋 II」, 『定本 與猶堂全書』 16, 132쪽; 『역주 주역사전』 제6권, 168쪽, "否塞之餘, 君子之反乎國, 當如鴻漸."

17) 「周易四箋 II」, 『定本 與猶堂全書』 16, 130쪽; 『역주 주역사전』 제6권, 160~161쪽, "卦自否來. 否之時, 君子道消[陽外遯], 乾王之德, 坤民不霑[上下不相交], 移之爲漸, 則剛反乎內[四之三], 而文治賁然[三五離], 如水漸漬[二四坎], 坤民歸化[坎歸而离化]. 此之謂, '漸'也."

18) 『公羊傳』 隱公 2년조에 "여인네들은 태어날 땐 부모를 집으로 삼고, 시집가서는 지아비를 집으로 삼는다"(婦人生以父母爲家, 嫁以夫爲家, 故謂嫁曰歸)라고 하였으니, 여자가 시집가는 것을 자신이 마땅히 돌아가야 할 곳으로 가는 것이라고 생각한 옛사람들의 관념을 엿볼 수 있다.

구성해 낼 수 없다. 예를 들어, 점괘 육이의 "음식간간飮食衎衎"(마시고 먹으니, 즐겁고 또 즐거우니, 길하다)과 구삼의 "부정불복夫征不復"(지아비가 정벌에 나섰으나 돌아오지 못한다) 사이에는 아무런 의미연관도 존재하지 않는다. 반면에 건乾괘의 여섯 효사는 잘 짜인 이야기 구조를 구성하는 요소들인 것처럼 보인다.

서사구조는 6효의 효사를 연결하는 방식에서뿐만 아니라 64괘를 배열하는 방식에서도 존재한다. 십익의 하나인 「서괘전」은 자연의 형성과정과 사회적 삶의 제 양태를 총체적으로 아우르는 일종의 거대서사(grand narrative)를 제시하고 있다. 「서괘전」은 인류역사의 형성과정과 인류문화의 변천과정에 관하여 서술하고 있는 한 편의 장대한 역사철학이다. 「서괘전」은 공자가 지은 것으로 전해지기는 하지만, 그 작자를 정확히 알 수는 없다. 뿐만 아니라 『주역』의 64괘가 과연 「서괘전」의 작자가 설명한 구도에 의해 배열된 것인지도 입증할 방법이 없다.[19] 그러나 그 사실성 여부에 관계없이 「서괘전」은 『주역』의 서사적 성격을 농후하게 드러내 준다. 먼저 「서괘전」의 서두를 보자.

하늘과 땅이 있은 다음에 만물이 생기니, 하늘과 땅 사이에 가득 찬 것이 만물이다. 그러므로 준屯으로 받은 것이다. 준屯이란 가득 참이요, 준屯이란 사물이 처음으로 생김이다.[20]

---

[19] 1973년에 長沙 馬王堆의 3호 漢墓에서 출토된 帛書 『주역』에서는 괘가 배열된 순서가 통행본 『주역』의 것과 다르다. 지금의 『주역』은 64괘의 배열순서가 乾・坤・屯・蒙…… 旣濟・未濟의 순서로 되어 있고, 그러한 배열은 각각의 괘가 지니는 의미들의 내재적 연관에 의하여 순서 지워져 있으나, 마왕퇴의 『주역』은 그렇지 않다. 마왕퇴의 『주역』은 우선 8괘를 乾・艮・坎・震・坤・兌・離・巽의 순서로 배열한 뒤 이것들을 상괘로 삼아 8개조로 나누고, 다시 각 조마다 이 순서대로 괘를 중첩시키는 방식으로 하괘를 만들고 있다. 따라서 그 조합형식은 매우 단순하며, 각 괘 간의 배열순서에는 어떠한 의미상의 관계도 없다.(북경대학교 철학과 연구실, 박원재 옮김, 『중국철학사』 I, 간디서원, 2005, 40~41쪽.)

[20] 『周易正義』, 394쪽, "有天地然後, 萬物生焉. 盈天地之間者, 唯萬物, 故受之以屯, 屯者, 盈也, 屯者, 物之始生也."

건乾·곤坤으로부터 시작되는 상경上經의 배치는 자연적 질서의 형성과정을 염두에 둔 것이며, 함咸·항恒으로부터 시작되는 하경下經의 배치는 인륜질서의 형성을 염두에 둔 것이다. 그리고 건乾·곤坤에서 준屯·몽蒙·수需·송訟으로 이어지는 순서는 인류문화의 여명기에 교육·식생활·소송 등의 사회적 삶의 제 양태가 어떻게 발생하고 전개되었는지에 초점을 맞추고 있는 것처럼 보인다.

> 사물이 처음으로 생성될 때에는 반드시 어리니, 그러므로 몽蒙으로 받은 것이다. 몽은 어린 것이니, 사물의 어린 것이다. 사물이 어리면 기르지 않으면 안 된다. 그러므로 수需로 받으니, 수는 음식의 도이다. 음식에는 반드시 송사가 있게 된다. 그러므로 송訟으로 받은 것이다.[21]

그리고 미제未濟괘를 최후에 배치한 이유에 관해서는 "사물은 끝이 날 수 없으므로, 미제로 받아 종결지은 것이다"(物不可窮也. 故受之以未濟終焉)라고 서술하고 있다. 이것은 역사에는 끝이 없으며, 끝난 데서 다시 시작한다는 순환론적 역사관의 표현이다.

그러나 전체적으로 본다면 「서괘전」이 하나의 통일적인 이야기를 구성하고 있다고는 할 수 없다. 거기에는 여러 가지 작은 이야기가 혼재되어 있으나, 때로는 자의적인 설명을 벗어나지 못하고 있다. 만일 64괘의 배치구도에서 수미일관한 완결된 이야기 줄거리를 찾아내려고 시도한다면 견강부회를 면할 수 없을 것이다. 따라서 『주역』의 서사를 구성하는 일은 연결될 수 있는 요소들과 연결되지 않는 요소들을 주의 깊게 분간하면서 진행되어야 한다. 『주역』의 대부분의 효사들은 잘게 부서진 파편 조각과도 같으며, 그것을 연결한다고 하더라도 숨겨진 퍼즐이 드러나는 것은 아니다. 그렇지

---

21) 『周易正義』, 394쪽, "物生必蒙, 故受之以蒙, 蒙者, 蒙也. 物之穉也. 物穉不可不養也, 故受之以需, 需者, 飲食之道也. 飲食必有訟, 故受之以訟."

만 앞서 '고종벌귀방高宗伐鬼方'·'제을귀매帝乙歸妹' 등의 예에서 볼 수 있는 것처럼, 개별적 효사들은 어떤 이야기와 연결되어 있다. 또 그런 역사적 실례가 아닐 경우라 하더라도, 일부 효사들은 그것이 만들어졌을 당시의 풍습이나 문화와 연관되어 있기 때문에 풍부한 이야기 소재를 함축하고 있다. 설사 서로 연관되지 않은 사건이라고 하더라도 동일 범주에 속한다면 서사를 구성하는 것이 가능하다. 예를 들면 『주역』에는 전쟁과 관련된 효사들이 상당수 있는데, 거기에서 언급되고 있는 상황들이 별개의 사건이라고 할지라도 그것들을 종합해 보면 전쟁에 관한 한 편의 서사를 엮어 낼 수 있을 것이다. 필자는 이어지는 제2장과 제3장에서 다섯 개의 스토리텔링을 시도할 것이다. 이것은 은말주초 혹은 주대의 역사적 무대 위에서 고대인들의 삶의 자취가 『주역』에 어떻게 녹아들어 있는지를 살펴보는 작업이다. 그리고 이것은 파편처럼 흩어져 있는 조각들을 모으고 연결함으로써 의미 있는 그림을 만들어 내는 작업이기도 하다.

## 2. 해사 : 역사의 의미구조

정약용이 『주역사전』의 제2칙 '해사該事'에서 확립한 해석규칙은 역사易詞의 문장구조와 관련된 것이다. 대부분의 역사는 매우 짧은 복사卜辭로 이루어져 있으며, 어떤 특정한 사안에 대해 점을 친 기록이다. 많은 경우 『주역』의 개별적 효사들은 어떤 특정한 사태를 서술하고 있으며, 한 문장처럼 연결해서 읽으면 의미가 통하게 된다. 예를 들면 곤坤괘 상육上六의 효사 "용전우야龍戰于野, 기혈현황其血玄黃"이 "용이 들판에서 싸우니, 그 피가 검고도 누르다"라는 한 문장으로 해석되는 것과 같다. 거기에서 언급되고 있는 것은 하나의 개별적 사건이며, 문장의 전건前件과 후건後件을 연결해서 읽어야 의미가 통하게 된다.

그러나 모든 개별적 효사가 이처럼 단일서사로 구성되어 있는 것은 아니다. 왜냐하면 단일한 효사 내에서도 몇 개의 의미층위가 있는 경우도 있기 때문이다. 정약용이 「독역요지」의 제2칙으로 정립한 '해사該事'의 규칙은 바로 이러한 경우에 적용되는 규칙이다. '해사'란 "하나의 주사繇辭22) 속에서 여러 가지 사건을 잡다하게 서술함"(一繇之內, 雜論數事)을 가리킨다. 즉 하나의 효사 속에 몇 개의 사건들이 열거되어 있는 것을 말한다.

그렇다면 『주역』의 저자가 하나의 효사 안에 단일한 사건을 설정하지 않고 그 안에 여러 가지 사건을 열거한 것은 무슨 까닭인가? 정약용에 따르면 그것은 한 개의 효사에 한 가지 사건만을 설정할 경우에 점치는 사람들이 거기에만 집착하여 변통變通의 방법을 활용하지 못할 우려가 있기 때문이다. 점치는 사람들이 당면하게 되는 상황은 결혼·질병·날씨·여행·전쟁 등 매우 다양한 경우에 걸쳐 있다. 만약에 점을 쳐서 얻은 효사에 한 가지 상황만 예시되어 있고, 더구나 그 점사占辭에 자신이 처한 특정한 상황과 관련된 언급이 없다면 점친 사람은 당황하게 될 것이다. 예를 들면, 결혼에 관심이 있어 점을 쳤는데 그 획득한 점사에 질병에 관련된 언급만 서술되어 있을 수도 있다. 그 경우 점치는 사람은 그 점사가 자기가 처한 상황에 맞지 않는다는 것을 알고 실망해서 다시 점을 치려고 할 것이다. 따라서 『주역』의 저자는 가능한 한도 내에서 많은 사건을 하나의

---

22) '繇'의 독음은 '주'(zhòu)이다. '주'로 읽을 때는 옛 글자 '籀'와 같은 글자로서 占辭와 같은 의미로 쓰인다. 반면에 '繇'를 '요'(yáo)로 읽어야 한다는 주장도 있다. 시라카와 시즈카(白川靜)는 '요繇'가 점이나 애절한 호소에 대한 신의 답신을 의미했으며, 갑골로 점을 친 결과도 마찬가지로 '繇'라고 한다고 주장하였다. '요'로 읽을 때는 歌謠를 가리키는 옛 글자 '徭'와 같은 의미이다.(白川靜[시라카와 시즈카] 저, 윤철규 역, 『한자의 기원』, 이다미디어, 2009, 210쪽.)

효사 안에 포함시킴으로써 점치는 사람이 처하게 되는 다양한 상황에 대비하려고 한 것이다. 이것이 정약용이 세운 가설이다.

그런데 하나의 효사 안에 여러 사건들의 전형이 될 수 있는 대표적 몇 개만을 선택하여 배치한 것은, 모든 종류의 사건을 열거한다는 것이 가능하지 않기 때문이다. 거기에 설정된 몇 가지 상징들은 단지 그 대표적 전형을 제시한 것일 뿐이지, 이러한 괘효사에서 관련지을 수 있는 상징들이 단지 그 몇 가지에만 한정된다는 뜻은 아니다.[23] 이 경우 열거된 몇 개의 사건들은 각각 독립적인 사건을 가리킬 뿐이며, 그것을 연결해서 읽는다고 하더라도 의미 있는 맥락을 형성하는 것은 아니다. 만일 그것을 무시하고 열거된 다수의 사건들을 의미 있는 하나의 이야기로 묶으려고 하면 잘못된 해석에 이를 수밖에 없다. 이처럼 해사該事의 요건을 갖춘 효사를 서書·사史[24]를 읽을 때처럼 연결해서 읽는다면 그 사리事理가 연결되지 않을 뿐 아니라 뜻도 통하지 않게 된다. 이러한 경우는 매우 자주 발생하며, 심지어 역학 대가大家조차도 이러한 잘못을 종종 저지르게 되는데, 그 이유는 역사易詞의 성립배경을 잘 알 수가 없고, 글자의 잦은 변동으로 말미암아 문장의 본래의 의미를 알기 어려운 데 있다.

그러면 구체적 예를 통해 해사에 대해 알아보기로 하자. 첫 번째 예는 준屯괘 육이六二의 경우이다.

屯 六二 : 屯如邅如, 乘馬班如. 匪寇婚媾. 女子貞, 不字, 十年乃字.

준屯괘 육이六二의 효사에 대한 정이程頤의 주는 다음과 같다.

---

23) 「周易四箋 I」, 『定本 與猶堂全書』 15, 53쪽; 『역주 주역사전』 제1권, 101~102쪽, "聖人旣抽一象, 而爲詞. 又恐學者, 執此一象, 不知變通, 故或於一繇之內, 雜論數事. 其實, 此卦此爻可論之象, 不止此數事."

24) '書史'는 '書와 史'로 풀이할 수도 있고, '經書와 史記'로 풀이할 수도 있다.

이二는 음유陰柔로서 준屯의 세상에 처하여, 비록 정응正應이 위에 있으나 초강初剛의 핍박을 받아서 어렵게 여기고 머뭇거리는 것이다.…… 말을 타는 것은 가고자 함이니, 정응을 따르고자 하다가 다시 내려와서 나아가지 않는 것이다.…… 유柔는 어려운 때를 당하여 진실로 스스로 구제하기 어렵고 강양剛陽에게 핍박을 당한다. 그러므로 어려움이 된 것이니, 만일에 도적을 만나 핍박을 당하지 않는다면 오히려 가서 혼인의 짝을 찾게 될 것이다.…… 만약 정절을 굳게 지켜 변하지 않는다면 10년에 이르러서는 어려움이 극에 달하여 반드시 통하게 될 것이니, 이에 정응을 얻어 생육生育을 할 것이다.[25]

정이程頤의 주注에 의거하여 준屯괘 육이六二의 효사를 해석하면 다음과 같다.

어렵게 여기고 머뭇거리며 말을 타고 가다가 되돌아오니, 도적이 아니면 배우자일 것이다. 여자가 정절을 지켜서 아기를 낳지 않다가 10년이 되어서야 비로소 아기를 낳도다.

정이는 효사에서 언급된 상황들을 하나의 연관된 이야기로 묶어 스토리텔링(storytelling)을 시도하였다. 여기에는 세 가지 장면이 등장한다. 첫째 장면은 도적을 만나는 등 험난함에 처하여 머뭇거리고 나아가지 않다가, 말을 타고 갔다가 다시 되돌아오는 상황이다. 둘째 장면에서는 도적을 만나거나 아니면 혼인상대(婚媾)를 만나는 기로에 서게 된다. 그런데 도적인 줄 알았으나 오히려 혼인상대를 만나게 되었으니, 전화위복의 계기가 된다. 셋째 장면은 여자가 정절을 지키다가 10년이 지난 뒤에 마침내 아이를 낳게 되는 상황이다. 정이의 해석에서는 위의 세 장면이 결합되어 하나의

---

25) 宋 程頤 撰, 王孝魚 點校, 『周易程氏傳』(中華書局, 2011), 23쪽, "二以陰柔居屯之世, 雖正應在上, 而逼於初剛, 故屯難.……乘馬, 欲行也. 欲從正應, 而復班如, 不能進也.……柔當屯時, 固難自濟, 又爲剛陽所逼, 故爲難也. 設匪逼於寇難, 則往求於婚媾矣.……苟貞固不易, 至于十年, 屯極必通, 乃獲正應而字育矣."

스토리텔링을 구성한다. 그러나 이처럼 이야기를 엮어 내는 과정에서 맥락이 순조롭게 연결되는 것은 아니다. 두 번째 장면에서 혼인상대를 만나는 상황이 설정되었기 때문에, 세 번째 장면에서 아이를 낳는 것은 자연스러운 상황의 전개라고 볼 수 있다. 그러나 정이는 왜 혼인한 여자가 10년 동안이나 정절을 지키고, 또 10년 동안 수절하던 여자가 무슨 계기로 아이를 낳게 되는지에 관해 납득할 만한 설명을 하지 못했다.

한편 고형高亨의 경우에는 준屯괘 육이六二의 효사가 전건前件과 후건後件의 두 개의 사건으로 구성된 것으로 보았다. 즉 전건은 "준여전여屯如邅如, 승마반여乘馬班如, 비구혼구匪寇婚媾"이며, 후건은 "여자정女子貞, 부자不字, 십년내자十年乃字"이다. 먼저 전건을 풀이하면, "모여서 돌며 말을 타고 선회하니, 도둑이 아니라 혼인하려는 것이다"(屯如邅如, 乘馬班如, 匪寇婚媾)라는 뜻이 된다. 고형은 이 효사가 약혼지사掠婚之事 즉 약탈혼에 관해 언급한 것이라고 보았다. 인류학적 관점에서 본다면 약탈혼은 고대의 원시사회에서 빈번하게 자행되던 사건이었다. 따라서 말을 타고 와서 주위를 선회하던 무리들은 재물을 훔치려고 온 도둑의 무리가 아니라, 아내를 구하러 온 혼인의 상대였다. 그리고 후건은 "여자가 허혼하지 않는 점은 10년이 되어야 허혼한다"(女子貞, 不字, 十年乃字)라는 의미이다. 따라서 고형의 주석에 따라 준屯괘 육이六二의 전체 의미를 풀이한다면 그 의미는 다음과 같이 된다.

모여서 돌며 말을 타고 선회하니, 도둑이 아니라 혼인하는 것이다. 여자가 허혼하지 않는 점은 10년이 되어야 허혼한다.

고형은 정이처럼 효사의 내용들을 엮어서 하나의 이야기로 구성하려고 하지는 않았지만, 어쨌든 전건과 후건의 내용은 혼인을 매개로 서로 연관되어 있다.

반면에 정약용은 준屯괘 육이六二의 효사를 구성하는 세 가지 사건들은 성립된 맥락이 각각 다르며 각각 독립된 별개의 문장을 형성하고 있다고 보았다. 그에 따르면 준屯괘 육이六二의 효사는 단일한 사건을 서술하는 것이 아니라 세 가지 사건을 포함하고 있다. 따라서 정이나 고형의 해석과는 달리 정약용의 해석에서는 세 사건을 묶는 스토리텔링은 성립되지 않는다.

| 占事 | 爻辭 | 풀이 |
|------|------|------|
| ① '女難'의 점 | 屯如邅如, 乘馬班如. | 험난함에 처하여 배회하며 떠돌다가 말을 타고 되돌아온다. |
| ② '隣國備患'의 점 | 匪寇婚媾. | (도적이 아닐까 의심했으나) 도적이 아니라 혼인을 맺고자 하는 상대로다. |
| ③ '婦人産育'의 점 | 女子貞不字, 十年乃字. | 여자가 정절을 지켜 자식을 낳아 기르지 못하다가 10년 만에야 자식을 낳아 기르게 될 것이다. |

위에서 언급된 세 가지 사건들은 독립된 별개의 사건으로, 서로 아무런 연관관계를 갖지 않는다. 따라서 의미가 단절된 개별적 이야기 단위를 형성할 뿐이며, 연결되더라도 의미가 통하는 문맥을 형성하지 못한다. 만약에 아무런 관계도 없는 세 가지 사건을 묶어 스토리텔링을 시도한다면 그것은 견강부회에 불과하게 될 것이다.

해사에 대한 두 번째 사례는 규睽괘 상구上九에서 나타난다. 이 효사는 다음과 같다.

睽 上九 : 睽孤. 見豕負塗. 載鬼一車. 先張之弧, 後說之弧. 匪寇婚媾. 往, 遇雨則吉.

이 효사에 대한 왕필, 정이, 고형의 해석은 다음과 같다.

<왕필> 어긋나 외로워서 돼지가 진흙을 뒤집어 쓴 것과 귀신을 한 수레에 실은

것을 본다. 먼저 활을 당겼다가 뒤에 활을 벗겨서 도적이 아니라 혼인을 하자는 것이니, 가서 비를 만나면 길할 것이다. 문명의 지극함으로 지극히 더러운 사물을 보니 어그러짐의 심한 것이다.…… 돼지가 진흙을 뒤집어썼으니 더러움이 이보다 더 할 수 없고,…… 귀신이 수레에 가득하니 놀랍고 괴이한 것이다. 먼저 활을 당김은 해로움을 공격하려던 참이요, 뒤에 활을 벗김은 어그러지고 괴이함이 통하게 된 것이다. 어긋난 뜻이 장차 통하게 되는 것으로 도적이 아니라 혼인을 맺으리니, 감에 때를 잃지 않아 어긋난 의심이 없어지게 된다. 비를 만남을 귀히 여김은 음양을 조화하는 것이기 때문이다. 음양이 조화되면 여러 의심이 없어진다.[26]

<정이> 어그러짐이 극에 달하니, 합쳐지기 어렵다. 마치 사람이 당파끼리 모이기를 좋아하더라도, 스스로 시기하고 의심함이 많아서 망령되게 괴리乖離하는 생각을 내게 되면 항상 고독한 것과 같다.[27]

<고형> 고아가 길 가운데에 돼지가 엎드려 있는 것과 수레에 많은 귀신이 타고 있는 것을 보고는 먼저 활을 쏘려고 하다가 뒤에 활을 놓으니, 도둑이 아니라 혼인하는 사람들이다. 갈 곳이 있어 비를 만나면 길하다.[28]

그러나 정약용은 위의 효사를 하나의 의미로 연관된 전체 문장으로 읽는 것에 대해 반대한다. 정약용에 따르면 규睽괘 상구上九의 효사에는 무려 여섯 가지의 사건이 포함되어 있는데, 이러한 경우는 해사의 극단적인 경우이다. 사실 이처럼 많은 사건을 하나의 효사에 꾸려 넣은 경우는 많지 않다. 이것을 도표로 표시하면 다음과 같이 된다.

---

26) 임채우 역, 『주역 왕필주』, 297~298쪽; 『周易注』, 205쪽, "以文明之極, 而觀至穢之物, 睽之甚也. 豕失負塗, 穢莫過焉.……見鬼盈車, 吁可怪也. 先張之弧, 將攻害也. 後說之弧, 睽怪通也.……睽志將通, 匪寇婚媾, 往不失時, 睽疑亡也. 貴於遇雨, 和陰陽也. 陰陽既和, 群疑亡也."
27) 宋 程頤 撰, 王孝魚 點校, 『周易程氏傳』(中華書局, 2011), 217쪽, "程頤曰, 睽極則拂戾而難合,……如人雖有親黨, 多自疑猜, 妄生乖離,……常孤獨也.……雖處骨肉親黨之間, 而常孤獨也."
28) 高亨 저, 김상섭 역, 『고형의 주역』(예문서원, 1995), 330~331쪽.

| 爻辭 | 占事 |
|---|---|
| ① 睽孤 | 아비 |
| ② 見豕負塗 | 날씨와 제사의 희생 |
| ③ 載鬼一車 | 군사 문제 |
| ④ 先張之弧, 後說之弧 | 敵과의 遭遇 |
| ⑤ 匪寇婚媾 | 혼례 |
| ⑥ 往遇雨則吉 | 나들이 혹은 行役 |

이 효사는 여섯 가지 독립된 사안에 대한 점사를 모아 놓은 것에 불과하므로 하나로 연결해서 읽으면 명백한 오독誤讀이 된다. 따라서 여섯 개의 사안을 연결해서 현토懸吐하여 읽어서는 안 되며, 각각 별도로 단구斷句해서 읽어야 한다. 정약용의 관점에서 규睽괘 상구上九의 효사를 다시 해석하면 다음과 같다.

① 아비를 잃은 고아(의 점괘)로다. ② 돼지가 진흙을 뒤집어쓰고 있는 것을 본다[그것은 비가 올 징조로다]. ③ 시체를 한 수레 가득 싣게 될 것이다. ④ 저 활을 당겼다가, 나중에 활을 벗기게 될 것이다. ⑤ 도적이 아니라 혼인하게 될 상대이다. ⑥ 길을 가다가 비를 만나면 (다른 재앙은 더 없겠기에) 길할 것이다.[29)]

해사의 세 번째 예는 미제未濟괘 상구의 경우이다. 먼저 미제괘 상구의 효사를 제시한 다음에 그에 대한 해석을 시도해 보자.

未濟 上九 : 有孚于飲酒, 无咎. 濡其首, 有孚, 失是. ○象曰, 飲酒濡首, 亦不知節也.

효사는 크게 두 부분으로 이루어져 있다. 즉 "믿음을 두고 술을 마시면

---

29) 「周易四箋 II」, 『定本 與猶堂全書』 16, 26쪽; 『역주 주역사전』 제5권, 76~77쪽.

허물이 없을 것이다"(有孚于飲酒, 无咎)와 "그 머리를 적시니, 믿음을 두어도 옳은 것을 잃을 것이다"(有孚失是)의 두 부분이다. 위의 효사에 대한 표준적 해석은 전체 문장을 의미가 연관된 것으로 간주하여 읽는 것이다. 정이는 『역전』에서 "술을 마셔서 머리를 (술에) 적실 정도에 이르니, 절제를 모름이 심한 것이다"(飲酒至於濡首, 不知節之甚也)라고 하였으니, 이것은 전반부와 후반부를 연결하여 하나의 맥락 속에 통합시킨 것이다. 「상전」에서 "음주유수飲酒濡首, 역부지절야亦不知節也"라고 하여 '음주飲酒'와 '유수濡首'를 함께 거론한 것도 양자兩者를 연결시켜 해석하는 것에 대한 정당성을 부여한다. 정이의 역주易注에 의거하여 미제未濟 상구上九를 해석하면 다음과 같다.

> 믿음을 두고 술을 마시면 허물이 없거니와, 그 머리까지 (술독에) 빠지도록 마시면 믿음을 두어도 옳은 것을 잃으리라. ㅇ 「상전」: 술을 마시고 머리를 술에 적시는 것은 또한 절제를 모르는 것이다.[30]

그러나 정약용은 "유부우음주有孚于飲酒, 무구无咎"를 한 구절로 보고, "유기수濡其首, 유부有孚, 실시失是"를 다른 한 구절로 보아야 한다고 말한다. 이것은 "유부우음주有孚于飲酒"와 "유기수濡其首"가 독립된 별개의 사건임을 뜻한다. 사람이 술을 마시는 것(飲酒)과 말이 물에 빠지는 것(濡首)은 엄연히 각각 별개의 하나의 상象이다.[31] 비록 「상전」에서 '음주飲酒'와 '유수濡首'를 함께 거론하기는 했지만, 그것은 양자가 모두 자기제어의 능력을 상실함으로써 발생한 현상이라는 점에서 동일하기 때문이다.[32] 만약에 양자의

---

30) 정이의 易注에 의거해서 현토하면 다음과 같이 된다. "上九, 有孚于飲酒면 无咎어니와 濡其首면 有孚에 失是하리라. 象曰: 飲酒濡首ㅣ 亦不知節也라."(성백효 역주, 『懸吐完譯 周易傳義』 下, 519~521쪽.)

31) 「周易四箋 II」, 『定本 與猶堂全書』 16, 215쪽; 『역주 주역사전』 제7권, 151~152쪽, "飲酒, 濡首, 必以並擧, 其實, 各爲一象也."

32) 「周易四箋 II」, 『定本 與猶堂全書』 16, 215쪽; 『역주 주역사전』 제7권, 151쪽, "사람이 절제를 할 수 있다면 술에 빠지는 일이 결코 없을 것이며, 말이 멈출 수 있다면 물에

의미를 연결시킴으로써 사람이 술에 취해 마침내 그 머리를 술독에 빠뜨리는 것처럼 해석한다면 옳지 않다. 송나라의 문인 양만리楊萬里(1124~1206)가 '유수濡首'는 머리를 물에 적시는 것이 아니라 술에 적시는 것을 뜻한다고 풀이하였지만, 정약용은 그 해석에 동의하지 않았다. 아무리 사람이 술 마시는 것을 좋아한다고 해도, 아직 그 머리를 술에 담글 정도로 마시는 사람은 없었다. 비록 동진東晉 때 시인 도연명陶淵明(365~427)이 머리에 쓰는 갈건葛巾으로 술을 거르고 그 갈건을 다시 머리에 썼다고 전해지기는 하지만, 주나라시대의 주공이 이런 일을 예견하고 효사를 썼을 리는 결코 없을 것이다.

사람이 술에 빠져 탐닉하는 것은 마치 말이 물에 빠지는 것과 같다. (그러므로) 공자가 「상전」에서 '음주飮酒'와 '유수濡首'를 언급한 것은 틀림없이 이런 이유 때문에 같이 거론한 것인데, 사실은 (이상의 설명에서처럼, '음주'와 '유수'는) 각각 별개의 하나의 상이다. 이후의 시인들이 (이를 오해하여) 항상 술 마시는 것을 '유수'라고 하거니와[양성재楊誠齋[33]가 말하기를, "미제未濟괘 상구上九의 '유수濡首'에서, 머리를 적시는 것은 물(에 적시는 것)이 아니고 술(에 적시는 것)이다"라고 하였다], (이것은) 이 구절의 뜻을 오해한 것이다. 아무리 사람이 술 먹는 것을 좋아한다고 해도 아직 그 머리를 술에 담그는 사람은 없었다. 다만 도원량陶元亮[34]이 (머리에 쓰는) 갈건으로 술을 거르고 다시 그것을 머리에 썼다고 하는데, 주공이 이런 일을 미리 예견하고 (미제괘 상구의 효사를) 쓴 것은 결코 아닐 것이다.[35]

---

빠지는 일이 결코 없을 것이다. 사람이 술에 탐닉하거나 말이 물에 빠지는 것은 절제를 알지 못하기 때문에 생겨나는 일이다."(人而能節, 必不沈湎于酒, 馬而能止, 必不墊溺于水, 其湎其溺, 由不知節也)

33) 송나라의 문인 楊萬里(1124~1206)를 가리킨다. 誠齋는 그의 호이며, 자는 廷秀이다.
34) 東晉 말기의 시인 陶酒(365~427)을 가리킨다. 자는 淵明 또는 元亮이고 호는 五柳先生이며, 관직에서 물러나면서 유명한 「歸去來辭」를 남겼다. 이백, 두보와 함께 중국의 대표적인 시인이다.
35) 「周易四箋 II」, 『定本 與猶堂全書』 16, 215쪽; 『역주 주역사전』 제7권, 151~152쪽, "人之沈湎 于酒, 如馬之墊溺于水. 故孔子之「傳」, '飮酒'濡首', 必以並擧, 其實, 各爲一象也. 後來詩家, 每以飮酒爲'濡首'[楊誠齋云, "未濟上九之'濡首'者, 非水也, 酒也"], 誤矣. 人雖沈湎, 未有蘸其首於酒中

따라서 정약용의 역주易注에 의거하여 미제未濟 상구上九의 효사를 해석하면 다음과 같이 번역할 수 있다.

> (서로) 믿음을 두고 술을 마시니, 허물이 없을 것이다. (소나 말이 물을 건넘에) 그 머리를 (물에) 적시게 될 것이며, (서로) 믿음이 있으나 (오히려 그 지나친 믿음 때문에) 과실을 범하게 될 것이다. ○「상전」: (지나치게) 술을 마시는 것과 머리를 (물에) 적시는 것은 (어느 것이나 간에) 역시 (자신을) 절제할 줄 모르는 데에서 말미암은 것이다.36)

　이상에서 해사該事의 몇 가지 사례를 살펴보았다. 정약용이 「독역요지」에서 해사의 예로 든 것은 준屯괘 육이六二의 한 가지 예에 그치기 때문에 해사의 예를 『주역사전』의 역주易注를 참조하여 확정하는 것이 필요하다. 필자가 찾아본 예로는 준屯괘 초구, 비比괘 구오, 소축小畜괘 상구, 수隨괘 육삼과 상육, 대축大畜괘 구삼, 규睽괘 초구와 육삼, 쾌夬괘 구삼, 진震괘 상육, 점漸괘 구삼, 소과小過괘 육오 등의 효사가 해사의 예에 속하는 것으로 보인다. 단사彖辭의 경우도 역시 점사에 속하므로 해사의 경우에 해당될 수 있다. 예를 들면 쾌夬괘의 단사에는 "양우왕정揚于王庭"과 "고자읍告自邑, 불리즉융不利卽戎"과 "이유유왕利有攸往" 등 몇 개의 사건이 열거되어 있다. "양우왕정揚于王庭"은 첩의 기세가 왕의 정원庭園에 드높아지는 상이며, "고자읍告自邑, 불리즉융不利卽戎"은 패전의 결과를 자신의 고을에 고하게 되니, 군사를 출정시켜 무기武器에 나아가는 것은 불리한 상이다. 그리고 "이유유왕利有攸往"은 여행자에게 해당되는 상이다. 따라서 이 세 개의 사건이 서로 연관이 있다고 볼 수 없는 것이다. 그 밖에도 송訟괘, 비比괘, 고蠱괘, 림臨괘, 복復괘, 함咸괘, 중부中孚괘 등의 단사를 해사의 예로 볼

　者. 唯陶元亮葛巾漉酒, 還復著之, 未必周公豫用此事也."

36)「周易四箋 II」, 『定本 與猶堂全書』 16, 214쪽; 『역주 주역사전』 제7권, 149쪽.

수 있다. 이처럼 해사의 사례로 포함시킬 수 있는 경우는 많이 있는데, 다만 판단이 애매한 경우가 많기 때문에 그것을 해사로 확정짓기 위해서는 보다 정밀한 연구가 필요할 것으로 보인다.

# 제2장 다산역의 스토리텔링

이 장에서는 총 다섯 개의 이야기 주제가 등장한다. 이 다섯 가지 이야기의 모티브(motif)들은 모두 『주역』에서 끌어온 것이다. 이러한 이야기 주제는 어느 특정한 괘에 집중되어 있는 경우도 있고, 여러 괘에 흩어져 있는 경우들도 있다. 필자는 기본적으로 『주역』 자체에 깔려 있는 이야기 소재들을 활용하되, 『주역사전』의 역주易注를 보충하여 이야기 내용을 더욱 풍부하게 만들고자 하였다.

제1절 「망국의 슬픈 역사」는 은말주초殷末周初의 정치적 상황을 다룬 것이다. '망국의 슬픈 역사'라고 한 것은 망한 은나라의 역사를 다루었기 때문이다. 『주역』의 점사에는 대국 은나라의 변방국가에 불과했던 주나라가 굴기崛起해서 은나라 주왕紂王의 폭정에 항거하고, 마침내 은나라를 멸망시키는 이야기가 반영되어 있다. 『주역』의 점사는 은말주초의 역사적 상황을 들여다 볼 수 있는 중요한 역사적 자료이다. 64괘 중에서도 명이明夷괘의 점사는 문왕文王이 유리羑里의 옥獄에 갇히게 된 정황과 직접적 관계가 있는 것으로 보이기 때문에 특별히 주목할 필요가 있다. 명이괘 「단전」에서는 문왕이 겪은 큰 환난(大難)에 대해 언급하고 있다. 이것은 역학사의 초기전승 이후로 명이괘를 문왕이 당했던 불행과 관련된 괘로 간주하는 인식이

이미 공유되어 있었음을 말해 준다. 정약용의 해석에 따르면, 「단전」의 "몽대난蒙大難"은 문왕이 유리羑里에 감금된 불행한 사건을 가리킨 것이고, "내간內艱"은 요사스러운 여인 달기妲己로 말미암아 내정內政이 문란해진 사건을 가리킨다. 또한 정약용은 명이괘 육오의 "기자지명이箕子之明夷"를 기자동래설箕子東來說의 근거로 삼고 있다. 정약용에 따르면, "기자지명이"는 "기자가 동이족을 개명開明시키기 위해 (조선으로) 갔다"는 것을 뜻한다. 그리고 명이괘 상육上六의 "초등우천初登于天, 후입우지後入于地"는 천자의 자리에 올랐던 주紂가 임금의 도리를 잃은 끝에 마침내 죽음을 당한 것에 해당되는 점사이다.

제2절 「용의 메타모르포시스」는 용의 변화를 주제로 하고 있다. 용에 관한 이야기는 대부분 건乾괘에 집중되어 있으며, 곤坤괘에서도 한 곳에 출현한다. '메타모르포시스'(metamorphosis)는 형태(morphe)의 변환을 뜻하는 용어이다. 용은 수중동물이지만 지상과 공중에도 나타나는 등, 육陸・해海・공空 어디에도 얽매이지 않고 자유롭게 옮겨 다니는 신화적 동물이다. 따라서 메타모르포시스는 변화에 능한 용의 특성을 표현하기에 적절한 단어이다. 건乾괘의 용은 잠룡潛龍・현룡見龍・비룡飛龍・항룡亢龍・군룡群龍(神龍) 등으로 변화하며, 곤坤괘에서는 전룡戰龍으로 나타난다. 잠룡에서 항룡에 이르기까지의 용의 변화에서 형태적 변환이 뚜렷하게 나타나는 것은 아니다. 그러나 용구用九의 군룡群龍은 머리가 없는 신룡神龍으로 변모하게 되니, 형태적 변환의 측면도 분명히 존재한다. 건乾・곤坤은 『주역』의 문호門戶에 해당된다. 아마도 『주역』의 저자가 그 문호門戶에 용을 등장시킨 것은 그 변신變身의 양태를 다양하게 표현함으로써 변화의 서書에 어울리는 상징적 이념을 구현하려고 했기 때문일 것이다. 용의 변신은 변화를 갈망하는 인간의 욕망의 다양한 계기들을 표현한다. 잠룡・현룡・비룡・항룡 등은 잠재된 욕망, 드러난 욕망, 실현된 욕망, 좌절된 욕망 등 욕망이

변화하는 여러 측면들을 상징하는 기호들이다. 이 기호들은 변화를 꿈꾸는 인간이 일생을 거치면서 겪게 되는 경험의 각 단계에 상응한다.

제3절 「고대 중국의 군사제도와 정벌전쟁」에서는 고대 중국의 전쟁과 관련된 이야기를 다루었다. 예나 지금이나 전쟁은 국가의 존망과 개인의 생사를 판가름하는 중대사이다. 군사軍事에 관한 문제를 집중적으로 거론하고 있는 괘로 사師괘가 있으며, 그 밖에 전쟁의 실제상황에 대한 묘사도 여러 곳에서 발견된다. 정약용의 역주易注에 따른다면, 동인同人괘 구삼九三의 "복융우망伏戎于莽"은 매복전술에 대한 언급이며, 중부中孚괘 육삼六三의 "혹고혹파或鼓或罷, 혹읍혹가或泣或歌"는 위장전술과 관련된 서술이다. 또 태泰괘 상육의 "성복우황城復于隍. 물용사勿用師, 자읍고명自邑告命"은 패전의 상황을 묘사하고 있는 효사이다. 역사적으로 실제로 발생했던 전쟁에 관한 서술도 있다. 기제旣濟괘 구삼의 "고종벌귀방高宗伐鬼方"과 미제未濟괘 구사九四의 "진용벌귀방震用伐鬼方"이 그것으로, 이 효사는 은나라 왕실의 쇠약을 틈타 침략을 일삼는 서융西戎과 귀방鬼方에 대한 3년간의 정벌전쟁에 관해 언급하고 있다. 은나라와 귀방 사이에 벌어진 전쟁을 『주역』 효사의 저자가 두 번씩이나 언급하고 있는 이유는, 이 사건이 은나라뿐 아니라 주나라에게도 중대한 의미를 가지고 있었기 때문일 것이다. 귀방은 주나라와도 영토를 접하고 있었기 때문에 은나라의 적인 동시에 주나라의 적이기도 했다. 한편, 고대 중국 역사상 가장 규모가 컸던 전쟁은 서주의 무왕武王이 상나라 31대왕인 주왕紂王을 상대로 상나라 교외郊外의 목야牧野에서 싸운 전쟁이다. 이 전쟁에서 무왕이 승리함으로써 상나라가 멸망하고 주나라가 굴기하게 되니, 이 전쟁은 주나라 역사에서도 결정적인 의미를 지닌다. 『주역』의 점사 중에서 이 전쟁에 관해 직접적으로 언급하고 있는 효사를 발견할 수 없다. 그러나 정약용은 수需괘 초구初九의 "수우교需于郊"가 바로 이 점괘에 해당하는 것으로서 이 효사는 무왕이 상나라의 교외에서 진을

치고 천명을 기다린 사건을 언급한 것이라고 주장하였다.

　제4절 「물극필반과 흥망성쇠」에서는 자연현상과 인간의 사회적 삶의 제 양태에 공통적으로 적용되는 변화의 원리를 '물극필반物極必反'에서 찾고자 하였다. '물극필반'이란 '사물의 전개가 극極에 달하면 반드시 반전反轉한다'는 뜻이니, 이러한 이치는 자연현상과 인간사의 흥망성쇠에 다 같이 적용되는 변화의 원리이다. '물극필반'이라는 용어는 당나라 때의 대신 소안환蘇安桓이 오랫동안 섭정을 하고 있던 측천무후則天武后의 퇴진을 권유하면서 올린 상소문에서 사용된 용어라고 한다. '물극필반物極必反'은 비록 『주역』에 나오는 용어는 아니지만, 음양陰陽의 상호전환이라는 『주역』의 변증법적 원리를 간명하게 표현하고 있다. 『주역』에서 태泰괘 다음에 비否괘를 배치한 것도 역시 '물극필반'의 원리를 따른 것으로서, 거기에는 태평함 뒤에 비색否塞함이 뒤따르는 것이 세상의 이치임을 깨우치게 하려는 저자의 의도가 반영되어 있다. '물극필반'의 이념은 그 밖의 여러 효사들에서 반복적으로 나타난다. 태泰괘 구삼九三에서 "평평하기만 하고 기울어지지 않는 것은 없으며, 가기만 하고 돌아오지 않는 것은 없다"(无平不陂, 无往不復)라고 한 것은 달도 차면 기운다는 경구警句를 연상시킨다. 풍豊괘 상육上六의 효사에서는 "그 가옥을 성대하게 지었으나 그 집안을 덮개로 가린지라, 그 문 안을 엿보니 적막하고 사람이 없다. 삼 년이 지나더라도 (사람을) 보지 못하게 될 것이니, 흉하다"(豊其屋, 蔀其家, 闚其戶, 闃其无人, 三歲不覿, 凶)라고 하였으니, 이것은 한때 성대하였던 가옥과 그 이후에 폐가廢家처럼 변해버린 모습을 극적으로 대비시킨 것이다. 우리가 『주역』에서 배워야 할 지혜는 바로 여기에 있다. 지혜로운 자라면 쇠망의 시기에 흥성의 때를 준비하고 흥성할 때에 쇠망의 조짐을 읽어내지 않으면 안 된다. 비否괘 구오九五에서는 "혹시 망할까 망할까 하는 심정으로 조심해야만 열매가 뽕나무 떨기에 간신히 매달려 있는 듯할 것이다"(其亡其亡, 繫于苞桑)라고 하였으

니, 위기가 없을 때에도 항상 위기의식을 잃지 않아야만 지혜로운 처신이라고 할 수 있다.

제5절 「천문과 지리」에서는 『주역』의 자연철학에 대해서 다루었다. 『역』의 기호계란 자연의 질서를 모방해서 만든 것이다. 따라서 『역』의 기호계를 만들기 위해서는 자연에 대한 관찰이 선행되어야 한다. 천문天文과 지리地理는 관찰해야 할 자연의 두 영역을 총괄하는 명칭이다. 먼저 '천문'에 대해서 살펴보면, '천문'이라는 용어는 『주역』의 비賁괘의 「단전」에서 '인문人文'이라는 용어와 대비되어 나타난다. 농경을 위주로 생활하던 고대 중국에서 천문에 관한 지식은 농사를 짓는 데 필요한 각 단계의 정확한 시점을 알기 위해서도 필수적으로 요구되었다. 갑골각사甲骨刻辭에 이미 일식·월식이 언급되어 있을 정도로 상대商代에 천문현상에 대한 관심은 상당히 높았다. 『주역』에도 일식에 관한 언급이 나오는데, 풍豐괘의 육이六二와 구사九四에 "일중견두日中見斗"라는 말이 그것이다. 정약용은 풍豐괘 육이六二의 주注에서, 그 괘상에 '일월지삼직日月地三直'의 형태가 포함되어 있음을 밝혀내었다. '일월지삼직'이란 태양·달·지구가 일직선으로 배열된 형태이니, 일식은 세 개의 천체가 일직선으로 배열될 때 발생하는 현상임을 말한 것이다. 그 다음으로, '지리'는 원래 『주역』 「계사전」에 나오는 용어이다. 동양 지리학의 '지地'는 서양 지리학에서처럼 단순히 '토지'만을 가리키는 것이 아니라, 자연환경 전체를 가리키는 용어였다. 『주역』의 64괘 중에서 땅에 관해 상세히 언급하고 있는 괘는 곤坤괘인데, 건乾괘에 이어 두 번째로 곤坤괘를 배치한 것을 통해서도 토지를 중요하게 여겼음을 알 수 있다. 토지와 더불어 주나라 사람들의 생활환경에 있어 중요한 요소로 작용했던 것은 황하黃河였다. 『주역』에서 빈번하게 언급되고 있는 '이섭대천利涉大川'은 아마도 황하를 건너는 일을 가리키는 것이었을 것이다. 반면에 '바다 해海'자는 한 번도 나오지 않는데, 이것만 보더라도 『주역』이 황하를 중심으

로 하는 내륙문화의 산물이라는 점을 알 수 있다. 황하는 농경지인 황토에 물을 공급해 주는 원천이었을 뿐 아니라, 정치적 주요사건이 벌어졌던 역사적 무대였다. 「설괘전」은 『주역』의 물상 해석을 위해 필수적인 문헌인데, 「설괘전」에서 제시된 팔괘의 방위와 주나라 사람들이 거주하던 지리적 환경 사이에는 분명한 연계성이 존재한다. 요컨대, 천문에 대한 자연관찰은 그들의 우주관을 형성하는 데 기여하였고, 지리에 관한 인식은 그들의 세계인식을 형성하는 근본틀로서 작용했다.

# 1. 망국의 슬픈 역사

『주역』이 점서占筮를 위해 만들어졌다는 것은 너무나 당연한 사실이라서 아무도 거기에 이의를 제기하지 않는다. 그러나 『주역』이 점술 이외에도 철학·윤리·역사·정치 등 다양한 방면에서 인문학의 담론을 생산하는 풍부한 원천이었다는 사실은 종종 망각되는 경향이 있다. 『주역』의 기호모형은 우주의 생성과정을 상징적으로 표현하고 있으며, 점사占辭에는 도덕적 가치를 표명하는 윤리적 판단이 개입되어 있다. 이처럼 『주역』의 괘효사에는 점서를 매개체로 삼아 당시의 문화적 제 관념이 다양한 형태로 반영되어 있다. 『주역』의 점사占辭 중 일부는 당시의 정치적 배경과 관련된 것으로 추정된다. 『주역』의 저자는 주나라를 일으켜 세운 문왕과 주공이며, 그 저술 동기도 역시 은말주초의 정치적 상황과 깊이 관련되어 있다. 이러한 추정을 가능하게 해 주는 근거는 「계사하전」(제11장)에서 찾을 수 있다.

> 『주역』의 발생은 은나라 말기와 주나라 문화가 흥성하였던 시기가 아니었겠는가? 아마도 문왕과 주紂의 사건(文王與紂之事)이 그 시기에 해당될 것이다. 그러므로 그 사건에 관해 서술하는 언어에서는 위태로움이 느껴진다.[1]

그러면 위에서 말한 '문왕과 주의 사건'(文王與紂之事)이란 무엇을 가리키는 말일까? 그것은 아마도 문왕이 유리羑里의 감옥에 갇히게 된 사건을 가리키는 말일 것이다. 『사기』 「태사공자서太史公自序」에 따르면, 주의 문왕은 유리에 유폐되어 『주역』을 저술하였다고 한다.[2] 유리는 훗날 주나라 문왕이 된 서백西伯 창昌이 감옥에 갇힌 곳으로서, 지금의 하남성河南省 탕음현湯陰縣

---

1) 『周易正義』, 375쪽, "易之興也, 當其殷之末世, 周之盛德邪? 當文王與紂之事邪? 是故其辭危."
2) 『史記』, 「太史公自序」; 『史記』(中華書局, 1959) 제10책, 「傳」, 3300쪽, "옛날에 서백은 유리에 갇힌 몸이 되어 『주역』을 풀이하셨다."(昔西伯拘羑里, 演周易)

서북쪽에 있다.[3] 은나라 마지막 왕은 제신帝辛이었는데, 그는 제을帝乙의 아들로서 이름은 수受요 시호가 '주紂'였다.[4] 『사기』「은본기殷本紀」에서는 주왕紂王의 인물됨을 다음과 같이 평하고 있다.

자질과 언변이 뛰어나고 행동이 민첩했으며 손으로 맹수를 격파하였다. 지혜는 남의 간언을 막기에 족하였고, 언변은 자신의 비리를 은폐하기에 족하였다.[5]

그런데 주왕이 유소씨有蘇氏[6]를 치니, 유소씨는 기주冀州의 제후인 소호蘇護의 딸 달기妲己를 주왕에게 시집보냈다. 주왕은 달기를 총애하여 녹대鹿臺라는 화려한 궁궐을 지어 준 뒤 연못을 술로 채우고 고기를 숲처럼 매달아 놓고는 매일 달기와 더불어 즐기니, '주지육림酒池肉林'이라는 말이 여기에서 나왔다. 『상서尙書』「주서周書・태서泰誓」에 실려 있는 '정강이를 잘린 사람'(斷脛之人)에 관한 이야기는 주왕紂王의 포악한 성격을 잘 드러내 준다. 어느 추운 겨울날 주왕이 달기와 더불어 성곽 위에서 한 소년과 노인이 강을 건너는 광경을 내려다보고 있었다. 그런데 소년은 강을 잘 건너지를 못하는데 오히려 노인이 잘 건너는 것을 보고 사람들이 그 까닭을 궁금히 여겼다. 주왕은 그 이유를 이렇게 설명하였다. "노인이 강을 잘 건너는 것은 뼈 속에 골수가 비어 있기 때문이며, 소년이 잘 건너지 못하는 것은 골수가 차 있기 때문이다." 주왕은 자신의 가설이 맞음을 증명하기 위하여 그들을

---

3) 유리는 하남성 안양 바로 아래 개봉 위 옛 목야전투지 바로 위에 있다. 문왕은 이곳에서 문왕팔괘를 긋고 『주역』384효를 해석하였다고 한다. 무왕이 주나라를 세운 뒤 서백을 문왕으로 추존하고 유리옥의 舊址에 文王廟를 건립하였다. 후세 사람들이 문왕묘를 참배하면서 그 옆에 '文王演易臺'와 '文王八卦碑'를 세워 오늘날까지 보존해 오고 있다.
4) 諡法에 의하면 "의를 해치고 선을 덜어내는 것을 紂라 한다"(殘義損善曰, 紂) 하였으니, '紂'라는 호는 악행을 일삼는 자에게 내리는 시호임을 알 수 있다.
5) 『史記』, 「殷本紀」; 『史記』제1책, 「紀」, 105쪽, "資辯捷疾, 聞見甚敏, 材力過人, 手格猛獸, 知足以拒諫, 言足以飾非, 矜人臣以能, 高天下以聲, 以爲皆出己之下."
6) 有蘇氏는 商의 주변에 있던 오랑캐 국가의 하나로서, 오늘날의 河南省 武陟의 동쪽에 위치해 있었다.

붙잡아다 다리를 베어 실제로 그런지 아닌지를 확인하였다.[7] 정약용에 따르면, 명이明夷괘 육이의 "이우좌고夷于左股" 즉 "왼쪽 다리를 다치게 된다" 라는 효사가 바로 이 경우에 해당된다.[8]

한편 서백西伯 창昌은 이름이 희창姬昌으로, 백창伯昌이라고도 불렸다. 그는 주족周族의 족장族長이었는데, 주왕紂王에 의하여 서백西伯에 책봉되었다. 그를 서백이라고 부른 것은 주나라가 은나라의 서쪽에 위치해 있었기 때문이다. 『제왕세기帝王世紀』에 의하면 그는 용의 얼굴에 범의 어깨를 하고 신장이 10척이었으며 가슴에 네 개의 젖이 있었다고 한다. 『사기』 「주본기周本紀」에서는 이렇게 적고 있다.

> 서백은 후직后稷과 공유公劉의 업業을 따르고 고공古公과 공계公季의 법法을 본받아서, 인仁을 독실히 하고 노인을 공경하였으며 아랫사람을 사랑하고 어진 자를 우대하였다. 낮에도 밥을 먹을 겨를이 없이 선비들을 우대하였으니, 선비들이 이 때문에 그에게로 귀의하였다. 백이伯夷와 숙제叔齊도 고죽국孤竹國에 있다가 서백이 노인을 잘 봉양한다는 소문을 듣고 귀의해 왔다.[9]

서백이 유리羑里의 감옥에 갇히게 된 연유를 자세히 알 수는 없지만, 그것은 아마도 주왕이 서백 창의 세력확장에 위협을 느껴 견제하려고 했기 때문일 것이다. 『고본죽서기년古本竹書紀年』[10])에 따르면 서백 창의

---

7) 『尙書』, 「泰誓下」; 『尙書正義』, 331쪽, "今商王受, 狎侮五常, 荒怠弗敬. 自絶於天, 結怨於民, 斲朝涉之脛, 剖賢人之心. 作威殺戮毒痡四海."

8) 『周易四箋 I』, 『定本 與猶堂全書』15(다산학술문화재단, 2012), 386쪽; 『역주 주역사전』 제4권, 350쪽, "紂之時, 有斷脛之人[見『周書』], 當此占也."

9) 『史記』, 「周本紀第四」; 『史記』 제1책, 「紀」, 116쪽, "西伯曰文王, 遵后稷, 公劉之業, 則古公, 公季之法, 篤仁, 敬老, 慈少. 禮下賢者, 日中不暇食以待士. 士以此多歸之. 伯夷, 叔齊在孤竹, 聞西伯善養老, 盍往歸之."

10) 『竹書紀年』은 서진 초에 출토된 전국시대의 史籍이다. 晉 武帝 咸寧 5년(279)에 河南省 汲郡의 도굴꾼이 전국시대 魏나라 襄王 혹은 安釐王의 무덤으로 알려진 묘를 도굴하였는데, 여기에서 銅劍・鐘・磬・竹簡 등이 나왔다. 그 중에서 죽서는 紀年 13篇으로 되어

아버지 계력季歷이 주왕紂王의 조부인 문정文丁에게 죽음을 당했다고 하니, 두 사람 사이의 갈등은 그 뿌리가 매우 깊었다고 하겠다.11) 『사기』 「주본기」 에 따르면, 주왕은 서백西伯 창昌·구후九侯·악후鄂侯의 세 사람을 삼공三公에 임명하였다. 구후에게는 아름다운 딸이 있었는데, 그는 그 딸을 주왕에게 바쳤다. 그런데 구후의 딸이 음탕함을 싫어하자, 격분한 주왕은 그녀를 죽이고 아울러 구후까지도 죽여서 그 시체로 젓갈醢을 담갔다. 이에 악후가 간언하자 주왕은 그 역시도 생선포를 뜨듯 육포肉脯를 떠서 죽여 버렸다. 서백 창이 이 소식을 듣고 몰래 탄식하였는데, 숭후崇侯 호虎12)가 눈치를 채고 주왕紂王에게 밀고하였다.13) 그는 주왕에게 참소하며 다음과 같이 말하였다. "서백이 선善과 덕德을 쌓아 제후들이 모두 그에게로 향하고 있으니, 장차 제帝에게 불리합니다."14) 이 말을 들은 주왕은 서백을 유리羑里 의 감옥에 가두어 버렸다.

『제왕세기』에 의하면, 서백이 유리羑里의 감옥에 갇혀 있을 동안에 주왕은 서백의 장남인 백읍고伯邑考15)를 인질로 삼아 도성都城에 가두었다. 후에

있는데, 夏代로부터 周 幽王이 犬戎에게 멸망된 때까지가 기록되어 있었다. 죽서는 晉나라 조정에 바쳐졌고, 荀勖 등 학자들의 정리 교정을 거쳐 총 75편 10만 자가 넘는 책으로 발간되었다. 죽간에 쓰여 있으므로 『죽서기년』이라 하고, 또 출토된 지명을 따서 『汲冢書』라고도 부른다. 『汲冢書』·『紀年』·『汲冢紀年』 등은 모두 『죽서기년』 을 일컫는다. 隋代까지도 13권이 있었는데, 점차 흩어져 없어지고 남송시대에는 거의 자취를 감추었다. 元·明시대에 梁나라 沈約의 주가 붙은 『금본죽서기년』(2권)이 유포되 었는데, 이는 僞作이다. 오늘날 남아 있는 『고본죽서기년』은 청나라 朱右曾이 여러 문헌에 인용된 잔문들을 집록하고 王國維가 교정한 것이다. 왕국유는 1917년에 『古本竹書 紀年輯校』를 저술하고, 『今本竹書紀年』과 『古本竹書紀年』의 차이점을 밝혔다.

11) 『晉書』 「束晳傳」에서는 『고본죽서기년』을 인용하여, "文丁殺季歷"이라고 하고 있다. 그러나 사마천은 이를 채택하지 않았다.

12) 崇侯는 商나라 제후국의 하나인 崇국의 제후이며, 虎는 그의 이름이다.

13) 『史記』 「殷本紀第三」; 『史記』 제1책, 106쪽, "西伯昌聞之, 窃嘆. 崇侯虎知之, 以告紂, 紂囚西伯 羑里."

14) 『史記』 「周本紀第四」; 『史記』 제1책, 116쪽, "西伯積善累德, 諸侯皆嚮之, 將不利於帝."

15) 伯邑考의 성은 姬이고 이름은 考이다. 즉 성명은 '희고'이다. 邑에 봉해졌기에 '邑考'라 불렸고, 장자를 나타내는 伯을 붙여 '伯邑考'라 하였다.

주왕은 백읍고를 팽형烹刑에 처해 죽이고, 그 고기로 장조림을 만들어 서백에게 보내면서 이렇게 생각하였다. "만약에 서백이 자식의 살이라는 것을 알고서 먹지 않는다면, 그것은 그가 성인聖人이라는 증거이니까 죽여 버리면 된다. 만일 자식의 살인지도 모르고 먹는다면, 그는 평범한 인간에 불과할 테니까 살려 주어도 괜찮을 것이다." 서백은 주왕의 이러한 의도를 알아차렸으나, 애통함을 감추고 아들의 살을 먹으면서 후일을 기약하였다. 서백에게는 뒷날 문왕사우文王四友로 불리게 된 네 명의 신하가 있었는데, 태전太顚·굉요閎夭·산의생散宜生·남궁괄南宮适이 그들이었다. 서백이 옥에 갇히자 그들은 유신씨有莘氏의 미녀, 견융씨犬戎氏의 명마, 진귀한 보물 등을 진상함으로써 주왕의 환심을 샀다. 뇌물을 받은 주왕은 크게 기뻐하면서 말했다. "이 선물들 중에서 하나만 받아도 풀어 줄 만한데, 하물며 이렇게 많음에랴." 마침내 주왕은 서백을 풀어 주고 궁시弓矢와 부월斧鉞을 하사下賜하였으며 제후들을 정벌할 수 있는 특권까지 주었다.[16]

창후昌侯는 풀려 나온 뒤에 그의 세력을 점점 키워 나갔다. 견융犬戎·밀수密須·기국耆國을 쳤으며, 자신을 주왕에게 밀고한 숭후崇侯 호虎도 토벌하였다. 숭후 호의 영지는 지금의 서안西安 근처인 풍豊에 있었는데, 창후는 숭후 호를 토벌한 뒤에 도읍을 풍으로 옮겼다. 주왕紂王의 계속적인 폭정으로 많은 제후들이 창후에게 주왕을 칠 것을 종용하였으나, 그는 아직 천명이 내리지 않았다고 말하면서 끝까지 응하지 않았다. 서백이 세상을 뜬 지 10년 후 그에게 문왕文王이라는 시호가 추존되었다.

『주역』과 관련하여 서백의 고사가 특별히 주목받는 것은 사마천이 『사기』 「태사공자서」에서 "옛날에 서백이 유리에 구금되어 『주역』을 연역演繹하였

---

16) 『史記』,「周本紀第四」; 『史記』 제1책, 116쪽, "帝紂乃囚西伯於羑裏. 閎夭之徒患之. 乃求有莘氏美女, 驪戎之文馬, 有熊九駟, 他奇怪物, 因殷嬖臣費仲而獻之紂. 紂大說曰, 此一物足以釋西伯, 況其多乎, 乃赦西伯, 賜之弓矢斧鉞, 使西伯得征."

다"(昔西伯拘羨里, 演周易)라고 말했기 때문이다. 예로부터『주역』을 우환지서憂患 之書라고 불러온 것도 서백이 7년간의 참담한 옥중생활을 하면서 지은 책이 바로『주역』이라는 사실과 깊은 관련이 있다.『주역』을 저술한 동기를 우환의식에서 찾고 있는 것은 이미「계사전」에서 나타난다.「계사하전」(제7 장)에서는『주역』의 성립시기를 중고中古시기로 추정하면서, 그 저술 동기를 우환의식과 연관시키고 있다.

> 『역易』이 흥성하게 일어난 것은 그 중고中古의 시기였다.『주역』을 지은 자는 우환憂患
> 이 있었을 것이다.[17]

여기서 중고시대라고 한 것은「계사전」을 지은 전국시대戰國時代를 기준 으로 분류한 것으로, 복희의 시대는 상고上古시대가 되고 문왕의 시대는 중고中古시대가 되며 공자의 시대는 하고下古시대가 된다.「계사하전」제11 장과 제7장의 서술을 종합해 보면,『주역』은 은殷·주周 교체기에 쓰인 책이며, 서백 창으로 하여금『주역』을 저술하도록 한 근본 동기는 다름 아닌 우환의식에 있었다. 따라서 서백이『주역』연구에 몰두한 근본동기를 우환의식으로부터 떼어 놓고 생각할 수는 없을 것이다. 그런데 여기에는 한 가지 해명해야 할 문제가 있다. 만약에 서백 창으로 하여금『주역』을 저술하도록 한 동기가 우환의식에 있었다면, 그 우환의식은『주역』경문經文 의 어딘가에 반영되어 있을 것이다. 그렇다면 서백 창의 우환의식은『주역』 경문의 어디에 어떻게 반영되어 있는 것일까? 통설에 따른다면,『주역』 경문 중에서 문왕이 지은 것은 64괘의 괘사 즉 단사彖辭에 해당되는 부분이며, 효사는 문왕의 아들 주공이 지은 것이다. 물론 이러한 견해는『주역』의 저자와 관련하여 제기된 여러 가설들 중의 하나에 불과하다. 그러나 정약용

---

17)『周易正義』, 368쪽, "易之興也, 其于中古乎! 作易者, 其有憂患乎!"

이 이 통설을 지지하고 있으므로, 여기에서는 일단 이러한 통설을 승인한다는 전제 아래 이야기를 풀어 나가기로 하자.

『주역』의 64괘의 점사는 대부분 일상생활의 여러 측면들과 연관되어 있다. 따라서 그로부터 『주역』의 성립 배경을 추측할 수 있는 직접적 단서를 얻기는 매우 힘들다. 그렇지만 그 가운데 일부 효사는 은말주초의 역사적 상황을 전해 주고 있어 당시의 상황을 들여다볼 수 있는 매우 귀중한 자료가 된다. 고종벌귀방高宗伐鬼方·진용벌귀방震用伐鬼方·제을귀매帝乙歸妹 등이 바로 그러한 예에 속한다.

『주역』의 64괘 중에서 명이明夷괘는 문왕이 유리羑里의 옥에 갇히게 된 정황과 직접적인 연관성이 있는 것으로 보이기 때문에 특별히 주목할 필요가 있다. 우선 명이明夷의 글자 구성을 보면, '밝을 명'(明)자와 '상할 이'(夷)자로 되어 있다. 그리고 괘상으로 살펴보면, 곤坤 아래에 리離가 있으니 땅속에 밝은 태양이 숨어 있는 모습이다. 정약용은 명이괘의 괘상을 다음과 같이 풀이하고 있다.

明夷

> 태양의 운행은 지구를 둘러싸고 도는데[「상서尙書」「순전舜典」의 주소注疏에 나온다], 해가 하늘에 떠 있으면 중국中國이 밝아지고[진晉괘의 상] 해가 땅 아래로 지면 외국外國이 밝아지는[해가 외국의 하늘 위에 떠 있음] 것은 (자연의) 이치가 그러하기 때문이다. 지금 (명이괘에서) 해가 땅 아래에 있으니[곤坤 아래에 리離가 있음], 이것이 '명이明夷'의 시기인 것이다[중국에서는 밤이 된다].[18]

정약용의 명이괘 해석의 특징은 명이明夷를 '밝음이 손상됨'의 뜻으로 풀이하는 동시에 '오랑캐(夷)를 밝힘'으로 해석한다는 데 있다. 밝음이 손상된

---

18) 「周易四箋 I」, 『定本 與猶堂全書』 15, 382쪽; 『역주 주역사전』 제4권, 333쪽, "太陽之行, 繞地毬而周旋[舜典 疏], 日在天上, 則中國明[晉卦象], 日入地底, 則外國明[日在外國之天上], 理則然也. 今也, 日在地下[坤下離]. 此, 明夷之時也[在中國爲夜]."

것은 중국中國이며, 중국이 어두워지면 외국外國인 오랑캐(夷)지역은 반대로 밝아지게 된다. '이夷'는 중국에 대한 상대적 개념이기 때문에, 여기서는 주왕紂王이 다스리는 은나라가 중국이 되고, 그 중국을 에워싼 주변지역은 모두 '이夷'가 된다. 중국의 변방지역의 민족을 총괄하여 일컫는 명칭으로 '사황四荒'이 있는데, 이는 동이東夷19) · 서융西戎20) · 남만南蠻21) · 북적北狄22) 을 가리키는 용어로 사용되었다.

臨　→　明夷　←　小過

괘상을 통해 사황四荒의 상을 추적할 수도 있다. 정약용의 추이법을 적용해 본다면, 명이괘는 림臨괘와 소과小過괘로부터 왔다. 림臨괘의 진震과 태兌는 동이와 서융이 되고 명이괘의 리離와 감坎은 남만과 북적이 되니, 이것은 사황을 포용하는 상이 된다.23) 이제 명이괘의 하괘에 있는 리離로써 문덕文德을 펼치고 밝히니, 이것이 바로 '명이明夷' 즉 '오랑캐를 밝힘'에

---

19) 漢나라 때 중국 변방의 이민족들 가운데 동쪽에 있는 종족을 가리키는 말. 이 시기의 동이족에는 濊 · 貊 · 韓 계통의 우리 민족과 읍루와 왜족이 속하였다. 그러나 漢나라 이후의 史書에 나오는 東夷는 전국시대까지 중국의 동부지방에서 활약했던 東夷와는 전혀 별개의 존재였다. 殷나라 때 人方이라는 夷族집단이 있었고, 『竹書紀年』을 비롯한 선진시대의 문헌과 금석문에서 東夷를 뜻하는 다양한 명칭이 발견된다. 여기에 표현된 夷族과 東夷族은 山東省 · 江蘇省 북부 일대에 거주한 족속을 가리킨다.

20) 중국 북서부지역에 살던 민족을 통틀어 일컫던 호칭이며, 犬戎으로도 일컬어진다. 초원에서 일어난 서융은 주나라 서쪽에 위치한 소수민족으로 훗날 北狄과 합쳐져서 匈奴라 불렸다.

21) 고대 중국의 남쪽지역에 거주하던 민족들에 대한 통칭이다.

22) 일반적인 북방 이민족을 통틀어 지칭하는 명칭으로서, 戎狄이라고도 한다. 殷代에 활약한 鬼方 또는 투르크계의 민족에서 유래하였다고 한다.

23) 정약용은 泰卦 九二의 "包荒"도 같은 의미로 사용된 것이라고 말한다.

해당된다.[24] 또 괘덕卦德으로 표현하자면, '명이明夷'는 '밝은 덕이 상했다'는 뜻이니, 이것은 문왕이 유리의 옥에 갇혀 있었던 상황을 가리키는 것으로 해석될 여지가 있다. 또 "밝은 덕을 감추었다"(晦其明也)라는 표현은 문왕이 어떻게 처신했는지를 암시한다.

그러면 먼저 명이괘의 괘사卦辭와 그에 대한 주석인 「단전」을 통해 문왕과 연관된 의미를 음미해보기로 하자.

◇ 괘사 : "明夷, 利艱貞." (명이는 어렵고 험난한 일에 이롭다.)[25]

◇ 「단전」: "明入地中, 明夷. 內文明而外柔順, 以蒙大難, 文王以之. 利艱貞, 晦其明也. 內艱而能正其志, 箕子以之." (밝음이 땅속으로 들어간 것이 明夷이다. 안으로는 문명한 덕이 있으면서도 밖으로는 유순한 모습을 보임으로써 큰 환란을 참고 견디는 것이니, 문왕이 이 괘상을 보고 본받은 것이다. '利艱貞'[어려움에 처하여, 바르게 일을 주관한다면 이로울 것이다]이라고 말한 것은 그 밝음을 감추기 때문이다. 안으로 어려움에 처하게 되지만 그 뜻을 바르게 할 수 있으니, 箕子가 이 괘상을 보고 본받은 것이다.)[26]

위의 괘사에서는 문왕의 환난에 대한 직접적 언급을 찾을 수 없다. 그러나 「단전」에서는 명이괘의 의미를 문왕이 겪은 대난大難과 연관시켜 풀이하고 있다. 일반적으로 괘사를 문왕 자신의 저술로, 「단전」을 공자의 저술로 인정하고 있는 만큼, 명이괘를 문왕과 관련된 괘로 간주하는 인식이 역학사의 초기전승 이후로 이미 공유되고 있었음을 알 수 있다. 그러면 정약용이 명이괘 「단전」을 어떻게 해석하고 있는지 살펴보기로 하자.

소과괘에서는 강剛의 험난함이 밖으로 드러나 있었는데[가운데 두 개의 강剛이 있음],

---

24) 「周易四箋 I」, 『定本 與猶堂全書』 15, 382쪽; 『역주 주역사전』 제4권, 333~334쪽, "卦自臨來, 臨有震兌[有互震], 移之明夷, 乃有离坎[有互坎], 東夷西戎[震爲東], 南蠻北狄[坎爲北], 皆入坤國之幅員[上本坤]. 此包四荒之象也[泰九二 '包荒']. 离以明之[下今离], 用敷文德, 此之謂, 明夷也."
25) 「周易四箋 I」, 『定本 與猶堂全書』 15, 383쪽; 『역주 주역사전』 제4권, 337쪽.
26) 「周易四箋 I」, 『定本 與猶堂全書』 15, 383쪽; 『역주 주역사전』 제4권, 339쪽.

추이推移하여 명이괘가 되면 안으로는 밝고 밖으로는 유순柔順하여[리離와 곤坤] 감坎의 험난함을 당하게 되니[명이괘의 호감互坎이 위에서 덮고 있음], 이것을 가리켜 "몽대난蒙大難" 즉 "큰 어려움을 당한다"라고 말한 것이다. 문왕은 유리羑里에 감금되는 불행을 당했음에도 불구하고['대난大難'이란 이것을 가리킴] 안으로 문덕文德을 밝히고 밖으로 신하의 도道로 순종함으로써[산의생散宜生의 고사] 이러한 불행에 대처하였으니, 이것을 가리켜 "문왕이지文王以之"라고 말한 것이다.[27]

정약용의 해석에 따르면, 「단전」의 "몽대난蒙大難"은 문왕이 유리에 감금 된 사건을 가리키는 것이며, "내간內艱"이란 요사스러운 여인 달기로 말미암 아 국가의 내정이 어지럽혀진 일을 가리킨다.[28] 달기가 실존인물이었는지 는 확실하지 않으나, 만일 실존인물이었다면 틀림없이 중국 역사상 가장 음란하고 포악暴惡했던 독부毒婦 중의 한 사람으로 기록되어야 할 것이다. 주왕은 학정虐政을 간하는 현신賢臣의 말은 듣지 않고 오로지 달기의 말만 잘 들었다. 그는 기름 바른 구리기둥을 숯불 위에 걸쳐 달군 뒤에 죄인으로 하여금 그 위를 맨발로 건너가게 하는 '포락炮烙'이라는 형벌까지 만들어 내어, 죄인들이 미끄러져서 타 죽게 되는 광경을 달기와 함께 구경하면서 웃고 즐겼다고 한다. 주왕의 숙부였던 충신 비간比干(BC.1092~BC.1029)이 죽임

27) 「周易四箋 I」, 『定本 與猶堂全書』 15, 384쪽; 『역주 주역사전』 제4권, 339~340쪽, "小過之卦, 剛險外著[中二剛], 移之明夷, 內明外順[離與坤], 以蒙坎險[互坎蒙于上], '蒙大難'也. 文王遭羑里之 厄[此大難], 文德內明, 臣道外順[散宜生之事], 以處此厄, 此文王以之也."
28) 「周易四箋 I」, 『定本 與猶堂全書』 15, 384쪽; 『역주 주역사전』 제4권, 340~341쪽, "箕子之時, 妖妲爲亂[此內難]."

을 당한 일도 모두 달기의 부추김 때문이었다. 비간은 "신하는 죽더라도 임금께 충간해야 한다"라고 말하면서 간언을 서슴지 않았다. 그러나 비간의 간언이 잦아지자, 달기는 성인의 심장에는 구멍이 일곱 개가 있다고 하는데 비간의 심장을 꺼내어 과연 성인인지 확인해 보는 것이 어떻겠느냐고 충동질하였다. 이에 호기심이 동한 주왕은 마침내 비간을 죽여 그의 심장을 꺼내 보고야 말았다는 설화가 전해진다.[29)

이렇게 해서 삼공三公이 모두 피살되거나 감옥에 갇히게 되니, 현자들은 모두 떠나고 간신들만 주왕의 곁에 남게 되었다. 떠나간 현자들 중 대표적 인물로는 기자箕子와 미자계微子啓가 있었다. 기자는 은나라의 제28대 군주인 문정文丁(혹은 太丁)의 아들이었는데, 동한東漢(25~220)의 마융馬融은 기자가 주왕의 숙부였다고 주장하였다.[30) 기자도 역시 주왕의 폭정에 대해 간언을 아끼지 않았는데, 주왕이 상아 젓가락(象箸)을 만들자 기자가 이를 보고 탄식하며 다음과 같이 말하였다.

> 주紂가 상아 젓가락을 만들었으니 반드시 옥배도 만들 것이며, 옥배를 만들고 나면 반드시 먼 지방의 진귀하고 기이한 물건(珍怪之物)을 생각하고 그것을 사용하게 될 것이다. 수레와 말과 궁실을 사치할 조짐이 여기에서부터 시작되어 점점 더 심해질 것이고, 이로부터 시작하여 구제할 수 없게 될 것이다.[31)

그러나 간언이 끝내 받아들여지지 않자 기자는 머리를 풀어 헤치고 거짓으로 미친 척하면서 남의 노비가 되려 하였다. 하지만 주왕은 그를

---

29) 明代 許仲琳 혹은 陸西星의 작품으로 알려진 장편소설『封神演義』에서는 충신 比干이 죽음을 당한 일도 달기의 敎唆 때문이라고 쓰고 있다.
30) 箕子가 紂의 숙부라는 것은『주역집해』에 인용된 馬融의 설을 따른 것이다.(『고형의 주역』, 예문서원, 1995, 318쪽.)
31)『史記』,「宋微子世家」, "紂爲象箸, 箕子嘆曰, 彼爲象箸, 必爲玉杯, 爲玉杯, 則必思遠方珍怪之物而禦之. 輿馬宮室之漸自此始, 不可振也."

사로잡아서 유폐시켰다. 정약용은 기자가 처했던 당시의 상황을 괘상으로 다음과 같이 풀어내고 있다.

명이明夷괘는 림臨괘로부터 온 것이다[2가 3으로 간 것이다]. (臨괘에서는) 태兌의 여자가 교만하고 사나워서[하괘가 본래 태兌] 곤坤의 나라가 내란內亂에 빠졌었는데[하괘가 내內가 됨], 추이하여 명이괘가 되면 리離의 의지로써 올바르게 할 수 있는 까닭에[감坎과 리離는 사정괘四正卦에 속함] "능정기지能正其志"라고 말한 것이다. (또 명이괘의 하괘가) 위로 세 개의 음을 이고 있는 까닭에 "회기명晦其明"이라고 말한 것이다[리離는 밝음이 된다]. 기자의 시대에는 요사스러운 달기라는 여자가 (나라를) 어지럽힌 까닭에["내란內亂"이라 한 것은 이를 가리킴] (기자는) 감옥에 갇히거나 종이 되는 욕(囚奴之辱)을 당하기도 했으나 마음의 의지를 올바르게 다스림으로써 스스로를 감추고 숨겼으니, 이것을 가리켜 "기자이지箕子以之"라고 한 것이다.[32]

기자에 대한 언급은 명이괘 육오六五에 나타난다. 정약용은 기자동래설을 주장하면서 명이괘 육오六五의 효사를 근거로 제시하고 있다. 그러면 명이괘 육오의 효사를 살펴보기로 하자.

六五 : 箕子之明夷, 利貞. ○象曰, 箕子之貞, 明不可息也.

육오 : 기자가 동이족을 개명開明시키기 위해서 (조선으로) 갔으니, 일을 주관함에

32) 「周易四箋 I」, 『定本 與猶堂全書』 15, 384쪽; 『역주 주역사전』 제4권, 340~341쪽, "卦自臨來[二之三]. 兌女驕悍[下爲兌], 坤國內亂[下爲內], 移之明夷, 离志克正[坎离爲正卦], 能正其志也. 上戴三陰, 晦其明也[离爲明]. 箕子之時, 妖妲爲亂[此, 內難], 囚奴之辱, 心志克正, 以自韜晦, 此, 箕子以之也."

이로울 것이다. ○「상전」: 기자의 (일을 주관함에 있어) 곧음(貞)은 광명이 그치지 않기 때문이다.[33]

마융馬融은 여기에서 언급되고 있는 '기자'가 주왕의 숙부였던 인물을 가리킨다고 보았다. 그러나 서한의 조빈趙賓[34]은 '기자箕子'를 인명으로 보지 않고 '해자荄玆'의 뜻으로 풀이하였다. 즉『한서』「유림전儒林傳·맹희전孟喜傳」에서는 "촉蜀의 조빈이 '기자箕子'를 '해자荄玆'로 바꾸어 풀이하였으니, '해자'는 '만물방해자萬物方荄滋' 즉 '만물이 바야흐로 한창 자라남'의 뜻이다"라고 적고 있다.[35] 그 이후에도 유향劉向(대략 BC.79~BC.8)과 순상荀爽(128~190)이 그와 같은 주장을 반복하였다. 왕필王弼(226~249)이 '자子'를 '자玆'로 바꾸어 해석한 것도 조빈의 예를 따른 것이다. 그리고 촉재본蜀才本[36]에서는 '기자箕子'가 '기자其子'로 되어 있었다고 한다.[37] 이러한 논의는 우리에게

---

33) 「周易四箋 I」,『定本 與猶堂全書』15, 388쪽;『역주 주역사전』제4권, 362~363쪽.

34) 趙賓은 서한의 宣帝(BC73~49 재위) 때에 蜀땅에서 활동했던 저명한 역학자이다. 孟喜의 제자로서 數理에 정통하였다.

35) 趙賓은 원래 '其子'였던 것을 서한의 박사 施讐가 '箕子'로 잘못 읽은 데서부터 오류가 시작되었다고 주장하였다.

36) 蜀才(?~318)는 본명이 范長生이며 자가 蜀才이다. 東晉의 元帝 太興 원년(318)에 죽었다. 저서로『易注』(10卷),『老子注』(10卷) 등이 있다. 그의 역학은 漢儒들의 역학을 전승한 것으로, 魏나라 王弼의 역학과는 그 계통이 다르다. 왕필의『易注』는 象數를 역학에서 제거하려고 하였으며, 도가적 해석으로『주역』을 재해석하려고 하였다. 반면 범장생은『老子』에 대한 해석을 하였음에도 불구하고『易注』에서는『道德經』을 한 글자도 언급하지 않았으며, 玄學을 섞지 않고 유가의 입장을 고수하였다. 역학 해석에 있어서는 한역의 象數를 篤信하였고 荀爽과 虞翻의 괘변설을 계승하였으며,『역경』의 字義를 해석할 때에는 鄭玄의 易注에 많이 의존하였다. 今文과 古文을 겸하여 채택하였으나, 舊本의 經字를 고치는 것을 좋아하였다.

37) 淸代의 惠棟은『周易述』에서 '箕子'를 '其子'로 고쳤는데, 이것은 蜀才의 학설을 따른 것이다. 秋史 金正喜는 이러한 영향을 받아「其子攷」를 썼는데, 이 글은 明夷卦 六五 爻辭에 나오는 "箕子之明夷"의 箕子를 은나라 太師인 箕子로 보는 통설에 대해서 '箕子'는 곧 '荄玆'의 잘못이라고 논박한 것이다. 그는 其의 옛 音이 亥이기 때문에 '해'로 읽기도 하고 箕로도 쓴다고 하였다. 즉 荀爽의 설에 따르면 '箕子'를 亥子로 읽어야 하며, 이 亥子는 荄玆의 假借이다.(심경호, 「주역과 한국 한문학」,『하계학술대회논문집』, 16~17쪽, 한국한문학회, 2009)

큰 혼란을 불러일으킨다. 만일 기자箕子가 은말주초에 살았던 인물을 지칭하는 것이 아니라면 기자와 관련하여 전개했던 논의 자체가 무의미해질 것이다. 그러나 이러한 견해는 그 근거가 약할 뿐 아니라 어지럽기만 하고 아무런 조리도 없다. 정약용은 '기자箕子'를 '해자荄茲'로 바꾸어 풀이하는 병통病痛이 한유漢儒들에게 만연해 있었음을 지적하였다.[38] 그렇다면 왜 한유들은 이처럼 황당하고도 무리한 억지 해석을 감행하게 된 것일까? 그것은 그들이 경전을 해석할 때 멋대로 글자를 바꾸어 해석함으로써 야기된 것이다.

한유들이 글자를 자의적으로 교체해 넣은 까닭은 글자의 음이 서로 비슷해서 혼동을 일으켰기 때문이기도 하지만, 더 중요한 이유는 그들이 역사易詞를 문왕이 지은 것으로 간주했다는 데 있다. 앞서 살펴본 바처럼, 기자는 주왕紂王에 의해 갇혀 있다가, 서백西伯 창昌의 동생인 주周의 무왕이 상商을 멸망시킨 뒤에야 비로소 풀려나게 된다. 기자는 무왕에게 홍범구주洪範九疇를 가르쳐 주었으나, 끝내 주周의 신하가 되기를 거부한 채 상의 유민들을 이끌고 이주하는 길을 택했다. 따라서 기자가 동이의 땅으로 이주해 간 것은 문왕이 죽은 뒤에나 가능하다. 만약 효사를 문왕이 쓴 것으로 간주한다면, 문왕이 유리의 감옥에서 『주역』을 저술하면서 자신이 죽은 뒤에 발생한 "기자지명이箕子之明夷"의 사건에 대해 적는 일은 불가능했을 것이다. 이 때문에 문왕효사설文王爻辭說을 추종하는 일부 한유들이 '기자箕子'를 다른 글자로 고쳐 놓게 된 것이다.[39] 그들은 명이괘 「단전」의 "기자이

---

38) 「陸德明釋文鈔」, 『易學緖言』, 『定本 與猶堂全書』 17, 259쪽, "漢·魏諸家之易, 多犯荄滋之病."
39) 육십사괘와 卦爻辭를 모두 文王이 만들었다고 하는 설은 사마천로부터 비롯되었다. 이 설의 근거는 「繫辭下傳」에서 "易之興也, 其於中古乎! 作易者, 其有憂患乎!"라고 한 것과 또 "易之興也, 其當殷之末世周之盛德邪, 當文王與紂之事邪, 是故其辭危"라고 한 것에 있다. 이러한 설은 『漢書』 「藝文志」에도 나타난다. 즉, 문왕이 "重易六爻, 作上下篇"했다고 함으로써 『易經』 上下篇이 모두 문왕의 저술임을 주장하였다. 鄭玄의 『周易注』에서도 "據此言, 易是文王所作, 斷可知矣"라고 하였다.

지箕子以之와 명이괘 육오六五의 "기자지명이箕子之明夷"를 분리시켜서, 「단전」은 공자가 쓴 것이기 때문에 기자를 언급한 것에 아무런 문제가 없지만 효사는 문왕에 의해 쓰인 것이기 때문에 기자를 언급한다면 모순이 발생하게 된다고 생각하였다. 그 견해에 따르면, 서한西漢 이래 효사의 '기자'를 주왕紂王의 신하로 보는 견해는 없었고, 또 촉蜀의 조빈趙賓이 '기자箕子'를 '해자荄滋'로 바꾸어 풀이한 것도 그의 스승 맹희孟喜의 해석을 따른 것이지 조빈의 창견은 아니었으며,[40] 유향劉向의 해석도 중고문中古文에 의거한 것이지 조빈의 학설을 추종한 것은 아니었다는 것이다. 그러나 정약용에 따르면, 괘사는 문왕에 의해서 지어진 것이고 효사는 주공에 의해 지어진 것이기 때문에 그러한 모순은 발생하지 않는다.[41] 문왕에 대한 언급은 수隨괘 상구上九의 "왕용형우서산王用亨于西山"과 승升괘 육사六四의 "왕용형우기산王用亨于岐山"에서도 나타나는데, 효사가 문왕에 의해 지어졌다는 관점을 고수한다면 모순을 피할 수 없게 된다. 왜냐하면 서백 창이 문왕으로 추존된 것은 어디까지나 무왕이 상나라를 멸망시킨 사건 이후의 일이기 때문이다.[42]

정약용은 마융과 마찬가지로 기자를 은대에 실존했던 인물의 명칭으로 간주하였고, 이러한 설에 의거하여 '기자동래설'을 주장하였다. 전설에 따르면, 기자는 상의 유민들을 이끌고 북쪽으로 이주하였다. 이때 기자가 이주해 간 곳과 관련하여, 그가 한반도로 가서 기자조선을 세웠다는 주장도

---

40) 顔師古는 箕子를 荄滋로 풀이한 것이 이미 「孟喜傳」에 그렇게 나오고 古文에 원래부터 그렇게 되어 있었다고 말한다.("師古云, 言根荄方滋茂也, 見孟喜傳, 蓋古文原如此.")
41) 괘사는 문왕이 쓰고 효사는 주공이 썼다는 설은 鄭衆, 賈逵, 馬融, 虞翻, 陸績 등에 의해 주장되었으며, 공영달이 『주역정의』에서 취하였다. 정약용도 이 설을 따르고 있다.(呂紹綱, 『周易闡微』, 長春吉林大學出版社, 1990, 324쪽.)
42) 商王朝의 연대에 관해서는 정설이 없다. 최근의 夏商周斷代工程에 의하면, 상왕조는 대략 기원전 1600년경부터 1556년 사이에 성립하여 기원전 1046년까지 510년(혹 554년) 동안 존속하였다. 한편 董作賓이 曆法에 의하여 추산한 바에 따르면, 상왕조는 기원전 1766년부터 기원전 1111년까지 655년 동안 존속하였다고 한다.

있으나, 학계에서는 '기자동래설箕子東來說'43)을 정설로 인정하지 않는다. 그러나 정약용은 명이괘 육오六五의 효사를 근거로 기자가 조선으로 건너온 것이 사실이라고 주장하였다. 그는 "기자지명이箕子之明夷"의 "지之"를 관형격 조사인 '~의'로 해석하지 않고, '가다'의 뜻으로 해석하였다. 그러므로 "기자지명이"는 "기자가 오랑캐를 개명開明시키기 위해 갔다"는 뜻으로 해석된다. 정약용은 이것을 괘상의 변화를 통해 설명하기도 한다.

> 이것은 명이明夷괘가 기제旣濟괘로 변하는 경우이다. 기제괘는 태泰괘로부터 왔다[2가 5로 간 것이다]. 진震의 방향의 바깥쪽으로[태泰괘의 상호괘가 진震] 곤坤의 나라가 있다고 하니, 이것이 동국이다[즉 조선을 가리킨다]. 건왕乾王의 족속이 외국으로 나가서[태泰괘의 2가 5로 감] 마침내 군주의 자리를 바로잡았으니, (이 사람이) 기자가 아니고 (도대체) 누구이겠는가? 남면南面함으로써 그곳을 다스려[기제괘의 하괘가 지금 리離] 오랑캐의 나라를 밝게 하였으니[기제괘의 상호괘가 리離], (이것을 가리켜) "기자지명이箕子之明夷" 즉 "기자가 오랑캐의 나라를 개명시키기 위해서 (조선으로) 갔다"라고 말한 것이다.44)

> 두 개의 리離가 서로 이어지니[기제괘의 하괘도 리이고, 그 위의 상호괘도 리], "밝음이 그치지 않는 것"이다. 태양이 땅 밑에서부터 시작하여 서쪽에서 동쪽으로 운행하니[소과괘의 태兌는 서쪽을 뜻함], 광명이 중간에 끊어질 수가 없는 것이다. 기자는 선왕의 도를 품고 있었지만[예컨대 『서경』 「홍범」편에서와 같음] 중국 내에서 교화를 펼 수가 없어, 이에 동쪽으로 조선으로 가서 오랑캐 나라에서 이 (선왕의) 도를 밝혀 그 도가 끊어지지 않도록 하였으므로 그 광명이 그치지 않는다고 말한 것이다. 이것은

---

43) '箕子東來說'은 『史記』 「宋微子世家」, 『漢書』 「地理志」, 『尙書大傳』 「殷傳」, 『三國志』 「魏志東夷傳」 등의 중국 史書와 『三國遺事』, 『帝王韻紀』, 『東國史略』 등의 고려 및 조선의 史書들에 나타나 있다. 조선시대에는 이러한 기자동래설에 근거하여 단군과 함께 기자의 祭를 지냈으며, 그의 사당을 세우기도 했다. 하지만 오늘날에는 漢 이전의 기록들에서는 기자가 조선으로 갔다는 기록이 전혀 나타나지 않는다는 점을 근거로 하여 기자동래설이 역사적 사실과는 거리가 먼 것으로 받아들여지고 있다.

44) 「周易四箋 I」, 『定本 與猶堂全書』 15, 388쪽; 『역주 주역사전』 제4권, 363쪽, "此, 明夷之旣濟也. 旣濟自泰來[二之五]. 震方之外[泰上震], 曰有坤國[泰上坤], 是, 東國也[卽朝鮮]. 乾王之族, 出于外國[二之五], 遂正君位[陽居五], 非箕子而誰也? 南面以治之[下今離], 夷國以明[上互離], '箕子之明夷'也."

(바로) 성인께서도 고심하셨던 바이니, 공자가 구이九夷의 땅에서 살고자 하였던 것도 역시 이런 뜻인 것이다.[45]

즉 명이괘 육오는 '명이지기제明夷之旣濟'가 되니, 추이법을 통해서 보면 기제괘는 태泰괘로부터 온 것이다. 그런데 태괘의 2가 5로 가서 기제괘가 된 것은 건왕乾王의 친족이 외국으로 나가서 마침내 군주의 지위를 바로잡은 것으로 풀이할 수 있다. 그렇다면 여기서 건왕乾王이란 주왕紂王을 가리키는 것이며, 그 외국으로 간 친족은 기자箕子가 아니겠는가? 그리고 태泰괘의 상호괘上互卦는 진震이며 그 너머로 곤坤의 나라가 있으니, 그것은 진震의 동방에 있는 나라 즉 조선이다. 따라서 기자는 중국을 떠나서 동국 즉 동이족의 나라인 조선을 향해서 간 것이다. 기자가 중국을 떠날 수밖에 없었던 이유는 선왕의 도를 중국에서 더 이상 펼칠 수 없었기 때문이었으며, 조선으로 간 것은 중국에서 지펴진 문명의 불씨를 이국夷國에서 되살리기 위해서였다. 정약용은 이것이 「상전」에서 "명불가식야明不可息也"라고 한 뜻이라고 풀이한다. 그에 따르면, 공자가 "욕거구이欲居九夷"라고 한 것도 문명을 보존하고 전파시키고자 하는 성인의 고심을 보여 주는 표현이다.

기자와 더불어 중국을 떠난 또 한 사람의 인물로 충신 미자계微子啓가 있다.[46] 미자계는 제을帝乙의 맏아들이었지만 어머니의 지위가 미천하였기

---

45) 「周易四箋 I」, 『定本 與猶堂全書』 15, 388~389쪽; 『역주 주역사전』 제4권, 364쪽, "兩离相繼[上互离], 明不息也. 太陽之行, 由於地底[上本坤], 自西而東[小過時, 有兌], 明不可間斷也. 箕子抱先王之道[如「洪範」], 旣不能內明中國, 於是, 東出朝鮮, 明此道於夷邦, 其道不絶, 則其明不息. 此, 聖人之苦心也. 孔子之欲居九夷, 亦此意也."

때문에 왕위를 계승하지 못하였다. 반면에 작은 아들 신辛 즉 주왕紂王은 어머니가 정비正妃였으므로 왕위계승자가 될 수 있었다. 서형庶兄인 미자계는 주왕의 폭정을 보고 세 번에 걸쳐 간언을 하고, 간언이 받아들여지지 않자 종사를 보존하기 위하여 신주를 훔쳐 달아났다. 정약용은 명이괘 초구初九의 효사가 바로 이 미자계의 사건에 해당되는 점사라고 말한다.

初九: 明夷于飛, 垂其翼, 君子于行, 三日不食, 有攸往, 主人有言. ○象曰, 君子于行, 義不食也.

초구 : 명이새가 날아오르다가 (화살에 맞으니) 그 날개를 드리운다. (명이새가 둥지를 떠나듯이) 군자가 길을 떠나니, 삼일 동안 먹지 않게 된다. (군자가) 가야 할 곳이 있는데, 주인으로부터 (험담하는) 말이 있다. ○「상전」: "군자가 길을 떠남"(君子于行)이니, (삼일 동안 먹지 않는 것은) 의리로 볼 때 먹어서는 안 되기 때문이다.[47]

새들이 둥지를 떠나듯이 충신인 기자와 미자계도 떠나 버리니, 중국은 이제 암흑천지가 되어 버렸다. 반면에 역설적이게도 중국이 어두워지는 만큼, 그 반대로 오랑캐 땅이라고 불리던 곳은 밝아지게 되었다. 명이明夷란 오랑캐를 밝힌다는 뜻이니, 중국 땅을 밝히던 태양은 이제 오랑캐 땅을 밝히게 된 것이다. 정약용은 중국과 이국夷國의 뒤바뀐 처지를 다음과 같이 묘사한다.

주왕의 때를 맞이하여, 미자계는 변방으로 도망가서 은둔하였고 기자는 동이 땅에 거처하였으며[조선으로 감] 문왕은 서쪽 오랑캐들과 섞여 살았는데, (이처럼) 성현들이 밖으로 흩어져 달아나니 중국이 어두워져 버린 것이 마치 해가 (져서) 땅속으로

---

46) 공자는 『論語』「微子」편에서 箕子·比干·微子啓의 세 사람을 가리켜 "은나라에 세 사람의 어진이가 있었다"(殷有三仁焉)라고 하였다. 그 이유는, 미자가 도망한 것은 종사를 보존하기 위함이었고 비간이 간하다 죽은 것은 인군의 마음을 깨닫게 하기 위함이었으며 기자가 거짓 미친 척한 것은 후세에 도를 전하기 위함이었으니, 비록 세 사람의 자취는 달랐지만 仁을 행함에 있어서는 한결같았다는 것이다.

47) 「周易四箋 I」, 『定本 與猶堂全書』 15, 384쪽; 『역주 주역사전』 제4권, 341~342쪽.

들어가고 오랑캐 나라들이 (그 해의) 밝음을 얻은 것과 같았다. 이것이 (바로) 명이明夷의 상인 것이다.[48]

미자계와 기자가 중국을 떠나 변방의 땅으로 가 버린 사건은 문명의 중심이 이동해 가는 상황을 상징적으로 보여 준다. 미자계는 예악禮樂을 담당하는 태사太師·소사少師와 상의한 끝에 아우 미자연微子衍과 함께 상나라를 떠나 봉지封地인 미微로 돌아갔다.

그러면 이제 마지막 장면에 해당되는 주왕紂王의 최후의 모습을 효사에서 어떻게 서술하고 있는가를 살펴보자. 정약용에 따르면, 명이괘 상육上六은 천자의 자리에 올랐던 주왕紂王이 임금의 도리를 잃고 마침내 죽음을 당하게 된 것에 해당되는 점사라고 한다.

上六 : 不明, 晦, 初登于天, 後入于地. ○象曰, "初登于天", 照四國也, "後入于地", 失則也.

상육 : 밝지 못하여 어두우니, 처음에는 하늘로 오르고 뒤에는 땅속으로 들어가도다. ○「상전」: "초등우천初登于天"이라고 한 것은 사방의 나라를 비춤을 말한 것이요, "후입우지後入于地"라고 한 것은 (군주의) 법도를 잃음을 말한 것이다.[49]

명이괘 상육上六에서는 아침에 밝게 솟아올랐던 태양이 사방을 비추다가 이제 땅속으로 들어가서 광명이 사라지고 어두움이 찾아오게 된 상황을 묘사하고 있다. 태양으로 상징된 것은 주왕紂王의 권세였다. 『서경』「탕서湯誓」에 따르면, 주왕이 자신의 존재를 해에 비유하면서 저 해가 사라지지 않는 한 자신의 권세도 유지될 것이라고 장담하자 백성들은 "이 놈의 해는 언제 지나, 네 놈만 꺼진다면 우리가 같이 망해도 좋겠다"라고 말하면

---

48) 「周易四箋 I」, 『定本 與猶堂全書』15, 382쪽; 『역주 주역사전』제4권, 333쪽, "當紂之時, 微子遜荒, 箕子居夷之朝鮮], 文王混於西夷, 賢聖外迸, 中國晦盲, 如日入地中, 而夷國得明. 此明夷之象也."

49) 「周易四箋 I」, 『定本 與猶堂全書』15, 389쪽; 『역주 주역사전』제4권, 366~367쪽.

서 원망했다고 한다. 주희는 명이괘 상효上爻가 암군暗君을 가리킨다고 보았으며 원대의 경학자 호병문胡炳文(1250~1333)은 이 암군이 바로 주왕紂王을 가리킨다고 하였는데, 정약용은 이 설을 따르고 있다.

> 해는 군주의 상징이다[『서경』, 「상서商書・탕서湯誓」편에서 (폭군을 빗대어) "시일갈상時日曷喪" 즉 "이 해는 언제 망할까"라고 하였다]. '칙則'은 군주의 도리이다. 간艮은 좁은 길(徑路)이니[비賁괘의 상괘가 지금 간艮], 군주의 도리를 잃어버린 것을 상징한다. 주紂는 건왕乾王으로서 처음에는 천자의 자리에 올랐으나[천왕天王이 됨] 그 임금의 도리를 잃고 마침내 간艮으로써 죽임을 당하였으니[리병離兵이 그를 죽임], (주임금의 경우는 바로) 이 점에 해당된다[주자가 말하였다. "상위의 일효는(즉 제6효는) '암군'을 상징한다"]. 호병문이 말하였다. "법도를 잃은 것이 주紂임금이 주임금으로 된 까닭이다"[반면에 법도를 따랐던 것이 문왕이 문왕으로 된 까닭이다].[50]

이렇게 해서 은말주초의 역사에 대한 하나의 스토리텔링이 완결된다. 명이괘의 효사를 통해서 그 저자인 주공이 표현하려고 했던 것은 은나라 말기의 슬픈 역사이다. 이러한 역사적 정황을 모른다면 명이괘에 숨겨진 미의微意를 전혀 이해할 수 없다. 정약용은 주공의 효사에서 과거를 회상하고 애통해하면서 슬퍼하던 주공의 심정을 읽어 내고 있는데, 정약용의 해석을 통해서 은말의 비통한 역사가 삼천 년의 시공時空을 건너뛰어 우리에게 애절하게 전해지고 있다.

> 비간은 심장을 도려냄을 당하고 문왕은 감옥에 갇힘을 당하고 기자는 머리를 깎고 (목에 죄수의) 칼을 쓰게 됨을 당하였으니, 한때에 어질고 현명한 선비들이 풀이 베어져 넘어지거나 짐승이 사냥으로 쓰러져 죽듯이 (상해를) 당하지 않음이 없었다.

---

50) 「周易四箋 I」, 『定本 與猶堂全書』 15, 390쪽; 『역주 주역사전』 제4권, 369~370쪽, "日者, 君象也[周書云, "時日害喪"]. 則者, 君道也. 艮爲徑路[上今艮], 失君道也. 紂爲乾王, 初登天位[爲天王], 失其君道, 終以艮死[離兵以誅之], 當此占也[朱子曰, "上一爻爲暗君"]. 胡炳文云, "失則, 所以爲紂."

리離의 형법이 밝지 못함[땅속으로 들어감]으로 말미암아서 군자가 상해를 입게 되는 것이[림臨괘는 대진大震의 형태이므로 두 개의 양획은 모두 진震의 군자에 해당됨] (바로) 명이明夷의 재앙인 것이다. 주공이 효사를 엮다가 이 부분에 이르러서 그 괘상을 살펴보고는 애통해하면서 슬퍼하였으니, (그것은 이전 시대의) 혼란을 회상하고서는 (그때의 희생자들을) 애도하는 마음이 들었기 때문이다. 이에 여러 효사들에서 당시의 현자와 성인의 역사적 사실로써 물상物象을 분별하고 (다시 그 물상과 성현들의 역사적 사실들을 결부시켜서) 배치하였던 것이니, 이것은 비단 기자의 경우에만 그렇다는 뜻이 아니다. (또한) 공자가 (주공이 계사를 짓게 된) 은미한 사정을 알고 있었던 까닭에 「단전」에서 특별히 문왕을 (기자에 덧붙여) 언급하였으니, 사실은(그 실정을 알고 보면) 단지 문왕의 경우에만 그렇다는 뜻이 아니다.[51]

이러한 역사적 사건들을 명이괘의 괘사와 효사에 배치한 의도는 하나의 예시적例示的 전범典範을 제시하는 데 있는 것이지, 그러한 괘효사들의 점사가 그 이외의 사건에는 적용될 수 없다는 것을 의미하지 않는다. 즉 정약용은 주공의 효사에서 기자를 예로 들었다고 해서 그것이 그러한 역사적 사건에만 해당되는 점사임을 주장하는 것은 아니라고 말하고 있다. 이것은 또한 공자의 「단전」의 경우에도 마찬가지여서, 문왕을 언급했다고 해서 그것이 문왕의 경우에만 해당되는 점사라는 뜻은 결코 아니다.

---

51) 「周易四箋 I」, 『定本 與猶堂全書』 15, 382~383쪽; 『역주 주역사전』 제4권, 334~335쪽, "比干剖心, 文王拘囚, 箕子髡鉗, 一時, 仁賢之士, 無不艸薙而禽獮, 离刑不明[入地中], 君子受傷[臨二陽, 皆震], 此, 明夷之禍也. 周公繫詞, 至此, 覽卦象, 而哀傷, 追淫昏而悼念. 於其諸爻之詞, 各以當時賢聖之事, 辨物象而配之, 不但箕子爲然也. 孔子知其微也, 故「彖傳」特言文王, 其實, 不但文王爲然也."

## 2. 용의 메타모르포시스

『주역』을 '변화의 서書'라고 하거니와, 그 변화의 이미지를 나타내는 대표적 표상이 바로 용龍이다. 용은 고대인들의 상상력이 빚어 낸 초현실적이고 신비한 동물이다. 『예기』에서는 용을 봉황·기린·거북과 함께 사령四靈의 하나로 간주하였다. 또 백호白虎·주작朱雀·현무玄武와 함께 사신四神을 형성하는 청룡靑龍은 우주의 질서를 지키는 동물로 여겨져 왔다. 『관자管子』 「수지水地」편에서는 용을 자유자재로 형태를 변화시키는 능력을 지닌 동물로 묘사하고 있다.

> 용은 물에서 나며 몸은 오색五色을 띠고 마음대로 변화시키는 조화능력이 있는
> 까닭에 신이다. 작아지고자 하면 누에처럼 작아질 수도 있고, 커지고자 하면 천하를
> 덮을 만큼 커질 수도 있다. 높이 오르고자 하면 구름 위로 솟구칠 수 있고, 아래로
> 들어가고자 하면 깊은 샘 속으로 잠길 수도 있다. 변화에 정해진 때가 없고, 위아래로
> 오르내리는 데 정해진 시간이 없으니, 이를 일러 신이라 한다.52)

전한시대의 가의賈誼도 『신서新書』에서 용의 이러한 변신 능력에 대해 주목하여 다음과 같이 서술하고 있다.

> 용의 신묘함은 오직 나는 용뿐인가 보다! 가는 것과 함께 하면 가늘게, 큰 것과
> 함께 하면 크게, 높은 것과 함께 하면 높게, 낮은 것과 함께 하면 낮게 할 수 있다.
> 나는 그래서 말하기를, "용은 변화무쌍해 숨을 수도 있고 나타날 수도 있다"고
> 한 것이다.53)

---

52) 김필수·고대혁·장승구·신창호 역, 『관자』(소나무, 2006), 538쪽; 『管子』, 「水地」, "龍生於水, 被五色而遊, 故神. 欲小則化如蠶蠋, 欲大則藏於天下, 欲尚則淩於雲氣, 欲下則入於深泉, 變化無日, 上下無時, 謂之神."

53) 賈誼 저, 박미라 역, 『新書』(소명출판, 2007), 268~269쪽., "龍之神也, 其惟蜚龍乎! 能與細細,

후한의 허신許愼이 『설문해자』에서 용에 대해 한 설명도 가의賈誼의 설명
과 다르지 않으니, 이는 용의 변신變身이라는 개념이 고대 중국인들 사이에
널리 유포된 관념이었음을 보여 준다.

> 용은 비늘이 있는 동물의 우두머리이다. 종적을 감출 수도 있고 나타낼 수도 있으며,
> 작아질 수도 있고 커질 수도 있으며, 짧아질 수도 있고 길어질 수도 있다. 춘분에
> 하늘에 오르고 추분에 연못에 잠긴다.[54]

이처럼 용은 자유자재로 변신變身하는 능력을 갖는데, 신화학神話學에서
는 이러한 능력을 '메타모르포시스'(metamorphosis)라고 부른다. 메타모르포시
스는 변신變身·변모變貌·변형變形 등의 뜻으로 풀이되는데, 이것은 동서양
을 막론하고 고대신화에서 빈번하게 나타나는 주제이다. 중국신화에서
용이 갖는 메타모르포시스의 기능은 재생再生의 관념과 밀접하게 연관되어
있다. 하왕조와 상왕조의 신화에 나오는 용은 뱀으로부터 변화된 것으로
알려졌기 때문에, 뱀이 갖는 변형 또는 재생의 기능은 용에게도 부여되었다.
뱀은 물속에 사는 수생동물이지만 땅굴 속에도 살며, 동면을 하다가 봄이
되면 허물을 벗는다. 용 또한 수중생활을 하는 동물로서, 헤엄치는 데
적합한 다리를 갖고 있다. 건乾괘 초구에 나오는 잠룡潛龍은 수생동물로서의
용의 모습을 묘사한 것이다. 용은 물속에 살 뿐 아니라 지상으로도 올라오며
때로는 하늘을 날아다닌다. 『주역』에서 용은 주로 건乾괘의 효사에서 여러
번 등장하며, 곤坤괘에서도 한 번 출현한다. 건乾괘에서 용은 잠룡潛龍·현룡
見龍·비룡飛龍·항룡亢龍·군룡群龍(神龍) 등으로 변화하며, 곤坤괘에서는 전
룡戰龍으로 등장한다. 잠룡에서 항룡에 이르기까지 용의 변화는 형태적

---

能與巨巨, 能與高高, 能與下下, 吾故曰, 龍變無常, 幽能章."
54) 許愼 撰, 段玉裁 注, 『說文解字注』(上海古籍出版社, 2003), 582쪽, "龍, 鱗蟲之長, 能幽能明,
能細能巨, 能短能長, 春分而登天, 秋分而潛淵."

변환을 수반한다고 말할 수 없지만, 용구用九의 군룡群龍은 머리가 없는 용으로 변모하게 되니 형태적 변환의 측면도 분명히 존재한다고 하겠다.[55] 『주역』의 저자는 이처럼 다양한 양태로 변신하는 용을 전편全篇의 문호門戶에 해당되는 건乾·곤坤에 배치함으로써 '변화의 서'로 불리는 이 책에 어울리는 상징적 이념을 구현하려고 하였다.

동아시아권에서 널리 전파된 용의 이미지는 고귀한 이상을 실현한 초월적 표상, 혹은 힘과 권력의 상징으로 여겨져 왔다. 중국의 정치담론에서 용은 지고무상至高無上의 권력을 상징한다.[56] 용은 존귀함의 상징이기 때문에 천자나 영웅처럼 위대하고 존귀한 존재들은 흔히 용에 비유되어 왔다. 임금의 얼굴을 용안龍顏이라 하고 그 옷을 용포龍袍라고 부르는 것도 바로 이 때문이다. 이러한 용의 동양적 표상은 서양의 용(dragon)과는 많은 방면에서 대비된다. 대개 서양의 용은 뱀처럼 생긴 몸에 발톱과 날개를 갖추고 화염을 토하는 모습으로 묘사된다. 이집트·아시리아·유대 설화에서 용은 주로 암흑세계에서 살면서 죽음이나 죄악과 관계가 깊은 괴물로 등장한다. 이러한 신화 속의 괴물 이미지는 고대 유럽의 신화로 도입되어 키마이라(chimaera)[57]·히드라(hydra)[58] 등의 괴물로 나타난다. 한편 그리스도교를 통해 유대로부터 들어온 악의 상징으로서의 용은 성자의 이야기와 결부되어 성 조지(Saint George)[59]와 지크프리트(Siegfried)[60], 아서왕(King Arthur)[61] 등 중세의

---

55) 『周易正義』, 8쪽, "用九, 見群龍, 無首, 吉."
56) 류중디 저, 이유진 역, 『동양고전과 푸코의 웃음소리』(글항아리, 2013), 095쪽.
57) 키마이라(Chimaera)는 그리스 신화에 나오는 불을 토하는 괴물이다. 머리는 사자, 몸통은 염소, 꼬리는 뱀 또는 용의 형상이라고 하며, 하나의 몸에 사자·염소·뱀의 형상을 한 3개의 머리가 달려 있는 모습으로 그려지기도 한다. 날개는 있기도 하고 없기도 한데, 날개와 상관없이 하늘을 날 수 있으며 입에서 불을 내뿜는다.
58) 히드라(hydra)는 그리스 신화에 등장하는 괴물이다. 히드라는 고대 그리스어로 물뱀을 뜻하며, 이름 그대로 거대한 물뱀의 모습을 하고 있다.
59) 성 조지(Saint George)는 초기 그리스도교의 순교자 성 게오르기우스(Saint Georgius)를 가리킨다. 그는 4세기 초에 팔레스타인에서 순교하였다고 한다. 게오르기우스는 농부를

영웅전설에서는 퇴치 대상인 괴물로 등장하기도 했고, 다른 한편으로 그리스·로마 혹은 고대 앵글로색슨의 전통에서는 적에게 두려움을 주는 전투의 수호자로 여겨져서 방패나 깃발 등의 문장紋章에 새겨지기도 했다. 그러나 서양의 용이 악의 표상만 지니는 것은 아니다. 유럽에서 용은 땅속에 살면서 재화를 지켜 주고 숨겨진 보물을 찾아 주는 성수聖獸로도 여겨져 왔다.

앞서 언급한 것처럼, 용은 현실 속에 존재하는 동물이 아니라 상상 속에서만 존재하는 동물이다. 그런데 정약용은 뜻밖에도 용이 실제로 존재했던 것은 틀림없는 사실이며, 그것은 역사기록으로도 입증될 수 있다고 말한다. 정약용이 용의 실재를 입증하기 위해서 들고 있는 전거典據는 춘추시대의 역사서인 『춘추좌씨전』이다. 『춘추좌씨전』에 따르면, 용의 출현은 기원전 523년과 기원전 513년에 2회에 걸쳐서 발생했다. 용의 출현에 관한 첫 번째 기사記事는 소공昭公 19년(BC523)조에 나온다. 이 기록에 따르면,

---

뜻하는 그리스어에서 파생한 라틴어이다. 전설에 따르면 성 게오르기우스는 용을 퇴치하는 기적을 일으킨 기사이다. 옛날 리비아의 시에나라는 작은 왕국에 용이 살았는데, 용은 매일 밤 젊은이 한 명씩을 바치지 않으면 독기를 내뿜어 위험을 가했다. 마침내 이 나라 공주가 희생제물로 바쳐지려는 순간에 백마를 탄 게오르기우스가 나타나 사람들에게 기독교를 받아들이면 용을 죽여주겠다고 제안했고, 이에 사람들이 동의하자 용을 처치해 주었다고 한다.

60) 지크프리트(Siegfried)는 게르만민족의 전설에 나오는 영웅이다. 지크프리트 전설에는 두 가지 계통이 있다. 첫째는 7세기 민족대이동시기에 라인강 하류지역의 프랑켄 사람들 사이에서 퍼진 전설로서, 니벨룽겐의 노래의 주인공이다. 니벨룽겐의 노래는 13세기 초경에 완성된 것이지만, 그 소재는 옛날 민족대이동시대 이후로 게르만 민족 사이에 전해 내려오던 것이다. 지크프리트는 라인강 하류지역에 있던 네덜란드왕의 왕자였는데, 아르브리히라는 小人으로부터 도깨비감투를 빼앗았고 또 거대한 괴물 같은 용을 무찌르고 그 피를 뒤집어씀으로써 불사의 용사가 되었다. 둘째는 북부유럽 계통의 전설인데, 이에 의하면 지크프리트는 게르만 민족의 주신 오딘의 자손이라고 한다.

61) 아서(Arthur)왕은 6세기경 영국의 전설적 인물로서 켈트 민족에 속하는 영웅이다. 후대의 전설에서는 용을 죽인 것으로 전해지지만, 실제로 아서왕 전설 원본에서는 용이 등장하지 않는다는 얘기가 유력하다.

용들이 정鄭나라 성문 앞에 나타나 서로 싸웠다고 한다. 정약용은 이것을 근거로 해서 곤坤괘 상육의 '용전우야龍戰于野'의 효사도 상상력으로 만들어 낸 허구적인 이야기가 아니라 역사적 실례에 바탕을 두고 있는 것이라고 주장하였다.

> 생각해 보건대, 『좌전』에 "용이 정鄭나라 성문 앞에서 싸웠다"라고 하였으니[소공昭公 19년에 있었던 일], 역사易詞가 상象을 취함은 모두 실리實理에 부합한다.[62]

그 다음으로 용의 출현에 관한 두 번째 기사記事는 소공 29년(BC.513)의 기록에 나온다. 이 기록에 따르면, "용이 진晉나라 도성인 강絳의 교외에 출현했다"(龍見於絳郊)고 한다. 『춘추좌씨전』은 역사적 사건에 대한 기록이기 때문에 용이 출현한 사건을 그저 황당무계한 이야기로 치부해 버릴 수는 없다. 어쨌든 용의 출현은 단 2회에 그치는 사건이니만큼 그 동물이 일상적으로 흔히 목격되는 것은 아니었을 것이다.[63] 위魏나라 채묵蔡墨이 이 사건에 관해 위헌자魏獻子와 대화를 나눈 것을 보면, 용의 출현은 그 당시의 사람들에게도 놀라운 사건이었음이 틀림없다. 아마도 그 용은 우리가 상상 속에 그리는 신화적 동물과는 아무런 관계가 없고, 단지 코모도 드래곤(comodo dragon) 같은 파충류나 양서류에 속하는 어떤 동물을 가리키는 것일지도 모른다.[64] 그런데 채묵은 『주역』에서 "잠룡물용潛龍勿用", "현룡재

---

62) 「周易四箋 I」, 『定本 與猶堂全書』 15, 130쪽; 『역주 주역사전』 제1권, 344~345쪽, "案, 左傳, 龍鬪鄭門[昭十九年], 易詞取象, 皆合實理."

63) 기원전 523년은 공자 나이 29세 때에 해당되고, 기원전 513년은 공자 나이 39세 때에 해당된다.

64) 로버트 바스트(Robert Bast)는 인터넷 블로그에 올린 자신의 글, "용들: 그들은 한때 실존하였는가?"(Dragons: Were they once real?)에서 신화 속의 용들이 실재에 근거하고 있다는 가설을 제안하였다. 중국인들이 용이라고 했던 것이 사실은 지금 인도네시아의 코모도 섬에 실존해 있는 코모도 드래곤(comodo dragon, Varanus komodoensis)을 가리키는 것일 수도 있다. 코모도 드래곤은 길이가 3미터, 몸무게는 150킬로그램에 달하는 세계에

전견룡재전見龍在田", "항룡유회亢龍有悔", "현군룡무수길見羣龍無首吉", "용전우야龍戰于野" 등 용의 행태에 대한 서술이 다양한 방식으로 이루어지고 있는 것으로 미루어 볼 때 옛날에는 용이 아침저녁으로 주변에서 볼 수 있었을 것이 틀림없다고 주장하였다.[65] 뿐만 아니라 하나라 때에는 용을 기르는 일을 전담하는 환룡씨豢龍氏와 어룡씨御龍氏가 있었다고 한다.[66] 어쨌든 정약용도 채묵처럼 용의 실재를 의심하지 않았는데, 이렇게 실증성을 고집하는 견해는 신화성을 제거해 버림으로써 우리의 상상력을 가두어 버리는 결과를 초래하고 만다.

흥미로운 것은 갑골문에 이미 '용龍'자가 나온다는 사실이다. 어떤 학자들은 갑골문에 표현된 용은 상상속의 동물이라기보다는 악어와 같은 큰 양서류 종류이거나, 아니면 화석에서 발견된 공룡의 모습을 본떠 만든 글자일 가능성이 높다고 주장하였다. 갑골문의 '용龍'자의 형태는 가늘고 긴 두부頭部의 모습을 지니고 있는데, 이 형태는 후에 머리 위에 마치 각관角冠이 있는 것처럼 변화되어 갔다.

---

서 가장 큰 도마뱀 종류이다. 로버트 바스트는 고대 중국인들이 인도네시아의 이 섬을 방문했음이 틀림없다고 주장한다. 이 코모도 드래곤은 예전에는 이 섬에 광범위하게 분포하고 있었으며, 심지어 몽골리아(Mongolia)에서도 출현한 적이 있었던 것으로 보고되었다.(Wilford, J.N., "After 60 years, Scientists Return to Fossil 'Paradise' of the Gobi", *Science Times*, The New York Times, Tuesday, July 29, 1990, pp. B5 and B8; 로버트 바스트의 블로그에서 재인용) 호주의 퀸즐랜드(Queensland)에서는 지금의 코모도보다 훨씬 더 큰, 코모도의 사촌 격인 메갈라니아 프리스카(Megalania prisca)가 지금으로부터 불과 일만구천 년 전에 멸종하였다고 한다.
http://survive2012.com/index.php/dragons-were-they-once-real.html.; 28, Nov.2011)

65) 「春秋官占補註」의 「陽虎救鄭之書」에 다음의 구절이 있다. 『周易四箋』, 권7, 28나; 『역주 주역사전』 제7권, 269~270쪽, "만약 아침저녁으로 나타나지 않는다면, 누가 그것을 묘사할 수 있겠습니까?"(若不朝夕見, 誰能物之)

66) 『史記』 「夏本紀」에서는 夏나라의 孔甲임금 때에 하늘에서 용이 내려왔는데, 한 마리는 암컷이고 다른 한 마리는 수컷이었다고 한다. 공갑은 용을 사육할 수 있는 방법을 몰랐으나 공갑을 섬기던 사람들 중 劉累라는 자가 豢龍氏로부터 용을 길들이는 방법을 배워 용을 사육하였으며, 공갑은 유루에게 御龍氏라는 성을 하사하였다고 한다.

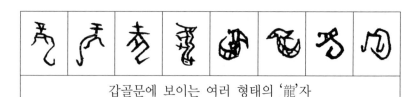

갑골문에 보이는 여러 형태의 '龍'자

『설문해자』에서는 용龍의 자형字形은 '고기 육'(肉)으로 구성되었고, 그 오른쪽 방旁의 모양은 비상하는 형상이라고 설명하였다.[67] 즉 'ᄐ'은 날아가는 모습을 표현한다.

| 甲骨文 | 金文 | 小篆 | 楷書 |
|--------|------|------|------|
| 秀 | 秀 | 龍 | 龍 |

이상에서 고대 중국인들이 지니던 용의 상징 표상에 관해 살펴보았다. 그러한 이해를 토대로 우리가 탐구해야 할 것은 『주역』에 표현된 용의 서사(narrative)이다. 『주역』에서 용에 관한 서술은 건乾괘의 여러 효와 곤坤괘의 상육上六 효에 흩어져 발견된다. 문제는 이처럼 여러 효사에 흩어져 있는 서술들이 원래 의미 있는 서사(narrative)구조의 부분들인지의 여부이다. 괘효사에 포함된 서사적 의미구조를 탐구하기 위해서 일단 괘효사 각각의 의미를 이해해야겠지만, 그것만으로는 충분하지 않다. 괘효사의 문장의 의미와 괘상의 상징은 서로 연계되어 있으므로 양자가 어떻게 연계되어 있는가를 파악하는 것이 중요하다. 이러한 해석학적 탐구에 착수하자마자,

---

67) 許愼 撰, 段玉裁 注, 『說文解字注』(上海古籍出版社, 2003), 582쪽, "從肉, 飛之形."

우리는 이러한 작업이 의외로 매우 복잡한 해석학적 난제들을 포함하고 있다는 사실에 당혹감을 느끼게 된다.

해석학적 탐구의 과정에서 부딪히게 되는 첫 번째 난관은 용에 상응하는 기호를 찾아내기가 쉽지 않다는 데서 발생한다. 팔괘의 상징에 대해 설명하고 있는 「설괘전」에 의한다면, 팔괘 중에서 용에 해당되는 기호는 진震이다.[68] 그러나 용이 언급되어 있는 건乾괘나 곤坤괘의 괘상에서는 아무리 찾아보아도 진震은 발견되지 않는다. 건乾괘는 여섯 개의 양획으로 이루어져 있고 곤坤괘는 여섯 개의 음획으로 이루어져 있기 때문에 눈을 씻고 찾는다고 해도 진震의 괘상(☳)이 있을 리 없다. 분명히 용이 있어야 마땅한 곳에서 거기에 상응하는 괘상을 발견할 수 없다는 점은 해석자들을 당혹시키기에 충분했다. 따라서 일부 해석가들은 「설괘전」에 문제가 있는 것이 아닌가 생각하였다. 「설괘전」은 전한前漢의 선제宣帝(BC.73~BC.40) 때 하내河內의 어떤 여자가 옛집을 허물다가 발견하여 바친 것이라는 이유로 후대에 위조된 것이 아닌가 하는 의심을 받아 온 문헌이다. 이러한 의혹이 완전히 해소되기 어려운 점은 있으나, 문제는 「설괘전」에 의하지 않는다면 『주역』의 괘상을 해석할 아무런 방도도 없다는 데 있다. 그러나 「설괘전」을 믿는다고 하더라도 그 설명에 의존해서 건乾괘와 곤坤괘에서 진震의 괘상을 찾을 수 없다는 어려움에 부딪히게 된다. 때문에 일부 역학자들은 「설괘전」에 진震이 용이라고 쓰여 있는 것을 아예 무시하고, 건乾이 용이라는 새로운 주장을 제기하기에 이르렀다.[69]

그러나 정약용은 「설괘전」의 진위에 관한 논란을 일축하고, 잘못은 「설괘전」에 있는 것이 아니라 올바른 해석 기술을 익히지 못한 해석자들에

---

68) 『周易』의 「說卦傳」뿐 아니라 秦簡『歸藏』「朏」에서도 "震爲龍"이라고 하였다.(朱興國, 『三易通義』, 齊魯書社, 2006, 275쪽.)

69) 李鼎祚의 『周易集解』에 따르면, 虞翻도 '乾爲龍'이라고 주장하였다.(虞仲翔注: "乾爲龍, 雲生天, 故從龍也.") 정약용은 荀九家가 '乾爲龍'의 설을 주장했다고 하였다.

게 있다고 주장하였다. 건乾괘의 경우 괘상에서 용의 상을 발견하지 못한 것은 그 괘의 변화하는 방식을 알지 못했기 때문이다. 건乾괘를 변화시키지 않고 그 자체로 본다면 진震이 발견될 리 없지만, 정약용의 추이설에 따른다면 건乾괘는 12벽괘의 진퇴소장의 과정에서 형성된 것이다. 이 변화규칙을 이해한다면 건乾괘는 진震의 점층적 축적에 의해서 형성된 것이기 때문에, 진震의 괘상의 도출이 가능하게 된다.

| ䷗ | ䷒ | ䷊ | ䷡ | ䷪ | ䷀ |
|:---:|:---:|:---:|:---:|:---:|:---:|
| 復 | 臨 | 泰 | 大壯 | 夬 | 乾 |

| ䷫ | ䷠ | ䷋ | ䷓ | ䷖ | ䷁ |
|:---:|:---:|:---:|:---:|:---:|:---:|
| 姤 | 遯 | 否 | 觀 | 剝 | 坤 |

위의 표를 보면 건乾괘는 12벽괘의 진퇴소장의 과정 중의 한 단계에 해당된다. 복復괘로부터 건괘에 이르는 과정은 양이 점차로 증가되는 과정 이며, 구姤괘로부터 곤괘에 이르는 과정은 음이 점차로 증가되는 과정이다. 중요한 것은 복復괘의 하괘下卦에 진震이 있다는 사실이다. 그 이후로 림臨→태泰→대장大壯→쾌夬→건乾으로 이어지는 과정도 복復괘의 진震 위에 또 다른 진震이 하나씩 점층적으로 쌓여 가는 과정이라고 볼 수 있다. 진震을 용이라고 본다면, '복→림→태→대장→쾌→건'은 '일룡一龍→이룡二龍→삼 룡三龍→사룡四龍→오룡五龍→육룡六龍'의 과정으로 간주할 수 있다. 그런데 복·림·태·대장에는 진震이 있으니 큰 문제가 없으나, 쾌·건에는 진震이 없기 때문에 논란이 있을 수 있다. 그러나 정약용의 학설을 따른다면,

쾌夬괘는 대장괘가 한 개의 진震을 얻어 형성된 것이고, 건乾괘는 쾌夬괘가 진震을 또 하나 얻어서 형성된 것이다. 즉 '복→림→태→대장'의 과정이 진이 하나씩 점층적으로 쌓여 형성된 것처럼 '대장→쾌→건'의 과정 또한 진이 쌓여 가는 과정이다. 쾌괘의 5·6위는 음이 하나 적기는 하지만 역시 진이며, 건乾괘에는 음이 전혀 없지만 거기에도 역시 진震이 있다. 원래 진震을 진震이게끔 하는 요소는 아래에 있는 한 개의 양이기 때문에, 진震에서는 그 하나의 양이 괘주卦主가 된다. 따라서 쾌괘와 건괘는 불완전한 형태이기는 하지만 역시 진震을 포함하고 있다. 결국 건乾은 여섯 용이 축적되어 있는 것으로 보아야 한다. 이러한 관점에서 정약용은 건괘 「단전」에 나오는 "시승육룡時乘六龍, 이어천以御天"의 구절을 해석해 낸다.

육룡六龍은 (乾卦에 있는) 여섯 개의 진震을 말한다[「설괘전」에 진은 용이라고 함]. 곤坤괘가 하나의 진을 얻음으로써 복復괘가 되고[복괘의 하괘는 진], 복괘가 하나의 진을 얻음으로써 림臨괘가 되며[(림괘의) 하호괘가 진], 림臨괘가 (다시 또) 하나의 진을 얻어 태泰괘가 된다[(태괘의) 상호괘가 진]. 태괘가 한 개의 진을 얻어 대장大壯괘가 되고[(대장괘의) 상괘가 진], 대장괘가 한 개의 진을 얻어 쾌夬괘가 되고[쾌괘의 5·6위는 비록 음이 하나가 적기는 하지만 역시 진이라고 할 수 있음], 쾌괘가 진을 하나 얻어서 건乾괘가 된다[진괘는 (아래의) 한 개의 양으로써 괘주를 삼는 까닭에, 나머지 두 개의 음이 없다고 해도 역시 진이 됨]. 이를 일러 '육룡'이라고 하는 것이다[순구가는 건을 용이라고 하였는데, 이는 잘못이다]. 복괘에서 쾌괘에 이르기까지 음이 매번 양의 위에 올라타고 있는데[음이 위에 있음], 이를 일러 '시승時乘'이라고 한 것이다[용은 양물陽物이다]. 쾌괘에 이르고 건괘에 이르러 마침내 천위天位에 도달하니[5·6위는 천위에 해당됨], (이를 일러) "시승육룡時乘六龍,

이어천以御天” 즉 "때로 여섯 용을 타고 하늘로 나아간다"라고 한 것이다['어御'는 나아감(進)을 뜻한다].[70]

그러면 이제 용의 서사적 구조를 해명해 보기로 하자. 용의 이야기는 건乾괘의 여러 효에서 중심 테마를 형성하고 있다. 앞서 말한 것처럼 건乾괘의 여러 효사의 중심 주제는 용의 변화, 즉 메타모르포시스(metamorphosis)이다. 초구初九에서 상구上九에 이르기까지의 효사들은 각각 잠룡潛龍·현룡見龍·약룡躍龍·비룡飛龍·항룡亢龍이라는 특정한 상황에 처해 있는 용의 변화과정을 보여 준다. 『주역』에서는 왜 용들을 이러한 방식으로 배열하였는지에 대한 어떠한 명시적 언급도 발견할 수 없다. 그러나 '잠룡→현룡→약룡→비룡→항룡'으로 이어지는 변화과정이 용의 상승과정과 일치한다는 점을 고려한다면, 이러한 배치가 아무렇게나 이루어진 것이 아니라 어떤 의도 아래 계획적으로 이루어졌다는 사실을 알 수 있다. 이것은 은둔에서 출세로의 나아감, 험난한 도전 끝에 오는 화려한 성공, 정점에 도달한 이후의 좌절 등을 변화의 상징인 용을 빌려서 표현한 것이다.

### 1) 잠룡潛龍

건乾괘 초구初九는 용의 메타모르포시스의 첫 번째 단계에 해당된다. 건괘 초구의 효사는 "잠룡물용潛龍勿用" 즉 "잠겨 있는 용이니 쓰지 말라"이니, 이 첫 번째 단계의 용은 잠룡潛龍의 상태에 머무르고 있다. 「상전象傳」에서는 "잠룡물용潛龍勿用, 양재하야陽在下也"라고 하였고 「문언文言」에서도 "잠룡물

---

70) 「周易四箋 I」, 『定本 與猶堂全書』15, 105쪽; 『역주 주역사전』제1권, 243쪽, "六龍者, 六震也[說卦, 震爲龍]. 坤得一震, 以爲復[復下震], 復得一震, 以爲臨[下互震], 臨得一震, 以爲泰[上互震], 泰得一震, 以爲大壯[上卦震], 大壯得一震, 以爲夬[雖少一陰 仍是震], 夬得一震, 以爲乾[震以一陽爲卦主故, 雖無二陰, 仍是震], 此之謂, 六龍也[荀九家云, 乾爲龍, 謬矣]. 自復至夬, 陰每乘陽[陰在上], 此之謂, 時乘也[龍陽物]. 至夬至乾, 遂達天位[五六爲天位], 時乘六龍, 以御天也[御, 進也]."

용潛龍勿用, 하야下也"라고 하였으니, 이때의 용은 잠수해 있는 상태이다. 이어지는 「문언」의 설명에서는 또 "잠룡물용潛龍勿用, 양기잠장陽氣潛藏"이라고 하였으니, 물밑으로 내려간 용은 자기 자신을 철저하게 감추고 있다. 용의 변신의 첫 단계는 은둔으로, 이때의 용은 철저히 자신을 숨긴 채 드러내지 않는다. 서한의 가의賈誼(BC.200~BC.168)는 『신서新書』에서 "잠룡은 들어가서는 나올 수가 없으므로 『주역』에서 '물용勿用'이라고 했다"라고 하였다.[71]

용의 변신을 괘상에서 확인하기 위해서는 효변을 이해하는 것이 필수적으로 요구된다. 정약용의 효변법에 따르면, 건괘 초구는 '건지구乾之姤' 즉 건乾괘가 구姤괘로 변화하는 것이다. 만일 효변을 시키지 않는다면 '숨음'(隱), '엎드림'(伏), '들어감'(爲入) 등의 의미를 건乾괘의 괘상에서 도출해 낼 수 없다. 왜냐하면 그러한 괘덕卦德들은 건乾이 아니라 손巽에 배당된 성질이기 때문이다. 건乾 초구初九에서 초구란 시괘蓍卦하여 제1획의 삼괘三 卦의 책策이 모두 천수天數를 얻는 경우를 가리킨다. 1·3·5·7·9의 기수를 천수라고 하는데, '삼천양지參天兩地'의 원리에 따라 천수를 모두 '3'으로 환산하면 세 번의 천수를 얻어 3×3=9가 되는 것이다. 어쨌든 구九는 노양老陽의 수이니, 노양은 양은 양이되 그 변화가 극에 달하여 이미 음으로 전환한 상태이다. 따라서 건괘의 첫 획이 효변하면 구괘姤卦가 된다.

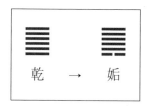

乾 → 姤

71) 賈誼 저, 박미라 역, 『新書』(소명출판, 2007), 268~269쪽; 「周易四箋 I」, 『定本 與猶堂全書』 15, 107쪽; 『역주 주역사전』 제1권, 250쪽, "潛龍, 入而不能出, 故曰, 勿用, 勿用者, 不可也."

그렇다면 용의 잠복潛伏이 상징하는 것은 과연 무엇인가? 용의 잠복이 지니는 의미를 인문학적 관점에서 탁월하게 해석해 낸 사람은 다름 아닌 공자였다. 공자는 잠룡이란 고결한 덕을 갖추고 있으면서도 세속에 타협하기를 거부한 까닭에 은둔하면서 지내는 군자의 모습을 형용한 것이라고 보았다.

초구에서 "잠룡물용潛龍勿用"이라 한 것은 무엇을 말한 것인가? 공자께서 말씀하셨다. "(잠룡이란) 용의 덕이 있으면서 은둔하고 있는 사람을 두고 하는 말이다. (이런 사람은) 세속에 처해서도 (그 처신에) 변함이 없고 그 명성을 이루고자 하지 않으며, 세상을 피해 숨어 살면서도 근심이 없고 (남들이) 옳다고 보아 주지 않아도 근심이 없다. 즐거우면 행하고 근심스러우면 행하지 않으니, 확고하도다, 그 뜻을 빼앗을 수 없음이여! 잠긴 용이로다."[72]

아울러 「문언」 제6절에 나오는 공자의 발언에서는 "잠룡물용潛龍勿用"에서의 '물용勿用'의 의미를 군자가 등용되어 쓰이지 않는다는 뜻으로 풀이하고 있다.

군자는 덕을 이루는 것으로써 행실로 삼으니, 날로 드러나는 것이 행실이다. '잠潛'이라는 말은 숨어서 드러나지 않음을 뜻하며, 행하여도 이루지 못함을 뜻한다. 이런 까닭에 군자는 (등용되어) 쓰이지 않는 것이다.[73]

여기서 공자가 그리고 있는 잠룡의 모습이란 다름 아닌 자신의 초상肖像인지도 모른다.

---

72) 『周易正義』, 17쪽, "初九曰, 潛龍勿用, 何謂也? 子曰, 龍德而隱者也. 不易乎世, 不成乎名, 遯世无悶, 不見是而无悶, 樂則行之, 憂則違之, 確乎其不可拔, 潛龍也."
73) 『周易正義』, 25쪽, "君子以成德爲行, 日可見之行也, 潛之爲言也, 隱而未見, 行而未成, 是以君子弗用也."

## 2) 현룡見龍

용의 변화의 제2단계는 '현룡見龍'이다. 건乾괘 구이九二의 효사는 "현룡재 전見龍在田, 이견대인利見大人"이다. 그 뜻은 밭에 용이 나타남이니, 대인을 만남에 이롭다는 것이다. 건乾괘 구이九二의 효사에서 "현룡재전見龍在田"은 상象이고, "이견대인利見大人"은 점占이다. 즉, "현룡재전"은 시의 흥興체와 같이 비유의 기능을 하는 것이고, 실제의 점사는 "이견대인"이 된다.

앞서 언급한 바처럼, 『좌전』에서는 소공 29년에 용이 진晉나라 수도인 강絳의 교외에 나타난 사건을 기록하고 있다. 정약용은 이 『좌전』의 기록을 근거로 "현룡재전"이 실제로 발생했던 역사적 사건이었음을 강조하는데, 여기에는 『주역』의 상징이 실제로 존재하는 대상에 근거해서 취해졌다고 보는 그의 실증주의적 관점이 반영되어 있다.

그러면 건乾괘 구이九二의 상을 살펴보자. 효변법에 따르면, 건乾괘 구이九 二는 건지동인乾之同人 즉 건乾이 동인同人으로 변하는 경우이다. 시괘蓍卦하여 제2획을 세 차례 걸었을 때 모두 천수天數를 얻으면 구이九二가 된다. 삼재三才 의 위位로 볼 때 제2위는 지면地面이 되니, 구이九二에서 밭(田)이 언급되는 것도 현재의 위치가 지면에 해당되기 때문이다.

앞서 살펴본 것처럼, 건乾괘도 진震이 누적됨으로써 형성된 것이니, 여기 의 제2효도 역시 용이다. 그런데 제2효가 효변하여 리離가 되면 그 리에

따라 마주보게 되니, 이것이 "현룡見龍"이다. 이때의 용은 밭에 있으므로 더 이상 잠룡은 아니지만, 화려한 등장과는 거리가 멀다. 용은 고귀한 존재이지만 현재 있는 위치는 백성의 자리에 불과하다. 제5위는 임금의 자리이고, 제3위와 제4위는 신하의 자리이며, 제2위는 백성의 자리이다. 용이 자기 자리를 찾아 가려면 제5위에 가 있어야 할 것이다. 「문언」에서는 "시사이불용時舍而不用" 즉 "때가 (그를) 버렸으니 (아직) 쓰이지 못하고 있다"라고 하였으니, 밭에 나타난 용은 아직 자기의 때를 만나지 못한 용이다. 정약용은 순임금이 역산歷山에서 밭갈이를 하며 지냈다는 "순경역산舜耕歷山"의 예를 들면서, 이것이 바로 "현룡재전"의 경우에 해당된다고 말하고 있다.

이때의 성인은 비록 등용되지는 못하더라도 학문으로써 백성들을 교화하고 인도하니, 덕을 베푸는 것이 두루 미치게 된다. 정약용에 따르면 이것이 「상전」에서 말한 "덕보시야德普施也"의 뜻이다. 「문언」의 제2절과 제6절에서는 "현룡재전, 이견대인"의 단계에 있는 성인의 모습을 공자가 어떻게 묘사하고 있는지를 보여 준다.

◇ 「문언」 제2절 : "현룡재전, 이견대인"이라고 함은 무엇을 말한 것인가? 공자께서 말씀하셨다. "(이것은) 용의 덕을 지니고 정중正中의 지위를 지키는 사람을 가리킨다. (이런 사람은) 평소 말에 신의가 있고 평소 행실을 삼가며 간사함을 막아 그 참된 마음을 보존하고 세상을 (보다) 좋게 만들지만, (그러한 자신의 공적) 자랑하지 않으니 덕을 널리 펴서 교화하는 것이다. 『역』에 '현룡재전, 이견대인'이라고 하였으니, (이것은) 군자의 덕을 말한 것이다."[74]

◇ 「문언」 제6절 : 공자께서 말씀하셨다. "군자는 배움을 통해서 (지식을) 축적하고

---

74) 『周易正義』, 17쪽, "見龍在田, 利見大人, 何謂也? 孔子曰, 龍德而正中者也. 庸言之信, 庸行之謹, 閑邪, 存其誠, 善世而不伐, 德博而化, 易曰, 見龍在田, 利見大人, 君德也."

질문하여 (사리를) 분별하며 너그럽게 살고 인仁에 따라 실천한다. 『역』에 '현룡재전, 이견대인'이라고 하였으니, (이것은) 군자의 덕을 말한 것이다."[75]

위의 공자의 발언을 효변과 추이를 통해서 상수학적으로 풀이할 수 있다. 일단 건乾 구이九二를 효변시키면 동인同人괘가 되는데, 그 다음으로 추이에 의해 변화의 근원을 추적해 보면 동인괘는 구姤괘와 쾌夬괘로부터 온 것임을 알 수 있다.

먼저 제2절에 나타난 공자의 발언을 음미해 보기로 하자. 공자가 '용언庸言'과 '용행庸行'이라고 한 것은 평소의 말과 행동을 뜻하는 것이니, 괘상으로 본다면 각각 쾌夬괘의 진震과 태兌에 해당된다. 쾌괘의 5·6위는 온전한 진震은 못되지만 그 축약형으로 간주될 수 있다. 그런데 쾌괘로부터 동인괘로 추이하게 되면 하괘에 리離가 있으니, 믿음과 삼감이 된다. 그리고 구姤괘로부터 변화된 것을 보면, 구괘의 하괘인 손巽은 사특하여 바르지 않은 성질을 표현하고 있다. 그것이 동인괘로 추이하면 하괘는 리離가 되어 사특함을 막아 방지하는 것이 된다. 이것이 "한사존기성閑邪存其誠"의 뜻이 된다.

그 다음으로 제6절에서 공자가 "학이취지學以聚之, 문이변지問以辨之"라고

---

75) 『周易正義』, 26쪽, "孔子曰, 君子, 學以聚之, 問以辨之, 寬以居之, 仁以行之, 易曰, 見龍在田, 利見大人, 君德也."

한 것에 대해서도 역시 상수학적 풀이가 가능하다. 구姤괘의 손巽은 가르침을 베푸는 것이니 그를 통해 배울 수 있으며, 쾌夬괘의 태兌는 즐거운 말이니 즐겁게 질문할 수 있는 것이다. 쾌괘와 구괘로부터 추이하면 동인괘가 되는데 그 하괘인 리離는 문명文明의 상태로서, 배우고 묻는 학문學問의 길을 문장文章을 통해 밝힌다는 뜻이 있다.

### 3) 약룡躍龍

건乾괘 구삼九三과 구사九四의 효사에는 용이 등장하지 않는다. 그러나 정약용의 관점에서 본다면 원래 복復괘 이래로 진룡震龍이 하나씩 점층적으로 쌓여서 벽괘의 변화가 진행되는 것이므로, 비록 용이 외부로 표출되지는 않았다 하더라도 잠재적으로는 여기에도 역시 용이 들어 있다고 보아야한다. 사실 용이란 군자 혹은 성인의 표상으로 설정된 상징이기 때문에 '용=군자' 혹은 '용=성인'이라는 등식 아래 효사를 이해해도 무방하다. 어쨌든 구삼九三에서는 오직 군자에 관해서만 이야기하고 있고 용에 대한 언급은 전혀 없다. 그러나 구사의 "혹약재연或躍在淵"에서는 용에 대해 명시적으로 언급하지는 않았지만, "혹약재연"의 주체가 용임을 암시하고 있다. 군자가 연못에 있다가 혹 위로 뛰어오른다는 것은 문맥상 적합하지 않으므로, 결국 "혹약재연"의 주체는 용이 될 수밖에 없다. 그러므로 정약용도 건乾 구사九四의 주注에서 "용지약야龍之躍也"라고 함으로써 "혹약或躍"의 주체가 다름 아닌 용이라는 것을 분명히 밝힌 것이다. 흥미로운 것은 건乾 구사九四의 주注에서 정약용의 차남 정학유丁學游(1786~1855)가 우번虞翻의 견해를 좇아서 "혹약"의 주체를 물고기로 보았다는 점이다. 『주역사전』에는 정약용의 장남 정학연丁學淵(1783~1859)과 차남 정학유의 주가 각각학가學稼와 학포學圃의 견해로 기록되어 있다. 정학유는 『춘추좌전』에서 채묵이 용에 대해 논하면서 구사九四의 경우를 언급하지 않은 것도 바로 "혹약"의 주체가 용이 아니기 때문이라고 보았다. 어쨌든 정약용은 차남 정학유의 견해가 자신과 다르다는 것을 알면서도 그의 견해를 존중하여 역주易注로 보존해 주었다.

그러면 건乾괘 구사九四에서의 용의 도약을 정약용의 주석에 의거해서 해석해 보기로 하자.

이것은 건乾괘가 소축小畜괘로 변하는 경우로[제4효가 변함], 소축괘는 구姤괘로부터 왔다[(구괘의) 1이 4로 감]. 구괘의 때에는 손巽의 다리가 아래에 있다가[「설괘전」에 손巽은 넓적다리(股)가 된다고 함] 추이하여 소축괘로 되면[(구괘의) 1이 4로 감] 그 손의 다리가 갑자기 뛰어올라[(구괘의) 하괘가 손이었는데, 지금은 (소축괘의) 상괘가 손] (제4위에 이르러) 거의 천위天位에 미치니[5와 6은 천위], 그 상은 뛰어오르는 것이 된다. (이 건괘는) 본래 모두 진룡震龍이니[이 뜻은 앞서 나옴], (여기서 용이 명시되지는 않았으나) 용의 도약인 것이다.[76]

건乾 구사九四는 '건지소축乾之小畜' 즉 건괘가 소축괘로 변하는 경우이다. 정약용은 구姤괘 하괘의 초위初位에 있던 손巽의 다리가 소축괘로 추이하게 되면서 제4위로 훌쩍 뛰어오른 것으로 풀이하고 있다. 여기서 위로 뛰어오른 것은 용이다.

---

76) 「周易四箋 I」, 『定本 與猶堂全書』 15, 112쪽; 『역주 주역사전』 제1권, 271~272쪽, "此, 乾之小畜也[四爻變]. 小畜自姤來[一之四], 姤之時, 巽股在下[『說卦』, 巽爲股], 移之小畜[一之四], 則巽股忽超[下巽, 今上巽], 幾及天位[五六爲天位], 其象'躍'也. 本皆震龍[義見前], 龍之躍也."

夬　→ 推移 →　小畜　← 推移 ←　姤

그리고 소축괘는 쾌괘로부터 왔는데[(쾌괘의) 상효이 사효로 감], 상괘인 태兌의 연못은[쾌괘의 상괘가 태兌] 추이해도 역시 연못이 되니[지금 (소축괘의) 하호가 태兌] "약재연躍在淵" 즉 "연못에서 뛰는 것"이다[연淵은 멈추어 있는 물이다]. 구姤괘에서 온 경우는 나아감이 되고[아래에서 올라감] 쾌괘에서 온 경우는 물러남이 되어[위에서 내려옴] 괘상이 확정적이지 않은데 그 자리마저 의심스럽게 볼 수 있으니[(괘효에서 제4위는 상괘에 속해 있으므로) 위에 있다고 볼 수도 있고 (상괘 내에서는 제일 아래 있으므로) 아래에 있다고 말할 수도 있음], 의심스러우면 혹시 하는 의혹을 가지게 되므로[점법의 용례에서는 혹이라는 말을 그처럼 의심스러운 경우에 사용함] "혹약재연或躍在淵"이라고 한 것이다.77)

하괘와 상괘가 다 같이 손巽인데도 불구하고 초효는 잠룡潛龍이 되고 제4효는 약룡躍龍이 되는 까닭은 그 처해 있는 위位가 다르기 때문이다. 천·지·인 삼재三才의 위치로 볼 때, 초위初位는 지하地下의 위치요 제4위는 천중天中인 제5위에 가까운 위치이다. 그러므로 초위에서 용은 연못에 잠겨 있는 용이고, 제4위에서 용은 하늘 근처까지 뛰어오른 용이다. 제4위는 두려움이 많은 자리인 까닭에 확신을 갖지 못하고 의심으로 가득 차 있다. '과연 날아오를 수 있을까', '뛰어오르다가 떨어지면 어떻게 하나', 이처럼 이럴까 저럴까 의심이 많으므로 점사에서는 '혹或'이라는 말을 사용한 것이다. "혹약재연或躍在淵, 무구无咎"라고 한 것은 "용이 물에서 뛰어오르다가 혹시 물로 다시 떨어지는 일이 있다고 하더라도 허물은 없다"라는 뜻이다.78)

---

77) 「周易四箋 I」, 『定本 與猶堂全書』 15, 112쪽; 『역주 주역사전』 제1권, 272~273쪽, "又自夬來[上之四], 上兌之澤[夬上兌], 移亦爲淵[今互兌], '躍在淵'也[淵, 止水]. 自姤來則爲進[自下升], 自夬來則爲退[自上降], 象不確定, 其位可疑[如上亦如下], 疑則或之[占法也], '或躍在淵'也."

고형高亨은 용은 원래 수중동물이기 때문에 물속에 떨어지더라도 그것은 본래의 자기 자리로 돌아가는 것일 뿐이므로 허물이 없다고 풀이하였다.[79] 이처럼 어떤 때는 위로 뛰어오르는가 하면 또 어떤 때는 아래로 내려가기도 해서, 용의 운동에는 일관성과 법칙성이 결여되어 있다. 그러나 비록 자신감이 결여되어 있기는 해도, 그 도약은 언젠가 하늘을 훨훨 날기 위해 시도해 보는 비상飛翔의 훈련이다. 그러므로 「문언」에서는 "혹약재연或躍在淵, 자시야自試也"라고 한 것이다. 「문언」(제2절)에서 공자는 이 용이 처한 상황을 진덕수업進德修業하면서 때를 기다리는 군자의 처지에 비유하고 있다.

> 건괘 구사에서 "혹약재연或躍在淵, 무구无咎"라고 함은 무엇을 말한 것인가? 공자께서 말씀하셨다. "(때로) 상승하고 (때로) 하강함에 (어떤) 정해진 법칙이 없으나[ '약躍'이란 순간적으로 위로 올라갔다가 (다시) 내려오는 것] 어긋난 짓을 하지는 않으며[손巽은 굽힘의 뜻이니, '사邪'는 이를 두고 말하는 것], (때로) 나아가고 (때로) 물러남에 (어떤) 정해진 법칙이 없으나[ 「설괘전」에 손巽이 진퇴進退가 된다고 함] (어느 경우에나, 백성의) 무리를 떠나지는 않는다[소축괘의 하괘는 건乾이 무리를 이루고 있어 떠나지 않는다]. 군자가 덕을 함양하고 학문을 닦는 것은[리離는 닦음(修)이 됨] 그 때에 미치고자 함이니[그 덕을 함양함으로써, 때가 오기를 기다림], 그러므로 '무구无咎'라고 한 것이다."[80]

이때의 군자는 덕을 함양하고 학업을 닦으면서 때가 오기를 기다린다. 때로는 나아가고 때로는 물러나니 그 행동에 정해진 모습은 없으나, 도리에 어긋난 행동을 하는 적은 없다. 군자의 행위에서 중요한 것은 백성들로부터 소외되지 않고, 그들의 무리로부터 멀어져서 자기만의 세계에 갇히지 않는다는 점이다.

---

78) 馬小星, 『龍: 一種未明的動物』(華夏出版社, 1995), 166쪽.
79) 高亨 저, 김상섭 역, 『고형의 주역』(예문서원, 1995), 93쪽.
80) 「周易四箋 I」, 『定本 與猶堂全書』 15, 113쪽; 『역주 주역사전』 제1권, 275~276쪽, "九四曰, '或躍在淵, 无咎', 何謂也? 孔子曰, 上下无常[躍, 乍上而下], 非爲邪也[巽爲屈], 進退无恒[「說卦」云, 巽爲進退], 非離羣也[乾羣而非離], 君子進德修業[離爲修], 欲及時也[畜其德, 以待時至]. 故无咎."

### 4) 비룡飛龍

건乾괘 구오九五의 용은 비룡飛龍이다. 건乾괘 구오九五의 효사에서는 "비룡재천飛龍在天, 이견대인利見大人" 즉 "나는 용이 하늘에 있으니, 대인을 보는 것이 이롭다"라고 말하고 있다. 건乾괘 구오九五는 곧 '건지대유乾之大有'로서 건괘가 대유大有괘로 변하는 경우이다. 그러면 "비룡재천飛龍在天"의 괘상이 어떻게 도출될 수 있는지 정약용의 주석을 통해 이해해 보자.

이것은 건乾괘가 대유大有괘로 변하는 경우이다[제5효가 변함]. 건괘는 진震으로써 성립되었으니, 제5위의 양陽도 또한 용龍이다. (그런데) 건 구오가 효변하여 리離가 되면[대유괘의 상괘가 지금 리離] 리는 곧 나는 것(飛)이 되니[순구가의 설], 이것이 바로 "비룡飛龍"이다[진은 용이 된다]. 또한 삼재의 자리로 볼 때 제5위와 제6위는 하늘의 위位에 해당되니[「대전大傳」을 볼 것], "비룡재천飛龍在天"이 된다.[81)]

앞서 보았듯이 정약용은 건乾괘의 여섯 효가 모두 용이 된다고 생각하였다. 제5위의 양효도 역시 용인데, 그것이 비룡飛龍이 될 수 있는 것은 제5효가 효변함으로써 상괘上卦에 리離가 형성되기 때문이다. 「설괘전」에 따르면 리離는 꿩(雉)이 된다고 하였으니, 비조飛鳥를 상징하는 괘이다. 순구가荀九家는 리에 '비飛'의 뜻이 있다고 주장하였는데, 정약용은 근거가 있는 설이라고

---

81) 「周易四箋 I」, 『定本 與猶堂全書』 15, 113쪽; 『역주 주역사전』 제1권, 278쪽, "此, 乾之大有也 [五爻變]. 卦以震成, 五亦龍也. 變而爲离[上今离], 离則爲飛[荀九家], 是, '飛龍'也[震爲龍]. 三才之位, 五六爲天[見「大傳」], 飛龍在天也."

보았다. 자형字形으로 보더라도 '리離'자의 오른쪽 부수는 '새 추(隹)'자이며, 날짐승(feathered animal)을 가리키는 금禽은 '리离'로부터 유래된 글자이다. 이렇게 본다면 '리離'자는 왼쪽과 오른쪽에 모두 '날다'의 뜻을 포함하고 있다. 그렇다면 여기서 하나의 의문이 생긴다. 건乾괘 구이九二와 구오九五는 효변하면 둘 다 리離가 되는데, 왜 제5효만 비룡이 되는 것일까? 정약용은 그 이유를 위位의 차이 때문이라고 설명한다.

제2위는 지면地面에 해당되는 데 반해 제5위와 제6위는 천위天位에 해당된다. 「문언」에서 "비룡재천飛龍在天, 내위호천덕乃位乎天德"이라고 한 것도 역시 그 위位에 말미암은 것이다. 그렇다면 "비룡재천, 이견대인"이 뜻하는 것은 무엇인가? 앞서 정약용은 구이九二의 "현룡재전見龍在田, 이견대인利見大人"에서 전구前句가 상象이고 후구後句가 점占이라고 말한 바 있는데, 여기서도 마찬가지로 "비룡재천飛龍在天"은 상象이 되고 "이견대인利見大人"은 점占이 된다. 실제적 점사는 "이견대인"이지만, 그 점사의 상징성은 이미 "비룡재천"에 표현되어 있다. 하늘에 있는 비룡은 대인大人과도 같은 존재라고 할 수 있다. 그러면 대인은 어떤 존재인가? 공자는 「문언」에서 대인의 풍모를 다음과 같이 묘사하고 있다.

> 공자께서 말씀하셨다. "대저 대인이란, 천지와 더불어 그 덕이 부합하고 일월과 더불어 그 밝음이 합치하며 사시와 더불어 그 순서를 같이하고 귀신과 더불어 그 길흉을 함께하는 존재이다. (대인은) 하늘에 앞서도 하늘이 (그를) 어기지 않고, 하늘보다 뒤에 하지만 천시天時를 받든다. (이처럼) 하늘도 또한 (그를) 어기지 않거늘 하물며 사람에 있어서랴! 하물며 귀신에 있어서랴![82]

정약용에 따르면, 「문언」 제6절은 공자가 성군聖君의 덕德의 성대함을

---

[82] 『周易正義』, 27쪽, "孔子曰, 夫大人者, 與天地合其德, 與日月合其明, 與四時合其序, 與鬼神合其吉凶. 先天而天弗違, 後天而奉天時, 天且弗違, 而況於人乎? 況於鬼神乎?"

형용한 글이다. 여기서 대인이란 다름 아닌 성군을 가리키니, "이견대인"이
란 윗자리에 있는 성군을 아래에 처한 사람이 만나보는 것이 이롭다는
뜻이다. 『주자어류』에는 송대의 도사 왕소소王昭素[83]가 태조에게 답변하면
서 "이견대인"의 점사로써 군신君臣 상호간에 서로 보는 것이 이롭다는
뜻으로 해석한 내용이 들어 있다.[84] 이런 해석을 따른다면, 임금이 신하를
보는 것도 이롭고 신하가 임금을 보는 것도 이로우니, 어쨌든 만나 보는
것은 서로 간에 이로운 행위가 된다. 그러나 정약용은 왕소소의 견해를
'의안疑案'으로 간주하였다. 다시 말해서, 그러한 해석이 과연 옳은지 모르겠
다는 뜻이다. 정약용은 이 의심스러운 사안을 해명하기 위해 「문언」 제2절에
있는, 공자가 "비룡재천, 이견대인"을 해석한 내용을 다시 검토하였다.

> "비룡재천飛龍在天, 이견대인利見大人"이란 무엇을 말함인가? 공자께서 말씀하셨다.
> "같은 소리는 서로 호응하고 같은 기운은 서로 찾거니와, 물은 젖은 곳으로 흐르고
> 불은 건조한 데로 나아가며 구름은 용을 따르고 바람은 범을 따른다. 성인이 변화함에
> 만물이 그를 우러러 본다."[85]

공자의 해석에서는 "이견대인"을 군신 간의 상호관계로 풀이할 근거가
전혀 발견되지 않는다. 대인은 성인이며, 그를 바라보는 것은 주위의 모든

---

83) 宋 太祖 때의 도사. 태조가 國子博士로 삼았다. 博學하여 九經에 능통하였고, 특히 易에
   조예가 깊어 『易論』 23편을 지었다고 한다.
84) 『朱子語類』 권68에 다음과 같은 이야기가 나온다. "태조가 어느 날 왕소소에게 물었다.
   '乾卦 九五에 飛龍在天, 利見大人이라고 하였으니, 만약에 보통사람들의 경우에 이 점괘를
   얻으면 어떻게 해야 하는가?' 왕소소가 대답하였다. '무슨 해가 있겠습니까? 만약 신
   등이 이 점괘를 얻으면 폐하가 飛龍在天에 해당되고 신 등은 利見大人에 해당될 것이니,
   이는 폐하를 뵙는 것이 이롭다는 것을 뜻합니다."(太祖一日問王昭素曰, 九五, 飛龍在天,
   利見大人, 常人何可占得此卦? 昭素曰, 何害? 若臣等占得, 則陛下是飛龍在天, 臣等利見大人,
   是利見陛下也; 『朱子語類』 第5冊, 권68, 1693쪽)
85) 『周易正義』, 20쪽, "飛龍在天, 利見大人, 何謂也? 子曰, 同聲相應, 同氣相求, 水流濕,
   火就燥, 雲從龍, 風從虎. 聖人作而萬物覩, 本乎天者親上, 本乎地者親下, 則各從其類也."

사람이다. 그러므로 "이견대인"은 아랫사람이 윗사람을 만나보는 것이 이롭다는 뜻이지, 윗사람과 아랫사람이 서로 이롭다는 뜻은 아니다. 정약용은 이윤伊尹이 은나라 탕왕湯王을 만난 경우와 사상보師尙父가 문왕을 만난 경우를 "이견대인"의 대표적 사례로 볼 수 있다고 말한다. 이윤은 탕왕이 하夏의 폭군 걸桀을 정벌하고 은殷을 세우는 데에 큰 공로를 세운 인물로서, 당시 탕왕은 예를 갖추어 세 번이나 초빙한 끝에 그를 재상으로 삼을 수 있었다. 사상보는 본명이 강상姜尙인데, 그의 선조가 여呂나라에 봉해졌으므로 사람들은 그를 태공망太公望 여상呂尙이라고 불렀고, 또 그가 위수渭水에서 낚시질로 세월을 보내고 있었으므로 강태공이라고도 불렀다. 강상은 문왕을 만난 뒤 그의 스승이 되었으며, 나중에는 무왕을 도와 은나라 주왕을 멸망시키고 천하를 평정하는 공을 세웠다.[86] 이 두 경우는 모두 결과적으로 보자면 임금의 입장에서도 신하를 만난 것이 대단히 이로운 것으로 입증되었지만, 어쨌든 "이견대인"의 본래적 의미는 아랫사람이 대인을 만나보는 것이 이롭다는 뜻이지 대인이 아랫사람을 만나는 것이 이롭다는 뜻은 아니다.

### 5) 항룡亢龍

건乾괘의 초효初爻에서부터 상효上爻에 이르기까지 용은 잠룡潛龍·현룡見龍·약룡躍龍·비룡飛龍·항룡亢龍 등 다양한 모습으로 변화해 간다. 이 변화과정이란 다름 아닌 용의 상승과정이니, 잠룡에서부터 시작된 용의 상승은 항룡에 이르러 마침내 정점頂點에 도달하게 된다. '항亢'이란 '극極'의 뜻이다. 정약용의 장남 정학연은 항룡亢龍이라는 용어는 양의 세력만 지나치게 많기 때문에 붙여진 이름이라고 보았다. 정약용의 벽괘추이법으로 본다면,

---

86) 「周易四箋 I」, 『定本 與猶堂全書』 15, 114쪽; 『역주 주역사전』 제1권, 280쪽, "伊尹就見殷湯, 師尙父遇見文王. 若於此時, 筮而遇是, 則其占吉也."

상위上位에 있는 한 개의 양은 본래 진震의 용龍이었다. 진震에는 음이 있어야 정상이지만, 정약용은 음이 없더라도 진으로 간주할 수 있다고 주장한 바 있다. 상구上九의 항룡은 앞서의 다른 용들과는 달리 음이 전혀 없다. 이처럼 음이 하나도 없이 양의 원리만 지나치게 강하니, 이것이 항룡이다. '극極'의 또 다른 의미는 더 이상 오를 수 없는 가장 높은 곳이라는 뜻이다. 건乾괘 상구에 항룡이 배치된 것도 상위가 괘에서 가장 높은 곳이기 때문이다. 사람으로 치자면, 항룡은 매우 높은 지위에 도달하였으나 교만하고 잘난 척하여 조금도 자신을 낮추지 않는 사람에 해당된다. 이런 사람은 비록 최고의 지위에 오르는 데까지는 성공했다고 하더라도 기다리는 것은 쓰라린 후회뿐이다. 항룡이 당하는 재앙은 그가 가장 높은 곳까지 올라갔기 때문에 따르는 재앙이다. 「문언」(제3절)에서 "항룡유회亢龍有悔, 궁지재야窮之災也"라고 한 것도 역시 같은 의미이다. 정약용은 「문언」의 이 구절을 다음과 같이 풀이하고 있다.

> (「문언」 제3절의 "窮之災"에서) '궁窮'은 '극極'을 뜻한다. 우환이 극심한 경우에 간혹 도리어 복락이 찾아오는 수가 있으며[이런 용례는 진震괘에 보임], 명성과 지위(名位)가 지나치게 높은 경우에는 반드시 거꾸로 재앙이 닥치게 된다[(무엇이든) 가득 차면 오래가지 못한다]. (그러므로) 항룡의 후회는[회悔'는 상위의 강剛이 변함을 말함] "궁지재窮之災" 즉 "가장 높은 곳까지 올라감에 따른 재앙"인 것이다.[87]

그러면 항룡은 왜 이런 운명에 다다르게 되는 것일까? 「상전」에서는 그 이유를 "항룡유회亢龍有悔, 영불가구야盈不可久也"라고 밝히고 있다. "영불가구야盈不可久也"란, 가득 찬 것이 오래 지속되지 못함은 세상의 이치라는 뜻이다. 가득 찬 것이 터져서 무너지는 것은 괘상으로도 설명할 수 있다.

---

87) 「周易四箋 I」, 『定本 與猶堂全書』 15, 116쪽; 『역주 주역사전』 제1권, 288~289쪽, "窮者, 極也. 憂患極者, 或反致福[見震卦], 名位極者, 必反致災[盈不久]. 亢龍之悔[上剛變], 窮之災也."

정약용은 이 의미를 괘상과 관련지어 다음과 같이 풀이하고 있다.

영盈이란 건乾괘가 여섯 양陽으로 완전히 가득 찬 것을 가리킨다. 충만하면, 반드시 무너지게 되니, 어찌 오래 갈 수 있겠는가?[88]

정약용의 효변법으로 보면, 건乾 상구上九는 '건지쾌乾之夬' 즉 건乾괘가 쾌夬괘로 변하는 경우이다. 건乾괘는 여섯 효가 모두 양으로 가득 찬 괘이지만, 상구上九가 효변하면 쾌夬괘가 된다. 쾌괘의 상괘는 태兌인데, 태에는 결決 즉 '가득 찬 것이 터져 허물어짐'의 뜻이 있다. 정약용은 「잡괘전」에서 "쾌夬, 결야決也"라고 한 것도 바로 그런 뜻이라고 보았다. 어쨌든 양으로만 가득 찬 건乾괘의 상획이 무너져 터져버림으로써 쾌괘가 형성되었다는 것은 쉽게 이해할 수 있다.

## 6) 신룡神龍

그 다음으로 용구用九의 효사에서는 "현군룡무수見群龍無首, 길吉", 즉 "여러 용들의 나타남에 머리가 없으니, 길하다"라고 하였으니, 여기에 등장하는 용은 머리가 없는 군룡群龍이다. 용구用九란 '건지곤乾之坤' 즉 건乾괘가 곤坤괘로 변하는 경우이다.

---

88) 「周易四箋 I」, 『定本 與猶堂全書』 15, 116쪽; 『역주 주역사전』 제1권, 288쪽, "盈者, 六陽皆滿也. 滿則必潰, 何可久也?"

용구用九는 건괘의 여섯 효가 모두 노양老陽을 얻어서 한꺼번에 음으로 변하는 것을 가리킨다. 한 괘는 6획으로 구성되고 한 획을 얻기 위해서는 각각 세 차례 시책을 뽑아서 걸어 놓게 되므로, 한 괘를 얻기 위해서는 모두 18차례 걸어 놓게 된다. 만일 시괘蓍卦하여 18차례 걸어 놓는 시책蓍策이 모두 1·3·5·7·9의 천수天數라면 여섯 획이 다 노양이 되므로 모든 효가 동시에 음으로 변하게 되는 것이다. 이처럼 여섯 효가 동시에 변하는 것은 오직 건乾괘와 곤坤괘에만 해당하는 특례特例로서, 각각 용구用九와 용육用六으로 불린다. 그렇다면 이 용구의 변화가 의미하는 것은 무엇일까? 「문언」(제3절)에서는 "건원용구乾元用九, 천하치야天下治也"라고 하였으니, 그것은 온 천하가 다스려지는 변화를 상징한다. 정약용은 「문언」의 의미를 다음과 같이 풀이한다.

천하天下는 곤坤을 가리킨다[괘가 지금 곤坤]. 본래 군주의 덕을 지니고 있었는데[괘가 본래 건乾] 손巽의 교화를 베푸니[초효初爻가 변함에 구姤괘가 됨], (물이 스며들 듯) 점차적으로 그 혜택이 백성들에게 배어들게 함으로써[여섯 양이 차례대로 변하여 음이 됨] 크게 곤의 백성을 교화하였다[괘가 지금 곤]. 백성을 교화함을 '치治'라고 하니, 이 때문에 "천하치天下治"라고 한 것이다.[89]

89) 「周易四箋 I」, 『定本 與猶堂全書』 15, 117쪽; 『역주 주역사전』 제1권, 293~294쪽, "天下者, 坤也[卦今坤]. 本以君德[卦本乾], 施以巽敎[初之變, 爲姤], 以漸濡潤[六陽次第變, 爲陰], 丕化坤民[卦今坤]. 化民曰, 治, 天下治也."

乾 → 姤 → 遯 → …… → 坤

정약용의 해석에서 드러나듯이 "천하치天下治"의 변화는 개인 차원의 작은 변화가 아니라 국가적인 차원의 변화이니, 그야말로 커다란 스케일의 변화라고 하겠다. 군주의 교화는 만백성에게 미치고, 백성들은 그 위대한 감화력에 의해 이제 근원적으로 변화된 세상을 체험하게 된다.

그렇다면 용구에 나타나는 용은 왜 군룡群龍이며, 그것도 머리가 없는 용일까? 「설괘전」에 따르면 건괘는 머리(首)를 상징하니, 건괘의 용은 본래 머리가 있는 용이었다. 그러나 용구가 되면 여섯 효가 모두 변하여 한 개의 양도 존재하지 않게 되는데, 이는 머리가 없어진 것이다. 만일 동물의 머리가 없어졌다면 필시 그 동물은 죽은 것일 터이므로 불길한 징조가 아닐 수 없다. 그런데도 용구에서는 여러 마리의 용이 머리가 없는 상태로 나타난 것을 길하다고 하였으니, 이것은 또 어찌 된 일일까? 용이면서 머리가 없는 것은 그 용이 신룡神龍이기 때문이다. 정약용은 장씨張氏[90]의 견해를 빌려, 신룡神龍은 꼬리만 보이고 머리는 드러내지 않는다고 말한다. '잠룡→현룡→약룡→비룡→항룡'의 과정을 거치면서 진행되어 온 용의 메타모르포시스는 신룡에 이르러 극적인 변화를 경험한다. 이전의 단계가 기본적 형태를 유지하면서 변신이 이루어졌던 반면에 여기에서는 몸의 일부분이 사라져 버리게 되니, 질적으로 차원이 다른 변화라고 할 수 있다. 아마도 "현군룡무수見群龍無首, 길吉"은 용의 메타모르포시스와 관련된

---

90) 張氏의 말은 毛奇齡의 『仲氏易』에도 인용되어 있는데, 거기서는 "神龍見尾, 而不見首"라고 되어 있다.(『仲氏易』[叢書 36], 202쪽) 『중씨역』에서는 張氏가 張杉(혹은 張衫)이라고 하는데, 장삼이라는 사람이 어떤 인물인지에 관해서는 알 수 없다.

신화의 한 부분일 가능성이 높다. 유감스럽게도 우리에게는 신화의 꼬투리만 남아 있어 그 본래의 형태를 짐작하기가 쉽지 않다.

## 7) 전룡戰龍

건괘의 용의 이야기는 잠룡에서 시작되어 신룡에서 마무리된다. 그러나 거기에서 끝난 줄 알았던 용의 이야기가 뜻밖에도 곤坤괘 상육의 효사에서 다시 등장한다.

> 上六 : 龍戰于野, 其血玄黃. ○象曰, 龍戰于野, 其道窮也.
>
> 상육 : 용이 들판에서 싸우니, 그 피가 검고도 누르다. ○「상전」: "용전우야龍戰于野"라고 한 것은 그 도가 다했음을 말한 것이다.[91]

건괘에만 집중되어 있던 용의 이야기가 곤坤괘에서 다시 나타난 것은 건乾괘와 곤坤괘가 어떤 관계 속에 묶여 있음을 시사해 주고 있다. 정약용은 십이벽괘설을 통해 곤坤괘의 용이 다시 나타난 것이 우발적인 것이 아니라는 점을 분명하게 설명해 낸다.

정약용의 십이벽괘설을 통해 볼 때 건乾괘와 곤坤괘는 독립적 개별요소로서 이해되는 것이 아니라 순차적이며 연쇄적인 12벽괘의 추이과정을 구성하고 있는 요소들로서 이해되어야 한다. 정약용의 효변설을 보면, 곤坤괘 상육上六은 '곤지박坤之剝' 즉 곤坤괘가 박剝괘로 변하는 경우이다. 아래의 도식에서 보듯이, 곤坤괘가 형성되기 위해서는 먼저 구姤괘로부터 시작하여 음이 점차적으로 증가하는 과정을 거쳐야 한다. 그런데 그 과정에 앞서, 먼저 복復괘로부터 시작하여 양이 점차적으로 증가하는 과정이 있어야만

---

91) 「周易四箋 I」, 『定本 與猶堂全書』 15, 130쪽; 『역주 주역사전』 제1권, 343쪽.

한다. 이미 살펴본 바처럼 복復괘의 하괘에 있는 진震은 용이다. 따라서 복復→림臨→태泰→대장大壯→쾌夬→건乾으로 나아가는 과정은 용이 하나씩 그 위에 차례대로 쌓여 가는 과정이다. 이렇게 해서 건乾괘에는 여섯 마리의 용이 축적되어 있는데, 건乾괘 이후 다시 구姤괘에서부터 곤坤괘로 나아가는 과정은 그 용이 한 마리씩 점차적으로 제거되어 가는 과정이라고 할 수 있다.

| 復 | → | 臨 | → | 泰 | → | 大壯 | → | 夬 | → | 乾 |
|---|---|---|---|---|---|---|---|---|---|---|

| 姤 | → | 遯 | → | 否 | → | 觀 | → | 剝 | → | 坤 |
|---|---|---|---|---|---|---|---|---|---|---|

그러면 용들의 싸움은 어떻게 일어난 것인가? 그것은 박剝괘가 본래 건乾괘였기 때문이다. 「설괘전」에 "전호건戰乎乾"이라고 하였으니, 그 싸움의 단초는 건乾괘에까지 거슬러 올라갈 수 있다. 건乾괘에는 원래 여섯 마리의 용이 있었으나, 관觀괘에 이르면 여섯 용 가운데 네 마리의 용이 죽고 두 마리만 위쪽에 남아 있다. 관觀괘에서 다시 박剝괘로 추이하게 되면, 곤坤의 고을(邑) 바깥에 광활한 땅이 멀리 뻗쳐져 있으니 그 땅이 '야野'가 된다.92) "용전우야龍戰于野"의 효사는 바로 관觀괘에 남은 두 마리의 용이 그 들판에서 싸우는 상황을 묘사한 것이다. 그리고 "기혈현황其血玄黃"이라고 한 것은 싸움의 결말이 처참하고도 비극적이었음을 말해 준다.

---

92) 邑의 바로 바깥에 있는 땅을 '郊'라 하고, 郊보다 더 바깥에 있는 땅을 '野'라 한다.

이제 박剝괘를 보면, 두 마리 용 가운데 한 마리는 죽고 한 마리만 살아남았는데, 거기에는 검고도 누런 피가 질펀하게 흐르고 있다. 피 색깔은 원래 붉은빛인데 어떻게 해서 검고도 누런 피로 변해 버린 것일까? 그것은 하늘의 색이 검고 땅의 색이 누렇기 때문이다. 「문언」에 따르면 "현황玄黃이란 천지가 뒤섞인 색깔"(夫玄黃者, 天地之雜也)을 가리킨다. 하늘의 검은색과 땅의 누런색이 뒤섞여 그 피가 낭자하니, '혈전血戰'이라고 부를 만하다.

그렇다면 그 피에 상응하는 괘상은 무엇인가? 「설괘전」에서는 감坎이 적혈赤血을 상징한다고 하였으나, 관觀괘·박剝괘·곤坤괘 등의 괘상에는 감坎이 보이지 않는다. 굳이 감坎의 괘상을 이끌어 내려면 상위上位가 본래 감위坎位라는 데서부터 도출해 낼 수밖에 없다.[93] 그런데 정학유丁學游는 지금 4·5·6의 감위坎位에 있는 것은 실제로는 감坎이 아니므로 그것은 원래의 색깔이 변해 버린 것(色有渝)이라고 주장하였다. 다시 말해서 그 피의 원래 색깔은 붉은색이었지만 검은색과 누런색이 뒤섞인 것으로 변해 버렸다는 것이다.

학포(정학유)가 말하였다. "음陰과 양陽이 여러 차례 변하고, 급격히 왕래往來하는데, 이리저리 떨어져 나가고, 끌어당기면서, 그 고통이 극한에 다다라 죽으니, 그 피의

---

93) 重卦의 제1·3·5위는 본래 기수에 해당하므로 양을 배치하고 제2·4·6위는 우수에 해당하므로 음을 배치하면, 上位에는 坎이 형성되고 下位에는 離가 형성된다. 그러므로 모든 괘의 上卦에는 坎이 잠재되어 있고 下卦에는 離가 잠재되어 있다고 보는 것이다.

빛이 검고 누런 것이다[급사急死하게 되면 그 피가 붉다]. 감坎은 붉은 피가 되는데[「설괘전」의 글] 지금 감위坎位에 있는 것은 감坎이 아니니[박剝괘의 상괘는 간艮] 그 색깔이 변한 것이다.94)

정학유는 피의 색깔이 변해 버린 이유를 음과 양이 여러 차례 변한 데에서 찾았다. 그렇다면 정학유가 말한 "음양누변陰陽屢變"이란 무엇을 가리키는 것인가? 정약용은 그것을 괘상의 변화로써 다음과 같이 설명하고 있다.

상괘의 자리는 (본래) 감위坎位이며[4·5·6위] 감坎은 혈괘血卦가 되니[「설괘전」의 말] 이것이 "기혈其血"에 해당된다. 박剝괘는 (한 단계 더) 나아가면 곤坤괘가 되는데[사시四時의 본래 순서에 따른 것] (여기서는 반대로) 곤坤괘가 변하여 박剝괘로 되니[곤坤괘 상육上六의 경우] 음양이 여러 번 변하여[박剝괘에서 곤坤괘로 되었다가 다시 박剝괘로 됨] 하늘과 땅이 서로 뒤섞였기 때문에[박剝괘의 한 개의 양陽은 그 근본이 곤乾] 그 피가 검고 누런 것이다[하늘은 검고, 땅은 누렇다].95)

즉 위의 도식에서 보듯이, 박剝괘에서 곤坤괘로 추이한 다음에 다시 곤坤괘 상육上六이 효변하여 박剝괘로 되돌아가는 것을 볼 수 있다. 이처럼 괘상이 급격하게 변화하는 과정에서 음과 양이 엎치락뒤치락하면서 변화하게 되는데, 이리저리 떨어져 나가고 끌어당기면서 그 고통이 극한에 다다라 죽으니 그 핏빛이 검고 누런 것이 된다.

그러면 용들의 싸움으로써 상징하고자 하는 인간사는 도대체 무엇일까?

---

94) 「周易四箋 I」, 『定本 與猶堂全書』 15, 130~131쪽; 『역주 주역사전』 제1권, 345쪽, "學圃云, 陰陽屢變, 倏忽往來, 支離攪挐, 困極而死, 其血玄黃也[亟死, 則血赤]. 坎爲赤血[說卦文], 今坎非坎[剝上艮], 色有渝也."

95) 「周易四箋 I」, 『定本 與猶堂全書』 15, 130쪽; 『역주 주역사전』 제1권, 344쪽, "上卦位坎[四五六], 坎爲血卦[說卦文], 是, 其血也. 剝進爲坤[四時之本序], 坤變爲剝[坤上六], 陰陽屢變[剝, 坤, 剝], 天地相雜[剝一陽, 本乾], '其血玄黃'也[天玄而地黃]."

이 구절에 대한 가장 고전적인 해석은 「문언」의 공자의 주석에서 발견할 수 있다. 「문언」에 따르면, 공자는 용들의 싸움을 음이 양의 세력에 도전함으로써 촉발된 것으로 해석하고 있다.

> 공자께서 (「문언」에서) 말씀하셨다. "음이 양을 의심하면 반드시 싸우게 되니[신하가 자신을 군주에 견주면 반드시 싸움이 일어나게 됨], (坤卦라 하여) 양陽이 없다는 혐의를 받을까 의심한 까닭에[곤坤은 순음純陰] (특별히 坤卦에서도) 용을 언급한 것이다[용은 양물陽物이다]. (또한 이렇게 싸워도) 여전히 그 같은 부류로부터 벗어나지는 못한 까닭에[관觀괘의 두 개의 양陽] '혈血'이라고 말한 것이다[감坎은 혈血이 된다]. 대저 '현황玄黃' 이란 천지天地가 뒤섞인 색깔이니, 하늘은 검고 땅은 누렇다."96)

「문언」에서 공자는 "음의 세력이 양의 세력에게 도전하면 싸움은 불가피하다"(陰疑於陽, 必戰)라고 말하고 있지만, 그 음과 양의 세력이 무엇을 상징하는지에 관해서는 밝히고 있지 않다. 정약용은 세주細註에서 "신하가 군주에게 도전하면 반드시 싸움이 있게 된다"(臣擬於君, 必有戰)라고 풀이함으로써 여기에 일종의 정치적 해석을 부여하고 있다. 신하는 음이며, 군주는 양이다. 음의 정체성은 유순함에 있기에, 신하는 군주에 대해 자신을 낮추고 교만하지 말아야 한다. 그럼에도 불구하고 신하의 세력이 강성해지면 군주와 그 세력을 견주고자 하는 마음이 일어나게 된다.

---

96) 「周易四箋 I」, 『定本 與猶堂全書』 15, 516쪽; 『역주 주역사전』 제1권, 345~346쪽, "孔子曰, 陰疑於陽, 必戰[臣擬於君, 必有戰], 爲其嫌於无陽也[坤, 純陰], 故稱龍焉[龍, 陽物]. 猶未離其類也[觀二陽], 故稱血焉[坎爲血]. 夫玄黃者, 天地之雜也, 天玄而地黃."

## 3. 고대 중국의 군사제도와 전쟁

### 1) 사괘

예나 지금이나 전쟁은 국가의 흥망과 개인의 생사를 판가름하는 중대사이다. 『손자』의 제1편 「시계始計」에 "군사軍事는 나라의 큰일이다. 생사와 관련된 상황이고 존망과 관련된 도이니, 살펴지 않을 수 없다"[97]라고 하였으니, 곽말약郭沫若(1892~1978)이 "전쟁은 원시인들의 생활에서 매우 중요한 것이었고, 누구라도 이 점을 상상해 볼 수 있는 일"[98]이라고 한 것도 바로 이를 말한 것이다. 상商의 갑골문에는 전쟁에 관한 점사가 제사祭祀 다음으로 잦은 빈도로 나타난다. 『좌전』과 『국어』에는 춘추시대 사관史官들이 『주역』을 이용하여 점서占筮한 예가 빈번하게 등장하는데, 거기에서도 전쟁은 비중 있게 다루어지고 있다. 『좌전』의 성공成公 13년조에 "나라의 큰일은 제사와 군사에 있다"(國之大事, 在祀與戎)라고 한 것도 역시 이러한 맥락에서 이해될 수 있다.

『주역』에서도 전쟁은 여러 괘에서 언급되고 있다. 그렇지만 특히 군사軍事에 관한 문제를 집중적으로 거론하고 있는 괘는 사師괘이다. 정약용은 사師라는 괘명卦名 자체가 군사와 관련된 명칭임을 우리에게 주지시키고 있다.[99] '사師'의 자형을 분석해 보면, 『설문해자』에서 좌방의 '𠂤'를 '언덕 퇴'(堆)와 같은 발음으로 읽고 퇴토堆土의 형태라고 풀이하였다. 그러나 시라카와 시즈카(白川靜)는 𠂤는 쌓인 흙(堆土)과는 관계없으며, 이 글자가 원래

---

97) 李零, 김승호 옮김, 『전쟁은 속임수다 - 李零의 『손자』강의』(글항아리, 2013), 136쪽, "孫子曰, 兵者, 國之大事, 死生之地, 存亡之道, 不可不察也."

98) 郭沫若, 『中國古代社會硏究』(人民出版社, 1977), 40쪽.

99) 「周易四箋 I」, 『定本 與猶堂全書』 15, 163쪽; 『역주 주역사전』 제2권, 151쪽, "卒伍衆盛, 以一人而帥之, 則名之曰, 師也."

의미하던 것은 신神이 오르내리는 사다리의 형상이었다고 주장하였다. 고대에는 군대가 출정할 때 사당이나 군사에서 제사를 지내 전승을 기원했는데, 𠂤는 그러한 제사 때 사용하는 제육豬肉을 상형한 글자였다. 갑골문이나 금문에서 𠂤는 군단軍團을 가리키고, 또 군사의 우두머리를 의미하였다. 군대가 출정할 때는 제사에 쓴 고기조각을 받들면서 군대가 전진했고, 제육(𠂤)에는 군대의 수호정령이 머문다고 생각하였다.[100] 또 사師의 오른쪽 글자의 자형을 보면 '일一'과 '수帥'가 합쳐진 글자임을 알 수 있는데, 정약용에 따르면 이것은 한 사람의 장수將帥를 내세워 무리를 통솔하는 것을 의미한다.[101] 그리고 일一자의 아래에는 '두건 건'(巾)자가 있는데, 이것은 장수가 내건 깃발(將之旗)을 가리킨다.[102]

師

사師괘의 괘상卦象으로 보더라도 하나의 양陽이 내괘內卦의 가운데 머무르면서 다섯 음陰을 영도하고 있는 형상이니, 무리의 우두머리(師)가 된다.[103] 한 사람의 영도자와 다중多衆의 관계는 군사조직에만 해당되는 것이 아니고, 스승과 제자 사이에도 해당된다. 여러 제자를 가르치는 스승을 사師라고 하는 것도 바로 이런 까닭이다.[104] 이러한 맥락에서 사師는 법法 혹은 사람이 따라야 할 모범을 의미하기도 한다. 또 사師괘에는 감坎의 거마車馬를 채찍질하여 곤坤의 무리를 앞으로 몰고 가는 형상이 있으니 여기에도 역시 병兵의 상이 포함되어 있다. 병가兵家에

---

100) 白川靜(시라카와 시즈카) 저, 심경호 역, 『한자 백가지 이야기』(황소자리, 2005), 105쪽.
101) 「周易四箋 I」, 『定本 與猶堂全書』 15, 163쪽; 『역주 주역사전』 제2권, 151쪽, "師者, 衆也, 立一將, 謂之軍師, 師者, 法也, 人之模範也."
102) 「周易四箋 I」, 『定本 與猶堂全書』 15, 163쪽; 『역주 주역사전』 제2권, 151쪽, "字從巾, 將之旗也."
103) 「周易四箋 I」, 『定本 與猶堂全書』 15, 163쪽; 『역주 주역사전』 제2권, 152쪽, "以卦象, 則一陽居中[內之中], 以領五陰, 衆之師也."
104) 「周易四箋 I」, 『定本 與猶堂全書』 15, 163쪽; 『역주 주역사전』 제2권, 151쪽, "師者, 以一而帥衆也[字從一從師]. 弟子群集, 以一人而帥之, 則名之曰, 師也."

사괘진師卦陣105)이라는 것이 있는데, 이것도 역시 사師괘의 괘상에서 비롯된 것이다.106) 즉 전방前方에 있는 네 개의 음은 마치 날개처럼 펼쳐져 있으니 그것을 모방하여 사익진四翼陳107)을 만들었다. 내괘 중앙에 있는 한 개의 양은 전투를 지휘하고 있는 대장大將에 해당되며, 대장의 뒤쪽에는 다시 음이 지키고 있으니 이는 후방後方을 굳세게 방비하는 병사의 형상이다. 정약용에 따르면, 조선 정조 때 '난후친병攔後親兵'108)이라는 것이 있었는데, 이러한 것들은 실제로 진陣을 실행하는 상象에 해당되는 것이었다.109)

주나라에서는 병농일치제兵農一致制의 군사조직을 운영하였다. 이것은 향리조직을 군대의 편제와 결합시킴으로써 농사를 지으면서 병역에 의무를 갖게 하는 제도였다. 이 제도의 장점은 농민들이 평상시에는 농사에 힘쓰다가 전시가 되면 군인으로 전환하는 데 있었다. 관중管仲이 재상이 되면서 시행했던 것도 일종의 병농일치제였다고 하는데, 『관자管子』의 「입정立政」·「승마乘馬」·「소광小匡」 등에 그 내용이 실려 있다. 주희에 따르면 사師괘의 괘상에 이미 "우병어농寓兵於農"하던 고대사회의 생활상이 반영되어 있다. 즉 사師괘는 지地와 수水로 구성되어 있으니, 곤지坤地는 순順함을 상징하고 감수坎水는 험난함을 상징한다. 사괘의 괘상에 곤坤의

---

105) 古陣法의 하나로서 伏羲氏가 王天下하기 위해서 만든 것이라고 전해진다. 고진법에는 '사괘진' 이외에도 軒轅氏가 만든 '握奇陣', 주나라 무왕 때에 주공이 만든 '農兵陣' 등이 있다고 한다.

106) 「周易四箋 I」, 『定本 與猶堂全書』 15, 163쪽; 『역주 주역사전』 제2권, 152쪽, "兵家類, 有'師卦陣', 蓋是卦."

107) 師卦의 象을 보면 3·4·5·6위의 陰이 마치 날개를 펼친 듯한데, 그 상을 陣의 이름으로 삼은 것이다.

108) 군대에서 행진할 때 부대의 뒤를 방어하는 군대를 攔後軍 혹은 攔後兵이라고 부른다. 攔後란 뒤를 막는다는 뜻이다. 그리고 부대의 후미를 경비하는 난후군의 軍官을 攔後將이라고 불렀다. 親兵이란 임금이 친히 거느리는 군사를 가리킨다.(『한국고전용어사전』 제1권, 1012~1013쪽, 세종대왕기념사업회, 2001)

109) 「周易四箋 I」, 『定本 與猶堂全書』 15, 163쪽; 『역주 주역사전』 제2권, 152쪽, "兵家類, 有"師卦陣", 蓋是卦, 前驅四翼, 大將居中, 後勁有備[如, 今之'攔後親兵'], 實行陣之象也."

순함과 수水의 험함이 결합되어 있다는 것은 옛날에는 농민의 향리조직에다 군대의 조직을 결합시키는 정책이 시행되었음을 입증해 준다.110) 주희와 마찬가지로 정약용도 사師괘의 괘상이 병농일치제적 특성을 반영하고 있다고 보았다.111)

> (師卦에서) 곤坤은 나라의 고을을 상징하며 감坎은 (田畓 사이에 있는) 도랑(溝洫)을 상징하니[밭의 형상이 있음], 모두 병사兵士를 내보내는 곳이다.

전쟁을 효율적으로 수행하기 위해서는 체계적으로 정비된 군사조직이 필요하다.112) 주나라는 비교적 완비된 관료제도와 군사제도를 운영하고 있었다. 『주례周禮』「지관地官・사도司徒」에 따르면, 주나라의 군사조직은 오伍・양兩・졸卒・여旅・사師・군軍으로 구성되어 있었다.113) 오伍는 다섯 사람으로 구성되어 있으며, 군사조직의 최소단위로서 군의 세포조직에 해당한다.114) 오伍가 다섯이 모이면 양兩이 되며, 양兩이 넷이 모이면 졸卒이 된다.115) 그리고 졸卒이 다섯이 모이면 여旅가 되고,116) 여旅가 다섯이 모이면

---

110) 朱熹, 『周易本義』;「周易四箋 I」,『定本 與猶堂全書』15, 163쪽;『역주 주역사전』제2권, 150쪽, "坎險坤順, 坎水坤地, 古者 寓兵於農."

111) 「周易四箋 I」,『定本 與猶堂全書』15, 163쪽;『역주 주역사전』제2권, 152쪽, "(師卦에서) 坤은 나라의 고을을 상징하고 坎은 (田畓 사이에 있는) 도랑(溝洫)을 상징하니[밭의 형상이 있음], 모두 兵士를 내보내는 곳이다."(坤爲國邑, 坎爲溝洫[有田象], 皆所以出兵也.)

112) 주나라의 군사제도는 상당히 발달하여, 太師・太傅・太保・司徒 등의 직책을 두어 군사정책을 전담하게끔 하였다. 『左傳』昭公 21년조에 따르면 군사에 관한 일을 기록하는 『軍志』라는 책이 있었을 정도로, 춘추시대 초기에는 군사학이 상당히 발전된 단계에 이르렀다.

113) 『周禮』,「地官・小司徒」, "五人爲伍, 五伍爲兩, 四兩爲卒, 五卒爲旅, 五旅爲師, 五師爲軍."

114) 李零, 김승호 옮김, 『전쟁은 속임수다－李零의 『손자』강의』, 265쪽.

115) 卒은 본래 전차에 배치된 전차병을 구성하는 단위였다. '卒'에는 보좌한다는 뜻이 있으며, 주로 예속된 보병을 가리킨다.(李零, 김승호 옮김, 『전쟁은 속임수다－李零의 『손자』강의』, 266쪽.)

116) 상나라와 서주 시기의 군대는 귀족의 자제가 병사였는데, 이 자제병을 당시에 '旅'라고 불렀다. '여'는 5개의 졸이 모인 것으로 5대의 전차조직을 가리키는 전차 편제의 단위였

시師가 되며,[117] 사師가 다섯이 모이면 군軍이 된다.[118] 즉 오伍는 5인, 양兩은 25인, 졸卒은 100인, 여旅는 500인, 사師는 2,500인이 되며, 군軍은 12,500인이다.[119] 천자天子의 나라는 6군을 거느리고 대국大國은 3군, 그 다음 규모의 중국中國은 2군, 가장 작은 소국小國은 1군을 거느릴 수 있었다.[120] 대국에는 삼군三軍의 제도가 있는데, 상군上軍과 하군下軍은 모두 편장偏將[121]이 맡고 중군中軍은 대장大將[122]이 맡는다고 되어 있다.[123] 이 중군을 가리켜 중권中權[124]이라고 하는데, 정약용에 따르면, 사師괘 구이九二의 "재사중在師中"의 뜻도 바로 이와 관련된 것이다.

九二 : 在師中, 吉, 无咎, 王三錫命. ○象曰, 在師中吉, 承天寵也, 王三錫命, 懷萬邦也.

구이 : (삼군을 지휘하는) 장수가 중군에 있으니, 길하고 허물이 없을 것이다. 왕이 세 번이나 명을 하사할 것이다. ○「상전」: 장수가 중군에 있어 길한 것은 천자의 총애를 받기 때문이요, 왕이 세 번이나 명을 내리는 것은 만방萬邦을 (마음속에) 품고 있기 때문이다.[125]

---

다.(李零, 김숭호 옮김, 『전쟁은 속임수다 - 李零의 『손자』강의』, 266쪽.)

117) '師'는 5개의 '旅'가 모인 것으로서 25대로 구성된 전차조직이다.(李零, 김숭호 옮김, 『전쟁은 속임수다 - 李零의 『손자』강의』, 266쪽.)

118) '軍'은 동주시대에 군사조직의 최고단위였으며, 주둔의 뜻이 있다.(李零, 김숭호 옮김, 『전쟁은 속임수다 - 李零의 『손자』강의』, 266쪽.)

119) 『周易四箋 I』, 『定本 與猶堂全書』15, 163쪽; 『역주 주역사전』제2권, 151쪽, "周制, 五百人爲旅, 五旅爲師[二千五百人]."

120) 지금 군제에서의 '旅團'이나 '師團' 등의 명칭도 여기에서 비롯된 것이다.

121) '偏將'이라는 명칭은 『좌전』僖公 10년조에 나온다. '三軍'이라는 명칭은 僖公 27년조 등 『좌전』의 여러 곳에서 나오며, 上軍, 中軍, 下軍 등의 명칭은 僖公 27년조에 나온다.

122) 大將이라는 명칭은 『좌전』에 나오지 않는다. 『좌전』僖公 27년조에서는 中軍을 거느리는 장수를 '元帥'라고 했는데, 元帥는 將帥의 長으로서 총사령관 격이었다.

123) 『周易四箋 I』, 『定本 與猶堂全書』15, 166쪽; 『역주 주역사전』제2권, 163쪽, "周制, 大國三軍, 其上軍下軍, 皆偏將, 其中軍爲大將."

124) 中軍이 軍略을 세우는 것을 뜻한다. 혹은 단순히 中軍을 가리켜 中權이라고도 한다. 『좌전』宣公 12년조에 "中權後勁"이라는 말이 나오는데, 이는 三軍 가운데 主將이 있는 군대로써 權謀를 쓰고, 後軍은 精兵을 모은 군대로써 용감히 싸워 강함을 뜻한다.

125) 「周易四箋 I」, 『定本 與猶堂全書』15, 166쪽; 『역주 주역사전』제2권, 162~163쪽.

정약용이 사師괘 육사六四의 주注에서 언급하고 있듯이, 전국시대에는 상장군上將軍과 편장군偏將軍 등의 직제職制를 두어 상장군을 오른쪽, 편장군을 왼쪽에 배치하였다.126) 이와 마찬가지로, 제갈공명諸葛孔明이 팔괘八卦를 본떠서 만든 것으로 전해지는 「팔진도八陣圖」127)에서도 전충前衝은 오른쪽에 서고 후충後衝은 왼쪽에 서는 것으로 진영을 배치하였다. 방위를 이렇게 정한 것은 경사스러운 일에는 왼쪽을 중시하고 흉한 일에는 오른쪽을 중시하기 때문이라고 한다. 전쟁은 사람을 많이 죽이는 일이기 때문에 일종의 상례喪禮로 취급된다.

이렇게 해서 일단 군대조직이 갖추어지면, 그 다음으로 필요한 것은 군율軍律이다. 정약용은 사마천의 『사기』 중에 군사 문제를 전문적으로 기술한 「율서律書」가 있음을 상기시킨다.128) 『사기』는 본래 ①본기本紀 12편, ②표表 10편, ③서書 8편, ④세가世家 30편, ⑤열전列傳 70편 등 모두 130편의 다섯 부분으로 구성되어 있다. 이 중에서 서書는 8편으로 구성되어 있는데, 예禮·제례祭禮·천문天文 등 정치·경제·문화 전반을 상세히 서술하고 있다. 「율서律書」는 그 중의 하나로서, 주로 군사軍事와 육률六律에 대해 다루고 있다. 사師괘 초육初六의 효사에서는 군의 기강이 무너지고 군율이

---

126) "偏將軍居左, 上將軍居右"는 원래 『道德經』 제31장에 나오는 말인데, 정약용은 앞뒤의 순서를 바꿔서 인용하고 있다.

127) 「八陣圖」는 『三才圖會』, 『諸葛武侯集』 등에 그 내용이 나온다. 「팔진도」는 諸葛亮에 의해 발명된 것으로 전해지나, 실제로 제갈량이 만든 것인지는 알 수 없다. 아마도 軍師로서의 제갈량의 탁월한 역량이 「팔진도」와 그를 자연스럽게 연관시키게 했을 것으로 추측된다. 「팔진도」는 正兵과 遊兵으로 구성되어 있어서, 진의 연합이 최대의 위력을 발휘할 수 있도록 잘 조직되어 있다는 점이 장점이다. 정병은 전투 때에 전진하여 적진과 정면으로 싸우는 역할을 하며, 유병은 정병의 후방에서 대기하면서 때로는 陽動隊가 되고 때로는 先陣이 되어 임기응변의 역할을 담당했던 것으로 보인다. 정병은 八陳으로 구성되고 一陣은 다시 八小隊로 구성되어 있었으므로, 팔진은 모두 64개의 소대로 구성되게 된다. 이러한 체제로 미루어 볼 때, 「팔진도」는 八卦로부터 따온 것으로 보인다.

128) 「周易四箋 I」, 『定本 與猶堂全書』 15, 165쪽; 『역주 주역사전』 제2권, 160쪽, "司馬遷律書, 全論行師之法[見史記], 古之義也."

유지되지 않을 때 예상되는 불길한 사태에 대해 경고한다.

初六 : 師出以律, 否臧, 凶. ○象曰, “師出以律”, 失律, 凶也.

초육 : 장수가 출정出征할 때는 군율軍律로써 함이니, (군율을) 거스른다면 흉할 것이다. ○「상전」: 장수가 출정할 때 군율로써 해야 하는 까닭은 군율을 잃을 경우 흉하기 때문이다.[129]

정약용에 의하면, 사師괘 초육初六은 사師괘가 림臨괘로 변하는 경우이다. 사師괘는 복復괘로부터 왔으니, 사師괘의 제2위에 있는 장수는 본래 복復괘 초위初位에 있었다가 위로 올라온 것이다. 장수의 출정이란 바로 복復괘의 1이 2로 옮겨간 것을 가리킨다. 사師괘의 1·2·3위에는 감坎이 있으니, 이것은 법法 즉 규율이나 군율을 상징한다. 이제 장수가 출정하여 중위中位에 머무르면서 군율을 갖추고 있으므로 “사출이율師出以律” 즉 “장수가 출정할 때는 군율로써 한다”라고 한 것이다. 그 다음으로 “부장否臧”의 의미와 관련하여, 주희와 정약용의 풀이가 약간 다르다. 주희는 “부장否臧, 위불선야謂不善也”라고 하여 ‘부장否臧’을 ‘착하지 않음’으로 해석하였으나, 정약용의 경우에는 “부자否者, 역야逆也, 장자臧者, 순야順也”라고 하여 ‘부장否臧’이란 ‘순順함을 거스름’의 뜻이라고 보았다.

군율을 어겼을 때 벌어지는 처참한 상황을 생생하게 보여 주는 예로

---

129)「周易四箋 I」,『定本 與猶堂全書』15, 165쪽;『역주 주역사전』제2권, 158쪽.

『좌전』에 기록된 노魯 선공宣公 12년(BC.597)의 사건이 있다. 그해 여름에 초楚나라 장왕莊王이 친히 군사를 일으켜 정鄭나라 정벌에 나서자, 다급해진 정나라는 진晉나라에 구원을 요청하게 된다. 이에 진나라 경공景公은 순림보 荀林父를 중군中軍의 장수로 임명하여 삼군을 이끌고 정나라를 구하라고 명하였다. 그러나 진나라 군대가 황하 근처에 이르렀을 때, 정나라와 초나라 가 화평을 맺었다는 뜻하지 않던 소식을 듣게 된다. 이 예상치 못한 사태를 맞아 진나라 군영은 의견이 둘로 갈라졌다. 주장主將인 순림보는 퇴각할 것을 주장한 반면에, 부장副將이었던 선곡先縠은 적이 강하다는 것을 듣고 물러선다는 것은 대장부가 할 행동이 아니라고 강하게 반발하였다.130) 이러한 상황에서 지장자知莊子, 즉 순림보의 아우인 순수荀首는 사師괘 초육初 六의 효사를 직접 언급하면서 다음과 같이 말하였다.131)

> 지금 진격하는 이 군대는 위태롭도다! 『주역』에 보면, 사師괘가 림臨괘로 변하는
> 경우에 "사출이율師出以律, 부장否臧, 흉凶" 즉 "군대의 출병은 군율을 따라야 하니,
> 그 법도에 순종하지 않으면 흉하다"라는 말이 있거니와, 일을 집행함(執事)에 있어
> 순종하여 이룸(順成)이 '장臧'의 뜻이 되고 (그 법도에) 거스름은 '부否'의 뜻이 된다.132)

그러나 선곡은 순림보의 명령을 어기고 자신의 부대를 이끌고 강을 건넜다가 초나라 군대의 공격을 받아 대패하고 만다. 초군楚軍은 이에 그치지 않고 여세를 몰아 필지邲地133)에 진주하였으니, 이 전투를 계기로 초楚는 그 세력을 크게 확장한 반면에 진晉의 위신은 중원中原의 제후들

---

130) 「周易四箋 II」, 『定本 與猶堂全書』 16, 227쪽; 『역주 주역사전』 제7권, 209~210쪽, "彘子(卽先 縠)曰, 不可, 聞敵强而退, 非夫也."
131) 이 경우는 筮占을 실제로 치지 않고, 길흉을 점친 경우에 해당된다.
132) 「周易四箋 II」, 『定本 與猶堂全書』 16, 227쪽, 『周易四箋』, 권7, 22가; 『역주 주역사전』 제7권, 209~210쪽, "知莊子曰, 此師殆哉! 周易有之, 在師之臨, 師出以律, 否臧, 凶, 執事, 順成爲臧, 逆爲否."
133) 邲地는 지금의 河南省 新鄕市 原陽縣 衡雍 서남쪽에 있는 지명이다.

사이에서 땅에 떨어지게 되었다. 이것은 군율을 어긴 결과가 얼마나 처참한 결과를 초래하는지를 실증하는 역사적 사례라고 하겠다.

## 2) 매복전술

동서양을 막론하고 매복埋伏(ambush)은 고대의 병법 중 가장 흔히 쓰이던 전술 중의 하나였다. 매복은 상대편의 동태를 살피거나 불시에 공격하려고 일정한 곳에 몰래 숨어 있는 전술을 가리킨다. 서양에서는 기원전 217년 제2차 포에니전쟁(Poeni War: BC.218~BC.202)에서 한니발(Hannibal, BC.247~BC.183) 이 이끄는 카르타고(Carthago)군이 트라시메누스(Trasimenus) 호수134)에서 매복 전술을 사용하여 가이우스 플라미니우스(Gaius Flaminius, ?~BC.217)가 이끄는 로마군을 괴멸시킨 것이 매우 유명한 사례이다. 매복에 대한 언급은 중국의 가장 오래된 병법서인 『손자병법孫子兵法』135)에서도 발견된다.136) 『주역』에

---

134) 트라시메누스 호수는 현재 이탈리아 움브리아(Umbria)주 페루지아(Perugia) 서쪽에 있으며, 페루지아 호수로도 불린다.

135) 고대 중국의 兵法書로서 그 저자에 관해서는 춘추시대 오나라왕 합려의 軍師 孫武라는 설도 있고, 손무의 손자인 전국시대 齊나라의 전략가 孫臏이 쓴 것이라는 설도 있다. 다른 한편으로 손무가 지었으나 그의 후손인 손빈에 이르러 완성했다는 설도 있다. 그러나 1972년 4월, 山東省 臨沂縣 銀雀山에 있는 한나라 무덤에서 竹簡으로 된 兵書가 출토되어 『孫子』에는 『孫子』와 『孫臏兵法』의 두 가지가 있었음이 판명되었다. 학계의 추정에 따르면, 손무의 기록이 『손자병법』의 원본이고 손빈의 것은 제나라의 『손빈병법』 이라고 한다.

136) 매복은 齊나라의 전략가 孫臏이 魏나라의 장수 龐涓을 상대로 마릉의 싸움(馬陵之役)에서 사용한 전술이다. 기원전 342년 위나라 군대가 韓나라를 침공하자 한나라는 제나라에 긴급히 구원을 요청해 왔다. 손빈은 거짓 계략을 써서 일부러 도망가며 적을 유인하였다. 위나라의 사령관인 방연은 戰勢를 희망적으로 판단하여 적진으로 깊숙이 공격해 들어갔다. 손빈은 馬陵이라는 곳에서 매복하면서 적이 오기만을 기다렸다. 마릉의 지형은 좁은 골짜기에 도로가 굽어져 있고 양측에 수목이 우거졌기 때문에 매복에 유리한 지형이었다. 손빈은 숙련된 궁수들을 거기에 배치한 다음에, 도로 근처의 큰 나무의 껍질을 깎아 내고 거기에다가 "방연은 이 나무 아래서 죽는다"라고 쓰도록 시켰다. 그리고 명령하기를 "어두워지면 적군이 도착하여 나무에 쓰인 글을 읽고자 불을 밝힐 것이니, 그때 집중적으로 활을 쏘아 전멸시키라"라고 하였다. 과연 손빈이 예측한 바대로 방연이 도착하여 큰 나무에 쓰인 글을 읽으려고 횃불을 밝히니, 그것을 신호로

도 매복전술에 대한 언급이 나오는데, 동인同人괘 구삼九三의 효사에서 "복융우망伏戎于莽"이라고 한 것이 바로 그것이다.

九三：伏戎于莽, 升其高陵, 三歲不興. ○象曰, 伏戎于莽, 敵剛也, 三歲不興, 安行也.

구삼 : 우거진 숲에 군사를 매복시켜 놓고 (멀리까지 정황을 살피기 위해) 그 높은 언덕에 오르니, (적은) 3년 동안 (다시 군사를) 일으키지 못할 것이다. ○「상전」: 우거진 숲에 군사를 매복시켜 놓는 것은 적이 강하기 때문이요, (적이) 삼년 동안 (다시 군사를) 일으키지 못하는 것은 (우리가) 적절하게 대처하기 때문이다.[137]

동인同人괘 구삼九三의 "복융우망伏戎于莽"은 "우거진 숲에 군사를 매복시켜 놓는 것"을 의미한다. 그리고 「상전」에서 "적이 강하기 때문이다"(伏戎于莽, 敵剛也)라고 한 것은 매복의 필요성에 대해 언급한 것이다. 매복은 원래 수적 열세인 병력으로 다수의 적군을 맞서 싸울 때 매우 효과적인 공략법이다. 수적인 열세를 극복하기 위해서는 지형지물地形地物을 적절히 이용하는 것이 필요하다. 『손자병법』의 제10편 「지형地形」에서는 땅의 형세를 이용해서 적과 맞서는 방법에 대해 논하였으니, 이것은 매복을 위해서는 지형지물을 이용하는 것이 효과적이라는 점을 말해 준다. 동인同人괘 구삼九三에서는 우거진 숲을 지형지물로 이용하고 있다. 그러면 정약용의 주석을 통해 매복의 상황을 괘상으로 재현해 보기로 하자.

이것은 동인同人괘가 무망无妄괘로 변하는 경우이다. 무망괘는 중부괘로부터 왔는데 [4가 2로 감], (중부괘에서는) 대리大離의 군사가 있으니 양편의 적이 서로 대치하고

---

해서 화살이 빗발치듯 날아와 위나라 군대가 전멸하였다. '馬陵之役'의 승리를 계기로 魏와 齊의 정치적 입지는 크게 바뀌게 되니, 제나라는 제후국 가운데 강국으로 부상한 반면에 위나라는 국력이 현저히 약화되어 마침내 秦始皇에 의해 기원전 225년에 멸망하게 된다.

137) 「周易四箋 I」, 『定本 與猶堂全書』 15, 210쪽; 『역주 주역사전』 제2권, 358쪽.

있는 상황이다[손목巽木이 태금兌金과 적대하고 있음]. (그런데 중부괘로부터) 추이하여 무망괘로 가면[(중부괘의) 4가 2로 감] 진震의 풀이 우거져 있다[(무망괘의) 하괘가 지금 진震]. 군대가 이에 물러나 숨으니[대리大離의 병사가 한 걸음 물러남], 이것이 "복융우망伏戎于莽" 즉 "우거진 숲에 군사를 매복하는 것"이다[즉 복병伏兵이다]. 억새풀과 갈대와 푸른 대나무가 있으니[진震의 물상物象] 그 상象이 "망莽" 즉 "우거진 숲"이 된다[풀이 우거진 것을 '망莽'이라고 한다]. 손巽은 잠기거나 숨는 것이 되니[무망괘의 호손互巽] 그 성격이 숨는 데 있다.[138)

정약용의 주注에 따르면, 동인괘 구삼九三의 효사는 아군이 적군을 맞아 매복을 써서 싸우는 상황을 서술한 것이다. 먼저 본괘本卦인 동인同人괘에서는 아군의 세력이 적군을 압도하고 있다. 왜냐하면, 역례易例에 따르면 내괘內卦는 아我가 되고 외괘外卦는 상대방이 되므로, 리화離火의 아군이 건금乾金의 적군과 맞서고 있는 상황이다.139) 이때에는 화극금火克金의 원리에 따라 아군이 적군을 능히 제압할 수 있다. 그러나 동인괘 구삼九三이 효변해서 동인괘가 무망괘로 변하면, 무망괘에서 내괘內卦는 진목震木이 되고 외괘外卦는 건금乾金이 된다. 이때는 금극목金克木의 원리에 따라 적군이 아군을 이길 수 있는 상황이다. 따라서 지괘之卦인 무망괘의 상황은 본괘本卦

---

138) 「周易四箋 I」, 『定本 與猶堂全書』 15, 210쪽; 『역주 주역사전』 제2권, 358~359쪽, "此, 同人之无妄也. 无妄自中孚來[四之二], 大离之兵, 兩敵相對[巽木敵兌金], 移之无妄[四之二], 則震草之莽[下今震], 兵乃退伏[大离之兵, 退一步], 伏戎于莽也[即伏兵]. 萑葦蒼篹[震之物], 其象莽也[草深曰, 莽]. 巽爲潛隱[今互巽], 其德伏也."

139) 离가 火가 되고, 乾이 金이 되고, 震이 木이 되는 것에 관해서는 『주역사전』의 「설괘물상표」를 참조할 것.(「周易四箋 I」, 『定本 與猶堂全書』 15, 40쪽; 『역주 주역사전』 제1권, 56~57쪽)

인 동인괘의 상황과는 정반대가 된다. 적의 힘이 이처럼 압도적으로 강할 때에는 정면대결보다는 매복의 방법을 쓸 것을 고려해야 한다. 정약용이 주注에서 "약한 자가 강한 자에게 맞설 경우에는 복병을 쓰지 않는다면 이기지 못한다"(以弱敵强者, 非伏兵則不勝也)라고 한 것도 바로 이 점을 말한 것이다. 마침 무망괘에는 복병을 숨겨 두기에 안성맞춤의 지형지물地形地物이 있다. 하괘에 푸른 대나무와 억새풀을 상징하는 진震이 있으니, 우거진 숲은 복병을 쓰기에는 최적의 장소이다. 1·2·3·4위는 대리大離의 형태를 취하니 병사兵士의 상象이며, 상호괘上互卦는 손巽이니 잠복潛伏의 상이 된다. 이렇게 복병을 배치하였다면, 그 다음으로 취해야 할 조치는 높은 곳에 올라가서 적의 동태를 정탐하는 일이다. 동인괘 구삼九三의 "승기고릉升其高陵"은 높은 언덕에 올라가 적의 동태를 살피는 것을 가리킨다.[140] 『손자병법』 제7편 「군쟁軍爭」에는 "용병用兵의 법은, 고지의 구릉에 있는 적을 향해 공격하지 말 것이며(高陵勿向), 언덕을 등지고 있는 적을 공격해서는 안 된다(背丘勿逆)"라는 말이 나온다.[141] 그리고 『손자병법』 제9편 「행군行軍」에서는 군대를 주둔시킬 때 "시생처고視生處高"의 위치를 확보해야 한다고 했는데, '시생視生'이란 산의 남쪽을 향해 앞쪽에 출구를 마련하여 넓게 펼쳐진 들을 볼 수 있어야 한다는 뜻이며, '처고處高'란 산의 북쪽을 등져 뒤쪽에 의지할 곳을 마련하여 높은 곳에서 아래를 내려다보아야 한다는 뜻이다.

---

140) 정약용의 해석은 『주역과 전쟁윤리』의 저자의 설명과는 정반대이다. 이 책의 저자인 姜國柱에 따르면, 매복할 때는 숨겨 놓은 군사들이 적군에게 발견되지 않도록 하는 것이 중요하다. 그런데 높은 산언덕에 올라가게 되면 아군의 동태가 적에게 쉽게 노출되기 때문에 참패를 불러올 수밖에 없다. 즉 姜國柱는 "높은 언덕에 오르는 것"(升其高陵)이 "3년 동안 군사를 다시 일으키지 못함"(三歲不興)의 사태를 불러오는 원인이 된다고 풀이하였다. 그러나 정약용에 따르면, 높은 언덕에 오르는 것은 군사를 매복시키는 것이 아니라 단지 적의 동태를 파악하기 위한 정탐행위일 뿐이다. 그리고 3년 동안 군사를 다시 일으키지 못하는 것은 아군이 아니라 적군이 된다.(姜國柱, 국방사상연구회 옮김, 『주역과 전쟁윤리』, 철학과 현실사, 2004, 67쪽 참조.)
141) 李零, 김승호 옮김, 『전쟁은 속임수다 – 李零의 『손자』강의』, 547쪽.

"시생처고視生處高"는 앞이 낮고 뒤는 높으며 앞은 사지이고 뒤는 생지이기 때문에, 형세에 순응하는 것이다.[142)

산 정상은 주변이 두루 내려다보여서 적의 활동을 살피기에 적합한 장소이기 때문에, "승기고릉升其高陵"은 감제고지瞰制高地(commanding heights)를 확보한다는 의미를 지닌다.[143) 서구의 전략가 중에서 감제고지의 중요성을 특별히 강조한 사람은 클라우제비츠(Carl von Clausewitz)였는데, 그에 따르면 감제고지에는 세 가지 전략적 이점이 있다. 첫째로 적을 막기 편해서 적이 지나가지 못하게 할 수 있고, 둘째로 산 아래의 적이 시야에 모두 들어와서 한꺼번에 전체를 관찰할 수 있으며, 셋째로 산 아래에서 위로 사격하는 것은 산 위에서 쏘는 것보다 사정거리가 짧기 때문에 위에서 아래를 공격하기는 쉽고 아래에서 위를 공격하기는 어렵다.[144) 정약용은 "승기고릉升其高陵"의 괘상을 다음과 같이 도출해 낸다.

또 무망无妄괘는 둔遯괘로부터 왔으니[1이 3으로 감], 둔遯괘의 하괘에 있는 간艮은 '릉陵' 즉 큰 언덕이다[간艮은 산이 됨]. 대손大巽이 이미 높은데[둔遯괘는 겸획兼畫하여 삼획괘三畫卦로 보면 대손大巽이 됨] 여기에 또다시 '고릉高陵' 즉 높은 언덕이 있는 것이다[「설괘전」에서 손巽은 '고高' 즉 '높음'이 된다고 함]. (둔遯괘로부터) 추이하여 무망괘가 되면 유柔가 아래로부터 상승하여[1이 3으로 감] 저 간산艮山을 오르기 때문에[제3위에까지

142) 李零, 김승호 옮김, 『전쟁은 속임수다－李零의 『손자』강의』, 565쪽.
143) 李零, 김승호 옮김, 『전쟁은 속임수다－李零의 『손자』강의』, 566쪽.
144) 李零, 김승호 옮김, 『전쟁은 속임수다－李零의 『손자』강의』, 642쪽.

오름] "승기고릉升其高陵" 즉 "그 높은 언덕을 오른다"라고 말한 것이다. 어째서 그러한 가? 군사를 다스리는 병법에 따르면 이미 복병을 배치한 뒤에는 다시 높은 곳에 올라감으로써 멀리 내려다보지 않으면 안 되기 때문이다[리離는 눈이 됨].[145]

위의 설명을 보면, 정약용은 '무망자둔래无妄自遯來'로부터 "승기고릉升其高陵"의 상象을 이끌어 내고 있다. 즉 동인괘의 제3효가 효변하면 무망괘가 되는데, 무망괘의 근원을 소급해 보면 중부中孚괘 혹은 둔遯괘로부터 추이한 것이 된다. 그런데 그 중에서 "승기고릉升其高陵"은 둔遯괘로부터 변화된 상과 관련이 있다. 둔遯괘에서 무망괘로 추이하게 되면, 거기에는 2·3·4의 간산艮山이 있고 게다가 손巽의 높음까지 있으니 높은 언덕(高陵)이 있는 것은 당연하다. 둔遯괘의 1이 3으로 상승하니, 이것이 바로 "승기고릉升其高陵"에 해당된다. 무망괘에는 대리大離의 상象이 있으니, 그것은 병사兵士이며 눈目이 된다. 병사가 높은 언덕에 올라 눈으로 저 멀리 적들의 동태를 살피는 형상이다.

그러면 "삼세불흥三歲不興" 즉 "(적은) 3년 동안 (다시 군사를) 일으키지 못한다"(三歲不興)라고 한 것은 무슨 까닭일까? 정약용은 그 이유를 무망괘의 괘상을 통해서 밝혀낸다.

145) 「周易四箋 I」, 『定本 與猶堂全書』 15, 210쪽; 『역주 주역사전』 제2권, 359~360쪽, "又自遯
來[一之三], 下艮陵也[艮爲山]. 大巽旣高[兼畫三], 是又高陵也[說卦, 巽爲高]. 移之无妄, 則柔自下
升[一之三], 登彼艮山[登于三], 升其高陵也. 曷然哉 治兵之法, 旣設伏矣, 又必登高, 以瞭望也
[离爲目]."

앞서 설명한 것처럼, 무망괘의 하괘인 진震은 아군이고 상괘인 건乾은 적군이다. '불흥不興'이라고 한 것은 건乾의 적이 다시 군사를 일으키지 못함을 가리킨 것이다. 정약용은 그 이유를 아군에는 진震이 있지만, 적군에게는 진震이 없기 때문이라고 설명한다. 그는 「잡괘전」에서 "진震, 기야起也 간艮, 지야止也"라고 한 것을 근거로, 진震에는 흥기興起의 뜻이 있다고 말한다. 무망괘의 내괘內卦에는 진震이 있으니 아군은 군사를 일으킬 수 있지만, 적군에게는 건乾만 있고 진震이 없으니 군사를 일으키지 못한다.

이로써 적군이 군사를 일으키지 못하는 것은 설명되었다. 그렇다면 "삼세불흥三歲不興"은 어떻게 설명될 수 있을까? "삼세불흥三歲不興"이란, 적군이 아군의 매복공격에 의하여 3년 동안 군사를 다시 일으키지 못할 정도로 심각한 피해를 입었음을 뜻한다. 그러면 '삼세三歲'를 어떻게 괘상으로 풀어 낼 수가 있을까? 정약용은 「설괘방위도說卦方位圖」를 이용하여 삼세三歲의 괘상을 도출해 낸다.

「설괘전」의 방위에 따르면, 서북방의 건乾으로부터 (북방의 坎을 거쳐) 동북방인 간艮에 이르기까지 흡사히 세 개의 궁宮을 거쳐서[건乾·감坎·간艮의 세 궁宮] 비로소 진震의 흥기를 맞이하거니와[震은 정동방正東方에 해당하는 괘], (따라서) 3년을 기다려야만[한 개의 궁이 일 년에 해당됨] 비로소 (군사를) 일으켜 움직일 수가 있으므로[震으로써 흥기함] "삼세불흥三歲不興" 즉 "3년 동안 군사를 일으키지 못한다"라고 말한 것이다.[146]

즉 「설괘방위도說卦方位圖」[147]를 보면, 서북방의 건乾에서부터 출발하여 진震에 이르려면 감坎·간艮을 거쳐야 한다. 무망괘의 외괘外卦는 건乾이므로, 적은 건乾의 방위인 서북방에 위치하고 있다. 앞서 설명한 바처럼, 진震에

---

146) 「周易四箋 I」, 『定本 與猶堂全書』 15, 210쪽; 『역주 주역사전』 제2권, 361쪽, "據「說卦」方位, 自乾至艮, 恰過三宮[乾, 坎, 艮], 始逢震起[正東卦], 須過三歲[每以一宮, 當一歲], 始可發動[以震興], 三歲不興也."

147) 「설괘방위도」의 출처: http://www.hokming.com/hau-tin-gua-gif.gif

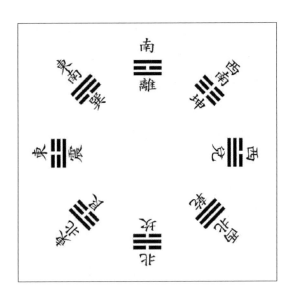

설괘방위도說卦方位圖

흥기의 뜻이 있으므로 건乾의 적군이 군사를 기동起動시키기 위해서는 진震이 필요하다. 그런데 건乾이 진震을 만나기 위해서는 '건乾→감坎→간艮'의 세 궁宮을 거쳐야 한다. 한 개의 궁에 1세歲씩 배당하면, 모두 3세 즉 3년이 경과되어야 한다. 따라서 "삼세불흥三歲不興"이라고 한 것이다.

### 3) 기만전술

기만欺瞞전술은 전쟁이 시작된 이래 사용된 가장 고전적 전술 중의 하나이다. 기만전술이란 위장 혹은 은폐의 방법으로 적을 속여서 방비를 허술하게 한 다음에 허를 찔러 전쟁에서 승리하는 전법이다. 전술전략의 모범답안지라고 평가받는 『손자병법』의 제1편 「시계始計」에서는 "병법이란 기만전술이다"(兵者, 詭道也)라고 정의하고 있다.[148] 기만전술의 사례는 전쟁사를 통해

---

148) 『孫子兵法』, 「始計」; 李零 譯注, 『孫子譯注』(中華書局, 2009), 6쪽, "병법은 기만전술이다.

종종 나타난다. 제2차 세계대전 때에 '사막의 여우'라고 불리던 독일의 롬멜(Erwin Rommel, 1891~1944) 장군은 북아프리카의 사막에서 전차의 수적 열세를 숨기기 위해 앞에는 진짜 전차를 세우고 뒤에는 군용차량에 나무모형을 씌워 전차처럼 위장함으로써 영국군이 혼비백산하여 도망가게 만들었다. 역사적 실례는 아니지만, 트로이 전쟁(Trojan War)에서 목마에 군대를 숨기고 마치 도망간 것처럼 속인 것도 그리스 군의 승리를 이끌어 낸 성공적인 기만전술의 사례로 평가된다.[149] 정약용은 이러한 위장전술의 예로서 중부中孚 육삼六三의 효사를 들고 있다.

六三 : 得敵, 或鼓或罷, 或泣或歌. ○象曰: "或鼓或罷", 位不當也.

육삼 : 적을 만남에, 혹은 북을 치기도 하고 혹은 그만 그치기도 하며 혹은 (소리 없이) 눈물을 흘리거나 혹은 노래를 부른다. ○「상전」: "혹은 북을 치기도 하고 혹은 그만 그치기도 하는 것"은 그 자리가 합당하지 않기 때문이다.[150]

---

능력이 있으면서도 능력이 없는 것처럼 보이게 하고, 혹은 필요하면서도 필요하지 않은 것처럼 위장을 한다. 가까운 곳을 노리면서도 먼 곳을 지향하는 것처럼 하고, 혹은 먼 곳을 노리면서도 가까운 곳을 지향하는 것처럼 한다. 적에게 이익을 주어 유혹을 하거나 혹은 내부를 교란시키고 이를 공략한다. 적의 군비가 충실하면 서두르지 말고 대비를 하며, 적이 강하면 정면충돌을 회피한다. 적을 분노하게 하여 혼란에 빠뜨리고, 혹은 저자세를 취하여 적을 교만하게 만든다. 상대가 쉬려고 하면 피로하게 만들고, 단합되어 있으면 분열시킨다. 무방비상태로 있을 때 공격하고, 뜻하지 않았을 때 출격한다. 이러한 기만술은 병법가의 승리하는 비결이며, 따라서 사전에 계획이 누설되어서는 안 된다."(兵者, 詭道也. 故能而示之不能, 用而示之不用, 近而視之遠, 遠而示之近. 利而誘之, 亂而取之, 實而備之, 强而避之, 怒而撓之, 卑而驕之, 佚而勞之, 親而離之, 攻其無備, 出其不意. 此兵家之勝, 不可先傳也.)

149) 고대 그리스 신화에 등장하는 트로이전쟁에서 그리스군은 오디세우스가 세운 계책에 따라 목마를 만든 뒤 군대를 철수시키고 트로이에 대한 공격을 포기한 것처럼 꾸몄다. 그리스군이 모두 철수하자 트로이의 주민들은 오랜 전쟁에서 승리했다고 확신하고 이들이 남겨 둔 거대한 목마를 전리품으로 삼아 성 안으로 끌어다 놓은 뒤 승전을 축하하는 잔치를 벌였다. 그러나 밤이 되자 목마에 숨어 있던 그리스군이 어둠 속에서 몰래 빠져 나와 성문을 열었고, 성 밖에 대기하고 있던 그리스군 본진은 마침내 트로이를 함락하는 데 성공한다.

150) 「周易四箋 II」, 『定本 與猶堂全書』 16, 193쪽; 『역주 주역사전』 제7권, 47쪽.

위의 효사에서 "혹고혹파或鼓或罷"라고 한 것은 "북을 치기도 하고 그만 그치기도 하는 것"을 가리키며, "혹읍혹가或泣或歌"라고 한 것은 "눈물을 흘리거나 노래를 부르기도 하는 것"을 가리킨다. 그렇다면 왜 적과 맞서 싸워야 하는 위중한 순간에 이러한 상황을 연출하고 있는 것일까? 고형高亨에 따르면 이 효사는 적군을 사로잡은 뒤에 북을 두드리고 노래를 부르며 축하하는 상황을 서술하고 있는데, 다만 힘든 전쟁을 치른 뒤에 피곤에 지쳐 있는 병사들의 입장에서는 이러한 상황을 기뻐할 수만은 없기에 신세한탄을 하면서 울고 있는 것이라고 해석하였다.[151] 반면에 정약용은 이 효사가 위장전술의 전형적 예를 보여 준다고 주장하였다. 즉 적과 마주 싸우다가 우리 편의 장수가 전사하였는데, 만약에 그 상황을 적군이 알게 된다면 적은 이 기회를 놓치지 않고 우리 편을 거칠게 밀어 붙이게 될 것이다. 따라서 우리 편의 장수가 죽은 사실을 비밀로 하고 적을 속이는 것이다. 정약용은 강유姜維가 제갈공명諸葛孔明의 죽음을 숨기고 위장한 것이 "혹고혹파或鼓或罷, 혹읍혹가或泣或歌"의 상황에 해당된다고 말한다. 『삼국지연의』에는 제갈공명이 죽은 후에 강유가 마치 제갈공명이 살아 있는 것처럼 위장함으로써 적을 물리치게 된 이야기가 나오는데, "죽은 공명이 산 중달仲達을 달아나게 했다"는 고사는 바로 여기에서 유래되었다. 그러면 정약용의 주注를 통해 그 해석을 들여다보자.

이것은 중부괘가 소축괘로 변하는 경우이다. 대리大離의 병사들이 있어서[중부괘를 겸획兼畫하여 삼획괘三畫卦로 만들면 대리大離의 형태가 됨] 두 장수將帥가 대진對陣하고 있는데[중부괘의 상호괘上互卦는 간艮이니 역시 뒤집힌 진震의 형태라고 할 수 있음], 중부괘의 하괘인 태兌의 금金과 상괘인 손巽의 목木이 상극의 관계에 있어 대립하니[금金이 목木을 이김] 중부괘는 적을 만나는 괘이다.[152]

---

151) 高亨 저, 김상섭 역, 『고형의 주역』, 482쪽.
152) 「周易四箋 II」, 『定本 與猶堂全書』 16, 193쪽; 『역주 주역사전』 제7권, 47쪽, "此, 中孚之小畜也.

中孚 → 小畜

중부괘의 양호괘兩互卦가 곧 이頤괘를 형성하니[중부괘의 양호괘는 산뢰山雷 이頤괘가 됨],
이頤괘의 육삼효六三爻는 (효변하게 되면) 그 괘가 비賁괘가 된다. (그런데 이頤괘는
뒤집어도 역시 똑같은 이頤괘가 되므로) 반대反對의 괘가 없는 까닭에 본래 전도顚倒된
상상象을 취하는데[중부괘도 (역시 뒤집어도 같은 중부괘가 되므로) 반대괘가 없음], 비賁괘의
뒤집힌 상象을 취하면 서합괘가 된다. 서합괘에는 리離의 가죽(革)과 진震의 울림(鳴)이
있으니 그 상象이 북(鼓)이 되며[리離는 가운데가 비어 있으니 북의 상象이 있음], 리離의
즐거워함과 진震의 소리가 있으니 그 상象이 노래가 된다[기뻐서 내는 소리가 노래].
비賁괘에는 비록 리離의 가죽이 있으나 진震의 소리를 동반하지 않으니[비賁괘의
상괘는 간艮], "혹파或罷" 즉 "혹은 그만두는 것"이 된다[파罷는 멈춤의 뜻이니 간艮은 멈춤의
뜻이 된다]. 비賁괘에서는 리離의 눈에 눈물이 있으나[비賁괘의 하호괘下互卦는 감坎] 진震의
소리가 없으니[비賁괘의 상괘가 간艮], "혹읍或泣" 즉 "(소리없이) 눈물을 흘리는 것"이
된다[눈물을 흘리되 소리 없이 우는 것을 '읍泣'이라고 함]. 정괘正卦와 도괘倒卦의 경우에
있어서[뒤집힌 괘는 서합괘가 되고, 정괘正卦는 비賁괘가 됨] 상象이 일정하지 않으니[상象이
상반相反됨], "혹或…"이라고 한 것은 미심쩍다는 뜻이다. 어찌 그렇게 말하는가? 진震의
장수가 이미 죽어[이頤괘의 상괘上卦가 간艮] 감坎의 수레에 그 시체를 싣는데[비賁괘의
호괘互卦인 감坎], (그 사실을 비밀로 하여) 드러내지 않고 적을 속이는 것이다[강유姜維가
제갈공명諸葛孔明이 죽은 것을 (위장하여) 숨긴 것과 같다]. 그러므로 "혹고혹파或鼓或罷, 혹읍혹
가或泣或歌", 즉 "(적을 만남에) 혹은 북을 치거나, 혹은 그만두고, 혹은 (소리 없이)
눈물을 흘리거나, 혹은 노래를 부른다"라고 한 것이다.[153]

---

大離之兵[兼畫三], 兩帥對陣[上互亦倒震], 兌金巽木, 互相剋伐[金克木], 得敵之卦也."

153) 「周易四箋 II」, 『定本 與猶堂全書』16, 193쪽; 『역주 주역사전』제7권, 47~49쪽, "卦之兩互,
卽成頤卦[山雷卦], 頤之六三, 其卦賁也. 無反之卦, 本取倒象[中孚無反對], 賁倒則噬嗑也. 以噬嗑,
則离革震鳴, 其象爲'鼓'[离虛中, 有鼓象]. 离喜震聲, 其象爲'歌'[喜而聲曰, '歌']. 以賁, 則雖有离革,
不以震鳴[賁上艮], '或罷'者也['罷', 止也, 艮爲止]. 离目有水[賁互坎], 不以震聲[賁上艮], '或泣'者也[有

中孚 → 兩互作卦 → 頤 → 三爻變 → 賁 → 反易 ← 噬嗑

## 4) 정길征吉과 정흉征凶

고대 중국에서는 인접해 있는 제후들이 서로 패권을 다투었기 때문에 전쟁이 빈번하게 발생하였다. 『주역』에는 '정길征吉'이니 '정흉征凶'이니 하는 점서례占筮例들이 자주 보이는데, 이는 정벌에 나서기 전에 그 길흉을 먼저 점쳤음을 확인시켜 준다. 전쟁은 국가의 흥망을 결정하는 중대사였기 때문에 실행에 옮기기에 앞서 반드시 점서占筮로 결정하는 것이 관례였다. 여기서 '정征'은 신분이나 지위가 높은 쪽에서 그 아래에 있는 상대방을 정벌하는 것을 가리킨다.154) 일반적으로 역례易例에서 '정征' 혹은 '벌伐'이라 고 하는 경우는 내가 상대방을 치는 것을 가리킨다. 그런데 "정읍국征邑國"의 경우에는 그 정벌의 대상이 밖에 있는 것이 아니라 자신의 읍국邑國이다. 따라서 이것은 '밖에서 안을 친 것'이니, 자신의 나라에 내란이 발생하여 밖에서 안으로 쳐들어 간 경우에 해당된다.155) 『주역』의 효사에서 '정征'자가 사용된 용례를 보면, 모두 정벌과 관련되어 있는 경우들이다. 이처럼 '정征'이

---

淚無聲曰, '泣']. 正卦, 倒卦[倒, 噬嗑, 正, 賁], 象不一定[象相反]. '或'之者, 疑之也. 曷云哉? 震帥旣亡[頤上艮], 坎輿載尸[賁互坎], 祕之不發, 以欺敵人[如姜維諱孔明死]. 故 '或鼓或罷, 或泣或歌'也."

154) 「周易四箋 I」, 『定本 與猶堂全書』 15, 98쪽; 『역주 주역사전』 제1권, 217쪽, "征者, 伐也[上伐下曰, 征]."

155) 정약용은 謙卦 上六의 주석에서, "易例, 凡自我伐彼者, 曰征曰伐, 而不言邑國, 此云, 邑國者, 明自外而伐內也"라고 하였다. 즉, "易例에서는 대체로 자신이 상대를 친 경우에 '征'이나 '伐'이라고만 하고, '邑國'을 (덧붙여) 말하지 않는다. (그런데) 여기서 '邑國'을 (덧붙여) 말한 것은 분명 (정벌은 정벌인데) '밖에서 안을 친 것'(밖에서 자신의 나라로 쳐들어 간 것)임을 (분명히) 밝힌 것이다"라고 하였다.

정벌을 의미하는 것이 너무나 명확한데도, 후대 주석가들은 종종 이것을 '행行' 혹은 '진進'의 의미로 풀이하여 왔다. 그러나 길을 떠나는 자(行者)와 관련된 점서占筮의 경우라면 역사易詞에서 '행行' 혹은 '왕往'이라고 한 경우가 헤아릴 수 없을 정도로 많이 나오고 있으니, 이것을 '정길征吉' 혹은 '정흉征凶'과 혼동하는 것은 옳지 않다.[156] 정약용은 이러한 훈독訓讀을 명백한 오독誤讀의 사례로 지적하고,[157] 효사에서 '정征'자의 용례用例를 분석함으로써 그러한 오류를 시정하고자 하였다.

◇ 離卦 上九 : 王用出征. (왕이 정벌을 단행한다.[왕이 이로써 출정한다.])
◇ 謙卦 上六 : 利用行師, 征邑國. (군사를 움직여 邑國을 정벌함이 이롭다.)
◇ 復卦 上六 : 至于十年, 不克征. (십 년이 되도록 싸워도 정벌하지 못한다.)
◇ 漸卦 九三 : 夫征不復. (지아비가 정벌에 나섰다가 돌아오지 못한다.)

위의 예에서 볼 수 있듯이, 『주역』에서 '정征'자가 '정벌征伐'의 '정征'이 아닌 것으로 쓰인 경우를 전혀 발견할 수 없다. 따라서 정약용은 '정길征吉' 혹은 '정흉征凶'에 어찌 다른 해석이 있을 수 있겠느냐고 반문하고 있다.[158] 아울러 정약용은 「역례비석易例比釋」에서 정길례征吉例와 정흉례征凶例를 별도로 정리해 놓고 있다.

그러면 먼저 정길례征吉例의 경우를 열거해 보자. 이것은 정벌에 나서서 승리가 예상되는 경우에 해당되는데, 다음과 같은 점서례들이 있다.

---

156) 「周易四箋 I」, 『定本 與猶堂全書』 15, 98~99쪽; 『역주 주역사전』 제1권, 218쪽, "若夫行者之筮, 其在易詞, 曰行曰往者, 不可勝數, 不可與征吉征凶, 混而不分也."

157) 「周易四箋 I」, 『定本 與猶堂全書』 15, 98쪽; 『역주 주역사전』 제1권, 217쪽, "古者, 諸侯接隣, 數有征伐, 國之大事, 必以筮決故, 征吉, 征凶. 屢示占例, 乃後之說易者, 或訓爲行, 或訓爲進, 不亦謬乎."

158) 「周易四箋 I」, 『定本 與猶堂全書』 15, 98쪽; 『역주 주역사전』 제1권, 217~218쪽, "易凡言征, 無非征伐之征[漸九三云, 夫征不復, 亦從征者之占也], 則征吉征凶, 豈有異釋哉."

◇ 泰卦 初九 : 征吉.[志在外也] (정벌하면 길하다.[뜻이 바깥에 있음])

◇ 升卦 「象傳」: 南征吉.[志行也] (남쪽으로 정벌하면 길하다.[뜻이 행해졌기 때문])

◇ 困卦 上六 : 征吉.[吉行也] (정벌하면 길하다.[행하는 것이 길함])

◇ 革卦 六二 : 征吉.[行有嘉也] (정벌하면 길하다.[행하면 기쁨이 있음])

◇ 歸妹卦 初九 : 征吉.[相承也] (정벌하면 길하다.[서로 이어받기 때문])

정흉례征凶例는 정벌에 나섰을 때 패배가 예상되는 경우로서, 다음과 같은 점서례들이 있다.

◇ 小畜卦 上九 : 征凶.[有所疑也] (정벌하면 흉하다.[의심스러운 바가 있음])

◇ 頤卦 六二 : 征凶.[行失類也] (정벌하면 흉하다.[가면 무리를 잃게 됨])

◇ 大壯卦 初九 : 征凶.[其孚窮也] (정벌하면 흉하다.[그 믿음이 다했기 때문])

◇ 損卦 九二 : 征凶.[中以爲志也] (정벌하면 흉하다.[중도로써 뜻을 삼기 때문])

◇ 困卦 九二 : 征凶. (정벌하면 흉하다.)

◇ 革卦 九三 : 征凶. (정벌하면 흉하다.)

◇ 革卦 上六 : 征凶. (정벌하면 흉하다.)

◇ 震卦 上六 : 征凶.[雖凶, 无咎] (정벌하면 흉하다.[비록 흉하나 허물이 없음])

◇ 歸妹卦 「象傳」: 征凶.[位不當也] (정벌하면 흉하다.[그 자리가 올바르지 않기 때문])

◇ 未濟卦 六三 : 征凶.[位不當也] (정벌하면 흉하다.[그 자리가 올바르지 않기 때문])

정벌의 길흉을 판단하기 위해서는 ① 괘주卦主의 존망存亡을 관찰하는 방법,[159] ② 물성物性의 상극相克의 원리를 써서 승패勝敗를 점치는 방법 등이 주로 사용되었다. 그러나 정약용은 후자의 경우에는 옛 성인들이 일상생활에서 경험할 수 있는 사물의 이치에 입각하여 점례占例를 삼은 것이지, 후대의 술수가術數家들이 부풀리고 덧붙여서 조작해 낸 오행五行의 상생相生·상극相克의 이론과는 아무런 관련성이 없다고 주장한다.[160] 즉

---

159) 困卦 上六과 升卦의 象 등이 이에 해당된다.

160) 「周易四箋 I」, 『定本 與猶堂全書』 15, 99쪽; 『역주 주역사전』 제1권, 219쪽, "古之聖人, 驗諸實理, 以爲占例, 而後之術數家, 增衍添補, 以爲相克相生之說耳."

수극화水克火161) · 화극금火克金162) · 금극목金克木163)의 경우에는 역사易詞에 증거가 있으나, 목극토木克土 · 토극수土克水의 경우는 선진先秦의 문헌에서는 전거를 찾을 수 없다는 것이다.164)

### 5) 패전敗戰

이상에서 정길례와 정흉례의 일반적 역례들을 살펴보았다. 그러면 이번에는 태泰괘 상육上六의 효사를 통해 패전敗戰의 경우를 고찰해 보기로 하자.165)

---

161) 水克火의 경우에는 『주역』 이외의 다른 문헌에서도 그 전거를 찾을 수 있다. 『춘추좌전』 哀公 9년조에 따르면, 晉나라 趙鞅이 鄭나라가 宋나라의 공격을 받자 이를 구원하는 문제에 대해 거북점을 쳐서 "水適火"(물이 불에 달려드는 격의 징조)를 얻었다. 이것을 史龜는 '沈陽'의 징조 즉 火의 陽의 기운이 물(水)을 만나 침체되는 것으로 해석하여 군사를 일으킬 것을 권하였다. 또 史墨은 "炎帝(神農氏)는 불을 이용하는 방법을 가르친 사람(火師)으로, 姜氏 성을 가진 자들이 그 후예들입니다. 물(水)이 불(火)을 이기는 것이니, 水에 해당하는 子氏 성을 가진 宋나라 왕실이 姜氏 성을 가진 나라를 친다면 좋습니다"라고 하였다.

162) 火克金의 사례는 ①「周易四箋 I」,『定本 與猶堂全書』 15, 100쪽;『역주 주역사전』 제1권, 222쪽에 나온다. ②革卦 六二의 "征吉"(大壯之時, 我得乾金, 克彼震木. 移之爲革, 火又克金, 以征則吉[「周易四箋 II」,『定本 與猶堂全書』 16, 58쪽;『역주 주역사전』 제6권, 34~35쪽]), ③革卦 上六의 "征凶"(北君南征也. 火將克金, 是征凶也[「周易四箋 II」,『定本 與猶堂全書』 16, 106쪽;『역주 주역사전』 제6권, 53쪽])도 여기에 해당한다. 火克金의 경우 또한 『주역』 이외에 『춘추좌전』에서 그 사례를 찾을 수 있다. 『좌전』 昭公 31년조에는 다음과 같은 기록이 있다. 史墨이 晉나라 趙簡子에 대답하여 말하기를, "庚午日에 해(日)가 비로소 변할 기운을 나타냈습니다. 불(火)은 쇠(金)를 이깁니다. 따라서 (南方의 火에 해당하는) 楚나라를 이기지 못합니다"라고 하였다.(『周易四箋』, 권1, 34가;『역주 주역사전』 제1권, 220쪽)

163) 金克木의 사례는 夫卦의 初九[「周易四箋 II」,『定本 與猶堂全書』 16, 58쪽;『역주 주역사전』 제5권, 214쪽), 또는 革卦 六二의 "征吉"(大壯之時, 我得乾金, 克彼震木. 移之爲革, 火又克金, 以征則吉[「周易四箋 II」,『定本 與猶堂全書』 16, 103쪽;『역주 주역사전』 제6권, 34~35쪽]) 에서 찾아볼 수 있다.

164) 「周易四箋 I」,『定本 與猶堂全書』 15, 99쪽;『역주 주역사전』 제1권, 218~219쪽, "以卦象則, 或以卦主之存亡, 占其吉凶, 或以物性之相克, 占其勝敗, 然, 水克火, 火克金, 金克木, 則易詞有 徵, 至於木克土, 土克水, 則絶無影響."

165) 패전의 경우에 대해 언급하고 있는 효사로는 泰卦 上六과 復卦 上六이 있다. 復卦 上六에서는 "迷復, 凶, 有災眚, 用行師, 終有大敗, 以其國君凶, 至于十年, 不克征" 즉 '혼미함이 반복되리니, 흉할 것이며, 재난이 발생할 것이다. 군대를 동원하면 마침내 크게 패하는

上六 : 城復于隍. 勿用師, 自邑告命, 貞, 吝. ○象曰, 城復于隍, 其命亂也.

상육 : 성城이 (무너져 내려서) 해자(隍)로 되돌아갈 것이니, 군대를 동원하지 말아야 한다. (전쟁을 지휘하는 장군이 사망하게 되니) 고을(邑) 입구에서 (부고를) 고하게 될 것이다. 일을 처리하더라도 잘못을 고침에 인색할 것이다. ○「상전」: "성이 (무너져 내려서) 해자로 되돌아가는 사태"(城復于隍)를 맞이하게 된 것은 그 (군대의) 명령이 (잘 지켜지지 않아) 어지러워진 데 있다.166)

태泰괘 상육上六에는 '정길征吉'·'정흉征凶' 등의 점사가 나오지는 않지만 전쟁과 패배, 그리고 그 이후의 귀환에 대하여 묘사하고 있는데, 그 주요 내용은 다음과 같다.

① 전쟁을 일으키면 지게 될 것이니, 군사를 동원해서는 안 된다.

② 전쟁을 하면 성이 무너져 내려 해자垓字가 될 정도로 참패하게 된다.

③ 지휘하는 장군이 사망하니, 고을(邑) 입구에서 부고訃告를 고하게 된다.

④참패의 이유는 군율이 지켜지지 않아 기강이 무너져 내린 데 있다.

그러면 먼저 정약용의 주注를 통해 "성복우황城復于隍" 즉 "성이 (무너져 내려서) 해자(隍)로 되돌아감"의 괘상을 이해해 보기로 하자.

이것은 태泰괘가 대축大畜괘로 변하는 경우이다. 대축괘는 중부中孚괘로부터 왔으니[3이 5로 감], 간艮의 성城 아래에서[중부괘의 상호괘는 간艮] 태兌의 연못이 둑(陂)을 이루어[중부괘의 하괘가 본래 태兌] 그 상象이 해자垓字의 모습이 된다[성의 아래에 있는 연못을 황隍이라고 함]. 중부괘로부터 추이하여 대축괘가 되면[5가 3으로 감] 간艮성城이 갑자기 (일부분) 무너져 내려[5가 이제 꺾어짐] 아래로 태兌의 연못을 메워 버리니[5가 3으로 감], 이것이 "성복우황城復于隍" 즉 "성城이 다시 해자垓字로 되는 것"이다. 바깥쪽 성곽(外郭)이

---

일이 있으리니, 그 (정벌에 나선) 나라의 임금에게 흉한 일이 생긴 것이다. 십 년이 되어도 정복하지 못할 것이다"라고 말하고 있다.(「周易四箋 I」, 『定本 與猶堂全書』 15, 285쪽; 『역주 주역사전』 제3권, 319쪽)

166) 「周易四箋 I」, 『定本 與猶堂全書』 15, 199쪽; 『역주 주역사전』 제2권, 311쪽.

560  제4부 다산역의 서사기호학

비록 남아 있기는 하지만[지금 대축괘의 상간上艮은 본래 외성外城] 나라가 어떻게 그것만으로 버틸 수 있겠는가? 성을 쌓는 방법은 (먼저) 흙을 파서 (그것을 쌓아) 성을 만들고, 그 파낸 곳은 해자垓字를 만드는 방식을 취한다. 그러므로 성이 무너져 내리게 된다면 아래로 떨어져 그 해자(隍)를 메우게 될 것이니, 태泰괘 상육上六이 바로 그런 상象에 해당된다.[167]

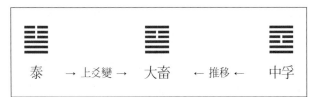

泰 → 上爻變 → 大畜 ← 推移 ← 中孚

먼저 정약용의 효변법을 적용하면, 태泰괘 상육上六이 효변하여 대축大畜 괘가 된다. 그 다음으로 추이법을 적용하면, 대축괘는 이양괘二陽卦의 벽괘辟 卦인 중부中孚괘 혹은 대장大壯괘로부터 변화된 것이다. 이 중에서 "성복우황 城復于隍"의 괘상은 중부괘로부터 대축괘로 변화된 괘상에서 도출될 수 있다. 정약용이 성城의 괘상을 간艮에서 취한 것은 순구가荀九家 중 한 사람인 우번虞翻으로부터 취한 것이다.[168] 본래 간艮의 괘상을 보면 아래에 두 개의 음陰이 있고 위에 한 개의 강剛이 있으니, 그것은 곤坤의 읍邑 바깥에 성을 쌓은 상이 된다는 것이다.[169] 중부中孚괘의 상호괘上互卦인 간艮과 그 위에 있는 강剛까지 겸해서 보면, 강剛이 이중으로 겹쳐져 있는 형태이다.

167) 「周易四箋 I」, 『定本 與猶堂全書』 15, 199쪽; 『역주 주역사전』 제2권, 311~312쪽, "此, 泰之大畜也. 大畜自中孚來[三之五], 艮城之下[上互艮], 兌澤爲陂[本下兌], 其象隍也[城下池曰隍]. 移之大畜[五之三], 則艮城忽頹[五今攔], 下墳兌池[五之三], 城復于隍也. 外郭雖存[今之上艮, 本外城], 國何賴焉! 築城之法, 掘土爲城, 因掘爲隍, 故城之旣崩, 下墳其隍, 此其象也."

168) 「周易四箋 II」, 『定本 與猶堂全書』 16, 345쪽; 『역주 주역사전』 제8권, 302쪽, "虞氏曰, 艮爲城."

169) 「周易四箋 II」, 『定本 與猶堂全書』 16, 346쪽; 『역주 주역사전』 제8권, 302쪽, "坤邑外剛, 其象城也."

이때 제일 위에 있는 강剛은 외성外城이 되고 그 아래의 강剛은 내성內城이 되므로, 성이 이중으로 둘러싸고 있는 성곽(郭)의 형태가 된다. 또 중부괘의 하괘는 태兌이니, 「설괘전」에 따르면 태兌는 연못(澤)이다. 성곽을 침입하는 동물이나 적으로부터 방어하기 위하여 성 주위로 깊은 구덩이를 파고 여기에 물을 채워 넣는 것은 동서양을 막론하고 매우 일반적으로 사용되던 고대의 축성법築城法이었다.[170] 이 구덩이를 '해자垓字'(moat)라고 하는데, "성복우황城復于隍"의 '황隍'은 바로 '해자'를 가리킨다.[171] 해자는 평지에 성을 지을 때 필수적으로 요구되는 축성기술이다.[172] 왜냐하면 고지대에 성을 지으면 그 지형적 특성을 활용해서 쉽게 방어할 수 있지만 평지에서는 그렇지 않기 때문이다. 해자를 설치하면 적이 곧바로 성안으로 진입하는 것을 일단 차단해 주기 때문에 적의 진입을 늦출 수 있고, 설령 연못을 건너오더라도 몸이 물에 젖어 미끄럽게 되어 성벽을 잘 기어오르지 못하게 된다. 정약용이 설명하고 있는 것처럼 해자를 만들기 위해서는 일단 흙을 파서 구덩이를 파야 하는데, 그때 나온 흙으로 성을 짓던 것이 고대의 축성법이었다. 따라서 성이 무너져 내리면 그 흙이 해자(隍)를 메우게 될

---

170) 서양에서는 이 해자를 '모트'(moat)라고 하였다. 모트의 설치에는 외적을 차단하는 전략적 의미가 있을 뿐 아니라 신성한 영역을 침범하지 못하도록 엄금하는 종교적 의미도 있다. 모트의 설치기법은 이슬람교와 기독교도의 종교전쟁인 십자군전쟁 때에 상호 교류되었다고 한다. 해자는 동서양을 막론하고 널리 사용되었는데, 힌두교의 건축물인 앙코르와트사원에는 폭 100m, 길이 5km에 달하는 물길이 사원을 에워싸고 있다. 중국의 청나라 때 지은 자금성에는 폭이 52m나 되는 해자가 있으며, 러시아의 크렘린궁에도 해자가 있다.

171) 후한의 許愼(30~124)이 지은 『說文解字』에서는 '隍'과 '池'를 구별하여, 성 아래에 구덩이를 판 것을 '隍'이라고 하고, 거기에 물을 채워 넣은 것을 '池'라고 한다고 하였다. 마찬가지로 삼국시대의 虞翻(164~233)도 동일한 해석을 되풀이하였다. 그러나 『子夏易傳』에서는 "隍은 성 밑에 있는 연못(池)이다"(隍, 是城下池也)라고 하였다. 따라서 '隍'자에 대한 정약용의 해석은 『자하역전』과 일치한다.

172) 고대에 성을 방어할 때 주로 세 가지에 의지했으니, 첫째는 성벽이고, 둘째는 성의 해자이며, 셋째는 성의 누각이다.(李零 저, 김승호 옮김, 『전쟁은 속임수다 – 李零의 『손자』강의』, 280쪽)

것이므로, 그 원래 있던 자리로 되돌아온다는 의미로 '복復'자를 쓴 것이라고 한다. 한편 고형高亨은 '복復'자를 '뒤집히다' 혹은 '넘어지다'는 뜻의 '복覆'으로 보아야 한다고 주장하였다. 그러나 고형의 해석을 따르더라도 "성복우황城復于隍"은 "성이 무너져 구덩이 속에 넘어졌다"라는 뜻이 되므로 정약용의 해석과 거의 같아지게 된다.

정약용은 이 성이 무너지는 과정을 추이법推移法으로 설명한다. 중부괘에서 대축大畜괘로 추이하게 되면, 중부괘의 5가 3으로 이동하게 된다. 이것은 두 겹으로 쌓은 성곽 중에서 3·4·5의 상호上互의 간성艮城이 무너져 내리는 과정이다. 물론 아직 대축괘 4·5·6의 간성艮城이 남아 있으니, 성벽이 부분적으로만 무너져 내린 것이 된다.[173] 그러나 아무리 성벽의 외곽外廓이 아직 남아 있다고 하더라도 더 이상 버티기 어려운 상황에까지 몰려 있으므로 참패를 면하기가 어렵다. 어쨌든 이것은 과거 사건에 대한 상황묘사가 아니라, 미래 사건을 점쳐 예측한 것이다. 점괘가 그처럼 불길하다면 "군대(師)를 일으키지 말아야 함"(勿用師)은 너무나 당연하다. 만약 그 불길한 점괘를 무릅쓰고도 군사를 일으킨다면 "자읍고명自邑告命"의 사태를 피할 수 없을 것이다.[174] 고대에 군대가 출전하였다가 패배하고 전쟁을 지휘하는 장군이 사망하게 되면 고을(邑) 입구에서 그 부고를 알리는 예禮가 있었는데, "자읍고명自邑告命"이란 그 예를 가리킨다. 『예기禮記』 「단궁檀弓」에, "전쟁에서 지고 돌아오면 소복素服을 입고 고문庫門 밖에서 곡哭을 하니, 사상자死傷者가 있음을 알리는 수레(訃車)에는 전대와 활집(櫜鞬)을 싣지 않는다"[175]라고 한

---

173) 정약용은 대축괘의 上艮은 본래 外城이므로 성의 外郭이 아직 남아 있는 것이라고 해석한다. 그러나 이 해석을 따르면, 內城이 먼저 무너지고 外城이 그 다음 차례가 되기 때문에 이상하다. 적이 공격하는 순서는 외성이 먼저이고 그 다음으로 내성이 되므로, 먼저 무너지는 것은 외성이 되어야 한다.

174) 夬卦의 象辭에도 "夬, 揚于王庭……告自邑, 不利卽戎"이라고 하였다. 泰卦 上六에서는 "自邑告命"이라고 한 반면에 夬卦 象辭에서는 "告自邑"이라고 되어 있다.

175) 『禮記』 「檀弓」에 "軍有憂則素服, 哭於庫門之外, 赴車不載櫜鞬"라고 하였다.(송명호 역, 『禮

것이 바로 그것이다.176) 그러면 정약용이 "자읍고명自邑告命"의 상황을 어떻게 괘상으로 풀이하고 있는지를 보기로 하자.

대축大畜괘는 대장大壯괘로부터 왔다[상上이 4로 감]. (대장괘에서) 건乾의 임금은 나라 안에 있고[대장괘의 하괘가 본래 건乾] 진震의 장수(帥)177)가 국경을 넘어[대장괘의 상괘는 본래 진震] 곤坤의 군중群衆을 거느리니[태泰괘의 때에는 본래 곤坤이었음], 군대를 동원하는 상象이다. (그런데 대장괘로부터 추이하여) 대축괘가 되면 진震의 장수는 돌연히 죽고[4가 상上으로 가서, 죽음을 상징하는 간艮이 됨] 건乾의 수레 위에[건乾은 큰 수레가 됨178)] 간艮의 시신屍身을 싣고 오게 되니[간艮은 죽음이 됨179)], 이것은 사師괘 육오六五의 "여시輿尸" 즉 "시체를 수레에 싣는다"라는 것과 같은 경우이다. 그러므로 "물용사勿用師" 즉 "군대를 동원하지 말라"라고 한 것이다[간艮은 멈추는 것이다].180)

記集說大全』,「檀弓下第四」, 높은 밭, 595쪽; 『禮記正義』[十三經注疏 整理本 12], 361쪽)
176) 『周易四箋 I』, 『定本 與猶堂全書』15, 200쪽; 『역주 주역사전』 제2권, 314쪽, "古者, 師出而敗, 厥有計告[禮所云, 計車臺報], 此, 其禮也."
177) 정약용은 「今補」에서 震은 將帥가 된다고 하였다.(『周易四箋』, 권8, 36나; 『역주 주역사전』 제8권, 269쪽)
178) 乾이 큰 수레(大車)가 된다는 것은 荀九家의 逸象이다. 큰 수레는 둥글게 구르는 물건이다. (大車, 圓轉之物也; 『周易四箋』, 권8, 34가; 『역주 주역사전』 제8권, 249쪽) 「說卦傳」에 따르면 乾은 圜이 된다고 하였다.
179) 艮이 죽음(死)이 된다는 것은 정약용이 「今補」 이외에 별도로 보충한 것이다. 「說卦傳」에 따르면 艮은 끝(終)이 된다. 또 荀九家의 설에 따르면 艮은 鬼가 되는데, 艮이 죽음(死)이 된다는 것도 역시 여기서 유래한 것으로 보인다.
180) 『周易四箋 I』, 『定本 與猶堂全書』15, 200쪽; 『역주 주역사전』 제2권, 312~313쪽, "大畜自大壯來[上之四], 乾君在內[下本乾], 震帥出境[上本震], 以領坤衆[泰之時本坤], 行師之象也. 移之大畜, 則震帥忽死[四之上爲艮], 乾車之上[乾大車], 載此艮尸[艮爲死], 此, 師六五之輿尸也. 故曰, 勿用師[艮止之]."

장수가 (임금에게) 명령을 받았으니, 군대(師)가 (패전하여) 시체를 수레에 싣고 돌아오게 되면 마땅히 건乾의 왕王에게 보고해야 할 것이다. 중부괘의 때에 본래 손巽의 명령을 받았으니[중부괘의 상괘는 본래 손巽], 이것은 바로 임금의 명령인 것이다. 정벌하러 나갔다가 돌아오지 못하였으니[艮으로써 죽음], 어떻게 귀환을 보고하겠는가?[장수가 돌아오지 못함] 간艮의 고을 아래[181]에서[대축괘의 상괘는 지금 艮] 태兌로써 그 사실을 고告하니[대축괘의 하호괘가 태兌], 이것이 "자읍고명自邑告命"이다.[182]

泰 → 上爻變 → 大畜 ← 推移 ← 中孚

정약용은 태泰괘 상육上六을 효변시켜 대축大畜괘를 얻은 다음에, 그 벽괘辟卦인 대장大壯괘와 중부中孚괘로부터 대축괘로 추이하는 과정을 통해 "자읍고명自邑告命"의 상황을 괘상으로 풀어내고 있다. 이것은 다시 두 부분으로 나누어진다. 전반부에서는 장수의 시신을 수습하여 수레에 싣고 돌아오는 장면을 묘사하고 있으며, 후반부에서는 마을 입구에 도착하여 전황戰況을 왕에게 보고하는 장면을 묘사하고 있다. 정약용의 괘상 해석은 실제의 장면을 눈앞에 떠올려 상상하게 할 정도로 그 상황 묘사가 생생하다.

## 6) 역사 속의 전쟁

그러면 이제 역사적으로 실재했고, 중대한 역사적 의미를 지녔던 전쟁에

---

181) 艮이 邑이 된다는 설은 정약용의 「今補」에 나온다. 「周易四箋 Ⅰ」, 『定本 與猶堂全書』 16, 346쪽; 『역주 주역사전』 제8권, 303~304쪽, "坤衆之居, 外有限域, 其象邑也."
182) 「周易四箋 Ⅰ」, 『定本 與猶堂全書』 15, 200쪽; 『역주 주역사전』 제2권, 313~314쪽, "將帥受命, 師而興尸, 則宜告命於乾王也. 中孚之時, 本受巽命[中孚, 本上巽], 是, 君命也. 征而不反[艮以死], 何以歸告[將不歸], 艮邑之下[上今艮], 兌以告之[下互兌], 自邑告命也."

관하여 서술해 보기로 하자. 『주역』의 기제旣濟괘 구삼九三과 미제未濟괘 구사九四의 효사에서는 귀방鬼方에 대한 정벌전쟁이 있었다는 사실과 또 그 전쟁에서 최후의 승리를 거두기까지 삼 년이 걸렸음을 공통적으로 기록하고 있다.

◇ 旣濟卦 九三 : 高宗伐鬼方, 三年克之, 小人勿用. (고종이 귀방을 정벌하여 3년이 걸려서야 승리하니, 소인은 쓰지 말아야 한다.)
◇ 未濟卦 九四 : 震用伐鬼方, 三年, 有賞于大國. (위엄을 떨쳐서 귀방을 정벌하니, 3년이 되어서야 대국으로부터 상을 받을 것이다.)

정약용은 귀방이라는 명칭이 원래 중국의 고례古禮에 사람이 죽으면 머리를 북쪽으로 두고 매장하였기 때문에, 북쪽 지역의 나라를 귀방이라고 불렀던 것에서 유래된 것이라고 말한다. 그러나 이러한 문화인류학적 관념만으로는 귀방의 역사적 실체를 해명하기에 충분하지 않다. 귀방은 역사적으로 중국을 끊임없이 괴롭혀 왔던 흉노匈奴의 땅을 가리키는 명칭이 었다. 『한서』「광형전匡衡傳」에서 "성탕成湯이 (오랑캐들의) 다른 풍속을 교화하고 귀방鬼方을 회유하였다"(成湯化異俗, 而懷鬼方)라고 했을 때, 귀방은 곧 한대의 흉노에 해당되는 지역이다.[183] 이 점은 정약용이 명확하게 고증한 바 있다. 그리고 '고종벌귀방高宗伐鬼方'이란, 『후한서』「서강전西羌傳」에서 "은殷나라 왕실이 중간에 쇠미해지자 여러 오랑캐가 모두 반란을 일으켰는데, 고종高宗 대에 이르러 서융西戎과 귀방鬼方을 정벌함에 삼 년 만에 이겼다" (殷室中衰, 諸夷皆叛, 至高宗, 征西戎鬼方, 三年乃克)라고 적고 있듯이, 은나라 왕실이 쇠약해진 틈을 타서 침략한 서융西戎・귀방鬼方을 물리치기 위해 벌인 삼 년간의 정벌전쟁을 가리킨다.

은나라와 귀방 사이에 벌어진 전쟁을 『주역』 효사의 저자가 두 번씩이나

183) 白川靜(시라카와 시즈카) 著, 심경호 역, 『문자강화』(바다출판사, 2008), 44쪽.

언급하고 있는 이유는 이 전쟁이 은나라뿐 아니라 주나라에게도 중대한 의미를 가지고 있었기 때문이다. 귀방은 주나라와도 영토를 접하고 있었기 때문에 은나라의 적인 동시에 주나라의 적이기도 했다. 이경지李鏡池에 따르면, 곤坤괘에서 서남방이 이롭고 동북방이 불리하다고 한 것도 바로 당시에 주나라가 처한 지정학적 환경을 가리킨 것이었다.[184] 미제未濟 구사九四에서 "유상우대국有賞于大國"이라고 한 것도 주나라가 이 전쟁에 장수를 파견하여 귀방을 정벌하고 그 공으로 대국大國인 상商나라로부터 상賞을 받았음을 말해 준다.[185] 고종高宗은 상나라 22대왕 무정武丁의 시호이 다. 무정은 귀방을 3년에 걸쳐 정벌하였을 뿐 아니라 부열傅說[186]을 등용함으 로써 반경盤庚 이후 쇠약해진 국력을 회복시키고 상왕조의 중흥에 성공하였 으므로, 그 공적을 인정받아 고종高宗으로 칭해졌다.[187] 상나라와 귀방과의 전쟁에 관해서는 『죽서기년竹書紀年』에서도 기록하고 있기 때문에 역사적으 로 실재했을 가능성이 매우 높다. 금본 『죽서기년』(권4)에 따르면, "무정武丁은 32년에 귀방을 정벌하였고 형荊에서 잠시 머물었으며, 34년에 왕의 군대가 귀방을 이기자 저氐·강羌이 복종하여 왔다"(三十二年, 伐鬼方, 次于荊. 三十四年, 王師克鬼 方, 氐羌來賓)[188]라고 하였다.

반경이 도읍을 하남河南의 정주鄭州에서 안양으로 옮긴 뒤, 무정 시기에는

---

184) 이경지에 따르면, 주나라 武王이 상나라 紂王을 정벌할 때 庸·蜀·羌·髳·微·盧·彭·
濮 등 여덟 나라가 우방으로 참여했는데, 그들 대다수는 서남방에 있었다. 반면에
동북방에는 강력한 적국인 귀방이 있었다.(『書經』,「牧誓」에 나온다.) 상과 주의 연합군은
귀방을 정벌할 때 3년을 공격한 이후에야 비로소 이길 수 있었다.(李鏡池, 『周易通義』,
中華書局, 1987, 5~6쪽.)
185) 高亨, 김상섭 역, 『고형의 주역』, 500쪽.
186) 殷나라 高宗 때의 재상으로 고종에게 등용되어 중흥의 대업을 이루었다. 고종이 백방으로
인재를 구하러 다니다가 傅巖이란 곳에서 죄수들과 함께 성을 쌓는 노인 傅說을 발견하고
재상으로 삼았다고 한다.
187) 武丁의 재위기간은 대략 기원전 1250년에서 기원전 1192년 사이로 추정된다.
188) 高亨, 김상섭 역, 『고형의 주역』, 494쪽.

귀방과의 전투가 빈번하게 일어나게 된다. 기제旣濟 구삼九三의 「상전」에서 "삼년극지三年克之, 비야憊也" 즉 "삼 년 만에야 이기니, 고달프다"라고 한 것을 보면, 귀방과의 전투가 얼마나 치열하고도 고된 싸움이었는지를 짐작할 수 있다. 동작빈董作賓의 『은력보殷曆譜』에 따르면, 무정 29년부터 꼭 3년에 걸쳐 적국敵國을 정벌하였다고 하는데, "고종벌귀방高宗伐鬼方"이란 바로 이 사건을 가리키는 것일 가능성이 있다.[189] 그런데 귀방을 정벌한 주체에 관하여, 기제旣濟 구삼九三에서는 "고종벌귀방高宗伐鬼方"이라고 한 반면에 미제未濟 구사九四에서는 "진용벌귀방震用伐鬼方"이라고 하고 있어 서로 차이가 있다. 정약용은 미제未濟 구사九四의 주注에서 "대진지후大震之侯, …… 벌귀방야伐鬼方也. 진이성지震以聲之, 가용벌야可用伐也"라고 해석하고 있는데, 이는 '용벌用伐'을 마치 하나의 동사처럼 취급하고 있음을 드러낸다. 그러나 갑골복사에 따르면, 주가 은의 속국이었을 때 진용震用이라고 불리던 제후가 실제로 존재하였고, 진용은 귀방과의 전쟁에 참가하여 그 공로로 은왕의 하사품을 받았던 것이 사실로 입증된다고 한다.[190] 그렇다면 용用을 '용벌用伐'의 '용用'으로 해석하면 안 되고, 고유명사인 '진용震用'의 한 부분으로 해석해야 옳을 것이다.[191] 물론 정약용이 "대진지후大震之侯"라고 주注를 달았기 때문에 결과적으로 실제인물이었던 진용이라는 제후와 부합되는 해석을 했다는 사실 자체는 탁견이라고 보아야겠지만, 어쨌든 '진용'이 고유명사일 가능성은 고려하지 않았다고 보아야 옳을 것이다. 반면에

---

189) 卜辭에 鬼方이 나오기는 하지만 상나라가 귀방을 정벌하였다는 사실에 관한 기록은 없다. 거꾸로 복사(乙-403)에서는 "癸亥貞, 旬庚午鬼方受佑"라고 하여, 귀방이 적국이 아니라 오히려 상나라와 우호적 관계를 맺고 있었다고 기록하고 있다. 이에 따라 『주역』에서 말하는 귀방은 貢方이 아닌가 하고 의심하는 견해도 있으니, 공방은 상나라 서북쪽에서 강대한 세력을 형성하고 상나라와 가장 많은 전쟁을 벌였던 위험한 세력이었다.(http://www.hxlsw.com/history/shang/mantan/2010/0319/51432_3.html, 王寧, 商王武丁相關問題述略, 下)

190) 吳浩坤·潘悠 著, 양동숙 역, 『중국갑골학사』(동문선, 2002), 365쪽.

191) 高亨, 김상섭 역, 『고형의 주역』, 500쪽.

고형은 진용震用 전체를 고유명사로 간주한 것은 아니었으나 진震이 주나라 신하의 인명人名이며 대국이란 은을 가리킨다고 주장함으로써 실체적 해석에 더욱 접근하였다.

주나라 역사에서 가장 결정적인 전쟁은 서주의 무왕武王이 상나라의 31대왕인 주왕紂王을 멸망시킨 목야전투牧野戰鬪이다. 주나라가 상나라를 멸망시킨 것이 역사적으로 언제 발생한 사건인지에 관해서는 여러 가지 설이 있으나, 대략적으로 기원전 1127년에서 기원전 1018년 사이로 추정되고 있다.[192] 『사기』 「주본기周本紀」에 따르면, 무왕은 즉위 9년째 되던 해에 상나라 주왕을 토벌하기 위해 필畢에서 문왕에게 제사를 올리고 동쪽으로 가서 군대를 사열하였다. 군사軍師인 여상呂尙[193]이 군대를 지휘하여, 위수를 따라 동쪽으로 출발하여 12월에 800명의 제후가 맹진盟津[194]에 모였다. 어쨌든 맹진에서 상나라 수도인 조가朝歌로 진격하기 위해서는 황하를 건너지 않으면 안 되는 상황이었다.

그러나 수需괘의 괘사에서 "대천大川"을 언급하고 있으니, 황하黃河와 같은 대천을 건널 때에는 항상 물에 빠질 위험을 감수해야만 했다. 수需괘 「단전」에서 "험난함이 앞에 있다"(險在前)고 하고 또 "빠지지 말라"(不陷)고 한 것도, 황하를 건너다 빠질 위험을 경계한 것이라고 보아야 한다. 마침내

---

192) 夏商周斷代工程에 따르면, 商의 멸망은 기원전 1046년에 발생한 사건이다. 그러나 『竹書紀年』에는 武王에서 西周의 마지막 왕인 幽王까지의 기간이 257년이라는 서술이 있으니, 유왕이 죽은 것이 기원전 771년이므로 상나라가 멸망한 것은 기원전 1027년이 된다. 또 『한서』에는 周가 867년 동안 지속되었다는 기록이 있으므로 이것을 근거로 상의 멸망을 기원전 1123년으로 보기도 한다. 어쨌든 여러 설을 종합해 보면, 연대의 상한선은 기원전 1127년이 되고, 하한선은 1018년이 된다.

193) 呂尙은 본래 姜氏였는데, 조상 가운데 呂땅에 봉해진 사람이 있어 呂尙이라고 하였다. 서백창이 위수 북쪽에서 낚시하고 있던 여상을 만나보니 매우 훌륭한 사람이었으므로 스승으로 모셨다. 先君이었던 太公이 주나라를 일으킬 것으로 기대하던 인물이라고 하여 太公望이라고도 부르고, 또 尙父(혹은 尙甫)라고도 한다.

194) 盟津은 낙양 바로 옆의 나루터이다.

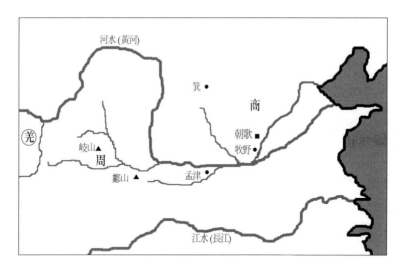

목야전투 당시의 지형도

여상이 제후들에게 강을 건너 진격할 것을 명령하였다. 무왕 또한 강을 건넜는데, 강 가운데에 이르렀을 때 흰 물고기가 왕이 타고 있는 배 위로 뛰어 올라왔다. 무왕이 몸을 굽혀 물고기를 집어 들고 제사를 올렸다. 강을 다 건너자 이번에는 불덩이가 하늘에서 떨어지더니, 왕이 머무는 지붕에 이르러 붉은 까마귀로 변해서 울었다. 이때 제후들이 모두 "주紂를 정벌할 수 있습니다"라고 말했으나, 무왕은 "그대들은 아직 천명을 모르니, 정벌할 수 없소!"라고 하고는 병사를 이끌고 되돌아갔다.[195]

　　주왕紂王을 정벌한 것은 이로부터 2년이 지난 뒤의 일이었다. 주紂의 포학함이 더욱 심해져서 왕자 비간比干을 죽이고 기자箕子를 감금했다는 소문이 들리자, 무왕은 제후들을 동원하여 주왕의 정벌에 나섰다. 군사인 여상呂尙의 계획에 따라 무왕은 군대를 상나라 교외郊外의 목야牧野[196]에

---

195) 본문 지도의 출처는 다음과 같다. http://www.cheramia.net/board/data/bbs9/Map_Insy.gif
196) 목야전투는 고대 중국 역사상 가장 규모가 컸던 전쟁이었다. 이때 무왕이 동원한 병력은 戎車(戰車) 3백 乘, 虎賁(장교) 3천 명, 甲土(전투원) 4만5천 명이었으며, 주왕은

집결시킨 후 진陳을 치고 천명을 기다렸다. 정약용은 수需괘 초구初九의 "수우교需于郊"가 바로 이 점괘에 해당된다고 말한다. "수우교需于郊"란 교郊에서 기다리는 것이다. 「상전」에서는 기다려야 하는 까닭을 어려움을 범하면서 나아가지 말라는 뜻이라고 풀이하였다.

初九 : 需于郊, 利用恒, 無咎. ○象曰, "需于郊", 不犯難行也, "利用恒, 無咎", 未失常也.

초구 : 교郊에서 (제사드리면서 천명을) 기다려야 할 것이다.197) (새로운 법을 만들어내는 것보다는 차라리) 항상恒常의 도를 지키는 것이 이로울 것이며, 허물이 없을 것이다. ○「상전」: "수우교需于郊"라고 한 것은 어려움을 범하면서 나아가지 말라는 뜻이며, "이용항利用恒, 무구無咎"라고 한 것은 옛것을 잃지 말라는 뜻이다.198)

이것은 수需괘가 정井괘로 변하는 경우이다. 정井괘는 태泰괘로부터 왔는데, 유柔가 밖으로부터 들어와[(태괘의) 5가 1로 감] 엎드려서 나가지 않으니[(정괘의) 하괘가 지금 손巽] 그 뜻이 기다림이 된다[앞으로 나가지 않음]. 건乾의 하늘 아래199)에서[(태괘의) 하괘가 본래 건乾] 손巽으로써 재계齋戒하고[(정괘의) 하괘가 지금 손巽] 저 곤坤의 소를 죽이니[(태괘의) 1이 5로 감], 하늘에 제사지내는 괘이다. 하늘에 제사지내는 것을

---

이를 70만 대군으로 맞섰다고 한다.
197) 이 번역은 정약용이 주석에서 "需者, 何也, 巽爲天命, 待于郊者, 天命也"라고 한 것을 따른 것이다.
198) "未失常者, 未失舊也"라는 정약용의 주석을 따라서 이렇게 번역하였다.
199) 泰卦에서 乾天이 하괘에 있기 때문에 "乾天之下"라는 말이 적당하지 않다고 생각될 수도 있다. 그러나 泰卦에서 井卦로 推移하게 되면 乾의 제일 아래 획이 변하여 巽으로 되므로 "乾天의 아래"라는 말이 성립될 수 있는 것이다.

교郊라고 하니[동인同人괘에 나옴], (이것을 가리켜) "수우교需于郊" 즉 "교에서 기다린다"
라고 한 것이다. 그러면 무엇을 기다리는 것인가? 손巽은 천명이니[순구가荀九家의
역易], 교郊에서 기다리는 것은 (다름 아닌) 천명이다. 무왕武王이 상나라의 교郊에서
진陳을 치고 하늘의 밝은 명을 기다린 경우가 이 점괘에 해당된다.[200]

무왕이 교郊에서 제사를 드린 후 여상呂尙이 선제공격으로 쳐들어가니,
상의 군대는 대패하고 만다. 주왕紂王이 불에 뛰어들어 스스로 목숨을
끊음으로써 상나라는 멸망하고 주나라의 시대가 새롭게 열리게 되었으니,
기원전 1050년경에 벌어진 것으로 추정되는 이 전쟁이야말로 주나라 역사에
서 가장 중대한 사건이었다고 할 수 있다.

---

200) 「周易四箋 I」, 『定本 與猶堂全書』 15, 151쪽; 『역주 주역사전』 제2권, 100~101쪽, "此,
需之井也. 井自泰來, 柔自外入[五之一], 伏而不出[下今巽], 其義需也[不前進]. 乾天之下[下本乾],
巽以潔齊[下今巽], 殺彼坤牛[一之五], 祭天之卦也. 祭天曰燄[見同人], 需于郊也. 需者何也? 巽爲天
命[九家易], 待于郊者, 天命也. 武王陳于商郊, 俟天休命, 當此占也."

## 4. 물극필반과 흥망성쇠

우리가 『주역』을 '변화의 서書'라고 부르는 것은 『주역』의 근본이념이 변화에 있기 때문이다. 『주역』에서는 자연계의 소식영허消息盈虛로부터 인간사의 길흉화복吉凶禍福에 이르기까지 세상만사가 끊임없이 변화하고 있는 것으로 본다. 『주역』의 관점에서는 자연계와 인간사의 영역을 엄격하게 구분하지 않으며, 큰 범주에서 볼 때 생生·노老·병病·사死의 인간사는 생生·장長·수收·장藏이라는 자연계의 변화과정에 포섭된다. 따라서 『주역』 속에 담긴 변화의 원리는 모든 영역의 모든 현상에 통일적으로 적용되지 않으면 안 된다. 그렇다면 존재하는 모든 영역에 통일적으로 적용되는 변화의 원리란 과연 무엇인가? 필자는 그 원리를 '물극필반物極必反'이라고 정의한다. '물극필반'은 당나라 때의 대신 소안환蘇安桓이 오랜 기간 동안 섭정을 하고 있던 측천무후의 퇴진을 권유하면서 올린 상소문에서 사용된 말이다.[201] 비록 '물극필반'이 『주역』에서 나온 용어는 아닐지라도, 그 용어를 통해서 표현되고 있는 이념은 양극적 요소의 상호전환이라는 『주역』의 변증법적 원리와 완벽하게 일치한다. 여기서 극極이란 더 이상 갈 수 없는 끝의 개념이라기보다는 오히려 다음 단계로의 변곡점으로서의 의미를 지닌다.[202]

『주역』에서는 변화를 두 가지 상반된 성질을 지닌 양극성兩極性 사이에 발생하는 운동으로 간주한다. 따라서 『주역』의 철학은 양극적 이원성에 바탕을 둔 변증법적 철학이라고 말할 수 있다. 우리는 일상생활에서 이러한

---

201) 唐代의 대신 蘇安桓은 측천무후에게 올린 상소문에서 "무후께서는 아직까지는 攝政의 자리에 계시지만, 사물이 극에 달하면 반드시 반전하고 그릇이 가득 차면 넘치게 된다(物極必反, 器滿則傾)는 이치를 아셔야 합니다"라고 하였다.
202) 오태석, 「은유와 유동의 기호학-주역」, 『중국어문학지』 제31집(중국어문학회, 2011), 28쪽.

양극성을 낮과 밤 혹은 남성과 여성 등의 현상을 통해 경험한다. 이러한 양극성은 「상전」에서는 강剛과 유柔라는 소박한 이원성으로 표현되었으나, 「계사전」과 「설괘전」에 이르러서는 음陰과 양陽이라는 추상적 이원성으로 발전하게 된다. 음과 양은 양극적 성질을 지닌 이원적 요소인데, 변화는 이 두 요소 사이의 왕복운동에 의해 발생한다. 즉 음의 운동이 극에 달하면 양으로 전환하고, 거꾸로 양의 운동이 극에 달하면 음으로 전환하게 된다. 이처럼 음양의 상호전환이 발생하는 이유는 사물의 전개가 극極에 달하면 반드시 반전反轉하기 때문이다. 이것이 바로 '물극필반物極必反'의 원리이다.

물극필반은 『주역』의 철학적 이념일 뿐 아니라 『주역』 부호의 구성 원리이기도 하다. 실제로 『주역』의 괘서卦序를 보면, 몇 개의 예외적 경우를 제외하고는 대부분 정괘正卦와 그것을 뒤집은 반괘反卦가 하나의 쌍을 형성하면서 배열되어 있다. 이것을 반역反易의 관계라고 부르는데, 여기에도 '정正↔반反'의 변증법적 운동의 원리가 반영되어 있다. 정·반의 관계에 속하지 않는 나머지 괘들에 대해서는 변역變易의 관계가 적용되는데, 변역이란 괘획이 '음↔양'의 반대방향으로 전환하는 것을 가리킨다. 반역反易이든 변역變易이든 어느 경우이든지 간에 반대방향으로의 전환을 내포한다는 점에서 물극필반의 원리와 일치한다. 이것은 괘서卦序가 음·양의 상호전환의 원리에 의거해서 형성되어 있음을 보여 준다.

『주역』의 괘서卦序 중에서 '물극필반'의 이념을 분명하게 드러내는 것은 태泰괘·비否괘의 배열이다. 『주역』의 저자가 태泰괘 다음에 비否괘를 배치한 것은 아마도 태평성대 뒤에 찾아올 위기를 경고하기 위해서였을 것이다.[203] 태泰괘는 태평함을 상징하는 괘이지만, 그 상육上六의 효사는 이미

---

203) 乾卦 九五의 "飛龍在天"에 이어서 上九에 "亢龍有悔"를 배치한 것도 화려하고 풍요로운 삶 이후에 나락으로 떨어질 수 있음을 경계한 것이니, 이 역시 泰卦 다음에 否卦를 배치한 것과 같은 의도이다.

불길한 예언으로 가득 차 있다.

上六 : 城復于隍. 勿用師, 自邑告命, 貞, 吝. ○象曰, 城復于隍, 其命, 亂也.

상육 : 성城이 (무너져 내려서) 해자隍로 되돌아갈 것이니, 군대를 동원하지 말아야 한다. (전쟁을 지휘하는 장군이 사망하게 되니) 고을(邑) 입구에서 (부고를) 고告하게 될 것이다. 일을 처리하더라도 잘못을 고침에 인색할 것이다. ○「상전」: 성이 (무너져 내려서) 해자로 되돌아가는 사태(城復于隍)를 맞이하게 된 것은 그 (군대의) 명령이 (잘 지켜지지 않아) 어지러워진 데 있다. 성이 무너져 해자垓字로 되고, 전쟁을 지휘하는 장군이 사망하여 고을 입구에서 부고訃告를 고하게 될 것이다.

그러면 『주역』의 저자는 왜 태泰괘의 대미大尾를 천하태평天下泰平으로 종결짓지 않았던 것일까? 여기에는 달이 차면 기울 수밖에 없는 것이 세상의 이치임을 깨우쳐 주기 위한 성인의 의도가 깃들어 있다. 국가 혹은 개인의 운명에도 흥성하던 운세가 어느 순간 기울어져 쇠망의 그림자를 드리우는 일들이 종종 발생한다. 정약용은 태泰괘 상육上六의 주注에서 '물극필반'이 세상의 영원한 법칙(理之常)임을 주장한다.

(泰平함을 상징하는) 태泰괘의 끝(上六)에서는 흉하게 되고 (否塞함을 상징하는) 비否괘의 끝(上九)에서는 길하게 되니[비否괘 상구上九의 "경비傾否" 즉 "비색함이 기울어짐"], 사물이 극極에 도달하면 반드시 변하게 되는 것은 영원한 법칙이다.[204]

### 1) 무평불피无平不陂와 무왕불복无往不復

물극필반의 철학적 원리는 태泰괘 구삼九三의 효사에서 다시 한 번 확인된다. 그 효사의 "무평불피无平不陂, 무왕불복无往不復"은 서로 상반되는 두

---

204) 「周易四箋 I」, 『定本 與猶堂全書』 15, 200쪽; 『역주 주역사전』 제2권, 316쪽, "泰終則凶, 否終則吉[彼傾否], 物極必變, 理之常也."

개의 과정으로 이루어져 있다. "무평불피无平不陂"는 "평평하기만 하고 기울어지지 않는 것은 없다"라는 뜻이니, 그것은 평지에서 비탈로 변해 가는 과정, 즉 정상적 상태가 파괴되어 가는 상황에 대해 말한 것이다. 반면에 "무왕불복无往不復"은 "가기만 하고 돌아오지 않는 것은 없다"라는 뜻이니, 그것은 해체 혹은 일탈된 상태에서 정상적 상태로 복원되는 과정을 서술한 것이다. 그러면 먼저 "무평불피"에 대한 정약용의 주注를 살펴보기로 하자.

> 이것은 태泰괘가 림臨괘로 변하는 경우이다. (본래 태괘는) 림臨괘로부터 나온 것인데 [림臨괘의 2양陽으로부터 태괘의 3양陽으로 나아감], 림臨괘의 때에는 태兌의 연못이 비탈을 이루고 있다[림괘의 하괘는 본래 태兌]. 림臨괘가 나아가서 태괘가 되면, 비탈이 평평하게 된다[태兌의 입구가 평평해진 것이다]. (그런데) 태괘의 제3효가 변하여 림臨괘가 되면[(림괘의) 하괘가 이제 태兌가 됨] 평평해졌던 것이 다시 비탈이 되니[태兌가 비탈이 됨], 이것을 가리켜 "무평불피无平不陂" 즉 "평평하기만 하고 기울어지지 않는 것은 없다"라고 한 것이다. '피陂'는 '못의 둑(澤障)'을 가리킨다[또 '피陂'는 경사지고 함몰된 지형을 뜻한다].205)

정약용은 "무평불피无平不陂"의 상象을 '림臨괘→태泰괘→림臨괘'의 과정을 통해 이끌어 내고 있다. 첫 번째 '림臨괘→태泰괘'는 벽괘추이辟卦推移의 과정이다. 태泰괘는 벽괘辟卦이므로 벽괘 내부의 추이과정을 통해 괘의

205) 「周易四箋 I」, 『定本 與猶堂全書』 15, 196쪽; 『역주 주역사전』 제2권, 292~293쪽, "此, 泰之臨也. 卦由臨進[二而三], 臨之時, 兌澤成陂[下本兌], 進而爲泰, 則陂者平矣[兌口平]. 三變爲臨 [下今兌], 則平者還陂[兌爲陂], '无平不陂'也. 陂者, 澤障也[又陂, 傾陷也]."

변화가 일어난다. 즉 '림臨괘→태泰괘'는 '복復→림臨→태泰→대장大壯→쾌夫→건乾'으로 이어지는 양陽의 점진적 축적과정의 한 부분이다. 림臨괘에는 태兌의 연못(澤)이 있고 거기에 경사지고 함몰된 지형이 형성되어 있으니, 이것은 '피陂' 즉 '못의 제방'(澤障)이다. 림臨괘에서 태泰괘로 추이해 가면 그 함몰된 곳이 메워지니, 비탈이 없어지고 평지로 변하게 된다. 이제 태泰괘 구삼九三이 효변하면 태괘는 다시 림臨괘로 변하게 된다. 이에 따라 평지가 되었던 땅이 다시 연못이 되니, 함몰된 비탈이 다시 노출된다. 이렇게 해서 "무평불피无平不陂" 즉 "평평하기만 하고 기울어지지 않는 것은 없다"가 설명된다.

그 다음으로 "무왕불복无往不復"에 관해 살펴보기로 하자. 정약용은 "무왕불복无往不復"을 양호작괘법兩互作卦法을 써서 풀어낸다. 양호작괘법이란 본괘本卦를 효변시켜 만들어 낸 지괘之卦에서 괘상의 해석이 원활하게 이루어지지 않는 경우에, 상호괘上互卦와 하호괘下互卦의 양호兩互를 써서 새로운 별괘別卦를 만들어 내는 방법이다. 이때 새로 만들어지는 괘에서 상호괘는 상체上體가 되고 하호괘는 하체下體가 된다. 양호작괘兩互作卦하여 별괘別卦를 도출해 낸 경우, 본괘本卦의 효위爻位와 동일한 위치에서 효변爻變을 적용시켜야 한다. 예를 들면, 본괘가 태泰괘이고 효위가 제3위라면 '태지림泰之臨'이 되지만, 태괘로부터 양호작괘하여 도출된 별괘는 귀매歸妹괘가 된다. 그리고 본괘인 태泰괘에서 효변을 취하려던 효위가 제3위였으므로 별괘別卦인 귀매괘에서도 제3효에서 효변을 취하면 '귀매지대장歸妹之大壯'이 된다. 그러면 정약용의 주注를 통해 "무왕불복无往不復"의 괘상을 이해해 보자.

태泰괘로부터 양호괘兩互卦를 취하면 곧 귀매괘가 되니[상괘가 뇌雷이고 하괘가 택澤], 강剛이 밖으로 가서[태괘의 3이 4로 올라감] 건乾의 덕이 마침내 훼손된 것206)이다[귀매괘의

---

206) 위의 정약용의 注에서 乾이 德이 된다는 것은 荀九家의 설이다. 그런데 정약용은 德자

하괘가 태兌가 됨]. 귀매괘의 제3효가 변동하여 대장괘가 되면 건乾의 강강剛이 다시 회복되므로[대장괘는 뇌雷와 천天으로 구성된 괘] "무왕불복无往不復" 즉 "가기만 하고 돌아오지 않는 것은 없다"라고 한 것이다. 귀매괘의 형태를 보면, 아래로는 이미 비탈이 함몰되어 있고[태兌가 하괘에 있음] 가운데로는 감坎의 험난함207)이 있으니[3·4·5의 호괘互卦가 감坎] 환란患難의 괘이다. 제3효가 이미 변하게 되면[대장괘가 됨] 어렵고 험난하던 것이 모두 평탄해지고[이제 대장괘에서는 (兌나 坎이 모두 사라지고) 아래에 네 양陽이 있음] 건乾의 덕德이 완전히 회복된다[대장괘의 하괘는 이제 건乾].208)

泰 → 兩互作卦 → 歸妹 → 三爻變 → 大壯

정약용은 주注에서 "무왕불복无往不復"의 '왕往'을 태泰괘의 3이 4로 이동하여 귀매괘를 형성시키는 것으로 설명하고 있다. 태괘에는 하괘에 건乾이 있으니, 거기에는 3획의 순양純陽이 완전무결한 상태로 있다. 그러나 귀매괘로 되면 건乾이 태兌로 변하면서 다시 함몰된 비탈이 된다. 이때 귀매괘의 제3효를 효변시키면 대장大壯괘가 되니, 대장괘의 하괘는 다시 건乾으로 복원된다. 이것은 함몰되었던 비탈이 다시 평지로 환원되는 "복復"의 과정이다. 정약용은 비탈이 상징하는 것이 환란患難이라고 본다. 귀매괘에는 감坎의

---

중에서 오른 쪽의 悳은 直과 心이 합쳐진 글자이며, 乾과 坎은 '直心', 즉 '곧은 마음'을 상징하므로 모두 德에 해당된다고 주장한다. (『周易四箋』, 권8, 34가; 『역주 주역사전』 제8권, 249쪽)

207) 坎이 險의 뜻이 된다고 한 것은 '今補' 이외에 정약용이 별도로 보충한 것이다.

208) 「周易四箋 I」, 『定本 與猶堂全書』 15, 196쪽; 『역주 주역사전』 제2권, 293~294쪽, "泰之兩互, 卽成歸妹[上雷而下澤], 剛往于外[泰三升于四], 乾德遂缺[下成兌], 三爻之動, 乾剛復還[雷天卦], 无往不復也. 歸妹之卦, 下旣陂陷[兌在下], 中有坎險[三五互], 患難之卦也. 三之旣變[爲大壯], 艱險悉平[下四陽], 乾德復完[下今乾], 艱貞之无咎也[貞, 事也]."

험난함이 있으니, 그것은 환란을 상징한다. 그러나 귀매괘에서 대장괘로
변하면 감坎이 사라지고 건乾이 복원되니, 이것은 환란이 사라지고 평화가
회복됨을 뜻한다. 그렇다면 "무평불피无平不陂, 무왕불복无往不復"의 명제를
다음과 같이 바꾸어도 될 것이다. "태평함 뒤에는 비색否塞함이 찾아오고,
비색함이 지나가면 태평함이 되돌아온다." 따라서 이것은 결국 '물극필반物
極必反'과 같은 뜻이 된다.

## 2) 풍괘 상육

'물극필반物極必反'은 풍豐괘 상육上六에서도 묘사된다. 먼저 풍豐괘 상육上
六의 효사를 음미해 보기로 하자.

上六 : 豐其屋, 蔀其家, 闚其戶, 闃其无人, 三歲不覿, 凶. ○象曰, "豐其屋", 天際翔也, "闚其戶,
闃其无人", 自藏也.

상육 : 그 가옥家屋을 성대하게 지었으나, 그 집안을 덮개로 가렸으니 그 문 안을
엿보아도 적막하고 사람이 없다. 삼 년이 지나더라도 (사람을) 보지 못하게 될
것이니, 흉하다. ○「상전」: "풍기옥豐其屋"이라고 한 것은 하늘가에까지 날아오를
듯한 (성대한) 모습을 말함이요, "규기호闚其戶, 격기무인闃其无人"이라고 한 것은
(사람들이) 스스로 숨기 때문이다.[209]

풍괘 상육의 효사에서는 한때 성대하였던 가옥과 폐가처럼 변해 버린
모습을 극적으로 대비시키고 있다. "풍기옥豐其屋"과 "천제상天際翔"은 한때
성대했던 가옥의 모습의 묘사이다. 반면에 "부기가蔀其家, 규기호闚其戶,
격기무인闃其无人, 삼세부적三歲不覿"은 인적이 끊겨 폐가처럼 변해 버린
모습의 묘사이다.

---

209) 「周易四箋 II」, 『定本 與猶堂全書』 16, 153쪽; 『역주 주역사전』 제6권, 258쪽.

(1) 해조解嘲

정약용은 전한前漢의 양웅揚雄이 「해조解嘲」의 「찬贊」210)에서 쓴 시詩를 풍豐괘 상육上六의 효사와 연계시켜 해석하고 있다. 「해조」는 양웅이 세상 사람들의 비난에 맞서 자신의 입장을 옹호하기 위해 쓴 작품으로서, 가상적 인 질문자를 내세워 그의 질문에 대답하는 형식을 취하고 있다. 먼저 「해조」의 시를 소개하면 다음과 같다.

炎炎者滅, 隆隆者絶.
觀雷觀火, 爲盈爲實.
天收其聲, 地藏其熱.
高明之家, 鬼瞰其室.
攫挐者亡, 默默者存.

활활 타오르던 불꽃 꺼지고, 쿵쿵 울리던 천둥소리도 끊어졌네.
우레가 치고 불이 타오르는 것을 볼 적에는 가득 차 있는 것 같더니,
하늘이 그 소리를 거두었고, 땅이 그 열기를 감추었네.
높고 화려한 집에는 귀신이 그 방들을 내려다보고 있으니,
붙잡고자 애쓰는 자는 망할 것이요, 묵묵히 순응하는 자는 살아남을 것이다.211)

양웅의 시구詩句가 풍豐괘 상육上六의 효사와 부합한다고 본 것은 송초宋 初의 저명한 문학가 석개石介(1005~1045)였다.212) 정약용은 석개에 대해 언급

---

210) 『周易四箋』에서는 '揚子雲之贊'이라고만 하였고, 그 '贊'이 「解嘲」라는 것은 언급하지 않았다. 贊은 양웅의 『太玄經』에서는 『주역』의 효사에 해당되는 것이지만 여기에서는 『태현경』과는 관계가 없다. 「解嘲」는 『文選』(卷23)에 수록되어 있으며, 『漢書』 「揚雄傳」에 도 인용되어 있다.(『漢書』, 권87下, 「揚雄傳」, 第57 下)

211) 「周易四箋 I」, 『定本 與猶堂全書』 15, 154쪽; 『역주 주역사전』 제6권, 262쪽; 김영문·김영식· 양중석·염정삼·강민호 역, 『문선 역주』 제7권(소명출판, 2010), 465~466쪽.

212) 石介는 자가 守道이다. 그는 다음과 같이 말했다. "雷火豐卦, 始顯大, 終自藏, 皆聖人戒其過甚 子雲曰, 炎炎者滅, 隆隆者絶, 觀雷觀火, 爲盈爲實, 天收其聲, 地藏其熱, 高明之家, 鬼瞰其室. 正合此義."(『周易折中』, 권12, 豐卦 「象傳」; 『周易折中』 下, 九州出版社, 2002, 529쪽)

하고 있지는 않으나, 석개와 마찬가지로 양웅의 「해조」와 풍괘 상육의 효사가 내용적으로 부합한다고 보았다. 정약용은 여기서 더 나아가 양웅이 효변설을 적용하고 있다고 보았다. 과연 양웅이 효변을 알았고, 위의 시구를 지을 적에 실제로 효변을 적용하였는지에 관해서는 정밀한 검토가 필요하다. 다만 여기에서는 정약용의 해석을 따라 괘상을 음미해 보기로 하자. 풍괘 상육이 효변하게 되면 리離괘가 되므로, 다음과 같은 변화가 일어나게 된다.

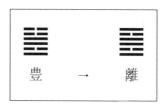

정약용에 따르면, "염염자멸炎炎者滅"은 감수坎水로써 리화離火를 소멸시키는 것을 가리킨다. 풍豐괘 혹은 리離괘의 2·3·4·5위가 대감大坎의 형상을 하고 있으므로 감수坎水가 되며, 풍豐괘의 하괘 혹은 리離괘의 상괘와 하괘는 리화離火가 된다. 그리고 "융융자절隆隆者絕"과 "천수기성天收其聲"은, 풍괘의 상괘가 진뢰震雷였는데 이제 효변해서 리離괘가 되었으므로 뇌성雷聲이 사라진 것을 가리킨다. "관뢰관화觀雷觀火"는 풍豐괘 상괘에 진뢰震雷가 있고 하괘에 리화離火가 있음을 가리킨다. 그리고 "위영위실爲盈爲實"도 역시 3·4효가 양강陽剛인 것을 가리킨다. "고명지가高明之家"는 풍괘의 2·3·4의 호괘가 손巽이 되는데 손巽에 높음(高)의 뜻이 있으므로 거기에 해당된다. "귀감기실鬼瞰其室"에서 '귀鬼'는 방을 내려다보고 있는 귀신이다. 「설괘전」에는 귀鬼에 해당하는 물상에 대해 언급이 없다. 그러나 정현鄭

玄은 「설괘전」에 "간艮은 만물이 끝나는 곳"(艮, 萬物之所成終)이라고 한 구절을 응용해서 간艮이 귀문鬼門이 된다고 하였다.213) 정약용은 정현鄭玄의 설을 수용하였다. 왜냐하면 생명의 종말은 죽음이며, 죽으면 귀신이 되기 때문이다.214) 풍豊괘에 간艮은 없으나, 이것은 문제가 되지 않는다. 왜냐하면 4·5·6위의 진震을 뒤집으면 간艮이 되기 때문이다. 이처럼 도간倒艮을 취하는 까닭은 귀신이 위에서 내려다보기 때문이다. 4·5·6위의 괘상을 아래에서 위로 올려다보면 진震이 되지만, 위에서 아래로 내려다보면 간艮이 된다.

그러면 이제 효사에 대한 검토에 들어가기로 하자.

### (2) 풍기옥豊其屋

「상전」의 "풍기옥豊其屋, 천제상야天際翔也"에 대한 정약용의 주注는 다음과 같다.

손巽의 장인匠人이 (궁실을 지을 때에) 온갖 재주를 다하니[양호괘兩互卦가 손巽이 됨] 리離의 문채로써 (그 궁실이) 환하게 빛나는지라[(離卦의) 상괘와 하괘는 리離], (그 집의 지붕과 처마의 생긴 모습은) 마치 꿩이 날아가는 듯하고[리離는 꿩을 상징하고, (또) 날아감을 상징함] 위로 하늘에까지 다다른 듯하니[5·6위는 천위天位를 상징함] "천제상天際翔" 즉 "하늘가까지 날아오른 모습"이라고 한 것이다[리離는 날아가는 것을 상징함]. (만약) 궁실의 화려함이 이와 같다면 망하지 않을 수 없다.215)

---

213) 李鼎祚, 『周易集解』의 觀卦 卦辭 "觀, 盥而不薦. 有孚顒若"에 대한 鄭玄의 注에 "互體有艮, 艮爲鬼門, 又爲宮闕"이라고 함.(李道平, 『周易集解纂疏』, 227쪽, 中華書局, 1994)

214) 「周易四箋 II」, 『定本 與猶堂全書』16, 345~346쪽; 『역주 주역사전』제8권, 302쪽, "物以艮終, 死爲鬼也."

215) 「周易四箋 II」, 『定本 與猶堂全書』16, 154쪽; 『역주 주역사전』제6권, 260~261쪽, "巽工盡巧 [兩互巽], 离文煥然[上下离], 如翬斯飛[离爲雉, 爲飛], 上當天位[五六爲天位], 天際翔也[离爲飛]. 宮室之 美如此, 未有不亡."

豊 → 離

효변법을 적용하면, 풍豊 상육上六은 '풍지리豊之離' 즉 '풍豊괘가 리離괘로 변하는 경우'가 된다. 리離괘에는 손巽의 장인匠人과 리離의 문채文彩와 날아가는 꿩(雉)의 형상이 있으니, 화려한 궁실을 구성하는 요소가 모두 갖추어져 있다. 장인의 솜씨로 지어 놓은 궁실의 문채가 화려하게 빛나고, 그 지붕과 처마의 자태는 마치 꿩이 하늘로 날아가는 듯하다. 그러나 "규기호闚其戶, 격기무인闃其无人"이라고 하였으니, 그 문 안을 엿보아도 적막하고 아무런 인기척을 느낄 수 없다. 과거에 화려하던 고대광실高臺廣室의 모습이 이제 폐가의 적막한 모습으로 변해 버렸으니, 참으로 극적인 반전反轉이 아닐 수 없다. 정약용은 궁실의 화려함이 이와 같다면 망하지 않을 수 없다고 하였으니, 이것은 끝없는 탐욕이 불러온 피할 수 없는 결과이다. 「서괘전」에 "풍은 큰 것이니, 큰 것을 궁극에 이를 때까지 추구하는 자는 반드시 그 거처를 잃는다"(豊者, 大也, 窮大者, 必失其居)라고 하였으니, 정약용은 이것이 풍豊괘 상효上爻에 대한 언급이라고 보았다.

위에서 성대했던 가옥의 모습을 설명하였으니, 이제는 폐가로 변해 버린 가옥의 모습에 대하여 설명할 차례이다. 효사에서 언급한 세 가지, 즉 ① 그 집안을 덮개로 가림(蔀其家), ② 그 문 안을 엿보아도 적막하고 사람이 없음(闃其无人), ③ 삼 년이 지나더라도 사람을 보지 못함(三歲不覿)은 모두 전형적인 폐가의 특징들이다. 그러면 정약용의 주注를 통해 괘상卦象으로 풀이해 보기로 하자.

리離괘는 또한 둔遯괘로부터 왔으니 [(둔괘의) 1이 5로 감], 하괘의 간艮은 그 문에 해당하였는데 [간艮은 문을 상징함] 추이推移하여 리離괘가 되면 (둔괘의 하괘인) 간艮의 문이 막히게 됨이니 [리離는 막음(防)을 상징함], 비록 리離의 눈이 있더라도 [(리괘의) 하괘는 지금 리離] 겨우 엿볼 수만 있는 까닭에 [문구멍으로 몰래 훔쳐보는 것을 '규闚'라고 함] "규기호闚其戶" 즉 "그 문 안을 엿본다"라고 말한 것이다. (그 문 안을) 엿보기는 하였으나 건乾의 사람은 보이지 않고 [둔遯괘의 상괘가 건乾] 진震의 소리도 이미 사라져 버려서 [풍豐괘의 상괘는 진震(우뢰을 뜻함)], 고요하여 아무 소리도 들리지 않는 까닭에 [진震은 소리를 상징함] "고요하여 아무도 없다"(闃无人)라고 말한 것이다. 또한 흉하지 않을 것인가?[216)]

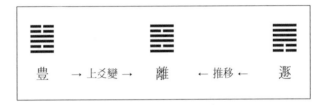

豊 → 上爻變 → 離 ← 推移 ← 遯

## (3) 규기호闚其戶

먼저 효변을 적용하면, 풍豐 상육上六은 리離괘로 변하게 된다. 그 다음으로 추이를 적용하면, 리離괘는 둔遯괘로부터 변하게 된다. 그렇다면 "규기호闚其戶" 즉 "그 문호門戶를 엿보다"는 괘상을 어떻게 얻을 수 있을까? 「설괘전」에 간艮이 문궐門闕이라고 되어 있으므로 '기호其戶'의 상은 둔遯괘의 하괘에 있는 간艮으로부터 이끌어 내면 된다. 문제는 "규기호闚其戶"의 '규闚'의 괘상을 어떻게 이끌어 낼 수 있을 것인가 하는 데 있다. '규闚'는

---

216) 「周易四箋 II」, 『定本 與猶堂全書』 16, 154쪽; 『역주 주역사전』 제6권, 259~260쪽, "離又自遯來[一之五], 下艮其戶也[艮爲門]. 移之爲離, 則艮戶其塞[離爲防], 雖有离目[下今离], 僅可闚視[從門穴窺視曰, 闚], 闚其戶也. 闚而視之, 不見乾人[遯上乾], 震鳴旣滅[豐上震], 闃然無聲[震爲聲], 闃无人也, 不亦凶乎?"

'문구멍으로 몰래 훔쳐보다' 혹은 '엿보다'의 뜻인데, 이에 상응하는 괘상이 「설괘전」에는 존재하지 않는다. 그러나 정약용은 놀라운 창의성을 발휘하여 '규窺'의 괘상을 도출해 낸다. 둔遯괘의 하괘인 간艮의 문호는 아래가 훤히 뚫려 있었으나, 리離괘의 하괘로 가면 그 열려 있던 공간이 거의 닫혀 버리고 약간의 틈새만 남아 있을 뿐이다. 「설괘전」에서는 리離가 눈(目)이 된다고 하였으니, 그 눈은 문의 열린 틈새로 안을 엿보고 있다. 그렇다면 틈새로 몰래 훔쳐본 가옥의 내부 모습은 어떠했을까? 풍豊괘의 상괘에는 진震의 울리는 소리(鳴)가 있었으나 리離괘에는 더 이상 없으니, 이제 집안에는 인기척마저도 사라져 버린 것이다. "격기무인闃其无人"의 '격闃'은 '고요함'(靜), '비어 있음'(空)의 뜻이니, 그 집에는 고요한 적막감만 감돌고 있다.

### (4) 삼세부적三歲不覿

"삼세부적三歲不覿"이란 삼 년이 지나더라도 아무도 볼 수 없다는 뜻이다. 정약용은 「상전」에서 "자장야自藏也"라고 한 것을 근거로 삼아, 그 집에 인적이 끊어진 이유는 아무도 살지 않기 때문이 아니라 사람들이 스스로 숨었기 때문이라고 풀이하였다. 그러나 고형高亨은 그 이유를 그 집주인이 감옥에 갇히거나 유배되었든지, 아니면 도망을 가거나 죽었기 때문일 것이라고 추측하였다. 이유야 어찌되었던 간에 가옥이 삼 년 동안이나 폐가로 방치되어 있었다는 것은 대단히 흉한 일이 아닐 수 없다. 그러므로 "삼세부적三歲不覿, 흉凶"이라고 한 것이다. 그렇다면 '삼세三歲'는 어떻게 계산된 것일까? 정약용은 「설괘방위도」에 의거해서 "삼세부적三歲不覿"의 의미를 괘상으로 설명해 낸다.

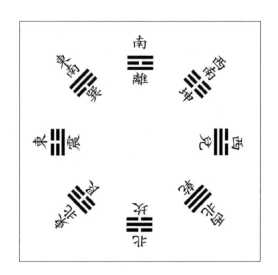

설괘방위도說卦方位圖

「설괘전」의 방위에 따르면 리離로부터 계산하여[리離괘의 상괘는 지금 리離] 반드시 세 궁宮을 거쳐야만[리離・곤坤・태兌] 비로소 건乾의 사람을 볼 수 있게 되므로[둔屯괘의 상괘는 건乾] "삼세부적三歲不覿" 즉 "3년 동안 보지 못할 것"이라고 말한 것이다[곤[屯]괘 초육初六의 경우도 역시 그러함].[217]

"삼세부적三歲不覿"이란 삼 년 동안 사람을 보지 못한다는 뜻이다. 여기서 사람은 건乾이며, 그 사람을 보기 위해서는 리離의 눈이 있어야 한다. 그리고 리離의 눈으로 건乾의 사람을 보기 위해서는 '리離→곤坤→태兌'의 삼궁三宮을 경과해야 한다. 한 개의 궁을 각각 일세一歲로 보면, 결국 삼세三歲가 지나야 건乾의 사람을 볼 수 있게 되는 것이다.

---

217) 「周易四箋 II」, 『定本 與猶堂全書』 16, 154쪽; 『역주 주역사전』 제6권, 260쪽, "據「說卦」方位, 自离計之[上今离], 須歷三宮[离, 坤, 兌], 始見乾人[遷上乾], '三歲不覿'也[困初六亦然]."

## 3) 위기의 대비

이상에서 살펴보았듯이, 물극필반物極必反의 자연적 원리는 인간사의 흥망성쇠를 형성하는 원인이다. 물극필반이 세상의 영원한 법칙이기에 세상사는 흥망성쇠를 되풀이할 수밖에 없다. 태泰괘 구삼九三은 물극필반의 원리를 비유적으로 설명하고 있는 반면에, 풍豊괘 상육上六에서는 흥성興盛과 쇠망衰亡을 대비시킴으로써 경각심을 일깨워 주고 있다. 우리가 『주역』에서 추구해야 할 지혜는 바로 여기에 있다. 지혜로운 자라면 흥성할 때 쇠망의 조짐을 읽어 내지 않으면 안 된다. 위기의 조짐이 아직 나타나지 않았는데도 앞으로 닥쳐올 위기를 예상하고 이에 대처할 방법을 준비하는 자가 있다면 그를 진정한 현자賢者라 부를 수 있다. 위기가 왔을 때 대처하는 것은 누구나 할 수 있으나, 편안할 때 위기를 예상하고 국가가 잘 다스려지고 있을 때 혼란을 걱정하는 것은 오직 현자만이 할 수 있다. 따라서 망하지 않는 방법은 평상시에 위기의식을 유지함으로써 위기상황에 이르지 않도록 관리하는 데 있다.

### (1) 계우포상繫于苞桑

그러면 어떻게 위기를 관리할 것인가? 비否괘 구오九五의 효사는 위기의 상황에서 대처해야 하는 방법에 대해 언급하고 있다.

九五 : 休否. 大人吉, 其亡其亡, 繫于苞桑. ○象曰, 大人之吉, 位正當也.

구오 : 비색否塞함을 쉬게 하니, 대인大人은 길할 것이다. (혹시나) 망할까 망할까 (하는 심정으로 조심)하여야 (열매가) 뽕나무 떨기(苞桑)에 (간신히) 매달려 있는 듯할 것이다. ○「상전」: 대인이 길하다고 한 것은 그 (처해 있는) 자리가 바르고 합당하기 때문이다.[218]

비否괘 구오九五의 효사는 "휴비休否, 대인길大人吉"과 "기망기망其亡其亡, 계우포상繫于苞桑"의 두 부분으로 구성되어 있다. 정약용은 이 두 부분에 대해 각각 다른 해석방법을 적용하고 있다. 즉 전자에 대해서는 대부분의 경우처럼 효변과 추이를 써서 풀이하고 있고, 후자에 대해서는 양호작괘법兩互作卦法에 의거하여 해석하고 있다. 그러면 먼저 전자에 대한 정약용의 해석을 살펴보기로 하자.

이것은 비否괘가 진晉괘로 가는 것이다. 진晉괘는 소과小過괘로부터 왔다[3이 상上으로 간 것이다]. 대감大坎의 공력功力으로써[소과괘를 겸획兼畫하여 삼획三畫으로 보면 감坎] 노동하던 것이 이미 멈추고[감坎에서 노력함], 소인은 노동을 사양함으로써[간艮은 소인] 스스로 휴식을 취하니[3이 상上으로 감] 이것이 "휴비休否"이다[비否괘의 소인이 이제 휴식함]. "휴복休復"의 경우를 마땅히 참조하여야 할 것이다[복復괘 육이六二를 참조할 것]. ○소인이 이미 휴식에 들어가고[3이 상上으로 감] 진震의 군자가[소과괘의 상괘가 본래 진震] 남쪽을 향하여 정치를 함으로써[진晉괘의 상괘가 지금 리離] 곤坤의 나라를 다스리므로[진晉괘의 하괘가 이제 곤坤] "대인길大人吉"이라고 한 것이다. 간艮은 이미 밖으로 쫓겨났으므로[3이 상上으로 감] 소인의 경우는 길하지 않다.219)

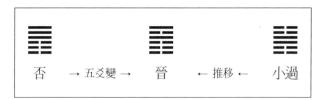

정약용은 추이와 효변의 두 가지 방법을 써서 "휴비休否, 대인길大人吉"의

218) 「周易四箋 I」, 『定本 與猶堂全書』 15, 204쪽; 『역주 주역사전』 제2권, 334쪽.
219) 「周易四箋 I」, 『定本 與猶堂全書』 15, 204쪽; 『역주 주역사전』 제2권, 334~335쪽, "此, 否之晉也. 晉自小過來[三之上], 大坎之功[兼畫三], 亦旣勞止[勞乎坎], 小人辭勞[艮小人], 以自休息[三之上], 是, 休否也[否小人, 今休]. '休復', 宜參看[復六二]. ○小人旣休[三之上], 震之君子[上本震], 南面而治[上今離], 以修坤國[下今坤], 大人吉也. 艮旣黜外[三之上], 於小人非吉."

구절을 풀이하고 있다. 먼저 효변법을 적용하면 비否 구오九五에서는 비否괘가 진晉괘로 변하게 된다. 그 다음으로 추이법을 적용하면 진晉괘가 벽괘辟卦인 소과괘로부터 변하게 된다. "대인길大人吉"이라고 한 것은 소인小人의 경우에는 반대로 길하지 않음을 의미한다. 대인에게 길함이 있기 위해서는 먼저 소인의 활동이 멈추어야 한다. 「설괘전」에 "노호감勞乎坎"이라고 하였고 소과괘는 대감大坎의 형태이므로, 소과괘에는 노동의 상象이 있다. 소과괘에서 진晉괘로 추이할 때는 제3위의 양획이 상위上位로 이동하니, 이것은 소과괘 하괘에 있던 간艮의 소인이 휴식에 들어감을 나타낸다. 반면에 소과괘의 상괘인 진震은 진晉괘로 추이하면서 리離로 변하게 되니, 이것은 만물이 서로 마주보며 가회합례嘉會合禮하는 것을 표현한다. 「설괘전」에 "상현호리相見乎離"라고 했으니, 소과괘에 있던 진震의 군자는 리離의 예禮로써 남면南面하여 곤坤의 나라를 다스리는 상황이 된 것이다.

그 다음으로 "기망기망其亡其亡, 계우포상繫于苞桑"에 대한 정약용의 주注를 살펴보기로 하자. 여기에서 정약용은 "무왕불복无往不復"의 경우와 마찬가지로 양호작괘법兩互作卦法을 써서 해석하였다. 앞서 "무왕불복无往不復"의 예에서 설명한 것처럼, 양호작괘법이란 본괘本卦를 효변시켜 만들어낸 지괘之卦를 통해서 해석이 원활하게 이루어지지 않는 경우에 사용하는 방법이다. 즉 양호작괘법이란 상호괘上互卦를 상괘上卦로 삼고 하호괘下互卦를 하괘下卦로 삼아서 본괘에는 없던 새로운 별괘別卦를 만들어 내어 해석하는 방법을 가리킨다. 양호작괘하여 새로운 괘를 도출한 경우, 본괘의 효위와 같은 위치에서 효변을 적용시키게 된다. 비否괘 구오九五는 원래 '비지진否之晉'이지만 양호괘를 취하면 점漸괘가 되고, 여기에서 제5효를 효변시키면 간艮괘가 된다. 간艮괘는 그 벽괘辟卦인 소과小過괘 혹은 관觀괘로부터 추이하게 되는데, 정약용은 이 중에서 관觀괘에서 간艮괘로 추이하는 괘상을 취하고 있다. 그러면 이제 정약용의 주注에 따라 "계우포상繫于苞

桑"을 풀이해 보자.

관觀괘의 때에는 대간大艮의 열매가[관觀괘는 겸획兼畫하면 간艮이 됨] 손巽의 나무에 매달려 있었는데[관觀괘의 상손上巽이 목木이 됨], 추이하여 중간重艮괘가 되면[5가 3으로 감] 손巽의 덩굴이 갑자기 끊어져서[손巽은 새끼줄이 되니, 덩굴과 같음] 그 열매가 곧 아래로 떨어지니 [5가 3으로 감] 그 위태로움이 지극한 것이다. 떨어지기는 하였으나 지면地面에까지 이르지는 않았으므로[제3위에 멈추어 있음] "계우포상繫于苞桑" 즉 "뽕나무 떨기에 매달려 있다"라고 말한 것이다[손巽의 새끼줄로 매달려 있음]. 나라가 장차 망하려 함에 위태로운 모습이 마치 썩은 동아줄이 막 끊어지려 하는 것과 같으니, 이 구오九五는 그런 상象이다. 그러므로 "기망기망其亡其亡, 계우포상繫于苞桑" 즉 "그 망할까 망할까 하여야 뽕나무에 (겨우) 매달려 있을 것"이라고 한 것이다.[220]

정약용은 "계우포상繫于苞桑"을 뽕나무 떨기에 매달려 있는 모습으로 해석하였다. 「설괘전」에 따르면, 손巽은 목木이 되고 간艮은 '과라果蓏' 즉 열매가 된다. 그리고 손巽은 '승繩' 즉 새끼줄이니, 나무에서는 덩굴에 해당된다. 따라서 관觀괘의 상괘에 있는 손巽의 뽕나무에 간艮의 열매가 매달려 있는 상象이다. 관觀괘에서 간艮괘로 추이하게 되면 5가 3으로 이동하니, 이로써 손巽의 덩굴이 툭 끊어져 간艮괘의 제3획에 걸려 있게 된다. 그러나

---

220) 「周易四箋 I」, 『定本 與猶堂全書』 15, 205쪽; 『역주 주역사전』 제2권, 337~338쪽, "觀之時,
大艮之瓜[兼畫艮], 繫于巽木[上巽木], 移之爲艮[五之三], 則巽蔓忽絶[巽爲繩, 如蔓], 瓜乃下隕[五之
三], 危之至也. 隕不至地[止於三], "繫于苞桑"也[巽繩繫]. 國之將亡, 凜乎, 若朽索之將絶, 此其象
也. 故曰, 其亡其亡, 繫于苞桑."

제3위에 걸쳐 있으므로, 아직 지면에까지 닿은 것은 아니다. 열매가 덩굴에 붙어 있기는 하나 허공에 걸려 있어 언제 떨어질지 모르니, 이보다 더 급박한 상황이 어디에 있겠는가?[221]

　그런데 정약용의 해석은 『주역정의周易正義』에 있는 공영달의 설명과는 매우 다르다는 점에 유의할 필요가 있다. 여기서 공영달은 "포苞는 뿌리(本)를 뜻하니, 무릇 물체를 뽕나무 뿌리에 묶으면 단단히 붙들어 맬 수 있다"(苞, 本也. 凡物繫於桑之苞本, 則牢固也)라고 풀이하고 있다. 즉 '포상苞桑'을 뽕나무 뿌리로 보아서, "계우포상繫于苞桑"을 "뽕나무 뿌리에 묶다"의 뜻으로 풀이한 것이다. 뽕나무는 뿌리가 깊이 박혀 있어서 어떤 나무보다도 견고하다. 어떤 개인이나 국가를 위험에 빠지지 않게 하기 위해서는 뽕나무 뿌리처럼 튼튼한 근본에 묶어 놓는 것이 필요하다. 그러면 어떻게 하면 근본에 확고하게 묶어서 흔들리지 않게 할 수 있을 것인가? 공영달에 따르면 그것은 "스스로 경계하면서 삼가는 자세"(自戒愼)를 항상 잃지 않는 데 있다. 그의 해석은 다음과 같다. "만약 망하지나 않을까 망하지나 않을까 하고 스스로 경계하면서 삼가는 자세를 지닌다면, 뽕나무 뿌리에 묶어 놓은 것처럼 견고해져서 더 이상 위험에 빠지는 일이 없게 된다."(若能其亡其亡, 以自戒愼, 則有繫于苞桑之固, 無傾危也.) 결국 공영달에게 있어서는 계신공구戒愼恐懼의

---

221) 정약용은 『論語』 「陽貨」에서 공자가 "내 어찌 匏瓜와 같은 존재이겠느냐! 어찌 대롱대롱 매달려만 있고 먹히지 않을 수 있겠느냐"("子曰, 吾豈匏瓜也哉! 焉能繫而不食?")라고 한 예를 들어, "繫于苞桑"이 박이나 오이처럼 매달려 있는 과일을 가리킨 것이라고 한다. 魯나라 季氏의 가신인 公山弗擾가 費땅에서 반란을 일으켜 권력을 장악한 뒤에 공자를 초청하자 공자가 이에 응하려고 하였는데, 자로가 그것을 말리려고 하자 공자가 자로에게 한 말이다. 공자는 자신이 사람들에게 먹히지 않고 그냥 넝쿨에 매달려 있는 匏瓜와 같은 존재가 결코 되지 않을 것이라고 다짐한다. 匏瓜가 따먹힌다는 것은 관직에 등용되어 쓰이는 것을 비유한 표현이기에, 匏瓜처럼 매달려만 있고 사람들에게 먹히지 않는 "繫而不食"의 상황은 공자가 바라는 상황이 아니다. 즉, 넝쿨에 달린 박이나 오이처럼 지낼 것이 아니라, 만일 자신을 등용하는 사람이 있다면 정치에 참여하여 그 나라를 西周와 같은 나라로 만들겠다는 것이다.

태도를 유지하는 것이 위험에 빠지지 않게 하는 방법이 된다. 주희의 해석 또한 공영달과 크게 다르지 않다. 즉 주희는 다음과 같이 해석하고 있다. "위태로워 망하지나 않을까 경계하고 두려워하는 마음을 지닌다면, 뽕나무 뿌리에 견고하게 묶어 놓는 상이 있다. 만약 위태로워 망하지나 않을까 경계하고 두려워할 수 있다면, 뽕나무 뿌리에 묶어 놓은 것처럼 견고해서 뽑아낼 수 없을 것이다."(有戒懼危亡之心, 則便有苞桑繫固之象. 蓋能戒懼危亡, 則如繫於苞桑, 堅固不拔矣.)222) 반면에 정약용은 포상苞桑을 뽕나무 뿌리가 아니라 뽕나무 떨기를 뜻하는 것으로 보았다. 그에 따르면, "계우포상繫于苞桑"이란 뽕나무 떨기(苞桑)에 열매가 매달려 있는 모습을 형용한 것이다. 『이아爾雅』 「석고釋詁」에 "포苞, 풍야豐也"라고 하였으니, '포苞'는 풍성함을 뜻한다. 그리고 『시경詩經』 「당풍唐風・보우鴇羽」에 "숙숙보항肅肅鴇行, 집우포상集于苞桑" 즉 "푸드득 너새들 줄지어 날아 뽕나무 떨기에 내려앉았네"라고 하였으니,223) '포상苞桑'이란 뽕나무 떨기, 즉 뽕나무가 모여 있어 무성한 모습을 가리키는 말이다.224)

　공영달과 주희를 비롯한 대부분의 주석가들이 "계우포상繫于苞桑"을 뽕나무 뿌리에 견고하게 묶어 놓는 것으로 해석하였다. 그러나 정약용은 그것을 뽕나무에 열매가 묶여 있기는 하지만 언제 떨어질지 몰라 매우 위태로운 상태라고 풀이하였다. 따라서 정약용의 해석은 일반적 해석과는 정반대이다. 요컨대 "계우포상繫于苞桑"은 썩은 동아줄이 막 끊어지려고 하는 것과

---

222) 『朱子語類』 第5冊, 권70, 1762쪽.
223) 『詩經』 「唐風・鴇羽」는 晉나라 병사들이 고향에 계신 노부모를 공양하지 못한 슬픈 마음을 鴇羽에 비유하여 읊은 시이다. 보우는 두루미목 느시과에 속한 조류로서 너새 (chinese bustard)를 가리킨다. 너새는 기러기와 비슷하게 생겼는데 닭과 유사한 부리를 가졌으며 뒷발톱이 없는 새이다.
224) 『詩經』에 '苞栩'(상수리나무 떨기), '苞棘'(대추나무 떨기), '苞櫟'(도토리나무 떨기), '苞棣' (아가위 떨기), '苞稂'(가라지 포기), '苞蕭'(쑥대포기), '苞蓍'(시초 포기), '苞杞'(산버들떨기) 등이 나오는데, 여기에 쓰인 '苞'자는 모두 초목이 무성하다는 뜻으로 쓰이고 있다.(高亨, 김상섭 역, 『고형의 주역』, 170쪽.)

비슷한 종류의 비유이다. 이러한 비유는 어떤 나라가 장차 망하려 할 때의 상황에 적용될 수 있다. 만약에 한 나라의 운명이 풍전등화風前燈火의 위기에 처하게 된다면, 이러다가 혹시라도 망하지 않을까 하는 우려가 자연스럽게 고개를 들 것이다. 평상시 같으면 쓸데없는 기우杞憂라고 하겠지만, 위망危亡의 시기에는 그러한 우려라도 있어야 국가를 겨우 보존할 수 있다. 「계사전」(하5장)에서 공자는 "기망기망其亡其亡, 계우포상繫于苞桑"을 인용하면서, 이 구절을 위기관리의 필요성이라는 관점에서 해석하고 있다.

> 공자가 말하였다. "위태롭게 여기는 것은 그 자리를 안전하게 하려는 것이며, 망할까 염려하는 것은 그 생존을 보전하려는 것이며, 혼란을 걱정하는 것은 다스리려고 하는 것이다. 이런 까닭에 군자는 편안하게 있어도 위태로움을 걱정하는 마음을 잊지 아니하며, 생존하고 있어도 망할 것을 걱정하는 마음을 잊지 아니하며, 잘 다스려지고 있어도 혼란을 걱정하는 마음을 잊지 아니한다. 이로써 몸을 편안히 하고 국가를 보전할 수 있다. (그러므로) 『역』에서 말하기를 '기망기망其亡其亡, 계우포상繫于苞桑', 즉 '그 망할까 그 망할까 하여야만 뽕나무에 매달려 있을 수 있다'라고 한 것이다."[225]

## (2) 불망지술不亡之術

공자의 발언의 요체는 "거안사위居安思危" 즉 "안정된 상황에서 위기관리를 해야 한다"는 데 있다. 위기가 닥쳤을 때 염려하는 것은 누구나 하는 것이지만, 태평한 시절에 앞으로 닥쳐올 위기에 대해 미리 준비하는 것은 오직 지혜로운 군자만이 할 수 있다. 정약용은 공자의 발언을 다음과 같이 해석하였다.

---

225) 「周易四箋 I」, 『定本 與猶堂全書』 15, 205쪽; 『역주 주역사전』 제2권, 340~341쪽, "孔子曰, 危者, 安其位者也. 亡者, 保其存者也. 亂者, 有其治者也. 是故, 君子, 安而不忘危, 存而不忘亡, 治而不忘亂, 是以, 身安而國家可保也. 『易』曰, '其亡其亡, 繫于苞桑.'"

"기망기망其亡其亡"은 경계하는 말이다. "성언호간成言乎艮"이라고 하였으니[(否괘로부터 兩互卦를 만들면 漸卦가 되는데) 漸卦의 5효가 변하면 중간重艮괘가 됨], 서로 간에 경계하는 것이다[역례易例에 간艮으로써 계戒를 삼음]. 이러한 상황을 맞아 리離로써 다스리니[중간重艮의 윗부분은 대리大離], 간艮으로써 망하지 않는 것이다[대간大艮괘인 관觀괘로부터 추이하여 중간重艮괘가 됨]. 그러므로 공자가 이 비否괘의 구오九五효로써 나라를 보전하는 교훈으로 삼은 것이다. 병이 들어 장차 죽을 지경이 되면 죽음을 꺼리는 마음이 더욱 심해지며, 나라가 장차 망할 지경이 되면 그 망함을 꺼리는 마음이 더욱 급해지니, 그 망할까 하는 것으로써 경계를 삼는 것은 망하지 않도록 하는 방법인 것이다.226)

정약용은 공자의 발언을 양호작괘법을 써서 해석하였다. 먼저 비否괘의 양호괘兩互卦를 써서 새로 점漸괘를 만들고, 그 다음으로 제5효를 효변시켜 중간重艮괘를 만들어 내고 있다. 중간重艮괘에는 간艮과 대리大離의 상象이 있으니, 간艮을 경계의 말로 삼아 리離로써 방비防備하고 수양修養하는 것이다. 이렇게 유비무환有備無患의 태도를 유지하면 위기가 실제로 닥쳐왔을 때 이를 극복해 낼 수 있는 힘을 기를 수 있게 된다. 정약용이 "망함으로써 경계를 삼는 것"(以亡爲戒)이야말로 "망하지 않는 방법"(不亡之術)이 된다고 한 것도 바로 이러한 취지이다.

---

226) 「周易四箋 I」, 『定本 與猶堂全書』 15, 205쪽; 『역주 주역사전』 제2권, 341~342쪽, "其亡其亡者, 警戒之詞也. 成言乎艮[漸之艮], 以相戒也[易例, 艮爲戒]. 於是, 离以修之[上大离], 不以艮亡[大艮移], 故孔子以此爻, 爲可以保國也. 病之將死, 諱死已甚, 國之將亡, 諱亡愈嚴, 以亡爲戒, 不亡之術也."

## (3) 종일건건終日乾乾

"불망지술不亡之術"이란 일종의 위기관리의 기술이다. 건乾괘 구삼九三의 효사는 위기와 더불어 살아가는 법을 가르쳐 준다.

九三 : 君子, 終日乾乾, 夕惕若, 厲, 无咎. ○象曰, 終日乾乾, 反復道也.

구삼 : 군자가 종일토록 쉬지 않고 열심히 일하고 저녁에 두려운 듯하면, 위태로우나 허물이 없을 것이다. ○「상전」: "종일건건終日乾乾"은 도를 반복함이다.[227]

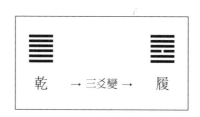

건乾 구삼九三은 '건지리乾之履' 즉 건괘가 리履괘로 변하는 경우이니, 건乾괘의 제3획이 효변한 것이다. 정약용에 따르면 리履괘는 '천리지괘踐履之卦'이다. 건乾 구삼九三의 지괘之卦가 리履괘라는 사실은 효사의 의미파악에 있어 매우 중요하다. '천리踐履'란 실천實踐 혹은 이행履行을 뜻하는 말이니, '천리지괘踐履之卦'란 실천과 연관된 괘임을 가리킨다.[228] 우리말에 '발로 뛴다'라는 표현이 있는 것처럼, 유학의 실천實踐이란 직접 걸어 다니면서 '실제로 발로 밟음'을 뜻한다. 이와 유사하게, '천리踐履'는 '발로 밟다'(履)에서 유래되었으며, '이행履行'도 역시 '발로 밟으면서 행함'을 뜻한다.[229] 그러면

---

227) 「周易四箋 I」, 『定本 與猶堂全書』 15, 109~110쪽; 『역주 주역사전』 제1권, 261쪽.
228) 『毛傳』에 "履는 밟는다는 뜻이다"(履, 踐也)라고 하였다.(『詩經』, 「大雅·生民」; 漢 毛亨 傳, 漢 鄭玄 箋, 唐 孔穎達 疏, 『毛詩正義』[十三經注疏 整理本 6; 北京大學出社, 2000], 1240쪽)
229) '履'는 신발이라는 뜻으로도 쓰이지만, 그것은 한대 이후이다. 『說文解字』에 "履는 발이

건乾괘 구삼九三, 즉 '건지리乾之履'의 효사에 담긴 실천적 의미를 정약용의 주注를 통해 이해해 보기로 하자.

건乾괘는 복復괘로부터 시작되었는데 계속하여 진震으로써 나아감에, 스스로 굳세고, 쉬지 않아서, 굳건하고 또 굳건하니[行하고 또 行함] 이것이 "건건乾乾"의 의미이다. (복괘가) 림臨괘로 되고, 태泰괘로 되어 마침내 (日을 상징하는) 리위離位에까지 이르니 [구삼九三은 하괘의 끝(終)에 해당됨] "종일건건終日乾乾"이라고 한 것이다.[230]

「설괘전」에 "건乾, 건야健也"라고 했으니, 건乾은 강건剛健함의 뜻이다. 그 강건함을 지니고 행하고 또 행하는 것이 "건건乾乾"의 의미이다. 행行도 '걷다'의 뜻이니, 역시 '밟다'(履)의 뜻과 밀접한 관련을 맺고 있다. 한자어의 실천實踐은 '실제로 밟으면서 걸어가는 것'으로, 이 행진行進은 복復괘에서 시작하여 림臨과 태泰를 지나고 대장大壯과 쾌夬를 거쳐 건乾에 이른다. "종일건건終日乾乾"이란 하루 종일 강건剛健하게 걷고 또 걷는 것을 의미한다. "종일건건"의 실천적 의미는 「문언」에서 더욱 명확하게 드러난다.

◇ 「文言」, 제3절: 終日乾乾, 行事也. ("종일건건"은 일을 수행함이다.)
◇ 「文言」, 제4절: 終日乾乾, 與時偕行. ("종일건건"은 때에 맞추어 실행하는 것이다.)[231]

---

의지하는 것이다"(履, 足所依也)라고 하였다.(許愼 撰, 段玉裁 注, 『說文解字注』, 上海古籍出版社, 2003, 402쪽.)
230) 「周易四箋 I」, 『定本 與猶堂全書』 15, 110쪽; 『역주 주역사전』 제1권, 263쪽, "卦自復始, 遂以震行, 自强不息, 健而又健[行又行], 是, 乾乾也. 爲臨爲泰, 遂竟离位[下卦終], 終日乾乾也."

정약용은 「문언」에 대한 주注를 통해 유가의 실천관이 갖는 철학적 함의를 다음과 같이 해명하였다.

> 부지런히 힘써서 게으르지 않고 열심히 힘써서 그만두지 않으며[곧 "종일건건終日乾乾"에 해당됨], 한순간도 중단함이 없이 나아감만 있고 물러섬이 없으니[문왕文王의 지순至純함도 역시 멈추지 않았음], 세월의 흐름과 더불어 행하다가 죽은 다음에야 쉰다. 이것이 (바로) 실천(踐履)인 것이다. 그러므로 (「문언」 제4절에서) "종일건건終日乾乾, 여시해행 與時偕行"이라고 한 것이다.232)

정약용이 파악한 유가의 실천관은 성실·근면 등의 개념으로 요약된다. 성실과 근면은 어느 한순간도 멈추어서는 안 되는 덕성德性이기 때문에, 죽은 뒤라야 멈출 수 있다. "종일건건終日乾乾"은 이러한 유가의 실천을 하루라는 시간단위에 적용시킨 것으로, 종일토록 시간의 흐름에 따라 일을 수행하는 것을 가리킨다. 정약용은 "종일건건"의 의미를 군자의 실천 행과 관련시켜 해석한다. 군자가 본받으려는 것은 천도天道의 성실함이다. 태양의 운행은 어느 한순간도 멈추는 일이 없기 때문에 천도의 성실함을 상징한다. 군자는 태양의 운행을 본받아 해가 뜰 때부터 해가 질 때까지 힘차고 굳세게 노력한다. 이것을 괘상으로 표시하면 다음과 같다.

---

231) 「周易四箋 I」, 『定本 與猶堂全書』 15, 110쪽; 『역주 주역사전』 제1권, 262쪽.

232) 「周易四箋 I」, 『定本 與猶堂全書』 15, 111쪽; 『역주 주역사전』 제1권, 266쪽, "孜孜不怠, 勉勉不已[卽終日乾乾], 一息不斷, 有進無退[文王之純, 亦不已], 與流光而偕行, 死而後息焉, 此, 踐履也. 故曰, '終日乾乾, 與時偕行'."

군자의 실천은 '복復→림臨→태泰→대장大壯→쾌夬→건乾'에 이르는 과정이다. 이 과정에는 모두 진震의 행行함이 포함되어 있으니, 걷고 또 걸어서 도달하는 여정임을 말해 준다. 건乾괘의 구삼九三은 제3위에 있으니, 그것은 하괘下卦의 끝에 해당된다. 원래 1·2·3위는 리위離位에 해당되므로, 하괘의 제3위는 리위의 끝(終)이다. 태양(離)은 리위의 초위初位에서 떠올라, 제2위에 이르면 중천中天에 걸치고, 제3위에서 석양夕陽에 이르게 된다. "종일건건終日乾乾"은 강건하게 행함을 뜻하니, 군자는 이러한 태양의 건장健壯한 운동을 본받아 아침부터 저녁까지 열심히 노력하는 것이다.

### (4) 엄공인외嚴恭寅畏

이처럼 열심히 노력하였다면 아무런 후회도 없어야 마땅하다. 그런데 "저녁에 두려운 마음이 드는 것"(夕惕若)은 무슨 까닭이며, 또 "위태롭지만 허물이 없음"(厲无咎)은 무슨 까닭일까? 정약용은 그 이유를 다음과 같이 설명한다.

(해[日]를 상징하는) 리위離位가 이미 종결되니 하루(日)의 저녁에 해당된다[석夕은 리일離日의 끝에 해당됨]. (그리고) 리離는 그 마음을 비운 것으로[리履괘의 3·4·5위가 지금 호리互離], 그 태兌의 허물을 생각함에[리履괘의 하괘가 지금 태兌] 마치 호랑이 꼬리를 밟고 있는 것과 같은 (위태로운) 상황이다[리履괘의 상象을 참조할 것]. (그래서) 엷은 얼음을 밟는 것처럼 조심하여[이런 의미에 대해서는 리履괘를 참조할 것] 위로 건乾의 하늘을 경외하고[리履괘의 상괘는 건乾] 그 손巽의 명령에 순종하므로[(리괘의) 상호괘上互卦가 손巽] (이것을 가리켜) "석척약夕惕若" 즉 "저녁에는 두려워한다"라고 한 것이다. "리履"는 (차근차근 밟아 나가듯이) 실천하고 이행함(踐履)을 뜻하는 괘이다. 그러므로 그 뜻이 이와 같다.[233]

---

233) 「周易四箋 I」, 『定本 與猶堂全書』 15, 110쪽; 『역주 주역사전』 제1권, 263~264쪽, "离位旣終, 日之夕矣[离之末]. 离虛其心[今互离], 念其咎[下今兌], 若蹈虎尾[履之象], 如履薄氷[見履卦], 上畏乾天[履上乾], 順其巽命[上互巽], 夕惕若也. 履者, 踐履之卦也. 故其義如此."

세상에 완전무결한 인간은 없기에 어느 누구도 과오로부터 자유로울 수 없다. 아무리 하루 종일 열심히 노력하였다고 하더라도 하루 일과가 끝난 후에 그날의 언행을 반성해 본다면 후회가 없을 수 없다. 천天을 경외敬畏하는 자는 항상 천명에 순종하려고 노력하기에, 혹시라도 천명을 거스르는 언행을 하지나 않았을까 반성하고 그날 하루의 언행을 되돌아본다. "저녁에 두려워하는 마음이 드는 것"(夕惕若)은 천을 경외하는 마음이 있기 때문이다. 정약용은 건乾 구삼九三의 효사에 옛 성인이 진덕수업進德修業 하던 요지대법要旨大法이 고스란히 담겨 있다고 말하면서, 그것을 '엄공인외 嚴恭寅畏'라는 네 글자로 요약한다.[234] '엄공인외'란 『서경』「무일無逸」편에 "옛적에 은나라 임금 중종中宗이 엄공인외하였다"(昔在殷王中宗, 嚴恭寅畏)라고 한 데서 비롯된 말로서, '엄숙히(嚴) 공경하며(恭) 삼가고(寅) 두려워한다(畏)'는 뜻이다.[235] 요컨대, "석척약夕惕若"은 바로 '엄공인외'의 정신의 표출이다. 만약 '엄공인외'의 자세를 유지하면서 하루하루를 살아간다면 마치 엷은 얼음을 밟는 것처럼 매사에 조심스러워질 것이다. 따라서 군자의 실천은 마치 "호랑이 꼬리를 밟는 것"(履虎尾)처럼 위태로울 수밖에 없다. 리履괘의 괘사에서는 "호랑이 꼬리를 밟는 것"(履虎尾)에 대해 언급하고 있는데, 이는 "엷은 얼음을 밟고 있는 것"(履薄氷)이나 마찬가지로 지극히 위태로운 상태를 형용하는 표현이다.

그러면 "리호미履虎尾"를 정약용의 주注에 따라 괘상으로 풀이해 보기로 하자. 리履괘에서 호랑이에 해당되는 상象은 하괘의 태兌이다. 원말명초元末 明初의 학자 주승朱升(1299~1370)은 리離가 호랑이라고 했고, 명대明代의 당학징

---

234) 『書經』「無逸」편에 대한 蔡沈의 注에, "嚴은 莊重, 恭은 謙抑, 寅은 欽肅, 畏는 戒懼의 뜻이다"라고 하였다.
235) 「周易四箋 I」, 『定本 與猶堂全書』 15, 110쪽; 『역주 주역사전』 제1권, 265~266쪽, "終日之所 言行, 夕而思之, 不能無過, 妓所以惕若也. 此一爻, 乃古聖人, 嚴恭寅畏, 進德修業之要旨大法 也."

唐鶴徵(1537~1619)은 건乾이 호랑이라고 보았으나, 내지덕來知德(1525~1604)은 태兌를 호랑이로 간주한 바 있다. 따라서 정약용의 견해는 내지덕의 견해와 일치한다. 이러한 견해는 『예기禮記』「곡례曲禮」에 "좌청룡이우백호左靑龍而右白虎"라고 한 것에 그 근거를 두고 있다. 진震이 동방의 청룡靑龍이 된다면 그 맞은편에 있는 태兌는 서방의 백호白虎가 될 수밖에 없다. 혁革괘 구오九五의 "대인호변大人虎變"과 이頤괘 육사六四의 "호시탐탐虎視耽耽"도 모두 태兌를 호랑이로 간주한 사례들이다.

리履괘의 괘상을 보면, 위에 건乾의 사람이 있고 그 아래에는 태兌의 호랑이가 위의 건乾의 사람을 향해 입을 벌리고 있다. 게다가 손巽의 다리는 호랑이 꼬리 근처를 거의 밟고 있으니, 언제라도 호랑이가 건인乾人의 다리를 물 수 있는 위태로운 상황이다. 그나마 호랑이의 입이 열려 있어 아직 깨물지 않고 있다는 점이 다행스럽다.[236] 정학연丁學淵은 리履괘의 괘상으로부터 "리호미履虎尾"와 "리박빙履薄氷"[237]의 의미를 함께 도출해

---

236) 「周易四箋 I」, 『定本 與猶堂全書』 15, 186쪽; 『역주 주역사전』 제2권, 249~250쪽, "乾人在上, 虎口仰張[兌爲口], 而巽股所履[上互巽], 僅得虎尾[不制口], 此, 必咥之勢也. 然, 咥則口嗑, 口尙開則非咥也[兌上坼]. 君子之志, 戰戰兢兢, 若蹈虎尾, 則不底於禍, 此, 其象也."

237) "如履薄氷"은 『詩經』「小雅·小旻」에 나오는 구절이다. 시는 다음과 같다. "不敢暴虎, 不敢馮河. 人知其一, 莫知其他. 戰戰兢兢, 如臨深淵, 如履薄氷."(감히 범을 맨손으로 잡지 못함과 감히 황하를 맨몸으로 건너지 못함을, 사람들은 그 한 가지만 알고 그 다른 것은 알지 못하도다. 전전하고 긍긍하여, 깊은 못에 임하듯이 하고 얇은 얼음을 밟듯이 하노라." 성백효 역주, 『懸吐完譯 詩經集傳』 下, 68쪽; 『毛詩正義』(十三經注疏 整理本 5), 868쪽.

낼 수 있음을 보여 준다.238) 쾌夬괘에는 일음一陰 아래에 오강五剛이 있으니, 건乾의 얼음이 두껍게 얼어 있는 상태이다. 그런데 리履괘로 추이하게 되면 건乾의 얼음이 흩어지니, "엷은 얼음을 밟는 것"(履薄氷)이 된다. 리履괘의 괘상이 위태로운 또 다른 이유는 제3위는 본래 양陽의 자리인데도 불구하고 태兌의 일음一陰이 머무르면서 그 아래 두 개의 양陽을 올라타고 있기 때문이다.239) 종일토록 강건剛健하게 노력하면서도 살얼음 위를 걷는 것처럼 조심스러울 수밖에 없는 것은 바로 이 때문이다.240) 그러면 이러한 위태로움에도 불구하고 "허물이 없다"(无咎)라고 한 것은 무슨 까닭인가? 정약용은 그 이유를 다음과 같이 설명한다.

> 그런데도 "무구无咎"라고 하는 것은 다음과 같은 이유 때문이다. 리履괘는 쾌夬괘에서 나왔는데[(쾌괘의) 상上이 3으로 감], 쾌괘의 때에는 유柔가 다섯 강剛을 올라타고 있으니[쾌괘의 상괘는 태兌] 그 교만함이 대단하였다. (그런데 쾌괘로부터) 추이하여 리履괘가 되면[괘가 지금 리履괘] 한 괘가 전부 내려와서[상태上兌가 지금 하태下兌가 됨] 상하上下가 분별되고[리履는 분별함이 됨] 손巽의 명령을 받들어 순종하니[리履괘의 3·4·5위는 호손互巽], 이것이 "무구无咎"인 것이다[허물을 잘 보완함].241)

위의 주에서 정약용은 "무구无咎"가 되는 이유를 리履괘가 쾌夬괘로부터 추이하는 과정을 통해 설명하고 있다. 쾌夬괘의 상위上位에 있는 일음一陰은

---

238) 「周易四箋 I」, 『定本 與猶堂全書』 15, 186쪽; 『역주 주역사전』 제2권, 251~252쪽, "學稼云, '蹈虎尾'·'履薄氷', 本一義也. 夬之時, 乾冰甚厚[下剛五], 今冰乃薄[冰上澆], '履薄氷'也."

239) 「周易四箋 I」, 『定本 與猶堂全書』 15, 110쪽; 『역주 주역사전』 제1권, 264쪽, "厲者, 危也. 兌以一陰[下今兌], 下乘二剛[初兩二], 位亦匪據[陰居陽], 其象危也."

240) 실제로 정약용은 평생을 "履虎尾"와 "履薄氷"의 태도로 살았다. 정약용은 「與猶堂記」에서 '與猶'이라는 당호의 의미를 『老子道德經』 15장의 "與(豫)兮, 若冬涉川, 猶兮, 若畏四隣"에서 취했음을 밝혔다. 즉 '與'는 머뭇거리기는 마치 겨울에 시냇물을 건너는 것처럼 하고, '猶'는 주춤거리기는 사방의 이웃을 두려워하듯 한다는 뜻이다.

241) 「周易四箋 I」, 『定本 與猶堂全書』 15, 110쪽; 『역주 주역사전』 제1권, 264~265쪽, "然而'无咎'者, 履自夬來[上之三], 夬之時, 柔乘五剛[夬上兌], 驕之至也. 移之爲履[卦今履], 則全一卦而降之[上兌, 今下兌], 上下以辨[離爲辨], 仰順巽命[履互巽], 是, 无咎也[善補過]."

그 아래 오양五陽을 올라타고 있으니 교만하기가 이루 말할 수 없다. 그런데 이제 리履괘로 추이하게 되면 제3위에 음陰이 들어서서 상하上下를 변별辨別하니, 이것은 이전의 교만함을 바로잡은 것이 된다.

이상에서 필자는 인생사의 흥망성쇠가 '물극필반物極必反'이라는 자연법칙의 지배를 받는다는 것을 서술하였다. 태泰괘 구삼九三의 "무평불피无平不陂, 무왕불복无往不復"은 물극필반의 원리를 표현하고 있는 명제이다. 정약용에 따르면, 이 명제는 세상의 영원한 이치理之常를 표현하고 있다. 그 다음으로 풍豐괘 상육上六에서는 한때 성대했던 "풍기옥豐其屋"과 인적이 끊겨 폐가처럼 변해 버린 "격기무인闃其无人, 삼세부적三歲不覿"의 가옥의 모습을 대조시킴으로써 인생사의 덧없음을 극적인 형태로 보여 준다. 달이 차면 이지러질 수밖에 없는 것이 자연의 이치라지만, 망하지 않고 자신을 보전해 갈 수 있는 처세의 방법은 과연 없는 것일까? 정약용은 비否괘 구오九五의 효사에서 바로 이 '망하지 않는 방법不亡之術'에 관해 언급하고 있음에 주목하였다. 즉 "기망기망其亡其亡, 계우포상繫于苞桑"이라고 하였으니, 혹시 망하지나 않을까 하는 극단적인 위기의식이 있어야 겨우 뽕나무 떨기에 매달려 있을 수 있다. '불망지술不亡之術'이란 평상시에 미리 위기에 대비하는 위기관리의 방법이다. 『주역』에는 위기관리에 관해 언급하고 있는 또 다른 효사가 있으니, 그것은 건乾괘 구삼九三의 효사이다. 여기에서 말하는 위기관리의 비결은 "종일건건終日乾乾"하는 성실성과 "석척약夕惕若"하는 반성적 태도를 유지함에 있다. 아무리 "종일건건終日乾乾"하는 성실성이 있다고 하더라도 과오를 완전히 피할 수는 없기에 우리의 인생사는 여전히 위태롭다. 그러나 이러한 '위태로움厲'에도 불구하고, 자신의 도덕적 과오를 끊임없이 반성해 나가는 "석척약夕惕若"의 태도만 있다면 허물을 면할 수 있다.

# 5. 천문과 지리

## 1) 역여천지준易與天地準

『주역』의 도道는 광대廣大해서 거기에 포괄되지 않는 것이 없다. 「계사전」에서 "『역易』은 천지와 더불어 준칙準則이 되기 때문에 천지의 도를 모두 포괄할 수 있다"(易與天地準, 故能彌綸天地之道)라고 하였으니, 이것은 『주역』의 범기호주의적(pansemiotic) 성격을 표현한 것이다. 여기서 『역』의 기호체계와 천지로 총칭되는 존재세계의 관계를 매개하는 용어가 '준準'이다. 그렇다면 '준準'이란 과연 무엇을 의미하는 단어일까? '준準'이란 글자는 본래 '물 수(水)'자와 '새매 준(隼)'자가 합쳐져서 형성된 글자이다. 그리고 '새매 준(隼)'자는 '새 추(隹)'자와 '열 십(十)'자를 결합시켜 횃대(一)와 새 꽁지가 밑으로 늘어진 모양을 표현한다.

| 小篆 | 楷書 |
|------|------|

옛날 사냥할 적에 매를 길들여 사냥하는 방법이 있었는데, 사냥하지 않을 때에는 매를 횃대에 그냥 앉혀 놓았다. 이렇게 해서 '준準'자는 매가 횃대에 평평하게 앉아 있는 모양에 항상 수평을 유지하는 물의 성질을 더해서 '평평하다'는 의미를 지니게 되었고, 이로부터 '수준기水準器'의 의미가 덧붙여졌다. 수준기란 좌우의 평평함을 측량하는 도구이다. 『주례周禮』

「동관冬官・고공기考工記」에 "수평으로 한 후에 많고 적음을 헤아린다"(準之然後, 量之)[242]라고 하였으니, 수준기를 사용하여 수평을 유지하는 것은 측량을 위해서는 반드시 거쳐야 할 일이었다. 따라서 "역여천지준易與天地準"이란, 『역易』과 천지天地는 마치 수준기를 써서 잰 것처럼 어느 한 쪽으로 기울어지지 않으며 균형을 유지하고 있음을 뜻한다. 한편 '준準'에는 '의거하다', '본받다', '표준으로 삼다', '바로잡다', '고르다', '평평하다', '정밀하다', '정확하다' 등의 뜻이 있다. 이러한 의미는 준칙準則(rule)・준거準據(guideline)・표준標準(standard) 등의 단어에 반영되어 사물의 기본이 되는 표준이라는 의미로 쓰이고 있다. 따라서 "역여천지준易與天地準"이란 "『역』이 천지와 더불어 준칙準則이 된다"라는 뜻이다. 여기서 준칙이란, 본받아야 할 표준이 있음을 의미한다. 그렇다면 『역』과 천지 중에서 본받아야 할 표준이 되는 것은 무엇일까? 기호학적 관점에서 생각해 보면 그 답은 명확하다. 기호란 항상 그것이 모사하고자 하는 대상이 있기 때문에 그것을 본받아 표준으로 삼는 것이지, 그 거꾸로는 아니다. 따라서 천지가 『역』을 준칙으로 삼을 수는 없고, 어디까지나 『역』의 기호체계가 천지를 준칙으로 삼아 만들어질 뿐이다. 그렇게 이해해야지만 그 뒤에 이어지는 구절과 더불어 의미가 순조롭게 통하게 된다.

> 『역易』은 천지에 준準하는 까닭에 능히 천지의 도를 두루 통틀고 있다. 그런 까닭에 우러러 천문을 살피고 구부려 지리를 살핀다. 이런 까닭에 어둠과 밝음의 원인을 안다. (易與天地準, 故能彌綸天地之道. 仰以觀於天文, 俯以察於地理, 是故知幽明之故.)[243]

"미륜천지지도彌綸天地之道"란 자연계 전체가 남김없이 두루 포함됨을 뜻하니, 『역』의 기호계(semiosphere)로써 표상하고자 하는 범위는 이 세계의

---

242) 『周禮注疏』(十三經注疏 整理本 9), 1296쪽.
243) 성백효 역주, 『懸吐完譯 周易傳義』下, 531~532쪽; 『周易正義』, 312쪽.

범위와 같다. 천문을 우러러 살피고 지리를 굽어 살피는 것은 자연계 전체를 준거모델로 삼아서 그 질서를 본뜨기 위한 것이다. 『역』이란 자연의 질서를 본떠서 이를 기호체계로 옮긴 것에 불과하다.[244] 자연의 질서를 본떠서 『역』의 기호계를 만들기 위해서는 자연에 대한 관찰觀察(observation)이 선행되어야 한다.[245] 천문天文과 지리地理는 관찰해야 할 자연의 두 영역의 총칭으로, 오늘날 자연과학의 범주에 속한다고 하겠다. 고대 중국에서 천문과 지리는 수술학數術學에 속하였으니, 학문적 계통으로 보면 동일한 계통에 속한다.[246]

## 2) 천문

그러면 우선 천문에 관해 고찰해 보기로 하자. '문文'이라는 단어는 『주역』의 비賁괘의 「단전象傳」에도 나타난다.

---

244) 「邵子先天論」, 『易學緖言』, 『定本 與猶堂全書』 17, 159쪽, "凡易之爲道, 仰觀天文, 俯察地理, 皆有所法象者焉."

245) 오늘날 과학계에서 널리 사용되는 '관찰'(obsevation)이라는 용어는 『주역』에서 유래한 것이다. 이 용어는 '觀'과 '察'이라는 두 글자가 합성되어 만들어진 것이다. '觀'과 '察'은 모두 '보다'(視)라는 뜻이다. '보다'의 뜻으로 사용되는 한자에는 見·看·視·觀·察·省 등이 있는데, 각 단어 사이에는 미묘한 의미의 차이가 존재한다. '見'은 사람이 걸어가면서 겉으로 드러난 사물을 본다는 뜻이다. '察'은 원래 집안 제사에 쓰는 제물이 부정한 것이 끼어들지 않도록 꼼꼼히 살펴본다는 것을 의미하던 글자였다. 『說文解字』에서는 '察'을 '覆審' 즉 '살피고 또 살펴서 정확하게 대상을 밝히는 것'이라고 풀이하였다. 한편 '省'은 작은 것, 잘 보이지 않는 것, 내면의 모습을 들여다보는 것을 의미한다. 『論語』 「爲政」에서는 '視'·'觀'·'察'의 세 글자가 차례로 열거되고 있는데, 정약용은 『論語古今註』의 註를 통해 의미의 미세한 차이를 구별하였다. "공자께서 말씀하시기를, '그 행동하는 바를 보고 그 행동하는 동기를 관찰하며 그 즐거워하는 바를 살핀다면 사람이 어찌 감출 수 있으리오, 사람이 어찌 감출 수 있으리오'라고 하였다."(子曰, 視其所以, 觀其所由, 察其所安, 人焉廋哉, 人焉廋哉.)
　　정약용에 따르면, '視'는 특별히 주의하지 않고 無心의 상태에서 보는 것이며, '觀'은 어떤 의도를 가지고 보는 것이며, '察'은 더욱 상세하고 정밀하게 보는 것이다. 그러나 위의 「계사전」의 구절에서 그 의미를 구별해서 해석해야 할 특별한 이유를 찾을 수 없다. 따라서 '觀'과 '察'을 모두 '관찰하다'의 뜻으로 간주하기로 한다.

246) 李零 저, 김승호 옮김, 『전쟁은 속임수다—李零의 『손자』강의』, 525쪽.

천문을 관찰하여 시간의 변화를 살피며, 인문을 관찰하여 천하의 감화를 이룬다.
(觀乎天文, 以察時變, 觀乎人文, 以化成天下.)[247]

賁

산화山火 비賁괘의 괘상卦象을 보면 불(火)이 산山 아래
에 있어 초목을 밝게 비추며 아름답게 장식하고 있다.
이러한 괘상에 의거해서 후한後漢의 정현鄭玄(127~200)
은 비賁괘에 문식文飾의 모습이 있다고 하였다.[248] 비賁
괘의 「단전」에서는 천문天文과 인문人文의 두 범주를
대비시키고 있다. 천문이 하늘을 장식하는 문식文飾이
라면, 인문은 인간사회를 장식하는 문식이다. 하늘의 문식이란 성상星象과
운기雲氣등에 의해 수놓아진 하늘의 문양文樣을 가리키니, 천문은 '하늘의
무늬'(patterns of the heaven) 혹은 '하늘의 글월'(the heavenly writing, or celestial script)
등으로 번역될 수 있다.[249] 반면에 인문人文은 하늘 아래(天下)의 인간세상을
장식하는 문양으로, 성인聖人의 교화에 의해 형성되는 인류문명이다.
비賁괘 「단전」에서는 천문과 인문의 통합적 연계성이 명확하게 드러나
있지는 않지만, 어쨌든 양자가 서로 밀접하게 연관되어 있음을 시사하고
있다.

그렇다면 천문과 천문학(astronomy)은 어떠한 관계에 있는가? 영어의 '아스
트로노미'(astronomy)가 '별(astro)들의 규칙(nomy)'을 탐구하는 학문인 것처럼
천문도 천체의 운동과 그 원리를 탐구하는 것을 목표로 삼는다. 그러나
천문이라는 용어는 천문학, 점성술(astrology), 우주론(cosmology), 재이론(theory

---

247) 「周易四箋 I」, 『定本 與猶堂全書』 15, 268쪽; 『역주 주역사전』 제3권, 242쪽.

248) 鄭玄은 注에서 "賁, 變也, 文飾之貌"라고 하였다.(『經典釋文』, 권1; 『周易正義』, 415쪽)

249) 홍미롭게도 중국의 天文과 유사한 개념이 기원전 500년경의 고대 메소포타미아 문명에서
도 나타난다. 바빌로니아 사람들은 별들의 문양을 "heavenly writing"(šiṭir šamê or šiṭirti
šamāmī)이라고 불렀다.(Fancesca Rochberg, The Heavenly Writing-Divination, Horoscopy, and
Astronomy in Mesopotamian Culture, p.1)

of natural disaster) 등 여러 영역을 모두 포괄하기 때문에 단순한 천문학 이상의 의미를 지닌다. 따라서 이러한 여러 범주들을 모두 포괄하는 용어를 서구의 학문체계에서 찾기는 어렵다고 하겠다. 『한서漢書』「예문지藝文志」에서는 천문을 다음과 같이 정의한다.

> 천문이란 28개의 별자리(宿)의 질서를 관찰하고 다섯 별(목성·화성·토성·금성·수성) 및 해와 달(日月)의 운행을 계측함으로써 길흉의 상象을 포착하여 그 계통을 세웠던 것이니, 성왕聖王이 이를 정치에 참조하였다. 그러므로 『역경易經』에서 "천문을 관찰하여 때의 변화를 살핀다"(觀乎天文, 以察時變)라고 한 것이다.250)

농경을 위주로 하던 고대 중국에서 천문 지식은 농사의 시기를 알기 위해서도 필수적으로 요구되었다. 상대商代의 갑골각사甲骨刻辭에 이미 별들의 이름과 일식日蝕·월식月蝕이 언급되어 있으며, 『상서尙書』, 『시경詩經』, 『춘추春秋』, 『좌전左傳』, 『국어國語』, 『이아爾雅』, 『사기史記』「천관서天官書」, 『한서漢書』「천문지天文志」 등의 문헌에서도 수많은 별들의 명칭과 천체관측에 관한 풍부한 기록을 발견할 수 있다. 천문에 관한 지식은 일반 대중에까지 널리 유포된 상황이었으니, 고염무顧炎武(1613~1682)는 이 점에 관하여 다음과 같이 지적한 바 있다.

> 삼대三代 이전에는 사람마다 모두 천문을 알고 있었다. "칠월이면 화성이 흐르네"(七月流火)251)라고 한 것은 농부의 말이었고, "삼성三星이 창문에 있네"(三星在天)252)라고 한 것은 부인婦人의 말이었다. "달이 필성畢星에 걸려 있네"(月離於畢)253)라고 한 것은 변경을 지키는 수졸戍卒이 지은 것이며, "용미성龍尾星이 희미해졌네"(龍尾伏辰)254)라고

---

250) 『漢書』, 권30, 「藝文志」第10, "天文者, 序二十八宿, 步五星日月, 以紀吉凶之象, 聖王所以參政也, 易曰, 觀乎天文, 以察時變."

251) 『詩經』「國風·豳風」에 나오는 말이다.(『毛詩正義』[十三經注疏 整理本 5], 574쪽)

252) 『詩經』「唐風·綢繆」에 나오는 말이다.(『毛詩正義』[十三經注疏 整理本 4], 454쪽)

253) 『詩經』「小雅·漸漸之石」에 나오는 말이다.(『毛詩正義』[十三經注疏 整理本 6], 1104쪽)

한 것은 아동들이 부르는 동요였다. 후세의 문인학사들 가운데에는 그러한 것을 물어도 망연히 모르는 자조차 있게 되었다.[255]

앞서 『한서』「예문지」의 인용문을 통해서도 알 수 있듯이, 천문관측의 중요한 목적 중의 하나는 정치에 참조하기 위한 것이었다. 성왕聖王이 출현하면 상서로운 징조를 보여 주며 패악悖惡한 군주에 대해서는 하늘이 천벌을 내리고 재이災異로써 견책한다는 관념은 고대중국의 정치사상의 전형을 형성하였다. 이렇게 해서 상서재이학祥瑞災異學은 전통적 천문학의 필수적인 부분이 되었다. 여기서 '재이災異'란 천재지이天災地異의 줄임말로서 정상적이고 일상적인 자연현상을 이탈한 이상異常현상들을 일컫는 용어이다. 이상현상에는 천변天變[256]과 지변地變[257]이 있는데, 천변 중에서도 특히 일식日蝕(solar clipse)과 월식月蝕(lunar eclipse)은 제왕의 권위를 위협하는 현상으로 여겨졌다. 더욱이 혜성의 출몰은 그 출현의 시기와 정체를 추산하기 어려웠기 때문에 위정자들을 더욱 긴장하게 만드는 요소였다. 국가에서는 관상감觀象監 등의 천체관측기관을 설치함으로써 하늘의 의지가 어디로 향하고 있는지를 짐작하려고 하였으며, 일식이 일어나면 반드시 기록으로 남겼다.[258] 『춘추』에는 모두 32차례의 일식이 기록되어 있으니, 『춘추좌전』

---

254) 『左傳』 僖公 5년조에 나오는 말이다.(『春秋左傳正義』[十三經注疏 整理本 17], 395쪽)
255) 顧炎武 著, 黃汝成 集釋, 欒保羣・呂宗力 校點, 『日知錄集釋』下卷(上海古籍出版社, 2006), 권30, 「天文」, 1673쪽, "三代之上, 人人皆知天文. 七月流火, 農夫之辭也. 三星在天, 婦人之語也. 月離於畢, 戍卒之作也. 龍尾伏晨, 兒童之謠也. 後世文人學士, 有問之而茫然不知者矣."
256) 天變은 天災나 災映을 의미하는 영어 'disaster'와 유비될 수 있다. 어원적으로 'disaster'는 'dis+aster', 곧 '별이 아닌 것', '정상적 천문현상에서 멀어진 것'을 의미한다. 여기에서 동서양의 재이 관념의 공통된 점을 발견할 수 있다.
257) 地變에는 지진, 홍수, 태풍 등 여러 자연재해들이 포함되는데, 고대 중국인들은 시절에 맞지 않게 발생하는 서리나 우박, 기상이변에 따른 꽃의 개화 등에 대해서도 세세한 관찰을 하였다. 현대의 기상학(meteorology) 분야와 부분적으로 중복된다.
258) 중국의 일식에 관한 역사문헌기록 중 가장 오래된 것은 기원전 21세기 夏王朝 仲康 연간에 발생한 일식에 관한 기록이다. 『尚書』「夏書・胤征」에 "늦은 가을 달 첫날에 해와 달이 房에 모이지 않았을 때, 눈먼 악관은 북을 쳤다"(季秋月朔, 辰弗集于房. 瞽奏鼓)라

의 장공莊公 25년(BC.669)조에 "여름 신미일 초하루에 일식이 발생해서 북을 치며 토지신에게 희생을 올리고 제사를 지냈다"(夏六月, 辛未朔, 日有食之, 鼓用牲于社)라고 한 것이 그 한 예이다. 일식은 태양의 힘이 약해졌기 때문에, 혹은 양기陽氣가 미약하여 음기陰氣가 침범함으로써 발생한 현상으로 인식되었다. 따라서 태양의 힘을 회복시키기 위하여 여러 가지 방식의 주술적 구일救日의례가 행해졌다. 예를 들면, 『서경』「하서夏書·윤정胤征」에 일식이 생기면 "장님이 북을 울린다"(瞽奏鼓)라고 하였고, 『좌전左傳』소공昭公 17년조에 "장님259)은 북을 울리고, 색부嗇夫260)는 뛰며, 서인庶人261)은 달린다"(瞽奏鼓, 嗇夫馳, 庶人走)라고 하였는데, 이러한 것들은 모두 양기를 북돋우기 위해 취해진 의례들이었다.

일식은 평상시의 흐름을 깨는 돌발적인 사건이었기에 사람들의 일상적인 행동방식에 혼란을 일으키기에 충분했다. 『예기禮記』「증자문曾子問」에는 일식이 발생하여 장례葬禮를 중단해야 했던 이야기가 실려 있다. 이 이야기에 따르면, 공자孔子가 노자老子와 함께 항당巷黨에서 장례를 돕고 있었는데 갑자기 일식이 발생하였다. 노자의 생각에, 영구靈柩는 본래 일찍 해뜨기 전에 나가지 않고 또 저물기 전에 숙박宿泊해야 하며, 별을

---

고 한 것이 여기에 해당된다. 唐代의 천문학자 一行(683~727)은 『大衍曆』에서 '季秋月朔'을 仲康의 즉위 5년, 즉 '仲康五年, 癸巳歲, 九月, 庚辰朔'으로 계산하였다. 이는 기원전 2127년 10월 2일에 해당되며, 공식적으로 기록된 인류 最古의 일식기록이다. 한편 商代의 갑골문 중 일식에 관한 기록은 모두 다섯 차례 나타난다. 商代의 牛骨에 "癸酉貞日夕又食"이라고 하였으니, 이것은 商王 武乙(재위 기원전 1147~1113) 某年 某月 癸酉日에 일식이 발생하였음을 말해 주고 있다. 『詩經』「小雅·十月之交」에서는 周왕조시대에 발생했던 일식에 관해 언급하고 있는데, 이는 역사적으로 그 발생 시기를 분명하게 확정지을 수 있는 최초의 일식기록이다. 즉 "十月之交, 朔日辛卯, 日有食之"(시월로 접어들자, 초하룻날 신묘일에, 일식이 일어났네! 무슨 추한 변괴일고!)라고 하였으니, 고증에 따르면 이 일식은 幽王 6년 즉 기원전 776년 9월 6일에 발생하였다.

259) 瞽는 장님으로서 눈이 보이지 않는 대신에 소리에 민감하여 樂官을 담당하였다.
260) 嗇夫는 하급직의 관리(小臣)이다.
261) 庶人은 서인으로서 관직에 있는 자를 가리킨다.

보고 가는 사람은 오직 죄인이나 부모의 상喪에 달려가는 사람뿐이다. 그러므로 영구를 일단 멈추어 길 오른편에 두고서 곡哭을 멈춘 채 기다렸다가 일식이 끝나면 다시 나아가야 한다는 것이 노자의 주장이었다. 그러나 공자의 생각은 달랐다. 영구는 한 번 가면 다시 돌아오지 않는 것이고 일식은 언제 끝날지 알 수 없는 것인데, 어찌하여 영구를 가게 하지 않을 것인가?[262]

재이사상은 천인상관설天人相關說의 한 형태로서 『서경書經』 「홍범洪範」 등에서 그 연원을 찾을 수 있다. 천인상관설이란 자연현상과 인간의 행위 사이에 밀접한 연관관계가 있으며, 인간의 행위는 자연현상에 영향을 끼친다는 이론을 말한다. 이러한 관념에서는 일식·홍수·지진 등의 재앙은 통치자의 실정失政 혹은 폭정暴政이 불러일으킨 사건으로 간주되었다. 한대漢代에 이르러 유학이 국가공인의 학문이 되면서 재이설은

---

262) 『禮記』, 「曾子問」; 『禮記正義』(十三經注疏 整理本 13), 716~717쪽, "曾子問曰, 葬引至於堩, 日有食之, 則有變乎? 且不乎? 孔子曰, 昔者, 吾從老聃, 助葬於巷黨, 及堩, 日有食之. 老聃曰, 丘, 止柩就道右, 止哭以聽變. 既明反, 而後行. 曰, 禮也. 反葬而丘問之, 曰, 夫柩不可以反者也. 日有食之, 不知其已之遲數, 則豈如行哉? 老聃曰, 諸侯朝天子, 見日而行, 逮日而舍奠. 大夫使, 見日而行, 逮日而舍. 夫柩不蚤出, 不莫宿, 見星而行者, 唯罪人與奔父母之喪者乎. 日有食之, 安知其不見星也? 且君子行禮, 不以人之親示, 患. 吾聞諸老聃云."(증자가 물었다. "장사에 발인하여 길에 이르렀을 때에 일식이 있으면 상례에 변동이 있습니까, 또는 변동이 없습니까." 공자께서 말씀하시기를, "옛날에 내가 노담을 따라서 항당에서 장례를 돕고 있었는데, 도로에서 일식이 있었다. 노담이 말하기를, '丘야, 영구를 멈추고 도로의 오른쪽으로 가서 곡을 그치고, 일식의 변화를 보라' 하였다. 잠시 있다 햇빛이 돌아온 후에 노담이 나아가면서 '이것이 예법이다'라고 하였다. 장례를 치른 뒤에 돌아와서 내가 묻기를 '대체로 영구는 돌아올 수 없는 것인데 일식이 있으니 그것이 그치는 것이 더딜지 속할지를 알 수 없다. 그러니 일광의 회복을 기다리기보다는 어찌 행진하는 것이 좋지 않겠는가'라고 하니, 노담이 말하였다. '제후가 천자에게 조근할 때에는 해 돋는 것을 보고 가며 해질 무렵에 사자에 들어서 도로의 신에게 설진하는 것이다. 대부가 사자로 오갈 때에는 해 돋는 것을 보고 가며 해질 무렵에 집에 들어간다. 대체로 영구는 해 돋기 전에 일찍 나가지 않으며 저물기 전에 숙박한다. 별을 보고 가는 자는 오직 죄인이거나 부모의 상에 분상하는 자일 뿐이다. 일식이 있으니 어찌 별을 보지 않을 것을 알 수 있겠는가? 또 군자는 예를 행하는 데 있어서 남의 어버이로 하여금 위망의 근심에 빠지게 하지 않는다.' 내가 노담에게서 들었다"라고 했다.)

음양오행설과 결합하여 널리 유행하였다. 그런데 정약용은 춘추시대의 중국인들이 일식을 재이로만 여기고 그것이 발생하는 자연과학적 원인을 이해하지 못했다고 하는 것은 사실이 아니라고 지적한다.263) 다만 그는 구식救蝕의 예는 장엄하게 하여, 감히 장난스럽거나 게으르게 되지 않도록 해야 한다고 말했다.264) 『주역』의 풍豐괘 육이六二와 구사九四의 두 효사에는 "일중견두日中見斗"라는 말이 나오는데, 이것은 일식에 관한 서술이다. 이정조李鼎祚의 『주역집해周易集解』에서는 "두斗는 북두칠성"(斗, 七星也)이라는 우번虞翻의 견해를 소개하고 있는데, "일중견두日中見斗"란 한 낮에 북두칠성北斗七星을 본다는 뜻이 되니, 그러한 현상은 일식이 아니면 나타날 수 없다. 이 효사를 일식에 관한 서술로 본 것은 이광지李光地(1642~1718)였다. 정약용은 이광지가 『주역절중周易折中』에서 이를 일식 현상에 관련된 것으로 풀이하였던 사실을 알고 있었다. 정약용은 풍豐괘 육이六二의 괘상을 풀이하면서, 거기에 '일월지삼직日月地三直'의 형태가 포함되어 있음을 밝혀내었다. '일월지삼직'이란 태양・달・지구가 일직 선의 배열을 취하고 있음을 가리키니, 일식현상은 세 개의 천체가 일직선으로 배열될 때 발생한다. 괘상에 '일월지삼직'의 형태가 포함되어 있다는 사실은 『주역』의 저자가 일식현상이 발생하는 천체물리학적 원인을 정확하게 이해하고 있었을 개연성을 높여 준다. 따라서 정약용은 춘추시

---

263) 「周易四箋 II」, 『定本 與猶堂全書』 16, 150쪽; 『역주 주역사전』 제6권, 245~246쪽, "『서경』에 이르기를 '일식이 생기면, 장님이 북을 연주한다'라고 하였고, 『춘추』에서는 일식을 반드시 기록하고 또 '북을 치며 사당에 희생으로써 제사를 지냈다'라고 하였으니, 요즈음 사람들이 일식을 재이로 여기는 것은 잘못된 것이다. 지금 효사에서 해와 달과 지구가 일직선상에 선 것으로써 일식의 상을 삼았으니, 옛사람들이 어찌 일식이라는 현상이 재이의 현상이 아니라 천체의 물리적 현상에 불과하다는 것을 알지 못했겠는가?"(又按, 『書』云, '日食則瞽奏鼓', 『春秋』, 日食必書, 又, '鼓用牲于社', 今人認爲災異, 非也. 今此爻詞, 以日月地三直, 爲日食之象, 古人其不知乎?)

264) 김영식, 「정약용 사상과 학문의 실용주의적 성격」, 『문명전환기에 다시 읽는 다산학-세계유산: 다산 프로젝트 제2권』(다산탄신250주년 기념사업추진위원회, 2012), 329쪽.

대의 사람들이 일식현상의 발생원인에 관하여 충분한 지식을 가지고 있었다고 주장한다. 그러면 먼저 풍괘 육이六二의 효사를 음미한 뒤에, 정약용이 일식현상을 괘상으로 어떻게 풀어내고 있는지를 살펴보기로 하자.

六二 : 豐其蔀. 日中見斗, 往得疑疾, 有孚發若, 吉. ㅇ象曰, "有孚發若", 信以發志也.

육이 : (태양을 가릴 정도로) 그 차양遮陽을 풍성하게 쳐서 덮음이니, 한낮에도 북두성北斗星을 보게 될 것이다. 가면 의심의 병을 얻을 것이니, 믿음을 갖고 (뜻한 바를) 드러내면, 길할 것이다. ㅇ「상전」: "유부발약有孚發若"이란 믿음을 갖고 뜻한 바를 드러냄을 말한다.[265]

정약용은 풍豐괘 육이六二의 주注에서 "일중견두日中見斗"가 일식과 관련된 것이며 "풍기부豐其蔀"도 역시 차양遮陽을 쳐서 태양을 가리는 것을 가리킨다고 보았다. 그러면 정약용의 주에 의거해서 일식현상을 괘상卦象으로 이해해 보기로 하자.

이것은 풍豐괘가 대장大壯괘로 변하는 경우이다. '풍豐'은 '많다'(蕃)는 뜻이며, '부蔀'는 '덮는다'(蔽)는 뜻이니 '밝음을 가로막는 거적' 즉 '차양遮陽'을 가리킨다[뜻이 아래에 나타남]. '일중日中'은 리위離位 가운데서도 중위中位를 가리키는 것이요[1·2·3은 리위離位], '두斗'는 북두사성北斗四星을 가리키는 것이다[북두사성北斗四星이란 북두칠성 중에서 그 자루(柄)에 해당하는 세 개의 별을 제외한 나머지 네 개의 별을 가리킨다].[266]

265) 「周易四箋 II」, 『定本 與猶堂全書』 16, 149쪽; 『역주 주역사전』 제6권, 239~240쪽.
266) 「周易四箋 II」, 『定本 與猶堂全書』 16, 149쪽; 『역주 주역사전』 제6권, 240쪽, "此, 豐之大壯也. 豐者, 蕃也. 蔀者, 蔽也, 障明席也[義見下]. 日中者, 离位當中也[一二三]. 斗者, 北斗四星也[除其柄]."

斗(우측의 4星)와 斗柄(좌측의 3星)

풍豐괘는 태泰괘로부터 왔다[2가 4로 감]. 태泰괘의 때에는 리離의 태양太陽이[1·2·3은 리위離位] 정원正圓의 형체를 취하고 있었는데[태泰괘의 하괘는 건乾], 태泰괘로부터 추이推 移하여 풍괘가 되면[2가 4로 감] 곧 태兌의 입이 태양으로 들어가니[풍괘의 3·4·5는 호태互兌이며, 또 풍괘의 2·3·4는 뒤집힌 태兌이다. 그런데 풍괘의 하괘는 리離이므로 태兌의 입이 리離의 태양으로 들어가는 형상이다] 이것은 태양을 가리면서 침식해 들어가는 모양이다[태 兌는 먹음의 뜻이 됨]. 태양의 체體를 보면[풍괘의 하괘는 리離의 해] 검은 음陰은 리離의 가운데 있으나[곤坤은 검은색이 됨] 그 테두리(匡郭)는 오히려 희니[리離의 양陽은 흰색이 됨] 이것은 일식의 상象이다. 이것은 무슨 까닭인가? 강剛이 가서 덮고[2가 4로 감] 마침내 진震으로써 번성하니[풍괘의 상괘는 지금 진震, 이것을 가리켜 "풍기부豐其蔀"라고 한 것이다[진震의 풀에는 거적의 상象이 있다].267)

일식현상이 발생하기 위해서는 일단 '일월지삼직日月地三直'의 조건이

---

267) 「周易四箋 II」, 『定本 與猶堂全書』 16, 149쪽; 『역주 주역사전』 제6권, 240∼241쪽, "卦自泰來 [二之四], 泰之時, 离之太陽[一二三], 其體正圓[泰下乾], 移之爲豐[二之四], 則兌口入日[互兌亦顚兌], 翳然侵食[兌爲食], 而太陽之體[下离日], 黑陰在中[坤爲黑], 匡郭猶白[陽爲白], 日食之象也. 斯何故 也? 剛往爲蔽[二之四], 遂以震蕃[上今震], 豐其蔀也[震艸有蔀象]."

제2장 다산역의 스토리텔링  613

충족되어야 한다. '일월지삼직'이
란 해(日)·달(月)·지구(地)의 세 천체
天體가 일직선 위에 배열되어야 함
을 뜻한다. 만약에 구슬(珠)로써 세
개의 천체의 모형을 만들어 한 줄에
꿴 모습(貫珠)을 연상한다면 '일월지
삼직日月地三直'의 형태가 쉽게 연상
될 것이다. 이러한 형태가 만들어지

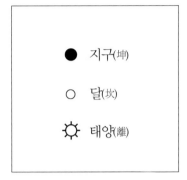

기 위해서는 합삭合朔이 성립되어야 하는데, 합삭이란 달이 지구 주위를
공전할 때 한 달에 한 번 태양과 같은 방향에 오는 때를 가리킨다. 그리고
동서동도東西同度와 남북동도南北同度는 일식日食과 월식月食 현상이 발생하
기 위한 또 다른 조건이다. 동서동도東西同度는 합삭 때에 해와 달이 서로
만나면서 동서로 경도經度가 같은 것을 가리키고, 남북동도南北同度는 남북으
로 위도緯度가 같은 것을 가리킨다.268)

건乾의 하늘의 북쪽으로[일반적으로 상괘上卦는 감위坎位] 네 개의 별이 주렁주렁 쌓여
있는 모습이니[풍괘의 상괘에서 진震의 두 음획陰畫은 네 개의 점点을 형성함], 이것이 다름
아닌 북두北斗이다. 리離로써 이것을 보니[풍괘의 하괘는 지금 리離], 이렇게 해서 별이
보이는 것이다. 본래 제2위로부터 이동하였으니[태泰괘가 추이하여 풍괘로 될 때 2가
4로 감] 제2위는 한낮(日中)이 되는데[역례易例에 따르면 리離는 일중日中], 이것을 가리켜
"일중견두日中見斗"라고 한 것이다. 역법曆法에 따르면, 태양과 지구 사이에서 달이
해를 가리게 되면[합삭合朔의 때에 해당됨] 이에 일식日食을 형성하게 되니[주자朱子가
말하기를, "달이 해를 가리면 일식이 된다"라고 하였음], 이것이 이른바 "일월지삼직日月地三直"
(해·달·지구의 셋이 일직선의 형태를 취하는 것)이다[마치 구슬을 관통하는 형태와 같다]. 이

---

268) 東西同度와 南北同度는 하늘을 남북좌표와 동서좌표로 나누었을 때 일식은 하늘의
한 위치에서 일어난다는 표현이다. 즉 해와 달이 2차원 구면인 하늘의 같은 위치에
있어야 한다는 뜻이다.

풍괘에 있어서는 리離의 태양과 곤坤의 지구의 사이에[풍괘는 태泰괘로부터 왔으니 태괘의 상괘는 본래 곤坤] 감坎의 달이 대단히 크니[2·3·4·5의 협괘夾卦는 대감大坎], 이것도 역시 '삼직三直'의 형상이다. 그런데 또 진震과 태兌가 같은 궁宮에 있으니[풍괘의 상호괘는 태兌] 이것이 "동서동도東西同度" 즉 "동서로 도수가 같음"이요[진震은 동방이며, 태兌는 서방], 감坎과 리離가 같은 형체를 형성하니[2·3·4·5의 협괘夾卦는 대감大坎이며, 1·2·3은 리離] 이것이 "남북동도南北同度" 즉 "남북으로 도수가 같음"이다[「순전舜典」의 소疏에 보임]. 이러한 때를 맞아 태兌의 입이 해로 들어가서[풍괘의 2·3·4는 호손互巽인데, 호손互巽은 호태互兌가 뒤집힌 것으로 간주됨] 태양의 색色이 덮여 가려지니[진震은 덮임이 됨], 이것이야 말로 일식日食이 아니고 무엇이겠는가?269)

정약용은 『논어고금주』에서 『논어論語』 「자장子張」 편에 나오는 "군자의 허물은 일식이나 월식과 같다"(君子之過也 如日月之食焉)의 구절에 대한 주注에서 일식과 월식이 발생하기 위한 조건을 다시 서술하고 있는데, 그 내용은 『주역사전』의 풍豐괘 육이六二의 주注와 기본적으로 일치한다.270)

달이 해를 가리는 것을 일식이라 한다. 대개 해가 하늘에서 위치를 위로 하고

269) 「周易四箋 Ⅱ」, 『定本 與猶堂全書』 16, 149~150쪽; 『역주 주역사전』 제6권, 241~243쪽, "乾天之北[上位坎], 四星磊落[震二陰四點], 是, 北斗也. 离以見之[下今离], 星之見也. 本自二移[二之四], 二爲日中[易例也], 日中見斗也. 曆法日地之間, 以月遮日[當合朔之時], 乃成日食[朱子曰, "月掩日, 爲日食"], 卽所謂, '日月地三直'也[如貫珠]. 此卦, 离坤之間[上本坤], 坎月甚大[二五夾], 三直之象也. 然, 且震兌同宮[上互兌], 此, 東西同度也[震爲東]. 坎离同體[二五夾], 此南北同度也[「舜典」疏]. 當此之時, 兌口入日[互兌顚], 日色掩翳[震爲蔽], 非日食乎?"

270) 정약용의 『논어고금주』에서의 해석은 『詩經』 「小雅·十月之交」에서 언급된 日食에 대한 주희의 注와도 그 내용상에 있어 상당 부분 일치한다. 먼저 『시경』의 원문을 살펴본 다음 주희의 주를 참조해 보도록 하자.
十月之交 朔日辛卯(시월로 접어들자, 초하룻날 신묘일에)
日有食之 亦孔之醜(일식이 일어났네! 무슨 추한 변괴일고.)
彼月而微 此日而微(저 달은 이지러지거니와 이 해가 이지러짐이여.)
今此下民 亦孔之哀(지금 세상 모든 백성, 아 얼마나 가련한가.)
"주자가 말하였다. '그믐(晦)과 초하루(朔)에 해와 달이 합함에, 東西가 度를 같이하고 南北이 道를 같이하면 달이 해를 가려서 日食이 된다. 보름(望)이 되어 해와 달이 상대함에, 度와 道가 같으면 달이 해보다 높아져 月食이 된다.'"(朱子云, "晦朔而日月之合, 東西同度, 南北同道, 則月揜日而日食, 望而日月之對, 同度同道, 則月尤日而月食.")

달이 하늘에서 위치를 아래로 하여 합삭合朔의 때에 해와 달이 서로 만나면서, 동서로 경도經度가 같고 남북으로도 위도緯度가 같으면 달이 해를 가린다. 그러나 반드시 해와 달과 그것을 관찰하는 사람의 눈(眼)의 세 가지가 일직선이 되었을 때라야 그 일식을 보게 되는 것이다. 지구가 태양과 달 사이에 위치해 있을 때는 월식이 된다. 대개 달은 본래 빛이 없는데 햇빛을 받아서 밝게 빛난다. 바로 보름(正望)에 달과 지구와 태양의 세 가지가 일직선이 되어 지구가 햇빛을 가리면 사람은 지구와 태양을 등지고서 이에 월식을 보게 되는 것이다.[271]

## 3) 지리

이상에서 천문에 대해 고찰했으므로, 이제 지리地理에 대해 고찰해 보기로 하자. 서구에서는 지리를 연구하는 학문을 '지오그라피'(geography)라고 하는데, 이는 '토지(geo)에 대한 기술記述(graphia)'을 의미한다. 동양에서도 역시 지리학은 땅(地)의 이치(理)를 파악하는 학문이지만, 중국 고대의 지리학은 본래 독립된 것이 아니고 천문에 대응되는 개념으로 설정된 것이었다.[272] '지리地理'는 원래 『주역』「계사전」에서 유래한 용어로서,[273] 동양 지리학의 '지地'는 서양 지리학에서처럼 단순히 '토지'만을 가리키는 개념이 아니라 자연환경 전체를 가리키는 개념이었다. 서구의 학문체계에서 지리학은 다시 자연지리학 (physical geography)과 인문지리학(human geography)으로 나누어진다. 자연지리학에서는 지질·지형·기후 등의 자연환경의 구성요소를 분류하고 그 분포를 연구한다. 반면에 인문지리학에서는 지표地表에서의 모든 인간 활동이 기본

---

271) 이지형 역, 『역주 논어고금주』 제5권(사암출판사, 2010), 413쪽, "月掩日爲日食. 蓋日天在上, 月天在下, 合朔之時, 日月交會. 東西同度, 南北同度, 則月掩日. 然必日月眼參直, 乃見其食. 地隔日爲月食. 蓋月本無光, 得日光以爲明. 正望之時, 月地日參直, 地遮日光, 則人負地與日, 乃見月食也."

272) 李零, 김승호 옮김, 『전쟁은 속임수다―李零의 『손자』강의』, 592쪽.

273) 『周易正義』, 312쪽, "『易』은 천지에 準하는 까닭에 능히 천지의 도를 두루 통틀고 있다. 그런 까닭에 우러러 천문을 살피고, 구부려 지리를 살핀다. 이런 까닭에 어둠과 밝음의 원인을 안다."(易與天地準, 故能彌綸天地之道. 仰以觀於天文, 俯以察於地理, 是故知幽明之故.)

적으로 자연환경과 밀접한 관련을 맺고 있다는 전제 아래 인간과 환경 간의 관계를 연구하는 것을 주요 과제로 삼고 있다. 서구 지리학은 자연지리학을 위주로 발전하였지만, 동양 지리학은 그 출발에서부터 인문지리학적 지향성을 지니고 있었다. 인문지리학의 관점에서 본다면, 인간 활동은 일종의 자연과의 동화작용이며, 인간과 자연은 서로 영향을 주고받는다. 인간은 자신의 생활에 필요한 모든 자원을 자연으로부터 공급받고 있으며, 인류 문명은 자연이라는 토대 위에 건설되어 있다. 『주역』이라는 문헌도 역시 중국이라는 특수한 자연환경의 영향 아래 만들어진 고대문화의 산물이기 때문에 이러한 관점을 통해 이해할 필요가 있다. 그러나 인문지리학도 자연지리학의 토대 위에서 성립되는 학문인 만큼 지질·지형·기후 등의 자연지리적 특성에 대한 탐구가 선행되지 않으면 안 될 것이다. 그러면 먼저 중국의 자연지리적 특성에 대해 알아보기로 하자.

　세계의 고대문명은 모두 거대한 강을 중심으로 발생하였으며, 중국의 경우도 예외가 아니었다. 고대 중국인들은 아주 먼 옛날부터 중앙아시아로부터 동쪽으로 이동하여 황하 유역에 정착하였다. 고대국가인 하夏·은殷·주周는 모두 황하를 끼고 세워진 나라들이었으니, 황하 유역은 고대 중국문화의 산실이었으며 그 이후로도 오랫동안 중국문화의 중심 지대였다. 황하의 중하류 유역을 중심으로 발생한 문명을 우리는 황하문명이라고 부른다. 중국은 국토가 광대한 만큼 무수히 많은 큰 강이 있으며, 유역면적이 100평방킬로미터가 넘는 하천만 하더라도 5만 개 이상이 있다. 그런데 여기서 하나의 의문이 떠오른다. 왜 하·은·주의 문명은 중국 제1의 대하大河인 양자강揚子江이 아닌 황하 유역에서 발생한 것일까? 장강長江(양자강) 유역은 신석기시대에는 현재보다 고온다습한 기후에 강수량이 많아 호수와 늪이 발달하였다.[274] 게다가 삼림이 무성하여 농사를 짓기에 적합하지 않았다. 이에 반하여 황하 유역은 대륙성기후로 건조하고 강수량이 적어 연간 400~800mm 정도밖에 되지 않았다. 『주역』에 나오는 "밀운불우密雲不雨"라는 문구는 아마도 황하 유역의 건조한 기후적 특성을 반영한 표현이었을 것이다.[275] 그러나 이처럼 건조하기는 해도 여름철에는 비가 집중적으로 내리기 때문에 그 기간에 작물을 재배하는 것이 가능하였다. 하·은·주의 문명이 양자강이 아닌 황하 유역에서 발생하게 된 것은 이러한 사정에 연유하고 있다.

우기에 접어들게 되면 한꺼번에 큰비가 내리기 때문에 황하는 자주 대홍수를 일으켰다. 이로 말미암아 광대한 지역이 이소泥沼가 되어 버리는 황하의 본류 근처에서는 사람들이 생활할 수 없었다. 관개시설의 측면에서만 말한다면 황하 자체는 결코 농업에 적합한 지역이 아니었다. 따라서 고대문명의 발생은 황하의 본류本流가 아닌 지류支流 부근의 지역에서 이루어졌다. 황하의 작은 지류들과 본류가 만나는 지점에 오랜 세월 동안 토사土砂가 지속적으로 쌓이면서 삼각주지대가 형성되었는데, 여기에 건조한 기후에 잘 적응하는 기장(黍, millet)이나 좁쌀 등의 곡물을 재배하면서 소규모의 농경취락이 형성되었다. 농경에 적합하고 교통요지였던 황하 중류 유역에는 일찍부터 크고 작은 여러 개의 시장市場도시들이 발달하였는데, 이러한 도시들을 바탕으로 성립된 나라 중의 하나가 상商이었다. 상나라는 청동기의 사용 등으로 점차 세력이 커져 기원전 1500년경에는 황하의 중·하류 지역을 지배하게 되었다. 한편 황하강의 상류의 도시국가였던 주周나라는 황하의 최대지류인 위수渭水 유역의 비옥한 분지에 자리 잡았다. 원래 주나라를 세운 희씨姬氏의 조상은 후직后稷이었는데, 그는 순임금 때 농사를 관장하던 관리였다. 후직의 후손들은 초기에는 유목생활을

---

274) 양자강 유역은 연간강수량이 800mm~1600mm 정도로, 반열대성 기후에 몬순과 태풍이 자주 발생하는 지역이다.

275) "密雲不雨"는 小畜卦의 괘사와 小過卦 六五의 효사에 나온다.

하였으나, 위수 유역의 비옥한 분지에 자리 잡은 뒤로는 농경에 종사하였다. 주나라는 위수 유역의 풍부한 농업생산을 기반으로 경제력을 축적하여 갔는데, 무왕武王 때에 이르러서는 제후들을 규합하여 상나라의 주왕紂王을 멸하고 중원中原의 패자霸者로 올라서게 된다. 그러나 유왕幽王(BC.781~BC.771) 때인 기원전 771년에 견융犬戎의 침공으로 수도인 호경鎬京(지금의 西安 부근)이 함락되면서, 평왕平王(BC.770~BC.720) 때에는 낙읍洛邑(지금의 洛陽)으로 천도하게 된다.276) 이 시기를 기준으로 그 이전을 서주西周시대라고 하고, 그 이후를 동주東周시대라고 한다.

낙읍은 원래 주공周公 단旦이 건설한 도읍지였는데, 북쪽으로 황하가 가로질러 흐르고 남쪽으로 낙하洛河와 이하伊河가 관통하고 있어 수로水路를 통한 교통이 편리할 뿐 아니라 외침을 막는 데도 유리하였다. 그러면 이러한 자연지리적 조건은 『주역』의 형성에 어떠한 영향을 미쳤던 것일까? 미제未濟괘의 「대상전」에는 "군자는 신중하게 사물을 변별하고 거처를 정한다"(君子以愼辨物居方)라는 말이 나온다. 이것은 거주지를 정하는 일이 매우 신중하게 고려해야 할 문제였음을 보여 주고 있다. 주족周族이 거주하던 지역은 원래 섬서陝西의 관중關中평원의 칠수漆水 유역이었다. 그런데 이들은 흉노족의 세력에 밀려 기산岐山 아래의 주원周原으로 옮겨오게 된다. 주원周原은 토지가 비옥하고 기후마저 온난하여 농사짓기에 적합하였다. 농경은 그 특성상 토양·수리水利·기후·계절 등의 자연지리적 조건에 절대적으로 의존하기 때문에 자연의 변화에 민감하지 않을 수 없다. 그리고 농경의 수확물은 근본적으로 모두 자연으로부터 나오는 것이기 때문에 생산성을 높이기 위해서는 자연법칙을 거스르지 않으면서도 그 원리를 최대한 이용해야 한다. 기후는 농작물의 수확량에 지대한 영향을 미칠 뿐 아니라

---

276) 鎬京은 현재의 陝西省 西安이며, 洛邑은 현재의 하남성 洛陽에 있다.

주거형태와 의복 등에도 영향을 미치는 매우 중요한 요소이다. 그 다음으로, 농산물의 품질은 토양의 질에 따라 좌우되기 때문에 토질도 역시 중요한 요소였다. 황하 유역의 토양은 황토黃土였는데, 황하가 운반해 주는 황토는 식물의 영양소가 되는 광물질을 풍부하게 포함하고 있을 뿐 아니라 부드럽고 고운 입자로 되어 있어 원시적인 농구로도 쉽게 갈아엎을 수 있었기 때문에 농경에 적합하였다. 『주역』의 64괘 중에서 땅에 관해 특별히 언급하고 있는 괘는 곤坤괘이다. 「설괘전」에서는 곤坤괘를 땅의 특성과 연관시켜 다음과 같이 서술하고 있다.

> 곤坤이란 땅이니, 만물이 모두 여기에서 양육되므로 "곤坤에서 힘써 일을 하게 된다"(致役乎坤)라고 한 것이다. (坤也者, 地也, 萬物皆致養焉, 故曰, 致役乎坤)

이처럼 땅은 만물을 길러 내는 곳으로서 열심히 일해야 하는 삶의 터전으로 인식되었다. 『주역』에서 건乾괘에 이어 두 번째로 곤坤괘를 배치한 것도 그만큼 토지의 중요성을 고려했기 때문이다. 「문언」에서는 땅의 성질을 순종順從과 유순柔順함으로 정의하는데, 이 두 성질은 여성성의 상징이다.

> 「문언」에 말하였다. "곤坤의 성질은 지극히 부드러운 것이나, (그것이) 움직이게 되면 굳세고 지극히 고요하여 (움직이지 않는 것 같으나) 그 성질은 반듯한 것이다. 뒤에 주인의 자리를 얻으니 상도常道가 있는 것이며, 만물을 품어 그 변화가 빛나니 곤坤의 도道는 거스르지 않도다! 하늘(天命)을 받들어 때에 맞게 행하도다!" (文言曰, "坤, 至柔, 而動也剛, 至靜而德方, 後得主而有常, 含萬物而化光, 坤道, 其順乎! 承天而時行.")[277]

곤坤의 여성성은 건乾의 남성성에 대비가 되는 것으로서, 건乾이 부성父性

---

277) 「周易四箋 I」, 『定本 與猶堂全書』 15, 121쪽; 『역주 주역사전』 제1권, 306쪽; 『周易正義』, 36쪽.

을 상징한다면 곤坤은 모성母性을 상징한다. 그래서 「설괘전」에서는 "곤坤은 땅이니, 그러므로 어머니(母)라고 불린다"(坤, 地也, 故稱乎母)라고 한 것이다. 서구에서 대자연을 '어머니 자연'(Mother Nature)이라고 부르는 것처럼, 대지의 모성은 곧 만물의 시원성始原性에 해당된다. 「단전」에서 "곤원坤元"이라고 한 것이 바로 대지의 시원성을 가리킨 것이다. 리離괘의 「단전」에 "백 가지 곡식과 초목이 땅에 붙어 있다"(百穀草木麗乎土)라고 하였으니, 서주시대 사람들은 그들의 생존에 필요한 오곡백화五穀百花가 모두 토지로부터 왔음을 깨닫고 토지의 위대한 생산력에 대해 찬탄을 아끼지 않았다. 곤坤괘의 「단전」에서는 땅의 물리적 특성에 대해 언급한 뒤에, 대지의 위대한 생산력에 대해 다음과 같이 찬탄하고 있다.

> 「단전」에 말하였다. "지극하구나! 곤坤의 시원始元이여! 만물이 그것을 바탕으로 해서 생성되지만, 오히려(乃) 하늘에 순종하고 (천명을) 받든다. 곤坤은 두터워서 만물을 (가득) 실음이니, 덕德이 (모여서) 합쳐지고 (가로막는) 경계가 없어 광활하다. 넓게 포용하고 크게 빛나니 온갖 사물이 모두 모여서 합쳐진다." (彖曰, "至哉! 坤元! 萬物資生, 乃順承天. 坤厚載物, 德合无疆, 含弘光大, 品物咸亨.")[278]

그러나 토지의 생산력이 아무리 왕성하다고 해도 어느 땅에서나 농사가 잘되는 것은 아니기 때문에 농사짓기에 적합한 토양을 찾는 것이 결국 문제가 된다. 이것이 '지의地宜'의 개념인데, '토의土宜' 즉 토양의 적합성과 같은 개념이다.[279] 「계사전」에 "조수鳥獸의 문양紋樣과 토양土壤의 적합성을 살폈다"(觀鳥獸之文與地之宜)라는 표현이 나오는데, 이때 '지지의地之宜'가 바로 물리적 특성으로서의 토양의 적합성에 해당된다.

---

278) 「周易四箋 I」, 『定本 與猶堂全書』 15, 122쪽; 『역주 주역사전』 제1권, 307~308쪽; 『周易正義』, 30쪽.
279) 楊文衡, 『易學與生態環境』(中國書店, 2003), 26쪽.

옛날 복희씨가 천하의 왕일 때, 우러러서는 하늘에서 상象을 보았고 굽혀서는 땅에서 법法을 관찰하였으며, 조수鳥獸의 무늬와 토지의 적합성(地之宜)을 관찰하였다. (古者, 包犧氏之王天下也, 仰則觀象於天, 俯則觀法於地, 觀鳥獸之文與地之宜.)[280]

황토와 더불어 주나라 사람들의 생활환경에 있어 중요한 요소는 황하 그 자체였다. 『주역』에는 '대천大川'에 대한 언급이 빈번하게 나타나는 데 반해서 '해海'자는 한 번도 나오지 않는다. 이것은 『주역』이 황하를 중심으로 하는 내륙문화의 산물이라는 점을 분명하게 드러내어 준다. 황하는 농경이 가능하도록 황토에 물을 공급해 주는 원천이었을 뿐 아니라, 정치적 운명을 결정짓는 역사적 무대였다. 주나라 무왕이 은나라의 마지막 왕인 주왕紂王을 정벌하기 위해 제1차 공격을 감행하였을 때에 주나라 군대가 진을 쳤던 곳은 지금의 하남성 맹현孟縣에 위치한 황하 유역의 맹진盟津의 나루터였으며,[281] 이로부터 2년 뒤에 기원전 1046년에 은나라를 멸망시킨 최후의 일전이 벌어진 곳도 황하 북쪽에 있었던 상나라 교외郊外의 목야牧野[282]였다. 실제로 『주역』에는 황하를 건너는 상황에 대한 언급이 빈번하게 등장한다. 황하를 건너는 것에 관해 언급된 용례를 보면, "이섭대천利涉大川"이 9회, "용섭대천用涉大川"이 1회, "불리섭대천不利涉大川"이 1회,

---

280) 「周易四箋 II」, 『定本 與猶堂全書』 16, 286쪽; 『역주 주역사전』 제8권, 73쪽; 『周易正義』, 350쪽.

281) 정약용은 需卦 初九의 "需于郊"가 주나라 武王이 商나라 郊에서 陳을 치고 天命을 기다린 경우에 해당된다고 하였다. 무왕은 은나라의 마지막 왕인 紂王을 정벌하기에 앞서 盟津의 나루터에 진을 쳤는데, 지금의 河南省 孟縣 남쪽의 황하유역이 바로 그곳이다. 그때 팔백여 명의 제후들이 會盟했음에도 불구하고 紂王을 정벌하지 못하고 郊에서 대기해야 했던 것은 천명의 계시를 아직 받지 못했기 때문이었다. 軍師인 太公望 呂尙의 진격명령에 따라 강을 건넜으나, 강을 건너는 도중에 흰 물고기가 배 위로 튀어 오르는가 하면 강을 다 건넜을 무렵에는 불덩이가 하늘에서 떨어지더니 붉은 까마귀로 변해서 울었다. 무왕은 이러한 징조들은 하늘이 아직 商을 정벌할 것을 허락하지 않는 것이라고 해석하여 병사들을 이끌고 되돌아갔다.

282) 은나라 도읍인 朝歌 남쪽 교외에 있던 황하 북쪽의 지명으로, 지금의 河南省 淇縣의 남쪽에 있다.

"불가섭대천不可涉大川"이 1회씩 언급되고 있다.283) 여기서 그냥 '천川'이라고 하지 않고 '대천大川'이라고 한 것은 아마도 강의 규모가 매우 컸기 때문일 것이다. 따라서 '대천大川'을 황하의 본류本流 혹은 지류支流로 간주해도 좋을 것이다. 황하는 엄청난 양의 토사土砂를 흘려보내기 때문에 그 토사의 퇴적에 의해 강의 중간에 모래밭이 형성되는 경우가 많았다. 수需괘 구이九二의 「상전」에서 "연재중衍在中"이라고 하였으니, '연衍'284)이란 강의 중간에 생긴 작은 모래섬을 가리킨다. 그리고 그 효사에서 "수우사需于沙" 즉 "모래밭에서 기다린다"라고 한 것은, 황하를 건너는 도중에 그 중간의 모래밭에서 일단 쉬었다가 다시 건너갔음을 말해 주고 있다. 이처럼 황하는 거대한 하천이었기 때문에 한 번에 건너지 못하고 중간에 쉬었다가 다시 건너가는 일도 흔히 있는 일이었다.285)

그런데 강을 걸어서 건너는 일은 때로는 생명을 걸어야 할 만큼 큰 위험을 수반하였다. 『논어論語』「술이述而」편에 공자孔子가 "포호빙하暴虎馮河"와 같은 행동을 하지 않는다고 하였으니, 이것은 황하를 걸어서 건너는 것(馮河)이 맨손으로 호랑이를 잡는 것(暴虎)만큼이나 무모한 행동으로 간주되었음을 말해 준다. 따라서 황하를 안전하게 건너기 위해 일찍부터 선박의

---

283) 『주역』에는 이 밖에도 황하를 건너는 상황에 관해 언급하고 있는 몇 개의 효사가 있다. 需卦 九二의 "需于沙"는 냇물을 건너는 중간에 모래밭에서 기다리고 있는 상황이다. 여기서 황하를 직접 거론한 것은 아니지만, 需卦 괘사에 "利涉大川"이라고 했으므로 역시 황하가 그 배경이 되고 있다. 그리고 泰卦 九二의 "包荒, 用馮河, 不遐遺朋亡, 得尚于中行"도 역시 황하를 건너는 상황에 관해 언급하고 있는 효사이다. 여기에 나오는 "用馮河"라는 표현은 『論語』「述而」편에서 공자가 "暴虎馮河"라고 했을 때의 "馮河"와 마찬가지로 황하를 걸어서 건너는 것을 의미한다.

284) 정약용은 楊愼(1488~1559)의 설에 따라 '衍'을 '넓고 평평한 땅'(寬平之地)의 뜻으로 파악한다. 『左傳』에 '昌衍'이라는 말이 있고 『漢書』에 '鄽衍'이라는 말이 있으니, '衍'이란 이른바 '墳衍' 즉 '물가에 있는 평지'를 가리킨다.

285) 需卦 九二에서는 친구들과 함께 강을 건너다가 다른 친구들은 모두 건너고 자신만이 그 중간의 모래밭에 남아 있는 상황을 설정하고 있다. 이런 상황에서는 남아 있는 사람에 대해 이러쿵저러쿵 말이 있게 되니, 그것은 환란에 동참하지 않은 행동에 대한 비난이다.

제조기술이 발달하였다. 『주역』「계사전」에 "나무를 파내어 배를 만들고 나무를 깎아서 노를 만들어, 배와 노를 이용해서 통하지 못하던 곳을 건너가고 먼 곳까지 이르게 함으로써 천하를 이롭게 하였다"(刳木爲舟, 剡木爲楫, 舟楫之利, 以濟不通, 致遠以利天下)라고 한 것이 바로 이를 입증해 준다. 그러나 수需괘 「단전」에서 "큰 냇물을 건너는 것이 이롭다고 한 것은 (건너)가서 공을 세우게 됨을 말한 것이다"(利涉大川, 往有功也)라고 하였으니, 황하를 건너는 일은 그 명백한 위험에도 불구하고 대체적으로 이로운 결과를 가져다주었음이 틀림없다.[286]

### 4) 『역』과 방위

#### (1) 「설괘전」의 방위 관념

앞서 언급한 것처럼, 『주역』의 저자는 지리적 환경의 문제를 매우 중요하게 생각하였다. 미제未濟괘의 「대상전」에서 "군자는 신중하게 사물을 변별하고 거처를 정한다"(君子以愼辨物居方)라고 한 것을 통해 알 수 있듯이 거주지를 정하는 일은 매우 신중하게 결정해야 할 문제였다. "변물거방辨物居方"에서의 핵심적 단어는 '물物'과 '방方'인데, 이 두 글자는 「계사전」의 "방이유취方以類聚, 물이군분物以群分"에서 다시 쓰이고 있다. 이 문장을 직역한다면, '방이유취方以類聚'는 "방方은 유類에 따라 모인다"는 뜻이 되며, '물이군분物以群分'은 "물物은 군群에 따라 나뉜다"는 뜻으로 해석될 수 있다. 방方은 방위方位 혹은 방소方所를 가리키는 용어로서, 공간적 위치와 방향성이 결합된 개념이다. 반면에 물物은 일단 공간적 장소(方所)가 결정된 이후에 그 공간 속에

---

286) 『주역』 전편을 통틀어 "利涉大川"이 9회, "用涉大川"이 1회 언급되고 있는 데 반해서, "不利涉大川"과 "不可涉大川"은 각 1회씩 언급되고 있다. "用涉大川"과 "利涉大川"이 같은 범주이고 "不可涉大川"과 "不利涉大川"이 같은 범주라고 볼 때, 결국 큰 내를 건넘으로써 이로운 경우와 불리한 경우의 비율은 5대 1이 된다.

자리 잡은 온갖 존재를 가리킨다. 갑골문에서 방方은 사각형을 가리키는 글자였다. 방方자가 사각형을 뜻한다는 것은 방方자와 '방匚'자가 통한다는 점에서도 확인된다. 또 갑골문에서 방方은 동서남북의 사방四方뿐만 아니라, 부족의 이름을 나타내는 경우도 있다. 그러나 방方은 토土와는 구별된다. 토土가 수확물을 공급받던 동·서·남·북의 실제 영토를 가리키는 반면에 방方은 비와 수확을 다스리는 바람의 진원지로 언급된다.[287] 방위方位는 공간적 장소와 방향성이 결합하여 형성된 개념으로서 지리적 환경을 결정 짓는 매우 중요한 요소이다. 전후前後·좌우左右·상하上下 등은 방위의 기본 범주를 형성하거니와, 동·서·남·북의 방위는 생존에 결정적 영향을 미치는 요소이다. 「설괘전」의 방위에 대한 설명은 다음과 같다.

제帝가 진震에서 나오니, 만물은 손巽에서 가지런히 되며, 리離에서 서로 만나며, 곤坤에서 힘써 일을 하게 되며, 태兌에서 기쁘게 말하며, 건乾에서 싸우며, 감坎에서 열심히 일하며, 간艮에서 말한 것을 이룬다. 만물은 진震에서 나오니, 진은 동쪽이다. 손巽에서 가지런히 되니, 손巽은 동남쪽이다. 가지런히 된다고 한 것은 만물이 순결하 게 정화됨을 말하는 것이다. 리離란 곧 밝음을 뜻하니, 만물이 모두 그 밝음 아래에서 서로 만나는 것이며 남쪽에 해당되는 괘이다. 성인이 남면하여 천하의 일을 청취함에 밝은 쪽을 향해 다스리는 것은 대개 이 리離에서 그 뜻을 취한 것이다. 곤坤은 땅이다. 만물이 이에서 모두 양육되므로, 곤坤에서 힘써 일을 하게 된다고 말하는 것이다. 태兌는 바로 가을이라 만물이 기뻐하는 바이다. 그러므로 태兌에서 즐겁게 말한다는 것이다. 건乾에서 싸운다고 한 것은, 건乾이 서북쪽에 해당하는 괘이니 음기와 양기가 서로 맞붙기 때문이다. 감坎은 물인데, 정북쪽에 해당하는 괘이며 노력努力을 뜻하는 괘이다. 만물이 돌아가는 곳이므로 감坎에서 열심히 일한다고 한 것이다. 간艮은 동북쪽에 해당하는 괘인데, 만물이 끝나면서 새롭게 시작하는 곳이므로 간艮에서 말한 것을 이룬다고 한 것이다.[288]

287) 사라 알란 지음, 오만종 옮김, 『거북의 비밀, 중국인의 우주와 신화』, 144쪽.
288) 『周易正義』, 385~386쪽, "帝出乎震, 齊乎巽, 相見乎離, 致役乎坤, 說言乎兌, 戰乎乾, 勞乎坎, 成言乎艮, 萬物出乎震, 震, 東方也. 齊乎巽, 巽, 東南也. 齊也者, 言萬物之潔齊也. 離也者,

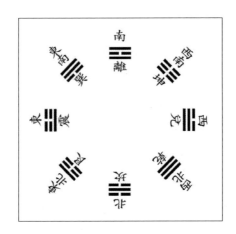

설괘방위도說卦方位圖

　위의 「설괘전」289)의 서술을 보면, 진震은 동방東方, 손巽은 동남東南, 리離는
남방南方, 건乾은 서북西北, 감坎은 북방北方, 간艮은 동북東北이라고 그 방위를
분명히 밝히고 있으나, 곤坤과 태兌에 대해서는 방위를 명시하고 있지
않다. 그러나 '리離→곤坤→태兌→건乾'으로 이어지는 순서로 볼 때, 곤坤이
서남西南, 태兌가 서방西方이 된다는 것을 유추해서 알 수 있다. 「설괘방위도」
는 「설괘전」의 설명에 의거해서 그린 것으로서, 8괘를 춘春·하夏·추秋·동
冬의 계절적 순환과 연계시켜 배치하고 있는 것이 특징이다. 「설괘전」의
팔괘방위설은 전국시대 후기의 음양오행 학설의 영향을 받은 것이다.
사계절을 동서남북의 사방에 배당한 것은 『관자』 「사시四時」, 『예기』 「월령月
令」, 『여씨춘추』 「십이기十二紀」 등에서도 보인다. 「설괘방위도」와는 별도로
팔괘의 방위를 언급한 것으로는 송대宋代 소옹邵雍의 「복희선천팔괘도伏羲先

　　　明也, 萬物皆相見, 南方之卦也, 聖人南面而聽天下, 嚮明而治, 蓋取諸此也. 坤也者, 地也,
　　　萬物皆致養焉, 故曰, 致役乎坤. 兌, 正秋也, 萬物之所說也, 故曰, 說言乎兌. 戰乎乾, 乾, 西北之
　　　卦也, 言陰陽相薄也. 坎者, 水也, 正北方之卦也, 勞卦也. 萬物之所歸也. 故曰, 勞乎坎. 艮,
　　　東北之卦也. 萬物之所成終而所成始也, 故曰, 成言乎艮."
289) 「설괘방위도」의 도면출처: www.hokming.com/hau-tin-gua-gif.gif

天八卦圖」가 있다. 일반적으로 소옹의 「복희팔괘도」를 선천방위先天方位라고 부르는데, 소옹의 선천방위는 『주역』에 근거를 갖는 것이 아니라 도가道家의 이론으로부터 유래된 것이므로 여기에서는 「설괘전」의 팔괘방위설에 대해서만 고찰해 보기로 한다.

「설괘전」은 팔괘의 괘상卦象과 괘의卦意를 해석하고 있는 문헌으로서 십익十翼의 하나로 편입되어 있지만 한나라 선제宣帝 때에 비로소 세상에 출현하였다는 것 때문에 그 진위를 의심받아 온 문헌이다. 『수서隋書』 「경적지經籍志」에 따르면, 『주역』은 복서卜筮를 위한 책이라는 이유로 진대秦代에 다행히 분서焚書의 화禍를 면할 수 있었다. 그러나 「설괘전」 3편은 사라지고 없었는데, 한나라 선제宣帝(BC.73~BC.49 재위) 때 하내河內의 어떤 여자가 노옥老屋에서 이를 발견하여 선제에게 바침으로써 세상에 드러나게 되었다. 만일 「설괘전」이 이처럼 늦게 출현한 것이라면, 그것은 선진先秦시대가 아니라 한대漢代의 문헌일 가능성이 있다. 만약 이것이 한대에 성립한 문헌이라면, 「설괘전」의 팔괘방위설이 주대周代의 방위 관념을 표현한 것이라는 견해는 근본적으로 잘못된 가설에 입각하고 있는 것이 된다. 그러나 정약용은, 「설괘전」이 없다면 『주역』 자체의 성립이 불가능하게 되기 때문에 「설괘전」은 『주역』의 성립과 동시에 이미 존재하였을 것이라고 추정하고 있다. 이러한 문헌비판적 문제에 대해 완벽한 증명을 제시한다는 것은 사실상 거의 불가능하다. 어쨌든 「설괘전」의 방위 관념이 서한西漢 시기의 것이 아닌 서주西周 사람들의 문화적 환경에서 배태된 것이라는 전제가 요구된다. 설령 「설괘전」이 서한의 선제 시기에 성립된 것이라고 하더라도 방위와 결부된 문화적 관념은 상당 부분 선진시대의 옛 전통을 이어받고 있는 것으로 보아야 할 것이다. 물론 리離괘를 남방南方의 괘로 설정한 것은 중국의 남방이 따뜻하기 때문인데, 이러한 요인들은 중국 전체의 지형적 특성에 기인한 것으로서 시대가 변해도 쉽게 바뀌지 않는다.

그러나 어떤 경우에는 그 방위의 설정이 서주西周가 위치한 지리적 특수성에 기인한 것으로 보아야 하는 경우도 있다. 감坎괘는 북방괘로 배치되어 있는데, 황하가 실제로 서주의 북쪽에서 흐르고 있었다는 점을 고려하지 않는다면 이것은 납득하기 어려운 설정이 될 것이다. 양자강처럼 남쪽에 위치한 강도 있었지만 서주 사람들의 문화권에서 양자강은 아직 큰 관심사가 될 수 없었다. 만일 상나라의 수도인 조가朝歌에서 관찰한다면 황하는 북쪽에 있는 것이 아니라 오히려 남쪽에 있는 것이 될 것이다.[290] 따라서 필자는 「설괘전」에서 제시된 팔괘의 방위와 주나라 사람들이 거주하던 지리적 환경 사이에는 분명한 연계성이 존재한다는 전제 아래 그 상응관계를 밝혀 보기로 한다. 그러면 「설괘전」에서 언급한 순서에 따라 각각의 연계성을 살펴보기로 하자.

### (2) 제출호진帝出乎震

먼저 진震은 동방의 괘이니, 「설괘전」에서는 "제帝는 진震에서 나오며,…… 만물은 진震에서 나오니, 진震은 동쪽이다"(帝出乎震,……萬物出乎震, 震, 東方也)라고 하고 있다. 공영달孔穎達에 따르면 진震이 동방의 괘(東方之卦)가 되는 것은 두병斗柄이 봄을 가리키는 때이기 때문이다.[291] 두병斗柄이란 북두칠성의 자루 부분에 해당되는데, 북두칠성의 일곱 별 중에서 제5성에서 제7성까지 의 세 개의 별을 가리킨다. 중국의 고천문학古天文學에서는 동·서·남·북 사방위에 28수宿를 정한 뒤 두병斗柄이 28수宿를 가리키는 위치에 따라 24절후節侯를 확정하였다.[292] 봄에는 두병이 동쪽을 가리키고 여름에는

---

290) 제3장 「고대 중국의 군사제도와 전쟁」에 있는 '목야전투 당시의 지형도'를 참조할 것.

291) 『周易正義』, 385쪽, "孔穎達曰, 以震是東方之卦, 斗柄指東爲春, 春時萬物出生也."

292) 古天文學에서는 二十八宿와 北斗七星에 매우 특별한 의미를 부여한다. 황도대에 걸쳐 있는 28수는 하늘의 둥근 원을 형성하고 있는데, 이 28수를 북두칠성이 마치 시계바늘처

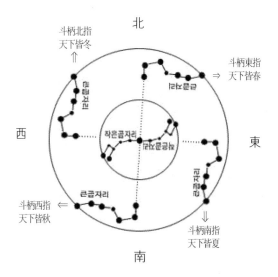

남쪽, 가을에는 서쪽, 겨울에는 북쪽을 가리켰다.[293] 두병이 동쪽을 가리키
는 때는 바로 춘분春分에 해당되는데, 춘분은 겨우내 움츠렸던 생물들이

---

럼 돌아가며 가리킨다. 28수가 손목시계의 둥근 원이라면, 북두칠성은 시간을 가리키는
시계바늘 역할을 한다. 28수는 마치 하늘의 시계에 그려져 있는 28개의 시계눈금과도
같아서, 宇宙時를 알기 위해서는 28수를 들여다보아야 한다. 하늘의 가장자리 둘레인
28수는 크게 동서남북 4개의 구획으로 나뉜다. 하늘의 동쪽에 28수 중 7개의 별이
배당되고, 나머지 서쪽·남쪽·북쪽에도 각기 7개씩이 배당된다. 동쪽에는 角·亢·低·
房·心·尾·箕, 서쪽에는 奎·婁·胃·昴·畢·觜·參이 배치되며, 남쪽에는 井·鬼·
柳·星·張·翼·軫, 북쪽에는 斗·牛·女·虛·危·室·壁의 별이 배치된다.

293) 계절의 방위와 직접 관련이 있는 천체의 변화는 바로 하늘에 나타나는 북두칠성 손잡이의
방향이다. 북극성이 모든 천체의 중심을 이루는 역할을 한다면 북두칠성의 손잡이는
땅위로 나타나는 절기의 변화를 가리킨다. 즉 斗杓이 東方을 가리킬 때 괘상은 正春의
震位가 된다. 두병이 東南의 모서리를 가리킨다면 이는 봄에서 여름으로 넘어가는
巽卦의 때이다. 두병이 正南을 가리키면 한여름의 離卦이다. 두병이 西南의 모서리를
가리킨다면 이는 여름에서 가을로 넘어가는 坤卦의 때이다. 두병이 正西를 가리키면
정추에 해당하는 兌卦의 때이다. 두병이 正西를 지나 正北을 향하는 중간 지점을 가리키고
있다면 이는 가을을 지나 겨울로 향하는 과정의 乾卦의 때이다. 두병이 正北을 가리키면
한겨울의 坎卦이다. 두병이 正北을 지나 正東을 향하는 중간 지점을 가리키고 있다면
이는 겨울을 지나 봄으로 향하는 과정의 艮卦이다. 본문 그림의 출처는 다음과 같다.;
http://210.14.113.18/gate/big5/image.cpst.net.cn/upload/2006-10/18/161139488.jpg

싹을 틔우고 만물이 소생하는 계절이다.

진震을 동방에 배정한 것은 동방을 생명의 방위로 간주한 주나라 사람들의 신화적 관념에서 비롯된 것이다. 왕필은 "제출호진帝出乎震"의 의미를 "상제上帝가 진방震方에서 나온다"라는 뜻으로 해석하였다. 그는 '제帝'를 '생물지주生物之主' 즉 만물의 주재신主宰神으로 보아서, 그 신적 존재가 동방東方에서 나온다고 풀이한 것이다.[294] 그런데 주희는 "제출호진帝出乎震"의 '제帝'를 "천지주재天之主宰"로 풀이하였다. 이것은 "제자帝者, 생물지주生物之主"라고 한 왕필의 주注와 기본적으로 일치하는 것이지만, 주희는 '제帝'를 리理와 동일시함으로써 그 신화적 의미를 제거하려고 하였다. 즉 주희는 "천天이 만물의 변화를 주재하는 것은 리理의 활동일 뿐이다. 천하에 리보다 더 존귀한 것이 없으므로 제帝라고 부른 것이다"(天之所以主宰萬化者, 理而已. 天下莫尊于理, 故以帝名之)라고 말하였다. 주희는 '주재만화자主宰萬化者'는 리理이며, '제帝'는 이것을 인격화한 명칭이라고 본 것이다. 그러나 이러한 비신화화는 '제帝'를 원관념原觀念으로부터 더욱 멀어지게 만든다. 단지 법칙개념에 불과한 리理에 만물을 생성시키는 능력을 부여하는 것은 성리학자들의 억지에 불과하다. 정약용은 '제帝'를 리理라고 하지는 않았으니, 주희의 비신화화 작업에 동참했다고는 볼 수 없다. 정약용은 "제출호진帝出乎震"의 의미를 "하늘이 만물을 낳을 때, 반드시 진震의 덕德으로써 한다"(天之生物, 必出之以震德也)라고 풀이하였다. 천天을 단순히 춘春·하夏·추秋·동冬으로 전개되는 자연의 순환적 세력이라고 볼 수도 있지만, 이 경우 천天은 제帝를 지칭해서 쓴 말이기 때문에 천제天帝 즉 상제上帝와 동의어로 쓰인 것으로 보아도 좋을 것이다. "제출호진帝出乎震"은 상제가 만물을 생성시키는 능력

---

294) 왕필은 益卦 六二의 "王用亨於帝, 吉"(왕이 상제께 제사지내니, 길하다)에 대한 注에서 "帝란 物을 생성하는 主이다. 益을 興하게 하는 宗祖이다. 震方에서 나와서 巽方에서 가지런히 한다"(帝者, 生物之主, 興益之宗, 出震而齊巽者也)라고 하였다. 이 주를 통해 왕필이 帝를 天帝와 동일시했음을 알 수 있다.

을 비유적으로 표현한 문장이다. 진방震方은 만물을 소생시키는 봄에 배당된 방위이기 때문에, 자연의 위대한 생성력은 생명의 방위인 진방震方에서 확연히 목격된다.295)

### (3) 제호손齊乎巽

그 다음으로 손巽은 바람을 상징하며, 동남쪽에 배치된 괘이다. 「설괘전」에서 "손巽에서 가지런하게 되니, 손巽은 동남쪽이다. 가지런하게 된다는 것은 만물이 순결하게 정화됨을 말한 것이다"(齊乎巽, 巽, 東南也. 齊也者, 言萬物之潔齊也)라고 하였으니, 손巽은 만물이 가지런하고 깨끗해지는 방위이다. 그러면 왜 손巽의 방위에서 만물이 정화淨化된다고 여긴 것일까? 그 대답은 「설괘전」자체에서 찾을 수 있다. 「설괘전」에 "만물을 흔들어 대는 것은 바람보다 빠른 것이 없다"(撓萬物者, 莫疾乎風)라고 하였으니, 바람은 만물을 요동치게 하면서 빠르게 지나간다. 그리고 "바람으로 흩어 놓는다"(風以散之)라고 하였으니, 바람은 모든 것을 흩어 버리는 힘이다. 따라서 바람은 모든 더러운

---

295) 『역학서언』의 「漢魏遺義論」에서 정약용은 "帝는 만물을 낳는 主이다"(帝者, 生物之主)라고 한 왕필의 발언을 소개한 다음에 곧바로 "緯家의 설은 언급할 필요조차 없다"(緯家之說, 不足述也)라고 하였다. 이 주를 통해 정약용이 왕필의 학설을 易緯의 학설과 동일시하고 있음을 알 수 있다. 이러한 정약용의 견해는 틀린 것이 아니다. 왜냐하면 왕필은 "유형의 것은 무형의 것에서 비롯된다"(有形生於無形)라고 한 『건착도』의 구절과 이에 대한 정현의 주석을 수용하고 있기 때문이다.(주백곤 저, 『역학철학사』 제2권, 소명출판, 15쪽.) 그러나 정약용이 "유형의 것은 무형의 것에서 비롯된다"(有形生於無形)라는 『건착도』의 명제를 부정한 것인지는 의문이다. 왜냐하면 정약용의 비판의 초점은 緯家가 만물을 생성시키는 본원으로 삼고 있는 太易이 이미 음양의 氣를 포함하고 있는 존재여서 무형의 존재와는 거리가 멀다는 데 맞추어져 있기 때문이다. 정약용은 造化란 무형으로부터 유형의 존재를 생성하는 것이라고 정의하고 있는데, 위가의 학설은 그러한 조화의 정의에 어긋난다는 것이 비판의 요점이다. 따라서 필자는 정약용이 왕필의 "帝는 만물을 낳는 主이다"(帝者, 生物之主)라는 주장 자체를 부정하고 있는 것은 아니라고 본다. 정약용은 "帝出乎震"을 "하늘이 만물을 낳을 때, 반드시 震의 德으로써 한다"(天之生物, 必出之以震德也)라고 풀이하였다. 만약에 그 天을 만물을 생성시키는 造化의 능력을 지닌 天帝라고 본다면, 두 사람의 견해는 완전히 같은 것이 된다.

것들을 휩쓸어 버림으로써 세상을 깨끗하게 만드는 위력을 지니고 있다. 그러면 이 바람의 풍향은 무엇인가? 손巽의 방위가 동남방이므로, 손巽은 동남풍을 가리킨다. 중국은 유라시아 대륙을 등지고 태평양을 마주하고 있기 때문에 대부분의 지역에 전형적인 계절풍 기후가 나타난다. 대륙과 해양의 큰 기온 차이로 인해, 겨울에는 내륙지방에 한랭성 고기압이 형성되고 여름에는 동쪽과 남쪽의 해양지대에 열대성 저기압이 형성된다. 겨울에는 대륙이 해양보다 기온이 낮고 대기압이 높기 때문에 해양에서 대륙으로 부는 한랭한 편북풍偏北風이나 서북풍이 많아지고, 여름에는 대륙이 해양보다 기온이 높고 대기압이 낮기 때문에 대륙에서 해양으로 부는 온난한 동남풍이나 서남풍이 많아진다. 「설괘방위도」를 보면, 손巽은 진震의 동방과 리離의 남방 사이에 자리 잡고 있으므로 계절적으로는 봄과 여름 사이에 해당된다. 공영달은 『주역정의』에서 "두병斗柄이 동남쪽을 가리킬 때 만물이 모두 깨끗하게 정화된다"(以巽是東南之卦, 斗柄指東南之時, 萬物皆絜齊也)라고 하였는데, 이 시기가 바로 동남풍의 계절풍이 부는 때에 해당된다.296)

### (4) 상현호리相見乎離

리離는 태양의 광명을 상징하는 괘이기 때문에 온난한 기후대의 남쪽지역과 연관된 괘(南方之卦)라는 설명은 매우 쉽게 이해될 수 있다. 「설괘전」에서 "리離란 곧 밝음을 뜻하니, 만물이 모두 그 밝음 아래에서 서로 만나는 것이며 남쪽에 해당되는 괘이다"(離也者, 明也, 萬物皆相見, 南方之卦也)라고 한 것이 바로 그것을 설명한 것이다. 또 「설괘전」에서 "성인이 남면하여 천하의 일을 청취함에 밝은 쪽을 향해 다스리는 것은 대개 리離괘에서 그 뜻을 취한 것이다"(聖人南面而聽天下, 嚮明而治, 蓋取諸此也)라고 한 데에서도 리離괘와 결부

---

296) 『周易正義』, 385쪽.

된 문화적 관념을 볼 수 있다. '남면南面'이란 남쪽을 향해 앉은 자세를
가리킴과 동시에 '제왕의 지위에 오르다' 혹은 '통치하다'의 뜻을 지닌다.
남면南面이라는 단어는『논어』「옹야雍也」에 "공자께서 말씀하시기를, 염옹
冉雍으로 하여금 남면하도록 시켜도 되겠다 하셨다"(子曰, 雍也, 可使南面)라고
한 데에서도 나온다. 그런데 포함包咸297)의 주注에 "남쪽을 향하도록 한
것은 제후들로 하여금 국정을 다스리도록 맡기도록 함을 말한다"(可使南面者,
言任諸侯, 可使治國政也)라고 하였으니, '남면南面'이라는 말이 '정치政治하다'라는
의미와 동일하게 사용되고 있음을 알 수 있다. 고주古注에 따르면 천자天子에
대해서만 남면을 허용한 것이 아니라 제후諸侯・경대부卿大夫 등 정치에
종사하는 모든 사람들에 대해서도 '남면'이라는 말을 사용하였다고 한다.
마찬가지로 '향명響明'이라는 말도 그 앉은 자리가 밝은 쪽을 향한다는
뜻인 동시에 그 다스림이 광명한 세계를 지향한다는 이중적 함의를 지닌다.
다시 말해서, 군주가 밝은 남쪽을 향해 앉는 것은 그 정치가 밝고 찬란하기를
기원하는 상징적 행위이다.

### (5) 치역호곤致役乎坤

「설괘전」에서 "곤坤은 땅이다. 만물이 이에서 모두 양육되므로 곤坤에서
힘써 일을 하게 된다고 말한 것이다"(坤也者, 地也, 萬物皆致養焉, 故曰, 致役乎坤)라고
하였으니, 곤坤은 만물을 자라나게 하는 땅이면서 동시에 노역勞役의 터전으
로 간주되고 있다. '치역致役'의 '치致'는 '맡기다'(委)의 뜻이며 '역役'은 '노역勞
役'의 뜻이니, 상제上帝가 농산물을 양육養育하는 노역勞役을 떠맡겨도 땅은
그 노역을 마다하지 않는다. 또 "곤이장지坤以藏之"라고 하였으니 대지는
만물을 포용하여 그 안에 저장하고 있으며, "후덕재물厚德載物"이라고 하였

---

297) 후한의 훈고학자. 會稽 사람, 자는 子良이다. 博士 右師細君에게 사사하여『魯詩』와
『論語』 등을 익혔다.

으니 그 위에 만물을 싣고 있다. 「설괘전」에서는 곤坤의 방위에 대하여 언급하지 않고 있는데, 정현鄭玄은 땅(地)이 만물을 길러 낼 적에 어느 특정한 방위를 위주로 하지 않는다는 점을 그 이유로 들었다.[298] 그러나 곤坤뿐만 아니라 태兌에 대해서도 그 방위를 밝히지 않았기 때문에 정현의 설명은 적절하지 않은 것으로 보인다. 비록 곤坤의 방위가 언급되어 있지는 않지만, 곤坤괘의 괘사卦辭에서 "서남득붕西南得朋"이라고 한 것이나 '리離→곤坤→태兌→건乾'으로 이어지는 순서 등으로 유추해 보면 곤坤이 서남西南이 된다는 것을 알 수 있다. 주족周族의 생활터전을 기준으로 해서 볼 때 서남쪽은 황토 고원高原이 자리 잡은 곳이다. 따라서 "치역호곤致役乎坤"은 주족이 황토 고원에서 농경생활을 영위하던 모습을 표현한 것이라고 보아도 좋을 것이다.

### (6) 열언호태說言乎兌

「설괘전」에서 "태兌는 가을이다. 만물이 즐거워하는 바이니, 그런 까닭에 '말씀을 태에서 즐거워한다'(說言乎兌)라고 하였다"(兌, 正秋也, 萬物之所說也, 故曰, 說言乎兌)라고 하였다. 「설괘전」에서는 태兌의 방위에 대해 언급하고 있지 않으나, '리離→곤坤→태兌→건乾'으로 이어지는 순서로 볼 때 서쪽의 방위에 해당된다. 공영달은 두병斗柄이 서쪽을 가리킬 때가 정추正秋 팔월八月, 즉 추분秋分의 절기節氣이며, 태兌는 바로 이 절기에 배당되어 있다고 말한다.[299] 추분은 만물이 성숙되고 결실을 맺는 시기이니, 수확을 앞두고 즐거워하는 마음이 드는 것은 너무나 당연하다.

---

298) 『周易正義』, 386쪽, "鄭云, 坤不言方者, 所言地之養物不專一也."
299) 『周易正義』, 386쪽, "以兌是象澤之卦, 說萬物者, 莫說乎澤也. 又兌是西方之卦, 斗柄指西, 是正秋八月也, 正秋而萬物皆說成也."

### (7) 전호건戰乎乾

「설괘전」에서 "건乾에서 싸운다고 한 것은 건乾이 서북쪽에 해당하는 괘이니 음기와 양기가 서로 맞붙기 때문이다"(戰乎乾, 乾, 西北之卦也, 言陰陽相薄也)라고 하였다. 그렇다면 "건乾에서 싸운다"(戰乎乾)라고 한 것은 무슨 까닭인가? 「설괘전」에서는 그 이유를 서북방의 괘(西北之卦)이며 음기와 양기가 서로 맞붙기 때문이라고 말하고 있다. 서북방은 음기가 지배하는 땅인 반면에 건乾은 오로지 순양純陽으로만 이루어져 있기 때문에 음과 양이 서로 충돌할 수밖에 없다. 서북방은 원래 주족周族이 굴기崛起한 지역으로서, 주족은 서북방에서 흥기興起한 흉노족의 세력에 밀려 기산岐山 아래 주원周原으로 이주할 수밖에 없었다. 따라서 "전호건戰乎乾"이라고 한 것은 실제로 서북방으로부터 흉노의 침범을 자주 받았기 때문에 유래한 표현일 가능성이 높다. 어쩌면 『주역』이 건乾괘로부터 시작하는 이유도 서북방에서 굴기한 주족의 대표적 상징을 선두에 내세움으로써 종족의 우월성을 과시하기 위한 것이 아닐까 한다.

### (8) 노호감勞乎坎

「설괘전」에서 "감坎은 물인데, 정북正北에 해당하는 괘이며 노동의 괘이다. 만물이 돌아가는 곳이기 때문에 '감坎에서 열심히 일한다'라고 한 것이다"(坎者, 水也, 正北方之卦也, 勞卦也, 萬物之所歸也, 故曰, 勞乎坎)라고 하였다. 그렇다면 물(水)의 상징과 노동의 괘(勞卦) 사이에는 어떤 연관성이 있는 것일까? 공영달은 주야晝夜를 가리지 않고 흐르는 물의 성질에서 노동의 의의를 발견하였다.300) 그렇다면 왜 감坎을 정북방正北方에 배치한 것일까? 감坎은 물이며, 중국에는 황하뿐 아니라 양자강도 있으니 강은 북쪽에만 있는 것이 아니라

---

300) 『周易正義』, 386쪽, "坎是象水之卦, 水行不舍晝夜, 所以爲勞卦."

남쪽에서도 흐르고 있다. 그러나 양자강은 서주시기에는 주나라 사람들의 생활에 크게 영향을 미치지 않았으므로 서주 사람들의 관심사가 아니었다. 반면에 황하는 주나라 사람들의 일상사에 크게 영향을 미치고 있었으므로 감坎괘의 방위를 결정할 때에는 틀림없이 황하의 위치를 고려했을 것이다. 감괘를 정북방에 배치한 것은 주나라의 영토를 중심으로 보면, 황하가 북쪽으로 흐르고 있었기 때문일 것이다.[301) ]공영달은 감坎을 정북방正北方에 배치한 것은 두병斗柄이 북쪽을 가리킬 때가 겨울이며, 한랭한 겨울은 천지가 얼어붙고 만물이 폐장閉藏되는 시기이기 때문에 만물이 돌아가는 곳(萬物之所歸)이라고 한 것이라고 하였다.[302)]

### (9) 성언호간成言乎艮

「설괘전」에 "간艮은 동북쪽에 해당하는 괘인데, 만물이 끝나면서 새롭게 시작하는 곳이기 때문에 '간艮에서 말한 것을 이룬다'라고 한 것이다"(艮, 東北之卦也. 萬物之所成終而所成始也, 故曰, 成言乎艮)라고 하였다. 간艮에서 만물이 끝나고 동시에 시작을 이룬다고 한 것은, 간艮이 겨울과 봄 사이 혹은 12월과 정월 사이에 배치되어 있어서 한 해가 끝나고 다시 봄이 시작하기 직전의 절기에 해당되기 때문이다. 또 간艮은 동북방에 배치된 괘인데, 『주역』에서 서남방은 주로 이로운 방위로 언급되는 반면에 그 맞은편의 동북방은 불리한 방위로 언급되고 있다. 예를 들면 곤坤괘의 괘사에서 "서남쪽에서는 친구를 얻지만 동북쪽에서는 친구를 잃는다"(利西南得朋, 東北喪朋)라고 하였고, 건蹇괘의 괘사에서 "서남쪽은 이롭지만 동북쪽에서는 불리하다"(利西南, 不利東北)라고 하였으니, 서남방은 이로운 방위로, 동북방은 불리한 방위로 인식되

---

301) 제3장 「고대 중국의 군사제도와 전쟁」에 있는 '목야전투 당시의 지형도'를 참조할 것.
302) 『周易正義』, 386쪽, "又是正北方之卦, 斗柄指北, 於時爲冬, 冬時萬物閉藏."

었음을 알 수 있다. 그처럼 인식되었던 이유는 곤坤의 서남방에는 평탄한 황토 농지가 있지만 간艮의 동북방에는 험준한 산이 있었기 때문일 것이다. 중국의 산맥은 주로 동서, 동북, 서남 방향에 분포되어 있는데, 특히 동북지역은 험준한 산이 많은 것으로 유명하다.303) 주나라가 도읍을 정한 낙양洛陽을 기준으로 보면, 그 동북방에는 귀방鬼方이라 불린 종족이 살았다. 귀방은 끊임없이 중국의 중원지방을 위협하던 세력이었다. 귀방은 하대夏代에는 산융山戎 혹은 훈죽葷粥으로 불렸고 서주시대에는 훈육薰鬻 혹은 험윤玁狁으로 불렸으며 춘추전국시대에는 흉노匈奴라는 이름으로 불렸는데, 1세기 말엽 이후로는 서방으로부터 훈(Huhn)족으로 불렸다.304) 지금의 내몽고자치구인 오르도스(Ordos, 鄂爾多斯)305) 일대가 그들이 주로 거주하던 지역이었다. 귀방鬼方에 대한 기록으로는 『시경詩經』「대아大雅·탕蕩」에 "담급귀방覃及鬼方" 즉 "멀리 귀방에까지 미치니"라는 말이 나오며, 은대殷代(BC.1800~BC.1200)의 무정武丁306) 재위기(BC.1250~BC.1192)에 3년 동안 전쟁을 벌였다는 기록이

---

303) 중국의 동북지역에는 太行산맥, 大興安嶺산맥, 長白산맥 등이 있다. 태항산맥은 남북 길이 약 600km, 동서 길이 250km에 걸쳐 있는 험준한 산맥이며, 華北평야와 黃土고원의 경계를 이룬다. 대흥안령산맥은 중국 북동부 내몽골 지역의 화산산맥이다. 해발 1700m에 이르며, 크기가 한반도와 거의 비슷할 정도로 큰 산맥이다. 남북으로 약 1,500km에 걸쳐 뻗어 있으며, 동쪽의 동북평원과 서쪽의 몽골고원을 나눈다.

304) 『사기』「흉노열전」에 "요임금, 순임금 이전에 薰粥[훈육]이 있는데, 北蠻에 거주하고 있으며 목축을 하면서 이동한"라고 하였는데, 여기서 말한 '훈육'이 바로 흉노이다. 훈육, 葷粥[훈죽], 獫狁 등은 모두 흉노의 다른 표기이다.

305) 오르도스(Ordos)는 한자어로 '鄂尔多斯[악이다사]라고 적는다. 몽골고원과 화북지방을 잇는 교통상의 요충이며, 유목이 적합한 지역이다. 옛날에는 이 지역을 놓고 진·한과 흉노 사이에 치열한 쟁탈전이 벌어졌는데, 흉노의 호한사단우는 후한을 쫓고 이곳에 王庭을 두었다. 15세기에 몽골의 오르도스 부가 이주해 왔기 때문에, 이것에 부응하여 지명도 오르도스로 불리게 되었다.

306) 武丁은 『今本竹書紀年』에 따르면 이름이 '昭'이다. 武丁은 小乙의 아들이었으며, 소을은 盤庚의 아우였다. 그 계보는 제20대 盤庚→제21대 小辛→제22대 小乙→제23대 武丁으로 이어진다. 夏商周斷代工程에서는 商왕조 제23대 국왕인 무정의 재위연대를 기원전 1250~1192년 사이로 추정하였다. 이러한 추정이 맞는다면 그는 59년이라는 매우 긴 시기를 국왕으로 지낸 것이 된다. 무정은 노예 출신의 傅說을 재상으로 발탁하여 상왕조를 중흥시킨 임금으로 평가되고 있다. '武丁'은 사후에 추존된 명칭이며, 殷末에

『주역』에 나온다. 기제旣濟 구삼九三에 "고종이 귀방을 정벌하여 3년이 걸려서야 승리하였다"(高宗伐鬼方, 三年克之)라고 한 것과 미제未濟 구사九四에 "진震의 제후가 귀방을 정벌하니 3년이 되어서 대국으로부터 상을 받았다"(震用伐鬼方, 三年, 有賞于大國)라고 한 것이 바로 그것이다.[307] 정약용은 귀방을 북방의 민족이라고 하고 또 괘상으로 간艮에 귀鬼의 뜻이 있다고 하였으니, 귀방을 북방 가운데서도 동북방에 속하는 지역으로 보았음을 알 수 있다.

이상에서 천문과 지리의 문제를 『주역』과 연관시켜 서술하였다. 이 두 종류의 지식체계는 『주역』의 세계관에서는 각각 천도天道와 지도地道의 영역에 속한다. 「계사전」에서는 세상에 존재하는 모든 사물·사건·현상·문화·제도·사상 등을 '삼재三才'라는 용어로 포괄하고 있는데, 여기에는 천도天道·인도人道·지도地道의 세 영역이 포섭된다.[308] 천문天文·인사人事·지리地理는 각각 이 세 영역에 연관된 지식체계이다. 그 중에서 인사는 인문人文의 영역에 속하는 것으로, 『주역』의 괘효사는 대부분 인사와 관련된 점복占卜으로 이루어져 있다. 반면에 천문과 지리는 모두 자연학의 영역에 속하는 것인데, 천문·지리와 관련된 괘효사는 비록 그렇게 많은 것은 아니지만 『주역』의 자연관을 엿볼 수 있다는 점에서 매우 중요한 자료이다. 필자는 주나라 사람들이 살았던 주위환경(Umwelt)이 그들의 세계관 형성에 크게 영향을 미쳤을 것이라는 전제에서 『주역』의 괘효사를 탄생시킨 생활세계(Lebenswelt)를 중시하였다. 『주역』의 기호체계를 구성하는 기본요소는

---

'高宗'으로 추존되었다.

307) 갑골문에는 무정이 귀방을 정벌한 것에 대한 기록이 나오지 않는다.

308) 『周易正義』, 375쪽, "『주역』이라는 책은 광대하여 모든 이치를 갖추고 있다. 거기에는 하늘의 이치가 있고, 사람의 삶의 이치가 있으며, 땅의 이치가 있다. 三才를 겸하여 (각각) 두 개로 했기 때문에 (모두) 여섯이 된다. 여섯은 다른 것이 아니라 삼재의 도이다."(易之爲書也, 廣大悉備. 有天道焉, 有人道焉, 有地道焉, 兼三才而兩之, 故六. 六者, 非他也, 三才之道也.)

팔괘이며, 그 팔괘는 모두 자연현상 혹은 자연요소로 이루어져 있다. 따라서 자연철학은 『주역』의 세계관을 형성하는 근본 골조라고 말할 수 있다. 천문에 대한 자연관찰은 그들의 우주관을 형성하는 데 기여하였고, 지리에 관한 인식은 그들의 세계인식을 형성하는 근본틀인 동시에 그들의 세계인식에 근본적 제약을 가하는 요인이었을 것이다. 어느 누구도 자기가 살고 있는 삶의 지반과 자연환경을 떠나서는 생존할 수 없다. 따라서 우리는 『주역』의 괘효사와 자연환경의 관계에 대해서 더욱 관심을 갖고 탐구해야 할 것이다.

# 끝맺는 말

이 책은 다산역茶山易을 기호학적 시각에서 고찰하려는 목적에서 쓰였다. 『주역』은 점술을 위해 만들어진 동양의 대표적 기호체계이다. 그러므로 기호학적 관점을 『주역』의 이해에 적용하는 것은 당연한 요청이다. 그럼에도 불구하고 기호학적 관점에서 『주역』의 기호적 특성을 분석한 연구가 눈에 흔히 띄지 않는 것은 양자의 접점을 찾는 것이 쉽지 않았음을 보여준다. 필자는 이 책에서 서구 기호학자들에 의해 정립된 기호학적 관점을 『주역』에 적용하고, 또 그 바탕 위에서 정약용의 『주역』 해석이 갖는 기호학적 특성을 해명하고자 하였다. 따라서 이 책에서는 먼저 기호와 기호학에 대해 고찰하고, 이어서 기호학의 관점을 『주역』에 적용하였으며, 그 다음으로 다산역학의 기호학적 관점을 고찰하는 순서로 나아갔다.

제1부 「주역의 기호학적 독해」에서는 인류역사에서 기호사용의 기원을 살펴보고, 기호학과 『주역』의 공통적 접점을 찾는 데 주력하였다. 인류는 문자를 사용하기 훨씬 이전부터 의사소통을 위해, 혹은 감정과 개념들 또는 생활체험을 전달하기 위해 여러 가지 기호를 개발하여 사용해 왔다. 서구의 기호학자들은 서구 기호학의 최초의 기원이 기원전 삼천 년경의 메소포타미아의 점술과 히포크라테스에 의해 대표되는 고대 그리스의

의술醫術에 있음을 밝혀내었다. 고대 중국에서 문자를 사용하기 이전에도 결승結繩과 서계書契를 의사소통의 수단으로 사용하였으나, 기호사용의 광범위한 확산을 가져 온 계기가 된 것은 점술의 유행이었다. 점술이란 인류가 기호를 사용해 온 다양한 용도 중 한 가지에 불과하다. 『주역』의 기호적 특성은 그것이 점술을 위해 개발된 것이라는 점과 밀접한 관련을 맺고 있다.

『주역』의 특성을 기호학적 관점에서 부각시키기 위해서는 현대 기호학의 지형도地形圖 위에 『주역』을 배치시켜서 조망할 필요가 있다. 현대 기호학의 관점 중에서 범기호주의(pansemiotism), 생태기호학(ecosemiotics), 윤리기호학(etho-semiotics), 문화기호학(semiotics of culture), 종교기호학(semiotics of religion) 등의 관점은 『주역』의 기호적 특성을 이해함에 있어서도 매우 유용하다. 그 다음으로 필자는 서구의 대표적 기호학자 몇 사람을 선택하여 그들의 시각을 통해서 기호체계로서의 『주역』이 갖는 특성을 분석하였다. 소쉬르(Ferdinand de Saussure), 퍼스(Charles Sanders Peirce), 모리스(Charles William Morris), 보드리야르(Jean Baudrillard), 그레마스(Algirdas Julien Greimas) 등은 필자가 선택한 서구의 대표적 기호학자들이다. 소쉬르와 퍼스에 의해 창시된 서구의 근대 기호학은 기호에 관한 일반적 법칙을 수립하는 데 기여하였다. 『주역』은 동양의 대표적 기호체계이므로 기호에 관한 일반이론이 『주역』 텍스트의 이해에도 적용되어야 한다는 것은 당연한 요청이다. 필자는 특히 퍼스의 가추법(abduction)의 사유 특성을 『주역』의 점술적 사유방식과 연관시켰는데, 필자의 이러한 관점은 저명한 미시사(microhistory) 연구가인 카를로 긴즈버그(Carlo Ginzburg)의 관점을 빌려 온 것이다. 긴즈버그는 우리에게는 『치즈와 구더기』(Il formaggio e i vermi)라는 저술을 통해 널리 알려진 학자인데, 그는 점술이 이미 발생한 사건에서 어떤 징조나 징후를 읽고 해석함으로써 미래의 새로운 사실을 알아내기 위해 가설적 진단의 추론방식(abductive diagnostic inference)을 사용한다고 주장하였다. 그런데 그는 가추법적 추리가 점술적 패러다임 (divinatory paradigm)의 특징적인 사유방식이라고 주장하였다. 그 다음으로 필자는 보드리야르의 '시뮬라시옹'(simulation)과 '시뮬라크르'(simulacre)의 개념이 『주역』의 기호적 본성을 고찰하는 데 매우 유용하다는 것을 깨닫고, 보드리야르의 관점을 정약용이 「역론」에서 『역』의 기호체계의 제작과정을 설명한 것에 대해서 적용하였다.

제2부 「다산역의 기호학적 체계」에서는 정약용의 역상론易象論이 갖는 모사설적 특징을 고찰하고, 아울러 그 철학적 의미를 고찰하였다. 또한 다산역의 기호계가 갖는 위계적 질서를 삼층三層의 모형적 구조로 파악하고, 『주역』의 우주론을 「계사전」에 나오는 태극·양의·사상 등의 용어를 중심으로 설명하였다.

정약용의 역상론易象論은 "상象은 곧 상像이다"라는 「계사전」의 간명한 정의로부터 출발한다. 다산역은 역상론의 기초 위에 성립되어 있다고 말해도 될 정도로 역상론은 다산역의 전 체계를 떠받치는 주춧돌 역할을 하고 있다. 정약용의 역상론에서 『역』의 기호들은 그 표상하고자 하는 대상에 대한 모방 내지는 모사로 간주되기 때문에 그의 역상론은 모사설 혹은 사실주의寫實主義로 정의될 수 있다. 기호계의 모형의 전체적 형태는 그것이 본뜨려고 하는 세계의 존재론적 위계(hierarchy)를 반영할 수 있도록 설계된다. 따라서 기호계의 모형적 구조는 세계의 존재론적 위계와 서로 상응하는 구조로 설계되어 있다. 정약용에 따르면 세계의 존재론적 위계는 모두 삼층三層으로 구성되어 있다. 그 위계의 제1층에는 만물萬物이 있는데, 거기에 상응하는 기호는 50연괘이다. 제2층에는 천도天道 즉 자연의 질서가 자리 잡고 있는데, 거기에 상응하는 기호는 14벽괘이다. 제3층에는 상제上帝가 있는데, 그 아래 있는 천도와 만물의 세계를 다스린다.

「계사전」에서는 우주의 시원적 존재를 태극太極으로 설정한 뒤에, '태극太

極→양의兩儀→사상四象→팔괘八卦'의 순서로 순차적으로 생성되는 우주생성론의 도식圖式을 제시하고 있다. 대부분의 유가사상가들은 우주의 생성과정에 관한 이론을 전개할 때는 항상 「계사전」의 이 도식에 의지하였다. 태극·양의·사상 등의 용어들은 기호계(semiosphere)를 구성하는 지칭指稱으로 사용되고 있다. 태극·양의·사상·팔괘 등의 용어들은 모두 기호적 지칭으로서, 그 기호적 지칭은 그것이 지칭하려는 바의 지시체(referent)에 대한 명칭일 뿐 대상 그 자체가 될 수는 없다. 초楚나라 우맹優孟이 손숙오孫叔敖를 흉내 낼 때 우맹은 모사체이지 지시체(referent)가 아닌 것처럼, 이 지칭들도 실재의 모습을 그럴듯하게 모방한 기호일 뿐이다.

제3부 「다산역의 해석체계」에서는 다산역의 해석원칙과 방법론적 체계를 다루었다. 먼저 해석원칙의 측면에서는 정약용의 『주역』 이해의 관점을 환원과 복원이라는 두 개의 키워드(keyword)를 통해 풀어내었다. 환원의 원칙이란 『주역』을 있는 그대로 이해하자는 것이며, 그렇게 하기 위해서는 사실事實로 돌아가야 한다는 것을 의미한다. 즉 역사易詞의 원래 목적이 복서였으면 복서로 이해하고, 의리에 있었으면 의리로 이해하자는 것이다. 복원의 원칙이란 기호의 본래의 의미를 알기 위해서는 기호체계가 생성된 생활세계를 복원해야 한다는 것을 뜻한다. 어떤 기호체계의 의미도 그 기호모형을 탄생시킨 역사문화적 생활세계를 배제하고서는 충분히 이해될 수 없다. 『주역』의 상징체계가 갖는 기호적 특성은 그 생활세계와의 연관성 아래에서만 해명될 수 있기 때문에, 그 기호학적 특성을 해명하기 위한 출발점은 『주역』의 생활세계(Lebenswelt)가 되어야 한다.

그 다음으로 방법론적 체계와 관련해서는 「독역요지讀易要旨」와 역리사법易理四法 등을 다루었다. 정약용은 『주역』 해석에서 자의적 해석을 최대한 배제하고 『주역』 전편全篇에 일관되게 적용될 수 있는 해석규칙을 수립하려고 시도하였다. 특히 역리사법은 그의 방법론적 체계의 중추中樞에 해당된다. 필자는 「독역요지」에 대해서는 일단 대략적 윤곽을 제시한 다음에 특별히 상세하게 부연할 필요가 있는 규칙에 대해서는 별도로 독립시켜 서술하였다. 역리사법에 대해서는 『주역사전』의 순서가 아닌 「자찬묘지명自撰墓誌銘」(集中本)에 따라 추이推移·효변爻變·호체互體·물상物象의 순서로 서술하였다. 역리사법에 관한 많은 선행연구가 있는 점을 고려하여 필자는 최대한 중복을 피하면서 새로운 연구를 추가하였다. 특히 최근 중국에서 출토역학자료가 많이 발굴되고 있고 『주역』 학계의 연구 경향도 빠르게 출토역학 쪽으로 이동하고 있다는 점을 고려하여 이 방면의 새로운 학설을 소개하려고 노력하였다.

역리사법易理四法의 학술적 연원과 관련하여 짚고 넘어가야 할 문제가 하나 있으니, 그것은 정약용이 역리사법에 관한 이론을 개발하면서 주희朱熹의 영향을 얼마나 받았는가의 문제이다. 정약용은 『주역사전』의 서두序頭에서 네 가지 해석방법에 대해 "주자의 해석방법이다"(朱子之義也)라는 말을 네 번씩이나 반복하고 있다. 솔직히 말한다면, 필자는 정약용이 왜 그런 발언을 했는지 아직도 궁금하다. 주희가 이 네 가지 해석방법을 사용한 것은 사실이지만 주희가 이러한 해석방법의 창안자인 것은 아니다. 뿐만 아니라, 그 구체적인 내용으로 들어가 보면 정약용과 주희가 그 방법을 운용하는 방식에는 상당한 차이가 있다. 정약용은 사전四箋의 방법이 조금이라도 주희와 일치하는 점이 있으면 그것을 과장해서 선전宣傳하였다. 모기령毛奇齡과의 관계는 정반대이다. 정약용은 『주역사전』을 저술하면서 모기령에게 적지 않은 부분을 빚지고 있음에도 불구하고 모기령의 잘못을 맹렬하게 비난하였다. 「모대가毛大可의 자모역괘도설子母易卦圖說에 제題함」(題毛大可子母易卦圖說)이라는 글을 지어 모기령이 자모역괘설子母易卦說을 창작해서 12벽괘 추이의 대의大義를 혼란스럽게 만들었다고 비난한 것이 하나의 예이다. 정약용은 또 모기령에 대해 "옛사람의 편언척자片言隻字를 주워 모아 주자의 큰 공을 엄폐하였으니, 그 마음가짐이 진실로 공평하지 못하다"라고 비난하기도 했다.

그러나 모기령에게 비난할 점이 있다는 점을 인정한다고 하더라도 그에 대한 정약용의 비난은 과도한 측면이 있다. 정약용이 모기령으로부터 받은 영향은 상당 부분 은폐되어 있으나, 정약용의『주역사전』과 모기령의 『중씨역仲氏易』을 서로 대조해 보면 모기령의 영향이 확연히 드러난다. 추이推移라는 용어도 모기령이 이미 사용했던 것이고, 나머지 해석방법에서도 모기령으로부터 차용한 것이 많다. 벽괘辟卦와 연괘衍卦를 「계사전」에 나오는 방이유취方以類聚와 물이군분物以群分의 용어에 의거하여 방이유취괘와 물이군분괘로 명명한 것은 의심의 여지가 없이 모기령의 영향으로 보인다. 정약용과 모기령의 역학설을 비교해 보면 양자의 유사성은 광범위하게 확인된다. 요컨대, 정약용은 주희를 과도하게 존중하였던 반면에 모기령에 대해서는 부당하게 폄하하였다.

제4부「다산역의 서사기호학」에서는 서사기호학의 관점을『주역』에 접목시켜서 다산역에 대한 스토리텔링(storytelling)을 시도하였다. 서사敍事(narrative)란 의미 있는 사건이나 행동의 변화를 이야기의 형식으로 서술하는 방법이다. 서사를 다른 말로 이야기라고도 부른다. 스토리텔링은 행위·사건·인물 등을 위계적으로 선택 강조하여 일정한 규칙으로 배열함에 따라 만들어진다.『주역』의 스토리텔링을 위해서는 괘효사에서 서사적 의미구조를 발견해야 한다.『주역』의 서사적 구조는 개별적 점사들 사이에 있는 연관성을 탐구하고, 거기에 깃들어 있는 당시 사람들의 자연관, 정치사회적 관념, 세계관 등을 구성해 냄으로써 발견될 수 있다. 그러나『주역』의 괘효사는 점사占辭의 모음집이기 때문에 서사적 구조가 뚜렷하게 발견되지 않는다는 어려움이 있다. 뿐만 아니라 개별적 효사라고 하더라도 항상 단일한 서사로 구성되어 있는 것은 아니며, 단일 효사 내에서도 몇 개의

의미층위가 복합적으로 존재하는 경우도 있다. 정약용은 이처럼 한 개의 괘효사 속에서 여러 개의 사건들이 열거되어 있는 것을 해사該事라고 부르고 「독역요지」의 제2칙으로 정립시켰다. 만약 이러한 점을 간과하고 해석할 경우에 텍스트의 오독誤讀은 불을 보듯 명확하다.

　필자는 그레마스(Julien Greimas)의 서사기호학의 관점에 의거하여 괘효사의 서사적 의미구조를 파악하려고 시도하여 보았다. 필자는『주역』에서 다섯 가지 주제를 선택하여 여기에 스토리텔링(storytelling)의 기법을 써서 이야기로 꾸며 보았다. 스토리텔링을 위해서는 64괘 384효에 산발적으로 흩어져 서술된 사건들 가운데 서로 연관되어 있는 내용을 결합하여 스토리라인 (storyline)을 만들어 내는 것이 중요하다. 스토리텔링의 궁극적 목표는 표정을 상실해 버린 기호의 아이콘들에게 웃음과 눈물을 되돌려 주는 데 있다. 기호에는 화용론(pragmatics)의 측면이 있으며, 기호는 인터페이스(interface)를 통해 사용자와 소통하게 된다.『주역』의 기호들은 이야기를 통해 일련의 의미 있는 맥락으로 재조직되면서 기호와 기호사용자 사이의 대화가 시작 되게 된다. 이러한 스토리텔링은 어떤 명제를 논증하거나 반박하려는 목적에서 쓰인 것이 아니므로 학술논문과는 다른 형식을 취하고 있다. 필자의 이야기는 기본적으로『주역』이 성립된 시기의 역사적 무대로 돌아 가서 그 당시 살았던 사람들의 세계관과 인생관을 재현시키는 작업이다. 그리고 그렇게 함으로써 고대인들의 생활세계를 이해하는 것이 궁극적 목표가 된다.

# 참고문헌

## 『주역사전周易四箋』 원전 및 번역서

丁若鏞 著, 茶山學術文化財團 編, 『定本 與猶堂全書』(校勘·標點本) 제15~16권; 『周易四箋』 1~2, 사암, 2012.

丁若鏞 著, 『周易四箋』(新朝鮮社本), 景仁文化社(影印本), 1970.

丁若鏞 著, 『周易四箋』(筆寫本), 24卷 12冊, 奎4918-v.1-12, 서울대학교 규장각.

丁若鏞 述, 『周易四箋』(筆寫本), 24卷 12冊, 한貴古朝03-23, 국립중앙도서관.

丁若鏞 述, 『周易四箋』(筆寫本), 20卷 10冊(缺帙), 연민 고180.12 정516ㅈ, 단국대학교 퇴계 중앙도서관 연민기념관.

丁若鏞 著, 『周易四箋』(筆寫本), 24卷, Asami Collection, Korean Rare Book Collection, University of California, Berkeley.

『원문 주역사전』(규장각본), 상하 2권, 민창사, 2004.


김재홍, 『주역사전구결』, 이회문화사, 2007.

방인·장정욱 옮김, 『역주 주역사전』, 소명출판사, 서울, 2007.

이영희 역, 『주역사전』, 민창사, 2004.


## 『역학서언易學緒言』 원전 및 부분번역

丁若鏞 著, 茶山學術文化財團 編, 『定本 與猶堂全書』(校勘·標點本) 제17권; 『易學緒言』, 사암, 2012.

丁若鏞 著, 『易學緒言』(新朝鮮社本), 景仁文化社(影印本), 1970.

丁若鏞 著, 『易學緒言』(筆寫本), 12卷 4冊, 奎5592-v.1-4, 서울대학교 규장각.
丁若鏞 著, 『易學緒言』(筆寫本), 13卷 4冊, ㅁ810-101, 林文庫, 筑波大学 附属圖書館 (University of Tsukuba Library).
丁若鏞 著, 『易學緒言』(筆寫本), 13卷, Asami Collection, Korean Rare Book Collection, University of California, Berkeley.

장정욱 역, 「현산역간」, 『다산학』 제4권, 다산학술문화재단, 2003.
장정욱 역, 「사수고점박沙隨古占駁」, 『다산학』 제6권, 다산학술문화재단, 2005.
장정욱, 「다산의 「한강백현담고」에 대한 평석」, 『동서사상』 제7집, 경북대학교 동서사상연구소, 2009.
장정욱, 「반고의 『예문지』에 대한 논평」, 『동서사상』 제15집, 2013.

## 다산원전 및 번역서

丁若鏞 著, 茶山學術文化財團 編, 『定本 與猶堂全書』(校勘・標點本; 全37卷), 사암, 2012.

실시학사 경학연구회, 『역주 시경강의』, 전5권, 사암, 2008.
이지형 역, 『역주 논어고금주』 제5권, 사암, 2010.
丁若鏞・丁若銓 著, 정해렴 譯, 『다산서간정선』, 현대실학사, 2002.
『국역 다산시문집』, 민족문화추진회, 1996.

## 역학 관련 원전 및 번역서

都潔, 『易變體義』(12卷), 四庫全書 珍本初集 004・005.
來知德, 『周易集注』(中國古代易學叢書 第27卷), 中國書店, 1998.
毛奇齡, 『仲氏易』(中國古代易學叢書 第36卷), 中國書店, 1998.
王弼 注, 孔穎達 疏, 『周易正義』(十三經注疏 整理本 1), 北京大學出版社, 2000.
王弼 著, 樓宇烈 校釋, 『王弼集校釋』, 中華書局, 1980.
王弼 撰, 樓宇烈 校釋, 『周易注 – 附周易略例』, 中華書局, 2011.
李光地, 『周易折中』 上・下, 九州出版社, 2002.

李道平, 『周易集解纂疏』, 中華書局, 1994.

鄭康成 注, 『周易乾鑿度』(中國古代易學叢書 卷49), 中國書店, 1998.

程頤 撰, 王孝魚 點校, 『周易程氏傳』, 北京: 中華書局, 2011.

朱熹 撰, 廖名春 點校, 『周易本義』, 北京: 中華書局, 2009.

胡瑗, 『周易口義』(中國古代易學叢書 卷2), 中國書店, 1998.

黃宗羲 撰, 鄭萬耕 點校, 『易學象數論』, 中華書局, 2010.

『儒藏』 精華編 第281冊, 出土文獻類, 北京大學儒藏編纂中心, 2007.

金景芳·呂紹綱, 『周易全解』, 上海古籍出版社, 2012.

濮茅左, 『楚竹書周易研究』上·下, 上海古籍出版社, 2006.

王新春·呂穎·周玉鳳, 『易纂言導讀』, 齊魯書社, 2006.

王子令, 『睡虎地秦簡日書甲種疏證』, 湖北教育出版社, 2004.

Edward L. Shaughnessy, *I Ching – The First English Translation of the Newly Discovered Second-Century B.C. Mawangdui Texts*, Newyork: Ballantine Books, 1996.


金景芳·呂紹綱 저, 안유경 역, 『주역전해』 상·하, 심산, 2013.

김상섭 저, 『마왕퇴출토 백서주역』 上·下, 비봉출판사, 2012.

김석진, 『주역전의대전역해周易傳義大全譯解』, 대유학당, 1996.

백은기 역주, 『역주 주역본의』, 여강, 1999.

성백효 역주, 『현토완역 주역전의』 上·下, 전통문화연구회, 1998.

王弼 저, 임채우 역, 『주역 왕필주』, 도서출판 길, 2008.

# 기타 원전 및 번역서

『史記』(全10冊), 中華書局, 1959.

『韓非子翼毳』(漢文大系 第8卷), 富山房, 明治44年.

『漢書』(全12冊), 中華書局, 1962.

『後漢書』(第12冊), 中華書局, 1965.

顧炎武 著, 黃汝成 集釋, 欒保羣·呂宗力 校點, 『日知錄集釋』上·中·下, 上海古籍出版社, 2006.

孔安國 傳, 孔穎達 疏, 『尙書正義』(十三經注疏 整理本 2·3), 北京大學出版社, 2000.

馬國翰 輯, 『玉函山房輯佚書』(全4卷), 廣陵書社, 2004.

毛亨 傳, 鄭玄 箋, 孔穎達 疏, 『毛詩正義』(十三經注疏 整理本 4~6), 北京大學出社, 2000.

黎靖德 編, 王星賢 點校, 『朱子語類』(全8冊), 中華書局, 1986.

王鳴盛, 『蛾術編』, 江蘇廣陵古籍刻印社, 1992.

王充 著, 黃暉 撰, 『論衡校釋』(全4冊), 臺北: 臺灣商務印書館, 中華民國 64年.

鄭玄 注, 賈公彥 疏, 『周禮注疏』(十三經注疏 整理本 7~9), 北京大學出版社, 2000.

鄭玄 注, 孔穎達 疏 『禮記正義』(十三經注疏 整理本 12~15), 北京大學出版社, 2000.

趙岐 注, 孫奭 疏, 『孟子注疏』(十三經注疏 整理本 25), 北京大學出版社, 2000.

左丘明 傳, 杜預 注, 孔穎達 正義, 『春秋左傳正義』(十三經注疏 整理本 16~19), 北京大學出版
社, 2000.

許愼 撰, 段玉裁 注, 『說文解字注』, 上海古籍出版社, 2003.

丁奎英, 『俟菴先生年譜』, 正文社, 1984.


賈誼 저, 박미라 역, 『신서』, 소명출판, 2007.

郭璞 지음, 임동석 역, 『산해경』(전3권), 동서문화동판, 2011.

김영식·김영문·염정삼·양중석·강민호 역, 『문선역주』(전10권; 서울대학교 중국어문
학총서), 소명출판사, 2010.

김필수·고대혁·장승구·신창호 역, 『관자』, 소나무, 2006.

김학주 옮김, 『순자』, 을유문화사, 2001.

마테오리치 저, 송영배 역, 『천주실의』, 서울대학교 출판부, 2006.

성문출판사 편집부, 『죽서기년』, 홍익재, 1997.

성백효 역주, 『서경집전』 상·하, 전통문화연구회, 1998.

성백효 역주, 『시경집전』 상·하, 전통문화연구회, 1996.

송명호·문지윤 역, 『예기집설대전』, 도서출판 높은밭, 2002.

신동준 옮김, 『춘추좌전』 1~3권, 한길사, 2006.

王肅 저, 임동석 역, 『공자가어』(전3권), 동서문화동판, 2009.

劉向 저, 임동석 옮김, 『설원』 상·하, 동문선, 1996.

李零 譯注, 『孫子譯注』, 中華書局, 2009.

章學誠 저, 임형석 역, 『문사통의교주文史通義校注』(전5권), 소명출판, 2011.

정범진 외 옮김, 『사기』, 까치, 1996.

丁若鏞 저, 정해렴 옮김, 『아방강역고我邦疆域考』, 현대실학사, 2001.

左丘明 저, 임동석 역, 『국어』(전3권), 동서문화동판, 2009.
朱熹·呂祖謙 저, 이광호 옮김, 『근사록집해』, 아카넷, 2004.
許仲琳 저, 김장환 역, 『봉신연의』(전9권), 신서원, 2008.


## 다산역학 관련 단행본

김인철, 『다산의 주역해석체계』, 경인문화사, 2003.
박주병, 『주역반정周易反正』, 학고방, 2013.
이을호, 『다산의 역학』, 민음사, 1993.


## 다산역학 관련 논문

권인택, 「건괘와 곤괘의 역사易詞 분석을 통해본 다산 역론」, 『이연학회학술지』 제1집, 이연학회, 2009.
금장태, 「다산의 역학정신과 서학정신」, 『사목司牧』 48, 한국천주교중앙협의회, 1976.
금장태, 「정약용의 역해석에서 복서의 방법과 활용」, 『다산학』 제8권, 다산학술문화재단, 2006.
금장태, 「『주역사전』과 정약용의 역해석 방법」, 『동아문화』 제44호, 서울대학교 동아문화 연구소, 2006.
김경일, 「정약용 역학과 화이트헤드 유기체철학의 비교－정약용의 역리사법을 중심으로」, 『동양철학연구』 18권, 동양철학연구회, 1998.
김승동, 「모기령과 정약용의 역괘해석에 관한 비교연구」, 『한국철학종교사상사』, 원광대 학교 출판부, 1990.
김승동, 「모기령과 정약용의 역괘해석에 관한 비교연구」, 『인문논총』 제36집, 부산대, 1990.
김영식, 「주역점에 대한 정약용의 견해」, 『동아시아 세계의 지식의 전통: 과학, 사상, 종교: 제1회 템플턴 동아시아의 과학과 종교 국제 워크숍』, 2012.
김영우, 「다산 정약용의 역학사상과 역리사법」, 『동아문화』 제36집, 1998.
김영우, 「정약용의 역해석론 － 물상이론을 중심으로」, 『철학연구』 제47권, 철학연구회, 1999.
김영우, 「다산의 복서역 연구」, 『한국실학연구』 제4호, 2002.

김영우, 「다산 정약용『주역』해석의 특징과 의의」, 『영남학』제3호, 영남문화연구원, 2003.

김영우, 「다산의 주자역학에 대한 비판적 계승」, 『철학사상』제15집, 서울대학교 철학사상 연구소, 2002.

김영우, 「정약용과 모기령의 역학사상 비교연구」, 『동방학지』제12권, 연세대학교 국학연 구원, 2004.

김영우, 「정약용 역학의 실학적 성격」, 『태동고전연구』제23집, 한림대학교 태동고전연구 소, 2007.

김영우, 「다산역학의 두 차원 – 종교성과 윤리성」, 『다산과 현대』창간호, 2008.

김영우, 「춘추좌씨전의 점사해석연구 – 주희, 모기령, 정약용을 중심으로」, 『한국실학연 구』제21권, 한국실학학회, 2011.

김왕연, 「다산의 역학연구(1) – 『역학서언』의 「이정조집해론」을 중심으로」, 『철학논집』 제1집, 한양대학교 철학회, 1989.

김왕연, 「다산의 역학연구(2) – 『역학서언』의 「주자본의발미」를 중심으로」, 『철학논집』 제2집, 한양대학교 철학회, 1990.

김왕연, 「정다산의 「소자선천론邵子先天論」비판」, 『철학』제42집, 한국철학회, 1994.

김인철, 「다산역학연구서설」, 『태동고전연구』제13집, 한림대학교 태동고전연구소, 1996.

김인철, 「다산 역리론 강요(I) – 역리사법에 대한 상설」, 『태동고전연구』제16집, 한림대학 교 태동고전연구소, 1999.

김인철, 「다산 역리론 강요(II) – 역리사법에 대한 상설」, 『태동고전연구』제17집, 한림대 학교 태동고전연구소, 2000.

김인철, 「다산의 독창적인 서점筮占 방법 – 시괘전 상해」, 『주역연구』제6집, 한국주역학 회, 2001.

김인철, 「다산의 선천역에 대한 비판 – 소자선천론邵子先天論을 중심으로」, 『동양철학연 구』제31집, 2002.

김인철, 「여헌과 다산의 역학관」, 『유교사상연구』제24집, 한국유교학회, 2005.

김종주, 「다산 경학에 관한 라깡 정신분석학적 시론 – 맹자와『주역』을 중심으로」, 『라깡 과 현대정신분석』제7호 2권, 한국라깡과현대정신분석학회, 2005.

박병훈, 「다산과 주자의 설시법 비교 – 효변의 차이를 중심으로」, 『종교학연구』제25집, 서울대학교 종교학연구회, 2006.

방인, 「다산역학의 변증법적 이념」, 『주역연구』제3집, 한국주역학회, 1999.

방인, 「다산의 「역론」을 통해본 복서卜筮의 모의실험적 기능」, 『주역연구』제4집, 한국주 역학회, 1999.

방인, 「다산의 명청역학 비판」, 『철학연구』제84호, 대한철학회, 2002.

방인, 「다산역의 기호론적 세계관」, 『대동철학』 제20집, 대동철학회, 2003.

방인, 「다산역학의 방법론적 고찰 – 모기령과 정약용의 역학방법론의 비교」, 『철학연구』 제94권, 대한철학회, 2005.

방인, 「다산의 이광지 역학에 대한 비판」, 『철학연구』 제90집, 대한철학회, 2008.

방인, 「다산의 도가역학비판」, 『철학연구』 제108집, 대한철학회, 2008.

방인, 「『주역사전』의 기호학적 독해」, 『다산과 현대』 창간호, 연세대학교 강진다산실학연구원, 2008.

방인, 「『주역사전』의 텍스트 형성과정에 관한 고찰—정고본 및 신조본의 저본을 찾기 위한 시론」, 『다산학』 제14호, 다산학술문화재단, 2009.

방인, 「단국대본 『주역사전』 연구 – 정고본 및 신조본의 저본을 찾기 위한 두 번째 시론」, 『다산학』 제17호, 다산학술문화재단, 2010.

방인, 「정약용의 「주자본의발미」 연구」, 『다산학』 제19호, 다산학술문화재단, 2011.

방인, 「정약용의 「춘추관점보주春秋官占補註」의 '하상지구법夏商之舊法'설에 대한 비판적 고찰」, 『퇴계학보』 제131집, 퇴계학연구원, 2012.

방인, 「정약용의 소옹비판 – 「팔괘차서도」와 「팔괘방위도」를 중심으로」, 『국학연구』 제21집, 한국국학진흥원, 2012.

방인, 「정약용의 「한위유의론」 연구」, 『다산학』 제23호, 다산학술문화재단, 2013.

방인, 「경방의 벽괘설에 대한 정약용의 비판」, 『철학사상』, 제54호, 서울대 철학사상연구소, 2014.

방인, 「다산역의 관점에서 본 경방의 효변설」, 『철학연구』, 131집, 대한철학회, 2014.

서근식, 「다산 정약용의 시괘법 연구」, 『한국철학논집』 제10집, 한국철학사연구회, 2001.

서근식, 「다산 정약용의 역리론에 관한 연구 – 시괘전의 체계를 중심으로」, 『동양고전연구』 제16집, 동양고전학회, 2002.

서근식, 「다산 정약용의 『주역』관 – 역리사법과 시괘법의 관계를 중심으로」, 『한국철학논집』 제12집, 한국철학사연구회, 2003.

서근식, 「다산 정약용의 역사易辭 해석론」, 『동양철학연구』 36집, 동양철학연구회, 2004.

서근식, 「조선후기 경기학인의 주역해석방법에 관한 연구 2 – 이익, 정약용, 박제가, 김정희, 서명응, 신작을 중심으로」, 『한국철학논집』 제21집, 한국철학사연구회, 2007.

서근식, 「다산 정약용은 상수역학자인가」, 『한국철학논집』 36집, 한국철학사연구회, 2013.

신원봉, 「다산의 역학관 정립에 미친 청대사상의 영향 – 모기령을 중심으로」, 『다산학』 제3집, 다산학술문화재단, 2002.

여조환, 「다산 정약용의 주역사상」, 『국학논총』 제7집, 경산대학교 국학연구소, 2008.

유문상, 「왕필의 주효론과 다산의 괘효론 비교」, 『정신문화연구』 제30권 제4호, 통권 109호(2007년 겨울호), 한국학중앙연구원.

유문상, 「다산 정약용의 괘주론에 관한 연구, 중국 위나라 왕필의 괘주론과 비교하여」, 『한국인물사연구』 제4호, 한국인물사연구회, 2005.

유초하, 「정약용의 역학서언과 『주역사전』」, 『철학과 현실』 제30집, 철학과 현실, 1996.

이을호, 「정다산의 역리에 대하여」, 『다산학보』 제9호, 1987.

이원명, 「다산의 『주역』관」, 『태동고전연구』 제10집, 한림대학교 태동고전연구소, 1993.

이창일, 「다산역학과 오늘 – 다산역전 해석의 비판적 이해와 미래적 전망」, 『다산과 현대』 창간호, 2008.

이창일, 「주역 설시법의 두 가지 재구성 사례 : 주자의 설시법과 다산 정약용의 설시법에 대한 기호적 함의」, 『기호학연구』 제33집, 한국기호학회, 2012.

임명진·강정수, 「다산의 『주역』 해석에 대한 연구」, 『대전대학교 한의학연구소 논문집』 제13권 제2호, 통권 제25호, 2004.

임재규, 「정약용 효변론의 연원에 대한 시론적 고찰」, 『다산학』 22호, 다산학술문화재단, 2013.

임재규, 「중국역학사에 나타난 효변론 연구 – 진응윤陳應潤, 황도주黃道周, 포의包儀의 효변론을 중심으로」, 『대동문화연구』 제82권, 성균관대학교 대동문화연구원, 2013.

임재규, 「정약용 효변론에 대한 비판적 고찰 – 춘추관점보주의 효변설을 중심으로」, 『종교와 문화』 24권, 서울대학교 종교문제연구소, 2013.

임재규, 「정약용 추이론 소고」, 『종교연구』 70권, 한국종교학회, 2013.

임충군, 「모기령의 추이설과 청대 한역의 부흥 – 모기령의 추이설과 정약용의 추이설의 동이점을 겸해서 분석」, 『민족문화논총』 49권, 영남대학교 민족문화연구소, 2011.

장승구, 「다산 정약용의 역학사상과 그 실학적 의미」, 『다산의 사상과 그 현대적 의미』, 한국정신문화연구원, 1998.

장정욱, 「역상의 적용방식과 설정원리에 대한 분석 – 다산의 『주역사전』을 중심으로」, 『철학연구』 제75호, 대한철학회, 2000.

장정욱, 「현산역간」, 『다산학』 제4권, 다산학술문화재단, 2003.

장정욱, 「사수고점박沙隨古占駁」, 『다산학』 제6권, 다산학술문화재단, 2005.

장정욱, 「다산의 한강백현담고에 대한 평석」, 『동서사상』 제7집, 경북대학교 동서사상연구소, 2009.

장정욱, 「반고의 예문지에 대한 논평」, 『동서사상』 제15집, 2013.

장회익, 「정약용의 과학사상 – 그의 이기관과 『주역』관을 중심으로」, 『한국사시민강좌』 16, 일조각, 1995.

정해왕, 「다산 정약용의 역학사상」, 『주역과 한국역학』, 1996.

정해왕, 「다산역의 추이론」, 『중국문제연구』 제2호, 경성대학교 중국문제연구소, 1988.

정해왕, 「주역 건괘乾卦 괘효사에 대한 상수역관점의 해석 - 이도평李道平과 정약용의 관점에 특히 주목하여」, 『한국민족문화』 제32집, 부산대학교 한국민족문화연구소, 2008.

정해왕, 「정약용의 주역 곤괘坤卦 괘효사에 대한 해석」, 『민족문화논총』 제41집, 영남대학교 민족문화연구소, 2009.

정해왕, 「주역 손괘巽卦 명제에 관한 연구」, 『한국민족문화』 제36집, 부산대학교 한국민족문화연구소, 2010.

정해왕, 「주역 환괘渙卦에 대한 정약용의 해석」, 『한국민족문화』 제41집, 부산대학교 한국민족문화연구소, 2011.

정해왕, 「주역 절괘節卦에 대한 정약용의 해석」, 『민족문화논총』 제49집, 영남대학교 민족문화연구소, 2011.

정해왕, 「주역 태괘兌卦에 대한 정약용의 해석」, 『코기토』 제71호, 부산대학교 인문학연구소, 2012.

조장연, 「경학의 중심에서 본 다산의 역학관」, 『한국민족문화』 제21집, 부산대학교 한국민족문화연구소, 2003.

조장연, 「『주역』의 성리학적 이해를 지양 극복한 정약용의 『주역사전』」, 『오늘의 동양사상』 제10호, 2004.

조장연, 「퇴계와 다산의 역학적 변용과 동질성」, 『퇴계학과 유교문화』 제49권, 퇴계연구소, 2011.

황병기, 「『주역』에 대한 다산의 반신비화 관점과 품명사상연구 - 다산 정약용의 역론 1, 2를 중심으로」, 『한국사상사학』 제21집, 한국사상사학회, 2003.

황병기, 「자연학과 『역易』의 상관성에 대한 다산의 해체와 인문역학」, 『철학연구』 제28집, 고려대학교 철학연구소, 2004.

황병기, 「다산 정약용의 인문학 지향의 주역철학」, 『유교문화연구』 제9권, 성균관대학교 동아시아학술원 유교문화연구소, 2005.

황병기, 「다산에게서 역사易詞의 임의성과 역상易象의 근본성이 주는 철학적 의미」, 『동방학지』 제141집, 연세대학교 국학연구원, 2008.

황병기, 「『역주 주역사전』 - 한국역학사에 초석을 세우다」, 『철학사상』 제32집, 서울대학교 철학사상연구소, 2009.

황병기, 「현암 이을호 연구논문: 현암의 다산역학 연구의 선구자적 위상」, 『공자학』 제18호, 한국공자학회, 2010.


金永友, 「茶山丁若鏞的『周易』解釋及易理四法」, 『易學與儒學國際學術研討會論文集』, 2005.

金永友, 「丁若鏞與毛奇齡的『易』解析比較研究 - 以『春秋』官占的事例爲中心」, 第2屆『易』詮釋中的儒道互動國際學術研討會, 國立臺灣大, 1998.

曾宣靜,「韓儒丁若鏞八卦方位學說初探」,『中國文學研究』第37期, 臺灣大學 中國文學研究所, 2005年 6月.

馮琳,「丁若鏞象數易學方法初探」,『周易研究』第105號, 山東大學 中國周易學會, 2011年 01期.

方仁,「茶山易的辨證法」,『第五屆韓國傳統文化國際學術硏討會論文集』, 南京大學韓國研究所, 2005.

方仁,「通過茶山的『易論』對卜筮模擬實驗功能的考察」, 黃俊傑 編,『東亞視域中的茶山學與韓國儒學』(東亞文明研究叢書 60), 國立臺灣大學東亞文明中心, 國立臺灣大出版中心, 2006.

方仁,「『周易四箋』的符號學解讀」,『周易研究』第99號, 山東大學 中國周易學會, 2010年 01期.

方仁,「朱熹卦變說與丁若鏞推移說的比較」,『曲阜師範大學 國際學術大會論文集』, 2013.

方仁,「從茶山易的觀點看京房爻變說」,『經典經學與儒家思想的現代詮釋 國際學術研討會』, 深圳大學 國學研究所, 2015.

林忠軍,「毛奇齡"推移"說與淸代漢易復興 – 兼論毛奇齡推移說與丁若鏞推移說之異同」,『민족문화논총』제49호, 영남대학교 민족문화연구소, 2011.


In Bang, "The Philosophy of Change in Chong Yakyong's Zhouyisijian", *Korea Journal*, Vol.28.No.10, KOREAN UNESCO, 1988.

In Bang, "A Semiotic Approach to Understanding Tasan ChongYagyong's Philosophy of Yijing", *The Review of Korean Studies*, Vol.3.No.2, Academy of Korean Studies, 2000.

In Bang, "The Aspect of Dialectic Philosophy in Dasan Jeong Yag-yong's Exposition of Yijing", *The Review of Korean Studies*, Vol.9.No.4, Academy of Korean Studies, 2006.

## 다산역학 관련 석사학위논문(연도순)

방인,「다산 역학사상에 대한 연구」, 한국학중앙연구원 한국학대학원, 1983.

백영빈,「정약용의『주역』해석방법 특징」, 한국학중앙연구원 한국학대학원, 1995.

박주병,「정다산 역학에 있어서 역리사법에 대한 연구」, 영남대학교, 1998.

임재규,「다산 역학의 점서적 성격에 관한 연구」, 서울대학교, 1998.

서근식,「다산 정약용의 시괘법 연구」, 성균관대학교, 2002.

임명진,「다산역학의 의학적 응용에 대한 연구 – 14벽괘를 중심으로」, 대전대학교, 2004.

김재홍,「다산 역학의 역리사법에 관한 연구」, 충남대학교, 2008.

여환조, 「다산 정약용의 『주역』사상에 관한 연구」, 대구한의대학교, 2008.
박병훈, 「다산의 악론 연구 – 상관적 사유의 비판과 역학적 구조」, 서울대학교, 2009.
정석현, 「다산 역학의 논리체계 연구」, 경북대학교, 2013.


## 다산역학 관련 박사학위논문(연도순)

김왕연, 「다산 역학의 연구」, 고려대학교, 1989.
정해왕, 「『주역』의 해석방법에 관한 연구–정약용의 역학을 중심으로」, 부산대학교, 1990.
유초하, 「정약용의 우주관」, 고려대학교, 1991.
김인철, 「다산의 『주역』 해석체계에 관한 연구」, 고려대학교, 1999.
김영우, 「정약용의 역학사상연구」, 서울대학교, 2000.
박주병, 「『주역』의 괘에 대한 연구 – 정약용 역학을 중심으로」, 영남대학교, 2000.
유문상, 「다산 역학의 특성과 윤리적 함의」, 한국교원대학교, 2002.
조장연, 「다산 정약용의 역리사상 연구」, 성균관대학교, 2002.
황병기, 「다산 정약용의 역상학」, 연세대학교, 2004.
장정욱, 「『주역』의 구성체제와 역상의 상징체계 – 다산역학을 중심으로」, 경북대, 2009.
林在圭, 「丁若鏞易學硏究」, 復旦大學, 2012.
이난숙, 「다산 정약용의 중국역학 비판연구–『역학서언』을 중심으로」, 강원대학교, 2014.
김광수, 「다산 정약용의 상수학적 역학연구」, 한국외국어대학교, 2015.


## 국내 일반논문

구만옥, 「다산 정약용의 천문역법론」, 『다산학』 제10호, 2007.
김선정, 「『시경詩經』 '흥興'시에 대한 기존 논의를 통해 본 흥興의 성격 고찰」, 『중국어문학
　　　논집』 제51호, 중국어문학연구회, 2008.
김성기, 「귀장역의 출토와 역학사적 의의」, 『동양철학연구』 제48집, 2006.
김언종, 「정다산의 주자 논어집주 비판(4)」, 『어문논집』 제47집, 민족어문학회, 2003.
김영식, 「정약용 사상과 학문의 실용주의적 성격」, 『문명전환기에 다시 읽는 다산학 –
　　　세계유산: 다산 프로젝트 제2권』, 다산 탄신 250주년 기념사업추진위원회, 2012.
김희경, 「한국의 풍수지리사상과 심층생태학」, 『생태주의와 기호학 : 기호학연구 제9권』,

문학과 지성사, 2001.

문중양, 「19세기의 호남 실학자 이청의 『井觀編』 저술과 서양 천문학 이해」, 『한국문화』 37, 서울대학교 규장각한국학연구원, 2006.

박건주, 「좌전위작설에 대한 일고」, 『중국고대사연구』 제12집, 2004.

박상준, 「『주역』의 본질 – 『주역』의 은유적 서술구조의 측면에서」, 『정신문화연구』 제32권 제4호, 통권 117호, 한국학중앙연구원, 2009.

박석홍, 「한자도문기원설에 대한 언어문자학적 재고」, 『문학·사학·철학』 제14호, 발해동양학한국학연구원, 한국불교사연구소, 2008.

박연규, 「『주역』 괘의 은유적 이미지 – 『역易』에 대한 찰스 퍼스(Charles S. Peirce)의 기호학적 이해」, 『공자학』 제4호, 한국공자학회, 1998.

박연규, 「관괘觀卦의 논리: 관觀의 설명 가능성 – 퍼스(C.S. Peirce)의 가추법(abduction)에 의한 접근」, 『공자학』 제7호, 한국공자학회, 2000.

박연규, 「『주역』에서 제사의 재현성에 대한 기호학적 분석: 퍼스의 10개 기호 분류를 중심으로」, 『기호학연구』 제33집, 2012.

박이문, 「기호와 의미」, 『현대사회와 기호: 기호학 연구 2』, 문학과 지성사, 1996.

박재복, 「은허殷墟에서 출토된 역괘易卦 갑골甲骨의 특징과 그 의의」, 『유학적 사유와 한국문화: 지산 장재한 선생 칠순기념논총 간행위원회, 2007. 2.

박재복, 「상주商周시대 출토문물에 보이는 역괘易卦 고찰」, 『강원인문논총』 제17집, 강원대학교 인문과학연구소, 2007. 6.

박재복, 「중국 선진시기 갑골의 점복占卜 방식에 대한 소고」, 『고고학탐구』 제6호, 고고학탐구회, 2009. 9.

박재복, 「상대商代 이전 갑골의 특징 및 고고문화적 분류」, 『중국고중세사연구』 제23집, 중국고중세사학회, 2010. 2.

박재복, 「중국 갑골의 기원에 관한 고찰」, 『고고학탐구』 제11호, 고고학탐구회, 2012. 3.

방인, 「주역의 기호학」, 『철학연구』 115호, 대한철학회, 2010.

서근식, 「조선후기 경기학인의 주역해석방법에 관한 연구(1) – 이익·정약용·박제가·김정희·서명응·신작을 중심으로」, 『한국철학논집』 20집, 한국철학사연구회, 2007.

서근식, 「조선후기 경기학인의 주역해석방법에 관한 연구(2) – 이익·정약용·박제가·김정희·서명응·신작을 중심으로」, 『한국철학논집』 21집, 2007.

서근식, 「주자 역학계몽의 체계적 이해」, 『동양고전연구』 제43집, 동양고전학회, 2011.

서근식, 「근기남인으로서의 성호 이익의 역학사상 – 시괘고를 중심으로」, 『한국철학논집』 제32호, 2011.

성태용, 「다산철학에 있어서 계시 없는 상제」, 『다산학』 제5호, 2004.

신성수, 「『주역』의 상징체계로 본 춤사위에 관한 연구」, 『우리춤연구』 제2집, 2006.

신원봉, 「정조의 주역관」, 『동양문화연구』 제3권, 영산대학교 동양문화연구원, 2009.

심경호, 「주역과 한국한문학」, 『하계학술대회논문집』, 한국한문학회, 충북대, 2009.

에드워드 쇼네시(Edward L. Shaughnessy), 「이미지 불러일으키기: 『주역』 고대점복과 시의 상관성」("Arousing Images: The Poetry of Divination and the Divination of Poetry"), 『단국대학교 동양학연구소 해외석학초청포럼자료집』, 2009. 6. 23.

오태석, 「은유와 유동의 기호학 – 주역」, 『중국어문학지』 제31집, 중국어문학회, 2011.

오태석, 「주역 표상체계의 확장적 고찰」, 『중어중문학』 제53집, 한국중어중문학회, 2012.

유초하, 「정약용 철학에서 본 영혼불멸과 우주창조의 문제」, 『한국실학연구』 제6호, 한국 실학학회, 2003.

유초하, 「정약용 철학의 상제개념에 관한 이견들과 그에 담긴 오해들」, 『한국철학논집』 제20권, 한국철학사연구회, 2007.

유초하, 「정약용 철학의 태극과 상제 – 상제 개념에 담긴 존재론적 함의를 중심으로」, 『인문학지』 제39권, 충북대학교 인문학연구소, 2009.

윤석민, 「왕필 『주역주』 해경방법론과 그 연원에 관하여」, 『동양철학』 제26집, 한국동양철 학회, 2006.

윤석민, 「조朝 · 청淸 역학의 탈성리학적 세계관 지향」, 『중국학보』 제59집, 한국중국학회, 2006.

이동환, 「다산사상에서의 '상제' 도입경로에 대한 서설적 고찰」, 『다산의 정치경제사상』, 창작과 비평, 1990.

이상옥, 「청대고증학이입과 다산 정약용」, 『중국학보』 제11집, 한국중국학회, 1970.

이상옥, 「청대의 고증학」, 『중국학보』 제14집, 한국중국학회, 1973.

이세동, 「주자주역본의연구朱子周易本義研究」, 서울대학교 박사학위논문, 1996.

이승환, 「성의 기호학」, 『유교문화와 기호학』, 도서출판 월인, 2003.

이연주, 「양웅 방언에 나타난 동북지역의 언어상황」, 『중국학보』 제58집, 2008.

이영호, 「방신舫山 역학의 특징과 그 역학사적 위상」, 『한문학보』 제16집, 우리한문학회, 2007.

이창일, 「천근과 월굴: 주역의 그림과 자연주의적 사유」, 『기호학연구』 제22집, 한국기호학 회, 2007.

이창일, 「주술과 주역 – 점서역과 의리역의 통합적 이해의 역사」, 『서강인문논총』 제23집, 서강대학교 인문과학연구소, 2008.

임경희, 「기호와 한자」, 『영상문화』 제11호, 2006.

장회익, 「동양사상에서의 시공개념 – 신유학자들의 문헌에 나타난 사상을 중심으로」, 『과 학과 철학』 제3호, 과학사상연구회, 1992.

장회익, 「주역의 현대과학적 조명」, 『과학과 철학』 제5호, 과학사상연구회, 1994.

장회익, 「정약용의 과학사상 - 그의 이기관과 주역관을 중심으로」, 『한국사시민강좌』 제
16집, 일조각, 1995.

정병석, 「성인지서와 복서지서의 차이 - 새로운 출토자료를 통해 본 『주역』의 형성문제」,
『동양철학연구』 제42집, 동양철학연구회, 2005.

정해왕, 「전철학사와의 유비관계에서 본 왕필역학개념과 그 역학적 의미」, 『대동철학』
제41집, 대동철학회, 2007.

한영규, 「19세기 회인시懷人詩를 통해본 여항인의 형상 - 남병철南秉哲의 회인시를 중심
으로」, 『한국어문교육연구회 172회 학술대회논문집』, 한국어문교육연구회, 2008.

황병기, 「역학과 서구과학의 만남 - 조선후기사상의 내적발전사 탐구」, 『도교문화연구』
제21집, 한국도교문화학회, 2004.

## 중국 논문

高明, 「連山歸藏考」, 『制言』 49期, 1939.

高明, 『斯文』 第2卷, 第17期, 1942.

顧頡剛, 「周易卦爻辭中的故事」, 『燕京學報』; 『古事辨』 第3冊, 1929.

葉海平, 「論周易的兩套符號系統」, 『雲南學術探索』, 1997.

王鳴盛, 『蛾術編』(全2冊), 北京: 商務印書館, 1959.

王國維, 「殷卜辭中所見先公先王考」, 『學術叢編』, 上海: 倉聖明智大學, 1917.

廖名春, 「『周易·說卦傳』錯簡說新考」, 『周易研究』 第2期, 1997.

廖名春, 「王家臺秦簡『歸藏』管窺」, 『周易研究』 第2期, 2001.

劉彬, 「論帛書"衷"篇的篇名及其象數思想」, 『學燈』 第18期, 2011.

俞宣孟, 「意義, 符號與周易」, 『上海社會科學院 學術季刊』, 1990.

兪志慧, 「『國語·晉語四』"貞屯悔豫皆八"爲宜變之爻與不變之爻皆半說」, 『學燈』 總第19期,
2011年 第3期.

李先焜, 「論周易的符號學思想」, 『湖北大學學報』, 2004.

李舜臣·歐陽江琳, 「周易的"象"思維」, 『贛南師範學院學報』, 2000.

李宗焜, 「數字卦的內容與疾病記述」, 『亞洲醫學史會第二次年會: 宗教與醫療學術研討會』, 臺
北: 中央研究院 歷史語言研究所, 2004.

張再林, 「作爲身體符號系統的周易」, 『世界哲學』, 2010.

張政烺, 「古代筮法與文王演周易」, 中國古文字研究會 第一屆年會上發表, 1978.

張政烺, 「試釋周初青銅器銘文中的易卦」, 『考古學報』 第4期, 1980.

張政烺, 「帛書六十四卦跋」, 『文物』 1984年 第3期.

張政烺, 「殷墟甲骨文中所見的一種筮卦」, 『文史』 24輯, 1985.

張政烺, 「易辨 - 近幾年根據考古材料探討周易問題的綜述」, 唐明邦・羅熾・張武・蕭漢明, 『周易縱橫錄』, 武漢: 湖北人民出版社, 1986.

張政烺, 「試釋周初青銅器銘文中的易卦」, 『周易研究論文集』 1, 北京: 北京師範大學出版社, 1990.

趙平安, 「再論淸華簡「保訓」中」, 『출토문헌과 중국사상』, 한국동양철학회, 2011.

周文英, 「易的符號學性質」, 『哲學動態』, 1994.

陳道德, 「論卦爻符號的起源及周易的意義層面」, 『哲學研究』, 1992.

陳仁仁, 「從楚地出土易類文獻看『周易』文本早期形態」, 『周易研究』 2007年 第3期.

何建南, 「萊布尼茨・黑格爾和易經符號系統」, 『江西社會科學』, 1995.

韓慧英, 「『左傳』・『國語』筮數"八"之初探」, 『周易研究』 2002年 第5期.

## 기호학 관련 국내 단행본

그레마스 저, 김성도 역, 『의미에 관하여』, 인간사랑, 1997.

그레이스 케언즈(Grace E. Cairns), 이성기 역, 『동양과 서양의 만남』(원저: *Philosophies of history*), 평단문화사, 1984.

김성도, 『로고스에서 뮈토스까지 - 소쉬르 사상의 새로운 지평』, 한길사, 1999.

김성도, 『기호, 리듬, 우주 - 기호학적 상상력을 위하여』, 인간사랑, 2007.

김운찬, 『현대기호학과 문화분석』, 열린책들, 2005.

김치수・김성도・박인철・박일우, 『현대기호학의 발전』, 서울대학교 출판부, 1998.

뢱 브노아 저, 박지구 역, 『기호・상징・신화』, 경북대학교 출판부, 2006.

롤랑 바르트 저, 한은경・김주환 공역, 『기호의 제국』, 민음사, 1997.

마르틴 졸리 저, 이선형 옮김, 『이미지와 기호』, 동문선, 1994.

베르나르 투쌩 저, 윤학로 옮김, 『기호학이란 무엇인가?』, 청하, 1987.

소두영, 『기호학』, 인간사랑, 1991.

소두영, 『문화기호학』, 사회문화연구소, 1995.

에른스트 카시러 저, 박찬국 옮김, 『상징형식의 철학: 제1권 언어』, 아카넷, 2011.

움베르토 에코, 서우석 역, 『기호학이론』, 문학과 지성사, 1985.

움베르토 에코, 김광현 옮김, 『기호 - 개념과 역사』, 열린책들, 2000.

움베르토 에코 외, 김주환·한은경 역, 『논리와 추리의 기호학』, 인간사랑, 1994.

이준희, 『간접화행』, 도서출판 역락, 2000.

잔느 마르티네 저, 김지은 역, 『기호학의 열쇠』, 유로출판사, 2006.

장 보드리야르, 『시뮬라시옹』, 하태환 옮김, 민음사, 1981.

존 오스틴, 김영진 역, 『말과 행위』, 서광사, 1992.

찰스 샌더스 퍼스, 김성도 편역, 『퍼스의 기호사상』, 민음사, 2006.

찰스 샌더스 퍼스, 제임스 흡스 엮음, 김동식, 이유선 옮김, 『퍼스의 기호학』, 나남, 2008.

피터 페리클레스 트리포나스 지음, 최정우 옮김, 『기호의 언어 - 정교한 상징의 체계』(시공디스커버리총서), 시공사, 1997.

## 기타 국내 단행본

姜國柱 저, 국방사상연구회 옮김, 『주역과 전쟁윤리』, 철학과현실사, 2004.

강만길·정창렬 외 9인, 『다산의 정치경제사상』, 창작과비평사, 1990.

顧音海 저, 임진호 역, 『갑골문발견과 연구』, 아세아문화사, 2008.

高亨 저, 김상섭 역, 『고형의 주역』, 예문서원, 1995.

高亨·李鏡池·容肇祖 지음, 김상섭 역, 『주역점의 이해』, 지호, 2009.

高懷民, 숭실대학교 동양철학연구실 역, 『중국고대역학사』, 숭실대학교 출판부, 1990.

금장태, 『조선유학의 주역사상』, 예문서원, 2007.

김병훈, 『율려와 동양사상』, 예문서원, 2004.

김상일, 『대각선 논법과 조선역 - 성이심, 이황, 윤선거, 한원진, 정약용 역과 칸토어 대각선 논법』, 지식산업사, 2013.

김충열, 『김충열 교수의 중국철학사』 1, 예문서원, 1994.

김형효, 『다산의 사상과 그 현대적 의미』, 한국학중앙연구원, 1998.

나카무라 하지메(中村元) 저, 김지견 역, 『중국인의 사유방법』, 동서문화원, 1971.

노세영, 『고대근동의 역사와 종교』, 대한기독교서회, 2000.

류쭝디, 이유진 역, 『동양고전과 푸코의 웃음소리』, 글항아리, 2013.

마광수, 『상징시학』, 청하, 1985.

마크 에드워드 루이스, 최정섭 옮김, 『고대중국의 글과 권위』, 미토, 2006.

박종천, 『다산 정약용의 의례론』, 신구문화사, 2008.

북경대학교 철학과 연구실 저, 박원재 옮김, 『중국철학사』 제1권, 간디서원, 2005.

시라카와 시즈카(白川靜), 심경호 역, 『한자 백가지 이야기』, 황소자리, 2005.

시라카와 시즈카(白川靜), 심경호 역, 『문자강화』, 바다출판사, 2008.

시라카와 시즈카(白川靜), 윤철규 역, 『한자의 기원』, 이다미디어, 2009.

사라 알란 지음, 오만종 옮김, 『거북의 비밀, 중국인의 우주와 신화』, 예문서원, 2002.

심재훈 엮음, 『화이부동의 동아시아학』, 푸른역사, 2012.

梁啓超 저, 이기동·최일범 역, 『청대학술개론』, 여강출판사, 1993.

양동숙 저, 『그림으로 배우는 중국문자학』, 차이나하우스, 2006.

엄연석, 『조선전기역철학사』, 학자원, 2013.

에른스트 H. 곰브리치 저, 백승길, 이종숭 옮김, 『서양미술사』, 2003.

吳浩坤·潘悠 著, 양동숙 역, 『중국갑골학사』, 동문선, 2002.

廖名春·康學偉·梁韋弦 著, 『주역철학사』, 심경호 역, 예문서원, 1994.

李零, 김승호 옮김, 『전쟁은 속임수다 – 李零의 『손자』강의』, 글항아리, 2013.

이승률, 『죽간·목간·백서, 중국 고대 간백자료의 세계 1』, 예문서원, 2013.

이태원, 『현산어보를 찾아서』, 청어람미디어, 2002.

이희철, 『히타이트 – 점토판 속으로 사라졌던 인류의 역사』, 리수, 2004.

자크 주아나 지음, 서홍관 옮김, 『히포크라테스』, 도서출판 아침이슬, 2004.

장승구, 『정약용과 실천의 철학』, 서광사, 2001.

조셉 니담, 이석호 외 2인 역, 『중국의 과학과 문명』 II, 을유문화사, 1988.

周大璞 저, 정명수·장동우 옮김, 『훈고학의 이해』, 동과서, 1993.

陳來 저, 진성수·고재석 옮김, 『중국고대사상문화의 세계』, 성균관대학교 동아시아학술원 유교문화연구소, 2008.

최영애, 『한자학강의』, 통나무, 1995.

馮友蘭 저, 박성규 역, 『중국철학사』 상·하, 까치, 1999.

하영삼, 『연상한자』, 예담, 2004.

한은경, 『기호의 제국』, 김주환 역, 민음사, 1997.


## 중국 및 일본 단행본

郭沫若, 『中國古代社會硏究』, 人民出版社, 1977.

郭沫若 主編, 胡厚宣 編輯, 『甲骨文合集』, 中華書局, 2010.

金景芳·呂紹綱,『周易全解』, 上海古籍出版社, 2012.

金祥恒,『續甲骨文編』, 臺灣: 藝文印書館, 民國82.

羅振玉,『增訂殷虛書契考釋』, 藝文印書館, 1969.

廖名春,『帛書易傳初探』, 臺北: 文史哲出版社, 民國87.

郭沫若,『郭沫若全集(歷史編1)』, 北京: 人民出版社, 1982.

馬小星,『龍: 一種未明的動物』, 華夏出版社, 1995.

朴載福,『先秦卜法研究』(北京大學震旦古代文明研究中心學術叢書24), 上海古籍出版社, 2011.

龐樸 等 著,『郭店楚簡與早期儒學』, 臺北: 臺灣古籍出版有限公司, 2002.

徐芹庭,『兩漢十六家易注闡微』, 五洲出版社, 1975.

徐瑞,『周易符號學概論』, 上海科學技術文獻出版社, 2013.

呂紹綱,『周易闡微』, 長春吉林大學出版社, 1990.

王國維,『觀堂集林』第9卷, 1921.

容庚 編著,『金文編』(第4版), 北京: 中華書局, 1985.

楊文衡,『易學與生態環境』, 中國書店, 2003.

呂紹綱,『周易闡微』, 韜略出版有限公司, 民國85.

劉大鈞,『周易概論』, 成都: 巴蜀書社, 2010.

王明居,『叩寂寞而求音: 周易符號美学』, 安徽大学出版社, 1999.

容庚,『金文編』, 中華書局, 1985

李鏡池,『周易通義』, 中華書局, 1987.

李學勤,『周易經傳溯源』, 中國社會科學院文庫, 2007.

張朋,『春秋易學研究』, 上海人民出版社, 2012.

張政烺,『張政烺論易叢稿』, 中華書局, 2011.

田漢雲,『六朝經學與玄學』, 南京出版社, 2003.

周大璞,『訓詁學初稿』, 武漢大學出版社, 1993.

朱興國,『三易通義』, 齊魯書社, 2006.

陳文和,『中國古代易占』, 九州出版社, 2008.

許進雄,『中國古代社會』, 臺北: 臺灣商務印書館, 1995.

侯敏,『易象論』, 北京大學出版社, 2006.

『易學應用之研究』第2集, 臺灣: 中華書局, 1982.

武内義雄, 『易と中庸の研究』, 岩波書店, 1943.

鈴木由次郎, 『漢易研究』, 明德出版社, 1963.

## 서구어로 된 단행본 및 논문

Bremond, *Logique du récit*, Seuil, 1973.

C. Hartshorne and P. Weiss and A. Burks ed., *The Collected Papers of Charles Sanders Peirce*, Mass.: Harvard University Press, Vol.5.

Carlo Ginzburg, translated by John and Anne Tedschi, *Clues, Myths, and the Historical Method*, The Johns Hopkins University Press, 1989.

Charles W. Morris, *Foundations of the Theory of Signs*, Chicago: The University of Chicago Press, 1938.

Charles W. Morris, *Signs, Language, and Behavior*, New York: Prentice Hall, 1946.

Charles W. Morris, *Writings on the General Theory of Signs*, Hague: Mouton, 1971.

Cheryl Misak ed., *The Cambridge Companion to Peirce*, Cambridge University Press, 2007.

Francesca Rochberg, *The Heavenly Writing — Divination, Horoscopy, and Astronomy in Mesopotamian Culture*, Cambridge University Press, 2004.

Giovanni Manetti, translated by Christine Richardson, *Theories of Sign in Classical Antiquity*, Indiana University Press, 1993.

John L. Bell, *The Continuous and the Infinitesimal in Mathematics and Philosophy*, Milano: Polimetrica, 2006.

K. C. Chang, *Art, Myth, and Ritual — The Path to Political Authority in Ancient China*, Harvard University Press, 1983.

Marcus Tullius Cicero, translated by C.D.Yonge, *The Nature of the Gods and On Divination*, New York: Prometheus Books, 1997.

Marcus Tullius Cicero, edited by David Wardle, *On Divination*, Oxford University Press, 2007.

Michael Loewe, *Divination, mythology and monarchy in Han China*, Cambridge University Press, 1994.

Michael Leowe & Edward Shaughnessy, *The Cambridge History of Ancient China: From the Origins of Civilization to 221 BC*, Cambridge University Press, 1999.

Michael Shanks, *Classical Archaeology of Greece*, London: Routledge, 1996.

Paul Cobley, *The Routledge Companion to Semiotics*, 2010.

Richard Wilhelm's and Cary F. Baynes translation, *I Ching: Book of Changes*, 3rd. ed., Bollingen Series XIX, Princeton University Press, 1967.

Robert W. Preucel, *Archaeological Semiotics*, Blackwell Publishing, 2006.

Susan Petrilli and Augusto Ponzio, *Semiotics Unbounded: Interpretive Routes through the Open Network of Signs*, University of Toronto Press, 2005.

T. L. Short, *Peirce's Theory of Signs*, Cambridge University Press, 2007.

Tammi J. Schneider, *An Introduction to Ancient Mesopotamian Religion*, Wm.B.Eerdmans Publishing Co., 2011.

Vincent M. Colapietro, *Glossary of Semiotics*, Paragon House, 1993.

Vladimir Propp, *Morphology of the Folk Tale*, Second Edition, Revised and Edited with Preface by Louis A. Wagner, Introduction by Alan Dundes, Publications of the American Folklore Society, University of Texas Press; 1968.

Winfried Nöth, *Handbook of Semiotics*, Indiana University Press, 1995.


Amar Annus, "On the Beginnings and Continuities of Omen Sciences in the Ancient World", edited by Amar Annus, *Divination and Interpretation of Signs in the Ancient World*, The Oriental Institute of the University of Chicago, Oriental Institute Seminars, Number 6, Chicago, 2010.

Giovanni Manetti, "Ancient Semiotics", Paul Cobley, *The Routledge Companion to Semiotics*, 2010.

In Bang, "The Metamorphosis of the Dragon, A hermeneutic approach to interpreting the dragon image in the chinese text of the Yijing", *Komparative Philosophie*, Schriften der Académie du Midi, Bd. IV, Herausgegeben von Rolf Elberfeld, Johann Kreuzer, John Minford, Günter Wohlfart, München: Wilhelm Fink Verlag, 1998.

Ming Dong Gu, "The Zhouyi (Book of Changes) as an Open Classic: A Semiotic Analysis of Its System of Representation", *Philosophy East and West*, Vol.55, No.2., University of Hawai'i Press, 2005.

Sheldon Lu, "I Ching and the Origin of the Chinese Semiotic Tradition", *Semiotica*, Vol.170, 2008.

Shin-Ja Kim, "Das Philosophishe Denken von Tasan Chong", *Wiener Arbeiten zur Philosophie* Volume 14, Frankfurt am Main, Peter Lang, 2006.

Shin-Ja Kim, "The Philosophical Thought of Tasan Chong", translated from German by Tobias J. Koertner/ Jordan Nyenyembe, Frankfurt am Main, Peter Lang, 2010.

Yeoungyu Park, "The Semiosis of the Image(Xiang): A Peircean Approach to the Yijing", A dissertation paper, The University of Hawaii, 1998.

## 사전류

김승동 편저, 『역사상사전易思想辭典』, 부산대학교 출판부, 1998.

한국고전용어사전편찬위원회, 『한국고전용어사전』, 세종대왕기념사업회, 2001.

蕭元, 『周易大辭典』, 中國工人出版社, 1991.

蕭元·廖名春 編, 『周易大辭典』, 中國工人出版社, 1991.

Paul Edward ed., *The Encyclopedia of Philosophy*, Vol.8, MacMillan Publishing Co. Inc & The Free Press, 1967.

## 인터넷자료

두병斗柄: http://210.14.113.18/gate/big5/image.cpst.net.cn/upload/2006-10/18/161139488.jpg

라스코 동굴벽화: http://www.lascaux.culture.fr

목야전투 당시의 지형도: http://www.cheramia.net/board/data/bbs9/Map_Insy.gif

설괘방위도: http://www.hokming.com/hau-tin-gua-gif.gif

시리우스: 위키백과 시리우스 항목(http://ko.wikipedia.org)

주역부호학 관련: 祝東, 「易學符號思想的研究的回顧與反思」, 符號學論壇(Forum of Semiotics); http://www.semiotics.net.cn/fhxts_show.asp?id=2012.

태극도: http://blog.naver.com/uichol5730/80073407792

황병기, 「이학래李鶴來의 헛갈리는 행적」, <강진신문> 2010. 2. 5.

12벽괘소식도: http://1803.img.pp.sohu.com.cn/images/2008/9/9/16/26/11cecfe9af0g215.jpg

http://blog.daum.net/findtreasure/100272272 (퍼스의 기호세계와 소쉬르 기호학과의 차이점)

Robert Bast, "Dragons: Were they once real?"; http://survive2012.com/index.php/dragons-were-they-once-real.html.; 28,Nov.2011

Merriam Webster's Online Dictionary.

Online Etymology Dictionary.

孫言誠, 「我的導師張政烺」; 用古文字資料研究『周易』, 探索『周易』起源; 數字卦是張先生晚年最重要的學術觀點; http://big5.ifeng.com/gate/big5/book.ifeng.com/xinshushoufa/n001/detail_2012_04/20/14035491_0.shtml

王寧, 「商王武丁相關問題述略」 下; http://www.hxlsw.com/history/shang/mantan/2010/0319/51432_3.html

俞志慧, 「『國語‧晉語四』"貞屯悔豫皆八"爲宜變之爻與不變之爻皆半說」, 『學燈』, 第19期.;
　　　　http://www.confucius2000.com/admin/list.asp?id＝4946

張再興, 「賦稅有則－釋＜剝＞兼釋『中方鼎』」, 中國儒學網, 2009. 3. 25.;
　　　　http://www.confuchina.com/09%20xungu/shi%20bo.htm

朱興國, 「釋周易術語"亨"」, bamboosilk.org

# 찾아보기

## 인명

# 서명 및 편명

# 개념어구

## 【ㄱ】

690

지은이 방인方仁

1980년에 서울대학교 인문대학 철학과를 졸업하였으며, 1983년에 한국학중앙연구원 한국학대학원에서 「다산역학사상에 대한 연구」로 석사학위를 취득하였다. 1995년에는 서울대학교 철학과에서 신라의 유식사상가 태현太賢의 저술인 『성유식론학기成唯識論學記』를 연구하여 「태현의 유식唯識철학연구」라는 논문으로 박사학위를 취득하였다. 1984년에서 1986년 사이에 이탈리아 나폴리에 있는 동양학대학교(Istituto Universitario Orientale)에서 한국어와 한국학을 2년간 강의하였다. 1989년 이래 현재까지 경북대학교 인문대학 철학과 교수로 재직하고 있으며, 1997년에서 1998년 사이에 미국의 하버드옌칭연구소에서, 그리고 2005년에서 2006년 사이에 캐나다의 브리티시컬럼비아 대학(UBC)의 한국학연구소에서 1년간 객원학자(Visiting Scholar)를 역임하였다. 2007년에는 한국연구재단의 명저번역사업의 지원을 받아 정약용의 『역주譯註 주역사전周易四箋』(전8권, 소명출판)을 제자 장정욱과 함께 번역하였으며, 이 업적을 인정받아 2009년에는 제21회 서우철학상 번역부문 수상자로 선정되었다. 다산학술문화재단이 주관하는 『정본 여유당전서』(사암, 2013)를 편찬하는 사업에도 참여하여 『주역사전』과 『역학서언』의 표점교감 작업을 수행하였다.

## ◈ 예문서원의 책들 ◈

### 원전총서

박세당의 노자 (新註道德經) 박세당 지음, 김학목 옮김, 312쪽, 13,000원
율곡 이이의 노자 (醇言) 이이 지음, 김학목 옮김, 152쪽, 8,000원
홍석주의 노자 (訂老) 홍석주 지음, 김학목 옮김, 320쪽, 14,000원
북계자의 (北溪字義) 陳淳 지음, 김충열 감수, 김영민 옮김, 295쪽, 12,000원
주자가례 (朱子家禮) 朱熹 지음, 임민혁 옮김, 496쪽, 20,000원
서경잡기 (西京雜記) 劉歆 지음, 葛洪 엮음, 김장환 옮김, 416쪽, 18,000원
고사전 (高士傳) 皇甫謐 지음, 김장환 옮김, 368쪽, 16,000원
열선전 (列仙傳) 劉向 지음, 김장환 옮김, 392쪽, 15,000원
열녀전 (列女傳) 劉向 지음, 이숙인 옮김, 447쪽, 16,000원
선가귀감 (禪家龜鑑) 청허휴정 지음, 박재양 · 배규범 옮김, 584쪽, 23,000원
공자성적도 (孔子聖蹟圖) 김기주 · 황지원 · 이기훈 역주, 254쪽, 10,000원
공자세가 · 중니제자열전 (孔子世家 · 仲尼弟子列傳) 司馬遷 지음, 김기주 · 황지원 · 이기훈 역주, 224쪽, 12,000원
천지서상지 (天地瑞祥志) 김용천 · 최현화 역주, 384쪽, 20,000원
도덕지귀 (道德指歸) 徐命庸 지음, 조민환 · 장원목 · 김경수 역주, 544쪽, 27,000원
참동고 (參同攷) 徐命庸 지음, 이봉호 역주, 384쪽, 23,000원
박세당의 장자, 남화경주해산보 내편 (南華經註解刪補 內篇) 박세당 지음, 전현미 역주, 560쪽, 39,000원
초원담노 (椒園談老) 이충익 지음, 김윤경 옮김, 248쪽, 20,000원

### 퇴계원전총서

고경중마방古鏡重磨方 — 퇴계 선생의 마음공부 이황 편저, 박상주 역해, 204쪽, 12,000원
활인심방活人心方 — 퇴계 선생의 마음으로 하는 몸공부 이황 편저, 이윤희 역해, 308쪽, 16,000원
이자수어李子粹語 퇴계 이황 지음, 성호 이익 · 순암 안정복 엮음, 이광호 옮김, 512쪽, 30,000원

### 연구총서

논쟁으로 보는 중국철학 중국철학연구회 지음, 352쪽, 8,000원
논쟁으로 보는 한국철학 한국철학사상연구회 지음, 326쪽, 10,000원
중국철학과 인식의 문제 (中國古代哲學問題發展史) 方立天 지음, 이기훈 옮김, 208쪽, 6,000원
중국철학과 인성의 문제 (中國古代哲學問題發展史) 方立天 지음, 박경환 옮김, 191쪽, 6,800원
현대의 위기 동양 철학의 모색 중국철학회 지음, 340쪽, 10,000원
역사 속의 중국철학 중국철학회 지음, 448쪽, 15,000원
중국철학의 이단자들 중국철학회 지음, 240쪽, 8,200원
공자의 철학 (孔孟荀哲學) 蔡仁厚 지음, 천병돈 옮김, 240쪽, 8,500원
맹자의 철학 (孔孟荀哲學) 蔡仁厚 지음, 천병돈 옮김, 224쪽, 8,000원
순자의 철학 (孔孟荀哲學) 蔡仁厚 지음, 천병돈 옮김, 272쪽, 10,000원
유학은 어떻게 현실과 만났는가 — 선진 유학과 한대 경학 박원재 지음, 218쪽, 7,500원
유교와 현대의 대화 황의동 지음, 236쪽, 7,500원
역사 속에 살아있는 중국 사상 (中國歷史に生きる思想) 시게자와 도시로 지음, 이혜경 옮김, 272쪽, 10,000원
덕치, 인치, 법치 — 노자, 공자, 한비자의 정치 사상 신동준 지음, 488쪽, 20,000원
리의 철학 (中國哲學範疇精髓叢書 — 理) 張立文 주편, 안유경 옮김, 524쪽, 25,000원
기의 철학 (中國哲學範疇精髓叢書 — 氣) 張立文 주편, 김교빈 외 옮김, 572쪽, 27,000원
동양 천문사상, 하늘의 역사 김일권 지음, 480쪽, 24,000원
동양 천문사상, 인간의 역사 김일권 지음, 544쪽, 27,000원
공부론 임수무 외 지음, 544쪽, 27,000원
유학사상과 생태학 (Confucianism and Ecology) Mary Evelyn Tucker · John Berthrong 엮음, 오정선 옮김, 448쪽, 27,000원
공자曰, 공자는 이렇게 말했다 안재호 지음, 232쪽, 12,000원
중국중세철학사 (Geschichte der Mittelalterischen Chinesischen Philosophie) Alfred Forke 지음, 최해숙 옮김, 568쪽, 40,000원
북송 초기의 삼교회통론 김경수 지음, 352쪽, 26,000원
죽간 · 목간 · 백서, 중국 고대 간백자료의 세계 1 이승률 지음, 576쪽, 40,000원
중국근대철학사 (Geschichte der neueren Chinesischen Philosophie) Alfred Forke 지음, 최해숙 옮김, 936쪽, 65,000원

## 역학총서

주역철학사 (周易研究史) 廖名春・康學偉・梁韋弦 지음, 심경호 옮김, 944쪽, 30,000원
송재국 교수의 주역 풀이 송재국 지음, 380쪽, 10,000원
송재국 교수의 역학담론 ─ 하늘의 빛 正易, 땅의 소리 周易 송재국 지음, 536쪽, 32,000원
소강절의 선천역학 高懷民 지음, 곽신환 옮김, 368쪽, 23,000원

## 한국철학총서

조선 유학의 학파들 한국사상사연구회 편저, 688쪽, 24,000원
실학의 철학 한국사상사연구회 편저, 576쪽, 17,000원
퇴계의 생애와 학문 이상은 지음, 248쪽, 7,800원
조선유학의 개념들 한국사상사연구회 지음, 648쪽, 26,000원
유교개혁사상과 이병헌 금장태 지음, 336쪽, 17,000원
남명학파와 영남우도의 사림 박병련 외 지음, 464쪽, 23,000원
쉽게 읽는 퇴계의 성학십도 최재목 지음, 152쪽, 7,000원
홍대용의 실학과 18세기 북학사상 김문용 지음, 288쪽, 12,000원
남명 조식의 학문과 선비정신 김충열 지음, 512쪽, 26,000원
명재 윤증의 학문연원과 가학 충남대학교 유학연구소 편, 320쪽, 17,000원
조선유학의 주역사상 금장태 지음, 320쪽, 16,000원
율곡학과 한국유학 충남대학교 유학연구소 편, 464쪽, 23,000원
한국유학의 악론 금장태 지음, 240쪽, 13,000원
심경부주와 조선유학 홍원식 외 지음, 328쪽, 20,000원
퇴계가 우리에게 이윤희 지음, 368쪽, 18,000원
조선의 유학자들, 켄타우로스를 상상하며 理와 氣를 논하다 이향준 지음, 400쪽, 25,000원
퇴계 이황의 철학 윤사순 지음, 320쪽, 24,000원

## 성리총서

송명성리학 (宋明理學) 陳來 지음, 안재호 옮김, 590쪽, 17,000원
주희의 철학 (朱熹哲學研究) 陳來 지음, 이종란 외 옮김, 544쪽, 22,000원
양명 철학 (有無之境─王陽明哲學的精神) 陳來 지음, 전병욱 옮김, 752쪽, 30,000원
정명도의 철학 (程明道思想研究) 張德麟 지음, 박상리・이경남・정성희 옮김, 272쪽, 15,000원
주희의 자연철학 김영식 지음, 576쪽, 29,000원
송명유학사상사 (宋明時代儒學思想の研究) 구스모토 마사쓰구(楠本正繼) 지음, 김병화・이혜경 옮김, 602쪽, 30,000원
북송도학사 (道學の形成) 쓰치다 겐지로(土田健次郎) 지음, 성현창 옮김, 640쪽, 3,200원
성리학의 개념들 (理學範疇系統) 蒙培元 지음, 홍원식・황지원・이기훈・이상호 옮김, 880쪽, 45,000원
역사 속의 성리학(Neo-Confucianism in History) Peter K. Bol 지음, 김영민 옮김, 488쪽, 28,000원
주자어류선집 (朱子語類抄) 미우라 구니오(三浦國雄) 지음, 이승연 옮김, 504쪽, 30,000원

## 불교(카르마)총서

학파로 보는 인도 사상 S. C. Chatterjee・D. M. Datta 지음, 김형준 옮김, 424쪽, 13,000원
불교와 유교 ─ 성리학, 유교의 옷을 입은 불교 아라키 겐고 지음, 심경호 옮김, 526쪽, 18,000원
유식무경, 유식 불교에서의 인식과 존재 한자경 지음, 208쪽, 7,000원
박성배 교수의 불교철학강의: 깨침과 깨달음 박성배 지음, 윤원철 옮김, 313쪽, 9,800원
불교 철학의 전개, 인도에서 한국까지 한자경 지음, 252쪽, 9,000원
인물로 보는 한국의 불교사상 한국불교원전연구회 지음, 388쪽, 20,000원
은정희 교수의 대승기신론 강의 은정희 지음, 184쪽, 10,000원
비구니와 한국 문학 이향순 지음, 320쪽, 16,000원
불교철학과 현대윤리의 만남 한자경 지음, 304쪽, 18,000원
유식삼심송과 유식불교 김명우 지음, 280쪽, 17,000원
유식불교, 『유식이십론』을 읽다 효도 가즈오 지음, 김명우・이상우 옮김, 288쪽, 18,000원
불교인식론 S. R. Bhatt & Anu Mehrotra 지음, 권서용・원철・유리 옮김, 288쪽, 22,000원

## 노장총서

유학자들이 보는 노장 철학 조민환 지음, 407쪽, 12,000원
노자에서 데리다까지 ─ 도가 철학과 서양 철학의 만남 한국도가철학회 엮음, 440쪽, 15,000원
不二 사상으로 읽는 노자 ─ 서양철학자의 노자 읽기 이찬훈 지음, 304쪽, 12,000원
김항배 교수의 노자철학 이해 김항배 지음, 280쪽, 15,000원
서양, 도교를 만나다 J. J. Clarke 지음, 조현숙 옮김, 472쪽, 36,000원

## 동양문화산책

공자와 노자, 그들은 물에서 무엇을 보았는가  사라 알란 지음, 오만종 옮김, 248쪽, 8,000원
주역산책(易學漫步)  朱伯崑 외 지음, 김학권 옮김, 260쪽, 7,800원
동양을 위하여, 동양을 넘어서  홍원식 외 지음, 264쪽, 8,000원
서원, 한국사상의 숨결을 찾아서  안동대학교 안동문화연구소 지음, 344쪽, 10,000원
녹차문화 홍차문화  츠노야마 사가에 지음, 서은미 옮김, 232쪽, 7,000원
류짜이푸의 얼굴 찌푸리게 하는 25가지 인간유형  류짜이푸(劉再復) 지음, 이기면・문성자 옮김, 320쪽, 10,000원
안동 금계마을 — 천년불패의 땅  안동대학교 안동문화연구소 지음, 272쪽, 8,500원
안동 풍수 기행, 와혈의 땅과 인물  이완규 지음, 256쪽, 7,500원
안동 풍수 기행, 돌혈의 땅과 인물  이완규 지음, 328쪽, 9,500원
영양 주실마을  안동대학교 안동문화연구소 지음, 332쪽, 9,800원
예천 금당실・맛질 마을 — 정감록이 꼽은 길지  안동대학교 안동문화연구소 지음, 284쪽, 10,000원
터를 안고 ᅡ을 펴다 — 퇴계가 굽어보는 하계마을  안동대학교 안동문화연구소 지음, 360쪽, 13,000원
안동 가일 마을 — 풍산들가에 의연히 서다  안동대학교 안동문화연구소 지음, 344쪽, 13,000원
중국 속에 일떠서는 한민족 — 한겨레신문 차한필 기자의 중국 동포사회 리포트  차한필 지음, 336쪽, 15,000원
신간도견문록  박진관 글・사진, 504쪽, 20,000원
안동 무실 마을 — 문헌의 향기로 남다  안동대학교 안동문화연구소 지음, 464쪽, 18,000원
선양과 세습  사라 알란 지음, 오만종 옮김, 318쪽, 17,000원
문경 산북의 마을들 — 서중리, 대상리, 대하리, 김룡리  안동대학교 안동문화연구소 지음, 376쪽, 18,000원
안동 원촌마을 — 선비들의 이상향  안동대학교 안동문화연구소 지음, 288쪽, 16,000원
안동 부포마을 — 물 위로 되살려 낸 천년의 영화  안동대학교 안동문화연구소 지음, 440쪽, 23,000원

## 일본사상총서

도쿠가와 시대의 철학사상(德川思想小史)  미나모토 료엔 지음, 박규태・이용수 옮김, 260쪽, 8,500원
일본인은 왜 종교가 없다고 말하는가(日本人はなぜ 無宗教のか)  아마 도시마로 지음, 정형 옮김, 208쪽, 6,500원
일본사상이야기 40(日本がわかる思想사")  나가오 다케시 지음, 박규태 옮김, 312쪽, 9,500원
사상으로 보는 일본문화사(日本文化の歴史)  비토 마사히데 지음, 엄석인 옮김, 252쪽, 10,000원
일본도덕사상사(日本道德思想史)  이에나가 사부로 지음, 세키네 히데유키・윤종갑 옮김, 328쪽, 13,000원
천황의 나라 일본 — 일본의 역사와 천황제(天皇制と民衆)  고토 야스시 지음, 이남희 옮김, 312쪽, 13,000원
주자학과 근세일본사회(近世日本社會と宋學)  와타나베 히로시 지음, 박홍규 옮김, 304쪽, 16,000원

## 예술철학총서

중국철학과 예술정신  조민환 지음, 464쪽, 17,000원
풍류정신으로 보는 중국문학사  최병규 지음, 400쪽, 15,000원

## 한의학총서

한의학, 보약을 말하다 — 이론과 활용의 비밀  김광중・하근호 지음, 280쪽, 15,000원

## 남명학연구총서

남명사상의 재조명  남명학연구원 엮음, 384쪽, 22,000원
남명학파 연구의 신지평  남명학연구원 엮음, 448쪽, 26,000원
덕계 오건과 수우당 최영경  남명학연구원 엮음, 400쪽, 24,000원
내암 정인홍  남명학연구원 엮음, 448쪽, 27,000원
한강 정구  남명학연구원 엮음, 560쪽, 32,000원

## 예문동양사상연구원총서

한국의 사상가 10人 — 원효  예문동양사상연구원/고영섭 편저, 572쪽, 23,000원
한국의 사상가 10人 — 의천  예문동양사상연구원/이병욱 편저, 464쪽, 20,000원
한국의 사상가 10人 — 지눌  예문동양사상연구원/이덕진 편저, 644쪽, 26,000원
한국의 사상가 10人 — 퇴계 이황  예문동양사상연구원/윤사순 편저, 464쪽, 20,000원
한국의 사상가 10人 — 남명 조식  예문동양사상연구원/오이환 편저, 576쪽, 23,000원
한국의 사상가 10人 — 율곡 이이  예문동양사상연구원/황의동 편저, 600쪽, 25,000원
한국의 사상가 10人 — 하곡 정제두  예문동양사상연구원/김교빈 편저, 432쪽, 22,000원
한국의 사상가 10人 — 다산 정약용  예문동양사상연구원/박홍식 편저, 572쪽, 29,000원
한국의 사상가 10人 — 혜강 최한기  예문동양사상연구원/김용헌 편저, 520쪽, 26,000원
한국의 사상가 10人 — 수운 최제우  예문동양사상연구원/오문환 편저, 464쪽, 23,000원

## 강의총서

김충열 교수의 노자강의  김충열 지음, 434쪽, 20,000원
김충열 교수의 중용대학강의  김충열 지음, 448쪽, 23,000원
모종삼 교수의 중국철학강의  牟宗三 지음, 김병채 외 옮김, 320쪽, 19,000원

## 민연총서 ― 한국사상

자료와 해설, 한국의 철학사상  고려대 민족문화연구원 한국사상연구소 편, 880쪽, 34,000원
여헌 장현광의 학문 세계, 우주와 인간  고려대 민족문화연구원 한국사상연구소 편, 424쪽, 20,000원
퇴옹 성철의 깨달음과 수행 ― 성철의 선사상과 불교사적 위치  조성택 편, 432쪽, 23,000원
여헌 장현광의 학문 세계 2, 자연과 인간  고려대 민족문화연구원 한국사상연구소 편, 432쪽, 25,000원
여헌 장현광의 학문 세계 3, 태극론의 전개  고려대 민족문화연구원 한국사상연구소 편, 400쪽, 24,000원
역주와 해설 성학십도  고려대 민족문화연구원 한국사상연구소 편, 328쪽, 20,000원
여헌 장현광의 학문 세계 4, 여헌학의 전망과 계승  고려대학교 민족문화연구원 편, 384쪽, 30,000원

## 인물사상총서

한주 이진상의 생애와 사상  홍원식 지음, 288쪽, 15,000원
범부 김정설의 국민윤리론  우기정 지음, 280쪽, 20,000원

## 동양사회사상총서

주역사회학  김재범 지음, 296쪽, 10,000원
유교사회학  이영찬 지음, 488쪽, 17,000원
깨달음의 사회학  홍승표 지음, 240쪽, 8,500원
동양사상과 탈현대  홍승표 지음, 272쪽, 11,000원
노인혁명  홍승표 지음, 240쪽, 10,000원
유교사회학의 패러다임과 사회이론  이영찬 지음, 440쪽, 20,000원

## 경북의 종가문화

사당을 세운 뜻은, 고령 점필재 김종직 종가  정경주 지음, 203쪽, 15,000원
지금도 「어부가」가 귓전에 들려오는 듯, 안동 농암 이현보 종가  김서령 지음, 225쪽, 17,000원
종가의 멋과 맛이 넘쳐 나는 곳, 봉화 충재 권벌 종가  한필원 지음, 193쪽, 15,000원
한 점 부끄럼 없는 삶을 살다, 경주 회재 이언적 종가  이수환 지음, 178쪽, 14,000원
영남의 큰집, 안동 퇴계 이황 종가  정우락 지음, 227쪽, 17,000원
마르지 않는 효제의 샘물, 상주 소재 노수신 종가  이종호 지음, 303쪽, 22,000원
의리와 충절의 400년, 안동 학봉 김성일 종가  이해영 지음, 199쪽, 15,000원
충효당 높은 마루, 안동 서애 류성룡 종가  이세동 지음, 210쪽, 16,000원
낙중 지역 강안학을 열다, 성주 한강 정구 종가  김학수 지음, 180쪽, 14,000원
모원당 회화나무, 구미 여헌 장현광 종가  이종문 지음, 195쪽, 15,000원
보물은 오직 청백뿐, 안동 보백당 김계행 종가  최은주 지음, 160쪽, 15,000원
은둔과 화순의 선비들, 영주 송설헌 장말손 종가  정순우 지음, 176쪽, 16,000원
처마 끝 소나무에 갈무리한 세월, 경주 송재 손소 종가  황위주 지음, 256쪽, 23,000원
양대 문형과 직신의 가문, 문경 허백정 홍귀달 종가  홍원식 지음, 184쪽, 17,000원
어질고도 청빈한 마음이 이어진 집, 예천 약포 정탁 종가  김낙진 지음, 208쪽, 19,000원
임란의병의 힘, 영천 호수 정세아 종가  우인수 지음, 192쪽, 17,000원
영남을 넘어, 상주 우복 정경세 종가  정우락 지음, 264쪽, 23,000원
선비의 삶, 영덕 갈암 이현일 종가  장윤수 지음, 224쪽, 20,000원
청빈과 지조로 지켜 온 300년 세월, 안동 대산 이상정 종가  김순석 지음, 192쪽, 18,000원
독서종자 높은 뜻, 성주 응와 이원조 종가  이세동 지음, 216쪽, 20,000원
오천칠군자의 향기 서린, 안동 후조당 김부필 종가  김용만 지음, 256쪽, 24,000원
마음이 머무는 자리, 성주 동강 김우옹 종가  정병호 지음, 184쪽, 18,000원
문무의 길, 영덕 청신재 박의장 종가  우인수 지음, 216쪽, 20,000원
형제애의 본보기, 상주 창석 이준 종가  서정화 지음, 176쪽, 17,000원
경주 남쪽의 대종가, 경주 잠와 최진립 종가  손숙경 지음, 208쪽, 20,000원
변화하는 시대정신의 구현, 의성 자암 이민환 종가  이시활 지음, 248쪽, 23,000원

## 기타

다산 정약용의 편지글  이용형 지음, 312쪽, 20,000원
유교와 칸트  李明輝 지음, 김기주 · 이기훈 옮김, 288쪽, 20,000원
유가 전통과 과학  김영식 지음, 320쪽, 24,000원